Vahlens Handbücher
der Wirtschafts- und Sozialwissenschaften

Investitions- und Finanzierungsmanagement

Band III: Finanzwirtschaftliche Entscheidungen

von

Dr. Hartmut Bieg

o. Professor der Betriebswirtschaftslehre
an der Universität des Saarlandes

und

Dr. Heinz Kußmaul

o. Professor der Betriebswirtschaftslehre
an der Universität des Saarlandes

Verlag Franz Vahlen München

VERLAG
VAHLEN
MÜNCHEN
www.vahlen.de

Die Deutsche Bibliothek – CIP-Einheitsaufnahme

Bieg, Hartmut:
Investitions- und Finanzierungsmanagement / von Hartmut Bieg und Heinz Kußmaul. – München : Vahlen
(Vahlens Handbücher der Wirtschafts- und Sozialwissenschaften)
Bd. 3. Finanzwirtschaftliche Entscheidungen. – 2000
ISBN 3-8006-2626-8

ISBN 3 8006 2626 8

Satz: DTP-Vorlagen der Autoren
Druck und Bindung: Freiburger Graphische Betriebe,
Bebelstr. 11, 79108 Freiburg i. Br.

Gedruckt auf säurefreiem, alterungsbeständigem Papier
(hergestellt aus chlorfrei gebleichtem Zellstoff)

Vorwort

Das hier vorgelegte neue Lehr- und Handbuch wendet sich an Leser, die sich umfassend und grundlegend mit den Fragen des Investitions- und Finanzierungsmanagements auseinandersetzen wollen, seien es Lehrende und Studierende an Universitäten, Fachhochschulen, Berufsakademien, Verwaltungs- und Wirtschaftsakademien und ähnlichen Einrichtungen, seien es interessierte Praktiker. In ausführlicher Weise wird der Stand des Faches in drei Bänden wiedergegeben. Auch wenn der Titel des Werkes das Management der Investitionen und Finanzierungen in den Vordergrund stellt und damit die betriebswirtschaftlich gebotene Entscheidungsorientierung in den Mittelpunkt der Überlegungen platziert, erfolgt – wie die folgenden Ausführungen zeigen – eine Analyse auf dem Stand der theoretischen Diskussion.

Dazu wird in **Band I** (Investition) nach einem knapp gehaltenen ersten Kapitel mit einer Darstellung der Aufgaben, Grundprinzipien und Bestandteile der Finanzwirtschaft im zweiten Kapitel sehr ausführlich die Investition (und dort speziell die Investitionsrechnung) mit allen theorie- und praxisrelevanten Facetten behandelt; zur Veranschaulichung dient auch ein durchgehendes Beispiel. Dort wird im letzten Teilkapitel auch eingehend auf die Unternehmensbewertung (inklusive Shareholder-value-Ansätze und DCF-Methoden) eingegangen. In **Band II** (Finanzierung) wird ebenfalls sehr ausführlich die Finanzierung analysiert. Nach einer allgemeinen Einordnung der Finanzierung werden die Instrumente der Außenfinanzierung (mit Eigen- und Fremdkapital) sowie der Innenfinanzierung mit ihren theorie- und praxisrelevanten Merkmalen allgemein und beispielhaft aufgezeigt; dazu wird auch auf Finanzderivate und -innovationen eingegangen. In **Band III** (Finanzwirtschaftliche Entscheidungen) ist ausgehend von einer entsprechenden theoretischen Fundierung (z. B. ausführliche Darlegung des Capital Asset Pricing Model) die praxisbezogene Entscheidungsaufgabe des Finanzmanagements Thema der Ausführungen. Dabei geht es genauso um das Management von Finanzierungsentscheidungen wie um das Management von Finanzinvestitionen sowie um die Zusammenhänge zwischen den Bereichen, die getragen werden durch die entsprechenden Informationen, die den finanzwirtschaftlichen Entscheidungen zugrunde liegen und im Rahmen der Finanzanalyse zu verarbeiten sind.

Ein derartiges Werk entsteht weder in einem einzigen Schritt noch ist es das Werk zweier Einzelner. Es ist das Ergebnis der in den letzten Jahren an der Universität des Saarlandes sowie zuvor an der Universität Kaiserslautern gehaltenen Veranstaltungen. In den Vorlesungen und Übungen konnten viele Überlegungen zusammen mit den Studierenden, denen an dieser Stelle ganz herzlich gedankt sei, überprüft, verbessert und präzisiert werden. Ganz wesentlich haben unsere wissenschaftlichen Mitarbeiterinnen und Mitarbeiter, mit denen wir in den letzten Jahren zusammengearbeitet haben, zum Abschluss dieses Werkes beigetragen. Bei der Erstellung dieses Werkes konnten wir auch auf zahlreiche Aufsätze zurückgreifen, die wir in den Jahren 1995 bis 2000 in der Zeitschrift „Der Steuerberater" veröffentlicht haben; für die hervorragende Zusammenarbeit mit deren Chefredakteur, *Herrn Uwe-Karsten Reschke*, möchten wir uns ausdrücklich bedanken.

Die Ausführungen basieren auf dem Rechtsstand des Jahres 2000 und dort speziell jenem in der konkreten Fertigstellungsphase im Sommer 2000. Bewusst haben wir darauf verzichtet, Hinweise auf Änderungen durch das so genannte Steuersenkungsgesetz ab dem Jahr 2001 im steuerlichen Bereich zu berücksichtigen. Dies ist nicht nur deshalb erfolgt, weil wir statt einer nur in Ansätzen bekannten Neuregelung lieber eine verlässliche und konsistente Darlegung auf dem gesicherten Rechtsstand darbieten wollen, sondern auch deshalb, weil der im Verlauf des Jahres 2000 noch endgültig zu fixierende Gesetzestext in den Folgejahren Anlass zu zahlreichen Nachbesserungen geben und sich insofern durch besonders große Diskontinuität auszeichnen wird. Insofern wird eine Darstellung auf dem Rechtsstand der Folgejahre erst nach den Änderungen der Änderungen durch den Gesetzgeber möglich sein.

Unser Dank für zahlreiche Hinweise, Hilfen und Verbesserungsvorschläge gilt unseren derzeitigen und früheren wissenschaftlichen Mitarbeitern, *Herrn Dr. Christopher Hossfeld, Herrn Prof. Dr. Michael Jacob, Herrn Dipl.-Kfm. Thomas Kern, Frau Dipl.-Kffr. Susanne König-Schichtel, Herrn Dr. Gregor Krämer, Frau Dr. Stefanie Meyer-Haberhauer, Herrn Dipl.-Kfm. Andreas Nestel, Herrn Priv.-Doz. Dr. Gerd Waschbusch* sowie *Frau Dipl.-Kffr. Nicole Klein, Herrn Dr. Bernd Leiderer, Frau Dr. Martina Petersen, Herrn Dipl.-Kfm. Lutz Richter* und *Herrn Dipl.-Kfm. Dipl. ESC René Schäfer*. Für die Sorgfalt und Umsicht beim Schreiben der Manuskripte danken wir *Frau Silvia Comtesse* und *Frau Renate Kolp* sowie *Frau Doris Schneider*; dem Lektor des Verlages, *Herrn Dipl.-Volkswirt Dieter Sobotka*, sind wir für die harmonische Zusammenarbeit zu Dank verpflichtet.

Bei der konkreten Fertigstellung dieses Objektes waren koordinierend, formalisierend und Korrektur lesend *Herr Dipl.-Kfm. Lutz Richter* und *Herr Dipl.-Kfm. Dipl. ESC René Schäfer* tätig, die diese Aufgabe mit Bravour, außerordentlichem Einsatz und nie erlahmendem Eifer so gemeistert haben, dass wir dem Verlag ein druckfertiges Manuskript zur Verfügung stellen konnten. Selbstverständlich gehen alle in diesem Werk enthaltenen Fehler ausschließlich zu Lasten der Autoren. Den Lesern sind wir für Anregungen sowie für Verbesserungsvorschläge, die wir gerne berücksichtigen werden, dankbar.

Saarbrücken, im September 2000

Hartmut Bieg
Heinz Kußmaul

Inhaltsübersicht

1 Entscheidungen über Finanzierungsmaßnahmen 1

1.1 Liquidität und Finanzplanung 2

1.2 Theorien bezüglich der Gestaltung der Kapitalstruktur einer Unternehmung 30

1.3 Finanzierung und Besteuerung 71

1.4 Die Sanierung als Sondermaßnahme der Finanzierung 82

2 Entscheidungen über Finanzinvestitionen 96

2.1 Die Analyse festverzinslicher Wertpapiere 96

2.2 Portfolio Selection und Capital Asset Pricing Model (CAPM) 107

2.3 Die Aktienanalyse 153

3 Informationen für finanzwirtschaftliche Entscheidungen: finanz- und erfolgswirtschaftliche Analyse 234

3.1 Jahresabschlussanalyse: Grundlagen, Informationsaufbereitung und Methoden 234

3.2 Die finanzwirtschaftliche Analyse 245

3.3 Die erfolgswirtschaftliche Analyse 250

3.4 Die Cashflow-Analyse 256

3.5 Die Kapitalflussrechnung 296

Band I: Investition

Inhaltsübersicht

1 Aufgaben, Grundprinzipien und Bestandteile der Finanzwirtschaft

1.1 Die Grundlagen der Finanzwirtschaft

1.2 Die Grundprinzipien der Finanzwirtschaft

1.3 Die Bestandteile der Finanzwirtschaft

2 Die Investition

2.1 Die betriebliche Einordnung der Investitionsrechnung und Entscheidungen über Investitionen

2.2 Die statischen Verfahren der Investitionsrechnung

2.3 Die dynamischen Verfahren der Investitionsrechnung

2.4 Die Berücksichtigung der Steuern und Geldentwertung in der Investitionsrechnung

2.5 Die Berücksichtigung der Unsicherheit bei Investitionsentscheidungen

2.6 Die Investitionsprogrammentscheidungen

2.7 Die Beurteilung der Investitionsrechnungsverfahren

2.8 Die Gesamtbewertung von Unternehmungen als spezieller Anwendungsfall der Investitionsrechnung

Band II: Finanzierung

Inhaltsübersicht

1 Aufgaben, Grundprinzipien und Bestandteile der Finanzwirtschaft

1.1 Die Grundlagen der Finanzwirtschaft

1.2 Die Grundprinzipien der Finanzwirtschaft

1.3 Die Bestandteile der Finanzwirtschaft

2 Die Finanzierung

2.1 Überblick über die Finanzierungstheorie

2.2 Die Finanzierungsarten – Systematisierungsansätze

2.3 Die Außenfinanzierung durch Eigenkapital (Einlagenfinanzierung)

2.4 Die Außenfinanzierung durch Fremdkapital (Kreditfinanzierung)

2.5 Sonderformen der Außenfinanzierung

2.6 Derivative Finanzinstrumente

2.7 Eine Systematisierung der Konditionenvereinbarungen der Außenfinanzierung

2.8 Die Innenfinanzierung

Inhaltsverzeichnis

Vorwort V

Inhaltsübersicht VII

Inhaltsübersicht Band I: Investition VIII

Inhaltsübersicht Band II: Finanzierung IX

Inhaltsverzeichnis XI

Verzeichnis der Abbildungen XXI

Verzeichnis der Abkürzungen XXVII

1 Entscheidungen über Finanzierungsmaßnahmen 1

1.1 Liquidität und Finanzplanung 2

1.1.1 Die Aufgabe der Finanzplanung 2

1.1.2 Die Grundsätze der Finanzplanung 3

1.1.3 Die Stellung der Finanzplanung im betrieblichen Gesamtsystem 4

1.1.4 Der Ablauf der Finanzplanung 7

1.1.4.1 Das Grundschema der Finanzplanung 7

1.1.4.2 Die Zeitdimension der Finanzplanung 8

1.1.4.3 Die Teilpläne der Finanzplanung 9

1.1.4.3.1 Der langfristige Finanzplan 9

1.1.4.3.2 Der mittelfristige Finanzplan 11

1.1.4.3.3 Der kurzfristige Finanzplan 11

1.1.4.3.4 Der Liquiditätsstatus 16

1.1.5 Der Kapitalbedarf 17

1.1.5.1 Die Bestimmungsfaktoren und der zeitliche Anfall des Kapitalbedarfs 17

1.1.5.2 Die Ermittlung des Kapitalbedarfs 19

1.1.5.2.1 Vorbemerkungen 19

1.1.5.2.2 Die statische Ermittlung des Kapitalbedarfs 19

1.1.5.2.2.1 Der Anlagekapitalbedarf 19

1.1.5.2.2.2 Der Umlaufkapitalbedarf 19

1.1.5.2.2.3 Kritik an der statischen Ermittlung des Kapitalbedarfs 21

1.1.5.2.3 Die dynamische Ermittlung des Kapitalbedarfs 21

1.1.6 Die Finanzbudgetierung als Steuerungsinstrument für die Gesamtunternehmung ... 25
1.1.7 Die Kapitaldeckung und ihre Determinanten ... 28
1.2 Theorien bezüglich der Gestaltung der Kapitalstruktur einer Unternehmung ... 30
1.2.1 Die Gestaltung der Kapitalstruktur nach den Finanzierungsregeln ... 30
1.2.1.1 Grundlagen ... 30
1.2.1.2 Kapitalstruktur- und Kapital-Vermögensstrukturregeln ... 33
1.2.1.2.1 Vertikale Kapitalstrukturregeln ... 33
1.2.1.2.2 Horizontale Kapital-Vermögensstrukturregeln ... 33
1.2.1.2.2.1 Gemeinsamkeiten ... 33
1.2.1.2.2.2 Goldene Bankregel und Goldene Finanzierungsregel ... 34
1.2.1.2.2.3 Goldene Bilanzregel ... 34
1.2.1.2.2.4 Liquiditätsgrade ... 36
1.2.1.3 Kritik an den beschriebenen Finanzierungsregeln ... 36
1.2.1.3.1 Grundsätzliches ... 36
1.2.1.3.2 Kritik an den in die Finanzierungsregeln eingehenden Zahlen ... 37
1.2.1.3.3 Kritik an der den Finanzierungsregeln zugrunde liegenden theoretischen Konzeption ... 43
1.2.2 Der Leverage-Effekt ... 45
1.2.2.1 Die Gestaltung der Kapitalstruktur nach dem Leverage-Effekt ... 45
1.2.2.2 Der optimale Verschuldungsgrad ... 51
1.2.3 Das *Modigliani/Miller*-Theorem ... 58
1.2.3.1 Das Modell ... 58
1.2.3.2 Prämissen und Kritik ... 64
1.3 Finanzierung und Besteuerung ... 71
1.3.1 Einführung ... 71
1.3.2 Die Außenfinanzierung ... 72
1.3.2.1 Grundsätzliches ... 72
1.3.2.2 Die Einlagenfinanzierung ... 73
1.3.2.3 Die Kreditfinanzierung ... 74
1.3.2.4 Vergleich der Einlagen- und Kreditfinanzierung ... 75
1.3.3 Die Innenfinanzierung ... 77
1.3.3.1 Grundsätzliches ... 77

1.3.3.2 Die Selbstfinanzierung 78
1.3.3.3 Die Fremdfinanzierung 80
1.3.3.4 Die Innenfinanzierung aus Vermögensumschichtung 81
1.3.3.5 Vergleich der Innenfinanzierungsmöglichkeiten 81

1.4 Die Sanierung als Sondermaßnahme der Finanzierung 82

1.4.1 Vorbemerkungen 82
1.4.2 Unternehmungskrisen 82
1.4.2.1 Die Krisenursachen 82
1.4.2.2 Die Krisenarten 83
1.4.3 Die Insolvenz (als kodifizierte Unternehmungskrise) 84
1.4.3.1 Das Insolvenzverfahren 84
1.4.3.2 Die Insolvenzantragsgründe 84
1.4.3.2.1 Die Zahlungsunfähigkeit 84
1.4.3.2.2 Die drohende Zahlungsunfähigkeit 85
1.4.3.2.3 Die Überschuldung 85
1.4.4 Die Sanierung 87
1.4.4.1 Der Begriff der Sanierung 87
1.4.4.2 Die Sanierung im Insolvenzverfahren 87
1.4.4.3 Die Sanierungsmaßnahmen 88
1.4.4.3.1 Die finanzwirtschaftlichen Maßnahmen 88
1.4.4.3.1.1 Vorbemerkungen 88
1.4.4.3.1.2 Maßnahmen ohne Kapitalzufluss 88
1.4.4.3.1.2.1 Kreditmanagement 88
1.4.4.3.1.2.2 Kapitalherabsetzung 89
1.4.4.3.1.3 Maßnahmen mit Kapitalzufluss 91
1.4.4.3.1.3.1 Kapitalherabsetzung und Kapitalerhöhung 91
1.4.4.3.1.3.2 Vermögensumschichtung 93
1.4.4.3.2 Leistungswirtschaftliche Maßnahmen 95
1.4.4.3.2.1 Kurzfristig wirksame Maßnahmen 95
1.4.4.3.2.2 Mittel- bis langfristig wirksame Maßnahmen 95

2 Entscheidungen über Finanzinvestitionen 96

2.1 Die Analyse festverzinslicher Wertpapiere 96

2.1.1 Einführung 96
2.1.2 Die Effektivverzinsung 97
2.1.3 Der Kapitalwert 97
2.1.4 Die Berücksichtigung von Investitionsrisiken 100
2.1.4.1 Das Adressenrisiko 100
2.1.4.2 Das Zinsänderungsrisiko 104

2.2 Portfolio Selection und Capital Asset Pricing Model (CAPM) 107
2.2.1 Vorbemerkungen 107
2.2.2 Das Modell der „Portfolio Selection" 108
2.2.2.1 Einführung 108
2.2.2.2 Wertpapierportfolios bestehend aus einer Aktie 109
2.2.2.3 Wertpapierportfolios bestehend aus Aktien mehrerer Gesellschaften 114
2.2.2.3.1 Die Begründung für die Diversifikation 114
2.2.2.3.2 Effiziente Portfolios 118
2.2.2.3.3 Optimale Portfolios 122
2.2.2.3.4 Wertpapierportfolio bestehend aus Aktien zweier Gesellschaften – ein Beispiel 123
2.2.2.4 Zusammenfassung und kritische Würdigung der „Portfolio Selection" nach *Markowitz* 130
2.2.3 Das Capital Asset Pricing Model (CAPM) 131
2.2.3.1 Riskante und risikolose Anlagemöglichkeiten 131
2.2.3.2 Die Kapitalmarktlinie 134
2.2.3.3 Die Wertpapiermarktlinie 141
2.2.3.4 Zusammenfassung, Prämissen und kritische Würdigung des CAPM 150

2.3 Die Aktienanalyse 153
2.3.1 Grundlagen 153
2.3.1.1 Vorbemerkungen 153
2.3.1.2 Begriff und Teilgebiete der Aktienanalyse 153
2.3.2 Die technische Aktienanalyse 155
2.3.2.1 Einordnung der technischen Aktienanalyse 155
2.3.2.2 Die Möglichkeiten zur Darstellung von Charts 156
2.3.2.2.1 Linien-Charts 156
2.3.2.2.2 Balken-Charts 157
2.3.2.2.3 Point & Figure-Charts 158
2.3.2.2.4 Candlestick-Charts 160
2.3.2.3 Die Global- und Branchenanalyse 161
2.3.2.3.1 Vorbemerkungen 161
2.3.2.3.2 Die *Dow*-Theorie 162
2.3.2.3.3 Die Advance-Decline-Linie (ADL) 163
2.3.2.3.4 Gleitende Durchschnitte 164
2.3.2.4 Die Einzelwertanalyse 165
2.3.2.4.1 Vorbemerkungen 165
2.3.2.4.2 Filterkonzept 165
2.3.2.4.3 Aktientrendlinien und -kanäle 166
2.3.2.4.4 Unterstützungs- und Widerstandslinien 167

2.3.2.4.5 Die Chartformationen 169
2.3.2.4.5.1 Vorbemerkungen....................................... 169
2.3.2.4.5.2 Trendbestätigungsformationen 169
2.3.2.4.5.3 Trendumkehrformationen 172
2.3.2.5 Kritische Würdigung der technischen Analyse 175
2.3.3 Die Fundamentalanalyse 176
2.3.3.1 Grundsätzliche Ausführungen................................. 176
2.3.3.2 Die dynamisch orientierte Fundamentalanalyse...... 180
2.3.3.2.1 Vorbemerkungen... 180
2.3.3.2.2 Barwertmodelle im Überblick............................ 181
2.3.3.2.2.1 Die barwerttheoretischen Ansätze 181
2.3.3.2.2.2 Nullwachstumsmodelle 182
2.3.3.2.2.2.1 Endlicher Planungshorizont 182
2.3.3.2.2.2.2 Unendlicher Planungshorizont 185
2.3.3.2.2.3 Wachstumsmodelle 185
2.3.3.2.3 Die Ermittlung der künftigen Vorteilsströme im Barwertkonzept zur Fundamentalanalyse 188
2.3.3.2.3.1 Die Ermittlung des Gewinns 188
2.3.3.2.3.1.1 Überblick.. 188
2.3.3.2.3.1.2 Außerordentliche und ungewöhnliche Aufwendungen und Erträge 191
2.3.3.2.3.1.3 Dispositionsbedingte Aufwendungen und Erträge 191
2.3.3.2.3.2 Die Ermittlung des Cashflow inkl. Shareholdervalue-Konzept als alternative Aktienbewertung 195
2.3.3.2.4 Die Ermittlung des Kalkulationszinsfußes........ 203
2.3.3.2.4.1 Vorbemerkungen.. 203
2.3.3.2.4.2 Die Zinskomponente im Kalkulationszinsfuß 203
2.3.3.2.4.3 Die Risikokomponente im Kalkulationszinsfuß 205
2.3.3.2.4.3.1 Die Methoden zur Risikoerfassung im Kalkulationszinsfuß 205
2.3.3.2.4.3.2 Die Sicherheitsäquivalenzmethode 206
2.3.3.2.4.3.3 Die Risikozuschlagsmethode 208
2.3.3.2.4.3.4 Das Capital Asset Pricing Model (CAPM)... 213
2.3.3.2.4.3.5 Das Arbitrage Pricing Model (APM) 218
2.3.3.2.4.4 Die Besonderheiten bei den Discounted Cashflow-Verfahren................................ 220

2.3.3.2.5 Die Ermittlung des Wachstumsfaktors 221
2.3.3.2.6 Kritische Würdigung der Vorteilsströme 223
2.3.3.3 Die statisch orientierte Fundamentalanalyse 228
2.3.3.3.1 Das Kurs-Gewinn-Verhältnis (KGV) bzw. das Price-Earnings-Ratio (PER) 228
2.3.3.3.2 Das Kurs-Cashflow-Verhältnis (KCFV) bzw. das Price-Cashflow-Ratio (PCR) 230
2.3.3.4 Die dynamisch und statisch orientierte Fundamentalanalyse 231

3 Informationen für finanzwirtschaftliche Entscheidungen: finanz- und erfolgswirtschaftliche Analyse 234

3.1 Jahresabschlussanalyse: Grundlagen, Informationsaufbereitung und Methoden 234

3.1.1 Grundlagen der Jahresabschlussanalyse 234
3.1.1.1 Die Zwecke der externen Rechnungslegung........... 234
3.1.1.2 Begriff und Arten der Jahresabschlussanalyse........ 236
3.1.2 Die Aufbereitung der Informationen.................................... 237
3.1.3 Methoden zur Durchführung der Analyse............................ 241

3.2 Die finanzwirtschaftliche Analyse.. 245

3.2.1 Die Analyse der Vermögensstruktur 245
3.2.2 Die Analyse der Kapitalstruktur... 247
3.2.3 Die bestandsorientierte Analyse der Liquiditätslage............ 248

3.3 Die erfolgswirtschaftliche Analyse... 250

3.3.1 Die Aufwands- und Ertragsstrukturanalyse 250
3.3.2 Die Rentabilitätsanalyse... 253

3.4 Die Cashflow-Analyse.. 256

3.4.1 Vorbemerkungen zur dynamischen Jahresabschlussanalyse 256
3.4.2 Theoretische Grundlagen der Cashflow-Analyse 257
3.4.2.1 Der Begriff und die Grundidee des Cashflow......... 257
3.4.2.2 Der Aussagegehalt des Cashflow........................... 259
3.4.2.3 Anwendungsbereiche des Cashflow 262
3.4.2.4 Die Ermittlungsmethoden des Cashflow................ 263
3.4.2.4.1 Grundsätzliche Vorbemerkungen 263
3.4.2.4.2 Die direkte Ermittlungsmethode 264
3.4.2.4.3 Die indirekte Ermittlungsmethode 264
3.4.2.4.4 Vergleich der beiden Methoden...................... 265
3.4.3 Die Cash Earnings nach DVFA/SG als indirekt ermittelte Cashflow-Variante 269
3.4.3.1 Vorbemerkungen... 269

3.4.3.2 Das Schema zur Berechnung der Cash Earnings nach DVFA/SG 270
3.4.3.3 Die Komponenten der Cash Earnings nach DVFA/SG 272
3.4.3.3.1 Die Ausgangsgröße 272
3.4.3.3.2 Die Abschreibungen 272
3.4.3.3.3 Die Zuschreibungen 273
3.4.3.3.4 Die Rückstellungen 274
3.4.3.3.4.1 Der qualitative Umfang 274
3.4.3.3.4.2 Der quantitative Umfang 276
3.4.3.3.5 Der Sonderposten mit Rücklageanteil 277
3.4.3.3.5.1 Der qualitative und quantitative Umfang 277
3.4.3.3.5.2 Besonderheiten bei der Erstellung des Konzernabschlusses 278
3.4.3.3.6 Latente Ertragsteueraufwendungen bzw. -erträge 278
3.4.3.3.7 „Andere" Aufwendungen und Erträge 279
3.4.3.3.7.1 Der qualitative Umfang 279
3.4.3.3.7.2 Der quantitative Umfang 281
3.4.3.3.7.3 Besonderheiten bei der Erstellung des Konzernabschlusses 282
3.4.3.3.8 Die Cash Earnings 284
3.4.3.3.9 Die Bereinigung zahlungswirksamer Aufwendungen bzw. Erträge aus Sondereinflüssen 285
3.4.3.4 Kritikpunkte an dem Arbeitsschema nach DVFA/SG 287
3.4.3.5 Die Beurteilung der Cash Earnings nach DVFA/SG 291
3.4.4 Die Eignung des Cashflow als Finanzindikator 291
3.4.5 Ausgewählte, aus dem Cashflow abgeleitete finanzwirtschaftliche Kennziffern 292
3.4.5.1 Vorbemerkungen 292
3.4.5.2 Die Selbstfinanzierungsquote 293
3.4.5.3 Die Investitionsfähigkeit 293
3.4.5.4 Die Entschuldungsfähigkeit 293
3.4.5.5 Der dynamische Verschuldungsgrad 294
3.5 Die Kapitalflussrechnung 296
3.5.1 Einleitung 296
3.5.2 Grundlagen 297
3.5.2.1 Der Begriff Kapitalflussrechnung 297

3.5.2.2 Die unterschiedlichen Adressaten von Kapitalflussrechnungen ... 298
3.5.2.2.1 Vorbemerkungen ... 298
3.5.2.2.2 Die Kapitalflussrechnung im externen Rechnungswesen ... 299
3.5.2.2.2.1 Die Rechnungszwecke der Kapitalflussrechnung als externes Informationsinstrument ... 299
3.5.2.2.2.2 Die gesetzlichen Rahmenbedingungen für externe Kapitalflussrechnungen ... 300
3.5.2.2.2.3 Die Kapitalflussrechnung im internen Rechnungswesen ... 304
3.5.2.3 Grundsätze aussagekräftiger Kapitalflussrechnungen ... 306
3.5.2.3.1 Die allgemeinen Grundsätze für alle Kapitalflussrechnungen ... 306
3.5.2.3.1.1 Der Grundsatz der Zielorientierung ... 306
3.5.2.3.1.2 Das Bruttoprinzip ... 306
3.5.2.3.1.3 Der Grundsatz der Bewertungsunabhängigkeit ... 307
3.5.2.3.1.4 Der Verzicht auf Periodisierung ... 307
3.5.2.3.1.5 Der Grundsatz der Kongruenz ... 307
3.5.2.3.1.6 Der Grundsatz der Vollständigkeit ... 308
3.5.2.3.2 Die speziellen Grundsätze externer Kapitalflussrechnungen ... 308
3.5.2.3.2.1 Vorbemerkungen ... 308
3.5.2.3.2.2 Der Grundsatz der Klarheit und Übersichtlichkeit ... 309
3.5.2.3.2.3 Der Grundsatz der Nachprüfbarkeit ... 309
3.5.2.3.2.4 Der Grundsatz der Wesentlichkeit ... 309
3.5.2.3.2.5 Der Grundsatz der Stetigkeit ... 310
3.5.3 Mögliche Gestaltungen von Kapitalflussrechnungen ... 311
3.5.3.1 Die Arten von Kapitalflussrechnungen ... 311
3.5.3.1.1 Vorbemerkungen ... 311
3.5.3.1.2 Die mögliche Ausgliederung eines Fonds ... 312
3.5.3.1.3 Der Fondsnachweis ... 313
3.5.3.1.4 Die Gegenbeständerechnung ... 314
3.5.3.2 Die verschiedenen Fondsabgrenzungen ... 315
3.5.3.3 Die Ermittlungsmethoden ... 320
3.5.3.3.1 Vorbemerkungen ... 320
3.5.3.3.2 Die derivative Ermittlung ... 321
3.5.3.3.3 Die originäre Ermittlung ... 328

3.5.3.4 Die möglichen Gliederungsformen der Kapitalflussrechnung 331
3.5.3.4.1 Vorbemerkungen 331
3.5.3.4.2 Die Konto- oder Staffelform 331
3.5.3.4.3 Die Gliederung nach dem finanzwirtschaftlichen Charakter 332
3.5.3.4.4 Die Gliederung nach dem Bereichsformat 333
3.5.3.4.4.1 Grundsätzliche Anmerkungen und Gliederungsschemata des DRS 2 333
3.5.3.4.4.2 Der Bereich der laufenden Geschäftstätigkeit 337
3.5.3.4.4.3 Der Investitionsbereich 341
3.5.3.4.4.4 Der Finanzierungsbereich 342
3.5.3.5 Kritische Würdigung der nationalen und internationalen Verlautbarungen 343
3.5.3.5.1 Die wesentlichen für alle behandelten Verlautbarungen relevanten Aspekte 343
3.5.3.5.2 Aspekte des SFAS No. 95 347
3.5.3.5.3 Aspekte des IAS 7 348
3.5.3.5.4 Aspekte des Deutschen Rechnungslegungsstandards Nr. 2 (DRS 2) 349
3.5.3.6 Weitere Gesichtspunkte der Aussagekraft von Kapitalflussrechungen 350
3.5.4 Die Kapitalflussrechnung für den Konzern 351
3.5.4.1 Vorbemerkungen 351
3.5.4.1.1 Der Konzern als Rechnungslegungsobjekt 351
3.5.4.1.2 Gründe für die Aufstellung einer Konzern-Kapitalflussrechnung 352
3.5.4.2 Die unterschiedlichen Ermittlungsmethoden einer Konzern-Kapitalflussrechnung 352
3.5.4.2.1 Vorbemerkungen 352
3.5.4.2.2 Die originäre Ermittlung der Konzern-Kapitalflussrechnung 354
3.5.4.2.3 Die derivative Ermittlung der Konzern-Kapitalflussrechnung 355
3.5.4.2.3.1 Die derivative Ermittlung aus dem Konzernabschluss 355
3.5.4.2.3.2 Die derivative Ermittlung aus den Kapitalflussrechnungen der Einzelgesellschaften 356

3.5.4.3 Die Abgrenzung des Konsolidierungskreises 358
3.5.4.4 Die Veränderung des Einflussbereichs des Konzerns 359
3.5.4.4.1 Der Erwerb von Anteilen an Tochterunternehmungen 359
3.5.4.4.2 Die Veränderungen des Anwendungsbereichs 360
3.5.4.5 Die Währungsumrechnung 361
3.5.5 Fazit und Ausblick 363

Literaturverzeichnis 367

Stichwortverzeichnis 385

Verzeichnis der Abbildungen

Abbildung 1: Grobschema des Systems langfristiger Teilpläne einer Industrieunternehmung 6

Abbildung 2: Zeitraumeinteilung von Finanzplänen 9

Abbildung 3: Grobschema eines kurzfristigen Finanzplans 12

Abbildung 4: Beispiel für einen kurzfristigen Finanzplan 14

Abbildung 5: Planfortschreibung (revolvierende Planung) 15

Abbildung 6: Finanzwirtschaftliche Anpassungsmaßnahmen 16

Abbildung 7: Güterwirtschaftliche Anpassungsmaßnahmen 16

Abbildung 8: Permanenter und zwischenzeitlicher Kapitalbedarf 22

Abbildung 9: Grundstruktur eines integrierten Budgetierungssystems mit Finanzbudgetierung 27

Abbildung 10: Eigenkapitalrentabilität 47

Abbildung 11: Abhängigkeit der Eigenkapitalrentabilität vom Verschuldungsgrad v = FK/EK (Leverage-Effekt) 48

Abbildung 12: Eigenkapitalrentabilität bei negativem Leverage-Effekt 49

Abbildung 13: Kapitalkostenverläufe nach traditioneller Auffassung 54

Abbildung 14: Zahlenbeispiel zur Verdeutlichung des optimalen Verschuldungsgrads 57

Abbildung 15: Bedingung für die Hingabe neuen Eigenkapitals im Sanierungsfall 92

Abbildung 16: Bedingung für die Hingabe neuen Fremdkapitals im Sanierungsfall 92

Abbildung 17: Ratingsymbole von Standard & Poor's und Moody's für langfristige Schuldverschreibungen 102

Abbildung 18: Entscheidung zwischen zwei Portfolios A und B mit gleichem Erwartungswert 110

Abbildung 19: Entscheidung zwischen zwei Portfolios A und B mit gleicher Standardabweichung 111

Abbildung 20: Indifferenzkurven als Maß der Risikoaversion von Investoren 112

Abbildung 21: Entscheidung eines stark risikoscheuen Investors 1 zwischen zwei Portfolios A und B 113

Abbildung 22: Entscheidung eines schwach risikoscheuen Investors 2 zwischen zwei Portfolios A und B 114

Abbildung 23: Diversifikationseffekte durch Mischung zweier Aktien unter der Annahme unterschiedlicher Korrelationskoeffizienten 117

Abbildung 24: Erreichbare Portfolios bei gegebenem Korrelationskoeffizienten 119

Abbildung 25: Effiziente Portfolios entlang der Effizienzkurve zwischen Portfolio MVP und Portfolio B 121

Abbildung 26: Das individuell optimale Portfolio 123

Abbildung 27: Kursentwicklung zweier Aktien in EUR 124

Abbildung 28: Renditeentwicklung zweier Aktien sowie deren erwartete Aktienrenditen und Risiken 125

Abbildung 29: Erreichbare μ_P-σ_P-Kombinationen bei Verzicht auf Wertpapiermischung von Aktie 1 und Aktie 2 126

Abbildung 30: Erreichbare effiziente μ_P-σ_P-Kombinationen bei Wertpapiermischung der Aktien 1 und 2 129

Abbildung 31: Riskante und risikolose Anlagemöglichkeiten des Investors 132

Abbildung 32: Die Kapitalmarktlinie 134

Abbildung 33: Optimale Portfolios auf der Kapitalmarktlinie 137

Abbildung 34: Geldanlage- und Geldaufnahmemöglichkeiten am vollkommenen Kapitalmarkt zum risikolosen Zinssatz r 138

Abbildung 35: Grafische Darstellung der Kapitalmarktgleichung 139

Abbildung 36: Die Wertpapiermarktlinie 148

Abbildung 37: Die Wertpapiermarktlinie mit unter- und überbewerteten Wertpapieren 149

Abbildung 38: Überblick über die Teilgebiete der Aktienanalyse 155

Abbildung 39: Linienchart der Commerzbank von 11/98 bis 11/99 157

Abbildung 40: Balkenchart der Commerzbank von 11/98 bis 11/99 158

Abbildung 41: Point & Figure-Chart der Commerzbank von 11/98-11/99, Richtungsänderung ab drei Kästchen 159

Abbildung 42: Candlestick-Chart der Commerzbank-Aktie 11/98-11/99 161

Abbildung 43: Trendumkehrformationen der *Dow*-Theorie 163

Abbildung 44: Trendlinien und Trendkanäle 167

Abbildung 45: Widerstands- und Unterstützungslinien 168

Abbildung 46: Aufsteigendes und absteigendes Dreieck 170

Abbildung 47: Wimpel und Flagge 170

Abbildung 48: Rechteck 171

Abbildung 49: Keil 172

Abbildung 50: M- und W-Formation 173

Abbildung 51: Kopf-Schulter-Formation 173

Abbildung 52: Untertasse 174

Abbildung 53: Vorgehensweise innerhalb der Fundamentalanalyse aus Sicht des Bewertenden 177

Abbildung 54: Bedeutung des inneren Wertes einer Aktie aus Sicht des Bewertenden 177

Abbildung 55: Gliederung der Teilbereiche innerhalb der Fundamentalanalyse 178

Abbildung 56: Ausgewählte, den inneren Wert einer Aktie beeinflussende Parameter 180

Abbildung 57: Systematisierung der Modellvarianten barwerttheoretischer Ansätze ... 181

Abbildung 58: Ermittlungsschema des Ergebnisses nach DVFA/SG bis 1998 ... 189

Abbildung 59: Ermittlungsschema des Ergebnisses nach DVFA/SG ab 1999 ... 190

Abbildung 60: Überblick über ausgewählte Bereinigungspositionen im Rahmen der Ergebnisermittlung nach DVFA/SG ... 194

Abbildung 61: Ermittlungsschema des Cashflow nach DVFA/SG ... 197

Abbildung 62: Abgrenzung der einzelnen Cashflow-Begriffe für Zwecke einzelner Modellvarianten der Discounted Cashflow-Methode ... 197

Abbildung 63: Darstellung der Zahlenreihe der einzelnen Netto-Cashflow-Größen ... 200

Abbildung 64: Überleitung von den Netto-Cashflows auf die Free-Cashflows ... 202

Abbildung 65: Methoden zur Risikoerfassung im Kalkulationszinsfuß ... 206

Abbildung 66: Ausgangssituation zur Bestimmung eines sicherheitsäquivalenten Ertrags bei unendlichem Planungszeitraum ... 210

Abbildung 67: Fallgestaltung 1 zur Ermittlung eines sicherheitsäquivalenten Ertrags bei unendlichem Planungszeitraum ... 211

Abbildung 68: Fallgestaltung 2 zur Ermittlung eines sicherheitsäquivalenten Ertrags bei unendlichem Planungszeitraum ... 211

Abbildung 69: Ausgangssituation zur Bestimmung maximal sinnvoller Risikozuschläge bei endlichem Planungszeitraum ... 212

Abbildung 70: Kapitalmarktlinie im Mehrwertpapierfall unter Einbeziehung einer Anleihe ... 214

Abbildung 71: Grafische Ableitung der Gleichung der Kapitalmarktlinie im Mehrwertpapierfall unter Einbeziehung einer Anleihe ... 215

Abbildung 72: Grafischer Zusammenhang zwischen der erwarteten Rendite einer Aktie und ihrem Beta-Koeffizienten ... 216

Abbildung 73: Grafische Darstellung des APM bei zwei Teilrisikokomponenten 219

Abbildung 74: Grundschema einer Strukturbilanz 238

Abbildung 75: Ermittlung des ordentlichen betrieblichen Ergebnisses 239

Abbildung 76: Ermittlung des ordentlichen betriebsfremden Ergebnisses ... 240

Abbildung 77: Systematisierung von Kennzahlen 243

Abbildung 78: Gesamtleistung 251

Abbildung 79: Das Du Pont-System 255

Abbildung 80: Die direkte Ermittlungsmethode des Cashflow 264

Abbildung 81: Die indirekte Ermittlungsmethode des Cashflow 265

Abbildung 82: Zusammenhang der Ermittlungsmethoden des Cashflow 267

Abbildung 83: Arbeitsschema zur Ermittlung der Cash Earnings nach DVFA/SG 271

Abbildung 84: Berechnungsschema des Cashflow from Operations 285

Abbildung 85: Der Zusammenhang zwischen der Gegenbestände-rechnung und dem Fondsnachweis 313

Abbildung 86: Die unterschiedlichen Fondsabgrenzungen 317

Abbildung 87: Die Ermittlungsmethoden der Kapitalflussrechnung 321

Abbildung 88: Vorgehensweise bei der derivativen Ermittlung der Kapitalflussrechnung 323

Abbildung 89: Grundschema einer Beständedifferenzenbilanz 324

Abbildung 90: Grundschema der Bewegungsbilanz 324

Abbildung 91: Grundschema der (Brutto-)Bewegungsbilanz 325

Abbildung 92: Grundschema der erweiterten (Brutto-)Bewegungsbilanz 326

Abbildung 93: Grundschema einer Umsatzmatrix 329

Abbildung 94: DRS 2-Gliederungsschema I (Direkte Methode) 334

Abbildung 95: DRS 2-Gliederungsschema II (Indirekte Methode) 335

Abbildung 96: Zuordnung bestimmter Positionen der Kapitalflussrechnung gemäß DRS 2, IAS 7, SFAS No. 95 346

Abbildung 97: Die Ermittlungsmethoden der Konzern-Kapitalflussrechnung 353

Verzeichnis der Abkürzungen

Abs. .... Absatz
Abt. .... Abteilung
ADL .... Advanced Decline Line
AG .... Aktiengesellschaft
AktG .... Aktiengesetz
a. L. .... am Lech
a. M. .... am Main
Anm. .... Anmerkung
APM .... Arbitrage Pricing Model
APV .... Adjusted Present Value
Art. .... Artikel
Aufl. .... Auflage

BBK .... Buchführung, Bilanz, Kostenrechnung
BFH .... Bundesfinanzhof
BGBl. .... Bundesgesetzblatt
BörsG .... Börsengesetz
BörsZulV .... Börsenzulassungsverordnung
bspw. .... beispielsweise
BT .... Bundestag
bzgl. .... bezüglich
bzw. .... beziehungsweise

C&L .... Coopers & Lybrand,
jetzt PWC: PricewaterhouseCoopers
ca. .... circa
CAPM .... Capital Asset Pricing Model
CML .... Capital Market Line

DAX .... Deutscher Aktienindex
DCF .... Discounted Cashflow
d. h. .... das heißt
Diss. .... Dissertation

DM .... Deutsche Mark
DRS .... Deutsche(r) Rechnungslegungs Standard(s)
DRSC .... Deutsches Rechnungslegungs Standards Committee
d. Verf. .... der/die Verfasser
DVFA/SG .... Deutsche Vereinigung für Finanzanalyse und Anlageberatung e. V./Schmalenbach-Gesellschaft – Deutsche Gesellschaft für Betriebswirtschaft e. V.

EG .... Europäische Gemeinschaft
EGHGB .... Einführungsgesetz zum Handelsgesetzbuch
EK .... Eigenkapital
EStG .... Einkommensteuergesetz
EStR .... Einkommensteuerrichtlinien
etc. .... et cetera
EU .... Europäische Union
EUR .... Euro
Euro-EG .... Euro-Einführungsgesetz
e. V. .... eingetragener Verein
evtl. .... eventuell
EWG .... Europäische Wirtschaftsgemeinschaft

FASB .... Financial Accounting Standards Board
FCF .... Free Cashflow
FK .... Fremdkapital
Fn. .... Fußnote
FRS .... Financial Reporting Standard

GAAP .... Generally Accepted Accounting Principles
GE .... Geldeinheit(en)
gem. .... gemäß
GewStG .... Gewerbesteuergesetz
ggf. .... gegebenenfalls
GK .... Gesamtkapital, auch Gesamtkapitalmarktwert
GmbH .... Gesellschaft mit beschränkter Haftung
GmbHG .... Gesetz betreffend die Gesellschaften mit beschränkter Haftung

GrS	Großer Senat
GuV	Gewinn- und Verlustrechnung
HdJ	Handbuch des Jahresabschlusses
HFA	Hauptfachausschuss des Instituts der Wirtschaftsprüfer in Deutschland e. V.
HGB	Handelsgesetzbuch
hrsg.	herausgegeben
Hrsg.	Herausgeber
HWF	Handwörterbuch des Bank- und Finanzwesens
IAS	International Accounting Standard(s)
i. Br.	im Breisgau
i. d. R.	in der Regel
IDW	Institut der Wirtschaftsprüfer
i. e. S.	im engeren Sinne
insb.	insbesondere
InsO	Insolvenzordnung
IOSCO	International Organization of Securities Commissions
i. S. d.	im Sinne des
i. V. m.	in Verbindung mit
i. w. S.	im weiteren Sinne
KapAEG	Kapitalaufnahmeerleichterungsgesetz
KapCoRiLiG	Kapitalgesellschaften- und Co- Richtliniengesetz
KCFV	Kurs-Cashflow-Verhältnis
KE	Gesamtkapitalertrag, auch: erwarteter Kapitalertrag
k_{EK}	Eigenkapitalkosten
k_{FK}	Fremdkapitalkosten
KG	Kommanditgesellschaft
k_{GK}	durchschnittliche Gesamtkapitalkosten
KGV	Kurs-Gewinn-Verhältnis
KNNA	Künstliche Neuronale Netz-Analyse
KonTraG	Gesetz zur Kontrolle und Transparenz im Unternehmensbereich
KStG	Körperschaftsteuergesetz

Max .... Maximierung
Min .... Minimierung
MVP .... Minimum-Varianz-Portfolio
MW .... Marktwert
MWEK .... Marktwert des Eigenkapitals
MWFK .... Marktwert des Fremdkapitals

NCF .... Netto-Cashflow
No. .... Number
Nr. .... Nummer

OHG .... Offene Handelsgesellschaft
opt. .... optimieren

p. a. .... per annum (pro Jahr)
PCR .... Price-Cashflow-Ratio
PER .... Price-Earning-Ratio

R .... Richtlinie
RAP .... Rechnungsabgrenzungsposten
r_{EK} .... Eigenkapitalrentabilität
r_{FK} .... Fremdkapitalzinssatz
r_{GK} .... Gesamtkapitalrentabilität
Rn. .... Randnummer
ROI .... Return on Investment
Rz. .... Randziffer

S. .... Seite
SEC .... US Securities and Exchange Commission
SFAS .... Statement of Financial Accounting Standard
SML .... Security Market Line
sog. .... so genannt
Sp. .... Spalte
S&P .... Standard & Poor‘s

T .... Tausend
Tz. .... Textziffer

u. a. .... und andere, auch: unter anderem
u. E. .... unseres Erachtens
u. U. .... unter Umständen
US .... United States
USA .... United States of Amerika
usw. .... und so weiter

v .... Verschuldungsgrad
v. a. .... vor allem
vgl. .... vergleiche
Vol. .... Volume

WACC .... Weighted Average Cost of Capital
WpHG .... Wertpapierhandelsgesetz

z. B. .... zum Beispiel
z. T. .... zum Teil
ZVEI .... Zentralverband der Elektrotechnischen Industrie e. V.
z. Zt. .... zur Zeit

1 Entscheidungen über Finanzierungsmaßnahmen[1]

Vorbemerkungen:

In den beiden ersten Bänden wurden die Bereiche der Investition (Band I) und der Finanzierung (Band II) behandelt, wobei im Zentrum der Betrachtungen zur Investition ihr Bezug zur Investitionsrechnung und im Zentrum der Überlegungen zur Finanzierung ihr Bezug zu den Finanzierungsinstrumenten gestanden haben. Band III baut auf diesen Überlegungen auf, indem

- erstens Entscheidungen über Finanzierungsmaßnahmen analysiert und somit die Beziehungen der in Band II dargestellten Finanzierungsinstrumente herausgearbeitet werden,
- zweitens Entscheidungen über Finanzinvestitionen untersucht werden und somit ein spezieller und spezifischer Problembereich der in Band I behandelten Investitionsrechnung intensiv betrachtet wird und
- drittens Informationen für finanzwirtschaftliche Entscheidungen im Sinne einer finanz- und erfolgswirtschaftlichen Analyse behandelt werden und somit das Bindeglied für alle finanzwirtschaftlichen Entscheidungen hergestellt wird.

---

1 Wesentliche Passagen dieses Abschnitts sind entnommen aus *Bieg, Hartmut*: Finanzierungsregeln. In: Wirtschaftswissenschaftliches Studium 1983, S. 491-496 und S. 543; *Bieg, Hartmut*: Betriebswirtschaftslehre 2: Finanzierung. Freiburg i. Br. 1991; *Bieg, Hartmut*: Kapitalstruktur- und Kapital-Vermögensstrukturregeln. In: Wirtschaftswissenschaftliches Studium 1993, S. 598-604; *Bieg, Hartmut*: Die Finanzplanung. In: Der Steuerberater 1999, S. 425-436; *Bieg, Hartmut*: Die Kapitaldeckung und Kapitalstruktur der Unternehmung – Das Modigliani/Miller-Theorem. In: Der Steuerberater 2000, S. 6-12 und S. 49-57; *Kußmaul, Heinz*: Betriebswirtschaftliche Aspekte bei der Zuführung von Eigen- oder Fremdkapital. In: Der Steuerberater 1996, S. 437-442 und S. 480-483; *Kußmaul, Heinz*: Betriebswirtschaftliche Steuerlehre. 2. Aufl., München/Wien 2000, S. 190-248; *Kußmaul, Heinz/Dreger, Martina/Leiderer, Bernd*: Steuerliche Überlegungen zur Außenfinanzierung. In: Die Information über Steuer und Wirtschaft 1996, S. 341-345 und S. 373-377.

1.1 Liquidität und Finanzplanung

1.1.1 Die Aufgabe der Finanzplanung

Die Finanzplanung hat die Aufgabe, die zukünftige Entwicklung des finanziellen Sektors einer Unternehmung in Form von Vorschaurechnungen aufzuzeigen. Sie soll rechtzeitig einen zukünftigen Kapitalbedarf und entstehende Mittelüberschüsse nach Zeitpunkt, Höhe und Dauer erkennen lassen, damit die Unternehmungsleitung auf Grundlage dieser Informationen Entscheidungen bzw. Anpassungsmaßnahmen in Hinblick auf die zielorientierte Abstimmung von Einzahlungen und Auszahlungen vornehmen kann.

Unter der **Finanzplanung** einer Unternehmung versteht man alle Berechnungen und Dispositionen im Hinblick auf

- die Abstimmung der kurzfristig zu erwartenden Einzahlungs- und Auszahlungsströme mit dem Ziel der Erhaltung der Liquidität und
- die mittel- und langfristige Abstimmung von Kapitalbedarf und Kapitaldeckungsmöglichkeiten (Finanzierungsmöglichkeiten).

Insbesondere der Abgleich von **Kapitalbedarf und Kapitaldeckungsmöglichkeiten** erfolgt mit dem Ziel, eine bezüglich der finanzwirtschaftlichen Entscheidungskriterien[2]

- Erhaltung der Liquidität,
- Steigerung der Rentabilität,
- ausreichende Sicherheit und
- Gewährleistung der Unabhängigkeit

möglichst effiziente Kapitalstruktur zu erreichen. Unter **Kapitalstruktur** wird hier das Verhältnis von Fremd- zu Eigenkapital einer Unternehmung verstanden, das auch als Verschuldungsgrad bezeichnet wird.

Im Unterschied zur Prognose, die sich lediglich auf die deskriptive Darstellung zukünftiger Entwicklungen erstreckt, übernimmt die finanzielle Planung

---

[2] Vgl. dazu ausführlicher Band I: Investition, Abschnitt 1.2.2.

auch eine **Gestaltungsfunktion** im Sinne einer **systematischen gedanklichen Vorwegnahme dispositiver Maßnahmen im Bereich der betrieblichen Finanzwirtschaft**. Bei der Finanzplanung geht es stets um eine aktive, zukunftsgerichtete Gestaltung der finanziellen Sphäre einer Unternehmung.[3] Der Prognose quantitativer Größen kommt im Rahmen der Finanzplanung lediglich eine Hilfsfunktion zu.

Zentrales Steuerungsinstrument der Finanzplanung ist der **Finanzplan** als **tabellarische, zeitlich gegliederte Gegenüberstellung von erwarteten Ein- und Auszahlungen**. Der Finanzplan ist vom Finanzbudget zu unterscheiden. Ein **Finanzbudget** ist ein **Vorgabeplan** einer übergeordneten Instanz, der dem Verantwortungsbereich in Form von Soll-Größen vorgibt, in welchem Umfang Zahlungsströme innerhalb einer Planperiode zu realisieren sind. Wie diese Zielfestsetzung erreicht werden kann, ist der Abteilung freigestellt. Die Leistungskontrolle erfolgt durch Ermittlung der Planabweichungen.[4]

1.1.2 Die Grundsätze der Finanzplanung

Um den Finanzplan sinnvoll als Steuerungsinstrument einsetzen zu können, sind bei der Planerstellung folgende **Planungsgrundsätze** zu beachten:[5]

- **Grundsatz der Vollständigkeit**

  Die im Verlauf des gesamten Planungszeitraums anfallenden bzw. erwarteten Zahlungsströme sind vollständig zu berücksichtigen. Fehlen wesentliche Zahlungsströme, so verfehlt jede Planung das mit ihr beabsichtigte Ziel. Nicht nur die Nichtberücksichtigung eines einzelnen großen Betrages kann schwerwiegende Folgen haben; auch eine Vielzahl kleiner zahlungswirksamer Größen kann in der Summe von erheblicher Bedeutung sein und sollte daher nicht vernachlässigt werden.

- **Grundsatz des Bruttoausweises**

  Ein- und Auszahlungen dürfen nicht verrechnet werden, da Saldierungen den Informationsgehalt des Finanzplans reduzieren (können). Z. B. darf die

---

[3] Vgl. *Perridon, Louis/Steiner, Manfred*: Finanzwirtschaft der Unternehmung. 10. Aufl., München 1999, S. 594.

[4] Vgl. zur Festlegung des Finanzbudgets **Abschnitt 1.1.6**; vgl. ausführlich zum Finanzplan **Abschnitt 1.1.4**.

[5] Vgl. *Perridon, Louis/Steiner, Manfred*: Finanzwirtschaft der Unternehmung. 10. Aufl., München 1999, S. 598-599.

erwartete Einzahlung eines Kunden nicht mit einer an diesen Kunden zu leistenden Auszahlung saldiert werden.

- **Grundsatz der Zeitpunktgenauigkeit**

  Um Rückschlüsse auf die Einhaltung der ständigen Zahlungsfähigkeit ziehen zu können, muss der Eintritt jedes einzelnen in die Planung einbezogenen Zahlungsvorgangs terminlich hinreichend genau prognostiziert werden. Eine exakte Prognose ist allerdings gerade bei der Planung der (fremdbestimmten) Einzahlungen nicht unproblematisch.

- **Grundsatz der Betragsgenauigkeit**

  Die Planungsansätze müssen auf realistischen Annahmen beruhen und möglichst genau beziffert werden. Dies verlangt die Berücksichtigung von Lohn- und Preissteigerungsraten, Absatzerwartungen usw. im Finanzplan.

- **Grundsatz der Zukunftsbezogenheit**

  Da sich das wirtschaftliche Umfeld der Unternehmung fast ständig ändert, muss die Extrapolation der einzelnen Daten aus der Vergangenheit in die Zukunft auch zukunftsorientiert erfolgen, z.B. bei der Lohn-, Preis- und Zinsentwicklung. Ferner sind Umstrukturierungen und Neuinvestitionen wegen veralteter Produktionsverfahren und Absatzsortimente (Produktlebenszyklus) mit einzukalkulieren.

- **Grundsatz der materiellen Bedeutung und Wirtschaftlichkeit**

  Trotz noch so ausgefeilter Planungs- und Prognoseverfahren kommt es aufgrund der Zukunftsbezogenheit der Planung immer zu einer gewissen Ungenauigkeit der Planansätze. Insofern sind Kosten und Nutzen zusätzlicher Informationen gegeneinander abzuwägen, d.h., eine zusätzliche Informationsbeschaffung ist nur sinnvoll, solange die Grenzkosten der Informationsgewinnung unter dem Grenznutzen der Zusatzinformationen liegen.

1.1.3 Die Stellung der Finanzplanung im betrieblichen Gesamtsystem

Wegen ihrer hohen Bedeutung fällt die Finanzplanung grundsätzlich in den Aufgaben- und Kompetenzbereich der obersten Führungsebene einer Unternehmung.[6] Eine Untersuchung der realen Finanzplanungsprozesse deutscher

---

[6] Vgl. *Eilenberger, Guido*: Betriebliche Finanzwirtschaft. 6. Aufl., München 1997, S. 290.

Unternehmungen[7] hat ergeben, dass sich die Aufgabe der Vorstandsebene in erster Linie auf die **Finanzzielbestimmung** und nach Fertigstellung des Finanzplans auf die endgültige **Verabschiedung und Genehmigung** des Planungswerkes beschränkt. Die reinen Planungsarbeiten werden in den entsprechenden Fachabteilungen (i. d. R. in der Finanzabteilung) bzw. in den Stabsabteilungen durchgeführt. Je nach Größe der Unternehmung sind die Fachabteilungen eigenverantwortlich und ausschließlich mit Finanzplanungsaufgaben betraut. Die Unternehmungsleitung wirkt nur noch in geringem Umfang aktiv bei der Finanzplanerstellung mit und beschränkt sich auf eine sporadische Einschaltung bei außergewöhnlichen Vorgängen.

Die finanzielle Sphäre einer Unternehmung darf nicht isoliert betrachtet werden. Sie ist vielmehr als Ausdruck leistungswirtschaftlicher Tätigkeit zu sehen, da Interdependenzen zwischen den Realgüterprozessen der Unternehmung einerseits und den Finanzmittelbeständen und -bewegungen andererseits bestehen. Finanzplanung muss daher die wechselseitigen Beziehungen zu anderen Unternehmungsbereichen beachten (vgl. hierzu **Abbildung 1**; Seite 6). Im Unterschied zur Planung in anderen Unternehmungsbereichen handelt es sich bei der Finanzplanung um eine globale, d. h. auf die Gesamtunternehmung bezogene Planung.[8]

Alle betrieblichen Teilpläne des leistungswirtschaftlichen Bereichs[9] sind miteinander verflochten. Beispielsweise wirkt sich die Forschung und Entwicklung sowohl auf die künftige Verfahrenstechnik als auch auf das Angebotssortiment und damit auf die Absatzzahlen der Zukunft aus. Aus den Absatzmöglichkeiten ergeben sich unmittelbar die Produktions- und Lagerhaltungsplanungen. Hieraus wiederum resultiert der zukünftige Bedarf an Personal, Material und sonstigen Betriebsmitteln jeglicher Art. Zu welchen Zeitpunkten welche Mengen dieser Produktionsfaktoren beschafft werden müssen, hängt wiederum vom Fertigungsverfahren (personal- oder kapitalintensive Produktionstechnik) und von den (Lager-)Kapazitäten ab. Moderne Herstellungstechniken führen u. U. wieder zum Forschungs- und Entwicklungsplan zurück.

Der Finanzplan steht im Zentrum des betrieblichen Gesamtplanungssystems, denn einerseits werden Planungen in allen übrigen Bereichen gegenstandslos, wenn ihre Finanzierung nicht gesichert ist, andererseits wird die zukünftige

---

7 Vgl. *Schütt, Hartmut*: Finanzierung und Finanzplanung deutscher Industrie-Unternehmungen. Darmstadt 1979, S. 77-78.

8 Vgl. *Perridon, Louis/Steiner, Manfred*: Finanzwirtschaft der Unternehmung. 10. Aufl., München 1999, S. 599.

9 Hierzu zählen der Forschungs- und Entwicklungsplan, der Kapazitäts- und Verfahrensplan, der langfristige Beschaffungs- und Investitionsplan, der langfristige Absatzplan und der langfristige Produktionsplan; vgl. hierzu auch Band I: Investition, Abschnitt 1.1.1.

Finanzsituation vornehmlich durch Dispositionen in den sonstigen Sektoren geprägt: die Einzahlungen durch den Absatzplan, die Auszahlungen durch Forschung, Beschaffung und Produktion.

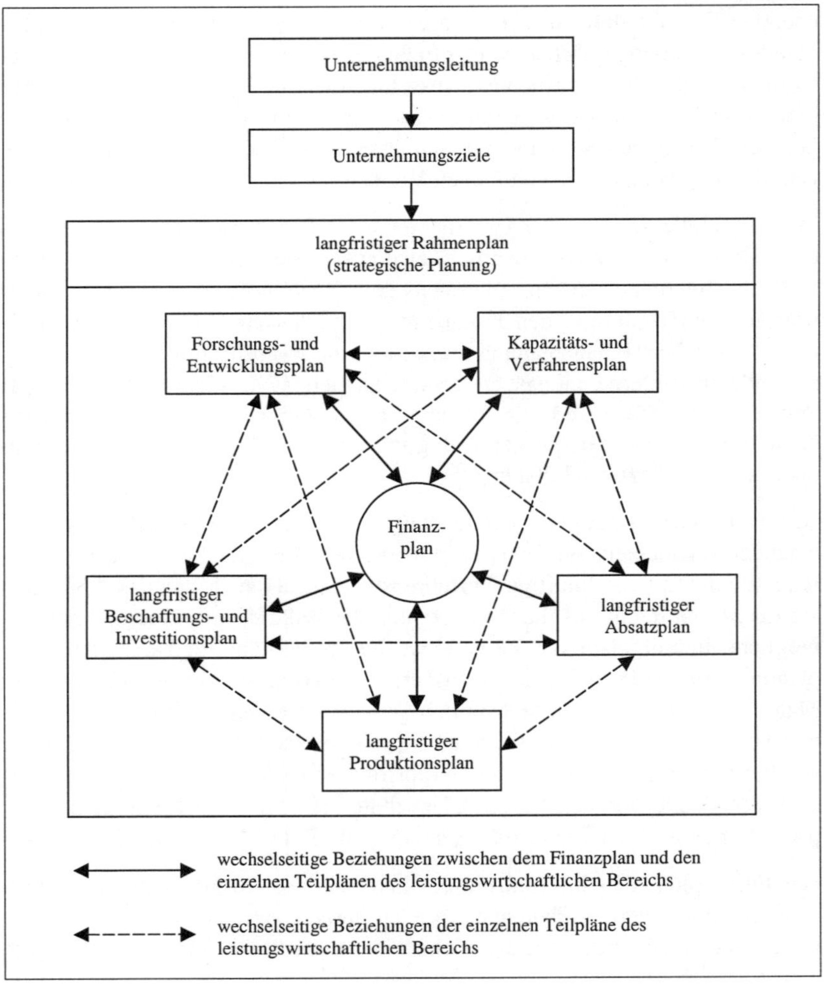

Abbildung 1: Grobschema des Systems langfristiger Teilpläne einer Industrieunternehmung[10]

---

[10] Entnommen aus *Bieg, Hartmut*: Betriebswirtschaftslehre 2: Finanzierung. Freiburg i. Br. 1991, S. 162.

Aufgrund dieser gegenseitigen Einflussnahme wäre es ideal, alle Teilplanungen in einem einzigen, die ganze Unternehmung umspannenden **Simultanplan** zusammenzufassen. Dies ist allerdings wegen der meist hohen bis sehr hohen Anzahl an Variablen und Nebenbedingungen, die ein Planungsmodell sehr schnell unüberschaubar groß und damit inflexibel werden lassen, nicht unproblematisch.[11]

Ein integriertes Software-Produkt sollte zu einer Simultanplanung zwar heutzutage weitgehend in der Lage sein, dennoch wird darauf i. d. R. nach wie vor verzichtet. Bei der stattdessen angewendeten **Sukzessivplanung** wird mit dem Teilplan begonnen, dem man die größte Bedeutung zumisst.[12] Aus diesem Teilplan werden die anderen Teilpläne abgeleitet, zunächst ohne in diesem ersten Schritt die wechselseitigen Beziehungen zu beachten. Erst in einem zweiten Schritt werden die vorliegenden Einzelpläne ausgetauscht und durch Revision der Teilpläne so lange aufeinander abgestimmt, bis eine möglichst effiziente Abstimmung der Einzelpläne erreicht ist. Besteht in einem Teilbereich der Unternehmung ein Engpass, so stellt dieser Teilbereich den Ausgangspunkt der betrieblichen Planung dar.

1.1.4 Der Ablauf der Finanzplanung

1.1.4.1 Das Grundschema der Finanzplanung

Der Finanzplanungsprozess vollzieht sich in mehreren Stufen. Die (zeitaufwändigste) **erste Stufe** ist die **Planerstellungsphase**. Die aus den Teilplänen der einzelnen Unternehmungsbereiche vorliegenden Informationen werden gesammelt, in Finanzinformationen transformiert und im (Grund-)Finanzplan festgehalten. Aus dem Anfangsbestand an liquiden Mitteln sowie den voraussichtlichen Ein- und Auszahlungen des Planungszeitraumes wird ein Finanzmittelüberschuss oder -fehlbetrag, die so genannte **Über-** bzw. **Unterdeckung**, errechnet.

In der **zweiten Stufe** der Finanzplanung ist es Aufgabe des Finanzmanagements, in Abhängigkeit von Betrag, Termin und Dauer der Unter- bzw. Überdeckung geeignete Maßnahmen zur Deckung des Finanzmitteldefizits bzw.

---

11 Vgl. *Wöhe, Günter/Bilstein, Jürgen*: Grundzüge der Unternehmensfinanzierung. 8. Aufl., München 1998, S. 339.

12 Für Industrieunternehmungen dient in den meisten Fällen der Absatzplan als Ausgangspunkt der betrieblichen Planung.

zur Verwendung des Finanzmittelüberschusses einzuplanen und vorzubereiten. Um die Flexibilität der Finanzplanung zu gewährleisten, werden **Alternativpläne** vorbereitet.

In der **dritten Stufe** wird die Entscheidung für eine Alternative unter Berücksichtigung von kritischen Werten aufgrund der Unsicherheit der Erwartungen getroffen (**Planfeststellung**).

Als **vierte Stufe** der Finanzplanung schließt sich die **Plankontrolle** an, d.h. der Soll-Ist-Vergleich zwischen den ursprünglich geplanten und den tatsächlich eingetretenen Zahlungsströmen. Die Ursachen der Abweichungen zwischen Plan- und Ist-Daten werden analysiert, um Schwachstellen in der Planung und auch finanzwirtschaftliche Mängel in sonstigen Unternehmungsbereichen aufzudecken und so weit wie möglich zu beheben. Diese Erkenntnisse gehen als verbesserte Ausgangsdaten und Planungstechniken in zukünftige Finanzpläne ein.

Die **fünfte Stufe** stellt die **Planrevision** dar. Aufgrund der durch den Soll-Ist-Vergleich gewonnenen Erkenntnisse erfolgt eine Anpassung der Planung an die neue Situation.

1.1.4.2 Die Zeitdimension der Finanzplanung

Um die Zahlungsfähigkeit einer Unternehmung zu jedem Zeitpunkt zu gewährleisten, müsste der Finanzplan **alle zukünftigen Ein- und Auszahlungen tagesgenau** enthalten. Mit zunehmendem Abstand des Planungshorizonts vom Planungszeitpunkt wird jedoch die Bestimmung der Zahlungsströme sowohl in zeitlicher als auch in betragsmäßiger Hinsicht immer ungenauer.[13] Um nicht bei jeder kurzfristigen Planabweichung eine Aktualisierung des Gesamt(finanz)plans unter Beibehaltung der mittel- und langfristigen Elemente vornehmen zu müssen, werden verschiedene Finanzpläne, die sich jeweils auf Ausschnitte des **gesamten Planungszeitraums** beziehen, aufgestellt.[14] In den einzelnen Finanzplänen wird der für sie relevante **kurz-, mittel- bzw. langfristige** Planungszeitraum jeweils in unterschiedlich lange Planteilperioden aufgeteilt (**Abbildung 2**; Seite 9). Somit existieren für einen bestimmten Teil des gesamten Planungszeitraums parallel gültige, sich zeitlich überlappende Einzelpläne mit **unterschiedlich langen Planteilperioden**. Beispielsweise überlappen sich die Teilpläne des kurzfristigen Finanzplans zeitlich mit den ersten Teilplänen des mittel- und des langfristigen Finanzplans.

---

13 Vgl. *Perridon, Louis/Steiner, Manfred*: Finanzwirtschaft der Unternehmung. 10. Aufl., München 1999, S. 601.

14 Vgl. zu den Teilplänen der Finanzplanung **Abschnitt 1.1.4.3**.

Art des Finanzplans	Planungszeitraum	Planteilperiode
kurzfristiger Finanzplan	bis ein Jahr, i.d.R. ein Monat oder ein Quartal	Woche, Dekade, Monat, Quartal
mittelfristiger Finanzplan	bis zu 2-5 Jahren, i.d.R. ein Jahr	Monat, Quartal, Jahr
langfristiger Finanzplan	i.d.R. bis zu 5 Jahren	Quartal, Halbjahr, Jahr

Abbildung 2: Zeitraumeinteilung von Finanzplänen[15]

Die Wahl der Planungszeiträume sowie die Einteilung der Planteilperioden hängt von den jeweiligen Erfordernissen in der konkreten Unternehmung ab. Bei überschaubaren Kleinbetrieben werden häufig die mittel- und langfristigen Finanzplanungen in einem Plan zusammengefasst. Demgegenüber stellen Großunternehmungen kurz-, mittel- und langfristige Finanzpläne auf und überwachen zusätzlich ihre tägliche Zahlungsfähigkeit durch einen Liquiditätsstatus. Ein Planungszeitraum von z. B. sechs Monaten ist außerdem nicht pauschal für alle Branchen und Größenklassen als kurz-, mittel- oder langfristig zu qualifizieren. So haben Banken beispielsweise tendenziell kürzer ausgelegte Finanzpläne als Schiffswerften oder Bergbauunternehmungen.

Mit zunehmender Länge des Planungszeitraums sinkt im Allgemeinen der Aktualisierungsbedarf, d. h., während der kurzfristige Finanzplan nur für eine kurze Periode Gültigkeit besitzt, bleiben die Daten der mittel- bis langfristigen Planung über längere Zeiträume stabil und werden nur in Halbjahres- oder Jahresabständen oder bei wesentlichen Ereignissen aktualisiert.

In Abhängigkeit vom Planungszeitraum bestehen unterschiedliche Möglichkeiten, einen Finanzmittelüberschuss oder -fehlbetrag auszugleichen, wobei die meisten Alternativen – aber auch die größten Prognoseschwierigkeiten und Unsicherheiten – im langfristigen Bereich liegen.

1.1.4.3 Die Teilpläne der Finanzplanung

1.1.4.3.1 Der langfristige Finanzplan

Die langfristige Finanzplanung zeichnet sich dadurch aus, dass sie kaum Restriktionen unterliegt, da auf längere Sicht fast alle betrieblichen Gegebenheiten zur Disposition stehen; z. B. sind Rechtsform der Unternehmung (und damit auch die Möglichkeiten der Eigenkapitalbeschaffung), Standort, Kapa-

[15] Entnommen aus *Bieg, Hartmut*: Betriebswirtschaftslehre 2: Finanzierung. Freiburg i. Br. 1991, S. 167.

zitäten, Produktsortimente und Auftragsbestände langfristig veränderbare Größen. Allerdings ist die Entwicklung der planerischen Rahmenbedingungen – wie etwa der Konjunktur- und Branchenlage, Technik, Gesetzesvorschriften – auf Jahre hinaus außerordentlich schwer prognostizierbar, weshalb die Planungen in erhöhtem Maße auf Schätzungen und mehr oder weniger subjektiv bestimmte Prognoseverfahren angewiesen sind. Die Vorhersage von exakten Zahlungszeitpunkten und -beträgen ist langfristig kaum möglich. Daher ist es, obwohl grundsätzlich falsch, durchaus verständlich, wenn einige Autoren die langfristige Planung von der Zahlungsmittelebene lösen und auf eine Einnahmen-/Ausgaben- oder gar Ertrags-/Aufwandsrechnung übergehen. Tatsächlich spielt es kaum eine Rolle, ob z. B. ein in fünf Jahren erwarteter Ertrag ein Quartal früher oder später zu einer Einnahme oder Einzahlung führt; eine Messungenauigkeit ergibt sich lediglich dadurch, dass ausschließlich Zahlungsvorgänge Zinsen und Zinseszinsen nach sich ziehen.

Der langfristige Finanzplan wird – unter Rückkoppelung – ausschließlich von den übrigen Langfristplanungen der Unternehmung beeinflusst. Der formale Aufbau des langfristigen Finanzplans stimmt wie der des mittelfristigen mit dem des kurzfristigen Finanzplans grundsätzlich überein.[16] Unterschiede bestehen nur hinsichtlich der Anzahl der Planteilperioden und der Gliederungstiefe der erfassten Ein- und Auszahlungen.

Aufgrund der hohen Datenunsicherheit im langfristigen Bereich wird vielfach mit so genannten **Eventual-**, **Alternativ-** oder **„Schubladenplänen"** gearbeitet, die Entwicklungen, die gegenwärtig zwar als relativ unwahrscheinlich, aber dennoch als möglich angesehen werden,[17] relativ grob gerastert planen. Erst mit (hinreichend wahrscheinlichem) Eintritt der jeweiligen Eventualsituation werden die betreffenden Alternativpläne aktiviert, detailliert ausgearbeitet und die Resultate als Vorgaben an die operativen Kurzfristpläne weitergereicht.

Die Aufgabe der langfristigen Finanzplanung ist es, die **Kapitalstruktur** so zu gestalten,[18] dass die Kreditwürdigkeit der Unternehmung auf Dauer jederzeit gesichert bleibt und ausreicht, den langfristigen **Kapitalbedarf** zu decken.[19] Die langfristige Finanzplanung soll also die finanziellen Rahmenbedingungen so gestalten, dass es der später einsetzenden mittel- und kurzfristi-

---

[16] Vgl. hierzu **Abschnitt 1.1.4.3.3**.

[17] Hierbei kann es sich z. B. um gravierende Änderungen der Steuergesetzgebung, extreme Konjunktur- oder Branchenentwicklungen, Preiskämpfe und Verdrängungswettbewerb mit der Konkurrenz, kapitalintensive Umstellung der Fertigungsverfahren infolge technischer Fortschritte oder erhebliche Preisverschiebungen zwischen verschiedenen, begrenzt austauschbaren Produktionsfaktoren handeln.

[18] Vgl. zur Kapitaldeckung **Abschnitt 1.1.7** sowie **Abschnitt 1.2**.

[19] Vgl. zum Kapitalbedarf **Abschnitt 1.1.5**.

gen Planung ermöglicht wird, die Aufrechterhaltung der Liquidität sicherzustellen.

1.1.4.3.2 Der mittelfristige Finanzplan

Der mittelfristige Finanzplan als Bindeglied zwischen dem langfristigen und dem kurzfristigen Finanzplan dient der Bestimmung konkreter Maßnahmen zur Steuerung der Kapitalstruktur und zur Sicherung der mittelfristigen Zahlungsfähigkeit. Im Vergleich zur langfristigen Finanzplanung sind wesentlich mehr Daten sicher bekannt oder zumindest besser prognostizierbar. So sind z. B. aufgrund eines gegebenen Auftragsbestandes die erwarteten Umsatzerlöse und damit die Umsatzeinzahlungen für die Planperiode relativ genau bestimmbar oder aufgrund der Konjunkturentwicklung mit einer hohen Wahrscheinlichkeit schätzbar. Durch diese größere Planungsgenauigkeit können frühzeitig kapitalfreisetzende oder kapitalbindende Maßnahmen vorgesehen werden (**Abbildung 6**; Seite 16 und **Abbildung 7**; Seite 16).

1.1.4.3.3 Der kurzfristige Finanzplan

Der kurzfristige Finanzplan baut auf den Daten und Rahmenvorgaben der mittel- und langfristigen Planung auf. Die kurzfristige Finanzplanung soll zunächst den anstehenden Zahlungsmittelfehlbetrag bzw. -überschuss ermitteln und, darauf aufbauend,

- bei (berechneter) **Unterdeckung** geeignete Maßnahmen zur Sicherstellung der Zahlungsfähigkeit einleiten oder
- bei (berechneter) **Überdeckung** die freien Mittel kurzfristig in eine rentable Verwendung lenken.

Da solche Maßnahmen auch andere Bereiche innerhalb der Unternehmung betreffen können, muss die kurzfristige Finanzplanung stets mit den übrigen kurzfristigen Teilplänen des Betriebes abgestimmt werden.[20]

Ausgehend vom jeweiligen Zahlungsmittelanfangsbestand wird für jede einzelne Teilperiode des Planungszeitraums der Zahlungsmittelendbestand ermittelt, indem die Plan-Einzahlungen mit den Plan-Auszahlungen saldiert werden (**Abbildung 3**; Seite 12).

[20] Eine Abstimmung ist z. B. mit dem Absatz-, Beschäftigungs- und Bestellplan notwendig.

Position / Teilperiode	Planungszeitraum							
	1	2	3	4	5	6	7	8
(1) Zahlungsmittelanfangsbestand								
Plan-Einzahlungen aus: ——— ——— ——— (2) Summe der Plan-Einzahlungen								
Plan-Auszahlungen für: ——— ——— ——— (3) Summe der Plan-Auszahlungen								
(4) = (1) + (2) – (3) Zahlungsmittelendbestand (Über-/Unterdeckung)								

Abbildung 3: Grobschema eines kurzfristigen Finanzplans[21]

Die Gliederungstiefe der Plan-Einzahlungen bzw. Plan-Auszahlungen hängt von der Art des Betriebes, von der gewünschten Übersichtlichkeit und von der geforderten Einsicht in die Struktur der Zahlungsbewegungen ab, kann also im Wesentlichen nur unternehmungsindividuell festgelegt werden. Es ist vielfach üblich, nur die vom finanziellen Volumen her besonders bedeutsamen Positionen detailliert auszuweisen. Aus organisatorischen Überlegungen werden die im Finanzplan auszuweisenden Positionen häufig an die Gliederung des externen Rechnungswesens angepasst (vgl. **Abbildung 4**; Seite 13 und 14).

Wenn es gilt, einen Fehlbetrag (Unterdeckung) oder Überschuss (Überdeckung) auszugleichen, sind mit den Zahlungsströmen häufig auch Bewegungen im Kreditbereich verbunden. Um den Überblick über diese Veränderungen der Forderungen und Verbindlichkeiten zu behalten, und um Kreditaufnahmen und -tilgungen zeitlich zu koordinieren, kann es sinnvoll sein, aus dem (zahlungsorientierten) Finanzplan einen Kreditplan auszugliedern. Der **Kreditplan** ist eine **tabellarische, zeitlich strukturierte Gegenüberstellung aller erwarteten und beabsichtigten Bewegungen der Forderun-**

[21] Entnommen aus *Bieg, Hartmut*: Betriebswirtschaftslehre 2: Finanzierung. Freiburg i. Br. 1991, S. 170.

gen und Verbindlichkeiten während des zugrunde liegenden Planungszeitraumes.

Position \ Teilperiode	Planungszeitraum			
	1	2	3	...
(1) Zahlungsmittelanfangsbestand — Kassenbestand — jederzeit verfügbare Guthaben bei Kreditinstituten				
Plan-Einzahlungen a) aus dem Leistungsbereich – Umsatzeinzahlungen • aus Barverkäufen • aus Forderungseingängen – Verkauf von Sachvermögen – erwartete Anzahlungen – sonstige b) aus dem Finanzbereich – Eigenkapitalzuführungen – Kreditaufnahmen • langfristige Bankkredite • sonstige langfristige Kredite • sonstige Kredite – eingehende Tilgungsbeträge aus vergebenen Krediten – Verkauf von Finanztiteln • Verkauf von Beteiligungen/Anteilen an verbundenen Unternehmen • Verkauf von Wertpapieren des Anlagevermögens • Verkauf von Wertpapieren des Umlaufvermögens – Finanzerträge • Zinseinzahlungen • Dividendeneinzahlungen • sonstige Finanzerträge c) sonstige Einzahlungen				
(2) Summe der Plan-Einzahlungen				

Position / Teilperiode	Planungszeitraum 1	2	3	...
Plan-Auszahlungen für:				
a) den Leistungsbereich				
– Personal				
• Löhne/Gehälter (netto)				
• Lohnsteuer				
• Sozialabgaben				
– Material				
• aus Bareinkäufen				
• aus Bezahlung von Verbindlichkeiten				
– Leistungen Dritter				
– Steuern				
b) Investitionen im Leistungsbereich				
– Grundstücke und Gebäude				
– Maschinen und maschinelle Anlagen				
– Betriebs- und Geschäftsausstattung				
– immaterielles Anlagevermögen (Konzessionen, Schutzrechte, Patente)				
– Roh-, Hilfs- und Betriebsstoffe				
– zu leistende Anzahlungen				
c) den Finanzbereich				
– Eigenkapitalrückzahlungen				
– Kreditrückzahlungen				
• langfristige Bankkredite				
• sonstige langfristige Kredite				
• sonstige Kredite				
– Kreditvergaben (einschl. Geldanlagen bei Kreditinstituten)				
– Kauf von Finanztiteln				
• Kauf von Beteiligungen/Anteilen an verbundenen Unternehmen				
• Kauf von Wertpapieren des Anlagevermögens				
• Kauf von Wertpapieren des Umlaufvermögens				
– Finanzaufwendungen				
• Zinsauszahlungen				
• Dividendenausschüttungen				
d) sonstige Auszahlungen				
(3) Summe der Plan-Auszahlungen				
(4) Zahlungsmittelendbestand (= (1) + (2) – (3)) > 0 → Überdeckung < 0 → Unterdeckung				
(5) bestehende Kreditlinien – in Anspruch genommene Kreditlinien = freie Kreditlinien				

Abbildung 4: Beispiel für einen kurzfristigen Finanzplan[22]

[22] Modifiziert entnommen aus *Bieg, Hartmut*: Betriebswirtschaftslehre 2: Finanzierung. Freiburg i. Br. 1991, S. 171-172.

Die kurzfristige Finanzplanung lässt sich durch eine **Planfortschreibung (gleitende, rollende, revolvierende Planung)** verfeinern. Sie wird jeweils nach Ablauf einer Teilperiode (z. B. einer Woche) des gesamten Planungszeitraums (z. B. acht Wochen) neu durchgeführt. An die Stelle der vergangenen Teilperiode wird eine weiter in der Zukunft liegende, bisher nicht erfasste Teilperiode in die Rechnung miteinbezogen, so dass der Planungszeitraum immer konstant bleibt. Die Plan-Daten der bereits geplanten Teilperioden werden dabei unter Berücksichtigung der inzwischen eingetretenen Ereignisse und des auf der Grundlage einer Finanzkontrolle der gerade vergangenen Teilperiode verbesserten Informationsstandes aktualisiert (**Planrevision**; vgl. **Abbildung 5**).

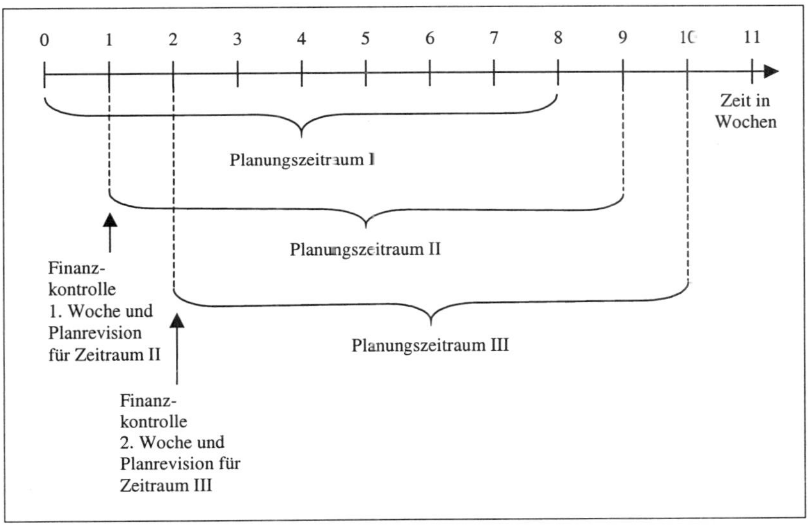

Abbildung 5: Planfortschreibung (revolvierende Planung)[23]

Ergibt sich zum Ende einer Teilperiode ein Finanzierungsüberschuss oder ein Finanzierungsfehlbetrag, so kann diese Differenz nicht nur durch finanzwirtschaftliche Maßnahmen beseitigt werden (vgl. **Abbildung 6**; Seite 16); die Unternehmungsleitung hat auch güterwirtschaftliche Anpassungsmöglichkeiten (vgl. **Abbildung 7**; Seite 16).

23 Entnommen aus *Bieg, Hartmut*: Betriebswirtschaftslehre 2: Finanzierung. Freiburg i. Br. 1991, S. 170.

Maßnahmen bei Unterdeckung	Maßnahmen bei Überdeckung
– Ausnutzung freier Kreditlinien – Kredit(neu)aufnahme – Kreditprolongation/Kreditsubstitution (nur wenn der Kredit in der Periode mit einem Finanzierungsfehlbetrag zur Rückzahlung fällig wird) – Eigenkapitalerhöhung (i.d.R. Bareinlagen; die Langfristigkeit der Maßnahme ist zu beachten) – Verkauf von Finanztiteln (z.B. Schuldverschreibungen, Aktien) – Verkauf von Forderungen (Factoring) – Leasing (Sale-and-lease-back)	– Kreditvergabe auf einen festen Termin (z. B. Festgeldanlage) – Erwerb von Finanztiteln (z. B. Schuldverschreibungen, Aktien) – Eigenkapitalrückzahlung durch Entnahmen – (vorzeitige) Kredittilgung (beachte: Kreditkonditionen)

Abbildung 6: Finanzwirtschaftliche Anpassungsmaßnahmen[24]

Maßnahmen bei Unterdeckung	Maßnahmen bei Überdeckung
– Verzögerung umsatzbedingter Auszahlungen (beachte: Skontoabzugsmöglichkeit) – Verkürzung der Kapitalbindungsdauer (z.B. Reduzierung der Lagerbestände, Rationalisierungsmaßnahmen) – Verzicht auf Durchführung von Sachinvestitionen und dadurch kurzzeitige Einsparung der Anschaffungsauszahlungen – Personalfreisetzung im Rahmen von Rationalisierungsmaßnahmen – Verkauf von – insbesondere nicht betriebsnotwendigem – Sachvermögen	– Skontoinanspruchnahme durch beschleunigte Auszahlungen für offene Lieferantenrechnungen – Materialeinkäufe in günstigen Mengen gegen Barzahlung (Preisnachlässe, aber höhere Lagerbestände) – Einräumung längerer Zahlungsziele an Kunden (nur wenn Aussicht auf Umsatzsteigerung und daraus resultierend Aussicht auf Erfolgssteigerung besteht) – Vorziehen geplanter Ersatz- und Rationalisierungsinvestitionen

Abbildung 7: Güterwirtschaftliche Anpassungsmaßnahmen[25]

1.1.4.3.4 Der Liquiditätsstatus

Der Liquiditäts- bzw. Finanzstatus vermittelt einen Überblick über die aktuelle, auf den Tag bezogene Zahlungskraft sowie die unmittelbar fälligen Zahlungsverpflichtungen; er ist somit **kein Finanzplan** im eigentlichen Sinne. Diese extrem kurzfristige Rechnung soll nur die gegenwärtige Zahlungs-

---

24 Vgl. zur Grundstruktur *Jahrmann, Fritz-Ulrich*: Finanzierung. 4. Aufl., Herne/Berlin 1999, S. 434-435.

25 Vgl. zur Grundstruktur *Jahrmann, Fritz-Ulrich*: Finanzierung. 4. Aufl., Herne/Berlin 1999, S. 435-436.

fähigkeit[26] präzise ermitteln. Da sie keine Plangrößen, sondern nur aktuelle Werte enthält, fehlt ihr jeder Zukunftsbezug.

Die an diese Aufstellung anknüpfenden Handlungsmöglichkeiten der Unternehmung sind sehr begrenzt. So können derart kurzfristig z. B. Zahlungsausgänge um einen Tag verzögert, Tagesgeld aufgenommen bzw. angelegt, aber auch vorgesehene Barkäufe nicht getätigt werden. Sofern absehbar, werden solche Anpassungsmaßnahmen allerdings schon in der kurzfristigen Finanzplanung erfasst und dem Liquiditätsstatus vorgegeben.

1.1.5 Der Kapitalbedarf[27]

1.1.5.1 Die Bestimmungsfaktoren und der zeitliche Anfall des Kapitalbedarfs

Der Bedarf an liquiden Mitteln, den die Unternehmung zur Erfüllung ihrer Ziele benötigt, wird als Kapitalbedarf bezeichnet.[28] Er ist von internen und von externen Faktoren abhängig.

Externe Determinanten des Kapitalbedarfs sind die Struktur der Beschaffungsmärkte, die Beschaffenheit der Absatzmärkte, die Entwicklung auf den Beschaffungs- und Absatzmärkten, das Preisniveau, staatliche Beschränkungen sowie Veränderungen der Produktionstechnologien.

Zu den **internen Determinanten** zählen der Unternehmungsgegenstand, das Unternehmungsziel, die Rechtsform, der Standort, die Betriebsgröße, die Prozessanordnung und der Technologieeinsatz, die Prozessgeschwindigkeit, der Beschäftigungsgrad sowie das Produktions- und Absatzprogramm.[29]

---

[26] Diese ermittelt sich aus dem Kassenbestand zuzüglich der erwarteten Einzahlungen, abzüglich der Barkäufe, der fälligen Lieferantenverbindlichkeiten, der Lohn- und Gehaltszahlungen sowie der fälligen Zinsen und Tilgungen.

[27] Vgl. mit einer beispielhaften Darstellung *Kußmaul, Heinz*: Betriebswirtschaftslehre für Existenzgründer. 2. Aufl., München/Wien 1999, S. 201-203.

[28] Vgl. *Busse, Franz-Joseph*: Grundlagen der betrieblichen Finanzwirtschaft. 4. Aufl., München/Wien 1996, S. 25.

[29] Vgl. *Busse, Franz-Joseph*: Grundlagen der betrieblichen Finanzwirtschaft. 4. Aufl., München/Wien 1996, S. 27.

Da es sich bei den internen Kapitalbestimmungsfaktoren um die Haupteinflussfaktoren des Kapitalbedarfs handelt, werden deren Auswirkungen auf die Höhe und Dauer des Kapitalbedarfs näher erläutert.[30]

1. Eine **Betriebsgrößenänderung** führt wegen der nicht beliebigen Teilbarkeit der Produktionsfaktoren nicht zu einer proportionalen Änderung des Kapitalbedarfs; vielmehr können Kapazitätserweiterungen einen sprunghaften Anstieg des Kapitalbedarfs erzeugen. Dagegen hat eine Reduktion der vorhandenen Kapazität nicht zwingend einen verminderten Kapitalbedarf zur Folge.

2. Der organisatorische und technische Unternehmungsaufbau (**Prozessanordnung**) ist als systematischer Fluss der Produktionsfaktoren von der Beschaffung über die Fertigung bis zum Absatz zu strukturieren, da eine effiziente Prozessanordnung den Kapitalbedarf für eine gegebene Unternehmung gering hält.

3. Die **Prozessgeschwindigkeit** bestimmt die Dauer der einzelnen Kapitalbindungsfristen und beeinflusst damit die Höhe des Kapitalbedarfs. So sinkt bei identischer Prozessanordnung mit zunehmender Prozessgeschwindigkeit die Kapitalbindungsfrist und damit der Kapitalbedarf.

4. Ein gleichmäßiger **Beschäftigungsgrad** (Auslastung pro Zeiteinheit) führt tendenziell zu einem geringeren Kapitalbedarf, da weniger (fixkostenverursachendes) Realkapital brachliegt als z. B. bei Saisonbetrieben.

5. Das **Produktions- und Absatzprogramm** bestimmt in erster Linie den Kapitalbedarf für Forschung und Entwicklung, Produktionsumstellungen, etc. Mit zunehmender Marktstabilität der Erzeugnisse sinkt der für diese Produkte notwendige Kapitalbedarf.

Der **zeitliche Anfall des Kapitalbedarfs** lässt sich unterscheiden in den:[31]

1. **einmaligen, außergewöhnlichen Kapitalbedarf**, der z. B. bei Gründung, Sanierung und beim Rechtsformwechsel anfällt;

2. **periodisch wiederkehrenden Kapitalbedarf**, der in der Langfristfertigung zu finden ist, aber auch durch Saisonschwankungen ausgelöst werden kann;

3. **laufenden (Basis-)Kapitalbedarf**, hierzu zählt der zur Aufrechterhaltung der Betriebs- und Produktionsbereitschaft notwendige Kapitalbedarf.

---

[30] Vgl. *Gutenberg, Erich*: Grundlagen der Betriebswirtschaftslehre. 3. Band: Die Finanzen. 8. Aufl., Berlin/Heidelberg/New York 1980, S. 12-15; vertiefend S. 16-122.

[31] Vgl. *Busse, Franz-Joseph*: Grundlagen der betrieblichen Finanzwirtschaft. 4. Aufl., München/Wien 1996, S. 28.

1.1.5.2 Die Ermittlung des Kapitalbedarfs

1.1.5.2.1 Vorbemerkungen

Für eine Unternehmung tritt ein Kapitalbedarf auf, wenn die zu leistenden Auszahlungen und die Einzahlungen zeitlich und betragsmäßig derart divergieren, dass es zu Zahlungsmittelunterdeckungen kommt. Der Gesamtkapitalbedarf setzt sich aus Anlage- und Umlaufkapitalbedarf zusammen.

Die Ermittlung des konkreten Kapitalbedarfs kann mit Hilfe von zwei unterschiedlichen Methoden erfolgen:

1. Bei der **statischen Methode** wird der Betrag des einmalig oder durchschnittlich während einer Periode benötigten Kapitals ohne Berücksichtigung der Zahlungszeitpunkte ermittelt.
2. Bei der **dynamischen Methode** werden die liquiditätswirksamen Vorgänge ihrem zeitlichen Anfall entsprechend erfasst; eine fristgerechte Kapitaldeckung wird somit ermöglicht.

1.1.5.2.2 Die statische Ermittlung des Kapitalbedarfs

1.1.5.2.2.1 Der Anlagekapitalbedarf

Die Ermittlung des Kapitalbedarfs im Anlagevermögen erfolgt bei der statischen Kapitalbedarfsermittlung durch Addition von Anschaffungskosten und Anschaffungsnebenkosten der für die geplante Produktion erforderlichen Anlagegüter. Die Berechnung des Kapitalbedarfs basiert somit auf der bereits abgeschlossenen Investitionsplanung, die unabhängig von den Finanzierungsmöglichkeiten vorgenommen wird (so genannte **passive Finanzierung**).[32]

1.1.5.2.2.2 Der Umlaufkapitalbedarf

Die Ermittlung des Kapitalbedarfs für das Umlaufvermögen für den Zeitraum zwischen der Anschaffung der einzelnen dem Umlaufvermögen zugeordneten Produktionsfaktoren und dem Eingang der ersten Einzahlungen aus den laufenden Geschäften kann entweder **direkt** (**kumulative** Methode) oder **indirekt** (**differenzierte** bzw. **selektive** Methode) erfolgen. Obwohl die grundsätzliche Vorgehensweise für beide Formen der statischen Kapitalbedarfser-

---

[32] Vgl. *Buchner, Robert*: Grundzüge der Finanzanalyse. München 1981, S. 163-164.

mittlung identisch ist, führen sie – auf die gleiche Situation angewendet – zu unterschiedlichen Ergebnissen. Die statische Ermittlung des Umlaufkapitalbedarfs weist folgende **Grundstruktur** auf:[33]

1. Ermittlung der verschiedenen **durchschnittlichen Kapitalbindungsdauern**: Lagerdauer der Fertigungsmaterialien, Produktionszeit, Lagerdauer der fertigen Produkte und Kundenziel; das durchschnittliche Lieferantenziel führt zu einer Verminderung der Gesamtkapitalbindungsdauer.
2. Ermittlung der verschiedenen **durchschnittlichen auszahlungswirksamen Kosten pro Arbeitstag**: Fertigungslöhne, Fertigungsgemeinkosten, Materialeinzelkosten, Materialgemeinkosten, Verwaltungsgemeinkosten und Vertriebsgemeinkosten.
3. Bestimmung des Umlaufkapitals durch **Multiplikation** der – methodenabhängig zusammengefassten – durchschnittlichen zahlungswirksamen Kosten mit den (jeweiligen) Bindungsfristen.

Die **kumulative Methode** ermittelt den Umlaufkapitalbedarf durch Multiplikation der Summe der verschiedenen durchschnittlichen Auszahlungen (auszahlungswirksame Kosten) pro Arbeitstag mit der Summe der verschiedenen durchschnittlichen Kapitalbindungsfristen. Die gesamte Kapitalbindungsfrist ergibt sich dabei aus der Summe der Tage zwischen dem Zeitpunkt der Materialbeschaffung bis zum Eingang der Umsatzerlöse, gekürzt um ein evtl. bestehendes Lieferantenziel, sofern dieses in Anspruch genommen wird.

Gegen die kumulative Methode ist einzuwenden, dass alle Auszahlungen auf den Zeitpunkt der Materialbeschaffung, d. h. auf den Beginn des Leistungsprozesses, bezogen werden. Da die Auszahlungen aber in den einzelnen Bereichen der Leistungserstellung sukzessive und in unterschiedlicher Höhe anfallen, führt diese Vorgehensweise zwangsläufig zur Ermittlung eines überhöhten Umlaufkapitalbedarfs.

Ferner ist zu kritisieren, dass die undifferenzierte Kürzung der durchschnittlichen Kapitalbindungsfrist um ein in Anspruch genommenes Lieferantenziel zu einem zu niedrig berechneten Umlaufkapitalbedarf führt. Während das Lieferantenziel nur die Auszahlungen für Materialbeschaffung betrifft, werden durch die Berechnung der auszahlungswirksamen Kosten auf Durchschnittsbasis auch die Auszahlungen der anderen Bereiche mit einer um das Lieferantenziel gekürzten Bindungsfrist multipliziert.

Trotz der Kritik findet die kumulative Methode als **Faustformel** in der Praxis Anwendung.

---

[33] Vgl. *Busse, Franz-Joseph*: Grundlagen der betrieblichen Finanzwirtschaft. 4. Aufl., München/Wien 1996, S. 31.

Bei der **differenzierten Methode** werden die (durchschnittlichen) Auszahlungen der einzelnen Betriebsbereiche mit den für sie relevanten durchschnittlichen Kapitalbindungsfristen multipliziert. Hier ergibt sich also der gesamte Umlaufkapitalbedarf aus der Summe der **isoliert** ermittelten (durchschnittlichen) Kapitalbedürfnisse, die aus den Auszahlungen für Fertigungsmaterial, Fertigungslöhne, Produktion, Verwaltung und Vertrieb resultieren. Dabei wird hinsichtlich der Auszahlungen für den Verwaltungsbereich i. d. R. davon ausgegangen, dass sie über den gesamten betrachteten Zeitraum hinweg anfallen, während bei Vertriebskosten zu berücksichtigen ist, dass sie sowohl über die gesamte Prozessdauer verteilt, als auch zu einem bestimmten Zeitpunkt, z. B. Auszahlung für Vertreterprovision, anfallen können.

Vergleichsrechnungen zeigen, dass der nach der differenzierten Methode ermittelte Kapitalbedarf von dem nach der kumulativen Methode ermittelten abweicht. Die Höhe der Abweichung hängt von der Dauer der einzelnen durchschnittlichen Bindungsfristen sowie der Struktur der einzelnen Auszahlungsströme ab.

1.1.5.2.2.3 Kritik an der statischen Ermittlung des Kapitalbedarfs

Gegen die statische Ermittlung des Kapitalbedarfs insgesamt sind insbesondere folgende Kritikpunkte vorzubringen:[34]

1. Selbst geringfügige Modellvariationen (z. B. Änderung der Produktionszeit) erfordern umfassende Neuberechnungen.
2. Die funktionalen Zusammenhänge zwischen dem Leistungsbereich und dem Finanzbereich werden nicht hinreichend berücksichtigt.
3. Zahlungszeitpunkte werden nicht beachtet.
4. Bindungsfristen und Beträge werden nur mit Durchschnittswerten berücksichtigt und führen so zu ungenauen Ergebnissen.

1.1.5.2.3 Die dynamische Ermittlung des Kapitalbedarfs

Die Ausführungen zur statischen Kapitalbedarfsermittlung haben gezeigt, dass ihr Aussagewert relativ gering ist. Um das finanzielle Gleichgewicht einer Unternehmung zu sichern, sollte daher eine **dynamische Kapitalbedarfs-** bzw. **Finanzplanung** durchgeführt werden, deren Hauptbestandteil der bereits behandelte Finanzplan ist.[35] Die dynamische Finanzplanung beinhaltet die

---

[34] Vgl. zu weiteren Kritikpunkten *Busse, Franz-Joseph*: Grundlagen der betrieblichen Finanzwirtschaft. 4. Aufl., München/Wien 1996, S. 36.

[35] Vgl. **Abschnitt 1.1.4.3**.

zeitpunktgenaue Ermittlung anfallender Zahlungsströme, die Berechnung sich ergebender Überschuss- oder Fehlbeträge sowie die daraus resultierende Notwendigkeit der Bestimmung geeigneter Anpassungsmaßnahmen.

In der Literatur finden sich verschiedene Ansätze einer dynamischen Finanzplanung. Es handelt sich dabei zum einen um Ansätze im Rahmen der Theorie der partiellen Finanzierung und zum anderen um Ansätze im Rahmen der Theorie der totalen Finanzierung einer Unternehmung.[36] An dieser Stelle wird nur die Kapitalbedarfsermittlung für die Gesamtunternehmung betrachtet.

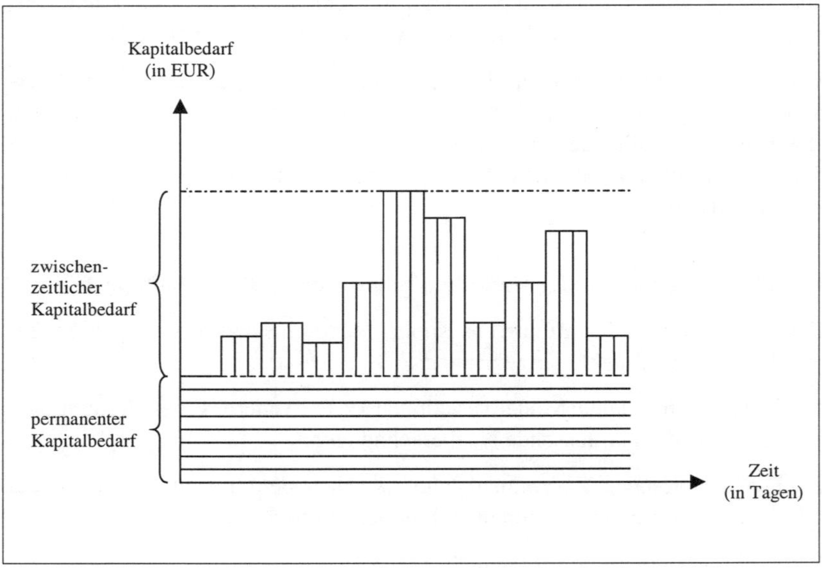

Abbildung 8: Permanenter und zwischenzeitlicher Kapitalbedarf[37]

Abbildung 8 zeigt, dass der Kapitalbedarf keine konstante Größe ist, sondern im Zeitablauf gewissen Schwankungen unterliegt. Die statische Kapitalbedarfsermittlung stellt auf den maximalen Kapitalbedarf ab und geht damit von der realitätsfremden Annahme aus, dass die Umsatzerlöse in gesamter Höhe erst nach Ablauf des Kundenzahlungsziels als flüssige Mittel der Unternehmung zur Verfügung stehen. In der dynamischen Finanzplanung wird hingegen berücksichtigt, dass der Kapitalbedarf durch Einzahlungen bzw. Einzahlungsüberschüsse reduziert wird, so dass nur ein Teil des gesamten Kapitalbe-

[36] Vgl. die zusammenfassende Darstellung bei *Buchner, Robert*: Grundzüge der Finanzanalyse. München 1981, S. 167-189.

[37] Entnommen aus *Bieg, Hartmut*: Betriebswirtschaftslehre 2: Finanzierung. Freiburg i. Br. 1991, S. 184.

darfs dauerhaft gedeckt werden muss. Über diesen permanenten Kapitalbedarf hinaus benötigt die Unternehmung entsprechende Finanzierungsmittel nur zur Abdeckung eines zwischenzeitlichen Kapitalbedarfs.

Diese Erkenntnisse sind sowohl für die grundsätzliche Strukturierung der Mittelbeschaffung als auch für die Auswahl geeigneter Instrumente zur Schließung zwischenzeitlich entstehender Deckungslücken wesentlich. Meist wird vorgeschlagen, den permanenten Kapitalbedarf langfristig, den zwischenzeitlichen (fluktuierenden) Kapitalbedarf kurzfristig zu decken.

Bei der Planung der Einzahlungen ist grundsätzlich zu beachten, dass in der Praxis die zukünftigen Einzahlungen terminlich nicht mit dem geplanten Umsatz (Ertrag) gleichgesetzt werden können. So wird nur ein Teil der Umsätze als Barumsätze getätigt.

Ein zweiter Teil der Umsätze fließt der Unternehmung i. d. R. relativ kurzfristig zu. Werden dabei Skonti abgezogen, so ist der Mittelzufluss niedriger als der zunächst vereinnahmte Ertrag.

Der dritte Teil des Gesamtumsatzes führt erst nach Ablauf des von der Unternehmung gesetzten Zahlungsziels oder noch später zu Einzahlungen.

Ein letzter Teil des Gesamtumsatzes führt überhaupt nicht zu Einzahlungen, da die Kunden die zugegangenen Rechnungen nicht bzw. nicht vollständig bezahlen. In der dynamischen Finanzplanung muss daher eine **Transformation der Erlösgrößen in Zahlungsgrößen** vorgenommen werden.

Für die Planung der Einzahlungen bietet sich als Hilfsmittel die Ermittlung einer **Verweilzeitverteilung** an. Diese gibt an, innerhalb welcher (Verweil-)Dauer sich die Umsatzerlöse in Zahlungsgrößen umwandeln.[38] Zur Ermittlung der Verweildauer sind folgende Phasen zu unterscheiden:

1. Kundenanfrage,
2. Kundenauftrag,
3. Umsatz,
4. Einzahlung.

Während der Übergang vom Kundenauftrag zum Umsatz der Unternehmung i. d. R. genau bekannt ist, da die Unternehmungsleitung vollkommene Information bezüglich der Ausführung des vorliegenden Auftrages hat, kann der Übergang von der Kundenforderung zur Kundenzahlung aufgrund der nur unvollkommenen Informationen hinsichtlich des genauen Zahlungszeitpunk-

---

[38] Vgl. *Perridon, Louis/Steiner, Manfred*: Finanzwirtschaft der Unternehmung. 10. Aufl., München 1999, S. 628.

tes des Kunden nur mit einer auf der Beobachtung der Zahlungsgewohnheiten in der Vergangenheit basierenden Wahrscheinlichkeit bestimmt werden.

Langen hat die kurzfristige Prognose der Einzahlungen in Form eines **Matrizenkalküls**, dem obiges Phasenschema zugrunde liegt, dargestellt.[39] Unter der Voraussetzung, dass die Zahlungsgewohnheiten der Kunden bekannt sind, lässt sich die Verweilzeitverteilung zwischen Umsätzen und Einzahlungen, das so genannte **Liquidationsspektrum**, als Vektor darstellen. Die Komponenten dieses so genannten **Spektralvektors** geben an, wie viel Prozent der einzelnen Umsatzerlöse der Unternehmung jeweils in den einzelnen Perioden als Einzahlungen zufließen. Dadurch werden die geplanten Umsatzgrößen einzelner Perioden in geeigneter Form in Zahlungsgrößen transformiert und den einzelnen Perioden zugeordnet.

Beträgt die Summe des Vektors 1, so kommt darin zum Ausdruck, dass alle Umsätze zu Einzahlungen führen. Ist die Summe des Vektors kleiner 1, werden Spezialfälle wie z. B. Skonti und Forderungsausfälle berücksichtigt.

Zur Veranschaulichung der Transformation von Umsatzgrößen in Zahlungsgrößen nach *Langen* soll folgendes Beispiel dienen:

Beispiel:[40]

Einer Unternehmung fließen 45 % eines Umsatzes im Zeitraum t, 30 % im Zeitraum t+1, 15 % im Zeitraum t+2 und 5 % im Zeitraum t+3 zu. 5 % der getätigten Umsätze fallen, u. a. aufgrund der Inanspruchnahme von Skonti, aber auch aufgrund von Forderungsausfällen, aus. Somit ergibt sich folgender Spektralvektor $\vec{s}$:

$$\vec{s} = \begin{pmatrix} 0{,}45 \\ 0{,}30 \\ 0{,}15 \\ 0{,}05 \end{pmatrix}$$

Es werden fünf Perioden betrachtet. Die Unternehmung erzielt in Periode 1 Umsatzerlöse in Höhe von 90, in Periode 2 in Höhe von 120, in Periode 3 in Höhe von 110, in Periode 4 in Höhe von 80 und in Periode 5 in Höhe von 100 Geldeinheiten, insgesamt also 500 Geldeinheiten. Mit Hilfe des ***Langen*'schen Matrizenkalküls** können nun die Zahlungseingänge für die Perioden 1-5 als Vektor $\vec{z}$ bestimmt werden:

[39] Vgl. *Langen, Heinz*: Die Prognose von Zahlungseingängen. In: Zeitschrift für Betriebswirtschaft 1964, S. 289-326.

[40] Modifiziert entnommen aus *Bieg, Hartmut*: Betriebswirtschaftslehre 2: Finanzierung. Freiburg i. Br. 1991, S. 184-188.

$$\vec{z} = \begin{pmatrix} 90 & 0 & 0 & 0 \\ 120 & 90 & 0 & 0 \\ 110 & 120 & 90 & 0 \\ 80 & 110 & 120 & 90 \\ 100 & 80 & 110 & 120 \end{pmatrix} \cdot \begin{pmatrix} 0{,}45 \\ 0{,}30 \\ 0{,}15 \\ 0{,}05 \end{pmatrix} = \begin{pmatrix} 40{,}5 \\ 54+27 \\ 49{,}5+36+13{,}5 \\ 36+33+18+4{,}5 \\ 45+24+16{,}5+6 \end{pmatrix} = \begin{pmatrix} 40{,}5 \\ 81{,}0 \\ 99{,}0 \\ 91{,}5 \\ 91{,}5 \end{pmatrix}$$

Die innerhalb der betrachteten Perioden eingehenden Gesamteinzahlungen belaufen sich auf 403,5 Geldeinheiten und weichen somit vom geplanten Gesamtumsatz der fünf Perioden ab. Von den ausstehenden Forderungen in Höhe von 500 – 403,5 = 96,5 Geldeinheiten werden 25 Geldeinheiten ganz ausfallen.[41]

Das Matrizenkalkül liefert folgende Erkenntnisse:

- Die für die einzelnen Perioden angenommenen Zahlungseingänge weichen zum Teil erheblich von den geplanten Umsätzen dieser Perioden ab.
- Mit zunehmender Periodenanzahl tritt scheinbar eine Glättung der Zahlungseingänge ein. Dies darf jedoch nicht zu der Annahme verleiten, der Mittelzufluss aus Umsatztätigkeit sei langfristig eine konstante Größe. Insbesondere bei saisonalen Umsatzschwankungen kommt es zu mehr oder weniger starken Schwankungen der Einzahlungsströme, wobei deren Volatilität unter Umständen etwas geringer als die der Umsätze ist.

Handelt es sich im Rahmen der dynamischen Kapitalbedarfsermittlung um eine **aktive** Finanzplanung, so wird die Planung und Implementierung von Anpassungsmaßnahmen sowie die Überprüfung des Planausgleichs implizit berücksichtigt. Die Finanzplanung erfolgt somit nicht losgelöst von der Leistungssphäre, indem sie die Zahlungsvorgänge der Leistungsebene als Datum annimmt, sondern der Gesamtunternehmungserfolg soll durch eine Kombination von Leistungs- und Finanzsphäre in einem simultanen Modell optimiert werden.

1.1.6 Die Finanzbudgetierung als Steuerungsinstrument für die Gesamtunternehmung

Unter Finanzbudgetierung versteht man die Zuweisung eines bestimmten Finanzrahmens, über den eine einzelne Teileinheit innerhalb der Zielvorgaben entweder frei verfügen kann oder dessen von der Unternehmungsleitung fixierte Planangaben und Restriktionen die Verwendung der Mittel weitestge-

---

[41] Dies ergibt sich aufgrund der angenommenen Forderungsausfälle und Skontoinanspruchnahmen in Höhe von 5 %, d. h. 500 · 0,05 = 25 Geldeinheiten.

hend festlegen. In beiden Fällen ist die Teileinheit für die Einhaltung des zugewiesenen (Teil-)Budgets verantwortlich.

Der wesentliche Unterschied zur Finanzplanung als einer „reinen Kassenplanung“ besteht darin, dass über die Budgetierung mehrere Zielgrößen (Investitionen, Erfolg, Bilanz, Zahlungsmittel) gesteuert werden, wobei die Zielgrößen nicht in Form eines Vorschauplans, sondern als **Vorgabeplan** festgeschrieben werden.

Notwendige Voraussetzung für Planung und Steuerung der Gesamtunternehmung über Finanzbudgets ist die **organisatorische Abgrenzung einzelner Unternehmungseinheiten**, d. h. die Bildung einzelner Verantwortungsbereiche, deren kleinste Einheit die so genannten Profit Center sind.[42]

In Abhängigkeit von der planenden Instanz des Teilbudgets können folgende Vorgehensweisen zur Budgetfestlegung unterschieden werden:

1. **bottom-up-approach**
   Die Planung der **Teilbudgets** erfolgt hier durch die einzelnen Unternehmungseinheiten, um diese mit in den Planungsprozess einzubeziehen. Das **Gesamtbudget** wird durch Zusammenfassung und Abstimmung der Teilbudgets festgelegt. Die Unternehmungsleitung übt somit primär eine Koordinationsfunktion aus und trifft Entscheidungen, die finanzwirtschaftliche Sachverhalte der Gesamtunternehmung betreffen.
2. **top-down-approach**
   Die Budgetierung erfolgt im Wesentlichen durch die Unternehmungsspitze. Dadurch ist der Autonomiegrad eines Teilbereiches, der nicht notwendigerweise nur eine Abteilung oder Sparte, sondern auch eine ganze Konzernunternehmung umfassen kann, sehr gering.
3. **Gegenstromverfahren**
   Hierbei handelt es sich um die Kombination aus top-down- und bottom-up-approach.[43]

In allen Fällen wird den einzelnen Unternehmungseinheiten ihr Teilbudget zugewiesen; für dessen Einhaltung sind sie verantwortlich (vgl. dazu **Abbildung 9**; Seite 27).

---

[42] Vgl. *Eilenberger, Guido*: Betriebliche Finanzwirtschaft. 6. Aufl., München 1997, S. 298.

[43] Vgl. *Eilenberger, Guido*: Betriebliche Finanzwirtschaft. 6. Aufl., München 1997, S. 57.

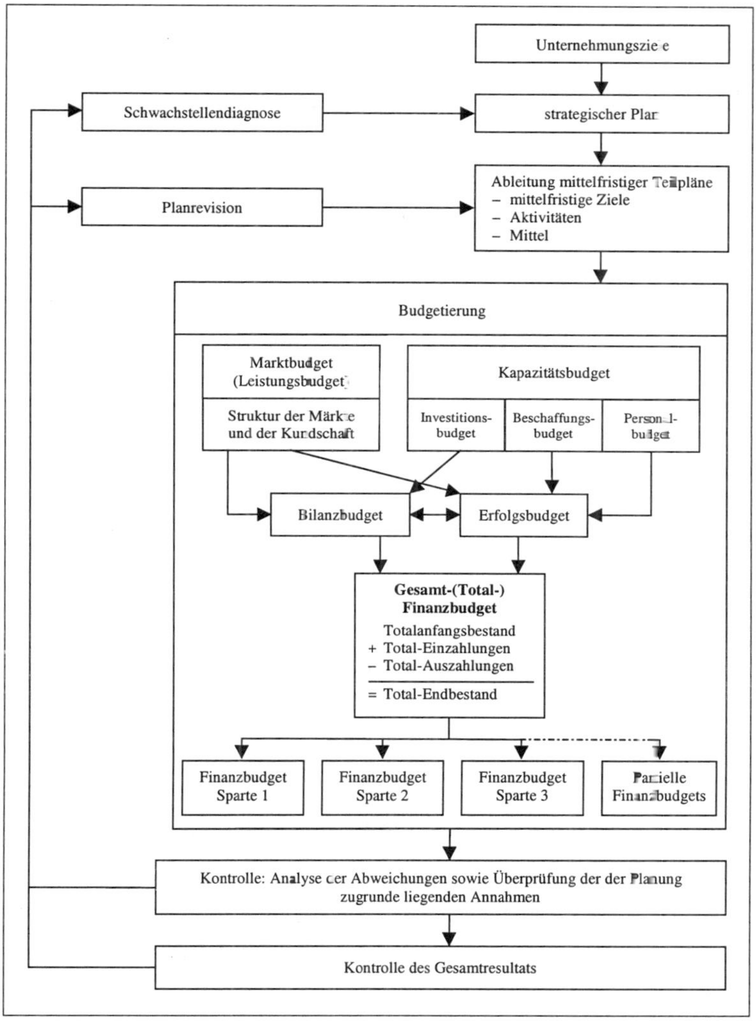

Abbildung 9: Grundstruktur eines integrierten Budgetierungssystems mit Finanzbudgetierung[44]

[44] Modifiziert entnommen aus *Eilenberger, Guido*: Betriebliche Finanzwirtschaft. 6. Aufl., München 1997, S. 300.

1.1.7 Die Kapitaldeckung und ihre Determinanten

Liegt der **Kapitalbedarf** fest, so ist die **Kapitaldeckung** zu planen. Sie setzt sich aus dem zu Beginn einer Teilperiode des langfristigen Planungszeitraums vorhandenen Kapital sowie aus den eingeplanten und realisierbaren Beschaffungsmöglichkeiten zusätzlichen Eigen- und Fremdkapitals zusammen.[45]

An die Bestimmung des Kapitalbedarfs einer Unternehmung schließt sich die Planung der Kapitaldeckung und damit zugleich die hinsichtlich der Liquiditätserhaltung und Rentabilitätssteigerung sowie der als ausreichend angesehenen Gewährleistung der Sicherheit und Unabhängigkeit möglichst **effiziente Gestaltung der Kapitalstruktur** in dieser Unternehmung an. Die Kapitaldeckung umfasst dabei sowohl das zu Beginn einer Teilperiode des langfristigen Planungszeitraums vorhandene Kapital als auch die (realisierbaren) eingeplanten Möglichkeiten zusätzlicher Eigen- und Fremdkapitalbeschaffung, wobei das Potenzial der Kapitaldeckung mit zunehmender Kreditwürdigkeit und Attraktivität der Unternehmung für (externe) Kapitalgeber steigt.

Dauerhafte Liquiditätssicherung, die Voraussetzung für das Weiterbestehen der Unternehmung ist, erfordert, dass die Kapitaldeckung zu jedem Zeitpunkt mindestens dem Kapitalbedarf entspricht. Aus Rentabilitätsüberlegungen sollte allerdings ein zu hoher Überschuss der liquiden Mittel über den Bedarf vermieden werden, da dies die Rentabilität der Unternehmung schmälert.

Die benötigte Kapitaldeckung lässt sich nach folgenden Gesichtspunkten strukturieren:

- Nach den durchschnittlichen **Kapitalkosten (Rentabilitätsaspekt)**:

  Aufgrund des größeren Risikos der Eigenkapitalgeber, die deswegen eine höhere Rendite verlangen, und einer nicht unerheblichen Steuerbelastung sind die Eigenkapitalkosten für den Kapitalnehmer grundsätzlich höher als die Fremdkapitalkosten. Aber auch die einzelnen Fremdkapitalbestandteile weisen erhebliche Kostenunterschiede auf.

- Nach der **Kapitalfristigkeit (Liquiditätsaspekt)**:

  Nach dem Grundsatz der Fristenkongruenz sollten sich die Fristigkeit der jeweiligen Kapitalart und die Dauer des Kapitalbedarfs entsprechen. Diese Übereinstimmung ist nicht erforderlich, wenn Gewissheit über eine termin- und betragsgerechte Kreditprolongation oder Kreditsubstitution besteht.

---

[45] Auf die positive Korrelation des Kapitaldeckungspotenzials mit der Kreditwürdigkeit und Attraktivität der Unternehmung für (externe) Kapitalgeber sei an dieser Stelle lediglich hingewiesen.

Ein besonderes Liquiditätsrisiko ergibt sich, wenn Kapital jederzeit kündbar ist.

- Nach dem **Verlustrisiko (Sicherheitsaspekt)**:

  Hier geht es im Wesentlichen darum, in ausreichendem Umfang Eigenkapital bereitzustellen, um jederzeit zusätzliches Fremdkapital aufnehmen zu können. Der Fremdkapitalgeber trägt das Risiko der ordnungsgemäßen Erbringung des Kapitaldienstes. Im Vergleich zum voraushaftenden Eigenkapital ist die damit verbundene Verlustgefahr geringer. Ein Gläubiger kann sein Verlustrisiko zusätzlich noch durch Kreditsicherheiten und laufende Kreditüberwachung vermindern. Steigendes Verlustrisiko ist i. d. R. mit steigenden Kapitalkosten verbunden. Dieser Strukturaspekt konkurriert somit direkt mit dem Rentabilitätsgesichtspunkt. Am größten ist das Verlustrisiko für unbeschränkt mit ihrem Gesamtvermögen haftende Eigenkapitalgeber.

1.2 Theorien bezüglich der Gestaltung der Kapitalstruktur einer Unternehmung

1.2.1 Die Gestaltung der Kapitalstruktur nach den Finanzierungsregeln

1.2.1.1 Grundlagen

Obwohl den Finanzierungsregeln keine oder nur unzureichende theoretische Überlegungen zugrunde liegen, orientieren sich Unternehmungsleitungen bei der Auswahl der Finanzierungsmittel und in ihrem Bilanzierungsverhalten an diesen Regeln; auch unternehmungsexterne Kapitalgeber beurteilen nicht selten an ihrer Einhaltung die künftige Zahlungsfähigkeit. Die klassischen Finanzierungsregeln enthalten **normative Aussagen über Mindestrelationen** entweder bestimmter Kapitalarten zueinander oder aber bestimmter Kapitalarten zu bestimmten Vermögensarten. Da Bilanzzahlen die Grundlage dieser Kennzahlen sind, werden sie auch **Bilanzstrukturregeln** genannt; entsprechend der im Bilanzgliederungsschema vorgesehenen Anordnung der jeweils heranzuziehenden Bilanzzahlen handelt es sich entweder um **vertikale Kapitalstruktur-** oder um **horizontale Kapital-Vermögensstrukturregeln**.

Die Einhaltung der Finanzierungsregeln soll die **Liquidität** einer Unternehmung und damit ihr Fortbestehen gewährleisten. Unter diesem Gesichtspunkt halten die zeitpunktbezogenen Finanzierungsregeln zwar einer kritischen Betrachtung nicht stand;[46] dennoch werden sie in der Praxis, z. B. bei Kreditvergabeverhandlungen, zur Beurteilung der künftigen Zahlungsfähigkeit einer

[46] Untersuchungen zur Aussagefähigkeit von Kennzahlen haben ergeben, dass bestimmte bilanzanalytische Messwerte, die im Rahmen der traditionellen Bilanzanalyse ermittelt werden, nicht eindeutig als Krisensignalwert oder Insolvenzindikator verwendbar sind. Vgl. *Krehl, Harald*: Krisendiagnose durch klassische Bilanzkennzahlen? In: Krisendiagnose durch Bilanzanalyse, hrsg. von *Jürgen Hauschildt*, Köln 1988, S. 40.

Unternehmung herangezogen.[47] Insofern erlangen Finanzierungsregeln in zweifacher Hinsicht Bedeutung.

- Soweit sich derzeitige wie potenzielle **unternehmungsexterne Kapitalgeber** (Kreditinstitute, Lieferanten, externe Eigentümer), aber auch Anlageberater und die Wirtschaftspresse bei ihren **Entscheidungen** bzw. ihren Ratschlägen über die Vergabe, Prolongation, Ausweitung, Einschränkung oder über die völlige Zurückziehung von Eigen- oder Fremdkapitalpositionen auch an der Einhaltung dieser Finanzierungsnormen am Bilanzstichtag orientieren, die zeitpunktbezogenen Finanzierungsregeln also als Normen für die Beurteilung der künftigen Zahlungsfähigkeit einer Unternehmung ansehen, handelt es sich um **Beurteilungsregeln**.
- Dieses Verhalten der Kapitalgeber kann wiederum nicht ohne **Auswirkungen** auf die **Finanzierungsentscheidungen** bzw. auf das **Bilanzierungsverhalten** der **Unternehmungsleitungen** bleiben. Sobald nämlich bekannt ist, dass die Einhaltung bestimmter Bilanzstrukturregeln bei Kapitalvergabeentscheidungen eine nicht unwesentliche Rolle spielt, werden die Unternehmungsleitungen zur Sicherung der Liquidität versuchen (müssen), diese Regeln **tatsächlich einzuhalten**, selbst wenn hierfür kein weiterer Grund bestünde; insoweit handelt es sich um **Entscheidungsregeln**. Oder aber sie werden versuchen, bei der Aufstellung der zu veröffentlichenden **Bilanzen** die in den Finanzierungsregeln berücksichtigten Bilanzpositionen entsprechend zu **manipulieren**.

Aufgrund des engen Zusammenhangs zwischen diesen beiden Funktionen der Finanzierungsregeln avancieren aber die Finanzierungsregeln zu generell akzeptierten Handlungsmaximen (**Spielregeln**), die das Zusammenspiel der kapitalsuchenden Unternehmungen und der Kapitalgeber regeln, obwohl sie sich wissenschaftlich nicht schlüssig begründen lassen. Weder die kapitalsuchenden Unternehmungen noch die Kapitalgeber haben eigentlich einen Grund, sie anzuwenden, denn weder wird durch die Einhaltung dieser Regeln die Erhaltung der Liquidität gewährleistet, noch korrelieren die Regeln positiv mit anderen betrieblichen Zielsetzungen.

Neben den so genannten Finanzierungsregeln können weitere Kriterien die Entscheidung über die Kapitaldeckung beeinflussen:[48]

---

[47] Vgl. *Buchner, Robert*: Grundzüge der Finanzanalyse. München 1981 insbesondere S. 197-208; *Krehl, Harald*: Krisendiagnose durch klassische Bilanzkennzahlen? In: Krisendiagnose durch Bilanzanalyse, hrsg. von *Jürgen Hauschildt,* Köln 1988, S. 17-40.

[48] Vgl. zu Unterschieden zwischen Eigen- und Fremdkapital Band II: Finanzierung, Abschnitt 2.4.1.1.

- **Ergiebigkeit der Finanzierungsquellen**

  Die zur Disposition stehenden Finanzierungsalternativen sind so zu kombinieren, dass sie dem Volumen nach den gesamten Kapitalbedarf decken. Aufgrund der unterschiedlichen Ergiebigkeit der Finanzierungsquellen muss i. d. R. ein bestehender Kapitalbedarf unter Ausnutzung verschiedener Finanzierungsinstrumente gedeckt werden (**Mischfinanzierung**).[49] Die Kombinationsmöglichkeiten der Finanzierungsquellen sind unter Berücksichtigung der Ergiebigkeit – und der Dauer des Kapitalbedarfs[50] – auf die individuellen Verhältnisse einer Unternehmung[51] abzustimmen.

- **Flexibilität**

  Eine flexible Kapitalbedarfsdeckung ermöglicht die Substitution eingegangener Finanzierungsverträge durch andere Verträge (Umschuldung). Eine derartige Flexibilität ist insbesondere gefragt, um bestehende durch kostengünstigere Kredite zu ersetzen.[52]

- **Mitbestimmung**

  Die Entscheidung über die Art der Kapitaldeckung kann von den dem Kapitalgeber eingeräumten bzw. einzuräumenden Mitbestimmungsrechten abhängig sein. Kreditfinanzierungen sichern zwar de jure die Unabhängigkeit des Managements bei Unternehmungsentscheidungen, faktisch bestehen jedoch gerade bei mittleren und kleineren Unternehmungen mehr oder weniger große Mitwirkungs- und Mitbestimmungsrechte von Großgläubigern.

- **Sicherheitenpotenzial**

  Die Kapitaldeckungsmöglichkeiten können durch das vorhandene Sicherheitenpotenzial begrenzt sein. Insofern ist die Innenfinanzierung der Außenfinanzierung grundsätzlich überlegen, da sie keinerlei Sicherheiten erfordert. Da die Art der Sicherheitsleistung und deren Volumen (abhängig von der Beleihungsgrenze) bei Außenfinanzierungen sehr divergieren, kann auch hier das in der Unternehmung vorhandene freie Vermögen für die Wahl einer bestimmten (Außenfinanzierungs-)Alternative ausschlaggebend sein.

---

[49] Vgl. zu den Eigenkapitalbeschaffungsmöglichkeiten Band II: Finanzierung, Abschnitte 2.3.2 und 2.3.3.

[50] Hinzuweisen ist hier auf den engen Zusammenhang zwischen der Ergiebigkeit der Finanzierungsquelle und der Fristigkeit des Kapitals (Liquiditätsaspekt).

[51] Hierbei spielen Rechtsform, Ertragskraft und Innenfinanzierungspotenzial eine bedeutende Rolle.

[52] Durch eine flexible Kapitalbedarfsdeckung kann damit dem Rentabilitätsaspekt Rechnung getragen werden.

1.2.1.2 Kapitalstruktur- und Kapital-Vermögensstrukturregeln

1.2.1.2.1 Vertikale Kapitalstrukturregeln

Die Verwendung der finanziellen Mittel bleibt hier völlig unberücksichtigt; es geht ausschließlich um die **Zusammensetzung** des in der Bilanz ausgewiesenen (Eigen- und Fremd-)**Kapitals**.

Diese Regeln sind in verschiedener Weise formuliert, nämlich als:

1. Mindestanteil des Eigenkapitals am Gesamtkapital (**Eigenkapitalquote**),
2. Mindestrelation des Eigenkapitals zum Fremdkapital (**Eigenkapitalkoeffizient**),
3. Höchstrelation des Fremdkapitals zum Eigenkapital (**Verschuldungskoeffizient**) sowie
4. Höchstanteil des Fremdkapitals am Gesamtkapital (**Fremdkapitalquote** oder **Anpassungskoeffizient**).[53]

Über die **Konkretisierung** dieser Regeln mit Zahlen besteht keine Einigkeit. Neben der **Gleichheitsregel**, wonach das bilanzierte Fremdkapital das bilanzierte Eigenkapital nicht übersteigen darf, wurde auch gefordert, das bilanzierte Eigenkapital müsse 150 %, das Doppelte oder gar das Dreifache des bilanzierten Fremdkapitals ausmachen. Allerdings weichen die Finanzierungsverhältnisse in der Praxis von diesen Forderungen erheblich ab, wie ein Blick in die von der **Deutschen Bundesbank** in ihren Monatsberichten veröffentlichten Zahlen unschwer erkennen lässt.

1.2.1.2.2 Horizontale Kapital-Vermögensstrukturregeln

1.2.1.2.2.1 Gemeinsamkeiten

Den horizontalen Kapital-Vermögensstrukturregeln ist gemeinsam, dass einzelne in der Bilanz ausgewiesene Vermögenspositionen bzw. Gruppen von Aktivpositionen zu bestimmten Passivpositionen der Bilanz bzw. zu Gruppen von Passivpositionen in Beziehung gesetzt werden. Bestimmungsfaktoren für die Gruppenbildung sind die Dauer der **Kapitalbindung** in den einzelnen Vermögenspositionen einerseits und die Dauer der **Kapitalüberlassung** durch

---

[53] Ausführlicher hierzu **Abschnitt 3.2.2.**

die Geldgeber andererseits. Die Liquidität soll nach diesem Konzept also offenbar nicht durch die Abstimmung aller zukünftig in einer Unternehmung anfallenden Ein- und Auszahlungen gesichert werden (**unternehmungsbezogene Betrachtungsweise**), sondern dadurch, dass grundsätzlich für jede einzelne Vermögensposition bzw. für Gruppen von Aktivpositionen Fristenkongruenz hergestellt wird zwischen dem Zeitraum, für den das Kapital darin gebunden ist, und dem Zeitraum, für den das benötigte Kapital bereitgestellt wird (**objektbezogene Betrachtungsweise**).

1.2.1.2.2.2 Goldene Bankregel und Goldene Finanzierungsregel

Die allgemeinere der horizontalen Strukturregeln fordert, dass sich die einer Unternehmung zur Verfügung stehenden finanziellen Mittel und deren Verwendung in ihrer Fristigkeit entsprechen. Die Formulierung dieser Forderung durch *Otto Hübner* ist als **Goldene Bankregel** bekannt: „Der Credit, welchen eine Bank geben kann, ohne Gefahr zu laufen, ihre Verbindlichkeiten nicht erfüllen zu können, muß nicht nur im Betrage, sondern auch in der Qualität dem Credite entsprechen, welchen sie genießt."[54]

Die **Goldene Finanzierungsregel** in einer generellen Form findet sich bei *Töndury/Gsell*. „Zwischen der Dauer der Bindung des Vermögensmittels, also der Dauer des einzelnen Kapitalbedürfnisses, und der Dauer, während welcher das zur Deckung des Kapitalbedürfnisses herangezogene Kapital zur Verfügung steht, muß Übereinstimmung herrschen. Dieser Grundsatz ist als Mindestanforderung in dem Sinne zu erheben, als das Kapital nicht kürzer befristet sein soll, als das Vermögensmittel benötigt wird."[55] Hinter dieser Forderung der Fristenkongruenz steckt die Vorstellung, auf diese Weise lasse sich die Zahlungsfähigkeit einer Unternehmung sicherstellen, ohne dass der reibungslose Ablauf des Leistungsprozesses beeinträchtigt wird.

1.2.1.2.2.3 Goldene Bilanzregel

Leichter zu handhaben als die Goldene Finanzierungsregel, die mit ihrer Forderung nach Fristenparallelität auf einzelne Vermögenspositionen und ihre Finanzierung abstellt, ist die Goldene Bilanzregel. Sie orientiert sich an der in der Praxis bekannten **Gliederung** der Aktivseite von **Bilanzen** in Anlage- und Umlaufvermögen bzw. der Passivseite in Eigen- und (lang- und kurzfristiges) Fremdkapital, berücksichtigt also als Folge der Bilanzgliederungsprinzipien ebenfalls die **Bindungsdauer** der Aktiva sowie die **Rechtsstellung** der ein-

---

54 *Hübner, Otto*: Die Banken. Leipzig 1854, S. 28.

55 *Töndury, Hans/Gsell, Emil*: Finanzierungen. Das Kapital in der Betriebswirtschaft. Zürich 1948, S. 37.

zelnen Kapitalgeber und die **Überlassungsdauer** des Kapitals. Somit lässt sich mit den aus Bilanzen bekannten Begriffen die **allgemeine Forderung** umschreiben, **langfristig** gebundenes **Vermögen** sei durch **langfristig** zur Verfügung stehendes **Kapital** zu finanzieren, während kurzfristig gebundenes Vermögen auch durch kurzfristig überlassenes Kapital finanziert werden könne.

Je nachdem, welche Teile des in der Bilanz ausgewiesenen Vermögens man als langfristig gebunden und welche Teile des bilanzierten Kapitals man als langfristig zur Verfügung stehend ansieht, kommt man zu einer der folgenden **Fassungen** der **Goldenen Bilanzregel**, wobei diese nicht verletzt werden sollen, während gegen eine Übererfüllung nichts eingewendet wird:

1. Die älteste und auch **engste Fassung** fordert die vollständige Finanzierung des Anlagevermögens durch Eigenkapital.
2. Eine **weitere Fassung** verlangt, dass das Anlagevermögen langfristig zu finanzieren sei, was durch Eigenkapital, aber auch durch langfristiges Fremdkapital geschehen könne.
3. Die **weiteste Fassung** postuliert schließlich, dass alle langfristig gebundenen Vermögenspositionen langfristig zu finanzieren seien. Langfristig gebunden seien aber nicht nur das Anlagevermögen, sondern auch diejenigen Teile des Umlaufvermögens, die zur Aufrechterhaltung der Betriebsbereitschaft ständig gehalten werden müssen (eiserne Bestände).

Eine spezielle Variante der Goldenen Bilanzregel stellt die so genannte **Bayer-Formel** dar, die auf eine Negativerklärung zwischen dem **Bundesaufsichtsamt für das Versicherungswesen** und der **Bayer AG** zurückzuführen ist, inzwischen aber auch für andere Fälle Modellcharakter hat. Danach wird gefordert:

- Die Gesamtverschuldung darf das 3,5-fache des Durchschnitts des aus den letzten drei Geschäftsjahren gebildeten Brutto-Cashflows nicht übersteigen, wobei der Brutto-Cashflow sich aus der Rücklagendotierung, den Abschreibungen auf Sach- und Finanzanlagen, den Zuführungen zu den Rückstellungen, dem Dividendenbetrag sowie den Steuern vom Einkommen, vom Ertrag und vom Vermögen zusammensetzt.
- 70 % des Anlagevermögens müssen durch Beteiligungskapital gedeckt sein.
- Das Anlagevermögen einschließlich der Forderungen mit einer Restlaufzeit von mehr als 4 Jahren müssen durch Beteiligungskapital sowie länger als 4 Jahre laufende Rückstellungen und Verbindlichkeiten gedeckt sein.[56]

---

[56] Vgl. *Eilenberger, Guido*: Betriebliche Finanzwirtschaft. 6. Aufl., München 1997, S. 16-17.

1.2.1.2.2.4 Liquiditätsgrade

Die zur Überwachung der Liquidität aus einer Bilanz errechneten Liquiditätskennzahlen sehen die Liquidität als ein Beziehungsverhältnis, indem sie eine Verbindung von sofort verfügbaren sowie zu bestimmten Terminen zufließenden Zahlungsmitteln einerseits und sofort fälligen oder innerhalb bestimmter Zeiträume fälligen Auszahlungen andererseits herstellen. Sie sollen Auskunft darüber geben, ob und inwieweit die Zahlungsmittelbestände und andere in die Kennzahlenberechnung einbezogene Vermögenspositionen mit den kurzfristigen Verbindlichkeiten in deren Höhe und Fälligkeit übereinstimmen. Je nachdem, welche Teile des kurzfristigen Vermögens mit einbezogen werden, können verschiedene **Liquiditätsgrade** unterschieden werden:

Liquidität 1. Grades (**Barliquidität**)

$$= \frac{\text{Zahlungsmittel}}{\text{kurzfristige Verbindlichkeiten}}$$

Liquidität 2. Grades (**Liquidität auf kurze Sicht**)

$$= \frac{\text{Zahlungsmittel} + \text{kurzfristige Forderungen}}{\text{kurzfristige Verbindlichkeiten}}$$

Liquidität 3. Grades (**Liquidität auf mittlere Sicht**)

$$= \frac{\text{Zahlungsmittel} + \text{kurzfristige Forderungen} + \text{Vorräte}}{\text{kurzfristige Verbindlichkeiten}}$$

Da diese Kennzahlen von verschiedenen Faktoren, z. B. Größe und Branche der Unternehmungen abhängen, wird ihnen bzw. ihren Veränderungen eine besondere Bedeutung allerdings nur im innerbetrieblichen Zeitvergleich beigemessen.

1.2.1.3 Kritik an den beschriebenen Finanzierungsregeln

1.2.1.3.1 Grundsätzliches

Die dargestellten Finanzierungsregeln sind angreifbar. Die gegen sie gerichteten **Einwände** beruhen auf zwei völlig unterschiedlichen Überlegungen:

1. Akzeptiert man zunächst die theoretische Konzeption dieser Finanzierungsregeln, so ist zu untersuchen, ob die zur Errechnung dieser Kennzahlen verwendeten Zahlen überhaupt die Erfüllung der theoretischen Konzeption zu gewährleisten vermögen, ob also die verwendeten **Bilanzzahlen** überhaupt die **Liquiditätssituation** einer Unternehmung hinreichend genau **beschreiben**.

2. Losgelöst von dieser ersten Frage, also ohne Rücksicht auf das Rechenwerk, aus dem die verwendeten Zahlen stammen, ist zudem zu fragen, ob die den klassischen Finanzierungsregeln zugrunde liegende **theoretische Konzeption** einer kritischen Untersuchung standhält, ob also bei Einhaltung der Strukturregeln die Liquidität einer Unternehmung gesichert ist.

1.2.1.3.2 Kritik an den in die Finanzierungsregeln eingehenden Zahlen

Externe Leser des Jahresabschlusses können die Liquiditätslage einer Unternehmung nur dann zutreffend beurteilen, wenn der Jahresabschluss nicht nur **alle zukünftigen Ein- und Auszahlungen betragsgenau erfasst**, sondern auch Informationen über den **Zeitpunkt ihres Anfalls** vermittelt. Dies ist aus folgenden Gründen nicht der Fall.

(1) Die Vorschriften zur Bilanzierungsfähigkeit führen zu unvollständigen Bilanzinformationen über zukünftige Ein- und Auszahlungen.

Bilanzen können nur diejenigen Zahlen liefern, die aufgrund einer Buchungs- und Bilanzierungspflicht in sie eingehen. Damit erlangt die Frage der Bilanzierungsfähigkeit, und damit die Auslegung der Begriffe Vermögensgegenstand und Schulden, besondere Bedeutung.

Ein **Vermögensgegenstand** und damit die abstrakte Aktivierungsfähigkeit liegt nach allgemeiner Anschauung vor, wenn es sich

1. um einen über den Bilanzstichtag hinaus gehenden wirtschaftlichen Wert handelt, der
2. selbstständig bewertbar und
3. selbstständig verkehrsfähig, d. h. einzeln veräußerbar ist.[57]

Zudem muss das wirtschaftliche Eigentum des Rechnungslegenden am Vermögensgegenstand vorliegen. Sind diese Voraussetzungen erfüllt, so besteht

---

[57] Vgl. *Bieg, Hartmut/Kußmaul, Heinz*: Externes Rechnungswesen. 2. Aufl., München/Wien 1998, S. 74; sehr ausführlich hierzu *Kußmaul, Heinz*: Nutzungsrechte an Grundstücken in Handels- und Steuerbilanz. Hamburg 1987, S. 29-77.

grundsätzlich Bilanzierungspflicht. Ein Aktivierungsverbot besteht jedoch für nicht entgeltlich erworbene immaterielle Vermögensgegenstände des Anlagevermögens und für Gründungsaufwendungen und Aufwendungen zur Beschaffung des Eigenkapitals (§ 248 HGB). Ausnahmeregelungen vom Grundsatz der ausschließlichen Aktivierung von Vermögensgegenständen gelten für die so genannten Bilanzierungshilfen (z. B. entgeltlich erworbener Firmenwert, § 255 Abs. 4 HGB; Aufwendungen für die Ingangsetzung und Erweiterung des Geschäftsbetriebs, § 269 HGB), die zwar die Kriterien der abstrakten Aktivierungsfähigkeit nicht erfüllen, für die der Gesetzgeber jedoch ein Bilanzierungswahlrecht eingeräumt hat, damit eine sofortige vollständige Aufwandsverrechnung verhindert werden kann.

Schulden im Sinne der abstrakten Passivierungsfähigkeit sind definiert als

1. bestehende oder hinreichend sicher erwartete Belastungen des Vermögens, die
2. auf einer rechtlichen oder wirtschaftlichen Leistungsverpflichtung der Unternehmung beruhen und
3. selbstständig bewertbar, d. h. als solche abgrenzbar und nicht nur Ausfluss des allgemeinen Unternehmerrisikos sind, unabhängig davon, ob es sich um eine Verpflichtung zu einer Geld- oder einer Sachleistung handelt.[58]

Dabei unterscheidet man die dem Betrag und der Fälligkeit nach sicheren Schulden (Verbindlichkeiten), die grundsätzlich passiviert werden müssen, von den unsicheren Schulden, bei denen lediglich der Grund feststeht, Betrag und/oder Fälligkeit jedoch nicht bekannt zu sein brauchen (Rückstellungen; für sie besteht teils Passivierungspflicht, teils ein Passivierungswahlrecht; § 249 HGB).

Nach derzeitigen Bilanzierungsgepflogenheiten sind bereits abgeschlossene, jedoch noch von keinem Vertragspartner erfüllte gegenseitige Verträge (**schwebende Geschäfte**), soweit der Bilanzierende erwartet, dass sich aus dem Vertrag kein Verlust ergeben wird, weder zu buchen noch zu bilanzieren. Im Fall drohender Verluste ist eine entsprechende Rückstellung zu bilden (§ 249 Abs. 1 Satz 1 HGB). Damit werden aber in den Bilanzstrukturzahlen weder die vertraglich eingegangenen Verpflichtungen für zukünftige Auszahlungen noch die aus abgeschlossenen Verträgen zu erwartenden Einzahlungen berücksichtigt; dies gilt nicht zuletzt auch für die aus den zahlreichen **Dauerschuldverhältnissen** (wie Arbeits- und Dienstverträgen, Miet-, Pacht-,

58 Vgl. *Bieg, Hartmut/Kußmaul, Heinz*: Externes Rechnungswesen. 2. Aufl., München/Wien 1998, S. 75f.; sehr ausführlich hierzu *Kußmaul, Heinz*: Nutzungsrechte an Grundstücken in Handels- und Steuerbilanz. Hamburg 1987, S. 77-82.

Darlehens- und Versicherungsverträgen) resultierenden Zahlungsmittelbewegungen.

Selbstverständlich enthalten Bilanzen auch keinerlei Angaben darüber, welche **Auszahlungsverpflichtungen** zwar noch nicht eingegangen wurden, aber zur **Sicherung** eines **reibungslosen Ablaufs** des **betrieblichen Leistungsprozesses** zwangsläufig eingegangen werden müssen. Eine zutreffende Einschätzung der Liquiditätssituation erfordert aber auch die Berücksichtigung dieser Verpflichtungen.

Zur Überbrückung von Liquiditätsengpässen können Unternehmungen Liquiditätsreserven in Form von Krediten halten, die von Kreditinstituten oder Lieferanten zwar bereits zugesagt, aber noch nicht in Anspruch genommen wurden; ihnen stehen Kredite gleich, mit deren Zusage aufgrund hinreichender rechtlicher und ökonomischer Voraussetzungen gerechnet werden kann. Diese **Kreditreserven** dürfen in Bilanzen allerdings genauso wenig ausgewiesen werden wie die **Möglichkeiten** der **Zuführung zusätzlichen Kapitals** durch die **Eigentümer**; eine Berücksichtigung in den aus Bilanzzahlen errechneten Strukturkennzahlen scheidet damit aus.

(2) Die Bilanz liefert keine präzisen Angaben über die Termine der zukünftigen Zahlungsmittelbewegungen.

Eine weitere Beeinträchtigung der Beurteilung der Liquiditätslage einer Unternehmung ergibt sich durch die **nicht präzisen Angaben** über die **Termine** der **zukünftigen Zahlungsmittelbewegungen**. Zwar wurde mit dem Bilanzrichtliniengesetz die diesbezügliche Gliederung gegenüber dem alten Recht allein schon dadurch verbessert, dass nunmehr die Zuordnung der Forderungen und Verbindlichkeiten nicht mehr nach Ursprungs-, sondern nach Restlaufzeiten erfolgt und dass die innerhalb des nächsten Jahres fälligen Forderungen und Verbindlichkeiten aus dem Jahresabschluss erkennbar sind (§ 268 Abs. 4 und 5 HGB). Trotzdem sind die Angaben nicht exakt genug, um die zukünftige Liquiditätssituation einer Unternehmung zutreffend beurteilen zu können.

Hält eine Unternehmung Vermögensgegenstände eigens, um durch ihren Verkauf oder ihre Beleihung Liquiditätsengpässe überbrücken zu können, so werden derartige **Liquiditätsreserven** in der Bilanz nicht von den Vermögensgegenständen getrennt, die für den betrieblichen Umsatzprozess benötigt werden. Andererseits kann man aber als externer Bilanzleser auch diejenigen Teile des Umlaufvermögens nicht ermitteln, die **als betriebsnotwendige eiserne Bestände** langfristigen Charakter haben. In den Strukturkennzahlen können deshalb weder die Liquiditätsreserven noch die eisernen Bestände entsprechend berücksichtigt werden.

Die Annahme, das **Eigenkapital** stehe der Unternehmung **langfristig** zur Verfügung, ist nur für Kapitalgesellschaften realistisch; auch dort droht allerdings die Verringerung des Eigenkapitals durch Verluste. Bei Unternehmungen, die als Personenhandelsgesellschaften geführt werden, ist das Eigenkapital nach den Vorschriften des Gesellschaftsvertrages oder – wenn der Gesellschaftsvertrag darüber nichts aussagt – nach den Bestimmungen des HGB kündbar; dadurch kann die Verfügungsdauer auf einen relativ kurzen Zeitraum zusammenschmelzen.

Nicht eindeutig ist die Zuordnung zum Eigen- und Fremdkapital bei folgenden Bilanzpositionen. **Sonderposten mit Rücklageanteil** (**unversteuerte Rücklagen**) stellen nur insoweit Fremdkapital dar, als sich bei ihrer Auflösung bzw. Übertragung die Ertragsteuerbelastung erhöht; häufig wird dieser Steueranteil mit pauschal 50 % angenommen. Ebenfalls nicht eindeutig ist die Zuordnung bei **Mischformen** zwischen Eigen- und Fremdkapitaltiteln (Genussscheine, Wandelschuldverschreibungen, Optionsschuldverschreibungen). Außerdem muss beachtet werden, dass durch die Saldierung einzelner Größen (z. B. erhaltene Anzahlungen mit Vorräten) die Höhe sowohl der Teil- als auch der Gesamtgröße beeinflusst wird.

(3) Da die Bewertungsvorschriften Wahlrechte und damit (innerhalb des gesetzlichen Rahmens) Manipulationsmöglichkeiten einräumen, gibt der Bilanzausweis nicht in jedem Fall die Höhe der künftigen Ein- und Auszahlungen wieder.

Die handels- und steuerrechtlichen Bewertungsvorschriften sollen in erster Linie zur Ermittlung eines **ausschüttungs-** und **besteuerungsfähigen Gewinns** führen; Informationsgesichtspunkte werden im Jahresabschluss nur berücksichtigt, soweit dadurch die genannte, vom **Vorsichtsprinzip** bestimmte Hauptaufgabe des Jahresabschlusses nicht beeinträchtigt wird.

Mit Hilfe des **Niederstwertprinzips für Aktiva** bzw. des **Höchstwertprinzips für Passiva** soll die Beachtung des an Ausschüttungs- und Besteuerungsüberlegungen orientierten Realisations- und Imparitätsprinzips durchgesetzt werden. Obere Grenze des Wertansatzes für **Aktiva** sind in jedem Fall die ursprünglichen Anschaffungs- oder Herstellungskosten; dabei hat der Bilanzierende bei den Herstellungskosten einen Bewertungsspielraum, der zwischen dem alleinigen Ansatz der Einzelkosten und dem vollständigen Ansatz von Einzel- und Gemeinkosten – mit Ausnahme der Vertriebskosten – liegt und zu bilanzpolitischen Zwecken genutzt werden kann.

In den Folgeperioden sind die Ausgangswerte im Fall abnutzbarer Gegenstände des **Anlagevermögens um planmäßige Abschreibungen** zu vermindern (§ 253 Abs. 2 Satz 1 HGB).

Bei abnutzbaren wie nicht abnutzbaren Vermögensgegenständen des Anlagevermögens – bei Kapitalgesellschaften jedoch nur beim Finanzanlagevermögen – können **außerplanmäßige Abschreibungen** vorgenommen werden, wenn ihnen am Abschlussstichtag ein niedrigerer Wert beizulegen ist und die Wertminderung voraussichtlich nicht von Dauer ist (**gemildertes Niederstwertprinzip**); eine Abschreibung muss allerdings unabhängig von der Rechtsform bei voraussichtlich dauernder Wertminderung vorgenommen werden (§ 253 Abs. 2 Satz 3; § 279 Abs. 1 Satz 2 HGB).

Umlaufvermögensgegenstände sind immer auf den am Abschlussstichtag niedrigeren Börsen- oder Marktpreis bzw., wenn ein solcher nicht feststellbar ist, auf den niedrigeren beizulegenden Wert abzuschreiben (**strenges Niederstwertprinzip**). Außerdem dürfen im Umlaufvermögen Abschreibungen für zukünftig erwartete Wertminderungen vorgenommen werden (§ 253 Abs. 3 Satz 3 HGB).

Für Nichtkapitalgesellschaften bietet § 253 Abs. 4 HGB, der zusätzliche Abschreibungen „im Rahmen vernünftiger kaufmännischer Beurteilung" gestattet, weitere Manipulationsmöglichkeiten. Zudem dürfen alle Kaufleute sowohl beim Anlage- als auch beim Umlaufvermögen nach § 254 Satz 1 HGB Abschreibungen auf einen niedrigeren steuerrechtlichen Wert in der Handelsbilanz vornehmen.

Eng damit zusammen hängen auch die Bestimmungen über die Wertaufholung. Bei Kapitalgesellschaften besteht gemäß § 280 Abs.1 HGB ein **Wertaufholungsgebot**, wenn die Gründe für bestimmte, in einer vorangegangenen Periode vorgenommene außerplanmäßige Abschreibungen entfallen sind. Nur in den wenigen Ausnahmefällen, in denen steuerrechtliche Regelungen die Beibehaltung des niedrigeren Wertes zulassen, besteht ein Beibehaltungswahlrecht (vgl. § 280 Abs. 2 HGB). Bei Verzicht auf die Wertaufholung sind jedoch entsprechende Angaben im Anhang zu machen (§ 280 Abs. 3 HGB).

Im Gegensatz zu den Regelungen bei den Aktiva gibt es für **Passiva** nur wenige kodifizierte Bewertungsvorschriften. Hier sind gemäß § 253 Abs. 1 Satz 2 HGB **Verbindlichkeiten** mit ihrem Rückzahlungsbetrag anzusetzen, wobei allerdings das nicht kodifizierte Höchstwertprinzip zu beachten ist.

Rentenverpflichtungen, für die eine Gegenleistung nicht mehr zu erwarten ist, sind mit ihrem Barwert und **Rückstellungen** mit dem Betrag anzusetzen, der nach vernünftiger kaufmännischer Beurteilung notwendig ist. Gerade im letzten Fall ergeben sich häufig aufgrund der notwendigerweise unbestimmten gesetzlichen Regelung Manipulationsmöglichkeiten.

Die beschriebenen, vom Vorsichtsprinzip bestimmten Gewinnermittlungsvorschriften machen zwar grundsätzlich eine **zu günstige Darstellung der Liquiditätslage unmöglich**; aber sie verhindern eine zutreffende Beurteilung der Liquiditätssituation, für die die tatsächlich zu erwartenden Ein- und Auszahlungen bedeutsam sind. Diesem Anspruch wird nur der Ausweis erwarteter Verluste gerecht. Dagegen wird ein **zutreffender Einblick** in die **Liquiditätslage verhindert**, wenn, so berechtigt dies aus anderen Gründen sein mag,

- der Ausweis unrealisierter Gewinne verhindert wird,
- (ausnahmsweise) ein niedrigerer Wertansatz für Aktiva beibehalten werden darf, obwohl der Grund hierfür weggefallen ist,
- ein Wertansatz in der Handelsbilanz nur gewählt wird, um einen entsprechenden Wertansatz in der Steuerbilanz wählen zu können, sowie
- bei Nichtkapitalgesellschaften Abschreibungen „im Rahmen vernünftiger kaufmännischer Beurteilung" vorgenommen werden.

Da der externe Bilanzleser diese teils vom Gesetzgeber erzwungenen, teils vom Bilanzierenden freiwillig gelegten stillen Rücklagen nicht erkennen kann, werden bei der Errechnung der Strukturkennzahlen einerseits Aktiva bzw. Verbindlichkeiten berücksichtigt, die um die dort jeweils gelegten stillen Rücklagen zu niedrig bzw. zu hoch sind, und andererseits schmälern die gesamten stillen Rücklagen den Bilanzansatz des Eigenkapitals in voller Höhe. Dass sich derartige Eigenkapitalverkürzungen insbesondere auf die vertikale Kapitalstrukturregel auswirken, ist leicht zu sehen.

(4) Der stichtagsbezogene Bilanzausweis kann eigens zur Darstellung einer günstigeren Liquiditätssituation manipuliert werden.

Da die Bilanz eine zeitpunktbezogene Gegenüberstellung von Vermögen und Kapital ist, ergeben sich weitere Manipulationsmöglichkeiten durch entsprechende **Maßnahmen vor dem Bilanzstichtag**. So wird z. B. die Bilanzstruktur beeinflusst, wenn Anlagevermögensgegenstände zunächst an eine Leasing-Gesellschaft verkauft werden, um sie unmittelbar anschließend von ihr zu mieten (**Sale-and-lease-back**).[59] Durch entsprechende Vertragsgestaltung kann die Aktivierung des Leasing-Gegenstandes beim Leasing-Nehmer vermieden werden. Die dadurch erreichte Verminderung des Anlagevermögens und die Verwendung des Verkaufserlöses (Ablösung von Verbindlichkeiten, Halten liquider Bestände, Finanzierung von Investitionsmaßnahmen) verändern die Bilanzstruktur.

Dies gilt auch für das **Factoring**.[60] Aus der Bilanz ist die strukturelle Veränderung der Bilanz aufgrund des Forderungsverkaufs, nämlich die Kreditgewährung durch den Factor, grundsätzlich nicht ersichtlich. Zur Erhaltung der

---

[59] Vgl. Band II: Finanzierung, Abschnitt 2.8.4.2.4.

[60] Vgl. Band II: Finanzierung, Abschnitt 2.8.4.2.3.1.

Liquidität ist aber u. U. der ständige Verkauf von Forderungen auch in der Zukunft erforderlich.

Weitere Möglichkeiten der Beeinflussung und damit verbundene Ermittlungsschwierigkeiten resultieren aus Kreditvereinbarungen, Pensionsgeschäften[61] und ähnlichen Transaktionen mit Konzernmitgliedern oder sonstigen der Unternehmung nahe stehenden Personen sowie aus der Wahl des Bilanzstichtages und des Aufstellungs- und Veröffentlichungszeitpunktes.

1.2.1.3.3 Kritik an der den Finanzierungsregeln zugrunde liegenden theoretischen Konzeption

Wer Finanzierungsregeln als starre Relationen festlegt, geht offensichtlich von einer **„Normalunternehmung"** aus. Tatsächlich aber wird die Vermögensstruktur, und damit – zumindest nach den Vorstellungen der Verfechter dieser Regeln – auch die Kapitalstruktur u. a. sehr stark durch die von der Branche abhängige Produktionsstruktur und von der Rechtsform, aber auch von der Lebensphase, in der sich eine Unternehmung befindet, und von ihrer Größe geprägt. Somit können **Bilanzstrukturregeln** höchstens **branchen-, rechtsform-, lebensphasen-** und **größenspezifisch fixiert** werden. Da es sehr schwierig sein dürfte, eine ausreichend große Zahl von Unternehmungen in entsprechende homogene Klassen einzuordnen, sind Unternehmungsvergleiche wenig praktikabel. Praktizierbar sind allenfalls Vergleiche der Bilanzrelationen einer Unternehmung zu verschiedenen Zeitpunkten (**Zeitvergleiche**).

Außerdem sind die Finanzierungsregeln teilweise **widersprüchlich**. So lassen sich die Goldene Bilanzregel im engsten Sinne (Anlagevermögen = Eigenkapital) und die vertikale 1:1-Regel (Eigenkapital = Fremdkapital) nur dann gleichzeitig realisieren, wenn Anlagevermögen und Umlaufvermögen zufällig gleich hoch sind.

Die mit den Finanzierungsregeln verbundene Zielsetzung ist zudem einseitig; denn mit all diesen Regeln wird primär versucht, die **Liquidität** zu **sichern**. Dagegen werden andere Ziele vernachlässigt, wie etwa die unter bestimmten Voraussetzungen für eine Ausdehnung des Fremdkapitals sprechende Zielsetzung der Maximierung der Eigenkapitalrentabilität. Deren Erhöhung durch Aufnahme zusätzlichen Fremdkapitals gelingt solange, wie die Gesamtkapitalrentabilität über dem Fremdkapitalzins liegt (**Leverage-Effekt**; vgl. **Abschnitt 1.2.2**); die daraus resultierende sinkende Eigenkapitalquote läuft jedoch der vertikalen Kapitalstrukturregel zuwider. Es ist allerdings zu beachten, dass in Planungsrechnungen allenfalls die Fremdkapitalkosten bekannt

---

[61] Vgl. Band II: Finanzierung, Abschnitt 2.4.4.3.4.

sind, während die Gesamtkapitalrentabilität vom zukünftigen Erfolg der Investitionen der Unternehmung abhängig ist, so dass bei entsprechend ungünstiger Entwicklung der Leverage-Effekt auch in umgekehrter Richtung wirken kann.

Der von der Zielsetzung der Maximierung der Eigenkapitalrentabilität ausgehende Anreiz zur **Ausdehnung der Verschuldung** wird allerdings durch das dann wachsende Gläubigerrisiko gebremst, sehen doch die Gläubiger bei einer hohen Fremdkapitalquote nicht nur eine geringe Flexibilität des Schuldners im finanzwirtschaftlichen Bereich aufgrund hoher, von der Erfolgssituation unabhängiger Zins- und Tilgungsverpflichtungen und damit die weitgehende Abhängigkeit des Schuldners von seinen Gläubigern, sondern auch die Gefahr, dass zukünftige Verluste von der Schuldnerunternehmung nicht aufgefangen werden können, also auf die Gläubiger durchschlagen.

Die **ständige Zahlungsbereitschaft** einer Unternehmung wird aber auch durch die Einhaltung verschiedener Finanzierungsregeln **nicht gewährleistet**.

1. Auch bei betragsgenauer und fristenkongruenter Finanzierung eines Vermögensgegenstandes durch eine bestimmte Passivposition wird höchstens sichergestellt, dass die Unternehmung den **Kapitalbetrag**, falls erforderlich, **verzinsen** und beim Ausscheiden des Vermögensgegenstandes das ursprünglich investierte **Kapital zurückzahlen** kann; allerdings gelingt dies auch nur, wenn die investierten Beträge („Abschreibungsgegenwerte“) und die zu zahlenden Fremdkapitalzinsen in vollem Umfang und termingerecht über den Absatz der Produkte an die Unternehmung zurückfließen. Eintretende Verluste, Zahlungsschwierigkeiten der Abnehmer oder Probleme beim Absatz der Betriebsleistungen können dies verhindern.

   Fristgerechte Freisetzung, Verzinsung und Tilgung des Kapitalbetrages reichen zur Sicherung der Liquidität allerdings nur im Spezialfall eines **einmaligen Kapitalbedarfs** aus. Da aber Liquidität nicht nur die Erfüllung fälliger Verbindlichkeiten erfordert, sondern auch die Aufrechterhaltung eines reibungslosen Ablaufs des Betriebsprozesses,[62] muss auch sichergestellt sein, dass die erforderlichen Reinvestitionen durchgeführt werden können (**Deckung des wiederkehrenden Kapitalbedarfs**).

   Die Verfechter der horizontalen Finanzierungsregeln nehmen deshalb stillschweigend an, dass die durch den Umsatzprozess wieder verflüssigten und an die Kapitalgeber zurückzuzahlenden Mittel entweder prolongiert oder durch neues Kapital substituiert werden können. Ist diese **Prämisse** der **Prolongations- oder Substitutionsmöglichkeit** nicht erfüllt, so ist

---

[62] Vgl. dazu Band I: Investition, Abschnitt 1.2.2.2.

der reibungslose Ablauf des Betriebsprozesses gefährdet; ist sie erfüllt, so ist Fristenkongruenz aber offensichtlich keine notwendige Voraussetzung für die Erhaltung der Liquidität.

2. Die kritisierte Unterstellung bezieht sich aber auch auf diejenigen Kapitalbeträge, die zur Finanzierung aller weiteren anfallenden Auszahlungen (etwa für Löhne, Rohstoffe, Mieten, Energie, Steuern) benötigt werden, da auch hier üblicherweise **erneut** entsprechender **Kapitalbedarf** besteht.

3. Da die **Goldene Bilanzregel** eine Gruppenbildung der Aktiva und Passiva erfordert, entsteht hier ein zusätzliches Problem. Die **Angaben** über die **Fälligkeitstermine** in Bilanzen sind derartig **unpräzise**, dass es selbst bei Fristenentsprechung der einander gegenübergestellten Gruppen von Aktiva und Passiva möglich ist, dass das Vermögen im Zeitpunkt der Fälligkeit des Kapitals noch nicht in voller Höhe liquidisiert werden konnte.

Die **objektbezogene** Betrachtungsweise mit der Forderung nach **Fristenkongruenz** gewährleistet also die Erhaltung der Liquidität einer Unternehmung nicht. Hierfür ist eine **unternehmungsbezogene** Abstimmung aller erwarteten Ein- und Auszahlungen mittels eines Finanzplans erforderlich.

1.2.2 Der Leverage-Effekt

1.2.2.1 Die Gestaltung der Kapitalstruktur nach dem Leverage-Effekt

Der grundlegende traditionelle kapitaltheoretische Ansatz versucht, unter Rentabilitätsgesichtspunkten aus der Perspektive des Kapitalgebers das optimale Verhältnis von Eigen- und Fremdkapital (optimaler Verschuldungsgrad v^*) durch Berücksichtigung des Leverage-Effekts zu bestimmen. Unter der Zielsetzung der langfristigen Gewinnmaximierung wird eine Unternehmung die Eigenkapitalhöhe wählen, bei der die Eigenkapitalrentabilität maximiert wird.[63] Die Frage nach der optimalen Höhe des Eigenkapitals ist zugleich die Frage nach dem optimalen Verschuldungsgrad (v^*).

Der **Leverage-Effekt** beinhaltet den folgenden Zusammenhang: Die Gesamtkapitalrentabilität (r_{GK} ausgedrückt in Prozent) einer Unternehmung ergibt sich als Quotient aus dem Gesamtkapitalertrag (KE) und dem Gesamtkapital

---

[63] Vgl. *Hax, Herbert*: Rentabilitätsmaximierung als unternehmerische Zielsetzung. In: Zeitschrift für handelswissenschaftliche Forschung 1963, S. 342.

(GK) dieser Unternehmung (r_{GK}= KE/GK), wobei sich das Gesamtkapital aus dem Eigenkapital (EK) und dem Fremdkapital (FK) der Unternehmung zusammensetzt (GK = EK + FK). Damit gilt aber auch der in **Abbildung 10** (Seite 47), Formel (1) dargestellte Zusammenhang.

Aus der Perspektive der Kapitalgeber ergibt sich der **Gesamtkapitalertrag** (KE) der Unternehmung aus der Summe der Eigenkapitalverzinsung ($r_{EK} \cdot$ EK) und der Fremdkapitalverzinsung ($r_{FK} \cdot$ FK); (vgl. dazu **Abbildung 10**; Seite 47, Formel (2)). Die **Kapitalverzinsung des Fremdkapitals** ($r_{FK} \cdot$ FK) wiederum ist aufgrund der vertraglichen Vereinbarungen unabhängig von der Ertragslage der Unternehmung, so dass der Fremdkapitalzinssatz (r_{FK} ausgedrückt in Prozent) als konstante Größe angenommen werden kann. Unter der Annahme einer mit dem zur Verfügung stehenden Gesamtkapital (GK) zu erwirtschaftenden Gesamtkapitalrendite (r_{GK}) ermittelt sich die **Eigenkapitalrendite** (r_{EK} ausgedrückt in Prozent) schließlich, wie in **Abbildung 10** (Seite 47) gezeigt, in Abhängigkeit vom Verhältnis des eingesetzten Fremdkapitals zum Eigenkapital (FK/EK).

Kann durch das eingesetzte Fremdkapital eine Gesamtkapitalrendite erreicht werden, die höher als der fest vereinbarte Fremdkapitalzinssatz ist ($r_{GK} > r_{FK}$), so fällt der gesamte vom Fremdkapital über den festen Fremdkapitalzins hinaus erwirtschaftete Ertragsteil dem Eigenkapital zu. Die Eigenkapitalverzinsung (r_{EK}) wird dann umso größer, je kleiner der prozentuale Anteil des Eigenkapitals am Gesamtkapital ist, d.h., je höher der Verschuldungsgrad (v = FK/EK) der Unternehmung ist ($r_{EK} \uparrow$, falls v = FK/EK $\uparrow$ und damit EK $\downarrow$ bzw. FK $\uparrow$ unter Konstanz von GK; vgl. **Abbildung 10**; Seite 47, Formel (4)).

Diese **Erhöhung der Eigenkapitalrentabilität** durch Einsatz von Fremdkapital bei Investitionen (Ersatz von Eigen- durch Fremdkapital bei Konstanz des Gesamtkapitals), deren Gesamtkapitalrentabilität über dem Fremdkapitalzins liegt, wird als Leverage-Effekt bezeichnet, d.h. als **Hebelwirkung zunehmender Verschuldung auf die Eigenkapitalrentabilität**. Die Eigenkapitalrentabilität steigt also, solange zwischen der Gesamtkapitalrentabilität und der Kapitalverzinsung des Fremdkapitals (Effektivzins für das aufgenommene Fremdkapital) noch eine positive Differenz besteht ($r_{EK} \uparrow$, falls $r_{GK} - r_{FK} > 0$). Dieser Zusammenhang lässt sich in allgemeiner Form wie in **Abbildung 10** (Seite 47) gezeigt darstellen.

Nach den Umformungen der Formel (3) in **Abbildung 10** (Seite 47) zeigt Formel (4), dass die Eigenkapitalrentabilität (r_{EK}) von der Gesamtkapitalrentabilität (r_{GK}), dem Fremdkapitalzinssatz (r_{FK}) und dem Verschuldungsgrad (v = FK/EK) abhängig ist. Wird eine bestimmte Gesamtkapitalrentabilität (r_{GK}) und ein vom Verschuldungsgrad (v) unabhängiger Fremdkapitalzins unterstellt, der geringer ist als die angenommene Gesamtkapitalrentabilität, so besteht zwischen Verschuldungsgrad (v) und Eigenkapitalrentabilität (r_{EK}) die in **Abbildung 11** (Seite 48) dargestellte lineare Abhängigkeit.

$$(1)\quad KE = r_{GK} \cdot (EK + FK)$$

$$(2)\quad KE = r_{EK} \cdot EK + r_{FK} \cdot FK$$

$$(3)\quad r_{GK} \cdot (EK + FK) = r_{EK} \cdot EK + r_{FK} \cdot FK$$

$$r_{EK} \cdot EK = r_{GK} \cdot (EK + FK) - r_{FK} \cdot FK$$

$$r_{EK} = r_{GK} \cdot \frac{EK}{EK} + r_{GK} \cdot \frac{FK}{EK} - r_{FK} \cdot \frac{FK}{EK}$$

$$(4)\quad r_{EK} = r_{GK} + (r_{GK} - r_{FK}) \cdot \frac{FK}{EK}$$

mit:

KE:	Gesamtkapitalertrag einer Unternehmung
EK:	Eigenkapital
FK:	Fremdkapital
GK:	Gesamtkapital
r_{EK}:	Eigenkapitalrentabilität
r_{FK}:	Zinssatz für Fremdkapital
r_{GK}:	Gesamtkapitalrentabilität

Abbildung 10: Eigenkapitalrentabilität[64]

Es muss jedoch darauf hingewiesen werden, dass in Planungsrechnungen allenfalls der Fremdkapitalzins (r_{FK}) bekannt ist, während die Gesamtkapitalrentabilität (r_{GK}) vom Erfolg der Investitionen der Unternehmung abhängig ist. Bei entsprechend ungünstiger Entwicklung kann deshalb der Leverage-Effekt selbstverständlich auch **negativ** ausfallen. Der Vorteil, durch kostengünstiges Fremdkapital die Eigenkapitalrentabilität zu erhöhen, wird zum Nachteil, wenn die **Gesamtkapitalrentabilität unter den Fremdkapitalzins** sinkt ($r_{GK} < r_{FK}$). In diesem Fall geht die Eigenkapitalrentabilität umso stärker zurück (und kann dabei auch negativ werden), je höher der prozentuale Anteil des Fremdkapitals am Gesamtkapital (Verschuldungsgrad v) und je größer die negative Differenz zwischen Gesamtkapitalrentabilität und Fremdkapitalzins ist.

64 Entnommen aus *Bieg, Hartmut*: Die Kapitaldeckung und Kapitalstruktur der Unternehmung – Das Modigliani/Miller-Theorem. In: Der Steuerberater 2000, S. 50.

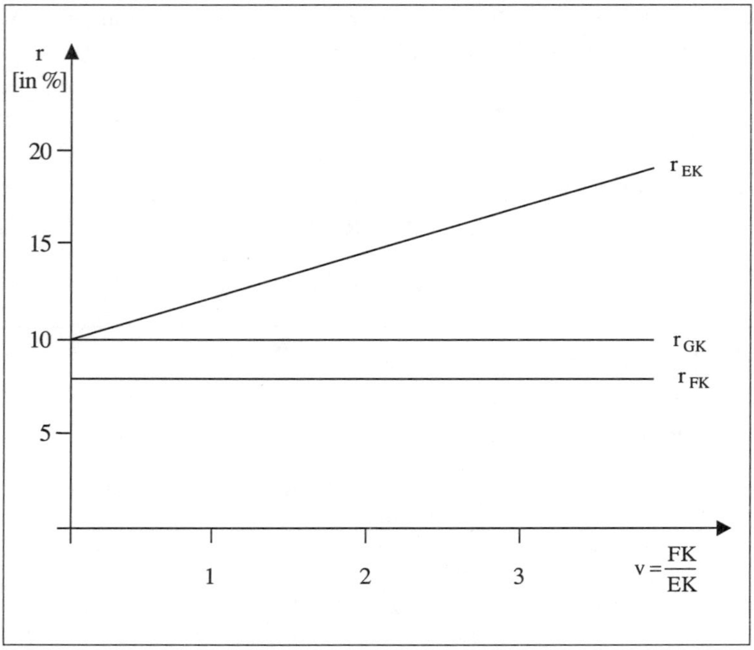

Abbildung 11: Abhängigkeit der Eigenkapitalrentabilität vom Verschuldungsgrad v = FK/EK (Leverage-Effekt)[65]

Wie **Abbildung 12** (Seite 49) zeigt, ist die Eigenkapitalrentabilität genau im Punkt

$$v = \frac{FK}{EK} = \frac{r_{GK}}{r_{FK} - r_{GK}}$$

gleich Null. Eine negative Eigenkapitalrentabilität ist jedoch gleichbedeutend mit Verlusten, die das vorhandene Eigenkapital vermindern, es teilweise oder ganz aufzehren.

[65] Entnommen aus *Bieg, Hartmut*: Die Kapitaldeckung und Kapitalstruktur der Unternehmung – Das Modigliani/Miller-Theorem. In: Der Steuerberater 2000, S. 50.

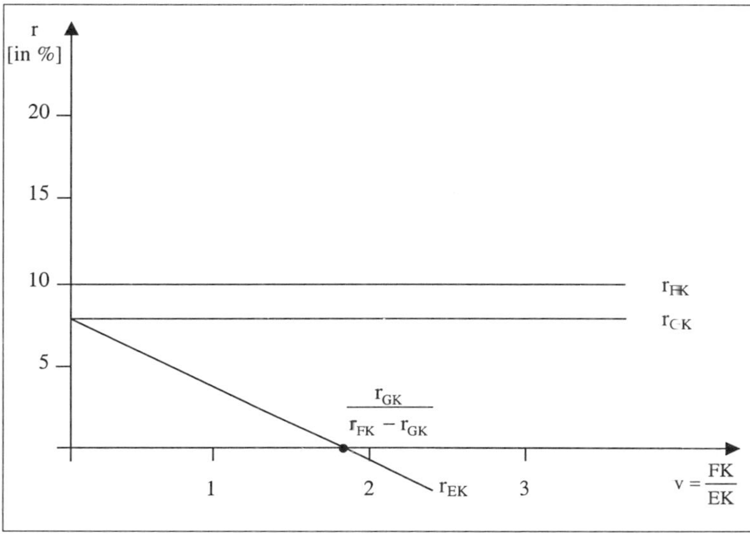

Abbildung 12: Eigenkapitalrentabilität bei negativem Leverage-Effekt[66]

Wöhe/Bilstein zeigen an zwei Zahlenbeispielen[67] den hier nur allgemein beschriebenen Zusammenhang sehr deutlich. Zusammenfassend lässt sich feststellen:[68]

- Liegt die Gesamtkapitalrentabilität über dem Fremdkapitalzins, so wächst die Eigenkapitalrentabilität mit wachsender Verschuldung.
- Ist die Gesamtkapitalrentabilität gleich dem Fremdkapitalzins, so ist unabhängig vom Verschuldungsgrad die Eigenkapitalrentabilität gleich der Gesamtkapitalrentabilität und gleich dem Fremdkapitalzins.
- Sinkt die Gesamtkapitalrentabilität unter den Fremdkapitalzins, ist sie aber noch positiv, so fällt die Eigenkapitalrentabilität mit wachsender Verschuldung vom positiven in den negativen Bereich.
- Ist die Gesamtkapitalrentabilität Null oder sogar negativ, so wird die Eigenkapitalrentabilität mit wachsendem Verschuldungsgrad negativ bzw. fällt noch stärker in den negativen Bereich.

---

66 Entnommen aus *Bieg, Hartmut*: Die Kapitaldeckung und Kapitalstruktur der Unternehmung – Das Modigliani/Miller-Theorem. In: Der Steuerberater 2000, S. 50.

67 Vgl. *Wöhe, Günter/Bilstein, Jürgen*: Grundzüge der Unternehmensfinanzierung. 8. Aufl., München 1998, S. 350 und S. 352-354.

68 Vgl. *Wöhe, Günter/Bilstein, Jürgen*: Grundzüge der Unternehmensfinanzierung. 8. Aufl., München 1998, S. 353.

In der bisherigen Darstellung des Leverage-Effekts wurde unterstellt, dass das Gesamtkapital unverändert bleibt und Eigenkapital durch Fremdkapital substituiert wird, wobei die Gesamtkapitalrentabilität konstant bleibt. Im Modell werden keine Annahmen darüber getroffen, zu welchen Konditionen die alternative Anlage des freigesetzten Eigenkapitals erfolgt.

In der Praxis erfolgt die Fremdkapitalaufnahme i. d. R. nicht zum Zwecke der Substitution von Eigenkapital, sondern dient der Erhöhung des Gesamtkapitals. Ein Leverage-Effekt in der beschriebenen Weise (linearer Verlauf) ergibt sich dann jedoch nur, wenn die Investitionsrendite des zusätzlich in der Unternehmung eingesetzten Kapitals der durchschnittlichen Rendite des ursprünglichen Kapitals entspricht.

Ferner geht das Modell davon aus, dass die zunehmende Verschuldung keine Auswirkungen auf den Fremdkapitalzins hat. Dieser wird als konstante Größe sowohl für das bisher eingesetzte Fremdkapital als auch für neu aufgenommenes Fremdkapital angenommen. Geht man jedoch von realistischen Annahmen aus, so wird die Investitionsrendite selten exakt der ursprünglichen Gesamtkapitalrendite entsprechen. Ferner wird der Fremdkapitalzins aufgrund des steigenden Verlustrisikos (eine zusätzliche Fremdkapitalaufnahme führt, wenn nicht gleichzeitig eine Eigenkapitalzuführung erfolgt, zu einer Verringerung der Eigenkapitalquote, wodurch das für die Gläubiger bestehende Risiko tendenziell steigt) zumindest für das neu aufzunehmende Fremdkapital ab einem gewissen Verschuldungsgrad steigen.[69]

Zudem ist es möglich, dass auch die von den Anteilseignern erhobenen Ausschüttungsforderungen bei firmenbezogenen Unternehmungen mit zunehmendem Verschuldungsgrad steigen werden, da auch das von ihnen eingebrachte Kapital mit einem höheren Verlustrisiko behaftet ist.

Es ist auch zu beachten, dass das dargestellte Modell von der Annahme ausgeht, dass die Maximierung der Eigenkapitalrentabilität die relevante, zu verfolgende Zielsetzung darstellt. Für Unternehmungen, bei denen Personen- oder zumindest Zielidentität zwischen Unternehmungsleitung und Eigenkapitalgebern besteht, erscheint die Annahme plausibel. Bei personeller Trennung von Unternehmungsleitung und Eigenkapitalgebern ist jedoch zu vermuten, dass das Ziel der Eigenkapitalrentabilitätsmaximierung stärker von Überlegungen überlagert wird, die auf eine Erhöhung des Haftungspotenzials zur

---

[69] In diesem Fall ergibt sich eine unterproportionale Abhängigkeit der Eigenkapitalzinssätze vom Verschuldungsgrad. Trotzdem lässt sich die Eigenkapitalrentabilität durch einen verstärkten Einsatz von Fremdkapital steigern, sofern der steigende Fremdkapitalzins noch unterhalb der Gesamtkapitalrentabilität liegt; vgl. *Perridon, Louis/Steiner, Manfred*: Finanzwirtschaft der Unternehmung. 10. Aufl., München 1999, S. 476-477.

Sicherung der Fremdfinanzierungsmöglichkeiten und auf eine Minderung des Nichtprolongationsrisikos und der Insolvenzwahrscheinlichkeit abzielen.[70]

Im Fall der **Gesellschafter-Fremdfinanzierung** erweist sich die unkritische Verfolgung des Ziels der Maximierung des Unternehmungsgewinns und der Eigenkapitalrentabilität über eine Erhöhung der Fremdmittelaufnahme nicht unbedingt als sinnvoll. Vielmehr sollte die Strategie, über hohe Fremdkapitalvergütungen an die kreditgewährenden Anteilseigner eine „Abschöpfung“ der Gewinne zu erreichen,[71] in Erwägung gezogen und auf seine Vorteilhaftigkeit hin geprüft werden; dabei sind insbesondere auch steuerliche Effekte auf Gesellschafts- und Gesellschafterebene zu berücksichtigen.

Abschließend bleibt festzuhalten, dass der Leverage-Effekt zwar die Bedeutung unterstreicht, die der Kapitalstruktur beizumessen ist, dass aber die Festlegung eines optimalen Eigenkapital-/Fremdkapital-Verhältnisses einzelfallbezogen ist und unter Abwägung der konkurrierenden Zielsetzungen zu erfolgen hat; sie ist nur möglich, „wenn von den Erwartungen des Unternehmens über die zukünftige Entwicklung der Gesamtkapitalrentabilität sowie der Fremdkapitalkosten ausgegangen wird und wenn zugleich die Chancen-Risiko-Präferenz der Finanzierenden festgelegt werden“[72] kann.

1.2.2.2 Der optimale Verschuldungsgrad

Bei den folgenden Überlegungen wird die Perspektive der Betrachtungsweise verändert, indem nicht mehr, wie in **Abschnitt 1.2.2.1** gezeigt, die Perspektive des Kapitalgebers mit seinen Renditeüberlegungen bezüglich des Gesamtkapitaleinsatzes, sondern die Perspektive des Kapitalnehmers, der die Kosten des eingesetzten Kapitals im Vordergrund sieht, herangezogen wird.

In der Finanzierungstheorie bestehen eine Reihe sich zum Teil widersprechende Auffassungen bezüglich der Frage des optimalen Verschuldungsgrades. Ausgangspunkt des **traditionellen Ansatzes** ist die Annahme, dass die Maximierung des Unternehmungswertes (Gesamtkapitalmarktwert GK, Gesamtkapital zu Marktpreisen) und die Kapitalkostenminimierung äquivalente Zielsetzungen sind. Dies folgt aus der Tatsache, dass eine Unternehmung bei

---

70 Vgl. *Witte, Eberhard.*: Finanzplanung der Unternehmung: Prognose und Disposition. 2. Aufl., Opladen 1981, S. 28.

71 Vgl. *Baumgärtel, Martina*: Fremdfinanzierung von Kapitalgesellschaften durch ausländische Anteilseigner. Neuried 1986, S. 18.

72 *Wysocki, Klaus von*: Zur Frage der angemessenen Eigenkapitalausstattung aus betriebswirtschaftlicher Sicht. In: Fremdfinanzierung von Kapitalgesellschaften durch Anteilseigner im deutschen und ausländischen Körperschaftsteuerrecht, hrsg. von *Klaus von Wysocki* u. a., München 1982, S. 4.

gegebenem Gesamtkapital die Möglichkeit hat, das relativ teure Eigenkapital durch relativ billiges Fremdkapital zu substituieren und damit die durchschnittlichen Gesamtkapitalkosten (k_{GK}) zu verringern bzw. den Gesamtkapitalmarktwert (GK) zu erhöhen.

Im Gegensatz zur Theorie von *Modigliani/Miller*[73] geht das traditionelle Modell, dessen Hauptvertreter *Solomon* ist, davon aus, dass es einen Punkt oder **Bereich mit optimaler Kapitalstruktur** gibt („The traditional answer to the question is that there is such an optimum point or range."[74]). Eine Unternehmung sollte versuchen, sich diesem Optimum durch Kapitalausstattungsmaßnahmen anzunähern.[75]

Die unterschiedlichen Auffassungen beruhen darauf, dass *Modigliani/Miller* in ihrer These die Auffassung vertreten, dass die durchschnittlichen Kapitalkosten nicht steigen werden, ganz gleich wie stark der Verschuldungsgrad wächst. *Solomon* hingegen geht von einem allgemeinen Verhalten der Gläubiger und Banken aus, die bei steigendem Verschuldungsgrad den Fremdkapitalzinssatz erhöhen. Deshalb wird ziemlich schnell ein Punkt erreicht, an dem die marginalen Fremdkapitalkosten höher sind als die durchschnittlichen Gesamtkapitalkosten. Eine weitere Verschuldung würde die durchschnittlichen Gesamtkapitalkosten somit erhöhen.[76]

Als optimal wird eine Kapitalstruktur bzw. ein Verschuldungsgrad angesehen, wenn der **Marktwert der Unternehmung** und somit das Vermögen der Anteilseigner **maximiert** ist.[77] Eine Beeinflussung des Marktwertes wird dadurch erreicht, dass man versucht, die durchschnittlichen Gesamtkapitalkosten zu senken, indem bei gegebenem Gesamtkapital (teures) Eigenkapital durch (billiges) Fremdkapital substituiert wird.[78] „Die Kapitalkosten geben die Mindestverzinsung wieder, die eine Kapitalanlage erbringen muß, damit Geldgeber bereit sind, Kapital zur Verfügung zu stellen".[79] Die Eigenkapitalkosten

---

[73] Vgl. **Abschnitt 1.2.3**.

[74] *Solomon, Ezra*: The theory of financial management. New York/London 1963, S. 93.

[75] Vgl. *Süchting, Joachim*: Finanzmanagement – Theorie und Politik der Unternehmensfinanzierung. 6. Aufl., Wiesbaden 1995, S. 475.

[76] Vgl. *Solomon, Ezra* (Übersetzung): Verschuldungsgrad und Kapitalkosten. In: Die Finanzierung der Unternehmung, hrsg. von *Herbert Hax* und *Helmut Laux*, Köln 1975, S. 163.

[77] Vgl. *Engels, Wolfram*: Optimaler Verschuldungsgrad. In: Handwörterbuch der Finanzwirtschaft, hrsg. von *Hans E. Büschgen*, Stuttgart 1976, S. 1774.

[78] Vgl. *Perridon, Louis/Steiner, Manfred*: Finanzwirtschaft der Unternehmung. 10. Aufl., München 1999, S. 481.

[79] *Engels, Wolfram*: Optimaler Verschuldungsgrad. In: Handwörterbuch der Finanzwirtschaft, hrsg. von *Hans E. Büschgen*, Stuttgart 1976, S. 1775.

enthalten neben diesem Zins auch eine Risikoprämie, die mit wachsendem Risiko steigt.[80]

Die Analyse der Risiken einer Kapitaleinlage liefert die Unterscheidung in ein **allgemeines Geschäftsrisiko** („business risk“) und in ein **Finanzierungsrisiko** („financial risk“).[81] Das „business risk“ besteht in einer Abweichung der realisierten Brutto-Gewinne von dem erwarteten Mittelwert (unabhängig von der Art der Finanzierung), wohingegen das „financial risk“ den Einfluss der Verschuldung auf die Kapitalgeber erfasst. Hierdurch ergeben sich unterschiedliche Ansprüche der Eigen- und Fremdkapitalgeber, da die Eigenkapitalgeber sowohl das allgemeine Geschäftsrisiko als auch das Finanzierungsrisiko in ihren Ansprüchen berücksichtigen. Die Fremdkapitalgeber sind durch den festen Anspruch auf Verzinsung und Tilgung, der unabhängig von dem Geschäftserfolg ist, nur dem Finanzierungsrisiko in Form des Ausfallrisikos ausgesetzt, das mit zunehmender Verschuldung steigt.[82]

Der **optimale Verschuldungsgrad** ist erreicht, **wenn die durchschnittlichen Gesamtkapitalkosten (k_{GK}) ihr Minimum aufweisen**.[83] Die durchschnittlichen Gesamtkapitalkosten (k_{GK}) einer Unternehmung ergeben sich durch Addition der Eigenkapitalkosten (k_{EK}) und Fremdkapitalkosten (k_{FK}). Während die Eigenkapitalkosten (k_{EK}) in diesem Rahmen die Renditeerwartungen der Anteilseigner widerspiegeln, handelt es sich bei den Fremdkapitalkosten (k_{FK}) um die Verzinsung des Fremdkapitals einschließlich Abschlussgebühr und Disagio.

Ferner unterstellt der traditionelle Ansatz die in **Abschnitt 1.2.2.1** beschriebene Verhaltensweise des tatsächlichen Kapitalgebers bezüglich der Kritik an den Prämissen des Leverage-Effekts, ohne diese jedoch ausreichend nachweisen zu können.[84] D. h., aufgrund des mit zunehmendem Verschuldungsgrad ($v = FK/EK$) steigenden Kapitalstrukturrisikos (das leistungswirtschaftliche Risiko wird als konstante Größe angenommen und ist somit für die Bestimmung des optimalen Verschuldungsgrades nicht relevant) wird in diesem Rahmen davon ausgegangen, dass die **Fremdkapitalkosten** nur bis zu einem

---

[80] Vgl. *Engels, Wolfram*: Optimaler Verschuldungsgrad. In: Handwörterbuch der Finanzwirtschaft, hrsg. von *Hans E. Büschgen*, Stuttgart 1976, S. 1776.

[81] Vgl. *Engels, Wolfram*: Optimaler Verschuldungsgrad. In: Handwörterbuch der Finanzwirtschaft, hrsg. von *Hans E. Büschgen*, Stuttgart 1976, S. 1776.

[82] Vgl. *Engels, Wolfram*: Optimaler Verschuldungsgrad. In: Handwörterbuch der Finanzwirtschaft, hrsg. von *Hans E. Büschgen*, Stuttgart 1976, S. 1776-1777.

[83] Vgl. *Perridon, Louis/Steiner, Manfred*: Finanzwirtschaft der Unternehmung. 10. Aufl., München 1999, S. 481 sowie *Süchting, Joachim*: Finanzmanagement – Theorie und Politik der Unternehmensfinanzierung. 6. Aufl., Wiesbaden 1995, S. 468.

[84] Vgl. *Süchting, Joachim*: Finanzmanagement – Theorie und Politik der Unternehmensfinanzierung. 6. Aufl., Wiesbaden 1995, S. 474.

bestimmten Verschuldungsgrad konstant sind. Bei einer weiter ansteigenden Verschuldung kann eine zusätzliche Fremdkapitalaufnahme wegen des gestiegenen Verlustrisikos nur noch zu einem höheren Zinssatz (k_{FK}) erfolgen, wobei eine Konditionenanpassung für alle Gläubiger unterstellt wird.

Auch für die Eigenkapitalgeber wird mit zunehmender Verschuldung eine steigende Renditeerwartung (k_{EK}) unterstellt, d. h., dass die **Eigenkapitalkosten** aufgrund des höheren Risikos der Verschuldung steigen. Dabei wird angenommen, dass die Eigenkapitalgeber schon vor den Fremdkapitalgebern eine höhere Verzinsung verlangen.

Aus diesen Verhaltensannahmen resultiert in **Abbildung 13** dargestellte Verlauf der Kapitalkostenkurven.

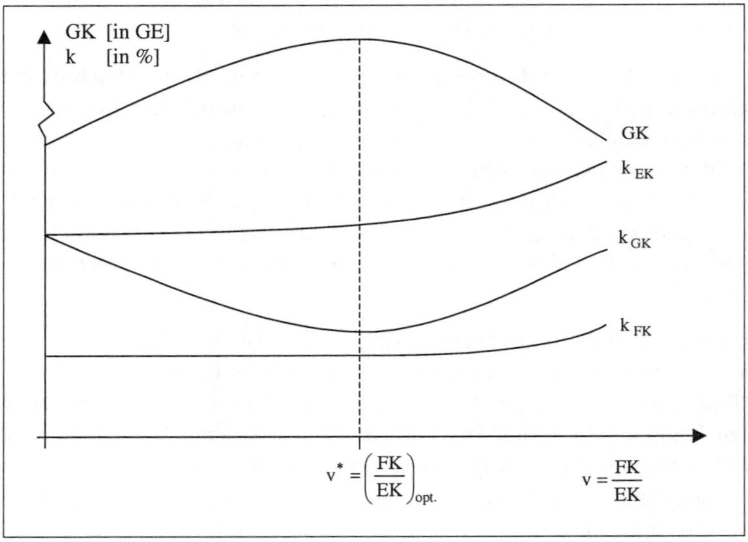

Abbildung 13: Kapitalkostenverläufe nach traditioneller Auffassung[85]

Bis zum optimalen Verschuldungsgrad wirkt der positive Rentabilitätseffekt des billigen Fremdkapitals stärker als die zunehmenden Renditeerwartungen der Eigenkapitalgeber (Leverage-Chance), so dass die Kosten für das Gesamtkapital (k_{GK}) sinken und der Gesamtkapitalmarktwert (GK) steigt. Im Punkt $v^* = (FK/EK)_{opt.}$ gleichen sich die beiden entgegengesetzten Effekte genau aus. Die Gesamtkapitalkostenkurve (k_{GK}) hat ihr Minimum und der Gesamtkapitalmarktwert (GK) sein Maximum erreicht. Bei einer Verschuldung über

[85] Entnommen aus *Bieg, Hartmut*: Die Kapitaldeckung und Kapitalstruktur der Unternehmung – Das Modigliani/Miller-Theorem. In: Der Steuerberater 2000, S. 52.

diesen Punkt hinaus können die weiter steigenden Renditeerwartungen der Eigenkapitalgeber durch das relativ billigere Fremdkapital nicht mehr ausgeglichen werden, so dass die durchschnittlichen Gesamtkapitalkosten (k_{GK}) steigen. Die mit weiter fortschreitender Verschuldung auch von den Fremdkapitalgebern verlangte Zinserhöhung wirkt sich zusätzlich negativ auf den Verlauf der Gesamtkapitalkosten aus. Die durchschnittlichen Gesamtkapitalkosten (k_{GK}) weisen somit keinen linearen, sondern einen konvexen Verlauf auf (vgl. **Abbildung 13**; Seite 54). Unter diesen Annahmen existiert demnach ein optimaler Verschuldungsgrad v^* in Höhe von $(FK/EK)_{opt.}$.

Das traditionelle Modell geht somit davon aus, dass mit beginnender Verschuldung „die durch den (Rentabilitäts-)Leverage-Effekt erzielte Eigenkapitalrentabilitätssteigerung zunächst noch nicht durch eine entsprechende Zunahme der Eigenkapitalkosten (Renditeforderungen) kompensiert wird“.[86] Die Anteilseigner haben aufgrund der erst geringen Verschuldung keinen Anlass, eine Risikoprämie zu verlangen, und die Fremdkapitalgeber sehen ebenfalls keine Rechtfertigung für einen Zinsaufschlag.[87] Unter diesen Prämissen können **durch eine zunehmende Verschuldung die Durchschnittskapitalkosten gesenkt** und somit der Marktwert der Unternehmung gesteigert werden.

Im Zuge einer weiteren Eigenkapitalsubstitution werden aber die **Eigenkapitalgeber ihre Renditeforderung** um einen Aufschlag für das gestiegene Risiko **erhöhen**. Dennoch kann ein Sinken der durchschnittlichen Gesamtkapitalkosten anhalten, „wenn und solange die erhöhten Eigenkapitalkosten nur „unterproportional“ zunehmen, sie also die durch den Leverage-Effekt bewirkte Steigerung der Eigenkapitalrentabilität noch nicht kompensieren und darüber hinaus der durch die Fremdkapitalerhöhung hervorgerufene absolute Rückgang des Eigenkapitals zu Marktwerten kleiner ausfällt als der entsprechende Zugang an Fremdkapital“.[88]

Eine weitere Steigerung der Verschuldung bewirkt zum einen eine steigende Risikoprämie der Anteilseigner, zum anderen werden die **Fremdkapitalgeber** wegen des nun hohen Risikos ihren **Zinssatz für weitere Kapitalüberlassungen erhöhen**. Dadurch wird ein Punkt erreicht, an dem die Steigerung der Eigenkapitalrentabilität durch die gestiegenen Forderungen der Kapitalgeber gerade kompensiert wird. An diesem Punkt sind die durchschnittlichen Ge-

---

86 *Schierenbeck, Henner*: Grundzüge der Betriebswirtschaftslehre. 15. Aufl., München/Wien 2000, S. 474.

87 Vgl. *Schierenbeck, Henner*: Grundzüge der Betriebswirtschaftslehre. 15. Aufl., München/Wien 2000, S. 474.

88 *Schierenbeck, Henner*: Grundzüge der Betriebswirtschaftslehre. 15. Aufl., München/Wien 2000, S. 474.

samtkapitalkosten auf einem Minimum angelangt, der Wert der Gesamtunternehmung ist maximiert.[89]

Eine zusätzliche Verschuldung ist nicht mehr empfehlenswert, da durch das weiter steigende Risiko sowohl die Ansprüche der Eigen- als auch der Fremdkapitalgeber so hoch werden, dass die durchschnittlichen Gesamtkapitalkosten wieder steigen und der Wert der Unternehmung abnimmt. Der Punkt bzw. der Bereich eines Optimums wird verlassen und eine weitere Verschuldung bringt nur noch negative Effekte mit sich. Folgendes Beispiel verdeutlicht den Ansatzpunkt der Überlegungen:

Beispiel:[90]

Gesamtkapital = Eigenkapital (EK) + Fremdkapital (FK)

$$\text{Verschuldungsgrad (v)} = \frac{\text{Fremdkapital}}{\text{Eigenkapital}}$$

Fremdkapitalkosten in Prozent : k_{FK}

Eigenkapitalkosten in Prozent : k_{EK}

$$\text{Eigenkapital zum Marktwert } (EK_{MW}) = \frac{\text{Reingewinn}}{\text{prozentuale Eigenkapitalkosten}}$$

$$\text{Gesamtkapital zum Marktwert } (GK_{MW}) = EK_{MW} + FK$$

$$\text{Durchschnittliche Gesamtkapitalkosten} = \frac{\text{Bruttogewinn}}{\text{Gesamtkapital zum Marktwert}}$$

Wie **Abbildung 14** (Seite 57) zeigt, werden in diesem Beispiel mittels Substitution von Eigenkapital durch Fremdkapital bis zu einem Verschuldungsgrad (v) von eins die durchschnittlichen Gesamtkapitalkosten gesenkt und der Wert der Gesamtunternehmung (GK_{MW}) erhöht.

Ab einem Verschuldungsgrad von eins erhöhen sich durch das gestiegene Risiko nun auch die Fremdkapitalkosten, so dass die durchschnittlichen Gesamtkapitalkosten wieder steigen, der Wert der Unternehmung sinkt.

Gemäß *Solomon* ist in diesem Beispiel bei einem Verschuldungsgrad von eins der Marktwert der Unternehmung maximiert und die optimale Kapitalstruktur erreicht.

Die Verläufe der durchschnittlichen Gesamtkapitalkosten sowie des Marktwertes der Unternehmung werden in **Abbildung 13** (Seite 54) grafisch veranschaulicht.

---

89 Vgl. hierzu und zum folgenden Absatz *Schierenbeck, Henner*: Grundzüge der Betriebswirtschaftslehre. 15. Aufl., München/Wien 2000, S. 474.

90 Modifiziert entnommen aus *Schierenbeck, Henner*: Grundzüge der Betriebswirtschaftslehre. 15. Aufl., München/Wien 2000, S. 473-475.

Gesamtkapital	1.000	1.000	1.000	1.000	1.000	1.000	1.000
Eigenkapital	1.000	900	700	500	400	300	200
Fremdkapital	0	100	300	500	600	700	800
v	0	0,1	0,4	1,0	1,5	2,3	4,0
Bruttogewinn	100	100	100	100	100	100	100
FK–Zinsen	0	5	15	25	42	63	80
k_{FK}	0,05	0,05	0,05	0,05	0,07	0,09	0,10
Reingewinn	100	95	85	75	58	37	20
k_{EK}	0,10	0,10	0,105	0,115	0,13	0,15	0,17
EK_{MW}	1.000	950	809,5	652,2	446,2	246,7	117,6
GK_{MW}	1.000	1050	1109,5	1152,2	1046,2	946,7	917,6
k_{GK}	0,10	0,095	0,090	0,087	0,096	0,106	0,109

Abbildung 14: *Zahlenbeispiel zur Verdeutlichung des optimalen Verschuldungsgrads*

Das traditionelle Modell berücksichtigt sowohl Rentabilitäts- als auch Risikoaspekte einer Substitution von Eigenkapital durch Fremdkapital. Der **Leverage-Effekt** wird durch die Einbeziehung des steigenden Risikos einer zunehmenden Verschuldung **relativiert**.[91] Der **Hauptmangel** des traditionellen Modells besteht darin, dass der funktionale Zusammenhang zwischen Finanzierungsrisiko und Kapitalkosten nicht theoretisch hergeleitet wird.[92] Daher gilt es weniger als Entscheidungsmodell, sondern vielmehr als ein „Versuch, die in der Praxis anzutreffende Verschuldungspolitik zu rechtfertigen".[93] Des Weiteren ist unklar, inwieweit das Kapitalstrukturrisiko überhaupt messbar ist. Anteilseigner wie Gläubiger benötigen eine Fülle von Informationen, um sich ein genaues Bild über den Verschuldungsgrad machen zu können. Es ist zu bezweifeln, dass dies mit Hilfe der von der Unternehmung zur Verfügung gestellten Daten zu erreichen ist.[94] Insgesamt zeichnet sich das Modell durch plausible Annahmen aus, die auch durch Beobachtungen in der Realität bestätigt werden.

---

91 Vgl. *Engels, Wolfram*: Optimaler Verschuldungsgrad. In: Handwörterbuch der Finanzwirtschaft, hrsg. von *Hans E. Büschgen*, Stuttgart 1976, S. 1779.

92 Vgl. *Engels, Wolfram*: Optimaler Verschuldungsgrad. In: Handwörterbuch der Finanzwirtschaft, hrsg. von *Hans E. Büschgen*, Stuttgart 1976, S. 1779.

93 *Engels, Wolfram*: Optimaler Verschuldungsgrad. In: Handwörterbuch der Finanzwirtschaft, hrsg. von *Hans E. Büschgen*, Stuttgart 1976, S. 1780.

94 Vgl. *Gans, Bernd/Looss, Wolfgang/Zickler, Dieter*: Investitions- und Finanzierungstheorie. 3. Aufl., München 1977, S. 82.

Die hier dargestellte Auffassung wurde von *Modigliani/Miller*[95] (*Modigliani/Miller*-Theorem) in Frage gestellt. Sie sind der Meinung, dass die durchschnittlichen Gesamtkapitalkosten völlig unabhängig vom Verschuldungsgrad sind und folglich kein optimaler Verschuldungsgrad existieren kann. Insbesondere wegen der in ihrem Modell angenommenen Prämissen (vollkommener Kapitalmarkt, keine Transaktionskosten, Trennung von Geschäfts- und Kapitalstrukturrisiko, etc.; vgl. **Abschnitt 1.2.3.2**) ist das *Modigliani/Miller*-Theorem heftig umstritten. Empirische Überprüfungen haben bisher weder zu einer statistischen Absicherung der Hypothese noch zu ihrer Verwerfung geführt.

1.2.3 Das *Modigliani/Miller*-Theorem

1.2.3.1 Das Modell

Modigliani/Miller sind der Meinung, dass der Gesamtkapitalmarktwert (GK) einer Unternehmung, der sich aus dem Marktwert des Eigenkapitals und dem Marktwert des Fremdkapitals der Unternehmung zusammensetzt (GK = EK + FK), völlig unabhängig vom Verschuldungsgrad (v = FK/EK) ist. Dann gilt diese Unabhängigkeit vom Verschuldungsgrad auch für die durchschnittlichen Gesamtkapitalkosten (k_{GK}). Folglich kann auch kein optimaler Verschuldungsgrad (v^*) in einer Unternehmung existieren.

Dies ergibt sich aus dem bereits in **Abschnitt 1.2.2.2** genannten Zusammenhang, wonach die Maximierung des Gesamtkapitalmarktwertes (GK) und die Minimierung der durchschnittlichen Kapitalkosten (k_{GK}) äquivalente Zielsetzungen sind, weil:

$$(1)\quad GK = EK + FK = \frac{KE}{k_{GK}} \rightarrow \text{Max! bzw.}$$

$$(2)\quad k_{GK} = k_{EK} \cdot \frac{EK}{GK} + k_{FK} \cdot \frac{FK}{GK} \rightarrow \text{Min!}$$

---

[95] Vgl. *Modigliani, Franco/Miller, Merton H.*: The Cost of Capital, Corporation Finance and the Theory of Investment. In: American Economic Review 1958, Vol. 48, S. 261-297. Vgl. *Modigliani, Franco/Miller, Merton H.* (deutsche Übersetzung): Kapitalkosten, Finanzierung von Aktiengesellschaften und Investitionstheorie. In: Die Finanzierung der Unternehmung, hrsg. von *Herbert Hax* und *Helmut Laux*, Köln 1975, S. 86-119.

Dabei stellt KE den erwarteten Kapitalertrag einer Unternehmung (d. h. den erwarteten Unternehmungsgewinn vor Abzug von Fremdkapitalzinsen) dar.

Die Annahme, dass die durchschnittlichen Gesamtkapitalkosten (k_{GK}) völlig unabhängig vom Verschuldungsgrad (v = FK/EK) sind, wird von *Modigliani/Miller* durch Formulierung zweier Thesen belegt, wobei die erste der beiden Thesen mit Hilfe eines Arbitrageprozesses bewiesen wird.

Ausgangspunkt der Untersuchungen von *Modigliani/Miller* ist der Kalkulationszins **vollständig eigenfinanzierter Unternehmungen** einer Risikoklasse, d. h., die Unternehmungen repräsentieren bezüglich ihrer Geschäftstätigkeit dieselbe Risikokategorie. Dieser Kalkulationszins wird zur Ermittlung der Eigenkapitalkosten der unverschuldeten Unternehmungen (k_{EK}^{EK}) herangezogen. Da diese Unternehmungen kein Fremdkapital aufnehmen, entsprechen die Eigenkapitalkosten unverschuldeter Unternehmungen den durchschnittlichen Gesamtkapitalkosten dieser Unternehmungen ($k_{EK}^{EK} = k_{GK}$). Unter der Prämisse, dass nur Unternehmungen der gleichen Risikoklasse herangezogen werden, die auf einem vollkommenen Kapitalmarkt agieren (vgl. **Abschnitt 1.2.3.2**), folgt demnach, dass für alle Unternehmungen einer bestimmten Risikoklasse der erwartete Kapitalertrag (KE) (d. h. der erwartete Gewinn bei einer vollständig eigenfinanzierten Unternehmung) gleich hoch sein muss. Unter dieser Prämisse berechnet sich der Gesamtkapitalmarktwert (GK) einer vollständig eigenfinanzierten Unternehmung wie folgt:

$$(3)\quad GK = EK = \frac{KE}{k_{GK}} = \frac{KE}{k_{EK}^{EK}}$$

Nach Umformung erhält man die Gesamtkapitalkosten (k_{GK}):

$$(4)\quad k_{GK} = k_{EK}^{EK} = \frac{KE}{EK} = \frac{KE}{GK}$$

Im Rahmen vollständig eigenfinanzierter Unternehmungen sind die durchschnittlichen Gesamtkapitalkosten (k_{GK}) mit Gleichung (4) demnach eindeutig bestimmt.

Zur Lösung des Kapitalkostenproblems von **teilweise fremdfinanzierten Unternehmungen** stellen *Modigliani/Miller* jedoch die folgende **erste These** auf:

$$(5)\quad GK = EK + FK = \frac{KE}{k_{GK}} = \frac{KE}{k_{EK}^{EK}} \text{ bzw.}$$

$$(6)\quad KE = k_{EK}^{EK} \cdot (EK + FK)$$

Unter Annahme dieser These ermittelt sich der Gesamtkapitalmarktwert (GK) einer Unternehmung in einer bestimmten Risikoklasse durch Kapitalisierung des erwarteten Kapitalertrags (KE) der Unternehmung mit dem Kalkulationszins von vollständig eigenfinanzierten Unternehmungen (k_{EK}^{EK}). Dies bedeutet, dass auch für teilweise fremdfinanzierte Unternehmungen die durchschnittlichen Gesamtkapitalkosten den Eigenkapitalkosten unverschuldeter Unternehmungen entsprechen ($k_{GK} = k_{EK}^{EK}$), was im Folgenden noch bewiesen werden muss. Der Gesamtkapitalmarktwert (GK) einer beliebig finanzierten Unternehmung ist nach der ersten These von *Modigliani/Miller* in Gleichung (5) demnach unabhängig von ihrer Kapitalstruktur (Verschuldungsgrad v = FK/EK).

Diese erste These wurde von *Modigliani/Miller* in äquivalenter Weise mittels der durchschnittlichen Gesamtkapitalkosten k_{GK} nach Umformung von Gleichung (5) bzw. (6) wie folgt ausgedrückt:

$$(7)\quad k_{GK} = k_{EK}^{EK} = \frac{KE}{EK + FK} = \frac{KE}{GK}$$

Nach dem *Modigliani/Miller*-Theorem in Gleichung (7) entsprechen somit die durchschnittlichen Gesamtkapitalkosten (k_{GK}) den Eigenkapitalkosten unverschuldeter Unternehmungen einer Risikoklasse (k_{EK}^{EK}). Sie sind außerdem unabhängig von dem Verschuldungsgrad (v) der Unternehmung. Da dieser also keinen Einfluss auf die durchschnittlichen Gesamtkapitalkosten (k_{GK}) hat, können die durchschnittlichen Gesamtkapitalkosten auch nicht durch Variation des Verschuldungsgrades (v) minimiert werden. Somit existiert kein optimaler Verschuldungsgrad (v^*) im Sinne der traditionellen Kapitaltheorie.

Diese erste These beweisen *Modigliani/Miller* wie nachfolgend gezeigt mit Hilfe von **Arbitrageprozessen**.

Weil die Zielsetzungen der Minimierung der durchschnittlichen Gesamtkapitalkosten (k_{GK}) und der Maximierung des Gesamtkapitalmarktwertes (GK) äquivalent sind, bedeuten konstante, vom Verschuldungsgrad unabhängige durchschnittliche Gesamtkapitalkosten auch konstante, vom Verschuldungsgrad unabhängige Gesamtkapitalmarktwerte der Unternehmungen. Begründet wird dies mit Arbitrageprozessen, die eintreten, sobald für zwei identische

Güter (z. B. Aktien) auf einem vollkommenen Kapitalmarkt ein Preisungleichgewicht vorliegt.

Gegeben seien zwei Unternehmungen, die sich nur aufgrund ihrer Finanzierungsstruktur, nicht aber hinsichtlich des existenziellen Risikos unterscheiden, welches sich auf den Stabilitätsgrad der Erträge (KE) in den Unternehmungen, die demnach für beide Unternehmungen identisch sind, bezieht.[96] Die beiden Unternehmungen können somit derselben Risikoklasse zugeordnet werden. Es soll bewiesen werden, dass die Gesamtkapitalmarktwerte beider Unternehmungen trotz unterschiedlicher Verschuldungsgrade gleich sind.

Die Unternehmung 1, die sich ausschließlich mit Eigenkapital finanziert, hat einen Gesamtkapitalmarktwert von $GK_1 = EK_1$. Die Unternehmung 2 hat Eigen- und Fremdkapital aufgenommen und weist deshalb den Gesamtkapitalmarktwert $GK_2 = EK_2 + FK_2$ auf.

Es soll nun unterstellt werden, dass der Gesamtkapitalmarktwert der Unternehmung 1 größer ist als der von Unternehmung 2: $GK_1 > GK_2$.

Ein Anleger ist mit der Quote α mit $0 < \alpha < 1$ am Grundkapital der Unternehmung 1, also an GK_1, bewertet zum Marktwert, beteiligt und erwartet hieraus pro Periode ein Einkommen von $\alpha \cdot KE$. Ein identisches Einkommen kann der Anleger dadurch erzielen, dass er seine Anteile an Unternehmung 1 verkauft und mit derselben Quote α Anteile und Schuldverschreibungen der Unternehmung 2 kauft. Wegen $GK_1 > GK_2$ und $FK_2 > 0$ ist $\alpha \cdot EK_1 > \alpha \cdot EK_2$, so dass aus dem Verkaufserlös der Anteile an der Unternehmung 1 die Schuldverschreibungen der Unternehmung 2 durch den Anleger ohne Kreditaufnahme erworben werden können. Seine Anlage bei der Unternehmung 2 beläuft sich nun auf $\alpha \cdot GK_2 = \alpha \cdot EK_2 + \alpha \cdot FK_2$ in Geldeinheiten (GE). Sein Einkommen aus der Investition teilt sich auf in $\alpha \cdot (KE - k_{FK} \cdot FK_2)$ aus den Anteilen (= [Kapitalertrag – Fremdkapitalzinsen] multipliziert mit der Anteilsquote) und $\alpha \cdot k_{FK} \cdot FK_2$ aus den Schuldverschreibungen.

Zusammenfassend erwartet der Anleger jeweils folgende Einkommen:

- Einkommen bei Beteiligung an Unternehmung 1:

$$\alpha \cdot KE$$

- Einkommen bei Beteiligung an Unternehmung 2:

$$\alpha \cdot (KE - k_{FK} \cdot FK_2) + \alpha \cdot k_{FK} \cdot FK_2 = \alpha \cdot KE$$

---

[96] Vgl. *Süchting, Joachim*: Finanzmanagement – Theorie und Politik der Unternehmensfinanzierung. 6. Aufl., Wiesbaden 1995, S. 445.

Das investierte Kapital hat sich folgendermaßen entwickelt:

- Investiertes Kapital bei Beteiligung an Unternehmung 1:

$$\boxed{\alpha \cdot EK_1 = \alpha \cdot GK_1}$$

- Investiertes Kapital bei Beteiligung an Unternehmung 2:

$$\boxed{\alpha \cdot EK_2 + \alpha \cdot FK_2 = \alpha \cdot (GK_2 - FK_2) + \alpha \cdot FK_2 = \alpha \cdot GK_2}$$

Da annahmegemäß $GK_1 > GK_2$ war, verbleibt dem Anleger nach der Durchführung dieser Operation ein risikoloser Arbitragegewinn in Höhe von $\alpha \cdot (GK_1 - GK_2)$.[97]

Werden am Markt derartige Arbitrageoperationen durchgeführt, so führt dies zu fallenden Gesamtkapitalmarktwerten[98] der Anteile an Unternehmung 1 und zu steigenden Gesamtkapitalmarktwerten der Anteile an Unternehmung 2, bis keine Arbitragegewinne mehr entstehen, bis also $\alpha \cdot (GK_1 - GK_2) = 0$, d.h. wegen $\alpha > 0$, wenn $GK_1 = GK_2$. Die Gesamtkapitalmarktwerte beider Unternehmungen gleichen sich also an, bis sich im Gleichgewichtszustand beide Gesamtkapitalmarktwerte entsprechen. Unterschiede in der Finanzierung, anders ausgedrückt: divergierende Verschuldungsgrade, sind somit irrelevant für die Gesamtkapitalmarktwerte von Unternehmungen. Folgendes Beispiel verdeutlicht die vorstehende Beweisführung zu These I:

Beispiel:[99]

Annahmen:

$$GK_1 = EK_1 = 1.400\ GE$$

$$GK_2 = EK_2 + FK_2 = 1.000\ GE$$

$$\alpha = 10\%$$

$$KE = 50\ GE$$

$$k_{FK} \cdot FK_2 = 20\ GE$$

---

97 Vgl. zur Beweisführung auch *Drukarczyk, Jochen*: Theorie und Politik der Finanzierung. 2. Aufl., München 1993, S. 135-136.

98 Der Marktwert des Eigenkapitals ergibt sich aus dem Produkt von Anzahl der Aktien und Kurswert. Die Anzahl der Aktien ist hier konstant. Bei anhaltenden Verkäufen (bei geringer Nachfrage) sinkt der Kurswert, so dass der Marktwert des Eigenkapitals sinkt.

99 Entnommen aus *Bieg, Hartmut*: Die Kapitaldeckung und Kapitalstruktur der Unternehmung – Das Modigliani/Miller-Theorem. In: Der Steuerberater 2000, S. 54.

Einkommen vor der Arbitrage aus der Beteiligung an der Unternehmung 1:

$$\alpha \cdot KE = 0{,}1 \cdot 50 = 5\,GE.$$

– Arbitrage:

Verkauf der Anteile an 1:

Erlös $= 0{,}1 \cdot 1.400 = 140\,GE.$

Kauf von Anteilen und Schuldverschreibungen von Unternehmung 2 in Höhe von $\alpha = 10\,\%$:

Kaufpreis $= 0{,}1 \cdot 1.000 = 100\,GE.$

Verbleibender Erlös =

Arbitragegewinn $= 140 - 100 = 40\,GE.$

– Das Einkommen aus dem Kapitalfluss an Unternehmung 2 beträgt 5 GE:

  – aus Anteilen:

  $$\alpha \cdot (KE - k_{FK} \cdot FK_2) = 0{,}1 \cdot (50 - 20) = 3\,GE.$$

  – aus Schuldverschreibungen:

  $$\alpha \cdot k_{FK} \cdot FK_2 = 0{,}1 \cdot 20 = 2\,GE.$$

– **Fazit**: Das Einkommen des Anlegers bleibt unverändert. Er erzielt einen (risikolosen) Arbitragegewinn von 40 GE.

Aus der ersten These leiten *Modigliani/Miller* schließlich die **zweite These** unter der Annahme ab, dass sich im Falle **teilweiser Fremdfinanzierung** einer Unternehmung die Eigenkapitalkosten einer teilweise fremdfinanzierten Unternehmung (k_{EK}^{FK}) aus dem (erwarteten) Kapitalertrag ($KE = k_{EK}^{FK} \cdot EK + k_{FK} \cdot FK$) wie folgt ergeben:

$$(8) \qquad k_{EK}^{FK} = \frac{KE - k_{FK} \cdot FK}{EK}$$

d.h., dass sich die Eigenkapitalkosten einer teilweise fremdfinanzierten Unternehmung als Quotient aus dem erwarteten Unternehmungsgewinn und dem Marktwert des eingesetzten Eigenkapitals ermitteln.

Ersetzt man den erwarteten Kapitalertrag (KE) aus Gleichung (8) durch die Annahme in Gleichung (6) aus der bewiesenen These I und zwar, dass $KE = k_{EK}^{EK} \cdot (EK + FK)$ ist, so gilt:

$$(9) \qquad k_{EK}^{FK} = \frac{k_{EK}^{EK}(EK+FK) - k_{FK} \cdot FK}{EK}$$

$$= \frac{k_{EK}^{EK} \cdot EK}{EK} + \frac{k_{EK}^{EK} \cdot FK}{EK} - \frac{k_{FK} \cdot FK}{EK}$$

$$= k_{EK}^{EK} + \left(k_{EK}^{EK} - k_{FK}\right) \cdot \frac{FK}{EK}$$

Die Eigenkapitalkosten einer Unternehmung bei teilweiser Fremdfinanzierung (k_{EK}^{FK}) stimmen nach Gleichung (9) mit den Eigenkapitalkosten einer vollständig eigenfinanzierten Unternehmung (k_{EK}^{EK}) zuzüglich einer Risikoprämie in Form der Differenz zwischen den Eigenkapitalkosten einer vollständig eigenfinanzierten Unternehmung und den Fremdkapitalkosten ($k_{EK}^{EK} - k_{FK}$) gewichtet mit dem Verschuldungsgrad (v = FK/EK) überein.

Ferner können die Eigenkapitalkosten einer teilweise fremdfinanzierten Unternehmung (k_{EK}^{FK}) nicht nur bei teilweiser Fremdfinanzierung, sondern auch allgemein als die Eigenkapitalkosten aller Unternehmungen (k_{EK}) interpretiert werden. Bei vollständiger Eigenkapitalfinanzierung ist nämlich FK = 0, so dass gilt:

$$(10) \qquad k_{EK}^{FK} = k_{EK}^{EK} = k_{EK}$$

Zusammenfassend entsprechen also nach dem *Modigliani/Miller*-Theorem die **durchschnittlichen Gesamtkapitalkosten** (k_{GK}) **den Eigenkapitalkosten beliebig verschuldeter Unternehmungen einer Risikoklasse** (k_{EK}). Sie sind außerdem **unabhängig von dem Verschuldungsgrad** (v) **der Unternehmung**.

1.2.3.2 Prämissen und Kritik

Das *Modigliani/Miller*-Theorem (Irrelevanz des Verschuldungsgrades für die durchschnittlichen Gesamtkapitalkosten und den Gesamtkapitalmarktwert) steht im Gegensatz zu dem, was man in Bezug auf die Finanzierung einer Unternehmung reflexiv für richtig hält. Eigenkapital ist generell teurer als Fremdkapital, weil die Eigentümer das unternehmerische Risiko tragen und steuerlich schlechter behandelt werden. Fremdkapitalgeber werden demgegenüber mit Vorrang bedient, so dass ihr Ausfallrisiko geringer ist. Dementsprechend wird ihre Rendite geringer ausfallen als die von den Eigentümern geforderte. Aufgrund dieser Überlegungen müsste eigentlich die 100 %-ige

Fremdfinanzierung, also die vollständige Finanzierung mit billigerem Fremdkapital, für eine Unternehmung optimal, im Sinne von kostenminimal, sein. Allerdings ist zu beachten, dass ein steigender Verschuldungsgrad die Finanzierung verteuert, weil die Ausfallrisiken für die Eigen- und die Fremdkapitalgeber zunehmen. Die Fremdkapitalgeber müssen bei einer hohen Verschuldung eher befürchten, dass die Zins- und/oder Tilgungsverpflichtungen nicht mehr eingehalten werden. Die Eigenkapitalgeber müssen eher damit rechnen, dass ein Insolvenzverfahren wegen Zahlungsunfähigkeit oder Überschuldung droht. Führt man die Vor- und Nachteile niedriger und hoher Verschuldungsgrade zusammen, so führt dies zu dem Schluss, dass es zwischen 0 % und 100 % Fremdfinanzierung einen optimalen Verschuldungsgrad gibt.[100]

Die Diskrepanz zwischen den Aussagen des *Modigliani/Miller*-Theorems und obigen Überlegungen ergibt sich aus den Prämissen, die *Modigliani/Miller* explizit und implizit für ihr Modell verwenden. An diesen Prämissen orientiert sich deshalb die Kritik an dem *Modigliani/Miller*-Theorem.

Folgende **Prämissen**, die nachfolgend kritisch analysiert werden, liegen dem Modell zugrunde:

1. Es existiert ein vollkommener Kapitalmarkt.
2. Es entstehen keine Informationskosten und keine Transaktionskosten.
3. Es gibt keine Steuern.
4. Alle Finanzierungstitel sind beliebig teilbar.
5. Das Geschäfts- und das Kapitalstrukturrisiko einer Unternehmung lassen sich trennen.
6. Hinsichtlich des Geschäftsrisikos können alle Unternehmungen in Risikoklassen eingeteilt werden.
7. Der Kapitalbedarf der Unternehmung ist gegeben und von der Finanzierung unabhängig.
8. Fremdkapital ist unabhängig von der Kapitalstruktur der Unternehmung sicher.
9. Die Renditeforderungen der Eigenkapitalgeber beinhalten Risikoprämien.
10. In Bezug auf die zukünftigen Gewinne der Unternehmung (vor und damit auch nach Fremdkapitalzinsen) herrscht Unsicherheit.
11. Die Zukunftserwartungen der Kapitalgeber sind homogen.

---

[100] Vgl. zu diesen Überlegungen *Kruschwitz, Lutz*: Finanzierung und Investition. 2. Aufl., München/Wien 1999, S. 218-220.

zu 1. Vollkommener Kapitalmarkt

Ein vollkommener Kapitalmarkt[101] liegt vor, wenn Kapital in beliebiger Höhe zu einem einheitlichen Zinssatz aufgenommen oder angelegt werden kann. Hierbei ist vor allem die Identität von Aufnahme- und Anlagezins, also Soll- und Habenzins realitätsfremd, liegt doch i.d.R. der Sollzinssatz über dem Habenzinssatz.

zu 2. Keine Informations- und Transaktionskosten

Da modellgemäß keine Informationskosten anfallen, können sich alle Marktteilnehmer alle Informationen kostenlos beschaffen, so dass keine Informationsunterschiede zwischen Marktteilnehmern vorkommen können. In der Realität sind allerdings durchaus Informationskosten und auch Informationsunterschiede zu konstatieren. Die neo-institutionalistische Finanzierungstheorie in Form der Principal-Agent-Theorie stellt sogar solche Informationsunterschiede und -kosten in den Mittelpunkt der Betrachtung der Finanzwirtschaft einer Unternehmung.[102]Auch die Prämisse, dass keine Transaktionskosten entstehen, ist realitätsfremd, da beim Erwerb oder bei der Veräußerung von Finanzierungstiteln sehr wohl Transaktionskosten anfallen.

zu 3. Keine Steuern

Solange Eigen- und Fremdkapital steuerlich gleich behandelt werden, ist diese Prämisse unproblematisch. In vielen Staaten, so auch in Deutschland, wird allerdings Fremdkapital steuerlich gegenüber Eigenkapital dadurch bevorzugt, dass Fremdkapitalzinsen als abzugsfähige Betriebsausgaben die Ertragsbesteuerungsgrundlage vermindern, während die Gewinne der Ertragsbesteuerung unterworfen werden. Da das Modell für diesen Fall keine Aussage macht, ist es praktisch nicht einsetzbar.

Dieser Modellkritik trugen *Modigliani/Miller* im Rahmen einer späteren Veröffentlichung Rechnung, in der die steuerliche Bevorzugung von Fremdkapital berücksichtigt wurde.[103] Sie kommen dabei zu dem Ergebnis, dass durch den Einsatz von Fremdkapital und durch die steuerliche Anerkennung von Fremdkapitalzinsen die durchschnittlichen Kapitalkosten einer Unternehmung

---

[101] Teilweise werden die Prämissen 2 bis 4 ebenfalls zur vollkommenen Kapitalmarktprämisse gezählt. Vgl. z.B. *Franke, Günter/Hax, Herbert*: Finanzwirtschaft des Unternehmens und Kapitalmarkt. 4. Aufl., Berlin u.a. 1999, S. 334-335.

[102] Vgl. z.B. *Swoboda, Peter*: Betriebliche Finanzierung. 3. Aufl., Heidelberg 1994, S. 162-163; vgl. auch Band II: Finanzierung, Abschnitt 2.1.4.

[103] Vgl. *Modigliani, Franco/Miller, Merton H.*: Corporate income taxes and the cost of capital: A correction. In: American Economic Review 1963, S. 433-443. Vgl. *Modigliani, Franco/Miller, Merton H.* (deutsche Übersetzung): Körperschaftsteuern und Kapitalkosten: Eine Berichtigung. In: Die Finanzierung der Unternehmung, hrsg. von *Herbert Hax* und *Helmut Laux*, Köln 1975, S. 120-132.

gesenkt werden können. „Die Konsequenz daraus wäre, dass die ‚optimale' Verschuldung ... bei der Berücksichtigung der Absetzbarkeit von Steuern bei einer 100 %-igen ... Fremdfinanzierung liegen würde".[104] Auch dies ist realitätsfern, weshalb die *Modigliani/Miller*-These unter Berücksichtigung von Steueraspekten in der Literatur durch Berücksichtigung realitätsnaher Aspekte modifiziert wurde.[105] Dabei wird gezeigt, wie Insolvenzkosten, Transaktionskosten, Steuern und Principal-Agent-Beziehungen gemeinsam auf den Unternehmungswert einwirken, so dass diese Einflüsse direkte Auswirkungen auf die Kapitalstruktur und den optimalen Verschuldungsgrad haben. Darin ist ein Versuch zu sehen, die traditionelle These der Existenz eines optimalen Verschuldungsgrades inklusive der Thesen von *Modigliani/Miller* fundiert zu begründen.

zu 4. Beliebige Teilbarkeit der Finanzierungstitel

Diese Prämisse ist dann problematisch, wenn die Stückelung der emittierten Titel unterschiedlich ist. Dies ist in der Realität meist der Fall (z. B. Aktien mit Nennwert von 1 EUR, Schuldverschreibungen mit Nennwert von 1.000 EUR). Eine idealtypische Arbitrage, wie oben in dem Beispiel[106] dargestellt, ist dann wegen der unterschiedlichen möglichen Quoten α nicht durchführbar.

zu 5. und 6. Trennung von Geschäfts- und Kapitalstrukturrisiko einer Unternehmung und Einteilung der Unternehmungen in Risikoklassen

Die 5. Prämisse „besagt, daß der Verschuldungsgrad der einzige Unterschied zwischen den beiden Unternehmen ist. Sie betreiben also die gleiche Investitionspolitik, stellen dieselben Produkte zu den gleichen Kosten her und verkaufen ihre Erzeugnisse zu identischen Bedingungen auf denselben Absatzmärkten."[107] Ein solches Szenario ist nur gedanklich möglich, in der Realität jedoch nicht auffindbar.[108]

Selbst wenn es vorkäme, stellt sich die Frage, wie Kapitalmarktteilnehmer hiervon Kenntnis erlangen. Dies ist notwendig, damit sie die Unternehmungen, wie in der 6. Prämisse verlangt, in Risikoklassen einteilen können. Erschwerend für eine Realisierung kommt hinzu, dass modellgemäß alle Markt-

---

104 *Perridon, Louis/Steiner, Manfred*: Finanzwirtschaft der Unternehmung. 10. Aufl., München 1999, S. 493.

105 Vgl. u. a. *Brealey, Richard A./Myers, Stewart C.*: Principles of Corporate Finance. 6th Edition, New York 2000, S. 499-506 und *Perridon, Louis/Steiner, Manfred*: Finanzwirtschaft der Unternehmung. 10. Aufl., München 1999, S. 493.

106 Vgl. **Abschnitt 1.2.3.1**.

107 *Kruschwitz, Lutz*: Finanzierung und Investition. 2. Aufl., München/Wien 1999, S. 220.

108 So auch *Kruschwitz, Lutz:* Finanzierung und Investition. 2. Aufl., München/Wien 1999, S. 220.

teilnehmer die Unternehmungen identisch den einzelnen Risikoklassen zuordnen. Ermöglicht wird dies im Modell durch die 2. Prämisse, wonach keine Informationskosten und damit auch keine Informationsunterschiede zwischen Marktteilnehmern auftreten. Die Realitätsferne dieser Annahme wurde bereits oben konstatiert, so dass die Verwirklichung der 6. Prämisse nicht möglich ist. Hieraus ergibt sich auch die Schwierigkeit, das *Modigliani/Miller*-Theorem empirisch zu überprüfen. Diesbezügliche Untersuchungen haben dementsprechend zu unterschiedlichen Ergebnissen geführt.[109]

zu 7. Gegebener und von der Finanzierung unabhängiger Kapitalbedarf

Diese Prämisse besagt, dass das Investitionsprogramm der Unternehmung unabhängig von der Finanzierung vorgegeben ist. Darüber hinaus haben Finanzierungsentscheidungen auch keinen Einfluss auf sonstige Politikbereiche (z. B. Preispolitik) der Unternehmung.

Eine derartige Annahme ist nicht nur typisch für das Modell von *Modigliani/Miller*, sondern durchzieht im Grunde die gesamte Investitions- und Finanzierungstheorie. So wird bei der Untersuchung, ob eine Investition A oder B durchgeführt werden soll, in der Investitionstheorie regelmäßig davon ausgegangen, dass die entsprechenden Finanzierungsmittel vorhanden sind. Umgekehrt lautet die Fragestellung im Rahmen der Finanzierungstheorie häufig: Welches ist für eine vorgegebene Investition die (z. B. unter Kostengesichtspunkten) optimale Finanzierungsform? Die Kritik an dieser Prämisse trifft somit weite Teile der Investitions- und Finanzierungstheorie.

Hebt man diese Annahme auf, so muss eine simultane Investitions- und Finanzplanung durchgeführt werden. Auch hierfür wurden Modelle entwickelt, die ihrerseits wiederum mit hinsichtlich der Realitätsnähe und Aussagekraft kritikwürdigen Prämissen arbeiten.[110]

zu 8. Fremdkapital ist risikolos

Die Risikolosigkeit des Fremdkapitals führt im Modell dazu, dass die Fremdkapitalkosten (k_{FK}) unabhängig vom Verschuldungsgrad (v) konstant sind, weil die Fremdkapitalgeber keine Risikoprämie verlangen. Die Eigenkapitalkosten (k_{EK}) nehmen demgegenüber mit steigendem Verschuldungsgrad (v) zu. Die durchschnittlichen Gesamtkapitalkosten (k_{GK}) bleiben bei einer zunehmenden Verschuldung konstant, weil teurer werdendes Eigenkapital durch (konstant) billigeres Fremdkapital ersetzt wird.

---

[109] Vgl. *Süchting, Joachim*: Finanzmanagement – Theorie und Politik der Unternehmensfinanzierung. 6. Aufl., Wiesbaden 1995, S. 480.

[110] Vgl. *Günther, Thomas*: Investitions- und Finanzplanung, simultane. In: Handwörterbuch des Bank- und Finanzwesens, hrsg. von *Wolfgang Gerke* und *Manfred Steiner*. 2. Aufl., Stuttgart 1995, Sp. 966.

Modigliani/Miller gehen auch bei Aufhebung der Annahme und damit steigenden Fremdkapitalkosten davon aus, dass die durchschnittlichen Gesamtkapitalkosten (k_{GK}) unverändert bleiben, weil die Eigenkapitalkosten (k_{EK}) entsprechend sinken.[111] Dieser Rückgang der Eigenkapitalkosten ist allerdings nur schwer bzw. nicht erklärbar.[112]

zu 9. Eigenkapitalgeber fordern Risikoprämien

Da das Fremdkapital risikolos ist, tragen die Eigenkapitalgeber alleine die Risiken der Unternehmung. Folglich fordern sie eine Risikoprämie. Dies wurde durch die obige Gleichung (9)

$$k_{EK}^{FK} = k_{EK}^{EK} + \left(k_{EK}^{EK} - k_{FK}\right) \cdot \frac{FK}{EK}$$

bewiesen.

Ähnliche Überlegungen bzw. Ergebnisse ergeben sich auch im Rahmen des Capital Asset Pricing Models (CAPM), das besagt, dass sich die erwartete Rendite eines beliebigen Wertpapiers i im Marktportfolio (μ_i) aus einem risikolosen Zinssatz (μ_R) und der Differenz zwischen der erwarteten Rendite eines repräsentativen Marktportfolios (μ_M) und dem risikolosen Zinssatz (μ_R) gewichtet mit dem Betafaktor des Wertpapiers i (β_i) wie folgt zusammensetzt:

$$\mu_i = \mu_R + \left(\mu_M - \mu_R\right) \cdot \beta_i$$

Hieraus folgt, dass für ein einzelnes risikobehaftetes Wertpapier im Kapitalmarktgleichgewicht eine Rendite erwartet werden kann, die sich aus einem risikolosen Zinssatz und einer Risikoprämie zusammensetzt.[113]

zu 10. und 11. Unsicherheit der zukünftigen Gewinne und homogene Zukunftserwartungen der Kapitalgeber

Die den Marktwert einer Unternehmung bestimmenden Gewinne sind unsicher, weil sie zukunftsorientiert sind. Die Eigenkapitalgeber berücksichtigen diese Unsicherheit. Die Fremdkapitalgeber erhalten ihre Zahlungen demgegenüber sicher, denn gemäß Prämisse 8 ist Fremdkapital im Modell risikolos.

---

[111] Vgl. *Modigliani, Franco/Miller, Merton H.* (deutsche Übersetzung): Kapitalkosten, Finanzierung von Aktiengesellschaften und Investitionstheorie. In: Die Finanzierung der Unternehmung, hrsg. von *Herbert Hax* und *Helmut Laux*, Köln 1975, S. 98.

[112] Vgl. *Süchting, Joachim*: Finanzmanagement – Theorie und Politik der Unternehmensfinanzierung. 6. Aufl., Wiesbaden 1995, S. 478-479.

[113] Vgl. hierzu **Abschnitt 2.2.3**.

In Bezug auf die Zukunftserwartungen der Kapitalgeber wird Homogenität angenommen, d. h., alle Kapitalgeber ordnen den verschiedenen zukünftigen Umweltzuständen dieselben Eintrittswahrscheinlichkeiten und dieselben finanziellen Konsequenzen (Höhe des Gewinns) zu. Auch diese Annahme ist im Grunde nur bei Informationsgleichheit aller Kapitalmarktteilnehmer zu treffen. Dies wurde (Prämisse 2) bereits als realitätsfremd verworfen. Die Beobachtung der Wirklichkeit zeigt zudem, dass die Eintrittswahrscheinlichkeiten wirtschaftlicher Sachverhalte (z. B. gute, mittlere, schlechte Konjunktur) überwiegend nur subjektiv bestimmt werden können. Dies deutet darauf hin, dass sie dann auch subjektiv verschieden sein werden bzw. sind. Gleiches gilt für die finanziellen Konsequenzen der verschiedenen zukünftigen Umweltzustände.

1.3 Finanzierung und Besteuerung[114]

1.3.1 Einführung

Wenn eine Unternehmung eine Finanzierungsentscheidung, also eine Entscheidung über die für ihre Zwecke optimale Beschaffung finanzieller Mittel, treffen soll, muss auch die **Besteuerung als Einflussfaktor** miteinbezogen werden, da sie bei den verschiedenen Finanzierungsformen z.T. sehr unterschiedlich sein kann. Zum einen können sich Steuern bzw. steuerrechtliche Vorschriften **belastend**, zum anderen aber auch **fördernd** auswirken.[115]

Die dem Steuerpflichtigen auferlegten Steuern führen zu **Auszahlungen** und knüpfen grundsätzlich an verschiedene Tatbestände an. So belasten **Ertragsteuern**, z.B. Einkommensteuer, Körperschaftsteuer oder Gewerbesteuer, das **Einkommen**, während **Substanzsteuern** (Grundsteuer) an das **Vermögen** des Steuerpflichtigen anknüpfen und **Verkehrsteuern** (Umsatzsteuer, Grunderwerbsteuer) dazu führen, dass der **Konsum** einer Besteuerung unterworfen wird.[116]

Eine finanzwirtschaftlich **fördernde Wirkung** von Steuern ergibt sich, wenn der Ausweis von Periodengewinnen durch steuerbilanzpolitische Maßnahmen verschoben werden kann. Durch die Ausnutzung von besonderen Ansatz- und Bewertungsvorschriften in der Steuerbilanz (steuerfreie Rücklagen, steuerliche Abschreibungen) können so auch die Steuerzahlungen in spätere Perioden

---

114 Vgl. dazu sehr ausführlich mit zahlreichen Belastungsvergleichen *Kußmaul, Heinz*: Betriebswirtschaftliche Steuerlehre. 2. Aufl., München/Wien 2000, S. 190-248 sowie *Wöhe, Günter/Bieg, Hartmut*: Grundzüge der Betriebswirtschaftlichen Steuerlehre. 4. Aufl., München 1995, S. 377-422; vgl. aber auch *Bieg, Hartmut*: Finanzierung und Besteuerung. In: Das Wirtschaftsstudium 1988, S. 538-543 und S. 565-568; *Bieg, Hartmut*: Der Einfluß der Besteuerung auf Außenfinanzierungsentscheidungen. In: Wirtschaftswissenschaftliches Studium 1997, S. 175-182; *Bieg, Hartmut*: Finanzierung und Besteuerung. In: Der Steuerberater 1998, S. 351-361 und S. 395-407; *Kußmaul, Heinz/Dreger, Martina/Leiderer, Bernd*: Steuerliche Überlegungen zur Außenfinanzierung. In: Die Information über Steuer und Wirtschaft 1996, S. 341-345 und S. 373-377.

115 Vgl. *Wöhe, Günter/Bieg, Hartmut*: Grundzüge der Betriebswirtschaftlichen Steuerlehre. 4. Aufl., München 1995, S. 377-378.

116 Vgl. *Kußmaul, Heinz*: Betriebswirtschaftliche Steuerlehre. 2. Aufl., München/Wien 2000, S. 191.

verschoben werden.[117] Es wird also deutlich, dass gerade die **Steuerbilanzplanung** eine große Bedeutung für die Finanzplanung hat,[118] da die **Steuerstundung** positive **Zins- und Liquiditätseffekte** hervorruft, wenn die finanziellen Mittel so länger an die Unternehmung gebunden werden.[119]

Im Folgenden sollen die Besteuerungswirkungen auf die unterschiedlichen Finanzierungsmöglichkeiten untersucht werden.[120] Dabei werden in erster Linie die ertragsteuerlichen Wirkungen betrachtet, da die Verkehrsteuern grundsätzlich zu keinen von der Finanzierung abhängigen Unterschieden führen und Substanzsteuern derzeit nur in Form der Grundsteuer existieren, weil die Vermögensteuer nicht mehr erhoben wird und die Gewerbekapitalsteuer zum Veranlagungszeitraum 1998 abgeschafft wurde. Die Grundsteuer besteuert den Grundbesitz des Steuerpflichtigen und entsteht unabhängig von der Finanzierungsform.

1.3.2 Die Außenfinanzierung

1.3.2.1 Grundsätzliches

Im Rahmen der **Außenfinanzierung** kann die Unternehmung ihren Kapitalbedarf **von außen** durch die **Aufnahme von Eigen- oder Fremdkapital** decken. Da das Eigenkapital i. d. R. unbefristet zur Verfügung gestellt wird, erscheint ein Vergleich mit langfristigem Fremdkapital als sinnvoll.[121] Unterschiede in der steuerlichen Behandlung können sich bei der Kapitalbeschaffung und der laufenden Besteuerung bzw. bei der Besteuerung der Kapitalerträge ergeben.

---

117 Vgl. *Wöhe, Günter/Bieg, Hartmut*: Grundzüge der Betriebswirtschaftlichen Steuerlehre. 4. Aufl., München 1995, S. 377.

118 Vgl. *Marettek, Alexander*: Steuerbilanzplanung. Herne/Berlin 1980, S. 28-30.

119 Vgl. *Bieg, Hartmut*: Finanzierung und Besteuerung. In: Das Wirtschaftsstudium 1988, S. 538.

120 Vgl. dazu sehr ausführlich – auch mit zahlreichen Belastungsvergleichen – *Kußmaul, Heinz*: Betriebswirtschaftliche Steuerlehre. 2. Aufl., München/Wien 2000, S. 190-248.

121 Vgl. *Bieg, Hartmut*: Finanzierung und Besteuerung. In: Das Wirtschaftsstudium 1988, S. 538.

1.3.2.2 Die Einlagenfinanzierung

Die Außenfinanzierung als **Einlagenfinanzierung** erfolgt in **Personengesellschaften** durch die Aufnahme neuer Gesellschafter, die beim Eintritt in die Unternehmung eine Einlage leisten, oder durch die Aufstockung der Einlage eines alten Gesellschafters. Bei **Kapitalgesellschaften** erfolgt die Einlagenfinanzierung z. B. durch die Ausgabe neuer Aktien im Rahmen einer Kapitalerhöhung.

Der Kapitalbeschaffungsvorgang entspricht einer **erfolgsneutralen Bilanzverlängerung,**[122] d. h., der Zugangsbuchung auf einem aktiven Bestandskonto – bei Bewertung der Einlage zum Nominalwert – steht eine entsprechende Erhöhung der Eigenkapitalkonten gegenüber.[123] Es ergeben sich daher keine direkten ertragsteuerlichen Wirkungen. Die eventuell entstehenden Eigenkapitalbeschaffungskosten, z. B. Gerichts- und Notariatsgebühren oder Druckkosten für Aktien, für die handelsrechtlich gem. § 248 Abs. 1 HGB und aufgrund des Maßgeblichkeitsprinzips der Handelsbilanz für die Steuerbilanz (§ 5 Abs. 1 EStG) auch steuerlich ein Aktivierungsverbot besteht, sind rechtsformunabhängig abzugsfähige Betriebsausgaben und mindern so den Gewinn und die Ertragsteuerzahlungen.[124]

Bei der laufenden Besteuerung ergeben sich rechtsformspezifische Unterschiede. In Einzelunternehmungen und Personengesellschaften werden die Periodengewinne unabhängig von der **Gewinnverwendungsentscheidung** dem Unternehmer bzw. den Gesellschaftern zugerechnet und unterliegen dort der progressiven Einkommensteuer und dem Solidaritätszuschlag.[125] Die Periodengewinne von Kapitalgesellschaften werden in Abhängigkeit von der Gewinnverwendungsentscheidung besteuert. Thesaurierte Gewinne unterliegen der proportionalen Körperschaftsteuer und dem Solidaritätszuschlag, ausgeschüttete Gewinne (Dividenden) unterliegen – nach Anwendung des Anrech-

---

[122] Werden **Sachgüter** eingebracht, so kann der Beschaffungsvorgang – bei Bewertung zu **Teilwerten** – erfolgswirksam sein; vgl. dazu *Wöhe, Günter/Bieg, Hartmut*: Grundzüge der Betriebswirtschaftlichen Steuerlehre. 4. Aufl., München 1995, S. 378-384. Erfolgt der Zufluss liquider Mittel auf einem Konto, das eine Kreditinanspruchnahme aufweist, so handelt es sich um einen Passivtausch.

[123] Vgl. *Wöhe, Günter/Bieg, Hartmut*: Grundzüge der Betriebswirtschaftlichen Steuerlehre. 4. Aufl., München 1995, S. 379.

[124] Vgl. *Kußmaul, Heinz/Dreger, Martina/Leiderer, Bernd*: Steuerliche Überlegungen zur Außenfinanzierung. In: Die Information über Steuer und Wirtschaft 1996, S. 341.

[125] Ist eine Kapitalgesellschaft Gesellschafter der Personengesellschaft, z. B. im Falle einer GmbH & Co. KG, dann unterliegt der Anteil der Kapitalgesellschaft am Periodengewinn der Körperschaftsteuer und dem Solidaritätszuschlag.

nungsverfahrens – der individuellen Einkommensteuer des Gesellschafters sowie dem Solidaritätszuschlag.[126]

Die **Verzinsung** des eingelegten Kapitals gem. § 121 Abs. 1 HGB als Vorweggewinn der Gesellschafter führt nicht zu abzugsfähigen Betriebsausgaben bei der Personengesellschaft, während gezahlte Zinsen bei Kapitalgesellschaften grundsätzlich abzugsfähig sind (vgl. dazu **Abschnitt 1.3.2.3**).

1.3.2.3 Die Kreditfinanzierung

Bei der Außenfinanzierung als Fremdfinanzierung führen die Kapitalgeber (Gläubiger) der Unternehmung im Rahmen der **Kreditfinanzierung** befristetes Fremdkapital zu.[127]

Die **Bereitstellung** des Fremdkapitals entspricht zunächst einer **erfolgsneutralen Bilanzverlängerung.**[128] Wenn der Einzahlungsbetrag vom Rückzahlungsbetrag abweicht, z. B. im Falle eines **Disagios**, können aber die gewinnabhängigen Steuerzahlungen während der Dauer der Kapitalbereitstellung beeinflusst werden.[129] Für das Disagio **muss** in der Steuerbilanz gem. § 5 Abs. 5 Nr. 1 EStG ein **aktiver Rechnungsabgrenzungsposten** angesetzt werden, der planmäßig (linear) über die Kreditlaufzeit aufgelöst wird.[130] Die Auflösungsbeträge mindern als abzugsfähige Betriebsausgaben die Ertragsteuerzahlungen.

Die Kapitalgeber erhalten für die Bereitstellung des Fremdkapitals **Fremdkapitalzinsen**. Dabei ist es bei **Kapitalgesellschaften** aufgrund des so genannten **„Trennungsprinzips“** unerheblich, wer (Bank, Gesellschafter, Lieferant) das Kapital zur Verfügung stellt, da grundsätzlich auch Verträge zwischen der Kapitalgesellschaft und ihren Gesellschaftern anerkannt werden.[131] Folglich sind sämtliche Fremdkapitalzinsen abzugsfähig und mindern den steuer-

---

[126] Vgl. zu diesem Absatz *Kußmaul, Heinz*: Betriebswirtschaftliche Steuerlehre. 2. Aufl., München/Wien 2000, S. 193.

[127] Vgl. dazu Band II: Finanzierung, Abschnitt 2.2.1.

[128] Vgl. *Bieg, Hartmut*: Der Einfluß der Besteuerung auf Außenfinanzierungsentscheidungen. In: Wirtschaftswissenschaftliches Studium 1997, S. 176.

[129] Vgl. *Kußmaul, Heinz/Dreger, Martina/Leiderer, Bernd*: Steuerliche Überlegungen zur Außenfinanzierung. In: Die Information über Steuer und Wirtschaft 1996, S. 341.

[130] Vgl. *Bieg, Hartmut*: Der Einfluß der Besteuerung auf Außenfinanzierungsentscheidungen. In: Wirtschaftswissenschaftliches Studium 1997, S. 177.

[131] Vgl. *Kußmaul, Heinz*: Betriebswirtschaftliche Steuerlehre. 2. Aufl., München/Wien 2000, S. 349.

pflichtigen Gewinn.[132] Dagegen ist bei **Personengesellschaften** die so genannte **„Mitunternehmerkonzeption“** bzw. das **„Transparenzprinzip“** zu beachten, wonach die Verträge zwischen Gesellschaft und Gesellschaftern nicht anerkannt werden.[133] Das hat zur Folge, dass bei Personengesellschaften nur die Fremdkapitalzinsen abzugsfähig sind, die an außenstehende Kapitalgeber fließen, während die Zinsen eines Gesellschafterdarlehens gem. § 15 Abs. 1 Nr. 2 EStG zu den steuerpflichtigen Einkünften aus Gewerbebetrieb zählen.[134]

Bei der Berechnung der **Gewerbesteuer** sind die Fremdkapitalzinsen hälftig wieder hinzuzurechnen (vgl. § 8 Nr. 1 GewStG), d.h., sie mindern für gewerbesteuerliche Zwecke die Bemessungsgrundlage „Gewerbeertrag“ nur um 50 %.[135]

1.3.2.4 Vergleich der Einlagen- und Kreditfinanzierung

Die laufende steuerliche Belastung bei Einlagen- und Kreditfinanzierung lässt sich vergleichend so skizzieren:[136]

- **Einkommensteuer und Körperschaftsteuer einschließlich Solidaritätszuschlag**

  Fremdkapitalzinsen sind beim Schuldner grundsätzlich abzugsfähige Betriebsausgaben, mindern also je nach Rechtsform die Einkommen- bzw. Körperschaftsteuerbelastung sowie die Belastung mit Solidaritätszuschlag. Der empfangende Gläubiger hat die Zinsen je nach Rechtsform der Einkommen- bzw. Körperschaftsteuer sowie dem Solidaritätszuschlag zu unterwerfen.

  Periodengewinne in Einzelunternehmungen und Personengesellschaften (Mitunternehmerschaften) werden unabhängig von der Gewinnverwendungsentscheidung dem Unternehmer bzw. den Gesellschaftern zugerech-

[132] Bei der Gesellschafterfremdfinanzierung ist grundsätzlich der Tatbestand der verdeckten Gewinnausschüttung zu prüfen (vgl. § 8a KStG). Ist dieser erfüllt, werden die gewährten Vergütungen steuerlich nicht oder nur zum Teil anerkannt.

[133] Vgl. *Kußmaul, Heinz*: Betriebswirtschaftliche Steuerlehre. 2. Aufl., München/Wien 2000, S. 350.

[134] Vgl. *Wöhe, Günter/Bilstein, Jürgen*: Grundzüge der Unternehmensfinanzierung. 8. Aufl., München 1998, S. 359.

[135] Vgl. *Kußmaul, Heinz/Dreger, Martina/Leiderer, Bernd*: Steuerliche Überlegungen zur Außenfinanzierung. In: Die Information über Steuer und Wirtschaft 1996, S. 345.

[136] Vgl. *Kußmaul, Heinz*: Betriebswirtschaftliche Steuerlehre. 2. Aufl., München/Wien 2000, S. 193-194.

net, unterliegen also der progressiven Einkommensteuer und dem Solidaritätszuschlag.

Periodengewinne in Kapitalgesellschaften werden in Abhängigkeit von der Gewinnverwendungsentscheidung besteuert. Zurückbehaltene/thesaurierte Gewinne unterliegen der proportionalen Körperschaftsteuer und dem Solidaritätszuschlag. Ausgeschüttete Gewinne unterliegen – nach Anwendung des Anrechnungsverfahrens – der individuellen Einkommensteuer des Gesellschafters sowie dem Solidaritätszuschlag unter Berücksichtigung des dafür geltenden vereinfachten Anrechnungsverfahrens.

Fazit: Im Fall der Gewinnerzielung mit vollständiger Ausschüttung nahm die Einkommen- und Körperschaftsteuer – bei isolierter Betrachtung – bis einschließlich 1994 keinen Einfluß auf Finanzierungsentscheidungen, da die ausgeschütteten Gewinne durch das körperschaftsteuerliche Anrechnungsverfahren letztendlich nur mit der individuellen Einkommensteuer des Gesellschafters – genau wie die gezahlten Fremdkapitalzinsen – belastet waren.

Seit der Einführung des Solidaritätszuschlags kann eine Beeinflussung der Vorteilhaftigkeit von Eigen- oder Fremdfinanzierung durch körperschaft- bzw. einkommensteuerliche Effekte und unterschiedliche Belastungswirkungen des Solidaritätszuschlags ausgemacht werden.

Diese Belastungsunterschiede hängen vom individuellen Einkommensteuersatz des Gesellschafters ab: Bis zu einem Einkommensteuersatz von 40 % ist die Gewährung von Fremdkapital – ausschließlich unter einkommen- und körperschaftsteuerlichen Aspekten – geringfügig vorteilhafter als die Eigenkapitalzuführung; übersteigt der Einkommensteuersatz dagegen 40 %, stellt die Eigenkapitalgewährung die günstigere Alternative dar.

Die Belastungsunterschiede ergeben sich aus der Behandlung des (auf Gesellschaftsebene im Fall der Finanzierung mit Eigenkapital zu zahlenden) Solidaritätszuschlags als nicht abziehbare Betriebsausgabe und der daraus resultierenden Definitiv-Körperschaft- und Gewerbeertragsteuerbelastung.

- **Gewerbeertragsteuer**

  Die Fremdkapitalzinsen haben die Ausgangsgröße bei der Ermittlung des Gewerbeertrags (§ 7 GewStG) bereits gemindert. Durch die Hinzurechnungsvorschrift des § 8 Nr. 1 GewStG werden sie zur Hälfte wieder hinzugerechnet. Letztendlich unterliegt also die Hälfte der Fremdkapitalzinsen der Gewerbeertragsteuer.

  Die Periodengewinne bilden nach § 7 GewStG die Ausgangsgröße bei der Ermittlung des Gewerbeertrags. Da keine Kürzungsvorschriften existieren, unterliegen die Gewinne vollständig der Gewerbeertragsteuer.

Fazit: Gewerbertragsteuerlich wird die Eigenfinanzierung diskriminiert.

Beim Vergleich der steuerlichen Wirkungen ist insgesamt also festzustellen, dass sich unterschiedliche Belastungswirkungen bei der Einkommen- und Körperschaftsteuer einschließlich Solidaritätszuschlag erst aus der Behandlung des **Solidaritätszuschlags als nicht abzugsfähige Betriebsausgabe** und der daraus resultierenden Definitiv-Körperschaft- und Gewerbesteuerbelastung ergeben: Übersteigt der Einkommensteuersatz 40 %, ist die Eigenkapitalzuführung günstiger als eine Zuführung von Fremdkapital.[137]

Aus gewerbesteuerlicher Sicht erfolgt eine **Diskriminierung der Einlagenfinanzierung**, da nur Fremdkapitalzinsen die Bemessungsgrundlage – wenn auch normalerweise nur zur Hälfte – mindern.[138]

1.3.3 Die Innenfinanzierung

1.3.3.1 Grundsätzliches

Man spricht von **Innenfinanzierung**, wenn der Unternehmung finanzielle Mittel im Rahmen des betrieblichen Umsatzprozesses zufließen, also in Form des Rückflusses früher investierter Mittel oder in Form von Umsatzgewinnen.[139] Wie auch bei der Außenfinanzierung ist zu unterscheiden zwischen einer Innenfinanzierung als Eigenfinanzierung (**Selbstfinanzierung**) und der Innenfinanzierung als Fremdfinanzierung (**Finanzierung aus Rückstellungen**). Nicht eindeutig der Eigen- oder Fremdfinanzierung zuzuordnen ist die **Finanzierung aus Vermögensumschichtung**.

In allen Bereichen der Innenfinanzierung ergeben sich steuerliche Unterschiede.

---

137 Vgl. *Kußmaul, Heinz*: Betriebswirtschaftliche Steuerlehre. 2. Aufl., München/Wien 2000, S. 194. Zu einem ausführlichen Steuerbelastungsvergleich vgl. z. B. *Kußmaul, Heinz/Dreger, Martina*: Einfluß des Jahressteuergesetzes 1997 und der weiteren geplanten Steuerrechtsänderungen auf die Kapitalkosten der Eigen- oder Fremdfinanzierung bei „unternehmensbezogenen" Kapitalgesellschaften. In: Betriebs-Berater 1997, S. 2349-2354.

138 Vgl. *Wöhe, Günter/Bilstein, Jürgen*: Grundzüge der Unternehmensfinanzierung. 8. Aufl., München 1998, S. 363.

139 Vgl. Band II: Finanzierung, Abschnitt 2.2.1.

1.3.3.2 Die Selbstfinanzierung

Bei der Selbstfinanzierung unterscheidet man zwischen **offener** und **stiller** Selbstfinanzierung.[140] Wird der im Jahresabschluss ausgewiesene Gewinn aufgrund eines Gewinnverwendungsbeschlusses zurückbehalten und dem bilanziell ausgewiesenen Eigenkapital zugeschrieben (**Bilanzverlängerung**), so handelt es sich um **offene Selbstfinanzierung**. Auf die Entstehung des steuerpflichtigen Gewinnes kann bei der offenen Selbstfinanzierung kein Einfluss genommen werden, da die offenen Rücklagen aus versteuertem Gewinn gebildet werden. Das Ausmaß der offenen Selbstfinanzierung ist abhängig von der **Erfolgsverwendung** der Unternehmung, d. h. vom Beschluss der Gesellschafter bzw. des Vorstandes und des Aufsichtsrates, die entscheiden, welche Teile des Gewinnes den Kapitalkonten der Gesellschafter zugeschrieben werden (Personengesellschaften) oder in die Gewinnrücklagen eingestellt bzw. als Bilanzgewinn oder Gewinnvortrag ausgewiesen werden (Kapitalgesellschaften).

Hinsichtlich der Erfolgsverwendung ergeben sich rechtsformabhängige steuerliche Unterschiede. Während die Gewerbesteuerbelastung bei den unterschiedlichen Rechtsformen gleich hoch ist, wird bei **Kapitalgesellschaften** auf die thesaurierten, also einbehaltenen Gewinne ein Körperschaftsteuersatz von derzeit 40 % angewandt; bei Ausschüttungen beträgt der Körperschaftsteuersatz derzeit 30 %. Bei **Einzelunternehmen** und **Personengesellschaften** ist der individuelle, von der Gewinnverwendung unabhängige Einkommensteuersatz (Spitzensteuersatz im Jahr 2000: 51 %; bei gewerblichen Einkünften ist die Tarifbegrenzung gem. § 32c EStG auf 43 % im Jahr 2000 zu beachten) zugrunde zu legen.

Mit Hilfe der **stillen Selbstfinanzierung** nimmt die Unternehmung Einfluss auf die Entstehung des steuerpflichtigen Gewinns, indem sie bilanzsteuerliche Bilanzierungs- und Bewertungsmaßnahmen vornimmt. Bilanzierungsmaßnahmen betreffen den **Ansatz** der Wirtschaftsgüter dem Grunde nach. Ein Spielraum ergibt sich hier bei **Aktivierungs- oder Passivierungswahlrechten**. Wird die Aktivierung eines positiven Wirtschaftsgutes (handelsrechtlich: Vermögensgegenstand) unterlassen, so mindert die sofortige Aufwandsverrechnung den steuerpflichtigen Gewinn. Im Vergleich zum Handelsrecht existieren im Steuerrecht weitaus weniger Aktivierungswahlrechte, die der Steuerpflichtige für bilanzpolitische Maßnahmen nutzen kann, da grundsätzlich handelsrechtliche Aktivierungswahlrechte zu steuerlichen Aktivierungsgeboten werden.[141]

---

[140] Vgl. Band II: Finanzierung, Abschnitt 2.8.2.

[141] Vgl. BFH-Beschluss vom 3.2.1969, GrS 2/68, BStBl II 1969, S. 291.

Wird von einem **Passivierungswahlrecht** Gebrauch gemacht, so vermindert die Erhöhung der Passivseite der Bilanz ebenfalls den steuerlichen Gewinn. Beispiele für steuerlich zulässige Passivierungswahlrechte sind die so genannten **„steuerfreien Rücklagen"** gem. § 6b EStG oder R 35 EStR (Ersatzbeschaffungsrücklage). Diese sind jedoch in speziellen Bilanzpositionen auszuweisen und somit in der Bilanz sichtbar.

Eine Unternehmung kann sich **still** selbstfinanzieren, wenn sie steuerliche **Bewertungsmaßnahmen**, also eine Unterbewertung der Aktiva bzw. eine Überbewertung der Passiva, durchführt.[142] Daraus resultieren zumeist **Steuerstundungseffekte**, da die stillen Rücklagen bei ihrer Bildung keiner Besteuerung unterliegen, sondern erst bei ihrer Auflösung in späteren Perioden besteuert werden.[143] Inwieweit auch hier Steuerersparnisse erzielt werden können, ist abhängig von der **Tarifgestaltung** der Ertragsteuern. Bei proportionalen Tarifen (z.B. Körperschaftsteuer) ist die spätere Steuerzahlung nur bei Verlusten oder geringerem Steuersatz niedriger, bei progressiven Tarifen (z.B. Einkommensteuer) ist die spätere Steuerzahlung aufgrund des höheren Gewinnausweises bei Auflösung der stillen Rücklage i.d.R. höher.[144]

Zur niedrigeren Bewertung der Vermögenspositionen stehen der Unternehmung verschiedene Möglichkeiten zur Verfügung. Durch die Wahl einer anderen Abschreibungsmethode (degressive Abschreibung, Leistungsabschreibung) als der steuerlichen Regelabschreibung „lineare Abschreibung"[145] können Aufwendungen vorverlagert werden. Darüber hinaus gewährt das Steuerrecht diverse **Sonderabschreibungsmöglichkeiten** bzw. die Möglichkeit **erhöhter Absetzungen**, die zumeist aus wirtschaftspolitischen Interessen (Förderung der neuen Bundesländer, Förderung von Existenzgründern) resultieren.[146] Des Weiteren kann der Steuerpflichtige auch außerplanmäßige Abschreibungen als so genannte **„Teilwertabschreibung"** gem. § 6 Abs. 1 Nr. 1 Satz 2 EStG vornehmen, wobei diese seit dem Veranlagungszeitraum 1999 auf das Vorliegen einer dauerhaften Wertminderung beschränkt wurde. Bis zum Veranlagungszeitraum 1998 war es möglich, den niedrigeren Wertansatz in der Steuerbilanz auch dann beizubehalten, wenn der Wert wieder gestiegen

---

142 Vgl. *Bieg, Hartmut*: Finanzierung und Besteuerung. In: Das Wirtschaftsstudium 1988, S. 541.

143 Vgl. *Kußmaul, Heinz*: Betriebswirtschaftliche Steuerlehre. 2. Aufl., München/Wien 2000, S. 195.

144 Vgl. *Kußmaul, Heinz*: Betriebswirtschaftliche Steuerlehre. 2. Aufl., München/Wien 2000, S. 195.

145 Vgl. § 7 Abs. 1 Satz 1 EStG.

146 Vgl. hierzu die §§ 7a-7k EStG.

war, was aber mit der Einführung eines strikten **Wertaufholungsgebotes** seit dem Veranlagungszeitraum 1999 nicht mehr gestattet wird.[147]

Auf die Bilanzierungs- und Bewertungsmöglichkeiten der Passivseite der Bilanz wird im folgenden Abschnitt eingegangen.

1.3.3.3 Die Fremdfinanzierung

Von Fremdfinanzierung im Rahmen der Innenfinanzierung spricht man in erster Linie bei der **Finanzierung aus Rückstellungen**, da diese Verbindlichkeitscharakter haben, sich aber aufgrund ihres ungewissen Eintritts von den Verbindlichkeiten unterscheiden.[148] Im Zeitpunkt ihrer Bildung führen Rückstellungen zu einer Erhöhung der Passiva und damit zu einer Verminderung des steuerpflichtigen Gewinnes. Es kommt hierbei aber nicht zu einer dauerhaften Steuerersparnis, sondern zu einer **Steuerstundung** bis zur Auflösung der Rückstellung.[149] Die Finanzierungswirkung und damit auch die fördernde Wirkung hinsichtlich der Steuerzahlungen ist umso größer, je weiter Bildung und Auflösung der Rückstellung auseinanderliegen. Demzufolge haben **Pensionsrückstellungen** die größten Wirkungen, da sie finanzielle Mittel über mehrere Jahre an die Unternehmung binden.

Um die Wirkungen der Rückstellungen auf die Steuerzahlungen der Periode zu beurteilen, muss die **Gesamtheit** der bereits vorhandenen und neu gebildeten Rückstellungen betrachtet werden.[150] Je nachdem, ob die Bildung oder die Auflösung von Rückstellungen überwiegt, können diese fördernde oder belastende Wirkungen haben.

Wie auch bei der Selbstfinanzierung stehen dem Steuerpflichtigen Bilanzierungs- und Bewertungsmaßnahmen für Rückstellungen zur Verfügung, die aber in den letzten Jahren erheblich eingeschränkt wurden. So ist der Ansatz von Rückstellungen für drohende Verluste aus schwebenden Geschäften seit dem Veranlagungszeitraum 1997 verboten.[151] Außerdem ist seit dem Veranlagungszeitraum 1999 nach § 5 Abs. 4b EStG die Bildung von Rückstellungen für Aufwendungen, die Anschaffungs- oder Herstellungskosten für ein Wirtschaftsgut sind, nicht mehr möglich.

---

[147] Vgl. § 6 Abs. 1 Nr. 1 Satz 3 und Nr. 2 Satz 2 i. V. m. § 52 Abs. 16 Satz 2 EStG.

[148] Vgl. Band II: Finanzierung, Abschnitt 2.8.3.

[149] Vgl. *Wöhe, Günter/Bieg, Hartmut*: Grundzüge der Betriebswirtschaftlichen Steuerlehre. 4. Aufl., München 1995, S. 419.

[150] Vgl. *Bieg, Hartmut*: Besteuerung und Finanzierung. In: Der Steuerberater 1998, S. 402.

[151] Vgl. § 5 Abs. 4a EStG.

Die generelle **Überbewertung von Schulden** zur Verringerung des steuerpflichtigen Gewinnes ist durch die Einführung von Abzinsungsgeboten sowohl für Verbindlichkeiten als auch für Rückstellungen seit dem Veranlagungszeitraum 1999 stark eingeschränkt worden.[152]

1.3.3.4 Die Innenfinanzierung aus Vermögensumschichtung

Die Innenfinanzierung aus Vermögensumschichtung umfasst z. B. die Kapitalfreisetzung aus dem Verkauf von Forderungen oder nicht notwendigem Betriebsvermögen.[153] Im Gegensatz zur Selbstfinanzierung, die eine Bilanzverlängerung zur Folge hat, entspricht die Kapitalfreisetzung zunächst einem erfolgsneutralen **Aktivtausch**. Sie kann aber dann erfolgswirksam sein, wenn z. B. beim Verkauf von Vermögensgegenständen der Verkaufspreis vom Buchwert abweicht. Wird der Vermögensgegenstand zu einem über dem Buchwert liegenden Betrag veräußert, so realisiert die Unternehmung einen Ertrag und damit eine Erhöhung des steuerpflichtigen Gewinnes. Liegt der Verkaufspreis unter dem Buchwert, dann entsteht ein Aufwand, der den steuerpflichtigen Gewinn mindert.

1.3.3.5 Vergleich der Innenfinanzierungsmöglichkeiten

Vergleicht man die verschiedenen Innenfinanzierungsmöglichkeiten, dann kann **keine generelle Aussage** darüber getroffen werden, ob die Selbstfinanzierung oder die Fremdfinanzierung günstiger ist. Es existieren zu viele Einflussfaktoren, die über eine fördernde oder belastende Wirkung der jeweiligen Finanzierungsmaßnahme entscheiden. Besonders bedeutsam sind hier die zahlreichen Gestaltungsmöglichkeiten, die der Unternehmung zur Verfügung stehen, die aber durch die neueren Steuergesetzänderungen zunehmend eingeschränkt wurden.

---

152 Vgl. § 6 Abs. 1 Nr. 3 und Nr. 3a EStG.

153 Vgl. zur Innenfinanzierung aus Vermögensumschichtung Band II: Finanzierung, Abschnitt 2.8.4; vgl. zum Begriff des ‚nicht notwendigen Betriebsvermögens' im steuerlichen Kontext *Kußmaul, Heinz*: Betriebswirtschaftliche Steuerlehre. 2. Aufl., München/Wien 2000, S. 39-43.

1.4 Die Sanierung als Sondermaßnahme der Finanzierung

1.4.1 Vorbemerkungen

Unternehmungen können in wirtschaftliche Schwierigkeiten geraten; gefährden diese Schwierigkeiten die wirtschaftliche Existenz einer Unternehmung, so liegt eine Unternehmungskrise vor. Häufig wird eine Unternehmungskrise erst bemerkt, wenn die Unternehmung in Zahlungsschwierigkeiten gerät. Finanzielle Probleme sind allerdings nur ein Indikator einer Unternehmungskrise; für die Krise verantwortlich sind die Krisenursachen. Ist die Unternehmungskrise entdeckt, so kann durch eine Sanierung die Lebensfähigkeit dieser Unternehmung wiederhergestellt werden. Die dazu erforderliche nachhaltige Beseitigung der Krisenverursacher kann im Rahmen eines gerichtlich überwachten Insolvenzverfahrens, aber auch als „freie" Sanierung erfolgen.

1.4.2 Unternehmungskrisen

1.4.2.1 Die Krisenursachen

Es existieren zahlreiche Krisenursachen, die letztlich in ihrer ganz speziellen Kombination in der Krise einer Unternehmung gipfeln.[154] Nach ihrer Beeinflussbarkeit können endogene und exogene Krisenursachen unterschieden werden.[155] Als **endogene Ursachen** werden diejenigen bezeichnet, auf die eine Unternehmung Einfluss nehmen kann; sie sind i. d. R. in der Unternehmung selbst entstanden. Als wichtigste endogene Krisenursachen werden Versagen des Managements (z. B. unzureichende Praxiserfahrung, schlechter Füh-

---

[154] Vgl. *Günther, Thomas/Scheipers, Thomas*: Insolvenzursachen – Zum Stand der empirischen Ursachenforschung. In: Deutsches Steuerrecht 1993, S. 452.

[155] Eine ausführliche Aufzählung von Krisenursachen findet sich z. B. bei *Böckenförde, Björn*: Unternehmenssanierung. 2. Aufl., Stuttgart 1996, S. 32-35 sowie *Mönning, Rolf-Dieter*: Betriebsfortführung in der Insolvenz. Köln 1997, S. 152-159, Tz. 616-649.

rungsstil) und Probleme im Bereich der Finanzierung mit negativer Auswirkung auf Rentabilität und Liquidität genannt. Die **exogenen Ursachen** können von der Unternehmung nicht beeinflusst werden; sie wirken i. d. R. von außen auf die Unternehmung ein. Hierzu zählen die Konjunktursituation in der gesamten Volkswirtschaft sowie in den einzelnen Branchen, aber auch Veränderungen in der Zinssituation sowie in den staatlich gesetzten Rahmenbedingungen.

1.4.2.2 Die Krisenarten

Nach dem Herkunftsbereich der Ursachen (leistungswirtschaftlicher oder finanzwirtschaftlicher Bereich) lassen sich zwei Arten von Unternehmungskrisen unterscheiden:

- die Erfolgskrise und
- die Liquiditätskrise.

Eine **Erfolgskrise** liegt vor, wenn die Unternehmung nachhaltig Verluste erwirtschaftet und dadurch das Eigenkapital aufgezehrt wird, so dass der Unternehmung Überschuldung droht. Das langfristige Erfolgspotenzial lässt sich i. d. R. nur durch strategische Entscheidungen, insbesondere im leistungswirtschaftlichen Bereich, wiederherstellen.

Eine **Liquiditätskrise** ist gegeben, wenn die fälligen Zahlungsverpflichtungen einer Unternehmung nicht mehr bzw. nur mit Schwierigkeiten aus dem vorhandenen Bestand an Zahlungsmitteln bzw. durch die zufließenden Zahlungsmittel beglichen werden können. Dem kann z. B. – allerdings lediglich kurzfristig – durch Hinauszögern der Bezahlung von Rechnungen begegnet werden. Diese angespannte Situation wird noch verschärft, wenn Gläubiger aufgrund der momentanen Zahlungsschwierigkeiten der Unternehmung bestehende, noch nicht in Anspruch genommene Kreditlimits kürzen oder (Kontokorrent-)Kredite sofort fällig stellen.

Die beiden Krisen müssen nicht notwendigerweise miteinander verbunden sein. Die Erfolgskrise stellt keine notwendige, langfristig wohl aber eine hinreichende Bedingung für das Entstehen einer Liquiditätskrise dar, d. h., eine Erfolgskrise führt häufig zu einer Liquiditätskrise. Umgekehrt kann eine Liquiditätskrise ein Gewinn bringendes Wirtschaften einschränken und dadurch zur Erfolgskrise führen.

1.4.3 Die Insolvenz (als kodifizierte Unternehmungskrise)

1.4.3.1 Das Insolvenzverfahren

Bei Erfüllung bestimmter Voraussetzungen werden Unternehmungskrisen von Rechtsvorschriften erfasst. Das entsprechende Rechtsgebiet – das Insolvenzrecht, insbesondere die Insolvenzordnung – beschäftigt sich mit der Feststellung und Regelung existenzbedrohender Zustände von privaten Schuldnern bzw. Schuldnerunternehmungen.[156]

Die Insolvenzordnung kodifiziert drei Krisenmerkmale als Tatbestände, die die Auslösung eines Insolvenzverfahrens über das Vermögen eines Schuldners vorsehen. Es handelt sich dabei um

- Zahlungsunfähigkeit,[157]
- drohende Zahlungsunfähigkeit[158] und
- Überschuldung.[159]

Durch das Insolvenzverfahren soll der Marktaustritt bzw. die wirtschaftliche Umstrukturierung von insolventen Wirtschaftssubjekten in geordneten Bahnen erfolgen.[160] In juristischer Hinsicht wird eine Unternehmungskrise erst bei Auslösung eines Insolvenzverfahrens als Insolvenz bezeichnet.

1.4.3.2 Die Insolvenzantragsgründe

1.4.3.2.1 Die Zahlungsunfähigkeit

Zahlungsunfähigkeit einer Unternehmung liegt vor, wenn diese nicht (mehr) in der Lage ist, ihre fälligen Zahlungspflichten zu erfüllen.[161] Hiervon werden alle vertraglich, gesetzlich und/oder wirtschaftlich zwingend zu befriedigen-

---

[156] Vgl. *Binz, Fritz/Hess, Harald*: Konkurs der Insolvenzrechtsreform. Neuwied/Darmstadt 1987, S. 4; *Hess, Harald*: Einleitung. In: Kommentar zur Konkursordnung, hrsg. von *Harald Hess*. 6. Aufl., Neuwied 1998, S. 59, Rn. 1.

[157] Vgl. § 17 InsO.

[158] Vgl. § 18 InsO.

[159] Vgl. § 19 InsO.

[160] Vgl. Deutscher Bundestag: Gesetzentwurf der Bundesregierung – Entwurf einer Insolvenzordnung (InsO). BT-Drucksache 12/2443 vom 15.4.1992, S. 75.

[161] Vgl. § 17 Abs. 2 Satz 1 InsO.

den Zahlungspflichten erfasst. Die **Einstellung der Zahlungen** durch den Schuldner begründet die Vermutung der Zahlungsunfähigkeit einer Unternehmung.[162]

Eine vorübergehende **Zahlungsstockung** begründet hingegen dann noch keine **Zahlungsunfähigkeit**, wenn ein Schuldner nur zu einem bestimmten Zeitpunkt illiquide ist, weil z. B. eine erwartete Zahlung nicht eingegangen ist, er sich die nötige Liquidität jedoch kurzfristig wieder beschaffen kann.

1.4.3.2.2 Die drohende Zahlungsunfähigkeit

Einer Unternehmung droht die Zahlungsunfähigkeit, wenn sie „voraussichtlich nicht dazu in der Lage sein wird, die bestehenden Zahlungsverpflichtungen im Zeitpunkt der Fälligkeit zu erfüllen."[163] Bei der Bestimmung der drohenden Zahlungsunfähigkeit sind somit die in der Zukunft zu leistenden Ein- und Auszahlungen zu berücksichtigen. Insofern wurde mit diesem Eröffnungsgrund die Möglichkeit geschaffen, bereits vor dem Eintritt einer sich deutlich abzeichnenden Unternehmungskrise – etwa in Form der Zahlungsunfähigkeit – die notwendigen verfahrensrechtlichen Maßnahmen einzuleiten.

Der **Eröffnungsantrag** bei drohender Zahlungsunfähigkeit kann **nur vom Schuldner**[164] selbst gestellt werden. Nur er allein kann im Rahmen seiner Finanzplanung seine Finanzsituation beurteilen. Auf der Grundlage – etwa eines Finanzplanes[165] – kann er prüfen, ob der Eintritt der Zahlungsunfähigkeit **wahrscheinlicher** ist als deren Vermeidung und gegebenenfalls das Insolvenzverfahren beantragen.

Für die Feststellung der momentanen, aber auch der zukünftigen Zahlungsunfähigkeit der Unternehmung ist allein entscheidend, ob zum Zeitpunkt des Fälligwerdens der Verbindlichkeiten genügend liquide Mittel zur Verfügung stehen.

1.4.3.2.3 Die Überschuldung

Der Eröffnungsgrund der Überschuldung gilt **nur für juristische Personen.**[166] Überschuldung einer Unternehmung liegt vor, „wenn das Vermögen ...

---

[162] Vgl. § 17 Abs. 2 Satz 2 InsO.

[163] § 18 Abs. 2 InsO.

[164] Ist der Schuldner eine Kapitalgesellschaft, so handeln die den Schuldner vertretenden verantwortlichen Organe.

[165] Vgl. zur Finanzplanung **Abschnitt 1.1.**

[166] Vgl. § 19 Abs. 1 InsO.

[der Unternehmung; d. Verf.] die bestehenden Verbindlichkeiten nicht mehr deckt."[167]

Bei der Ermittlung[168] der Überschuldung ist in zwei Stufen vorzugehen. Zunächst ist zu überprüfen, ob die Unternehmung wirtschaftlich lebensfähig erscheint. Dies ist gegeben, wenn die „Fortführung nach den Umständen wahrscheinlicher als die Stillegung"[169] ist. Sodann folgt die Gegenüberstellung von Vermögen und Schulden, deren Bewertungsart abhängig vom Ergebnis der ersten Stufe ist. Wird auf der ersten Stufe die **Lebensfähigkeit** der Schuldnerunternehmung festgestellt, so sind in der Überschuldungsbilanz **Fortführungswerte** anzusetzen.[170] Wird hingegen auf der ersten Stufe der Unternehmung **keine Zukunftschance** eingeräumt, so sind die Vermögensgegenstände in der Überschuldungsbilanz mit den **Liquidationswerten** anzusetzen. In jedem Fall entscheidet die Bilanz über das Vorliegen der Überschuldung.[171] Das Vorliegen einer positiven Prognose für die Unternehmungszukunft schließt demnach nicht aus, dass dennoch eine Überschuldung vorliegen kann.[172]

Von der Überschuldung zu unterscheiden ist die **Unterbilanz**. Diese liegt vor, wenn das nach handelsrechtlichen Vorschriften bewertete Vermögen niedriger als die Schulden der Unternehmung ist. Hierzu kommt es, wenn die im abgelaufenen Geschäftsjahr oder in den vorangegangenen Geschäftsjahren erwirtschafteten Verluste das bilanzielle Eigenkapital der Unternehmung übersteigen, es also mehr als vollständig aufgezehrt haben. Die Handelsbilanz kann allerdings lediglich ein Indiz sein für die Notwendigkeit, eine Überschuldungsbilanz aufzustellen. Eine allgemeine Aussage, inwiefern Gläubiger bei Vorliegen einer Unterbilanz bereits befürchten müssen, nicht vollständig befriedigt werden zu können, kann nicht getroffen werden. Die handelsbilanziellen Werte müssen nicht den tatsächlich zu realisierenden Werten entspre-

---

167 § 19 Abs. 2 Satz 1 InsO.

168 Vgl. hierzu sehr ausführlich *Drukarczyk, Jochen*: Finanzierung. 8. Aufl., Stuttgart 1999, S. 505-514.

169 Deutscher Bundestag: Beschlußempfehlung und Bericht des Rechtsausschusses zu dem Gesetzentwurf der Bundesregierung (BT-Drucksache 12/2443) – Entwurf einer Insolvenzordnung (InsO). BT-Drucksache 12/7302 vom 19.4.1994, S. 157.

170 Vgl. § 19 Abs. 2 Satz 2 InsO. Fortführungswerte dürfen nur dann angesetzt werden, „wenn die Fortführung des Unternehmens beabsichtigt ist und das Unternehmen wirtschaftlich lebensfähig erscheint; andernfalls sind die Werte zugrunde zu legen, die bei einer Liquidation des Unternehmens zu erzielen wären." Deutscher Bundestag: Gesetzentwurf der Bundesregierung – Entwurf einer Insolvenzordnung (InsO). BT-Drucksache 12/2443 vom 15.4.1992, S. 115.

171 Deutscher Bundestag: Gesetzentwurf der Bundesregierung – Entwurf einer Insolvenzordnung (InsO). BT-Drucksache 12/2443 vom 15.4.1992, S. 115.

172 Vgl. Deutscher Bundestag: Beschlußempfehlung und Bericht des Rechtsausschusses zu dem Gesetzentwurf der Bundesregierung (BT-Drucksache 12/2443) – Entwurf einer Insolvenzordnung (InsO). BT-Drucksache 12/7302 vom 19.4.1994, S. 157.

chen; so können z. B. die unter handelsrechtlichen Gesichtspunkten bewerteten Vermögensgegenstände stille Rücklagen enthalten.

1.4.4 Die Sanierung

1.4.4.1 Der Begriff der Sanierung

Soll eine in wirtschaftliche Schwierigkeiten geratene Unternehmung fortgeführt werden, so ist eine Sanierung unbedingt erforderlich. „Der Begriff der Sanierung umfaßt die Gesamtheit aller Maßnahmen, die ein in seiner Existenz bedrohtes Unternehmen durch Wiederherstellung der Zahlungs- und Ertragsfähigkeit vor dem Zusammenbruch bewahren sollen, wobei ... zwischen der finanziellen und der leistungswirtschaftlichen Sanierung ... unterschieden wird. Während die **finanzielle Sanierung** auf solche Maßnahmen abstellt, die eine Neugestaltung der Finanzlage eines existenzbedrohten Unternehmens zum Ziel haben, umfaßt die **leistungswirtschaftliche Sanierung** alle Änderungs- und Rationalisierungsmaßnahmen ... innerhalb der betrieblichen Sphäre eines Unternehmens."[173] Diese Maßnahmen werden in einem Sanierungskonzept so zusammengestellt, dass bei folgerichtiger und sachgerechter Anwendung die wirtschaftlichen Schwierigkeiten der Unternehmung beseitigt werden können.[174]

1.4.4.2 Die Sanierung im Insolvenzverfahren

Eine Sanierung wird in der Insolvenzordnung durch die Aufstellung eines Insolvenzplans ermöglicht. Dieser kann einerseits die Liquidation festlegen (**Liquidationsplan**). Andererseits bzw. insbesondere kann in ihm die Reorganisation der Unternehmung geregelt werden (**Sanierungs- oder Übertragungsplan**).[175] Die Besonderheit des Insolvenzplans besteht darin, dass in ihm die

---

[173] *Eisele, Wolfgang*: Sanierungsbilanz. In: Handwörterbuch des Rechnungswesens, hrsg. von *Klaus Chmielewicz* und *Marcell Schweitzer*, 3. Aufl., Stuttgart 1993, Sp. 1762 (Hervorhebungen nicht im Original).

[174] Vgl. *Braun, Eberhard*: Die Prüfung von Sanierungskonzepten. In: Die Wirtschaftsprüfung 1989, S. 684 sowie mit einer umfassenden Analyse zur Sanierungsprüfung *Ruhl, Stephan*: Entscheidungsunterstützung bei der Sanierungsprüfung. Ein betriebswirtschaftliches Entscheidungsmodell zur Sanierungsprüfung nach neuem Insolvenzrecht. Sternenfels 2000.

[175] Vgl. *Meyer-Haberhauer, Stefanie*: Entscheidungen über den Insolvenzplan – eine betriebswirtschaftliche Analyse. Frankfurt a. M. u. a. 2000, S. 90-94.

Befriedigung der Gläubiger, die Verwertung und Verteilung der Insolvenzmasse sowie die Haftung des Schuldners nach Beendigung des Verfahrens abweichend von den gesetzlichen Vorschriften der Insolvenzordnung geregelt werden können.[176]

Der Insolvenzplan besteht aus einem darstellenden und einem gestaltenden Teil.[177] Der **darstellende Teil** „dient der Information der Gläubiger und des Insolvenzverwalters über das Ziel des Plans und den Weg, auf dem dieses Ziel erreicht werden soll",[178] und enthält eine Beschreibung der Maßnahmen, die „nach Eröffnung des Insolvenzverfahrens getroffen worden sind oder noch getroffen werden sollen, um die Grundlagen für die geplante Gestaltung der Rechte der Beteiligten zu schaffen."[179] In diesem Teil wird das **Sanierungskonzept** festgelegt. Im **gestaltenden Teil** wird festgelegt, „wie die Rechtsstellung der Beteiligten durch den Plan geändert werden soll."[180]

1.4.4.3 Die Sanierungsmaßnahmen

1.4.4.3.1 Die finanzwirtschaftlichen Maßnahmen

1.4.4.3.1.1 Vorbemerkungen

Die finanzwirtschaftlichen Maßnahmen dienen überwiegend dazu, die bestehende **Liquiditätskrise** zu beseitigen. Zu unterscheiden sind hierbei Maßnahmen ohne und mit Zufluss neuen Kapitals.

1.4.4.3.1.2 Maßnahmen ohne Kapitalzufluss

1.4.4.3.1.2.1 Kreditmanagement

Bedeutende Maßnahmen zur finanziellen Sanierung ohne Zufluss liquider Mittel fallen in den Bereich des Kreditmanagements. Können **Kredite in Beteiligungen umgewandelt** werden, indem Gläubiger (z.B. Lieferanten oder Banken) zu (Mit-)Eigentümern werden, so entfallen zukünftig die liquiditäts-

---

176 Vgl. § 217 InsO.

177 Vgl. § 219 InsO.

178 *Maus, Karl Heinz*: Der Insolvenzplan als Sanierungsinstrument. In: Die GmbH in der Krise, Sanierung und Insolvenz, hrsg. von *Karsten Schmidt* und *Wilhelm Uhlenbruck*. Köln 1999, S. 579, Tz. 1062.

179 § 220 Abs. 1 InsO.

180 § 221 InsO.

belastenden Zins- und Tilgungszahlungen auf diese Kapitalteile; Ausschüttungen an die Eigenkapitalgeber erfolgen nur bei Gewinnerzielung. Diese Maßnahme liefert aber gerade auch deshalb einen besonders großen Beitrag zur Sanierung, da durch sie die Eigenkapitalausstattung der Unternehmung verbessert wird. Dadurch erhöht sie die Kreditwürdigkeit der Unternehmung, die die Grundlage für eine neue Mittelbeschaffung durch Kreditaufnahme bildet.

Auch Schulderlass, Zinserlass sowie die Stundung von Zins- und Tilgungsverpflichtungen entspannen die angespannte Finanzlage. Der **Schulderlass** durch Forderungsverzicht des Gläubigers verringert nachhaltig den Abfluss von liquiden Mitteln für Zins- und Tilgungszahlungen. Zugleich tritt in der Erlassperiode aufgrund der Verrechnung eines Ertrags in Höhe des Forderungsverzichts (Kürzungsbetrag der Verbindlichkeiten) eine Verminderung des Periodenverlustes ein. Da auch die zukünftigen Zinszahlungsverpflichtungen für das erlassene Fremdkapital wegfallen, ergeben sich neben Liquiditätsvorteilen auch Erfolgsvorteile. Dagegen senkt der **Zinserlass** lediglich die laufende Liquiditäts- und Erfolgsbelastung um die ansonsten anfallenden Zinszahlungen. Die **Stundung** führt hingegen nur kurzfristig, d. h. bis zum nächsten bei der Stundung vereinbarten Fälligkeitstermin, zu einer Entspannung der Finanzlage, nicht dagegen der Erfolgslage. Schließlich kann auch durch **Umschuldung**, d. h. durch Umwandlung kurzfristiger – i. d. R. teurer – Lieferanten- und Kontokorrentkredite in langfristige und eventuell zinsgünstigere Darlehen, die Liquiditätssituation kurzfristig entschärft werden. Eine Erfolgswirkung tritt nur ein, wenn niedrigere Zinsen vereinbart werden. An der tatsächlichen Höhe der Verbindlichkeiten ändert sich durch die Stundung sowie Umschuldung jedoch nichts.

1.4.4.3.1.2.2 Kapitalherabsetzung

Eine der wichtigsten Maßnahmen, bei denen der Unternehmung keine neuen liquiden Mittel zufließen, stellt die so genannte buchmäßige Sanierung dar, bei der ein Verlust buchmäßig beseitigt wird. Aufgrund der unterschiedlichen rechtlichen Struktur des Eigenkapitals (fixes oder bewegliches Eigenkapital) sowie der unterschiedlichen Behandlung von Gewinnen und Verlusten bestehen bei den verschiedenen Rechtsformen unterschiedliche Möglichkeiten für die Herabsetzung des Eigenkapitals.

Bei Einzelunternehmungen und Personengesellschaften ist die Herabsetzung des Eigenkapitals technisch relativ einfach, da die Kapitalanteile nicht nominell fixiert sind. Bei **Einzelunternehmungen** führen Verluste und die Entnahme von eingelegtem Kapital und erwirtschafteten Gewinnen zur Herabsetzung des Eigenkapitals. Bei der **Offenen Handelsgesellschaft** ergibt sich eine Einengung, da alle persönlich haftenden Gesellschafter aufgrund ihrer Kapitalleistungspflicht, sofern vertraglich nicht anders vereinbart, nur 4 % auf das Kapital des letzten Jahres und – soweit es nicht zum offenbaren Schaden der Gesellschaft gereicht – den darüber hinausgehenden Gewinnanteil des letzten Jahres entnehmen dürfen.[181] Weitergehende Entnahmen setzen die Zustimmung der anderen Gesellschafter voraus. Auch das Ausscheiden eines Gesellschafters nach fristgemäßer Kündigung sowie die Zurechnung von Verlusten führen zu Kapitalherabsetzungen.

Für die Komplementäre einer **Kommanditgesellschaft** gelten die gleichen Entnahmemöglichkeiten wie für die Gesellschafter einer OHG. Privatentnahmen der **Kommanditisten** aus dem Kapital sind nicht möglich (§ 169 Abs. 1 HGB). Eine durch sämtliche Gesellschafter zur Eintragung in das Handelsregister anzumeldende Herabsetzung der Einlage des Kommanditisten ist allerdings möglich. Vor der Eintragung in das Handelsregister ist sie den Gläubigern gegenüber unwirksam. Gläubiger, deren Forderungen zur Zeit der Eintragung begründet waren, brauchen die Herabsetzung nicht gegen sich gelten zu lassen.[182] Die von den Kapitalkonten beider Gesellschaftergruppen abzubuchenden Verluste können zu einem **negativen Kapitalanteil** der Kommanditisten führen. Die Kommanditisten sind allerdings nicht verpflichtet, bezogene Gewinne wegen späterer Verluste zurückzuzahlen.[183]

Die Herabsetzung des Stammkapitals der **Gesellschaft mit beschränkter Haftung** bedarf

- der Beschlussfassung in der Gesellschafterversammlung mit Dreiviertel-Mehrheit der abgegebenen Stimmen,[184]
- der dreimaligen Bekanntmachung in den Blättern der Gesellschaft,[185]
- der Befriedigung oder Sicherstellung derjenigen Gläubiger, die der Herabsetzung nicht zustimmen,[186]
- der Anmeldung zur Eintragung in das Handelsregister nach Ablauf eines Jahres seit der dritten Bekanntmachung.[187]

Erst nach der Eintragung des Herabsetzungsbeschlusses dürfen Zahlungen an die Gesellschafter geleistet werden.

---

[181] Vgl. § 122 HGB.
[182] Vgl. § 174 HGB.
[183] Vgl. § 169 Abs. 2 HGB.
[184] Vgl. § 53 Abs. 2 Satz 1, 2. Halbsatz GmbHG.
[185] Vgl. § 58 Abs. 1 Nr. 1 GmbHG.
[186] Vgl. § 58 Abs. 1 Nr. 2 GmbHG.
[187] Vgl. § 58 Abs. 1 Nr. 3 GmbHG.

Ein Jahresüberschuss/Jahresfehlbetrag ist auf der Passivseite der Bilanz als positiver bzw. negativer Bestandteil des Eigenkapitals gesondert auszuweisen.[188] Soll ein Verlust gegen das Stammkapital verrechnet werden, so gelten die genannten Bestimmungen für die Herabsetzung des Stammkapitals.

Eine Ausschüttung zu Lasten offener Rücklagen kann, da diese aus früheren Gewinnen resultieren, nach Gesellschafterbeschluss erfolgen.

Die bereits in Band II: Finanzierung, Abschnitt 2.3.3.4 dargestellten Formen der Kapitalherabsetzung bei **Aktiengesellschaften** sind dort im Sanierungsfall regelmäßig Voraussetzung zur Vornahme einer Finanzmittel zuführenden Kapitalerhöhung.

1.4.4.3.1.3 Maßnahmen mit Kapitalzufluss

1.4.4.3.1.3.1 Kapitalherabsetzung und Kapitalerhöhung

Von einer **doppelstufigen Sanierung** spricht man, wenn sich an die Kapitalherabsetzung eine (ordentliche) Kapitalerhöhung anschließt, die die Unternehmung mit zusätzlichen liquiden Mitteln versorgt. Nach der Kapitalbeschaffung durch die Aufnahme neuer Anteilseigner bzw. durch Eigenkapitalzuführungen alter Eigenkapitalgeber kann ein Zufluss liquider Mittel durch die Aufnahme neuer Kredite sowie durch die Ausgabe sonstiger Finanztitel (z. B. Genussrechte) erfolgen. Allen Kapitalgebern ist die Grundüberlegung gemeinsam, nur dann Kapital bereitstellen zu wollen, wenn mit einer positiven Entwicklung der Unternehmung zu rechnen ist, die auch die Renditeerwartungen der Kapitalgeber deckt.

Bei einer sich in wirtschaftlichen Schwierigkeiten befindenden Unternehmung steht dabei ein **Alteigentümer** bei bewusster Reduzierung auf ökonomische Überlegungen vor folgender **Entscheidungssituation**: Bringt er neues Eigenkapital ein, so erwartet er hieraus einen Ertrag durch Wertsteigerungen der neuen Anteile und/oder Gewinnausschüttungen. Außerdem kann er mit den eventuell noch vorhandenen Altanteilen eine Rendite erzielen. Stellt er der Unternehmung demgegenüber kein neues Eigenkapital zur Verfügung, so riskiert er den ganzen (bei einer überschuldeten Unternehmung) oder zumindest teilweisen Verlust seiner Altanteile. Das nicht eingelegte Kapital kann er in diesem Fall aber anderweitig am Markt verzinslich anlegen. Ein Alteigentümer wird somit dann neues Eigenkapital einlegen, wenn der Ertrag der Altanteile bei Unternehmungsfortführung und der Ertrag der neuen Anteile höher

188 Vgl. § 266 Abs. 3 HGB.

ist als ein alternativer Ertrag von Geld- und Kapitalmarktanlagen zuzüglich des Wertes der Anteile bei Unternehmungszerschlagung (vgl. **Abbildung 15**).

Ertrag der Altanteile bei Unternehmungs -fortführung	+	Ertrag der Neuanteile	>	Ertrag einer Alternativanlage	+	Wert der Altanteile bei Unternehmungs-zerschlagung

Abbildung 15: Bedingung für die Hingabe neuen Eigenkapitals im Sanierungsfall

Analog sieht die Situation für einen **Fremdkapitalgeber** aus: Wenn die Verzinsung des neuen Fremdkapitals und die (volle oder teilweise) Rückzahlung und Verzinsung der alten Schulden höher ist als die Verzinsung einer alternativen Kreditvergabe zuzüglich der Quote, die für die Altschulden im Insolvenzverfahren gezahlt wird, stellt er neues Fremdkapital zur Verfügung (vgl. **Abbildung 16**).

Volle oder teilweise Rückzahlung und Verzinsung der Altschulden	+	Verzinsung der Neuschulden	>	Verzinsung einer Alternativanlage	+	Insolvenzquote der Altschulden

Abbildung 16: Bedingung für die Hingabe neuen Fremdkapitals im Sanierungsfall

Die Entscheidungssituation für **neue Eigen- bzw. Fremdkapitalgeber** stellt sich analog unter Außerachtlassung von Altanteilen und Altschulden dar.

Börsennotierte Aktiengesellschaften sind als emissionsfähige Unternehmungen am besten für die Aufbringung großer Eigenkapitalbeträge geeignet, so dass bei dieser Rechtsform grundsätzlich am einfachsten neues Eigenkapital beschafft werden kann. Aufgrund der Anonymität des Kreises der Anteilseigner kann es allerdings gerade im Sanierungsfall schwierig sein, die Anteilseigner gezielt anzusprechen und zu einem Neuengagement zu bewegen. Es ist deshalb denkbar, dass in der Unternehmungskrise nicht-börsennotierte Aktiengesellschaften, Gesellschaften mit beschränkter Haftung, aber auch Personengesellschaften eher in der Lage sind, neues Eigenkapital zu beschaffen. Einerseits könnten sich die Eigentümer in diesen Fällen wegen der persönlichen Bekanntheit leichter zur Mitwirkung an Sanierungsmaßnahmen verpflichtet fühlen, andererseits könnten sie wegen ihres vielleicht existenziellen

Engagements gezwungen sein, neues Eigenkapital zuzuführen. Misslingt allerdings die Beschaffung neuen Eigenkapitals, so bleibt nur die Rettung durch finanzwirtschaftliche Zugeständnisse der Gläubiger, insbesondere der Banken.

Bevor eine sanierungswürdige GmbH eine Erhöhung des Stammkapitals bzw. eine sanierungswürdige AG eine Erhöhung des Grundkapitals vornehmen kann, muss sie eine Kapitalherabsetzung durchführen, um die entstandenen Verluste buchmäßig zu beseitigen. Man führt dazu üblicherweise eine **vereinfachte Kapitalherabsetzung** durch.[189] Die Beseitigung der bilanziellen Verluste ist eine Maßnahme zur Wiederherstellung bzw. Verbesserung der Kreditwürdigkeit der Unternehmung, die Voraussetzung zur Bereitstellung neuen Kapitals durch alte und neue Eigenkapitalgeber bzw. Gläubiger ist. Außerdem führt die Kapitalherabsetzung dazu, dass die bisher aufgelaufenen Verluste von den Alteigentümern getragen werden. „Durch den Kapitalschnitt werden diese Verluste eliminiert, so daß für das neue Eigenkapital bei einer erfolgreichen Sanierung zumindest die Möglichkeit späterer Ausschüttung besteht."[190]Allerdings führt die Kapitalherabsetzung nicht zu einer Verbesserung der Liquidität, „denn es fließen dem Betrieb keine zusätzlichen Mittel zu, und die bestehenden Zahlungsverpflichtungen werden von den Maßnahmen nicht berührt."[191] Die zur Behebung aktueller Liquiditätsprobleme und zur langfristigen finanziellen Gesundung der Unternehmung erforderliche Zuführung neuer finanzieller Mittel durch die Eigentümer erfolgen im Anschluss durch eine **ordentliche Kapitalerhöhung**.

Um neue oder alte Gesellschafter dazu zu bewegen, der Krisenunternehmung Haftungskapital zur Verfügung zu stellen, sind oft besondere Anreize notwendig. Hierbei kann es sich z. B. um die Einräumung von Vorrechten bei der Gewinnausschüttung (bevorzugte Gewinnausschüttung, höhere Gewinnausschüttung), bei der Verwaltung sowie bei der Beteiligung am Liquidationserlös oder um die Vereinbarung von Sonderkonditionen handeln.

1.4.4.3.1.3.2 Vermögensumschichtung

Eine Unternehmung kann sich auch durch Vermögensumschichtung, also durch **Veräußerung von Vermögensgegenständen**, liquide Mittel beschaffen.[192] Liegt der Veräußerungserlös über dem Buchwert, so kann der dabei entstehende (grundsätzlich steuerpflichtige) Veräußerungsgewinn letztlich

---

[189] Vgl. für die Aktiengesellschaft Band II: Finanzierung, Abschnitt 2.3.3.4.2.3

[190] *Förschle, Gerhart/Scheffels, Rolf*: Sanierungsmaßnahmen und ihre Bilanzierung. In: Sonderbilanzen, hrsg. von *Wolfgang D. Budde* und *Gerhart Förschle*, München 1994, S. 247.

[191] *Vormbaum, Herbert*: Finanzierung der Betriebe. 9. Aufl., Wiesbaden 1995, S. 536.

[192] Vgl. Band II: Finanzierung, Abschnitt 2.8.4.

steuerfrei vereinnahmt werden, indem er mit den bestehenden Verlustvorträgen verrechnet wird. Die veräußerten Vermögensgegenstände sollten allerdings für den Betriebsprozess der Unternehmung entbehrlich sein, da die Unternehmung durch die Veräußerung ihre Nutzungsmöglichkeit verliert.

Es handelt sich aber um einen nur einmal durchführbaren Vorgang, der nicht zum Zufluss von Haftungskapital führt. Es ist jedoch möglich, die in liquider Form zufließenden Verkaufserlöse zur Tilgung von Verbindlichkeiten einzusetzen, so dass sich die Eigenkapitalquote der Unternehmung erhöht. Dies bedeutet eine verbesserte Bonität, die die Aufnahme von Haftungskapital erleichtert.

Je nach Liquidisierbarkeit der einzelnen Vermögensgegenstände ist ein Verkauf jedoch unterschiedlich schwer und mit unterschiedlich großen Wertabschlägen verbunden. So lassen sich börsennotierte Aktien, die sehr fungible Wertpapiere darstellen, sehr leicht in Geld umwandeln, ohne dabei einen überraschenden Wertverlust hinnehmen zu müssen. Hingegen kann die Veräußerung von GmbH-Anteilen aufgrund der Nichtexistenz eines organisierten Marktes für diese Papiere u. U. schwierig sein.

Langfristig ist jedoch darauf zu achten, dass aus den so verkauften Wertpapieren bzw. Vermögensgegenständen keine Erträge und auch keine Zahlungsströme mehr zufließen werden, wodurch sowohl die Rentabilitäts- als auch die Liquiditätssituation in der Zukunft beeinflusst wird.

Für betriebsnotwendige Vermögensgegenstände bietet sich das **Sale-and-lease-back-Verfahren** an.[193] Kurzfristig fließen der Unternehmung somit liquide Mittel zu. Langfristig ist bei dieser Maßnahme allerdings zu beachten, dass die Unternehmung für die ihr im Leasing-Vertrag eingeräumte Nutzungsmöglichkeit eine Leasing-Gebühr an die Leasing-Gesellschaft zu entrichten hat, die bei der zukünftigen Liquiditätsplanung zu berücksichtigen ist.

Außerdem hat die Unternehmung die Möglichkeit, Forderungen zu verkaufen (Factoring). Beim **Factoring**[194] kauft ein Finanzinstitut die kurzfristigen Geldforderungen seines Klienten an und bevorschusst sie bis zu ihrer Fälligkeit (Finanzierungsfunktion). Trägt der Factor auch das Risiko des Forderungsausfalls (Delkrederefunktion), so handelt es sich um echtes Factoring. Der Factor kann zusätzlich die Debitorenbuchhaltung und das Mahnwesen übernehmen sowie das Inkasso betreiben (Dienstleistungs- und Servicefunktion). Beim Factoring ist allerdings zu beachten, dass der Unternehmung in Abhängigkeit von den vom Factor übernommenen Funktionen Kosten in Form von Mindereinzahlungen entstehen.

---

[193] Vgl. hierzu Band II: Finanzierung, Abschnitt 2.5.1 und Abschnitt 2.8.4.2.4.

[194] Vgl. hierzu ausführlich Band II: Finanzierung, Abschnitt 2.8.4.2.3.1.

Da eine Ursache für die bestehende oder drohende Zahlungsunfähigkeit auch das späte oder unpünktliche Zahlungsverhalten der eigenen Kunden sein kann, z. T. begünstigt durch Mängel der eigenen Buchhaltung, ist auch an die **Verkürzung der Kapitalbindungsfristen von Forderungen an Dritte** zu denken.

Zahlungsverzögerungen des Kunden können ihre Ursache darin haben, dass der Zeitraum zwischen der Lieferung und Rechnungsstellung zu lang bemessen ist. Deshalb sollte die **Fakturierung beschleunigt** werden. Bei hohem Bestellwert kann es auch angebracht sein, Vorauszahlungen zu verlangen. Dabei müssen allerdings die Gepflogenheiten der Branche beachtet werden.

Möglicherweise führt auch eine **Intensivierung des Mahnwesens** zu einer Verbesserung der Liquiditätssituation. Das Rechnungswesen einer Unternehmung sollte so organisiert sein, dass eine ständige Überwachung der offenen Rechnungen erfolgt. Überschrittene Fälligkeitstermine sollten automatisch angezeigt und die ausgebliebene Zahlung direkt angefordert und – falls notwendig – angemahnt werden. Inwiefern die Einleitung eines gerichtlichen Mahnverfahrens zweckmäßig und angebracht ist, muss die Unternehmung dann im Einzelfall entscheiden.

1.4.4.3.2 Leistungswirtschaftliche Maßnahmen

1.4.4.3.2.1 Kurzfristig wirksame Maßnahmen

Zu den kurzfristig wirksamen Maßnahmen zählen beispielsweise im **Personalbereich** die Neuverteilung der Kompetenzen in der Führungsebene sowie die Verringerung der Personalkosten durch Einstellungsstopps und Kurzarbeit. Im **Beschaffungsbereich** sind die Verbesserung der Einkaufskonditionen und Verringerung der Lagermengen bzw. Verkürzung der Lagerdauer zu nennen. Im **Produktionsbereich** können durch Verkürzung der Durchlaufzeiten und Verbesserung der Qualitätskontrolle bereits kurzfristig wirksam Sanierungsfortschritte erzielt werden. Im **Vertriebsbereich** kann die Gestaltung der Preis- und Zahlungskonditionen sowie die Auflösung der Lagerbestände kurzfristig wirksam eingesetzt werden.

1.4.4.3.2.2 Mittel- bis langfristig wirksame Maßnahmen

Die mittel- bis langfristigen Maßnahmen ziehen strategische Veränderungen nach sich. In diesen Bereich fallen beispielsweise die Entwicklung neuer Produkte, die Erschließung neuer Märkte, verändertes Marketing, das Eingehen von Kooperationen, die Zentralisation der Verwaltung sowie rechtliche Umgliederungen.

2 Entscheidungen über Finanzinvestitionen[195]

2.1 Die Analyse festverzinslicher Wertpapiere

2.1.1 Einführung

Unternehmungen und öffentlich-rechtliche Kreditinstitute, die emissionsfähig sind,[196] können sich durch Emission von Schuldverschreibungen über den Kapitalmarkt langfristig finanzieren.[197] Auf diese Weise können die Probleme des Emittenten gelöst werden, die sich daraus ergeben, dass Fremdkapital in derart großem Umfang von einem einzelnen Kreditgeber nicht beschafft werden kann und dass die Vorstellungen der Kreditgeber hinsichtlich der Überlassungsdauer häufig nicht mit den Vorstellungen des Emittenten hinsichtlich der Verwendungsdauer übereinstimmen. Um die Unterbringung der auf erhebliche Beträge lautenden Schuldverschreibungen bei einer Vielzahl von Kreditgebern mit unterschiedlichen Vorstellungen hinsichtlich der Überlassungsdauer zu erreichen und um diesen die Möglichkeit des späteren Verkaufs ihrer

---

[195] Wesentliche Passagen dieses Abschnitts sind entnommen aus *Bieg, Hartmut*: Die Theorie der „Portfolio Selection" nach Markowitz. In: Der Steuerberater 1999, S. 253-265; *Bieg, Hartmut*: Das Capital Asset Pricing Model (CAPM). In: Der Steuerberater 1999, S. 298-305; *Kußmaul, Heinz*: Einordnung der Fundamentalanalyse. In: Der Steuerberater 1999, S. 56-58; *Kußmaul, Heinz*: Das Barwertkonzept – Fundamentalanalyse und Ermittlung des inneren Wertes einer Aktie –. In: Der Steuerberater 1999, S. 104-107; *Kußmaul, Heinz*: Ermittlung der künftigen Vorteilsströme im Barwertkonzept zur Fundamentalanalyse. In: Der Steuerberater 1999, S. 141-148; *Kußmaul, Heinz*: Ermittlung des Kalkulationszinsfußes und des Wachstumsfaktors im Barwertkonzept zur Fundamentalanalyse. In: Der Steuerberater 1999, S. 175-184; *Kußmaul, Heinz*: Fundamentalanalyse – Vorteilsströme im Barwertkonzept und statisch orientierte Vereinfachungsansätze –. In: Der Steuerberater 1999, S. 217-222; *Kußmaul, Heinz/Richter, Lutz*: Die dynamisch orientierte Fundamentalanalyse als Instrumentarium der Aktienanalyse. In: Jahrbuch für Controlling und Rechnungswesen 2000, hrsg. von *Gerhard Seicht*, Wien 2000, S. 57-96.

[196] Zum Begriff der Emissionsfähigkeit vgl. Band II: Finanzierung, Abschnitt 2.3.2.1.

[197] Vgl. hierzu sehr ausführlich Band II: Finanzierung, Abschnitt 2.4.3.3.

Forderungen einzuräumen, werden Schuldverschreibungen in einzelne Stücke (**Teilschuldverschreibungen**) zerlegt. Alle Arten von Teilschuldverschreibungen sind – unabhängig von den außerordentlich unterschiedlichen Ausstattungsmerkmalen[198] – **vertretbare Wertpapiere** und können deswegen – müssen aber nicht – zum Handel an der Börse zugelassen werden.

Wer derartige fungible Wertpapiere entweder am Primärmarkt von Emittenten oder am Sekundärmarkt von einem Inhaber derartiger Papiere erwerben möchte, wird sich dazu nur entscheiden, wenn er diese Kapitalanlage – verglichen mit anderen Kapitalanlagen – als vorteilhafte **Investition** ansieht. Um ein Urteil darüber fällen zu können, muss er die zum Kauf angebotenen Schuldverschreibungen beurteilen. Dafür stehen die aus der Investitionsrechnung bekannten Verfahren zur Verfügung. Auf sie soll im Folgenden, soweit sie an anderer Stelle bereits dargestellt wurden, nur hingewiesen werden.

2.1.2 Die Effektivverzinsung

Eine Beurteilung von Investitionsmöglichkeiten mit der Methode des internen Zinsfußes bedeutet für die Beurteilung von Schuldverschreibungen, dass man sich nicht am Nominalzins orientieren kann, sondern die Effektivverzinsung berechnen muss. Dies ist der – im Allgemeinen auf ein Jahr bezogene – Zinssatz, bei dem die Summe der mit ihm auf den Zeitpunkt der Kreditauszahlung diskontierten Zins- und Tilgungszahlungen genau dem Auszahlungsbetrag (Anschaffungskurs und Anschaffungsnebenkosten) entspricht.

Die Berechnung der Effektivverzinsung für Schuldverschreibungen braucht an dieser Stelle nicht erneut dargestellt zu werden, da die Methode des internen Zinsfußes in Band I: Investition (Abschnitt 2.3.2.3) sowie die für die Berechnung des effektiven Jahreszinses bei Verbraucherkrediten anzuwendende ISMA-Methode in Band II: Finanzierung (Abschnitt 2.4.2.4) sehr ausführlich dargestellt sind.

2.1.3 Der Kapitalwert

Die Summe aller mit Hilfe des Kalkulationszinssatzes auf den Beginn der Investitionsmaßnahmen abgezinsten Ein- und Auszahlungen, die durch die In-

---

[198] Vgl. dazu ausführlich Band II: Finanzierung, Abschnitt 2.4.3.3.3.

vestition verursacht werden (einschließlich der Anschaffungsauszahlung A_0), bezeichnet man als Kapitalwert der Investition:[199]

$$C_0 = \sum_{t=0}^{n} \frac{Z_t}{(1+i)^t} = \sum_{t=0}^{n} \left(\frac{E_t}{(1+i)^t} - \frac{A_t}{(1+i)^t} \right)$$

mit:

C_0: Kapitalwert der Investition;

E_t: Einzahlungen der Periode;

A_t: Auszahlungen der Periode t;

Z_t: Differenz zwischen den Ein- und Auszahlungen der Periode t mit folgender Wirkung:

→ Einzahlungsüberschuss der Periode t, wenn $Z_t > 0$ bzw.
→ Auszahlungsüberschuss der Periode t, wenn $Z_t < 0$;

i: Kalkulationszinssatz;

n: Nutzungsdauer des Investitionsobjekts;

t: Periode (t = 0, 1, 2, ..., n).

Der für ein bestimmtes Investitionsprojekt ermittelte Kapitalwert C_0 gibt an, welchen – auf den Beginn des Investitionsvorhabens (t = 0) bezogenen – **Vermögenszuwachs** der Investor bei Durchführung des Investitionsvorhabens über die Tilgung der Anschaffungsauszahlung und über die Verzinsung des eingesetzten Betrags zum Kalkulationszinssatz hinaus erzielt.

Da bei einer Schuldverschreibung die zukünftigen Zins- und Tilgungszahlungen – unter der **Annahme sicherer Zahlungsströme** – bekannt sind, kommt es für die Höhe des Kapitalwerts entscheidend auch auf die Anschaffungsauszahlung A_0 an, die sich beim Ersterwerb aus dem Emissionskurs, beim späteren Kauf aus dem Anschaffungskurs zuzüglich der Anschaffungsnebenkosten ergibt.

Die Summe der Barwerte der zukünftigen Zins- und Tilgungszahlungen der Schuldverschreibung (ohne die Anschaffungsauszahlung)

$$E_0 = \sum_{t=1}^{n} \frac{Z_t}{(1+i)^t}$$

stellt den Kurs der Anleihe zum Betrachtungszeitpunkt t = 0 dar,[200]

---

[199] Vgl. zur Kapitalwertmethode sehr ausführlich Band I: Investition, Abschnitt 2.3.2.1.

mit:

E_0: Kurs der Anleihe im Zeitpunkt t = 0;

Z_t: Zins- und Tilgungszahlungen im Zeitpunkt t;

i: Kalkulationszinssatz;

t: Zahlungszeitpunkt (t = 1, 2, 3, ..., n).

Soweit unterschiedliche Anleihen angeboten werden, deren Zahlungsströme sämtlich als sicher eingeschätzt werden, entscheidet über die Auswahl zwischen diesen Anlagemöglichkeiten ausschließlich der Anschaffungspreis (zuzüglich eventueller Nebenkosten). Da die verschiedenen Anleihen also substituierbar sind, können Preisunterschiede auf unterschiedlichen Märkten zu Arbitragetransaktionen und damit zu risikolosen Gewinnen ausgenutzt werden. Für Arbitragetransaktionen ist die Differenz zwischen dem tatsächlichen Kurs einer Anleihe und deren rechnerischem Wert entscheidend. Diese Differenz (FL) ergibt immer dann einen positiven Wert, wenn der Kauf der Anleihe günstiger ist als die Anlage des identischen Geldbetrags zum Kalkulationszinsfuß. Zur Veranschaulichung dient folgendes Beispiel:

Beispiel: [201]

Gesucht sind die Emissionskurse von zwei Anleihen mit unterschiedlichen Nominalzinsen (bei jährlich nachschüssiger Zinszahlung) und unterschiedlichen Laufzeiten.

Anleihe 1: Nominalzinssatz: 7 %; Laufzeit: 3 Jahre

Anleihe 2: Nominalzinssatz: 9 %; Laufzeit: 4 Jahre

Der Kalkulationszinssatz betrage 8 %. Mit der letzten Zinszahlung erfolgt die Rückzahlung in Höhe von 100 %.

Anleihe 1: $$E_{01} = \frac{7}{1{,}08^1} + \frac{7}{1{,}08^2} + \frac{107}{1{,}08^3} = 97{,}42$$

Anleihe 2: $$E_{02} = \frac{9}{1{,}08^1} + \frac{9}{1{,}08^2} + \frac{9}{1{,}08^3} + \frac{109}{1{,}08^4} = 103{,}31$$

Würden beide Anleihen zum Kurs von 100 % angeboten, so betrügen ihre durch Arbitragetransaktionen vereinnahmbaren Kapitalwerte (FL):

Anleihe 1: FL_1 = 97,42 – 100 = – 2,58

Anleihe 2: FL_2 = 103,31 – 100 = + 3,31

---

[200] Vgl. zum Folgenden *Perridon, Louis/Steiner, Manfred*: Finanzwirtschaft der Unternehmung. 10. Aufl., München 1999, S. 183-184. Dort finden sich auch Überlegungen zur Bewertung riskanter Anleihen (S. 184-185).

[201] Modifiziert entnommen aus *Perridon, Louis/Steiner, Manfred*: Finanzwirtschaft der Unternehmung. 10. Aufl., München 1999, S. 183-184.

Demnach ist Anleihe 1 überbewertet, Anleihe 2 unterbewertet. Bei beiden könnten risikolose Arbitragegewinne erzielt werden, indem die überbewertete Anleihe (leer) verkauft und die unterbewertete Anleihe gekauft wird.

2.1.4 Die Berücksichtigung von Investitionsrisiken

2.1.4.1 Das Adressenrisiko

Der Käufer von Schuldverschreibungen rechnet mit dem vertragsmäßigen Eingang der Zins- und Tilgungszahlungen, die der Emittent in den Emissionsbedingungen zugesagt hat. Die Sicherheit der Kapitalanlage ist somit von der Bonität des Emittenten abhängig. Unter dem Adressenrisiko ist in diesem Zusammenhang die Gefahr zu verstehen, dass aus einem Gläubigertitel eine Gewinnminderung oder eine Verluststeigerung aufgrund einer geringeren Bonität, d.h. einer verminderten Leistungsfähigkeit des Emittenten entsteht. Hat der Erwerber des Gläubigertitels seine beim Erwerb übernommene Verpflichtung bereits erfüllt, so besteht das Adressenrisiko in der Form des **Ausfallrisikos**, also in der Gefahr, dass sich eine negative Erfolgswirkung in Höhe der Abwicklung zwischen vereinbarten und tatsächlich zufließenden Zins- und Tilgungszahlungen ergibt.[202]

Die aus einer **öffentlichen Anleihe** resultierenden Zahlungen werden, soweit es sich um einen inländischen Emittenten handelt, von der Bundesrepublik Deutschland, von einem ihrer Sondervermögen, von einem Bundesland, einem Kommunalverband oder einer Gemeinde geschuldet. Eine dingliche Absicherung hierfür ist nicht üblich. Vielmehr rechnet man mit der Bedienung der Anleihe aus dem Vermögen, vor allem aber aus dem Steueraufkommen des Anleiheschuldners. Dabei wird die Bonität des Bundes, seiner Sondervermögen und der Bundesländer[203] so hoch eingeschätzt, dass automatisch Börsenfähigkeit nach § 41 BörsG sowie Deckungsstockfähigkeit (im Rahmen der Kapitalanlagen von Versicherungsunternehmungen[204]) gegeben ist.[205]

---

202 Vgl. *Krämer, Gregor*: Ziele, Adressaten und Risiken der Bankenaufsicht. Diss. Saarbrücken 2000, S. 260.

203 Zur Besicherung der Kommunalschuldverschreibungen vgl. ausführlich Band II: Finanzierung, Abschnitt 2.4.3.3.3.7.

204 Vgl. dazu Band II: Finanzierung, Abschnitt 2.4.3.2.3.2.

205 Vgl. *Perridon, Louis/Steiner, Manfred*: Finanzwirtschaft der Unternehmung. 10. Aufl., München 1999, S. 191.

Dagegen muss bei **Industrieobligationen** die Zulassung zum Börsenhandel beantragt werden. Zum Nachweis der wirtschaftlichen Situation des Emittenten sind in einem Zulassungsprospekt Angaben über die wirtschaftlichen und rechtlichen Verhältnisse zu machen, die ein Urteil darüber zulassen, ob der Emittent die mit der Emission der Schuldverschreibungen verbundene langfristige Belastung zu tragen vermag.[206] Darüber hinaus ist die Absicherung der Emission durch Grundpfandrechte (meist Grundschulden), Bürgschaften (insbesondere solche der öffentlichen Hand) sowie durch die so genannte Negativklausel üblich.[207]

Angesichts des großen Umfangs der angebotenen Finanztitel und der in den letzten Jahren immer weiter fortgeschrittenen Liberalisierung und Deregulierung der internationalen Finanzmärkte können die Erwerber der Finanztitel die Bonität der jeweiligen Emittenten nicht ohne Weiteres selbst beurteilen. Deswegen haben sich **Ratingagenturen** auf die Beurteilung des Ausfallrisikos von Anleihen bzw. der Bonität ihrer Emittenten spezialisiert.[208] Zu den bekanntesten Agenturen zählen Standard & Poor's, Moody's Investors Service (Moody's) sowie Fitch IBCA. Das in diesem Zusammenhang interessierende **Rating** stellt ein Beurteilungsverfahren dar, bei dem eine Vielzahl von Bestimmungsfaktoren der Bonität einer Unternehmung zu einer einzigen Kennzahl, dem so genannten Rating, verdichtet werden. Dabei handelt es sich nicht um eine exakte Quantifizierung des Risikos. Es handelt sich vielmehr nur um eine ordinale Skalierung, also um ein Urteil, ob ein bestimmter Finanztitel riskanter oder weniger riskant ist als andere Finanztitel. Das Gesamturteil über einen Finanztitel (bzw. seine Emittenten) wird in einer Buchstabenkombination oder in einer Buchstaben-Ziffern-Kombination zum Ausdruck gebracht.[209] **Abbildung 17** (Seite 102) enthält die von Standard & Poor's (S&P) und Moody's verwendeten Ratingsymbole.

---

206 Vgl. *Perridon, Louis/Steiner, Manfred*: Finanzwirtschaft der Unternehmung. 10. Aufl., München 1999, S. 191.

207 Vgl. zu diesen Sicherungsformen sowie zur Besicherung von Kommunalschuldverschreibungen Band II: Finanzierung, Abschnitt 2.4.3.3.3.7.

208 Vgl. dazu ausführlich *Everling, Oliver:* Credit Rating duch internationale Agenturen. Köln 1991; *Heinke, Volker G.*: Bonitätsrisiko und Credit Rating festverzinslicher Wertpapiere. Bad Soden 1998; *Steiner, Manfred*: Rating. In: Wirtschaftswissenschaftliches Studium 1992, S. 509-515.

209 Vgl. *Perridon, Louis/Steiner, Manfred*: Finanzwirtschaft der Unternehmung. 10. Aufl., München 1999, S. 192.

S&P	Moody's	Bedeutung der Symbole
AAA	Aaa	Extrem starke Zinszahlungs- und Tilgungskraft des Emittenten
AA	Aa	Sehr starke Zinszahlungs- und Tilgungskraft des Emittenten
A	A	Gute Zinszahlungs- und Tilgungskraft; der Schuldner ist aber anfälliger für negative Wirtschaftsentwicklungen als mit AAA (Aaa) oder AA (Aa) bewertete Emittenten
BBB	Baa	Ausreichende Zahlungsfähigkeit; bei negativer Wirtschafts- oder Umfeldentwicklung kann die Zinszahlungs- und Tilgungsfähigkeit stärker beeinträchtigt werden als in höheren Ratingklassen
BB	Ba	Noch ausreichende Zinszahlungs- und Tilgungsfähigkeit; es sind aber Gefährdungselemente vorhanden, die zu Abstufungen führen können
B	B	Derzeit noch ausreichende Zahlungsfähigkeit; starke Gefährdungselemente vorhanden
CCC		Starke Tendenz zu Zahlungsschwierigkeiten
CC C		Emittent mit CCC bewertet, allerdings sind die zugrundeliegenden Verbindlichkeiten nachrangig besichert
	Caa Ca	Zins- und Tilgungszahlungen stark gefährdet oder eingestellt
CI		Zinszahlungen eingestellt
D	C	Emittent zahlungsunfähig
+/–	1, 2, 3	Feinabstufung innerhalb der Kategorien

Abbildung 17: Ratingsymbole von Standard & Poor's und Moody's für langfristige Schuldverschreibungen[210]

Da das Rating von Anleihen i. d. R. auf die Initiative des Emittenten zurückgeht, können neben öffentlich verfügbaren Informationen auch unternehmungsinterne Daten im Rating berücksichtigt werden. Die folgenden in das Ratingurteil eingehenden Risiken sind zu unterscheiden:[211]

– Das **Länderrisiko** bezeichnet die Gefahr, dass – trotz weiterhin guter Bonität des ausländischen Schuldners – der Transfer der geschuldeten Leistung durch politisch oder ökonomisch ungünstige Entwicklungen seines Sitzlandes verhindert wird. Dabei unterscheidet man das **Konvertierungsrisiko**, also die Gefahr, dass der Schuldner die eigene Währung (bspw. wegen Devisenknappheit) nicht in die geschuldete Währung konvertieren kann, vom **Transferrisiko**, also der Gefahr, dass der „Transfer der ge-

[210] Entnommen aus *Perridon, Louis/Steiner, Manfred*: Finanzwirtschaft der Unternehmung. 10. Aufl., München 1999, S. 192.

[211] Vgl. *Perridon, Louis/Steiner, Manfred*: Finanzwirtschaft der Unternehmung. 10. Aufl., München 1999, S. 193.

schuldeten Leistung vom Schuldner- in das Gläubigerland aus politischen Gründen unmöglich ist."[212]

- Das **Branchenrisiko** wird von den Zukunftsperspektiven sowie von der Konkurrenzsituation eines Wirtschaftssektors bestimmt. „Von Interesse sind dabei die Abhängigkeit von der gesamtwirtschaftlichen Entwicklung, der technologische Fortschritt, die Schwierigkeit des Markteintritts bzw. –austritts und die Wechselkursabhängigkeit der Branche. Die Wahrscheinlichkeit staatlicher Unterstützungsmaßnahmen beeinflußt das Rating-Urteil ebenfalls."[213]
- Die **unternehmungsspezifischen Bonitätsrisiken** ergeben sich aus dem Geschäftsrisiko und dem finanziellen Risiko. Das subjektiv geschätzte **Geschäftsrisiko** wird beeinflusst von der Qualität des Managements, der Technologie, dem Marketing und der Effizienz des Emittenten des Gläubigertitels. Das **finanzielle Risiko** wird auf der Basis einer standardisierten Analyse von Jahresabschlusskennzahlen beurteilt, wobei vor allem die zukünftige Ertragsfähigkeit des Emittenten prognostiziert werden soll. Dabei müssen einerseits Unterschiede in der internationalen Rechnungslegung, andererseits nicht im Jahresabschluss enthaltene Geschäfte von wirtschaftlicher Bedeutung berücksichtigt werden.[214]
- Die **gläubigertitelspezifischen Risiken** sind die Folge einer Rangordnung der Sicherstellung der Verbindlichkeiten des Emittenten. Bei nachrangigen Verbindlichkeiten kommt es zu Abschlägen im Rating.[215]

Das Rating des Emittenten bzw. des Gläubigertitels hat Auswirkungen auf die von den Erwerbern geforderte Rendite (Effektivverzinsung). Empirische Untersuchungen zeigen, dass die Erwerber für die Übernahme eines höheren Adressenrisikos eine überproportionale Prämie in Form von Kursabschlägen oder von höheren Nominalzinssätzen, also einer überproportional höheren Effektivverzinsung erhalten.[216]

---

212 *Krämer, Gregor*: Ziele, Adressaten und Risiken der Bankenaufsicht. Diss. Saarbrücken 2000, S. 272-273.

213 *Perridon, Louis/Steiner, Manfred*: Finanzwirtschaft der Unternehmung. 10. Aufl., München 1999, S. 193.

214 Vgl. *Perridon, Louis/Steiner, Manfred*: Finanzwirtschaft der Unternehmung. 10. Aufl., München 1999, S. 193.

215 Vgl. *Perridon, Louis/Steiner, Manfred*: Finanzwirtschaft der Unternehmung. 10. Aufl., München 1999, S. 194.

216 Vgl. *Steiner, Manfred/Heinke, Volker G.*: Rating aus Sicht der modernen Finanzierungstheorie. In: Handbuch Rating, hrsg. von *Hans E. Büschgen* und *Oliver Everling*, Wiesbaden 1996, S. 579-628.

Es sollte nicht verschwiegen werden, dass die Verwendung von Vergangenheitsdaten grundsätzlich keine Aussagen über die zukünftige Leistungs- und Zahlungsfähigkeit des Emittenten von Gläubigertiteln erlaubt. Deswegen verwundert es auch nicht, dass Gläubigertitel noch wenige Monate vor dem Zusammenbruch des Emittenten als sichere Kapitalanlagen eingestuft werden.[217]

2.1.4.2 Das Zinsänderungsrisiko

Das Adressenrisiko ergibt sich für den Investor nur bei einem nicht vertragsgemäßen Eingang der mit dem Emittenten des Gläubigertitels vereinbarten Zins- und Tilgungszahlungen. Dagegen ergibt sich das Zinsänderungsrisiko auch bei vertragsgemäß erfolgenden Zinszahlungsströmen. Bei Zinsänderungsrisiken steht also nicht die Gefahr des Ausfalls von Zahlungsströmen im Vordergrund, sondern die Gefahr, dass „die erzielte (zinsänderungsabhängige) Bruttozinsspanne aufgrund von Zinsänderungen negativ von der erwarteten und angestrebten (zinsänderungsabhängigen) Bruttozinsspanne abweicht."[218] Das Zinsänderungsrisiko kann nur bei offenen Positionen vorkommen; es lässt sich in das variable Zinsänderungsrisiko und das Festzinsrisiko einteilen.

Unter dem **variablen Zinsänderungsrisiko** versteht man die Gefahr, dass sich die Zinssätze der einzelnen Aktiv- und Passivpositionen, für die eine jeweils vom Marktzins abhängige, somit also im Zeitablauf variable Verzinsung vereinbart wurde, unterschiedlich schnell bzw. in unterschiedlichem Ausmaß an eine Veränderung der Marktzinssätze anpassen, woraus sich eine negative Auswirkung auf den Erfolg ergibt.[219] Diese Gefahr ist die Folge unterschiedlicher Zinsanpassungselastizitäten der Aktiv- und Passivpositionen.

Im Gegensatz hierzu ist das **Festzinsrisiko** die Folge der rechtlichen Unmöglichkeit, den jeweils für Aktiv- bzw. Passivpositionen vereinbarten Zinssatz an veränderte Marktgegebenheiten anzupassen.[220] Diese Gefahr, bei vereinbarten Zinsfestschreibungen aus einer Änderung des relevanten Marktzinsniveaus

---

217 Vgl. *Perridon, Louis/Steiner, Manfred*: Finanzwirtschaft der Unternehmung. 10. Aufl., München 1999, S. 194.

218 *Rolfes, Bernd*: Die Steuerung von Zinsänderungsrisiken in Kreditinstituten. Frankfurt a.M. 1985, S. 20.

219 Vgl. *Christian, Claus-Jörg*: Finanzinnovationen und bankaufsichtsrechtliche Information. Stuttgart 1992, S. 122; *Krämer, Gregor*: Ziele, Adressaten und Risiken der Bankenaufsicht. Diss. Saarbrücken 2000, S. 261.

220 Vgl. hierzu und zum Folgenden sehr ausführlich *Christian, Claus-Jörg*: Finanzinnovationen und bankaufsichtsrechtliche Information. Stuttgart 1992, S. 122-127; *Krämer, Gregor*: Ziele, Adressaten und Risiken der Bankenaufsicht. Diss. Saarbrücken 2000, S. 262-265.

negative Erfolgsauswirkungen zu erleiden, besteht nur bei offenen Festzinspositionen, die sich aus folgenden Konstellationen ergeben:

- Die Festzinsvereinbarungen auf der Aktivseite überwiegen betragsmäßig die Festzinsvereinbarungen auf der Passivseite (passivische Zinsänderungsrisiken).
- Die Festzinsvereinbarungen auf der Passivseite überwiegen betragsmäßig die Festzinsvereinbarungen auf der Aktivseite (aktivische Zinsänderungsrisiken).
- Der Umfang der Festzinsvereinbarungen auf der Aktiv- und der Passivseite stimmt zwar überein, die Zinsbindungsfristen sind jedoch unterschiedlich.[221]
- Der Umfang sowie die Zinsbindungsfristen der Festzinsvereinbarungen auf der Aktiv- und der Passivseite stimmen zwar überein, die Zins- und Tilgungsmodalitäten der Positionen divergieren jedoch.

Betrachtet man die Zinsänderungsproblematik isoliert für gehaltene festverzinsliche Wertpapiere, so besteht sie grundsätzlich aus zwei Risikokomponenten. Einerseits führen Marktzinsänderungen zu Kurswertänderungen. In diesem Zusammenhang spricht man vom **Kurswertänderungsrisiko**. Da nämlich der Nominalzinssatz der Papiere fixiert ist, bei einem späteren Verkauf oder Kauf der Papiere jedoch der am Markt herrschende Effektivzins entscheidende Bedeutung erlangt, erfolgt eine Anpassung an den im Moment der Veräußerung herrschenden Effektivzins über den Kurs der Papiere. Steigt der Marktzins, also die am Markt beim Kauf derartiger Gläubigertitel vom Erwerber (Investor) erzielbare Rendite, so fällt der Kurs des Papiers. Neben diesem aus einem Steigen des Marktzinses resultierenden Kurssenkungsrisiko hat der Inhaber des Titels aber auch die Chance der Kurssteigerung als Folge des gesunkenen Marktzinses.

Gegenläufig hierzu verläuft das **Wiederanlagerisiko.**[222] Es besteht in der Gefahr, dass der Inhaber eines Gläubigertitels die ihm zufließenden Zinszahlungen nicht zu dem für den Gläubigertitel vereinbarten Zinssatz, sondern nur zu einem niedrigeren Zinssatz anlegen kann. Dem steht wiederum die Chance gegenüber, dass der bei der Wiederanlage der zugeflossenen Zinszahlungen

---

[221] „Die Zinsbindungsdauer beschreibt den Zeitraum bis zur nächstmöglichen Zinsanpassung, wobei dieser mit der Restlaufzeit der Vertragsvereinbarung identisch ist, wenn keine vorherige Konditionenanpassung möglich ist." (*Christian, Claus-Jörg*: Finanzinnovationen und bankaufsichtsrechtliche Information. Stuttgart 1992, S. 122).

[222] Vgl. *Perridon, Louis/Steiner, Manfred*: Finanzwirtschaft der Unternehmung. 10. Aufl., München 1999, S. 195, die vom Zinsänderungsrisiko i.e.S. bzw. vom Endwertänderungsrisiko sprechen.

erzielbare Marktzins über dem ursprünglich für die Gläubigerpapiere vereinbarten Zinssatz liegt.

Zerobonds (Null-Kupon-Anleihen) unterliegen, da laufende Zinszahlungen nicht erfolgen, nicht dem Wiederanlagerisiko. Sie weisen jedoch im Vergleich zu Schuldverschreibungen mit laufenden Zinszahlungen ein erhöhtes Kurswertänderungsrisiko auf. Da Zinserträge nicht zufließen und somit auch nicht zu einem eventuell gestiegenen Marktzins angelegt werden können, fallen deren Kurse stärker als die von Anleihen mit laufenden Zinszahlungen. Entsprechend stark ist auch die Kurssteigerung bei fallenden Marktzinsen.

Mit der **Durationskennzahl** nach *Macaulay* verfügt man über ein Instrument, mit dem sich das Zinsänderungsrisiko festverzinslicher Wertpapiere beurteilen und unter bestimmten Bedingungen eliminieren lässt. Auf die ausführliche Darstellung der Ermittlung dieser Kennzahl sowie ihres Einsatzes zur Absicherung gegen das Zinsänderungsrisiko in Band II: Finanzierung (Abschnitt 2.4.3.3.3.4) wird hier verwiesen.

2.2 Portfolio Selection und Capital Asset Pricing Model (CAPM)

2.2.1 Vorbemerkungen

Wie bei allen Investitionsproblemen wird auch bei der Analyse von Investitionen in Wertpapiere unterstellt, dass ein Entscheidungsträger eine ganz bestimmte Investition vornimmt, um aus ihr einen Nutzen in Form von Einzahlungsüberschüssen aus dem Investitionsprojekt zu erzielen. Sind dem Investor die zukünftigen Zahlungsströme aller zur Auswahl stehenden Wertpapiere bekannt (**Entscheidung unter Sicherheit**), so wird er sich für dasjenige Wertpapier bzw. Wertpapierportfolio – ein Portfolio ist die geeignete Zusammenstellung von Wertpapieren im Bestand des Investors – entscheiden, das ihm den höchsten positiven Kapitalwert bietet (vgl. Band I: Investition, Abschnitt 2.3.2.1).

In der Realität kann ein Investor die zukünftigen Zahlungsströme eines Wertpapiers, insbesondere bei Anteilspapieren (z.B. Aktien), i.d.R. jedoch nicht mit Gewissheit bestimmen. Somit steht er vor dem Problem, sich für ein Wertpapier oder für mehrere Wertpapiere entscheiden zu müssen, deren zukünftige Erträge nicht mit Sicherheit bestimmt werden können (**Entscheidung unter Unsicherheit**). Da im Allgemeinen diesen unsicheren Wertpapiererträgen Wahrscheinlichkeiten, mit denen sie eintreten, zugeordnet werden können, handelt es sich bei der Portfoliozusammensetzung um eine Entscheidung bzw. Investitionsprogrammplanung unter Risiko (vgl. Band I: Investition, Abschnitt 2.5.2). Mit dieser Problematik beschäftigte sich *Harry M. Markowitz* bereits in den 50er Jahren des 20. Jahrhunderts; er entwickelte einen Lösungsansatz, der unter der Bezeichnung **„Portfolio Selection"** (Portfolio-Auswahl) bekannt wurde und von *William F. Sharpe* in den 60er Jahren zum **„Index Model"** (Marktmodell) weiterentwickelt wurde. Diese Theorien, die der Portfolio-Theorie zuzurechnen sind, stellen die Basis für das **„Capital Asset Pricing Model"** (CAPM) dar, das in den Bereich der Kapitalmarkttheorie einzuordnen ist und in **Abschnitt 2.2.3** erläutert wird.

2.2.2 Das Modell der „Portfolio Selection"

2.2.2.1 Einführung

Im Allgemeinen sind die zukünftigen Zahlungsströme aus Wertpapieren mit Unsicherheit behaftet (vgl. Band I: Investition, Abschnitt 2.5). Gründe für einen niedrigeren als den erwarteten Zahlungsstrom können z. B. darin gesehen werden, dass

- der Emittent fest- oder variabelverzinslicher Wertpapiere seinen Zins- und Tilgungszahlungen nicht oder nicht in vollem Umfang nachkommt,
- aus Aktien erwartete Dividendenzahlungen aufgrund einer verschlechterten Ertragslage der Unternehmung nicht oder nicht in voller Höhe gezahlt werden,
- bei Verkauf der Wertpapiere nur ein niedrigerer als der erwartete Erlös erzielt werden kann.

Da die **Höhe der zukünftigen Zahlungsströme** ungewiss ist, wird der Investor seine Entscheidung nicht nur aufgrund der Höhe der erwarteten Zahlungsströme treffen; er wird vielmehr auch den Grad ihrer Unsicherheit zu berücksichtigen suchen.

Ausgangspunkt des Modells der „Portfolio Selection" ist die empirische Beobachtung, dass ein Investor, der einen bestimmten Geldbetrag für eine Periode in Wertpapieren anlegen will, bei dieser Geldanlage nicht nur Wertpapiere einer einzigen Unternehmung erwirbt, sondern sich ein diversifiziertes Portfolio zusammenstellt. Das Modell der „Portfolio Selection" versucht, dieses Verhalten der Anleger zu erklären, und gibt Antwort auf die Frage, wie die **Diversifikation des Portfolios** optimal gestaltet werden kann.

In einem ersten Schritt wird in **Abschnitt 2.2.2.2** das Entscheidungsproblem eines Investors untersucht, der sein Portfolio nur aus Aktien (derselben Gattung) einer einzigen Aktiengesellschaft zusammensetzen möchte (Ein-Wertpapier-Fall). Später wird das Modell durch die Kombination von Wertpapieren unterschiedlicher Gesellschaften ausgedehnt – **Abschnitt 2.2.2.3** – und dann um die Möglichkeit erweitert, dem Portfolio ein risikoloses Wertpapier beizufügen. Diese Art der Zusammensetzung eines Portfolios wird in **Abschnitt 2.2.3** im Rahmen des „Capital Asset Pricing Model" erläutert.

2.2.2.2 Wertpapierportfolios bestehend aus einer Aktie

Unter der Annahme, dass der Entscheidungsträger für eine Periode ein bestimmtes Investitionsbudget besitzt, hat er das Entscheidungsproblem, in welche Aktie er dieses gesamte Budget investieren soll. Zur Entscheidungsfindung zieht der Investor die **Rendite einer Aktie als Zielfunktionswert** heran. Über die Rendite der Aktie einer Gesellschaft, die sich aus Dividendenzahlungen und Kursveränderungen zusammensetzt, hat der Investor jedoch zum Entscheidungszeitpunkt keine vollständige Information, weshalb sie zur Zufallsvariablen wird.[223] Aus diesem Grund zieht er zur Analyse seines Entscheidungsproblems zwei statistische Kennzahlen der Zufallsvariablen „Portfoliorendite" heran.

Die verdichteten Größen sind:

- der Erwartungswert der Portfoliorendite (μ_P) und
- die Standardabweichung der Portfoliorendite (σ_P).

Der **Erwartungswert der Portfoliorendite** (μ_P) ist das Maß für die erwartete Rendite eines Portfolios und entspricht der Summe aller mit ihren Wahrscheinlichkeiten gewichteten möglichen Realisationen der Zufallsvariablen „Portfoliorendite".[224]

Mit der **Standardabweichung der Portfoliorendite** (σ_P) kann das einem Portfolio immanente Risiko gemessen werden. Die Standardabweichung (σ_P) entspricht der mittleren Abweichung einer Portfoliorenditerealisation von ihrem Erwartungswert (μ_P) und berechnet sich als Quadratwurzel aus der **Varianz der Portfoliorendite** (σ_P^2). Die Varianz (σ_P^2) wiederum wird als Summe der mit ihren Wahrscheinlichkeiten gewichteten quadrierten Abstände aller möglichen Realisationen vom Erwartungswert (μ_P) der Zufallsvariablen „Portfoliorendite" ermittelt.[225]

Die Portfolio-Theorie nach *Markowitz* richtet sich demnach nur an den zwei Zielgrößen – erwartete Rendite (μ_P) und Standardabweichung der Portfoliorendite (σ_P) – aus. In der Praxis der Portfolio-Theorie hat sich die Standardabweichung der Portfoliorendite (σ_P) als Risikomaß und der Erwartungswert (μ_P) als Ertragsmaß einer Investition in Wertpapiere durchgesetzt.

---

[223] Vgl. hierzu die Ausführungen in Band I: Investition, Abschnitt 2.5.1.

[224] Vgl. Band I: Investition, Abschnitt 2.5.2.2.2.

[225] Vgl. Band I: Investition, Abschnitt 2.5.2.2.3.

Während in der Theorie der „Portfolio Selection" die Zufallsvariable „Rendite eines Wertpapiers" ein stochastischer (Zufalls-)Prozess ist, wird sie in der Praxis der Wertpapieranalyse in Abhängigkeit von vergangenen Kursen geschätzt (technische Analyse[226]) oder anhand ihres inneren Wertes gemessen (Fundamentalanalyse[227]). Die folgenden Ausführungen sind unabhängig vom mathematisch-statistischen Umgang mit einer Zufallsvariablen zu sehen.

In der Portfolio-Theorie wird unterstellt, dass **alle Entscheidungsträger risikoscheu** (risikoavers) sind, was wohl am ehesten der Realität entspricht. Die Entscheidungssituation eines risikoscheuen Investors lässt sich wie folgt darstellen:

- Ein risikoscheuer Investor ist bemüht, Risiko zu vermeiden bzw. zu reduzieren. Er wird sich zwischen zwei oder mehr Portfolios mit **identischen Erwartungswerten** für dasjenige entscheiden, das die relativ sicherste erwartete Rendite besitzt, d. h. für das Portfolio, das die niedrigste Standardabweichung aufweist (Portfolio A in **Abbildung 18**, da $\sigma_A < \sigma_B$).

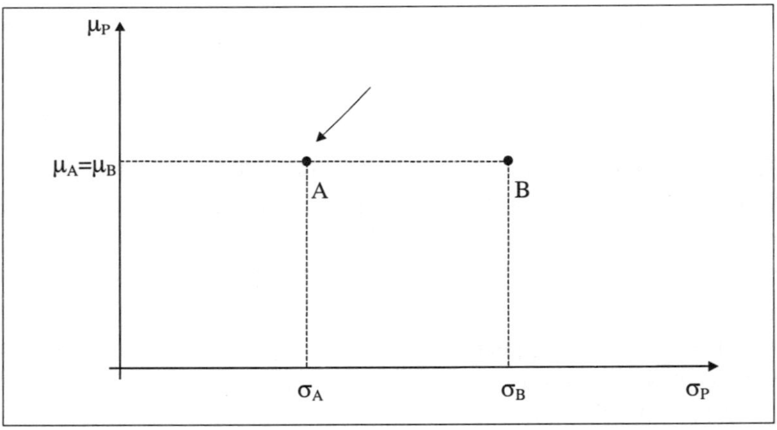

Abbildung 18: Entscheidung zwischen zwei Portfolios A und B mit gleichem Erwartungswert[228]

- Besitzen zwei oder mehr Portfolios **dieselbe Standardabweichung** und unterliegen damit einem identischen Risiko, so wird der Investor sich für das Portfolio entscheiden, das den höchsten Erwartungswert besitzt, das

226 Vgl. **Abschnitt 2.3.2.**

227 Vgl. **Abschnitt 2.3.3.**

228 **Abbildung 18** bis **Abbildung 26** sind entnommen aus *Bieg, Hartmut*: Die Theorie der „Portfolio Selection" nach Markowitz. In: Der Steuerberater 1999, S. 257-261.

ihm also die höchste erwartete Rendite verspricht (Portfolio B in **Abbildung 19**, da $\mu_B > \mu_A$).

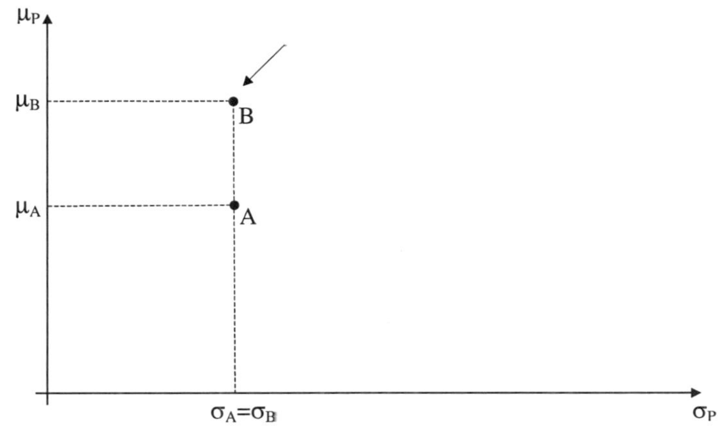

Abbildung 19: Entscheidung zwischen zwei Portfolios A und B mit gleicher Standardabweichung

– Existieren zwei Portfolios A und B, wobei die Rendite des Portfolios B sowohl einen höheren Erwartungswert ($\mu_B > \mu_A$) als auch eine höhere Standardabweichung ($\sigma_B > \sigma_A$) als die Rendite des Portfolios A besitzt, so hängt die Entscheidung des Investors von seinen **Präferenzen bezüglich Rendite und Risiko** ab, d. h., auf wie viel Rendite (μ_P) er bereit ist zu verzichten, um das Risiko des Portfolios (σ_P) um eine Einheit zu senken. Anders gesagt ist ein risikoscheuer Entscheidungsträger nur dann bereit, ein höheres Risiko (σ_P) bezüglich seiner Anlageentscheidung einzugehen, wenn für ihn hieraus eine höhere erwartete Rendite (μ_P) resultiert. Dieses individuelle Austauschverhältnis zwischen Risiko (σ_P) und Rendite (μ_P) eines Investors lässt sich mittels Indifferenzkurven in einem μ_P-σ_P-Diagramm grafisch abbilden. Die Indifferenzkurven, die die Präferenzen eines risikoscheuen Investors widerspiegeln, sind je nach Stärke der Risikoaversion relativ steil (stärker risikoscheu) oder relativ flach (schwächer risikoscheu) konvex verlaufende Kurven mit positiver Steigung, da ein größeres Risiko nur in Kauf genommen wird, wenn die erwartete Rendite ebenfalls zunimmt.

Der **Grad der Risikoaversion** eines Investors kann demnach durch die Steigung seiner Indifferenzkurve gemessen werden. In **Abbildung 20** stellen die Kurven I_1 und I_2 die Indifferenzkurven der Investoren 1 und 2 dar. Jede Risiko-Rendite-Kombination auf der Indifferenzkurve I_1 besitzt für den Investor 1 denselben Nutzen, d. h., alle Punkte, die auf einer Indifferenzkurve liegen, weisen für den Investor die gleiche Wertigkeit bezüglich seines Nutzenniveaus auf. Somit bewertet Investor 1 den Nutzen des Portfolios A genauso hoch wie den Nutzen des Portfolios B. Investor 2, der eine andere Risikopräferenz – repräsentiert durch die Indifferenzkurve I_2 – besitzt, misst z. B. dem Portfolio C denselben Nutzen bei wie dem Portfolio A.

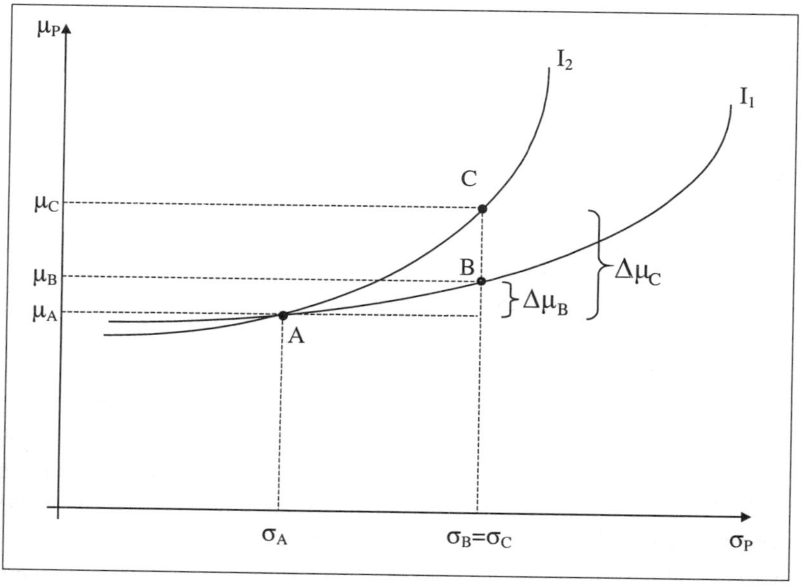

Abbildung 20: Indifferenzkurven als Maß der Risikoaversion von Investoren

Investor 1, repräsentiert durch die Indifferenzkurve I_1, ist weniger risikoscheu als Investor 2, da er nur eine Steigerung der erwarteten Rendite um $\Delta\mu_B$ fordert, damit eine Steigerung des Risikos von σ_A auf σ_B seinen Nutzen unverändert lässt. Die Renditesteigerung bei Investor 2 hingegen muss $\Delta\mu_C$ betragen, damit die Steigerung des Risikos von σ_A seinen Nutzen aus der Investition nicht verändert und er zwischen Portfolio A und C indifferent ist. Je steiler also die Indifferenzkurve eines Investors im μ_P-σ_P-Diagramm ist, umso risikoscheuer ist der Investor.

Je höher wiederum eine Indifferenzkurve liegt, desto größer ist der Präferenzwert des Investors bzw. desto höher ist sein Nutzenniveau, das er aus der Investition zieht. Ein rational handelnder Entscheidungsträger wird demnach immer die höchst liegende Indifferenzkurve, d. h. diejenige, die am weitesten vom Ursprung des μ_P-σ_P-Diagramms entfernt liegt, erreichen wollen.

So wird ein Investor 1 mit Präferenzen, die durch die Indifferenzkurven I_{11} bis I_{15} dargestellt sind, sich für das Portfolio A in **Abbildung 21** entscheiden. Die Indifferenzkurven verlaufen relativ steil, woraus abgeleitet werden kann, dass der Entscheidungsträger eine relativ stark risikoscheue Einstellung hat. Eine Realisierung des Portfolios A verspricht ihm einen höheren Nutzen als denjenigen, der durch Investition in Portfolio B möglich wäre. Obwohl er mit Portfolio A eine geringere erwartete Rendite erzielt als mit Portfolio B ($\mu_A < \mu_B$), bringt ihm das mit Portfolio A verbundene geringere Risiko ($\sigma_A < \sigma_B$) einen höheren Nutzen.

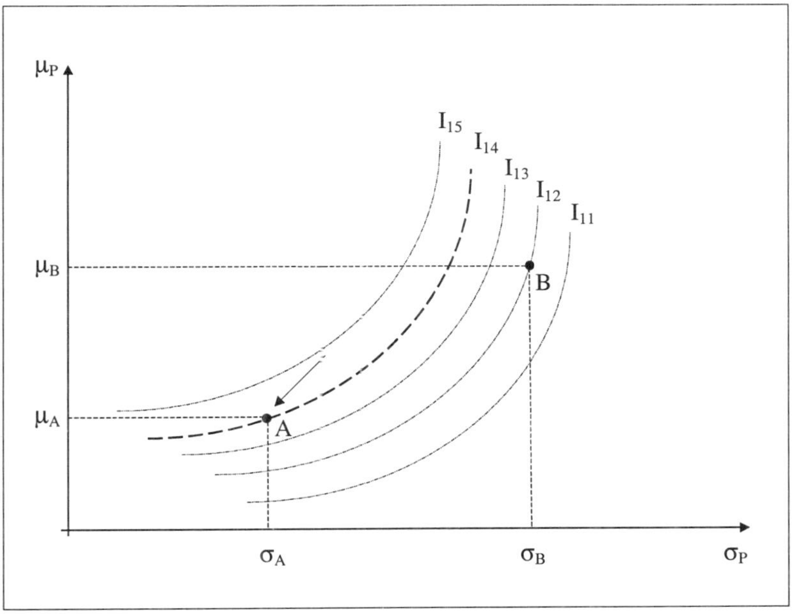

Abbildung 21: Entscheidung eines stark risikoscheuen Investors 1 zwischen zwei Portfolios A und B

Ein anderer Investor 2, dessen Risikoaversion nicht so stark ausgeprägt ist wie die des Investors 1, bildet seine Präferenzen bezüglich Risiko und Rendite in den in **Abbildung 22** (Seite 114) wiedergegebenen Indifferenzkurven ab. Die Indifferenzkurven des Investors 2 (I_{21} bis I_{25}) verlaufen flacher als die des Investors 1 (I_{11} bis I_{15}). Investor 2 erzielt einen höheren Nutzen, indem er Portfolio B realisiert, da er bereit ist, relativ mehr Risiko ($\sigma_B > \sigma_A$) einzugehen, um die erwartete höhere Rendite ($\mu_B > \mu_A$) zu realisieren.

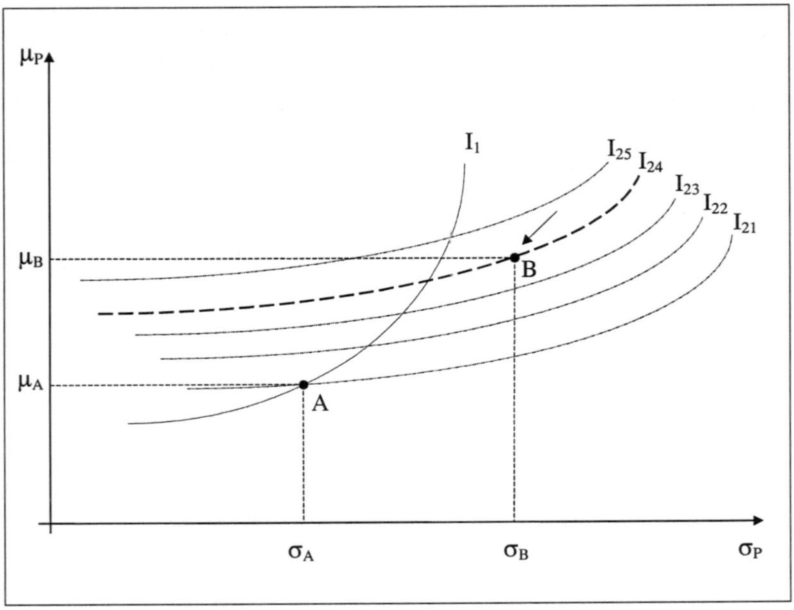

Abbildung 22: Entscheidung eines schwach risikoscheuen Investors 2 zwischen zwei Portfolios A und B

2.2.2.3 Wertpapierportfolios bestehend aus Aktien mehrerer Gesellschaften

2.2.2.3.1 Die Begründung für die Diversifikation

Werden Aktien verschiedener Gesellschaften mit bestimmten Gewichtsanteilen (z. B. in Prozent) in einem Portfolio gemischt, so ist zu beachten, dass die Summe der Gewichtsanteile der Aktien im Portfolio immer 100 % bzw. dem gesamten Budget in Geldeinheiten entspricht. Weiterhin ist zu berücksichtigen, dass sich zwar der Erwartungswert der Rendite des Portfolios (μ_P) aus der Summe der gewichteten Erwartungswerte der Aktienrenditen des Portfolios ergibt, bei der Berechnung der Standardabweichung der Rendite des Portfolios (σ_P) aber die Abhängigkeiten der einzelnen Aktienrenditen untereinander berücksichtigt werden müssen. Diese Interdependenzen bzw. stochastischen Abhängigkeiten zwischen der Renditeentwicklung verschiedener Aktiengattungen werden durch die **Kovarianzen**[229] bzw. durch die **Korrelationskoeffizienten**[230] von jeweils zwei Aktienrenditen gemessen.

So werden sich die Risiken in gewissem Umfang ausgleichen, wenn in Aktien verschiedener Branchen investiert wird, weil die Renditen der Aktien einer Branche fallen und die Renditen der Aktien der anderen Branche zeitgleich steigen können. Die Bedeutung des Risikos einer einzelnen Aktie wird umso geringer für das Risiko des gesamten Portfolios, je mehr verschiedene Aktien sich in dem Portfolio befinden, je geringer also das Gewicht dieser Aktie am gesamten Portfolio ist. Durch die Mischung von Wertpapieren in einem Portfolio (**Diversifikation**) und durch die Ausnutzung gegenseitiger Abhängigkeiten (**Korrelation**) der Renditeentwicklung von Wertpapieren in dem Portfolio, die sich hinsichtlich ihrer Kursentwicklung im Allgemeinen unterschiedlich verhalten, erzielt der Investor gegebenenfalls eine vorteilhafte Risikomischung und damit eine Risikoreduktion in seinem Portfolio. Das auf diese Weise eliminierbare Risiko wird **unsystematisches Risiko** oder **diversifizierbares Risiko** genannt.

Um das Modell der „Portfolio Selection" zu entwickeln, das durch Diversifikation auf der Basis der erwarteten Portfoliorendite (μ_P) und des Risikos (σ_P) über die optimale Budgetaufteilung Auskunft geben soll, setzt *Markowitz* zusätzlich die Prämissen, dass

- Transaktionskosten und Steuern sowie Handlungsbeschränkungen beim Wertpapierkauf bzw. -verkauf nicht existieren (vollkommener Kapitalmarkt),
- alle Wertpapiere beliebig teilbar sind, d.h. der Erwerb in beliebiger Stückelung möglich ist,

---

229 Die **Kovarianz** zweier Zufallsvariablen X und Y ($Cov[X,Y] = \sigma_{XY}$) ist definiert als:

$$\sigma_{XY} = Cov[X,Y] = EW[(X - EW[X]) \cdot (Y - EW[Y])]$$

Sie gibt Auskunft über Richtung und Größe der mittleren Abweichung beider Zufallsvariablen zusammen von ihren jeweiligen Erwartungswerten.

230 Der **Korrelationskoeffizient** zweier Zufallsvariablen X und Y ($Korr[X,Y] = \rho_{XY}$) ist definiert als:

$$\rho_{XY} = Korr[X,Y] = \frac{Cov[X,Y]}{\sqrt{Var[X] \cdot Var[Y]}}$$

Er stellt ein standardisiertes Streuungsmaß dar und misst die Richtung und die Stärke des Zusammenhangs der Zufallsvariablen X und Y. Der Korrelationskoeffizient normiert die Kovarianz zweier Zufallsvariablen auf den Bereich zwischen –1 und +1.

– der Betrachtungszeitraum der Investition genau eine Periode beträgt (Zweizeitpunktmodell), d.h. Erwerb der Wertpapiere im Zeitpunkt t_0 und Verkauf im Zeitpunkt t_1 (keine Diskontierungs- und Wiederanlageprobleme).

Hierbei besitzt die Höhe der Korrelation der Renditen zweier Wertpapiere im Portfolio zentrale Bedeutung für das Portfoliorisiko.

Der **Korrelationskoeffizient** (ρ) ist die normierte Kovarianz über das Produkt der Standardabweichungen zweier Aktienrenditen und kann Werte zwischen –1 und +1 annehmen. Er gibt Aufschluss darüber, inwieweit die Kurse zweier Aktien voneinander abhängen, wie groß also die Auswirkungen der Diversifikation auf das Risiko im Portfolio sind.

Ein Korrelationskoeffizient von +1 ($\rho = 1$) besagt, dass die Renditen der Aktien A und B vollständig positiv miteinander korrelieren. Dies bedeutet, die Renditen der beiden Aktien bewegen sich stets in die gleiche Richtung, d.h., die Rendite der Aktie A steigt, falls die Rendite der Aktie B steigt und umgekehrt.

Beträgt der Korrelationskoeffizient hingegen –1 ($\rho = -1$), so verläuft die Entwicklung der Renditen der beiden Aktien genau entgegengesetzt, d.h., eine ansteigende Rendite der Aktie A bedeutet eine sinkende Rendite der Aktie B und umgekehrt. Die Renditen der Aktien A und B korrelieren vollständig negativ.

Zwischen diesen beiden Extrema sind Abstufungen möglich. So weisen Werte, die relativ nahe bei +1 liegen, auf eine eher gleichgerichtet verlaufende Entwicklung der Renditen beider Aktien hin, während bei Werten, die relativ nahe bei –1 liegen, eine tendenziell entgegengesetzt verlaufende Entwicklung der Aktienrenditen anzunehmen ist und Werte um Null den Fall kennzeichnen, dass ein Zusammenhang zwischen den Renditeentwicklungen zweier Aktien nicht oder nur in geringem Umfang festzustellen ist. Man spricht dann von unkorrelierten Aktienrenditen ($\rho = 0$).

In **Abbildung 23** (Seite 117) sind die Diversifikationseffekte, die sich durch Mischung zweier Aktien A und B ergeben, für Korrelationskoeffizienten zwischen –1 (Kurve a) und +1 (Kurve e) dargestellt. Im Punkt A besteht das Portfolio lediglich aus der Aktie A. Bei einem Korrelationskoeffizienten von –1 ($\rho = -1$) kann der Investor Portfolios realisieren, die sich auf der Verbindungslinie a zwischen Punkt A und Punkt B befinden. Beträgt der Korrelationskoeffizient hingegen +1 ($\rho = 1$), so können Portfolios auf der Verbindungslinie e zwischen Punkt A und Punkt B realisiert werden. Bei einem Korrelationskoeffizienten zwischen –1 und +1 können Portfolios erzeugt werden, die auf einer der von A nach B verlaufenden Verbindungslinien zwischen den Geraden a und e liegen, z.B. die Verbindungskurve c, die einen Korrelationskoeffizienten von Null ($\rho = 0$) abbildet, d.h., die Renditeentwicklung der Aktie A korreliert nicht mit der von Aktie B.

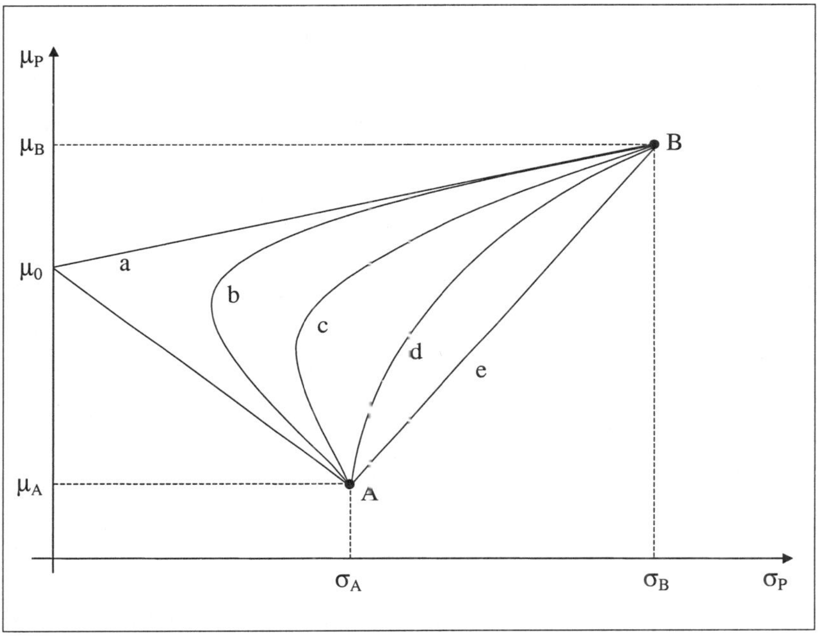

Abbildung 23: Diversifikationseffekte durch Mischung zweier Aktien unter der Annahme unterschiedlicher Korrelationskoeffizienten

Durch Beimischung der Aktie B kann der Investor also ein Portfolio realisieren, dessen Lage sich oberhalb von A befindet, also einen höheren Erwartungswert der Portfoliorendite (μ_P) aufweist, und das durch die Verbindungslinien a und e begrenzt wird. Durch stetige Erhöhung des Anteils der Aktie B am Portfolio (der Anteil der Aktie A am Portfolio wird somit stetig kleiner, da die Summe der Anteile immer 100 % betragen muss), bewegt sich die Lage des Portfolios im μ_P-σ_P-Diagramm stetig von A nach B. Der Pfad der Bewegung ist durch die Höhe des Korrelationskoeffizienten vorgegeben. Besitzen A und B einen Korrelationskoeffizienten in Höhe von z.B. $\rho = 0{,}4$ und bildet die Kurve d einen Korrelationskoeffizienten von $\rho = 0{,}4$ ab, so wird – bei stetiger Erhöhung des Anteils der Aktie B am Portfolio – sich dieses realisierbare Portfolio entlang der Kurve d von A nach B bewegen. Im Punkt B besteht das Portfolio vollständig aus der Aktie B.

Durch Variation der Anteile von A und B am Portfolio und bei einem Korrelationskoeffizienten von $\rho = 0{,}4$ können also sämtliche Rendite-Risiko-

Kombinationen auf der Kurve d erreicht werden. Voraussetzung hierfür ist, dass die Anteile der Aktien A und B beliebig genau eingestellt werden können, dass also die Aktien A und B beliebig teilbar sind.

Sind die Renditen zweier Aktien vollständig negativ korreliert, beträgt ihr Korrelationskoeffizient also –1 (Verbindungslinie a in **Abbildung 23**; Seite 117), so kann durch Mischung dieser beiden Wertpapiere ein risikoloses Portfolio ($\sigma_P = 0$) erzeugt werden, denn eine negative Veränderung der Rendite einer Aktie kann durch eine positive Veränderung der Rendite einer anderen Aktie tendenziell ausgeglichen werden und umgekehrt. Das risikolose Portfolio mit Erwartungswert $\mu = \mu_0$ und vollständig negativ korrelierten Aktienrenditen hat dennoch eine positive Renditeerwartung ($\mu_0 > 0$), da die absolut erwartete positive Renditeentwicklung die negative überwiegt. Will ein Investor also kein Risiko bei seiner Geldanlage eingehen ($\sigma_P = 0$), so kann er durch geeignete Diversifikation bei einem Korrelationskoeffizienten von –1 im Allgemeinen trotzdem eine erwartete positive Mindestrendite ($\mu_P > 0$) erzielen.

Hat der Korrelationskoeffizient hingegen den Wert +1, sind die Renditen zweier Aktien also vollständig positiv miteinander korreliert, so lässt sich eine Risikoreduktion durch Diversifikation, also durch Mischung der beiden Aktien, nicht erreichen.

Damit lässt sich die zentrale Aussage der Portfolio-Theorie formulieren, dass durch Wertpapiermischung das Risiko in einem Portfolio maximal der Summe der den Wertpapieren zuzurechnenden Einzelrisiken entspricht. Mit abnehmender Korrelation zwischen den jeweiligen Renditen der Wertpapiere nimmt auch das Risiko des Gesamtportfolios stetig ab.

2.2.2.3.2 Effiziente Portfolios

Punkt A in **Abbildung 24** (Seite 119) zeigt ein Portfolio, das nur aus Aktien der Gesellschaft A besteht, während Punkt B ein lediglich aus Aktien der Gesellschaft B bestehendes Portfolio darstellt. Die Verbindungslinie zwischen A und B kennzeichnet Portfolios mit jeweils verschiedenen Anteilen der Aktien A und B am Portfolio, die im Rahmen eines festen Budgets und unter der Annahme eines bestimmten Korrelationskoeffizienten erworben werden können.

Für einen Investor stellt sich nun bei gegebenem Korrelationskoeffizienten, d.h. gegebenem Kurvenzug, die Frage, für welches Portfolio auf der Kurve er sich entscheiden soll, welchen Anteil seines Budgets er demnach jeweils in Aktie A und B halten soll.

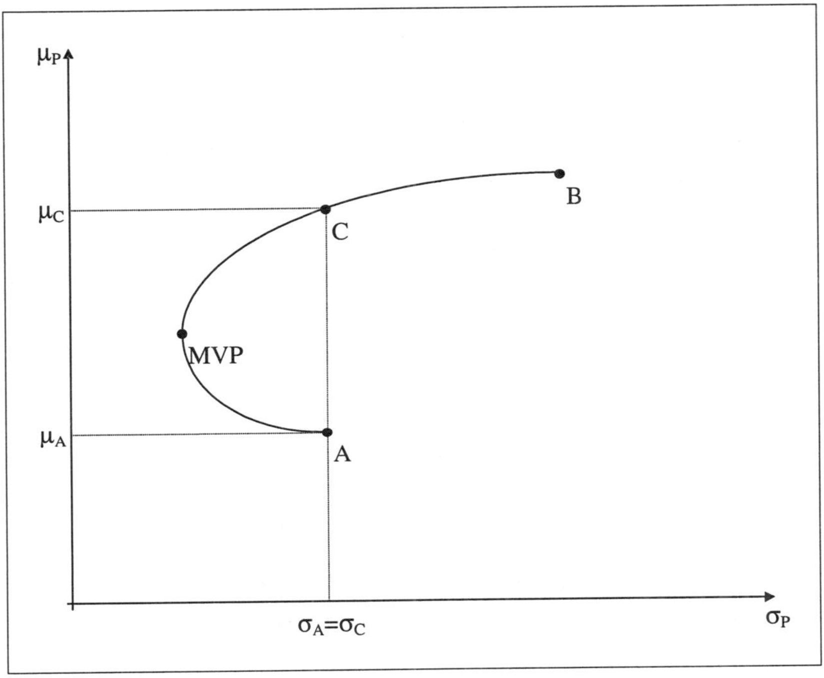

Abbildung 24: Erreichbare Portfolios bei gegebenem Korrelationskoeffizienten

Wie bereits in **Abschnitt 2.2.2.2** dargestellt wurde, hängt die Entscheidung des Investors letztlich von den Präferenzen ab, die er bezüglich Risiko (gemessen durch die Standardabweichung der Portfoliorendite σ_P) und erwartetem Ertrag (gemessen durch den Erwartungswert der Portfoliorendite μ_P) hat. Aber auch ohne Kenntnis der Präferenzen des Investors ist es möglich, eine Menge von Portfolios zu bestimmen, für die sich der Investor mit relativer Sicherheit nicht entscheiden wird.

Vergleicht man die Portfolios A und C in **Abbildung 24**, so stellt man fest, dass Portfolio A zwar das gleiche Risiko ($\sigma_A = \sigma_C$), jedoch einen niedrigeren Erwartungswert ($\mu_A < \mu_C$) als Portfolio C besitzt. Ein risikoscheuer Investor mit „normalen" Präferenzen, d.h. ein Investor, der bei gleichem Risiko einen höheren Ertrag einem niedrigeren vorzieht, wird sich nicht für das Portfolio A entscheiden, da es bei gleichem Risiko eine niedrigere erwartete Rendite abwirft als das Portfolio C. In einem solchen Fall sagt man: „Portfolio C dominiert Portfolio A" oder „Portfolio A wird von Portfolio C dominiert". Portfolio A wird also von einem risikoaversen Investor mit „normalen" Präferenzen im Allgemeinen nicht gewählt werden. Das Gleiche gilt für sämtliche Portfolios, die auf der Kurve zwischen Punkt A und Punkt MVP liegen. Hierbei bezeichnet der Punkt MVP das **Minimum-Varianz-Portfolio**, also dasjenige Portfolio, das von allen Kombinationsmöglichkeiten der Aktien A und B die geringste Varianz und damit die geringste Standardabweichung der Portfoliorendite, d. h. das minimale Risiko besitzt. Bei allen Portfolios, die auf der Kurve zwischen Punkt A und Punkt MVP liegen, kann auf der Kurve zwischen Punkt MVP und Punkt C jeweils ein Portfolio gefunden werden, das bei gleicher Standardabweichung einen höheren Erwartungswert der Portfoliorendite besitzt. Da alle Portfolios auf der Kurve zwischen A und MVP von einem anderen Portfolio dominiert werden, sind sie **nicht effizient**.

Es folgt somit eine Trennung der möglichen – mit einem bestimmten fest vorgegebenen Budget erreichbaren – Portfolios in effiziente und nicht effiziente Portfolios. Ein **effizientes Portfolio** bzw. die effiziente Kombination von erwarteter Rendite (μ_P) und Risiko (σ_P) in diesem Portfolio ist dadurch gekennzeichnet, dass kein anderes Portfolio existiert mit

- gleicher Standardabweichung und höherem Erwartungswert oder
- gleichem Erwartungswert und niedrigerer Standardabweichung oder
- niedrigerer Standardabweichung und höherem Erwartungswert der Portfoliorendite.

Somit sind lediglich diejenigen Portfolios effizient, die wie in **Abbildung 25** (Seite 121) dargestellt, auf der Kurve zwischen Punkt MVP und Punkt B liegen. Diese Kurve wird **Effizienzkurve** genannt und bildet die Grundlage für die weitere Entscheidungsfindung des Investors im Modell von *Markowitz* und in der Kapitalmarkttheorie.

Die Effizienzkurve in **Abbildung 25** (Seite 121) begrenzt den Bereich der mit einem gegebenen Budget realisierbaren Portfolios im μ_P-σ_P-Diagramm nach links, wobei nur der Kurventeil mit einer positiven Steigung relevant ist, da bei gleichem Risiko (σ_P) eine höhere erwartete Rendite (μ_P) als bei Wertpapierkombinationen auf dem Kurventeil mit negativer Steigung realisierbar ist. Auf dieser Effizienzkurve ab dem Punkt MVP mit positiver Steigung liegen demnach alle risikoeffizienten Portfolios. Allgemein gilt, dass das Minimum-Varianz-Portfolio (MVP) immer den Übergang von dominierten zu dominanten Portfolios darstellt.

Die Effizienzkurve in der dargestellten Form kann auch für mehr als zwei Wertpapiere in einem Portfolio (Mehr-Wertpapier-Fall) generiert werden, wobei insbesondere mathematisch ein enormer Mehraufwand zur Ermittlung dieser Effizienzkurve zu verzeichnen ist. Die Analyseergebnisse sind jedoch bei beliebig vielen Wertpapieren in einem Portfolio dieselben wie die im Zwei-Wertpapier-Fall.

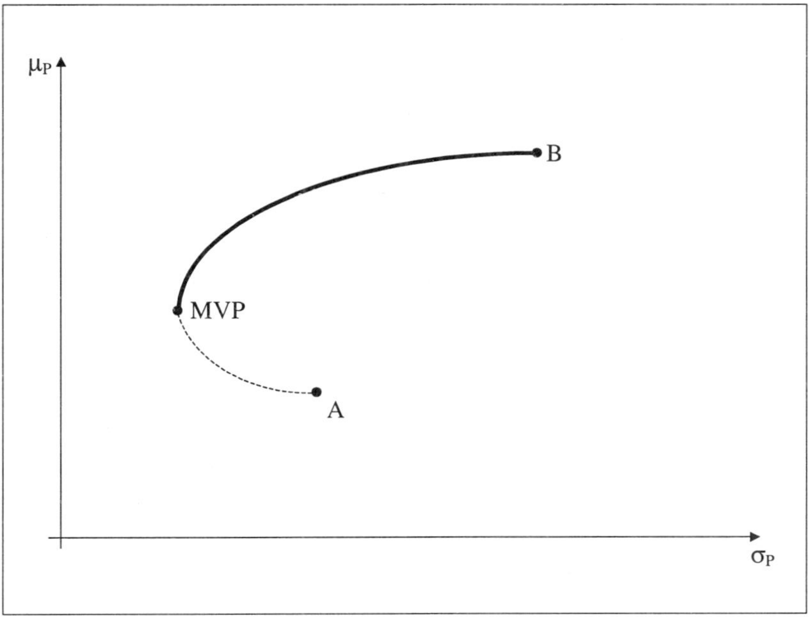

Abbildung 25: Effiziente Portfolios entlang der Effizienzkurve zwischen Portfolio MVP und Portfolio B

Grundsätzlich muss zur Ermittlung der Effizienzkurve das folgende quadratische Programm gelöst werden, falls der Mehr-Wertpapier-Fall betrachtet wird:[231]

Zielfunktion:

$$\sigma_\rho = \sqrt{\sum_{i=1}^{n} \sum_{j=1}^{n} a_i \cdot a_j \cdot \sigma_{ij}} \Rightarrow \min!$$

Nebenbedingungen:

$$\mu_\rho = \sum_{i=1}^{n} a_i \cdot \mu_i \,,$$

$$\sum_{i=1}^{n} a_i = 1,$$

$$a_i \geq 0 \,, \text{ für } i = 1, \ldots, n$$

---

231 Vgl. dazu *Büschgen, Hans E.*: Betriebliche Finanzwirtschaft – Unternehmensinvestitionen. Frankfurt a. M. 1981, S. 172 sowie *Perridon, Louis/Steiner, Manfred*: Finanzwirtschaft der Unternehmung. 10. Aufl., München 1999, S. 256.

mit:

μ_p: Erwartungswert der Rendite des Portfolios P;

μ_i: Erwartungswert der Rendite des Wertpapiers i (i = 1, ... , n);

a_i: Anteil des Wertpapiers i am Portfolio;

a_j: Anteil des Wertpapiers j am Portfolio;

σ_p: Standardabweichung der Rendite des Portfolios P;

σ_{ij}: Kovarianz der Rendite der Wertpapiere i und j.

Das Portfolioproblem kann dann mit Hilfe von Verfahren der parametrischen quadratischen Optimierung gelöst werden.

Diese effizienten Portfolios können in der erwarteten Rendite nur dann gesteigert werden, wenn auch gleichzeitig das Risiko erhöht wird. Das Modell von *Markowitz* kann also einem Investor relativ einfach diejenigen Wertpapierkombinationen aufzeigen, die für ein jeweils gegebenes Risikoniveau (σ_P) die zu erwartende Rendite des Portfolios (μ_P) maximieren.

2.2.2.3.3 Optimale Portfolios

Wie gezeigt kann sich ein Investor bei der Wahl eines für ihn optimalen Portfolios auf die effizienten Portfolios beschränken. Die Menge aller zur Auswahl zulässigen Portfolios wird durch die in **Abbildung 25** (Seite 121) dick ausgezogene Effizienzkurve begrenzt. Der Investor muss hieraus eine Auswahl treffen. Für welches der effizienten Portfolios soll sich der Entscheidungsträger jedoch entscheiden? Er benötigt demnach zur weiteren Entscheidungsfindung eine Entscheidungsregel bezüglich seines Verhaltens bzw. Kenntnisse über seine persönliche Risikoneigung, um auswählen zu können, welche Aufteilung des ihm verfügbaren Kapitals optimal ist.

Der Investor wird dasjenige Portfolio realisieren, welches ihm persönlich den höchsten Nutzen verspricht. Seine Entscheidung ist also von seinen Präferenzen bezüglich Risiko (σ_P) und erwartetem Ertrag (μ_P) abhängig, die mittels Indifferenzkurven abgebildet werden. In **Abbildung 26** (Seite 123) sind Indifferenzkurven mit unterschiedlich hohem Nutzenniveau dargestellt (Indifferenzkurven I_1, I_2, I_3). Den höchsten Nutzen kann der Investor erreichen, wenn er das Portfolio D realisiert, denn es existiert kein anderes realisierbares Portfolio, das ihm einen höheren oder zumindest gleichen Nutzen verspricht. Portfolio D zeichnet sich dadurch aus, dass es die Indifferenzkurve I_2 tangiert. Es stellt das für diesen Investor individuell optimale Portfolio dar. Portfolio D, das also den Nutzen des Investors maximiert, liefert ihm eine erwartete Rendite in Höhe von μ_D bei einem Risiko in Höhe von σ_D.

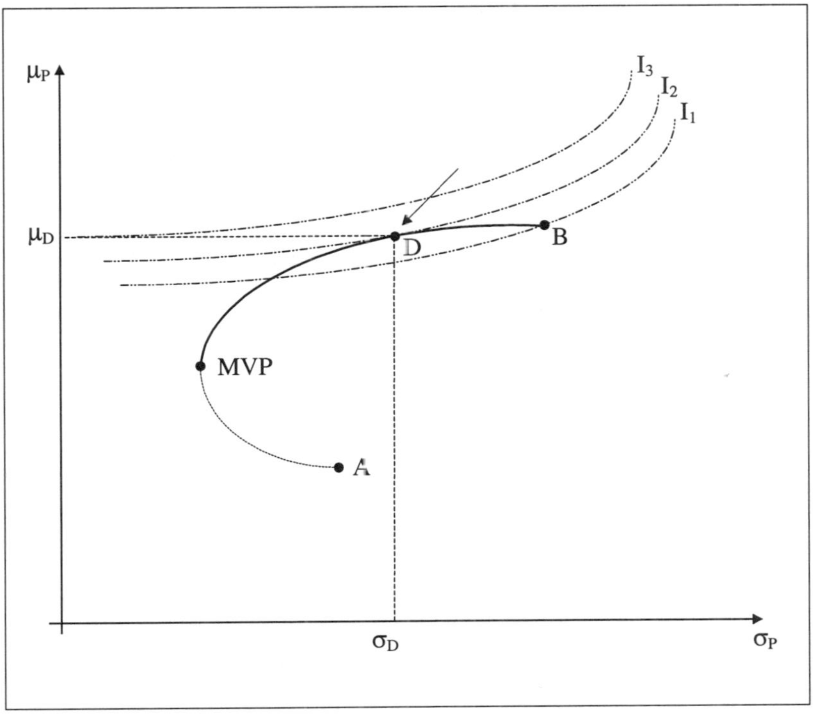

Abbildung 26: Das individuell optimale Portfolio

2.2.2.3.4 Wertpapierportfolio bestehend aus Aktien zweier Gesellschaften – ein Beispiel

Nachdem das Modell der „Portfolio Selection" theoretisch erläutert wurde, soll im Folgenden anhand eines Zwei-Wertpapier-Falls der Weg zur Entscheidungsfindung eines Investors mittels eines Beispiels gezeigt werden:

Beispiel:[232]

Ein Investor, der sich bereits für eine Geldanlage in zwei bestimmten Wertpapieren, Aktie 1 und Aktie 2, entschieden hat, steht vor dem Problem, in welchem Verhältnis

---

[232] Entnommen aus *Bieg, Hartmut*: Die Theorie der „Portfolio Selection" nach Markowitz. In: Der Steuerberater 1999, S. 261-264.

er sein Budget in Höhe von 1.000 EUR auf die beiden Wertpapiere aufteilen soll, damit er durch Diversifikation eine optimale Risikoreduktion erzielen kann.

Die Einstellung des Investors ist stark risikoavers, weshalb er eine möglichst sichere und dabei möglichst hohe Rendite nach einem Jahr aus der Wertpapieranlage erzielen will. Zur Entscheidungsfindung bedient er sich des Modells von *Markowitz* zur „Portfolio Selection".

Als Ausgangsdaten für die Berechnung benötigt der Investor den aktuellen Kaufpreis der jeweiligen Aktie und deren möglichen Kurs in einem Jahr. Dabei unterscheidet er vier verschiedene Zustände (Z_1, Z_2, Z_3, Z_4), die mit einer jeweils bestimmten Wahrscheinlichkeit (p_1, p_2, p_3, p_4) nach einem Jahr eintreten und den Kursverlauf der einzelnen Aktie unterschiedlich beeinflussen. **Abbildung 27** zeigt den Kaufkurs pro Aktie in EUR sowie den jeweiligen Verkaufskurs in EUR nach einem Jahr, unter Eintritt des jeweils möglichen Zustands Z_s (s = 1, 2, 3, 4) bei gegebener Wahrscheinlichkeit p_s, wobei zur Vereinfachung von Dividendenzahlungen, Kapitalberichtigungen sowie Kapitalerhöhungen der jeweiligen Unternehmung während der Haltedauer abgesehen wird.

	Kaufkurs in t = 0	Verkaufskurs in t = 1			
		Z_1 $p_1 = 0{,}1$	Z_2 $p_2 = 0{,}5$	Z_3 $p_3 = 0{,}2$	Z_4 $p_4 = 0{,}2$
Aktie 1	200	230	204	180	240
Aktie 2	100	112	140	80	95

Abbildung 27: Kursentwicklung zweier Aktien in EUR[233]

Zur weiteren Analyse ermittelt der Investor die jeweilige Rendite der einzelnen Aktie für jeden möglichen Zustand und hieraus den Erwartungswert und die Standardabweichung je Aktienrendite. Die jeweilige **Rendite** (r) der j-ten Aktie (j = 1, 2) im Zustand Z_s (s = 1, 2, 3, 4) berechnet sich aus:

$$r_{js} = \frac{\text{Verkaufskurs}_{js} - \text{Kaufkurs}_j}{\text{Kaufkurs}_j},$$

woraus für den **Erwartungswert der Aktienrendite pro Aktie j** (j = 1, 2) folgt:

$$E[r_j] = \sum_{s=1}^{4} r_{js} \cdot p_s = \mu_j,$$

und das Risiko einer Aktie j (j = 1, 2) in Form der **Standardabweichung der Aktienrendite** ermittelt wird aus:

$$\sqrt{\operatorname{Var}[r_j]} = \sqrt{\sum_{s=1}^{4} (r_{js} - \mu_j)^2 \cdot p_s} = \sigma_j.$$

233 **Abbildung 27** bis **Abbildung 30** sind entnommen aus *Bieg, Hartmut*: Die Theorie der „Portfolio Selection" nach Markowitz. In: Der Steuerberater 1999, S. 261-264.

Der Investor erhält für seine Berechnungen pro Aktie nachfolgende Daten, die in **Abbildung 28** zusammengefasst aufgelistet sind.

- **Aktie 1**

$$r_{11} = \frac{230-200}{200} = 0{,}15 = 15\,\% \; ; \qquad r_{12} = \frac{204-200}{200} = 0{,}02 = 2\,\% \; ;$$

$$r_{13} = \frac{180-200}{200} = -0{,}1 = -10\,\% \; ; \quad r_{14} = \frac{240-200}{200} = 0{,}2 = 20\,\% \; ;$$

$$\mu_1 = E[r_1] = 0{,}15 \cdot 0{,}1 + 0{,}02 \cdot 0{,}5 + (-0{,}1) \cdot 0{,}2 + 0{,}2 \cdot 0{,}2 = 0{,}045 = 4{,}5\,\% \; ;$$

$$\sigma_1^2 = Var[r_1] = (0{,}15-0{,}045)^2 \cdot 0{,}1 + (0{,}02-0{,}045)^2 \cdot 0{,}5 + (-0{,}1-0{,}045)^2 \cdot 0{,}2 + (0{,}2-0{,}045)^2 \cdot 0{,}2 = 0{,}010425;$$

$$\sigma_1 = \sqrt{Var[r_1]} = \sqrt{0{,}010425} \approx 0{,}102103 \approx 10{,}21\,\% .$$

- **Aktie 2**

$$r_{21} = \frac{112-100}{100} = 0{,}12 = 12\,\% \; ; \qquad r_{22} = \frac{140-100}{100} = 0{,}4 = 40\,\% \; ;$$

$$r_{23} = \frac{80-100}{100} = -0{,}2 = -20\,\% \; ; \quad r_{24} = \frac{95-100}{100} = -0{,}05 = -5\,\% \; ;$$

$$\mu_2 = E[r_2] = 0{,}12 \cdot 0{,}1 + 0{,}4 \cdot 0{,}5 + (-0{,}2) \cdot 0{,}2 + (-0{,}05) \cdot 0{,}2 = 0{,}162 = 16{,}2\,\% \; ;$$

$$\sigma_2^2 = Var[r_2] = (0{,}12-0{,}162)^2 \cdot 0{,}1 + (0{,}4-0{,}162)^2 \cdot 0{,}5 + (-0{,}2-0{,}162)^2 \cdot 0{,}2 + (-0{,}05-0{,}162)^2 \cdot 0{,}2 = 0{,}063696;$$

$$\sigma_2 = \sqrt{Var[r_2]} = \sqrt{0{,}063696} \approx 0{,}252381 \approx 25{,}24\,\% .$$

	Z_1	Z_2	Z_3	Z_4	μ_j	σ_j
Aktie 1	15%	2%	– 10%	20%	4,5%	10,21%
Aktie 2	12%	40%	– 20%	– 5%	16,2%	25,24%

Abbildung 28: Renditeentwicklung zweier Aktien sowie deren erwartete Aktienrenditen und Risiken

Damit der Investor weitergehende Untersuchungen durchführen kann, bereitet er seine Ergebnisse in einem μ_P-σ_P-Diagramm auf (vgl. **Abbildung 29**; Seite 126) und zwar zuerst einmal so, als würde er sein Budget von 1.000 EUR entweder nur in Aktie 1 (Portfolio A in **Abbildung 29**; Seite 126) oder nur in Aktie 2 (Portfolio B in **Abbildung 29**; Seite 126) investieren.

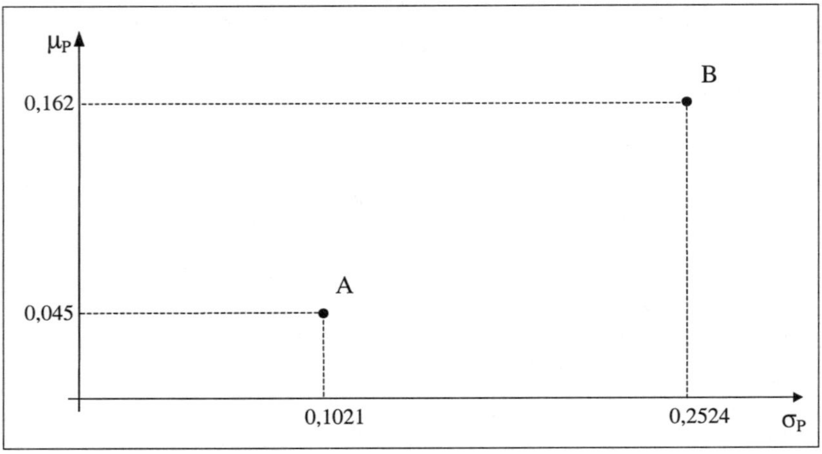

Abbildung 29: Erreichbare μ_P-σ_P-Kombinationen bei Verzicht auf Wertpapiermischung von Aktie 1 und Aktie 2

Zur weiteren Betrachtung benötigt der Investor noch nachfolgende statistische Kennzahlen der Aktienrenditen:

Die **Kovarianz** (σ_{12}) der Renditen von Aktie 1 und Aktie 2:

$$\sigma_{12} = \mathrm{Cov}[r_1, r_2] = E[(r_1 - \mu_1)\cdot(r_2 - \mu_2)] = \sum_{s=1}^{4}(r_{1s} - \mu_1)\cdot(r_{2s} - \mu_2)\cdot p_s$$

und den **Korrelationskoeffizienten** (ρ_{12}) der Renditen von Aktie 1 und Aktie 2:

$$\rho_{12} = \mathrm{Korr}[r_1, r_2] = \frac{\mathrm{Cov}[r_1, r_2]}{\sqrt{\mathrm{Var}[r_1]\cdot \mathrm{Var}[r_2]}} = \frac{\sigma_{12}}{\sigma_1 \cdot \sigma_2}.$$

Mit den schon berechneten, in **Abbildung 28** (Seite 125) aufgelisteten Daten ermittelt er auch diese verdichteten Größen der Zufallsvariablen „Rendite der Aktie 1“ und „Rendite der Aktie 2“:

$$\begin{aligned}\sigma_{12} = \mathrm{Cov}[r_1, r_2] &= (0{,}15 - 0{,}045)\cdot(0{,}12 - 0{,}162)\cdot 0{,}1\\ &+ (0{,}02 - 0{,}045)\cdot(0{,}4 - 0{,}162)\cdot 0{,}5\\ &+ (-0{,}1 - 0{,}045)\cdot(-0{,}2 - 0{,}162)\cdot 0{,}2\\ &+ (0{,}2 - 0{,}045)\cdot(-0{,}05 - 0{,}162)\cdot 0{,}2 = 0{,}00051\end{aligned}$$

$$\rho_{12} = \mathrm{Korr}[r_1, r_2] = \frac{\sigma_{12}}{\sigma_1 \cdot \sigma_2} = \frac{0{,}00051}{0{,}1021 \cdot 0{,}2524} \approx 0{,}01979.$$

Der Korrelationskoeffizient als Maß für die Abhängigkeit zweier Zufallsvariablen normiert die Kovarianz $\sigma_{12} = 0{,}00051$ auf das Intervall $[-1;1]$. Die beiden Aktien weisen somit einen Korrelationskoeffizienten von $\rho_{12} \approx 0{,}02$ auf, der relativ nahe an die Unkorreliertheit $\rho_{12} = 0$ grenzt. D.h., die Renditen von Aktie 1 und Aktie 2 verhalten sich sehr schwach positiv gleichläufig bzw. sind fast unkorreliert. Der Investor zieht aus diesem Ergebnis den Schluss, dass die Renditen der Aktien auf jeden Fall nicht vollständig positiv miteinander korreliert sind und sich daher Risiken in seinem Wertpapierportfolio durch Diversifikation eliminieren lassen.

In einem nächsten Schritt will der Investor nun wissen, welchen prozentualen Anteil seines Budgets er jeweils in Aktie 1 (x_1) und in Aktie 2 (x_2) investieren soll, damit das Risiko in seinem Portfolio minimiert wird. Nachdem er die erwarteten Aktienrenditen und Risiken sowie die Abhängigkeit zwischen den Aktienrenditen ermittelt hat, muss er, um das Verhältnis von x_1 zu x_2 bestimmen zu können, die **Rendite des Portfolios** (P) analysieren. Da sich diese aus den Einzelrenditen gewichtet mit den jeweiligen Anteilen der Aktien im Portfolio wie folgt zusammensetzt:

$$P = r_1 \cdot x_1 + r_2 \cdot x_2$$

und damit wie die Einzelrenditen r_1 bzw. r_2 je nach den eintretenden Zuständen nach einem Jahr zufallsabhängig ist, muss er für die Zufallsvariable „Portfoliorendite" den Erwartungswert (μ_P) und die Standardabweichung (σ_P) ermitteln.

- Erwartungswert der Rendite des Portfolios:

$$\mu_P = E[P] = E(r_1 \cdot x_1 + r_2 \cdot x_2) = E[r_1] \cdot x_1 + E[r_2] \cdot x_2 = \mu_1 \cdot x_1 + \mu_2 \cdot x_2;$$

- Varianz der Rendite des Portfolios:

$$\begin{aligned} \sigma_P^2 = \operatorname{Var}[P] &= \operatorname{Var}(r_1 \cdot x_1 + r_2 \cdot x_2) \\ &= \operatorname{Var}(r_1 \cdot x_1) + \operatorname{Var}(r_2 \cdot x_2) + 2 \cdot \operatorname{Cov}(r_1 \cdot x_1, r_2 \cdot x_2) \\ &= x_1^2 \cdot \operatorname{Var}[r_1] + x_2^2 \cdot \operatorname{Var}[r_2] + 2 \cdot x_1 \cdot x_2 \cdot \operatorname{Cov}[r_1, r_2] \\ &= x_1^2 \cdot \sigma_1^2 + x_2^2 \cdot \sigma_2^2 + 2 \cdot x_1 \cdot x_2 \cdot \sigma_{12}. \end{aligned}$$

Da x_1 der zu bestimmende prozentuale Anteil der Aktie 1 am Portfolio sowie x_2 derjenige der Aktie 2 am Portfolio ist und der Investor sein gesamtes Budget (hier 1.000 EUR) anlegen will, müssen sich die prozentualen Anteile x_1 und x_2 zu 100 % addieren, bzw. muss

$$x_1 + x_2 = 1$$

gelten. Damit lässt sich der Anteil der Aktie 2 (x_2) am Portfolio eindeutig bestimmen als:

$$x_2 = 1 - x_1$$

und in die Berechnungsformel des Erwartungswertes bzw. der Varianz der Portfoliorendite einsetzen:

$$\mu_P = \mu_1 \cdot x_1 + \mu_2 \cdot (1 - x_1) \text{ bzw.}$$

$$\sigma_P^2 = x_1^2 \cdot \sigma_1^2 + (1 - x_1)^2 \cdot \sigma_2^2 + 2 \cdot x_1 \cdot (1 - x_1) \cdot \sigma_{12}.$$

Zur weiteren Entscheidungsfindung des individuell optimalen Portfolios benötigt der Investor Kenntnisse über seinen Grad der Risikoaversion bzw. seine Präferenzen bezüglich erwarteter Rendite und deren Risiko, welche mittels Indifferenzkurven abgebildet werden. Praktisch hat der Investor jedoch Schwierigkeiten, seine tatsächliche

Risikoeinstellung in eine hierfür zutreffende Indifferenzkurve zu transformieren, weshalb er zwei Möglichkeiten zur Auswahl hat.

Zum einen kann der stark risikoscheue Investor das Minimum-Varianz-Portfolio (MVP) bestimmen und dies als sein optimales Portfolio deklarieren. Zum anderen hat er die Möglichkeit, eine risikolose Kapitalanlage in sein Investitionskalkül miteinzubeziehen. Hierdurch vereinfacht sich seine Anlageentscheidung, da er sich entscheidet, einen bestimmten Anteil in die risikolose Alternative und den Restanteil in eine Optimalkombination risikobehafteter Wertpapiere anzulegen. Diese Möglichkeit der Entscheidungsfindung geschieht ohne Einfluss der subjektiven Risikopräferenz des Entscheidungsträgers und wird im Rahmen des **Capital Asset Pricing Models** in **Abschnitt 2.2.3** erläutert.

Der Investor, der nach einem Jahr eine möglichst sichere Rendite erzielen will, kann also dasjenige Portfolio ermitteln, dessen Risiko minimal ist (MVP). Er muss demnach den Anteil der Aktie 1 am Portfolio (x_1) so bestimmen, dass die Varianz der Portfoliorendite (σ_p^2) minimal wird. Dieses **Minimum-Varianz-Portfolio** (MVP) lässt sich mit Hilfe der Differenzialrechnung berechnen, indem aus der Varianz der Portfoliorendite (σ_p^2) die erste Ableitung nach dem Anteil der Aktie 1 am Portfolio (x_1) wie folgt gebildet wird:

$$\begin{aligned}\sigma_P^2 &= x_1^2 \cdot \sigma_1^2 + (1-x_1)^2 \cdot \sigma_2^2 + 2 \cdot x_1 \cdot (1-x_1) \cdot \sigma_{12} \\ &= x_1^2 \cdot \sigma_1^2 + \left(1 - 2 \cdot x_1 + x_1^2\right) \cdot \sigma_2^2 + 2 \cdot x_1 \cdot \sigma_{12} - 2 \cdot x_1^2 \cdot \sigma_{12} \\ &= x_1^2 \cdot \sigma_1^2 + x_1^2 \cdot \sigma_2^2 - 2 \cdot x_1^2 \cdot \sigma_{12} - 2 \cdot x_1 \cdot \sigma_2^2 + 2 \cdot x_1 \cdot \sigma_{12} + \sigma_2^2\end{aligned}$$

$$\frac{\delta \sigma_P^2}{\delta x_1} = 2 \cdot \sigma_1^2 \cdot x_1 + 2 \cdot \sigma_2^2 \cdot x_1 - 4 \cdot \sigma_{12} \cdot x_1 - 2 \cdot \sigma_2^2 + 2 \cdot \sigma_{12}.$$

Diese erste Ableitung ($\frac{\delta \sigma_P^2}{\delta x_1}$) muss gleich Null gesetzt werden, um das Minimum der Portfoliovarianz (σ_P^2) zu erhalten.

$$\frac{\delta \sigma_P^2}{\delta x_1} = 2 \cdot x_1 \cdot \left(\sigma_1^2 + \sigma_2^2 - 2 \cdot \sigma_{12}\right) - 2 \cdot \left(\sigma_2^2 - \sigma_{12}\right) \overset{!}{=} 0 \iff x_1^* = \frac{\sigma_2^2 - \sigma_{12}}{\sigma_1^2 + \sigma_2^2 - 2 \cdot \sigma_{12}}$$

Der risikominimale Anteil der Aktie 1 im Portfolio (x_1^*) entspricht also der oben hergeleiteten Formel. Um die Minimumbedingung zu erfüllen, muss noch überprüft werden, ob die zweite Ableitung der Portfoliovarianz (σ_P^2) nach dem Anteil der Aktie 1 (x_1) positiv ist, d.h.:

$$\frac{\delta \sigma_P^2}{\delta^2 x_1} = 2 \cdot \left(\sigma_1^2 + \sigma_2^2 - 2 \cdot \sigma_{12}\right) \overset{!}{>} 0.$$

Mit den zwischenzeitlich ermittelten Daten der Aktien 1 und 2 von: $\sigma_1^2 = 0{,}010425$, $\sigma_2^2 = 0{,}063696$ und $\sigma_{12} = 0{,}00051$ erhält der Investor die folgenden Anteile:

$$x_1^* = \frac{0{,}063696 - 0{,}00051}{0{,}010425 + 0{,}063696 - 2 \cdot 0{,}00051} \approx 0{,}86437 \text{ und}$$

$$x_2^* = 1 - x_1^* \approx 0{,}13563.$$

Aus der Überprüfung der Minimumbedingung mittels der zweiten Ableitung folgt:

$$2 \cdot (0{,}010425 + 0{,}063696 - 2 \cdot 0{,}00051) = 0{,}146202 > 0\,!$$

Die Berechnungen liefern dem Investor folgende Ergebnisse: Der risikoscheue Investor wird, um das risikominimale Portfolio (MVP) zu erwerben, die Aktie 1 anteilig mit 86,437 % und die Aktie 2 anteilig mit 13,563 % in sein Depot legen. Mit einem Budget von 1.000 EUR wird er demnach 864,37 EUR in Aktie 1 investieren, d.h., bei einem Kurs von 200,00 EUR/Aktie (vgl. **Abbildung 27**; Seite 124) kauft der Investor ca. 4,3218 Aktien der Gesellschaft 1. Für den Rest seines Budgets von 135,63 EUR kauft er bei einem Kurs von 100,00 EUR/Aktie ca. 1,3563 Aktien der Gesellschaft 2. Mit dieser Aufteilung ermitteln sich die erwartete Portfoliorendite (μ_P) des optimalen Portfolios zu

$$\mu_P = 0{,}045 \cdot 0{,}86437 + 0{,}162 \cdot 0{,}13563 \approx 0{,}060869 \approx 6{,}09\%$$

und die Standardabweichung der Portfoliorendite (σ_P) zu

$$\sigma_P = \sqrt{0{,}86437^2 \cdot 0{,}010425 + 0{,}13563^2 \cdot 0{,}063696 + 2 \cdot 0{,}86437 \cdot 0{,}13563 \cdot 0{,}00051}$$
$$\approx 0{,}09529 \approx 9{,}53\%.$$

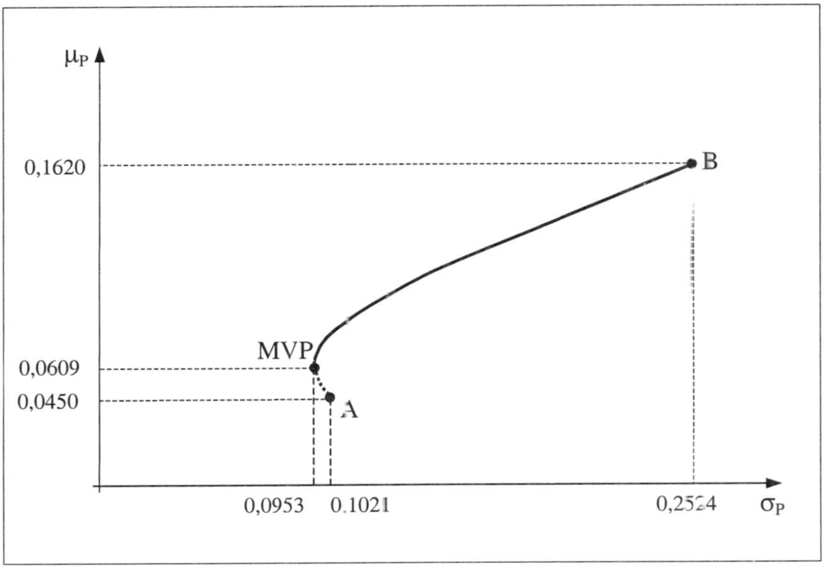

Abbildung 30: Erreichbare effiziente μ_P-σ_P-Kombinationen bei Wertpapiermischung der Aktien 1 und 2

Abbildung 30 (Seite 129) zeigt das berechnete risikominimale Portfolio (MVP) des Investors. Nimmt die Risikoaversion des Investors ab, so kann er eines der Portfolios auf der Effizienzkurve zwischen MVP und B realisieren, das mit zunehmendem Risiko auch eine höhere erwartete Rendite verspricht.

2.2.2.4 Zusammenfassung und kritische Würdigung der „Portfolio Selection" nach *Markowitz*

Die wesentlichen Aussagen der Theorie der „Portfolio Selection" sind die folgenden:[234]

- Die Portfoliorendite errechnet sich als gewogenes Mittel der Renditen aller Wertpapiere, die im Portfolio enthalten sind.
- Das Portfoliorisiko kann jedoch höchstens so groß sein wie das gewogene Mittel der Risiken aller im Portfolio enthaltenen Wertpapiere.
- Wenn die Wertpapierrenditen nicht vollständig positiv miteinander korreliert sind, so kann man durch eine Diversifikation eine Verringerung des Risikos erreichen.

Die Portfolio Selection Theory liefert somit als Ergebnis die **Erkenntnis**, dass es bei der Zusammenstellung eines Portfolios weniger auf die Menge der aufzunehmenden Wertpapiere, sondern vielmehr auf die Korrelation zwischen den aufzunehmenden Wertpapieren ankommt.

Diese Erkenntnisse aus der Portfolio-Theorie nach *Markowitz* waren wichtige inhaltliche und zeitliche Voraussetzungen für die Weiterentwicklung der Portfoliomodelle zur Kapitalmarkttheorie. Dies zeigt unter anderem auch die Verleihung des Nobelpreises für Wirtschaftswissenschaften an *Harry M. Markowitz* im Jahre 1990. Die weitergehende inhaltliche Analyse der optimalen Wertpapiermischung erfolgte aufgrund einiger Kritikpunkte an dem Modell von *Markowitz*, die im Folgenden, wenn auch nicht abschließend, aufgeführt sind.

Die Portfolio-Theorie nach *Markowitz* richtet sich nur an zwei Zielgrößen aus, an der **erwarteten Rendite** und dem **Risiko des Portfolios**. Dies ist aber im Allgemeinen **nicht ausreichend**, da z. B. die Asymmetrie der individuellen Renditeerwartung nicht berücksichtigt wird. So erwartet ein Anleger beispielsweise für eine Aktie normalerweise eher steigende als fallende Kurse. Für solch weiterführende Analysen ist z. B. das Maß der Schiefe der Verteilung notwendig oder der Einsatz der Semivarianz als Risikomaß.

---

[234] Vgl. dazu *Kruschwitz, Lutz*: Investitionsrechnung. 8. Aufl., München/Wien 2000, S. 325.

Die Umsetzung des Modells in der Praxis ist im Allgemeinen nur unter **Datensicherheit** möglich. Im Normalfall der Wertpapieranalysepraxis werden historische Daten zur Berechnung herangezogen, wobei die Qualität der geschätzten Risiko- und Renditedaten für die Analyse als sehr schlecht bezeichnet wird. Weiterhin muss für die Praxis das Datenmodell normalerweise unter Berücksichtigung der **Ganzzahligkeitsbedingung** für die zu berechnenden Wertpapieranteile gelöst werden, da im Allgemeinen Wertpapiere nicht in beliebiger Stückelung (wie im Beispiel; vgl. **Abschnitt 2.2.2.3.4**) erworben werden können. Auch eine Analyse des Problems, wie viel von einer Wertpapiergattung in das Portfolio aufgenommen werden soll, scheint nicht ausreichend, da den Investor ebenfalls der ideale **Zeitpunkt** des Kaufs bzw. Verkaufs der Wertpapiere interessiert. Hierfür ist der Einsatz dynamischer Portfoliomodelle gefordert.

Ein weiterer Kritikpunkt am Modell von *Markowitz* ist der enorme **Datenaufwand** und die Notwendigkeit der **Kenntnis des Grades der Risikoaversion des Investors**, was 1963 zur Weiterentwicklung der Theorie zum **„Index Model"** (Marktmodell) von *Sharpe* führte. Die Grundidee dieses Modells war die Bestimmung der Wertpapierrenditen über einen einzigen allen Wertpapieren gemeinsamen Faktor, das Marktportfolio mit seinem abgeleiteten Marktindex (z. B. in Deutschland der Deutsche Aktienindex DAX). Unter der Annahme, dass die Kursentwicklung der betrachteten Wertpapiere mit einem einzigen Wertpapierindex bzw. mit wenigen Wertpapierbranchenindizes in Beziehung stehen, konnte der notwendige Datenumfang zur Bestimmung der Effizienzkurve erheblich begrenzt werden. Während man bei einer Analyse von $n = 50$ in Frage kommenden Wertpapieren mit dem Modell von *Markowitz* $n \cdot (n + 3) : 2 = 1.325$ Inputdaten braucht, wie Erwartungswerte, Standardabweichungen und Korrelationen der Wertpapierrenditen, werden für das Marktmodell nach *Sharpe* für den gleichen Wertpapierumfang 152 Inputdaten benötigt. Die **Vereinfachung der Datenbeschaffung** erfolgt, indem die Korrelationen der Wertpapierrenditen untereinander durch die Korrelationen der Wertpapierrenditen mit der Rendite des Marktindexes ersetzt werden.

2.2.3 Das Capital Asset Pricing Model (CAPM)

2.2.3.1 Riskante und risikolose Anlagemöglichkeiten

Nachdem in **Abschnitt 2.2.2** die elementaren Voraussetzungen der **Portfolio-Theorie** nach *Harry M. Markowitz* erläutert wurden, kann hierauf aufbauend nun eine Überleitung zur **Kapitalmarkttheorie** und dabei insbesondere zum

Capital Asset Pricing Model von *William F. Sharpe, John Lintner* und *Jan Mossin* erfolgen.

Im Rahmen der Analyse der optimalen Zusammensetzung eines Wertpapierportfolios nach dem Modell der „Portfolio Selection" von *Markowitz* wurde unterstellt, dass sämtliche möglichen Anlageformen **risikobehaftet** sind. Die Portfolio-Theorie setzt ferner zur Entscheidungsfindung die Kenntnis der Präferenzen des Investors bezüglich der erwarteten Rendite und des damit verbundenen Risikos voraus, welche mittels Indifferenzkurven abgebildet werden können. Da diese Präferenzen in der Praxis schwer quantifizierbar und damit abbildbar sind, wird im Rahmen des Capital Asset Pricing Models davon ausgegangen, dass neben den bisherigen riskanten Anlagemöglichkeiten in Wertpapiere (z. B. Aktien) auch **risikolose Anlagemöglichkeiten** (z. B. festverzinsliche Bundesanleihen) existieren.

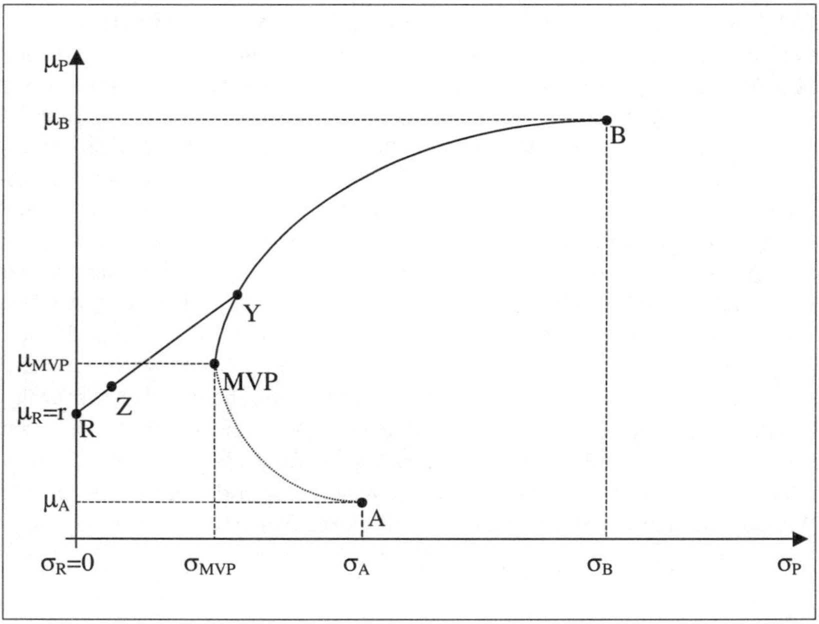

Abbildung 31: Riskante und risikolose Anlagemöglichkeiten des Investors[235]

[235] **Abbildung 31** bis **Abbildung 37** sind entnommen aus *Bieg, Hartmut*: Das Capital Asset Pricing Model (CAPM). In: Der Steuerberater 1999, S. 298-304.

Eine risikolose Anlagemöglichkeit bedeutet, dass dieses Wertpapier mit Sicherheit eine bestimmte Rendite r (r > 0) realisieren wird. Damit ist die Rendite des risikolosen Wertpapiers kein zufallsabhängiges Datum mehr, weshalb sie einen bestimmten sicheren Erwartungswert in Höhe des risikolosen Zinssatzes r ($\mu = r$) und eine Standardabweichung von null ($\sigma = 0$) besitzt.

Die sich dem Investor mittels der risikolosen Anlageform bietenden Möglichkeiten werden in **Abbildung 31** (Seite 132) dargestellt.

1. Wenn der Investor sein optimales Wertpapierportfolio **ausschließlich aus den risikobehafteten Wertpapieren A und B** zusammenstellen kann, so stellen alle Punkte auf der Verbindungslinie zwischen Portfolio MVP (Minimum-Varianz-Portfolio) und Portfolio B (Zusammensetzung des Portfolios aus einer einzigen Aktiengattung) effiziente Portfolios bezüglich erwarteter Rendite und Risiko dar. **Abbildung 31** (Seite 132) zeigt demnach zwischen Punkt MVP und B die aus der Portfolio-Theorie bekannte **Effizienzkurve**. Die Auswahl des optimalen Portfolios erfolgt schließlich nach der Portfolio-Theorie mittels der individuellen Indifferenzkurven des Investors, die in einem Punkt – im optimalen Portfolio – die Effizienzkurve tangieren (vgl. **Abschnitt 2.2.2.3.3**).
2. Steht dem Investor dagegen für seine Kapitalanlage **ausschließlich das risikolose Wertpapier R** zur Verfügung, so realisiert er durch Einsatz seines gesamten Budgets Portfolio R. Er erzielt ohne Risiko ($\sigma_R = 0$) eine Rendite in Höhe von r ($\mu_R = r$). Punkt R in **Abbildung 31** (Seite 132) kennzeichnet dieses risikolose Portfolio mit $\mu_R = r$ und $\sigma_R = 0$.
3. Stehen dem Investor jedoch zur Kapitalanlage **sowohl die risikobehafteten Wertpapiere A und B als auch das risikolose Wertpapier R** zur Verfügung, so kann er einen Teil des aus den Wertpapieren A und B bestehenden Portfolios durch das risikolose Wertpapier R ersetzen.

Durch Einbeziehung des risikolosen Wertpapiers in das Portfolio erweitern sich somit die Anlagemöglichkeiten des Investors. Im Punkt R besteht das Portfolio vollständig aus der risikolosen Anlage, während es z. B. im Punkt Y vollständig aus den Aktien A und B besteht, die in einem bestimmten – durch Punkt Y beschriebenen – Verhältnis gewichtet sind. Wird dieses Gewichtungsverhältnis der Aktien A und B beibehalten, so können durch Variation des Anteils der risikolosen Anlage am Portfolio sämtliche Portfolios als Punkte auf der Verbindungslinie zwischen Punkt R und Punkt Y erreicht werden. Ein Beispiel soll dies verdeutlichen:

Beispiel:

Im Punkt Y sei das betragsmäßige Verhältnis von Aktie A zu Aktie B 30:70. Stehen dem Investor z. B. 100,00 EUR zur Verfügung und investiert er den gesamten Betrag in das risikobehaftete Portfolio Y, so muss er 30,00 EUR in Aktie A und 70,00 EUR in Aktie B anlegen. Möchte er nun seinem Portfolio für 40,00 EUR risikolose Anleihen hinzufügen, so stehen ihm nur noch 60,00 EUR für die Investition in die risikobehafteten Aktien zur Verfügung. Unter Beibehaltung des Gewichtungsverhältnisses 30:70 wird er somit 0,3 · 60,00 EUR = 18,00 EUR in Aktie A und 0,7 · 60,00 EUR = 42,00 EUR in Aktie B investieren. Sein neues Portfolio setzt sich nun zu 60 % aus dem risikobehafteten Portfolio Y und zu 40 % aus der risikolosen Anleihe zusammen, womit das Verhältnis von riskanter zu sicherer Anlageform für den Investor 60:40 beträgt. Dieses Portfolio wird in **Abbildung 31** (Seite 132) durch Punkt Z dargestellt.

2.2.3.2 Die Kapitalmarktlinie

Der Investor muss also unabhängig von der Höhe des zu investierenden Betrags zwei Entscheidungen treffen. Zum einen hat er das Verhältnis der risikobehafteten Wertpapiere zueinander in seinem Portfolio auszuwählen, zum anderen muss er sich entscheiden, wie die Gewichtung risikoloser zu risikobehafteter Anlage in dem Portfolio zu erfolgen hat. Wie aber im Folgenden gezeigt wird, kann ihm die erste Entscheidungsfindung durch Effizienzüberlegungen abgenommen werden.

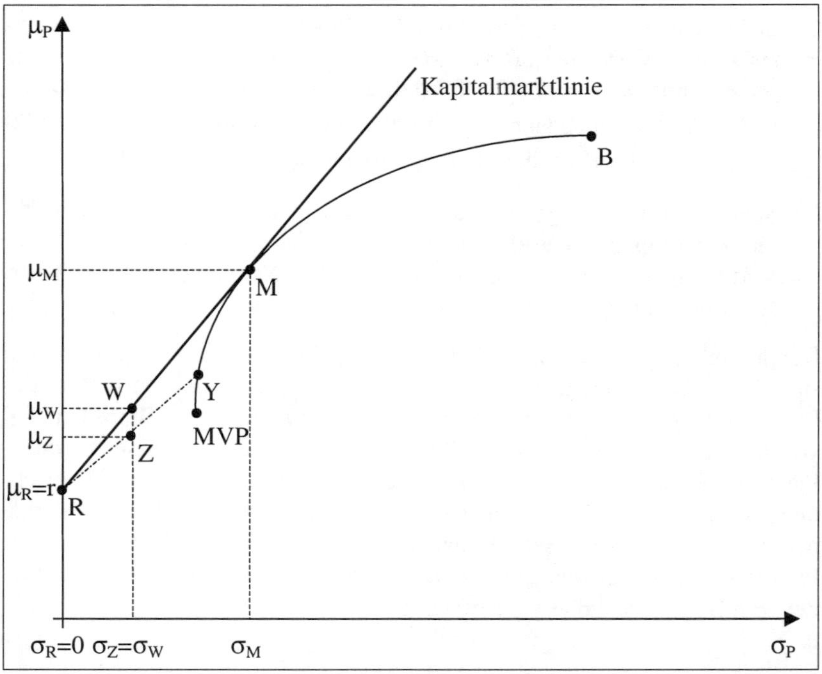

Abbildung 32: Die Kapitalmarktlinie

In **Abbildung 32** (Seite 134) ist zu erkennen, dass das Portfolio Z (genauso wie alle anderen Portfolios auf der gestrichelten Verbindungslinie zwischen Punkt R und Punkt Y) nicht effizient ist, denn durch geeignete Kombinationen von Portfolio R und dem Tangentialportfolio M lassen sich alle Portfolios auf der Verbindungslinie zwischen R und M erreichen. Hierbei repräsentiert das Tangentialportfolio M ein anderes Verhältnis der Anteile von Aktie A zu Aktie B im Portfolio als Portfolio Y bzw. Portfolio Z.

Somit könnte ein Investor auch ein Portfolio W konstruieren, das bei gleichem Risiko ($\sigma_Z = \sigma_W$) eine höhere erwartete Rendite als Portfolio Z ($\mu_W > \mu_Z$) besitzt. Portfolio Z kann also nicht effizient und somit auch nicht optimal sein, da es von Portfolio W dominiert wird. Alle Portfolios auf der Verbindungslinie zwischen R und M stellen **effiziente Portfolios** dar, da kein anderes Portfolio existiert, das auch nur eines dieser Portfolios dominiert; d. h., bei Einbeziehung einer risikolosen Anlagemöglichkeit werden sämtliche auf der Effizienzkurve der Portfolio-Theorie befindlichen Portfolios (mit Ausnahme des Tangentialportfolios M) von der Geraden, die durch die Punkte R und M geht, dominiert.

Abbildung 32 (Seite 134) macht deutlich, dass in diesen auf der Verbindungslinie zwischen R und M liegenden Portfolios die Relation zwischen den risikobehafteten Wertpapieren A und B nicht mehr – wie in der Portfolio-Theorie nach *Markowitz* – vom Grad der Risikoaversion, also vom Verlauf der Indifferenzkurven, abhängig ist. Sobald dem Portfolio ein risikoloses Wertpapier zugemischt wird, sind die risikobehafteten Wertpapiere in diesem Portfolio stets in der Relation enthalten, die durch den Tangentialpunkt M beschrieben ist. Die Präferenzstruktur des Investors entscheidet dann nur noch über die Aufteilung des gesamten Anlagebetrages auf sichere Wertpapiere einerseits und risikobehaftete Wertpapiere andererseits. Die Aufteilung des für risikobehaftete Wertpapiere vorgesehenen Anlagebetrags auf die einzelnen Risikopapiere A und B ist für alle risikoscheuen Anleger nach der Kapitalmarkttheorie im Kapitalmarktgleichgewicht dieselbe.

Wie **Abbildung 32** (Seite 134) weiterhin zeigt, tangiert die Verbindungslinie, die durch die Punkte R und M verläuft, den Kurvenzug, der die Menge aller bisher, d. h. ohne Beimischung des risikolosen Wertpapiers, effizienten Portfolios enthält (Effizienzkurve in der Portfolio-Theorie), im Punkt M. Das **Tangentialportfolio M** beinhaltet jedoch im Capital Asset Pricing Model nicht nur zwei riskante Wertpapiere, sondern **sämtliche am Markt gehandelten risikobehafteten Anlagen, die mit ihren anteiligen Marktwerten am Gesamtwert aller umlaufenden Wertpapiere gewichtet sind**, was jedoch grafisch nicht mehr herleitend abbildbar ist. Da dieses Tangentialportfolio M sich aus der Gesamtheit der am Markt existierenden riskanten Wertpapiere zusammensetzt, wird es auch als **Marktportfolio** M bezeichnet. In Deutschland wird für das Marktportfolio im Allgemeinen der Deutsche Aktienindex (DAX) eingesetzt, der die dreißig bezüglich der Marktkapitalisierung höchsten Aktienwerte in Deutschland beinhaltet.

Die Effizienzkurve lässt sich wie im Zwei-Wertpapier-Fall auch für den Mehr-Wertpapier-Fall analytisch herleiten. Es kann gezeigt werden, dass diese Effizienzkurve nach wie vor dieselbe Form im μ_P-σ_P-Diagramm besitzt wie die bisher für den Zwei-Wertpapier-Fall verwendete.

Die Tangente, die durch den Punkt R verläuft und die Effizienzkurve im Marktportfolio M tangiert, wird im Allgemeinen **Kapitalmarktlinie** (Capital Market Line) genannt. Sie umfasst **alle effizienten Portfolios, die durch Kombination des Marktportfolios M mit der risikolosen Anlage R erreicht werden können**; sie kann deswegen auch als **Effizienzlinie** bezeichnet werden. Somit werden, unter der Annahme homogener Erwartungen aller Investoren, sämtliche Investoren in dasselbe Marktportfolio investieren. Dies geschieht unabhängig von ihren individuellen Präferenzstrukturen. Ihre Präferenzen entscheiden lediglich darüber, welcher Anteil des Budgets in das Marktportfolio M und welcher Anteil in die risikolose Anlageform R investiert wird. Die prozentuale Zusammensetzung des Marktportfolios aus risikobehafteten Anlagen bleibt damit für jeden Investor dieselbe.

In **Abbildung 33** (Seite 137) sind die Entscheidungsfindungen zweier Investoren dargestellt. Investor 1, dessen Präferenzstruktur durch die Indifferenzkurven I_{11}, I_{12} und I_{13} wiedergegeben ist, wird sich für das Portfolio S entscheiden, während Investor 2 (Indifferenzkurven I_{21}, I_{22} und I_{23}) das Portfolio T wählen wird. Das Gewichtungsverhältnis der einzelnen risikobehafteten Anlagen untereinander (Marktportfolio) ist bei beiden Portfolios gleich. Lediglich der Anteil des Marktportfolios am gesamten Portfolio unterscheidet sich bei beiden Portfolios. In Portfolio S besitzt die risikolose Anlage ein höheres Gewicht als in Portfolio T. Folglich muss in Portfolio S das risikobehaftete Marktportfolio ein geringeres Gewicht als in Portfolio T haben. Somit handelt es sich bei Investor 2 um eine Person, die risikofreudiger als Investor 1 ist. Dies wird dadurch verdeutlicht, dass das von Investor 2 gewählte Portfolio T ein höheres Risiko aufweist als das Portfolio S des Investors 1 ($\sigma_T > \sigma_S$), während Portfolio T allerdings eine höhere erwartete Rendite als Portfolio S ($\mu_T > \mu_S$) verspricht.

Liegt der Tangentialpunkt der Indifferenzkurve eines Investors mit der Kapitalmarktlinie links vom Tangentialpunkt M (Portfolio U in **Abbildung 34**; Seite 138), so wird ein Teil des gesamten Anlagebetrags im risikolosen Wertpapier, der verbleibende Teil in den risikobehafteten Wertpapieren des Marktportfolios angelegt. Liegt der Tangentialpunkt rechts vom Tangentialpunkt M (Portfolio V in **Abbildung 34**; Seite 138), so wird offenbar unterstellt, dass ein bestimmter Betrag zum Zinssatz r aufgenommen werden kann (vollkommener Kapitalmarkt) und dass dieser aufgenommene Betrag zusammen mit dem ursprünglich vorhandenen Anlagebetrag (Budget) vollständig in den risikobehafteten Papieren des Marktportfolios angelegt wird. Sobald die Möglichkeit risikoloser Geldanlage (und Geldaufnahme) zu einem einheitlichen Zinssatz r besteht, kann die Anlageentscheidung des Investors in zwei Schritte zerlegt werden (**„*Tobin*-Separation"**). Zunächst wird – ohne Bezug auf die anlegerindividuelle Präferenzstruktur bezüglich erwarteter Rendite und Risiko – die Struktur des risikobehafteten Aktienportfolios als Marktportfolio festgelegt (Tangentialpunkt M in **Abbildung 34**; Seite 138). Anschließend wird – unter Berücksichtigung der individuellen Risikoneigung des Anlegers – einerseits der Betrag festgelegt, der in das Marktportfolio risikobehafteter Papiere gelenkt wird, wobei das im ersten Schritt festgelegte Verhältnis der Papiere eingehalten wird; andererseits wird der Betrag bestimmt, der als Restbetrag des Gesamtanlagebetrags in dem risikolosen Wertpapier angelegt (Portfolio U in **Abbildung 34**; Seite 138) bzw. zur Erhöhung des Anlagebetrags zum risikolosen Zins aufgenommen wird (Portfolio V in **Abbildung 34**; Seite 138). Nach der *Tobin*-Separation ist also die strukturelle Art der Portfoliozusammensetzung mit Wertpapieren für jeden Investor unabhängig von seiner Risikoneigung dieselbe, nur die Gewichte, d. h. die Art der Aufteilung der risikolosen und risikobehafteten Anlagen im Portfolio, sind je nach Präferenzstruktur der Investoren unterschiedlich.

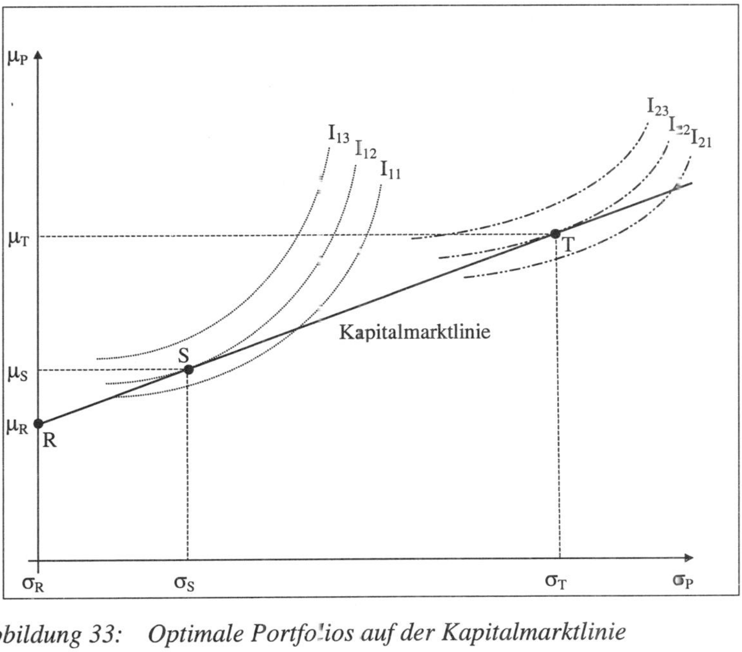

Abbildung 33: Optimale Portfolios auf der Kapitalmarktlinie

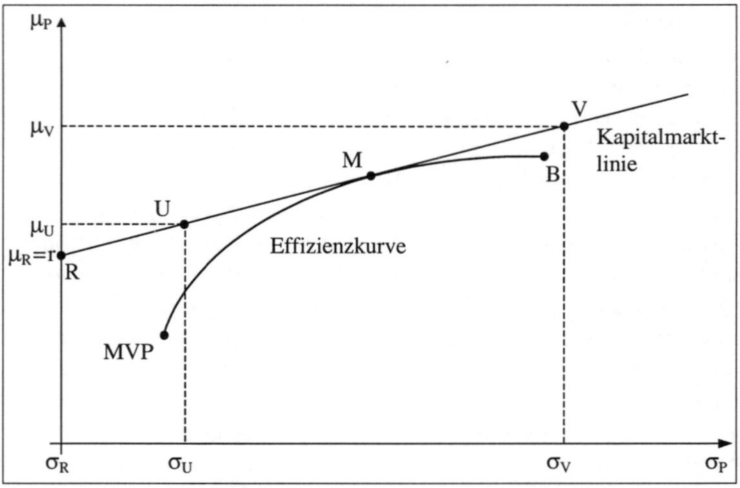

Abbildung 34: Geldanlage- und Geldaufnahmemöglichkeiten am vollkommenen Kapitalmarkt zum risikolosen Zinssatz r

Im Rahmen des Capital Asset Pricing Models werden nun die Erkenntnisse der Portfolio-Theorie in Verbindung mit einer risikolosen Wertpapieranlage zum Zinssatz r, zu dem jederzeit ein beliebiger Betrag angelegt oder aufgenommen werden kann, verwendet, um über das Risiko eines beliebigen Portfolios die zu erwartende Rendite des Portfolios zu ermitteln. Das CAPM beantwortet also gegenüber der Portfolio-Theorie die Frage, welche Rendite von einem beliebigen Portfolio erwartet werden kann, wenn der Investor bereit ist, mit dem Portfolio ein gewisses Anlagerisiko einzugehen und neben den riskanten Anlageformen auch risikolose Anlagen mit sicherer Rendite existieren.

Dieser Zusammenhang zur Bewertung eines Portfolios wurde bisher grafisch in einem μ_P-σ_P-Diagramm anschaulich gezeigt. Er soll jedoch auch – da für die Praxis relevanter – mathematisch mittels einer Gleichung nachfolgend hergestellt werden.

Allgemein lässt sich ein beliebiges Portfolio X als Punkt auf der Kapitalmarktlinie (vgl. **Abbildung 35**; Seite 139) eindeutig mit Hilfe einer Geradengleichung (**Kapitalmarktgleichung**) bestimmen:

$$\mu_X = \mu_R + \frac{\mu_M - \mu_R}{\sigma_M} \cdot \sigma_X$$

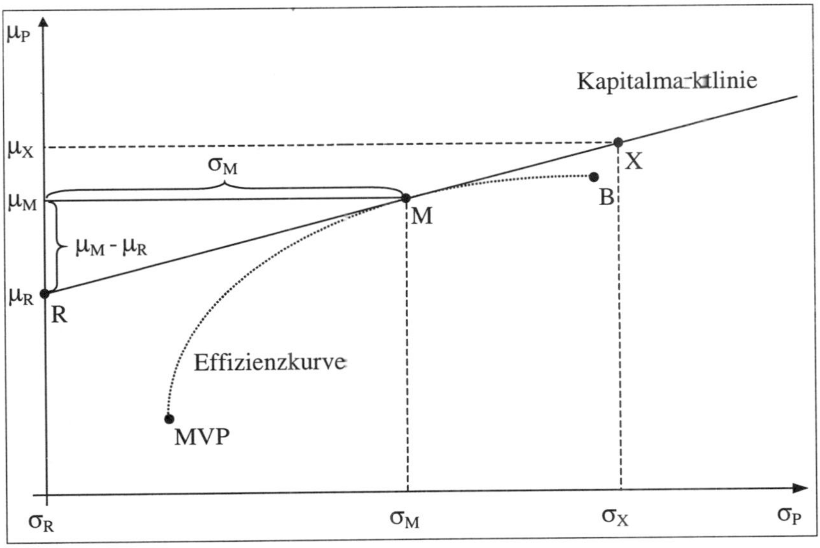

Abbildung 35: Grafische Darstellung der Kapitalmarktgleichung

mit:

$\mu_{X:}$ Erwartete Rendite des Portfolios X;

$\mu_{R:}$ Sichere Rendite der risikolosen Anlage R in Höhe des Zinssatzes r;

$\mu_{M:}$ Erwartete Rendite des Marktportfolios M;

$\sigma_{X:}$ Standardabweichung der Rendite des Portfolios X;

$\sigma_{M:}$ Standardabweichung der Rendite des Marktportfolios M.

Im Folgenden werden die einzelnen Komponenten der Kapitalmarktgleichung genauer betrachtet.

Allgemein entspricht die mathematische Gleichung der Kapitalmarktlinie einer in **Abbildung 35** durch die zwei Punkte R und M determinierten Geradengleichung mit Achsenabschnitt μ_R und Steigung der Geraden in Höhe von

$$\boxed{\frac{\mu_M - \mu_R}{\sigma_M}}$$

Der erwartete Ertrag und das Risiko eines beliebigen Wertpapierportfolios X stehen also in einem positiven linearen Zusammenhang zueinander, d. h., je mehr Risiko eingegangen wird, desto proportional mehr Rendite wird dafür erwartet.

μ_R stellt die sichere Rendite r der risikolosen Anlage dar, bei der ein Investor bereit ist, seinen Konsum um eine Periode zu verschieben. μ_R wird daher auch **„Preis der Zeit"** genannt.

μ_M stellt die vom Markt geforderte Rendite für ein risikobehaftetes Portfolio dar, das die Struktur des Marktportfolios M aufweist; diese Rendite kann auch als **Kapitalmarktkosten bei Unsicherheit** bezeichnet werden.

Wenn ein Investor bereit ist, ein Risiko einzugehen, das im Marktportfolio M enthalten ist (σ_M) – und nicht Investitionen zum sicheren Zinssatz r durchführt –, erwartet er einen Renditeaufschlag in Höhe von $\mu_M - \mu_R$. Dieser stellt den **Marktpreis für die Risikoübernahme** dar.

Demnach gibt die Größe $\frac{\mu_M - \mu_R}{\sigma_M}$ den **Marktpreis für die Änderung des Risikos um eine Einheit** wieder. Dieser Ausdruck wird **„Preis des Risikos"** genannt, da er die zusätzliche Rendite darstellt, die ein Investor erwartet, wenn er das Risiko eines effizienten Portfolios (gemessen durch die Standardabweichung der Marktportfoliorendite σ_M) um eine Einheit erhöht (grafisch handelt es sich um die Steigung der Kapitalmarktlinie, also das Austauschverhältnis von Renditeerwartung und Risiko; vgl. hierzu **Abbildung 35**; Seite 139).

σ_X kann in diesem Rahmen als die **„Höhe des Risikos"** der Rendite eines beliebigen Portfolios X interpretiert werden.

$\frac{\mu_M - \mu_R}{\sigma_M} \cdot \sigma_X$ schließlich entspricht der **Risikoprämie**, die dem Investor dafür vergütet wird, dass er einen bestimmten Betrag in das risikobehaftete Portfolio anlegt. Somit stellt die Größe „Preis des Risikos · Höhe des Risikos" den risikoabhängigen Bestandteil der erwarteten Portfoliorendite eines beliebigen Portfolios X dar.

Die erwartete Rendite eines beliebigen Portfolios X auf der Kapitalmarktlinie setzt sich damit aus einem risikolosen Teil und einer Risikoprämie zusammen und lässt sich zusammenfassend interpretieren als:

Erwartete Rendite = Preis der Zeit + Preis des Risikos · Höhe des Risikos

2.2.3.3 Die Wertpapiermarktlinie

Nachdem die Kapitalmarktlinie im Capital Asset Pricing Model die Antwort liefert, wie viel Rendite ein Investor im Kapitalmarktgleichgewicht von einem beliebigen Portfolio mit bestimmter Risikostruktur auf der effizienten Kapitalmarktlinie erwarten kann, interessiert weiterhin die Frage, welcher Ertrag für ein einzelnes risikobehaftetes Wertpapier aus diesem Portfolio im Kapitalmarktgleichgewicht erwartet wird und welches Risiko diesem einzelnen Wertpapier zuzumessen ist.

Im Gegensatz zum **unsystematischen Risiko**, das durch Diversifikation des Portfolios reduziert werden kann – wie in der Portfolio-Theorie nach *Markowitz* gezeigt –, ist eine Risikoreduktion beim **systematischen Risiko** einer Wertpapierrendite, das einen Beitrag zum gesamten Risiko des Portfolios darstellt, durch Mischung des Portfolios nicht zu erzielen.

Das CAPM hat demnach neben der Kapitalmarktgleichung weiterhin das Ziel, die erwartete Rendite eines beliebigen riskanten Wertpapiers im Kapitalmarktgleichgewicht in Abhängigkeit von diesem systematischen, d. h. nicht wegdiversifizierbaren Risiko, zu ermitteln.

Damit diese Abhängigkeit jedoch wiederum allgemeingültig mit Hilfe einer mathematischen Gleichung dargestellt werden kann, müssen einige Vorüberlegungen durchgeführt werden.

Wie schon gesehen, beinhaltet das Marktportfolio M im CAPM alle am Kapitalmarkt existierenden risikobehafteten Wertpapiere, die mit ihren jeweiligen Anteilen am Gesamtwert aller im Umlauf befindlichen Wertpapiere gewichtet sind. Aus diesem Marktportfolio soll nun ein einzelnes Wertpapier herauskristallisiert werden, um den Einfluss des systematischen Risikos auf die erwartete Rendite dieses Wertpapiers zu ermitteln.

Damit jedoch dieser Zusammenhang zwischen erwarteter Rendite und Risiko dargestellt werden kann, muss zuerst deren Austauschverhältnis im Kapitalmarktgleichgewicht berechnet werden, d. h., wie viel mehr Rendite ein Investor im Gleichgewicht erwartet, wenn er bereit ist, eine Einheit mehr Risiko einzugehen.

Ausgehend vom Marktportfolio M kann ein beliebiges Portfolio P gebildet werden, das aus x Teilen eines beliebigen riskanten Wertpapiers i und (1–x) Teilen des Marktportfolios M besteht. Dieses neue Portfolio P befindet sich grafisch für $x \neq 0$ unterhalb der Effizienzkurve und ist somit nicht effizient, was jedoch vorerst keine Einschränkung der Analyse bedeutet. Die erwartete Rendite (μ_P) des so konstruierten Portfolios P ergibt sich dann wie folgt:

$$\begin{aligned} E[P] &= \mu_P = E[x \cdot i + (1-x) \cdot M] = x \cdot E[i] + (1-x) \cdot E[M] \\ &= x \cdot \mu_i + (1-x) \cdot \mu_M \end{aligned}$$

und das Risiko der Portfoliorendite (σ_P) ermittelt sich entsprechend aus:

$$\begin{aligned} Var[P] = \sigma_P^2 &= Var[x \cdot i + (1-x) \cdot M] \\ &= x^2 \cdot Var[i] + (1-x)^2 \cdot Var[M] + 2 \cdot x \cdot (1-x) \cdot Cov[i, M] \\ &= x^2 \cdot \sigma_i^2 + (1-x)^2 \cdot \sigma_M^2 + 2 \cdot x \cdot (1-x) \cdot \sigma_{iM} \end{aligned}$$

$$\sqrt{Var[P]} = \sigma_P = \sqrt{x^2 \cdot \sigma_i^2 + (1-x)^2 \cdot \sigma_M^2 + 2 \cdot x \cdot (1-x) \cdot \sigma_{iM}}$$

mit:

- x: Anteil des Wertpapiers i am Portfolio P;
- $1-x$: Anteil des Marktportfolios M am Portfolio P;
- μ_i: Erwartete Rendite des Wertpapiers i;
- μ_M: Erwartete Rendite des Marktportfolios M;
- σ_i^2: Varianz der Rendite des Wertpapiers i;
- σ_M^2: Varianz der Rendite des Marktportfolios M;
- σ_i: Standardabweichung der Rendite (Risiko) des Wertpapiers i;
- σ_M: Standardabweichung der Rendite (Risiko) des Marktportfolios M;
- σ_{iM}: Kovarianz zwischen der Rendite des Wertpapiers i und der Rendite des Marktportfolios M.

Um das Austauschverhältnis zwischen erwarteter Rendite und Risiko im Portfolio P herauszufinden, muss zuvor ermittelt werden, wie die erwartete Portfoliorendite (μ_P) bzw. deren Risiko (σ_P) auf eine marginale Änderung des Anteils von Wertpapier i (x) am Portfolio P reagiert. Dies geschieht mit Hilfe der Differenzialrechnung, indem jeweils die erste Ableitung nach dem Wertpapieranteil x berechnet wird:

$$\frac{\delta\mu_P}{\delta x} = \mu_i - \mu_M$$

$$\frac{\delta\sigma_P}{\delta x} = -\frac{1}{2}\cdot\left(x^2\cdot\sigma_i^2 + (1-x)^2\cdot\sigma_M^2 + 2\cdot x\cdot(1-x)\cdot\sigma_{iM}\right)^{-\frac{1}{2}} \cdot\left(2\cdot x\cdot\sigma_i^2 - 2\cdot(1-x)\cdot\sigma_M^2 + 2\cdot\sigma_{iM} - 4\cdot x\cdot\sigma_{iM}\right)$$

Im Kapitalmarktgleichgewicht ist das Marktportfolio M ein effizientes Portfolio, so dass das Portfolio P bestehend aus x Anteilen des Wertpapiers i und (1 – x) Anteilen des Marktportfolios nur effizient ist, falls der Anteil x des Wertpapiers i Null ist (x = 0) und damit das Portfolio P ausschließlich aus dem Marktportfolio M besteht. Außerdem ist das riskante Wertpapier i auch im Marktportfolio M anteilig enthalten, da das Marktportfolio M alle riskanten Wertpapiere am Kapitalmarkt mit ihren jeweiligen Anteilen umfasst. D. h., im Kapitalmarktgleichgewicht gilt für die gebildeten ersten Ableitungen, die den jeweiligen Veränderungen der erwarteten Rendite bzw. des Risikos bei einer marginalen Veränderung des Anteils x entsprechen:

$$\left.\frac{\delta\mu_P}{\delta x}\right|_{x=0} = \mu_i - \mu_M$$

$$\left.\frac{\delta\sigma_P}{\delta x}\right|_{x=0} = -\frac{1}{2}\left(\sigma_M^2\right)^{-\frac{1}{2}}\cdot\left(-2\cdot\sigma_M^2 + 2\cdot\sigma_{iM}\right) = \frac{\sigma_{iM} - \sigma_M^2}{\sigma_M}$$

Damit sich schließlich das gewünschte Austauschverhältnis von erwarteter Rendite und Risiko im Tangentialportfolio M zwischen Kapitalmarktlinie und Effizienzkurve ergibt, müssen die Ableitungen dividiert werden:

$$\left.\frac{\delta\mu_P/\delta x}{\delta\sigma_P/\delta x}\right|_{x=0} = \frac{(\mu_i - \mu_M)\cdot\sigma_M}{\sigma_{iM} - \sigma_M^2}$$

Dieses Risiko-Rendite-Austauschverhältnis ist im Kapitalmarktgleichgewicht für alle riskanten Wertpapiere im Marktportfolio M gleich groß und bedeutet, dass ein Investor nur bereit ist, eine marginale Risikoeinheit ($\delta\sigma_P$) mehr einzugehen, wenn sich seine erwartete Rendite aus dem Portfolio erhöht um

$$\frac{(\mu_i - \mu_M)\cdot\sigma_M}{\sigma_{iM} - \sigma_M^2}$$

Da sich nun die Effizienzkurve und die Kapitalmarktlinie genau im Marktportfolio M berühren, müssen die Steigungen der beiden Funktionen in diesem Punkt auch identisch sein. Die Steigung der Effizienzkurve im Marktportfolio M entspricht dem oben berechneten Risiko-Rendite-Austauschverhältnis, die Steigung der Kapitalmarktlinie wurde in **Abschnitt 2.2.3.2** hergeleitet. Folglich muss gelten:

$$\frac{(\mu_i - \mu_M) \cdot \sigma_M}{\sigma_{iM} - \sigma_M^2} = \frac{\mu_M - \mu_R}{\sigma_M}$$

$$\Leftrightarrow \mu_i = \frac{(\mu_M - \mu_R) \cdot \sigma_{iM} - (\mu_M - \mu_R) \cdot \sigma_M^2}{\sigma_M^2} + \mu_M$$

$$\Leftrightarrow \mu_i = \mu_R + (\mu_M - \mu_R) \cdot \frac{\sigma_{iM}}{\sigma_M^2}$$

Die nach Umformung und Auflösung nach der erwarteten Rendite des Wertpapiers i (μ_i) ermittelte Gleichung entspricht einer Geradengleichung und wird **Wertpapiermarktgleichung** genannt.

Die Wertpapiermarktgleichung stellt einen funktionalen Zusammenhang dar zwischen der erwarteten Rendite eines beliebigen Wertpapiers i im Marktportfolio (μ_i) und dem Risiko der Rendite des Marktportfolios (σ_M) sowie dem stochastischen Zusammenhang zwischen der Rendite des Wertpapiers i und der Rendite des Marktportfolios M, gemessen durch die Kovarianz σ_{iM}. Hieraus folgt, dass auch für ein einziges risikobehaftetes Wertpapier im Kapitalmarktgleichgewicht eine Rendite erwartet werden kann, die sich aus einem risikolosen Zinssatz und einer Risikoprämie zusammensetzt. Dies entspricht der Erkenntnis aus der Kapitalmarktgleichung, die der Ermittlung der erwarteten Rendite eines beliebigen Portfolios X auf der Kapitalmarktlinie dient (vgl. hierzu die Ausführungen in **Abschnitt 2.2.3.2**).

Einzig die Höhe der Risikoprämie in der Kapitalmarktgleichung und der Wertpapiermarktgleichung ist unterschiedlich. Während sich die Risikoprämie der erwarteten Rendite eines beliebigen Portfolios X im Kapitalmarktgleichgewicht auf

$$\frac{\mu_M - \mu_R}{\sigma_M} \cdot \sigma_X$$

beläuft, beträgt sie bei einem einzelnen Wertpapier i eines Portfolios

$$\frac{\mu_M - \mu_R}{\sigma_M} \cdot \frac{\sigma_{iM}}{\sigma_M}$$

Folglich unterscheidet sich die erwartete Rendite eines gesamten Portfolios und die eines einzelnen Wertpapiers nur durch die Höhe des Risikos, mit dem die jeweilige Rendite erwartet wird.

Das Risiko eines einzelnen risikobehafteten Wertpapiers i entspricht demnach dem Verhältnis der Kovarianz der Rendite des Wertpapiers i mit der Rendite des Marktportfolios M (σ_{iM}) zum Risiko der Marktportfoliorendite (σ_M). Damit ist gezeigt, dass das Risiko der Rendite eines einzelnen Wertpapiers immer von der Renditeentwicklung am Markt abhängt, ausgedrückt durch die Kovarianz σ_{iM}, und damit nie isoliert betrachtet werden kann.

Wird die Kovarianz (σ_{iM}) durch die entsprechende Bestimmungsgleichung des Korrelationskoeffizientens (ρ_{iM}) ersetzt,

$$\text{Cov}(i, M) = \sigma_{iM} = \rho_{iM} \cdot \sigma_i \cdot \sigma_M$$

so erhält man die Höhe des Risikos im Rahmen der Risikoprämie als Multiplikation des Korrelationskoeffizienten ρ_{iM} mit dem Risiko der Rendite des Wertpapiers i ($\rho_{iM} \cdot \sigma_i$). Damit lässt sich die Wertpapiermarktgleichung auch als folgende Gleichung darstellen:

$$\mu_i = \mu_R + (\mu_M - \mu_R) \cdot \rho_{iM} \cdot \frac{\sigma_i}{\sigma_M}$$

Damit die Wertpapiermarktgleichung grafisch in einem zweidimensionalen Koordinatensystem abgebildet werden kann, wird die gesamte durch das Risiko des Marktportfolios (σ_M) relativierte Risikokomponente, welche die Höhe der erwarteten Rendite des Wertpapiers i (μ_i) beeinflusst, durch den griechischen Buchstaben **Beta** (β_i) dargestellt:

$$\beta_i = \frac{\sigma_{iM}}{\sigma_M^2} = \rho_{iM} \cdot \frac{\sigma_i}{\sigma_M}$$

Dieser **Betafaktor** für ein Wertpapier i hat sich in der Praxis der Kapitalmarktanalyse als das Maß für die Risikohöhe der Rendite des Wertpapiers i durchgesetzt. Mit dem Betafaktor wird die Wertpapiermarktgleichung in der Form dargestellt, wie sie in der Praxis wohl am häufigsten auftritt:

$$\mu_i = \mu_R + (\mu_M - \mu_R) \cdot \beta_i$$

Diese Geradengleichung ist in **Abbildung 36** (Seite 148) grafisch in einem $\beta_P - \mu_P$–Diagramm abgebildet und wird aufgrund der durch die Punkte R (risikolose Anlageform) und M (Marktportfolio) verlaufenden Geraden **Wertpapiermarktlinie** (Security Market Line) genannt.

Der Betafaktor eines Wertpapiers kann als ein **Maßstab für das systematische**, durch Diversifikation nicht eliminierbare **Risiko** eines Wertpapiers verstanden werden, womit die Wertpapiermarktlinie verdeutlicht, dass die erwartete Rendite jedes einzelnen Wertpapiers eines Portfolios eine **lineare Funktion** seines systematischen Risikos (gemessen in Beta) darstellt. Die oben genannte Form der CAPM-Gleichung (Wertpapiermarktlinie) ist in der Praxis die wohl bekannteste Berechnungsform zur Bewertung eines einzelnen Wertpapiers im Marktportfolio.

Die Risikoprämie am Kapitalmarkt im Capital Asset Pricing Model wird demnach nur für das systematische, d. h. marktbezogene, Risiko bezahlt, da das unsystematische Risiko eines Wertpapiers in einem effizienten Portfolio wegdiversifiziert werden kann. Der Betafaktor gibt also Auskunft darüber, wie sich die Rendite eines einzelnen Wertpapiers i im Verhältnis zur Rendite am Kapitalmarkt (repräsentiert durch das Marktportfolio) verändert.

In der Praxis wird als Näherungswert für den Kapitalmarkt im Allgemeinen ein Wertpapierindex (z. B. der DAX) herangezogen. Entspricht die erwartete Schwankung der Wertpapierrendite in Bezug auf Ausmaß und Richtung den erwarteten Entwicklungen des Gesamtmarktes, so ist der Betafaktor des betrachteten Wertpapiers gleich Eins. Ein Betafaktor größer als Eins deutet auf eine bei steigendem Gesamtmarktkurs überproportionale Entwicklung des betrachteten Aktienkurses hin. Bei negativen Betafaktoren muss mit einer antizyklischen Entwicklung des Aktienkurses im Verhältnis zur Gesamtmarktentwicklung gerechnet werden.[236] Angenommen, der Betafaktor einer Aktie sei 1,2, dann wird erwartet, dass die Rendite dieser Aktie um 1,2 % steigt, falls der DAX (repräsentativ für das Marktportfolio am deutschen Kapitalmarkt) um 1 % an Rendite zunimmt.

Je größer der Betafaktor eines Wertpapiers ist, um so stärker reagiert das Wertpapier auf politische bzw. ökonomische Faktoren. Somit stellt der **Wert-**

---

236 Vgl. dazu *Perridon, Louis/Steiner, Manfred*: Finanzwirtschaft der Unternehmung. 10. Aufl., München 1999, S. 269.

papierbetafaktor eine **Referenzgröße für die Reagibilität des Wertpapiers auf Marktänderungen** dar. Das Ausmaß des Betafaktors eines Wertpapiers beeinflusst demnach den Umfang der Renditeforderung des Investors an das Wertpapier, da ein höheres Risiko eine größere erwartete Rendite verlangt.

Das Marktportfolio besitzt definitionsgemäß einen Betafaktor von Eins ($\beta_M = 1$), da die Kovarianz der Varianz der Marktportfoliorendite entspricht ($\sigma_{MM} = \sigma_M^2$):

$$\beta_M = \frac{\sigma_{MM}}{\sigma_M^2} = \frac{\sigma_M^2}{\sigma_M^2} = 1$$

Dagegen wird der risikolosen Anlage ein Betafaktor von Null ($\beta_f = 0$) zugewiesen, da die Kovarianz zwischen der Rendite der risikolosen Anlage und dem Marktportfolio null ist ($\sigma_{RM} = 0$) und somit nicht auf Veränderungen des Marktportfolios reagiert.

Die oben gezeigten Zusammenhänge zwischen der erwarteten Rendite und dem Risiko in Form des Betafaktors (β_i) eines einzelnen Wertpapiers können problemlos auf Portfolios übertragen werden, die mehr als ein Wertpapier beinhalten. Wenn z. B. nach der erwarteten Rendite zweier Wertpapiere aus dem Marktportfolio M gefragt ist, kann dies mit Hilfe der Wertpapiermarktgleichung und Kenntnis der entsprechenden Betafaktoren ermittelt werden. Der Portfoliobetafaktor (β_P) bestimmt sich dann durch die Gewichtung der einzelnen Wertpapierbetafaktoren (β_i) mit den jeweiligen prozentualen Anteilen (x_i) des Wertpapiers i am Portfolio P zu:

$$\beta_P = \sum_{i=1}^{n} x_i \cdot \beta_i$$

mit:

$$\sum_{i=1}^{n} x_i = 1;$$

n = Anzahl der Wertpapiere im Portfolio.

Hieraus folgt, dass Betafaktoren nicht nur für einzelne Wertpapiere, sondern auch für beliebige Portfolios ermittelt werden, was in der Praxis von großer Relevanz ist, und dass der Betafaktor als Risikomaß auch für das mit einer Investition in ein Portfolio übernommene systematische Risiko herangezogen werden kann.

Dieser Zusammenhang ist in **Abbildung 36** auf der Wertpapiermarktlinie dargestellt. Während die risikolose Anlage im Punkt R einen Betafaktor in Höhe von Null ($\beta_R = 0$) und eine erwartete Rendite in Höhe von r ($\mu_R = r$) widerspiegelt, besitzt das Marktportfolio M einen Betafaktor in Höhe von Eins ($\beta_M = 1$) und eine erwartete Rendite in Höhe von μ_M.

Die Verbindungslinie zwischen den Punkten R und M stellt die Wertpapiermarktlinie dar; auf ihr liegen alle β-μ-Kombinationen einzelner Wertpapiere und Wertpapierportfolios des Marktportfolios.

Portfolios, die weiter rechts von M auf der Wertpapiermarktlinie liegen, haben einen Betafaktor größer Eins ($\beta > 1$) und weisen daher stärkere Wertveränderungen auf als das Marktportfolio. Dieses höhere Risiko wird durch die dazugehörigen höheren erwarteten Renditen vergütet. Wertpapierportfolios, die links von M auf der Wertpapiermarktlinie liegen, haben einen Betafaktor kleiner Eins ($\beta < 1$) und sind im Vergleich zum Marktportfolio weniger riskant, besitzen ihm gegenüber aber auch nur eine geringere erwartete Rendite. Der Betafaktor (β) zeigt also die Höhe der Renditesensitivität eines Wertpapiers oder eines Portfolios in Bezug auf die Änderung der Rendite des Marktportfolios.

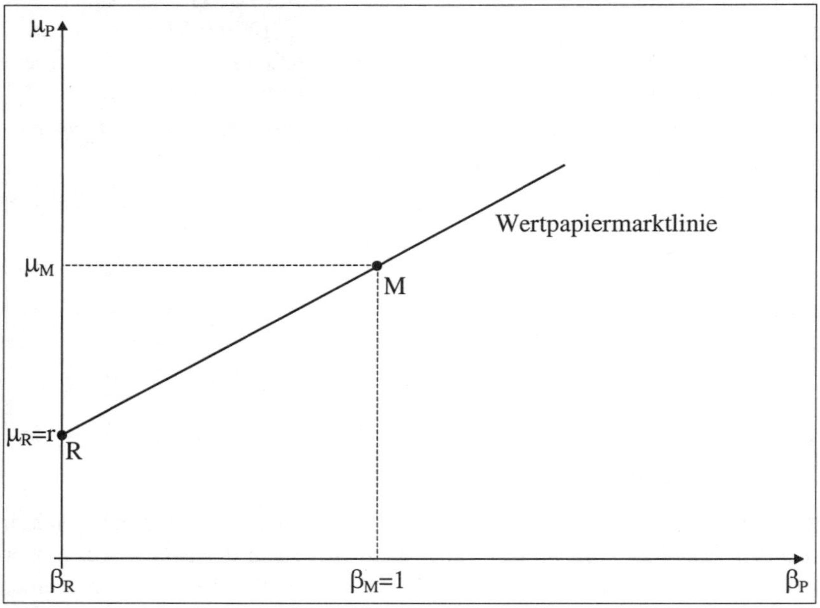

Abbildung 36: Die Wertpapiermarktlinie

Im Kapitalmarktgleichgewicht werden alle Wertpapiere bzw. Portfolios auf der Wertpapiermarktlinie liegen. Eine Abweichung der Wertpapiere bzw. Portfolios von der Wertpapiermarktlinie ist in der Theorie nicht möglich. Sollten in der Praxis Wertpapiere bzw. Portfolios von der Wertpapiermarktlinie abweichen, so lässt sich Folgendes feststellen:

– Ein Wertpapier, das sich oberhalb der Wertpapiermarktlinie befindet (z. B. Punkt P in **Abbildung 37**) ist unterbewertet. Dieses Wertpapier hat bei einem bestimmten Risiko, das durch den Betafaktor abgebildet wird, eine höhere Rendite als die Rendite, die ihm im Kapitalmarktgleichgewicht durch den Betafaktor zugeordnet wird. Es ist somit für einen Investor vorteilhaft, dieses Wertpapier zu erwerben. Aus diesem Grund werden die Investoren versuchen, dieses Papier ihrem Portfolio beizufügen, was zu einer erhöhten Nachfrage führt. Die höhere Nachfrage wird den Preis, d. h. den Kurs, steigern, bis die Rendite des Wertpapiers auf das Niveau der Rendite gesunken ist, die im Kapitalmarktgleichgewicht vorherrscht, d. h., bis es sich wieder auf der Wertpapiermarktlinie befindet.

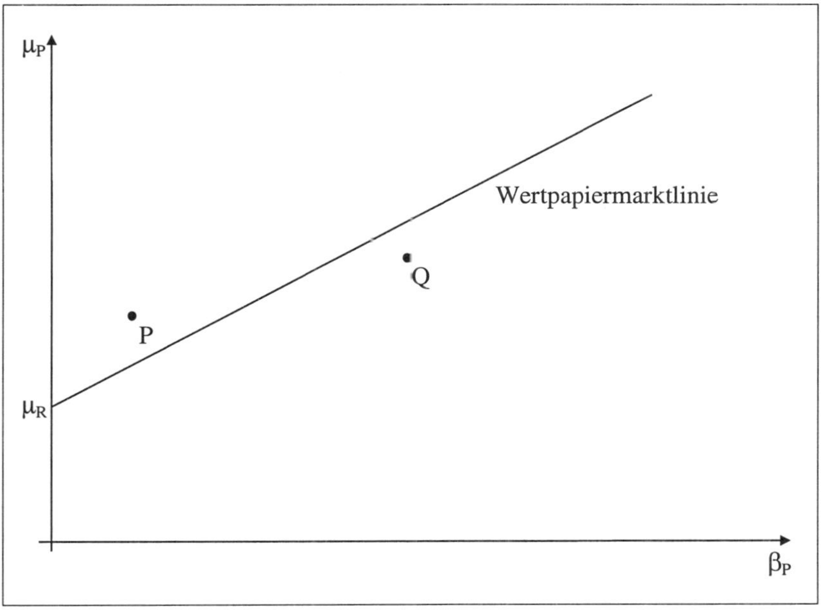

Abbildung 37: Die Wertpapiermarktlinie mit unter- und überbewerteten Wertpapieren

- Im Gegensatz hierzu stellen Wertpapiere, die unterhalb der Wertpapiermarktlinie liegen (z. B. Punkt Q in **Abbildung 37**; Seite 149), überbewertete und somit für die Investoren unvorteilhafte Papiere dar. Investoren werden solche Papiere nicht nur nicht erwerben wollen, sie werden sie sogar aus ihren Portfolios entfernen. Die hieraus entstehende Angebotssteigerung führt bei gleicher oder gesunkener Nachfrage solange zu einem Sinken des Preises, bis die Rendite auf das Niveau im Kapitalmarktgleichgewicht gestiegen ist und das Wertpapier sich wieder auf der Wertpapiermarktlinie befindet. Die Besitzer dieses Wertpapiers sehen dann keine weitere Veranlassung mehr, dieses Papier veräußern zu wollen.

Im Marktgleichgewicht werden also langfristig alle Wertpapiere auf der Wertpapiermarktlinie liegen.

Während also die Kapitalmarktlinie die effizienten Portfolios aufzeigt, die ein risikoloses Wertpapier in Kombination mit dem risikobehafteten Marktportfolio beinhalten, und deren erwartete Rendite und Risiko mit zunehmendem Anteil des riskanten Marktportfolios wächst, bildet die Wertpapiermarktlinie den Zusammenhang zwischen der erwarteten Rendite einzelner Wertpapiere aus dem Marktportfolio und deren systematischem Risiko im Verhältnis zum Marktrisiko, gemessen durch den Betafaktor, ab.

2.2.3.4 Zusammenfassung, Prämissen und kritische Würdigung des CAPM

Zusammenfassend lassen sich die **zentralen Aussagen** des CAPM folgendermaßen formulieren:[237]

- Die Kapitalmarktlinie (Capital Market Line) stellt den Zusammenhang zwischen der Rendite eines Portfolios und dem Portfoliorisiko dar.
- Die Wertpapiermarktlinie (Security Market Line) beschreibt den linearen Zusammenhang zwischen der Rendite eines Wertpapiers und seinem ihm als Bestandteil des Marktportfolios zukommenden Risiko, gemessen durch den Betafaktor.
- Die Rendite eines Wertpapiers besteht aus einem risikolosen Teil und einer Risikoprämie.
- Das Marktportfolio enthält alle risikobehafteten Wertpapiere entsprechend ihrem Anteil am Gesamtmarkt und weist einen Betafaktor von Eins auf.

---

237 Vgl. *Steiner, Manfred/Bruns, Christoph*: Wertpapiermanagement. 7. Aufl., Stuttgart 2000, S. 21.

Das CAPM basiert auf einer Reihe von **Prämissen**, die erfüllt sein müssen, damit das Modell anwendbar ist. Die wesentlichen Annahmen sind:[238]

1. Es besteht ein vollkommener Kapitalmarkt, d. h., es existieren keine Transaktionskosten und keine Handlungsbeschränkungen.
2. Die Anzahl der umlaufenden und am Kapitalmarkt gehandelten Wertpapiere ist vorgegeben und alle Wertpapiere sind beliebig teilbar.
3. Es herrscht vollkommener Wettbewerb, d. h., ein einzelner Investor als Mengenanpasser kann durch Kauf oder Verkauf eines Wertpapiers dessen Preis nicht beeinflussen.
4. Alle Investoren treffen ihre Entscheidungen über riskante Kapitalanlagen lediglich aufgrund der Erwartungswerte und Standardabweichungen der Portfoliorenditen und verhalten sich risikoscheu, jedoch gegebenenfalls mit unterschiedlicher Intensität. Weiterhin sind sie rational handelnde Entscheidungsträger und versuchen, am Ende des Betrachtungszeitraums ihren Nutzen aus der Investition zu maximieren.
5. Zum risikolosen Zinssatz können Gelder in unbegrenzter Höhe aufgenommen und angelegt werden.
6. Alle Investoren haben aufgrund der Existenz eines informationseffizienten Kapitalmarktes den gleichen Informationsstand und dadurch homogene Erwartungen bezüglich der erwarteten Renditen, Standardabweichungen der Wertpapierrenditen und Korrelationen der einzelnen Wertpapierrenditen untereinander.

Im Gegensatz zu den ersten vier Prämissen, die auch für das Portfolio Selection Modell gelten, sind die beiden letzten Prämissen nicht ganz unproblematisch. So ist es ziemlich realitätsfern anzunehmen, dass ein Investor sich zum **risikolosen Zinssatz** in beliebiger Höhe verschulden kann. Kapitalgeber werden mit zunehmender Verschuldung des Investors nur noch bereit sein, diesem Geld zu leihen, wenn ihnen die Kapitalüberlassung mit einem höheren Zins vergütet wird. Außerdem ist in der Realität festzustellen, dass die Kapitalgeber die Höhe des Zinssatzes hinsichtlich der Bonität des Kapitalnehmers differenzieren, dass also von bonitätsmäßig besser gestellten Kapitalnachfragern im Allgemeinen aufgrund der aus der Bonität resultierenden Marktmacht des Kapitalnehmers ein geringerer Zinssatz gefordert wird als von Kapitalnachfragern mit vergleichsweise schlechterer Bonität.

Noch realitätsferner ist die Annahme, dass sämtliche Investoren **homogene Erwartungen bezüglich der erwarteten Renditen, Varianz der Renditen**

---

[238] Vgl. *Elton, Edwin J./Gruber, Martin J.*: Modern Portfolio Theory And Investment Analysis. 5th Edition, New York u. a. 1995, S. 294-295.

und Korrelationen der einzelnen Wertpapierrenditen untereinander besitzen. Denn zum einen handelt es sich bei diesen Größen um Zukunftswerte, die den Investoren nicht bekannt sind und folglich von diesen geschätzt werden müssen, wobei die einzelnen Investoren über unterschiedliche Informationsniveaus verfügen werden. Zum anderen würde eine Schätzung der Zukunftswerte auch bei gleichem Informationsstand aller Investoren vermutlich zu unterschiedlichen Ergebnissen führen, da die einzelnen Investoren den Informationen wohl unterschiedliche Bedeutung zumessen, sie also mit einem unterschiedlichen Gewicht in die Berechnung einbeziehen würden.

Da aber homogene Erwartungen und vollkommene Marktbedingungen die Basis für die Existenz der Kapitalmarktlinie sind und deren Tangentialpunkt mit der Effizienzkurve riskanter Portfolios das Marktportfolio M definiert, woraus für alle rational handelnden und risikoscheuen Investoren dieselbe Zusammensetzung riskanter Wertpapieranlagen resultiert, kann diese Folgerung in der Realität offensichtlich nicht gewährleistet sein. Die Theorie des Kapitalmarktgleichgewichts im CAPM spiegelt wohl im Allgemeinen nicht das reale Kapitalanlegerverhalten wider, sondern zeigt, dass unter vollkommenen Bedingungen die strukturelle Investitionsentscheidung über die Zusammensetzung eines Portfolios von persönlichen Präferenzen des Investors unabhängig ist.

In der Literatur wurden Modelle entwickelt, bei denen die Modellprämissen durch realitätsnähere Annahmen ersetzt wurden. Weiterhin wurde das CAPM sowohl in den USA als auch in Deutschland empirischen Untersuchungen hinsichtlich der Gültigkeit der aufgestellten Hypothesen unterzogen.[239] Die Analysen liefern jedoch kein eindeutiges Ergebnis, so dass das CAPM weder als bestätigt noch als widerlegt angesehen werden kann. Ein Problem der empirischen Tests liegt darin, dass nicht alle Aussagen des CAPM testbar sind, da anstelle des wirklichen Marktportfolios nur ein Wertpapierindex verwendet werden kann, die empirische Bestimmung des Marktportfolios dagegen nicht möglich ist. Trotz aller Kritik ist das CAPM jedoch das bekannteste Erklärungsmodell für die Zusammenhänge zwischen Wertpapierrendite und -risiko.

---

[239] Einen Überblick liefern die Ausführungen von *Möller, Hans P.*: Die Bewertung risikobehafteter Anlagen an deutschen Börsen. In: Zeitschrift für betriebswirtschaftliche Forschung 1988, S. 783.

2.3 Die Aktienanalyse

2.3.1 Grundlagen

2.3.1.1 Vorbemerkungen

Bei der konkreten Entscheidung über eine Aktieninvestition oder –desinvestition ist einerseits eine fundamentale Bewertung der Aktie vorzunehmen (vgl. dazu **Abschnitt 2.3.3**), andererseits ist im Sinne eines richtigen Timings der Verlauf der Aktienkurse insgesamt bzw. der Verlauf des Kurses der betrachteten Aktie selbst relevant (technische Aktienanalyse; **Abschnitt 2.3.2**).

2.3.1.2 Begriff und Teilgebiete der Aktienanalyse

Kenntnisse auf dem Gebiet der Aktienanalyse bilden die Voraussetzung für eine erfolgreiche Anlagestrategie im privaten und unternehmerischen Bereich,[240] die dem einzelnen Individuum angepasst ist.[241] Häufig werden Anlagestrategien nicht bzw. in unzureichendem Maße operationalisiert, was auf eine gewisse Konzeptlosigkeit hindeutet.[242] Dieser Mangelzustand soll mit Hilfe des Instrumentariums der Aktienanalyse beseitigt bzw. gemildert werden.

Das Gebiet der Aktienanalyse lässt sich in zwei große Teilgebiete gliedern, die als Aktienanalyse i. e. S. und Aktienanalyse i. w. S. bezeichnet werden können.

---

240 Bei den Anlegergruppen handelt es sich i.d.R. um Investmentgesellschaften, Kreditinstitute, Versicherungen sowie Privatinvestoren. Vgl. *Schubert, Eckehard*: Fundamentalanalyse. In: Wertpapierinvestment heute, hrsg. von *Hartmut Leser*, Wiesbaden 1988, S. 14.

241 Vgl. *Trenner, Dieter*: Mit Fundamentalanalyse den Erfolg vorhersagen. In: Der Bankkaufmann, Heft 11/89, S. 63.

242 Vgl. *Schubert, Eckehard*: Fundamentalanalyse. In: Wertpapierinvestment heute, hrsg. von *Hartmut Leser*, Wiesbaden 1988, S. 13.

„Unter Aktienanalyse [i. e. S., d. Verf.] soll ein Verfahren der Informationsgewinnung verstanden werden, mit dessen Hilfe aus der Erfassung und Aufbereitung aktueller Daten der durch die Aktie repräsentierten Unternehmung sowie gesamtwirtschaftlicher Einflußfaktoren und Entwicklungstendenzen des Kapitalmarkts Informationen über die Auswahl und den Zeitpunkt für den Kauf und Verkauf anlagewürdiger Titel gewonnen werden. Damit ist die Aktienanalyse [i. e. S., d. Verf.] ein systematisches Hilfsmittel zur Begründung von Anlageentscheidungen am Aktienmarkt."[243]

Die Aktienanalyse i. w. S. umfasst auch die so genannte Portfolio Selection, die auf den Überlegungen von *Markowitz*[244] basiert. Bei dieser Investitionsprogrammentscheidung unter Risiko wird bei gegebenem Budget und unter mehreren zur Auswahl stehenden Wertpapieren mit bekannter Wahrscheinlichkeitsverteilung diejenige Wertpapiermischung (Portfolio, Portefeuille) ausgewählt, die dem Investor den höchsten Nutzen stiftet. Als entscheidender Nachteil des *Markowitz*-Modells ist neben den hohen Informationsanforderungen (Kenntnis des Erwartungswertes und der Varianz eines Wertpapiers bzw. der Kovarianz und des Korrelationskoeffizienten zwischen mehreren Wertpapieren) die Vernachlässigung des zeitlichen Aspekts („Timing") zu sehen. Die zusätzliche Berücksichtigung, wann Wertpapiere erworben werden sollen, erfolgt in so genannten dynamischen Portfoliomodellen.

Die beiden großen Teilbereiche der Aktienanalyse sind aufgrund der Dependenz der Kapitalmärkte und der damit verbundenen Korrelation einzelner Wertpapiere eng miteinander verknüpft; so bietet es sich an, im Rahmen einer Einzelanalyse auch immer eine Portfolioanalyse anzustellen,[245] während bei der optimalen Zusammenstellung einer Wertpapiermischung darauf zu achten ist, ob diese Papiere überhaupt kaufenswert sind.

In **Abbildung 38** (Seite 155) werden die einzelnen Teilgebiete der Aktienanalyse i. e. S., die im Folgenden betrachtet wird, systematisiert. Die **technische Analyse**,[246] die sich eher kurzfristiger Prognosen bedient,[247] zieht aus vergangenen Börsenkursen Rückschlüsse auf zukünftige Aktienbewertungen.

---

[243] *Bender, Jürgen*: Grundsatzfragen der Ergebnisbereinigung nach DVFA/SG. In: Schriften zur Bilanz- und Steuerlehre, hrsg. von *Karlheinz Küting* und *Günter Wöhe*, Band 23, Stuttgart 1996, S. 19.

[244] Vgl. *Markowitz, Harry M.*: Portfolio Selection. In: Journal of Finance 1952, S. 77-78; vgl. dazu ausführlich **Abschnitt 2.2.2**.

[245] Vgl. *Schmidt, Reinhart*: Fundamentalanalyse. In: Handwörterbuch des Bank- und Finanzwesens, hrsg. von *Wolfgang Gerke* und *Manfred Steiner*, 2. Aufl., Stuttgart 1995, Sp. 831.

[246] Vgl. hierzu ausführlich **Abschnitt 2.3.2**.

[247] Vgl. *Siebers, Alfred B.*: Fundamentalanalyse: Daten und Prognosen. In: Anlagepraxis 9/93, S. 15.

Die **Fundamentalanalyse**[248] dient der Bestimmung der zukünftigen Ertragskraft einer Unternehmung. Die **Random-Walk-Hypothese** setzt einen informationseffizienten Kapitalmarkt voraus, auf dem sämtliche Preise ohne Verzögerungen die Daten der Vergangenheit und die Erwartungen der Zukunft reflektieren. Sie entkräftet die Vorgehensweise der technischen Analyse dahingehend, dass von in der Vergangenheit liegenden Ereignissen nicht auf die Zukunft geschlossen werden kann. Vielmehr setzt sich der zukünftige Kurs einer bestimmten Aktie aus dem bisherigen Kurs und einer normalverteilten, einen Erwartungswert von Null aufweisenden Zufallsvariablen zusammen, die die Kursänderungen erfassen soll.[249]

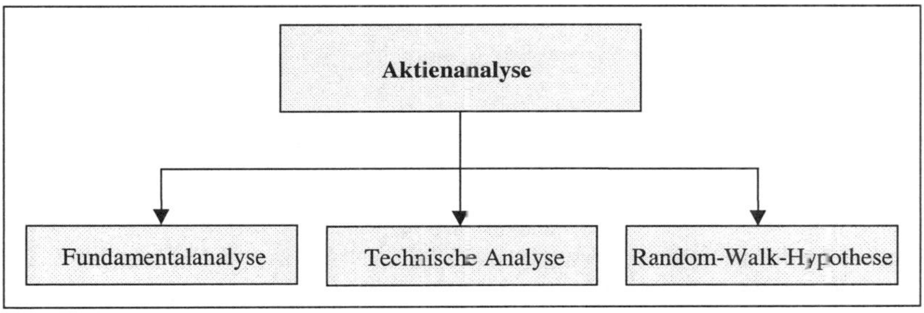

Abbildung 38: Überblick über die Teilgebiete der Aktienanalyse[250]

2.3.2 Die technische Aktienanalyse

2.3.2.1 Einordnung der technischen Aktienanalyse

Im Gegensatz zur fundamentalen Aktienanalyse, bei der die Bestimmung des inneren Aktienwertes aufgrund bilanzieller und firmeninterner Daten im Mittelgrund steht, wird bei der technischen Analyse der **Kursverlauf** des Wert-

---

[248] Vgl. hierzu ausführlich **Abschnitt 2.3.3**.

[249] Vgl. *Perridon, Louis/Steiner, Manfred*: Finanzwirtschaft der Unternehmung. 10. Aufl., München 1999, S. 213-214. Weitere (detaillierte) Ausführungen zur Random-Walk-Hypothese liefert *Buchner, Robert*: Grundzüge der Finanzanalyse. München 1981, S. 244-255.

[250] Entnommen aus *Kußmaul, Heinz*: Einordnung der Fundamentalanalyse. In: Der Steuerberater 1999, S. 56.

papiers bzw. des betrachteten Index selbst in den Mittelpunkt gestellt.[251] Von technischen Analysten wird dieser Ansatz damit begründet, dass die Fundamentalanalyse politische, ökonomische und psychologische Markteinflüsse sowie individuelle Erwartungen der Anleger nicht berücksichtige[252] und dass die Daten aus den veröffentlichten Jahresabschlüssen der Unternehmungen aufgrund bilanzpolitischer Spielräume für Zwecke der Fundamentalanalyse nicht ausreichten.

Die Verfahren der technischen Analyse kommen in zwei Bereichen zum Einsatz:[253]

- Auf dem Gebiet der **Marktanalyse**, d. h. bei globalen Indizes und Branchenindizes und
- bei der **Analyse von Einzelwerten** zum Treffen einer konkreten Anlageentscheidung.

Zur Darstellung von Charts werden vier verschiedene Methoden verwendet: Linien-Charts, Balken-Charts, Point & Figure-Charts sowie Candlestick-Charts. Oft werden auch parallel zu den Kursverläufen in den einzelnen Diagrammen die getätigten Umsätze abgetragen, um weitere Rückschlüsse aus den Charts ziehen zu können.[254]

2.3.2.2 Die Möglichkeiten zur Darstellung von Charts

2.3.2.2.1 Linien-Charts

Die einfachste Möglichkeit zur Abbildung von Charts sind die so genannten Liniencharts. Ein Linienchart wird erzeugt, indem die **Schlusskurse** aufeinanderfolgender Börsentage **miteinander verbunden** werden – sei es bei Einzelwerten oder bei Indizes –, wodurch eine Kursverlaufslinie entsteht. Die

---

[251] Vgl. *Perridon, Louis/Steiner, Manfred*: Finanzwirtschaft der Unternehmung. 10. Aufl., München 1999, S. 230.

[252] Vgl. *Perridon, Louis/Steiner, Manfred*: Finanzwirtschaft der Unternehmung. 10. Aufl., München 1999, S. 230.

[253] Vgl. *Perridon, Louis/Steiner, Manfred*: Finanzwirtschaft der Unternehmung. 10. Aufl., München 1999, S. 231 und *Steiner, Manfred/Bruns, Christoph*: Wertpapiermanagement. 7. Aufl., Stuttgart 2000, S. 253.

[254] Zu Linien-, Balken- und Point & Figure-Charts vgl. *Perridon, Louis/Steiner, Manfred*: Finanzwirtschaft der Unternehmung. 10. Aufl., München 1999, S. 231-233 sowie *Steiner, Manfred/Bruns, Christoph*: Wertpapiermanagement. 7. Aufl., Stuttgart 2000, S. 248-252. Zu Candlestick-Charts vgl. *Steiner, Manfred/Bruns, Christoph*: Wertpapiermanagement. 7. Aufl., Stuttgart 2000, S. 252.

Abszisse dient als Zeitachse, auf der Ordinate werden die Kurse und ggf. die Umsätze (als Balken) abgetragen.[255] Die Skalierung der Ordinate kann entweder metrisch, d. h., gleiche Abstände entsprechen gleichen absoluten Wertunterschieden, oder logarithmisch, d. h., gleiche Abstände entsprechen gleichen relativen Wertänderungen, erfolgen.[256]

Abbildung 39 zeigt einen Linienchart der Commerzbank mit logarithmisch skalierter Ordinate und ohne Umsatzdarstellung.

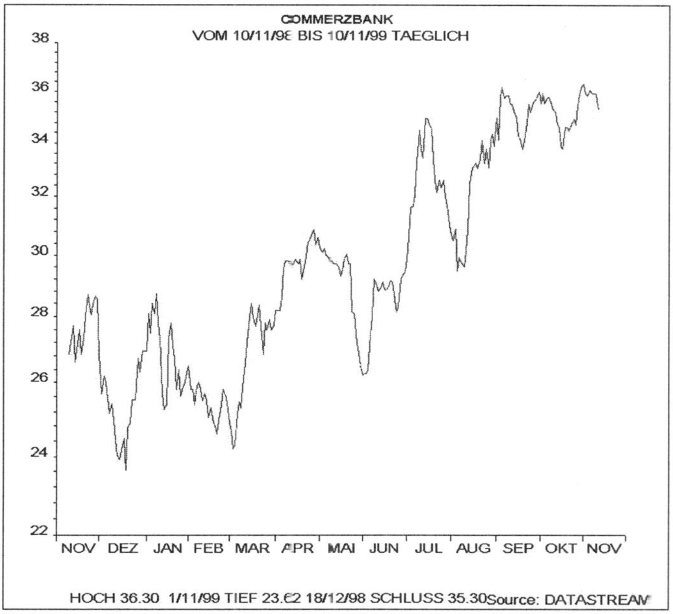

Abbildung 39: Linienchart der Commerzbank von 11/98 bis 11/99[257]

2.3.2.2.2 Balken-Charts

Bei Balken-Charts wird in einem Koordinatensystem analog zu den Liniencharts auf der Abszisse die Zeit und auf der Ordinate die Kurshöhe der Aktien abgetragen. Auch hier kann bei der Skalierung der Ordinate zwischen loga-

---

[255] Vgl. *Steiner, Manfred/Bruns, Christoph*: Wertpapiermanagement. 7. Aufl., Stuttgart 2000, S. 248.

[256] Vgl. zu diesem Absatz *Perridon, Louis/Steiner, Manfred*: Finanzwirtschaft der Unternehmung. 10. Aufl., München 1999, S. 231-232 und *Steiner, Manfred/Bruns, Christoph*: Wertpapiermanagement. 7. Aufl., Stuttgart 2000, S. 248-249.

[257] Diese Chart-Grafik wurde mit der Datastream-Software erstellt.

rithmisch und metrisch gewählt werden. Im Gegensatz zu Liniencharts wird durch vertikale Balken die **Spanne zwischen Höchst- und Tiefstkurs** eines Tages, einer Woche, eines Monats oder auch eines Jahres wiedergegeben.[258] Der jeweilige Schlusskurs wird in Form eines horizontalen Strichs rechts des Balkens gekennzeichnet, wie auch in **Abbildung 40** beim Wochenchart der Commerzbank-Aktie ersichtlich ist.[259]

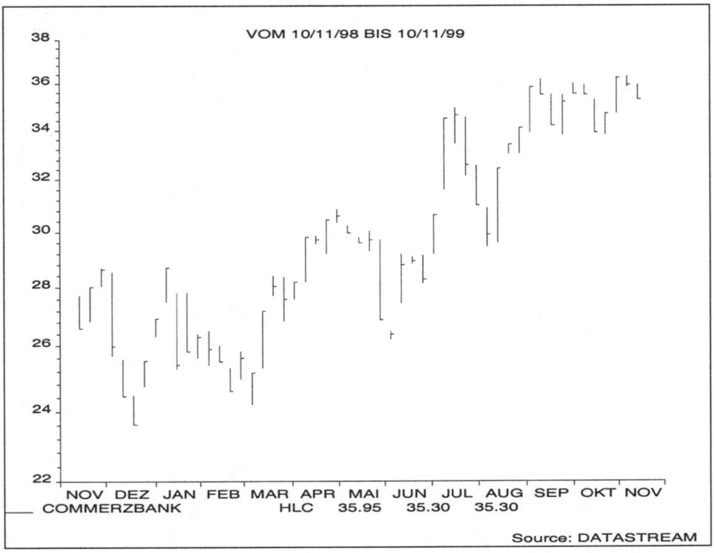

Abbildung 40: Balkenchart der Commerzbank von 11/98 bis 11/99[260]

Auch bei Balkencharts ist es sinnvoll, die getätigten Umsätze parallel zu den Kursen entlang der Abszisse abzutragen, um, wie später gezeigt, eine sinnvolle Analyse von Trends und Trendwendungen durchführen zu können.

2.3.2.2.3 Point & Figure-Charts

Bildet man die vorhergehenden Charts der Commerzbank-Aktie, wie in **Abbildung 41** (Seite 159) geschehen, als Point & Figure-Chart ab, so entsteht

[258] Vgl. *Steiner, Manfred/Bruns, Christoph*: Wertpapiermanagement. 7. Aufl., Stuttgart 2000, S. 249-250.

[259] Vgl. *Perridon, Louis/Steiner, Manfred*: Finanzwirtschaft der Unternehmung. 10. Aufl., München 1999, S. 231-232 und *Steiner, Manfred/Bruns, Christoph*: Wertpapiermanagement. 7. Aufl., Stuttgart 2000, S. 249-250.

[260] Diese Chart-Grafik wurde mit der Datastream-Software erstellt.

ein ganz anderes Bild, das nur noch entfernte Ähnlichkeit mit den beiden vorangegangenen Beispielen hat. Die Ursache dieser Änderung liegt in der Vernachlässigung des Zeitaspekts bei dieser Darstellungsmethode.[261]

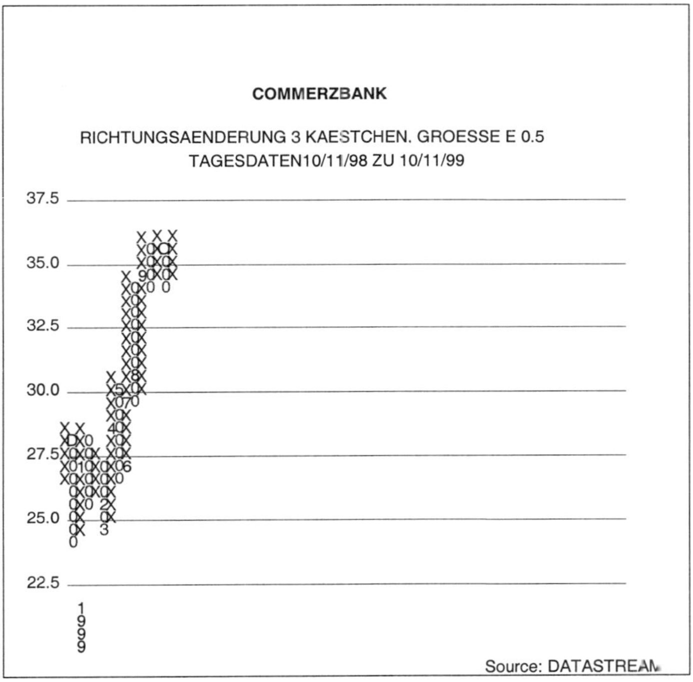

Abbildung 41: Point & Figure-Chart der Commerzbank von 11/98-11/99, Richtungsänderung ab drei Kästchen[262]

Die im Chart eingetragenen „x-Zeichen" zeigen eine Aufwärtsbewegung an, die „0-Zeichen" symbolisieren Kursverluste. Da Point & Figure-Charts ausschließlich **wesentliche Kursveränderungen** abbilden sollen, werden beide Zeichen nur gesetzt, wenn die Kursveränderung ein bestimmtes, vorher festgelegtes Ausmaß (entspricht i.d.R. der Kästchengröße) überschreitet; ein Wechsel der Kursrichtung hat den Beginn einer neuen Spalte zur Folge. Ein Richtungswechsel wird ebenfalls nur eingezeichnet, wenn er ein bestimmtes Ausmaß überschreitet, um so unwesentliche Kursschwankungen in der Betrachtung auszuschließen. Die in den einzelnen Spalten ausgewiesenen Zahlen

261 Vgl. *Perridon, Louis/Steiner, Manfred*: Finanzwirtschaft der Unternehmung. 10. Aufl., München 1999, S. 232 sowie *Steiner, Manfred/Bruns, Christoph*: Wertpapiermanagement. 7. Aufl., Stuttgart 2000, S. 251-252.

262 Diese Chart-Grafik wurde mit der Datastream-Software erstellt.

zeigen die ersten neun Monate des Jahres an, Oktober, November und Dezember werden mit ihren Anfangsbuchstaben eingetragen.[263] Die Jahreszahl kann wie im obigen Beispiel auf der Abszisse eingetragen werden. Die Anwendung logarithmischer Skalen ist bei Point & Figure Charts nicht üblich, da die Kästchengröße an die Kursveränderung gebunden ist.

Das bessere Erkennen von nachhaltigen Kurstrends und die kompaktere Darstellung aufgrund der fehlenden Zeitachse gelten als die wichtigsten Vorteile dieser Chartmethode, die in den USA wesentlich verbreiteter ist als in Europa.[264]

2.3.2.2.4 Candlestick-Charts

Die aus Japan kommende Candlestick-Analyse versucht, das frühzeitige Erkennen von Trends durch eine den Balkencharts ähnliche Darstellungsmethode zu ermöglichen. In einer an eine Kerze erinnernde Form werden **Höchst- und Tiefstkurs sowie Anfangs- und Schlusskurs** eines Finanztitels abgebildet. Die Höhe des Kerzenkörpers resultiert aus der Differenz von Anfangs- und Schlusskurs, der Höchstkurs wird nach oben mit einem „Docht“ (obere Linie), der Tiefstkurs nach unten mit einer „Lunte“ (untere Linie) abgetragen. Bei Fehlen einer Lunte entspricht der Tiefstkurs dem Schlusskurs bzw. Eröffnungskurs, bei Fehlen eines Dochts der Höchstkurs dem Schlusskurs bzw. Eröffnungskurs. Liegt der Eröffnungskurs unter dem Schlusskurs (Aufwärtsbewegung), so ist der Kerzenkörper weiß, liegt er darüber (Abwärtsbewegung), ist der Körper schwarz.[265]

Die Darstellung der Kurse kann metrisch oder logarithmisch erfolgen, und die Umsätze können parallel zu den Kursen entlang der Abszisse abgetragen werden. **Abbildung 42** (Seite 161) zeigt den Wochen-Chart der Commerzbank-Aktie nach dem Candlestick-Verfahren bei logarithmischer Einteilung der Ordinate.

Durch die größere Differenzierung der Chartdarstellung und die, zumindest nach Meinung ihrer Anwender, besseren und schnelleren Prognosemöglich-

---

[263] Vgl. hierzu *Steiner, Manfred/Bruns, Christoph*: Wertpapiermanagement. 7. Aufl., Stuttgart 2000, S. 251.

[264] Vgl. *Steiner, Manfred/Bruns, Christoph*: Wertpapiermanagement. 7. Aufl., Stuttgart 2000, S. 251-252.

[265] Vgl. zu diesem Absatz *Steiner, Manfred/Bruns, Christoph*: Wertpapiermanagement. 7. Aufl., Stuttgart 2000, S. 252.

keiten erfreut sich diese Art der Chartdarstellung und die damit verbundene Analyse wachsender Beliebtheit.[266]

Abbildung 42: Candlestick-Chart der Commerzbank-Aktie 11/98-11/99[267]

2.3.2.3 Die Global- und Branchenanalyse

2.3.2.3.1 Vorbemerkungen

Die technische Analyse kann, wie eingangs schon erwähnt, im Rahmen der Einzelwertanalyse oder der Branchen- und Gesamtmarktanalyse verwendet werden. Je nach Anwendungsgebiet kommen dabei verschiedene Theorien und Analyseverfahren zur Anwendung. Einige von ihnen können in beiden

---

[266] Vgl. *Steiner, Manfred/Bruns, Christoph*: Wertpapiermanagement. 7. Aufl., Stuttgart 2000, S. 252.

[267] Diese Chart-Grafik wurde mit der Datastream-Software erstellt.

Gebieten verwendet werden, andere sind nur in einem Anwendungsbereich nutzbar. Im Folgenden werden verschiedene Methoden zur Global- und Branchenanalyse kurz vorgestellt.[268]

2.3.2.3.2 Die *Dow*-Theorie

Die nach dem Gründer des Wall Street Journal, *Charles H. Dow,* benannte *Dow*-Theorie geht von drei unterschiedlichen Trends aus, die sich in ihrer Fristigkeit unterscheiden: Primär- oder Haupttrends, Sekundärtrends und Tertiärtrends. Tertiärtrends sind Trends mit sehr kurzer, meist im Tagesbereich liegender, Dauer, wohingegen sich Sekundärtrends über einen Zeitraum von zwei Wochen bis zu einem Monat oder mehr erstrecken können. Primärtrends sind solche, die über mindestens vier Jahre andauern. Sie dürfen nicht mit so genannten Basistrends, die die grundlegende Bewegung eines Marktes über mindestens 50 Jahre hinweg wiedergeben, verwechselt werden.[269]

Die *Dow*-Theorie hat es sich zur Aufgabe gemacht, Primär- und Sekundärtrends, vor allem aber **Trendumkehrungen**, frühzeitig zu erkennen. Gemäß der *Dow*-Theorie liegt eine Wende im Primärtrend von der Baisse (Abwärtstrend) zur Hausse (Aufwärtstrend) vor, wenn ein Tiefpunkt über dem alten Tiefpunkt liegt und der folgende Hochpunkt über dem vorausgegangenen Hochpunkt angesiedelt ist. Bei einem Wechsel zum Abwärtstrend liegt genau der umgekehrte Fall vor.[270] In **Abbildung 43** (Seite 163) wird der beschriebene Sachverhalt veranschaulicht.

Im linken Chart findet eine Trendumkehr von der Baisse zur Hausse statt, denn Punkt 3 liegt über Punkt 1 und Punkt 4 über Punkt 2; beim Durchbruch der Linie ist das Signal zur Trendumkehr gegeben. Im rechten Diagramm ist das Signal zum Abwärtstrend mit dem Durchbrechen der Linie zwischen den Punkten 3 und 4 nach unten gegeben.[271]

Eine Gefahr besteht allerdings darin, dass diese Zeichen u. U. sehr spät im Börsenzyklus liegen und Gewinne verpasst werden können. Eine Anwendung der Theorie auf einzelne Aktien ist möglich, allerdings muss sich der Analyst

---

[268] Vgl. zu diesem Absatz *Steiner, Manfred/Bruns, Christoph*: Wertpapiermanagement. 7. Aufl., Stuttgart 2000, S. 253.

[269] Vgl. hierzu *Steiner, Manfred/Bruns, Christoph*: Wertpapiermanagement. 7. Aufl., Stuttgart 2000, S. 253-254.

[270] Vgl. *Perridon, Louis/Steiner, Manfred*: Finanzwirtschaft der Unternehmung. 10. Aufl., München 1999, S. 237 und *Steiner, Manfred/Bruns, Christoph*: Wertpapiermanagement. 7. Aufl., Stuttgart 2000, S. 253-254.

[271] Vgl. zu diesem Absatz *Steiner, Manfred/Bruns, Christoph*: Wertpapiermanagement. 7. Aufl., Stuttgart 2000, S. 254.

bewusst sein, dass die Bedingung sich wiederholender Kursverläufe gegeben sein muss.[272]

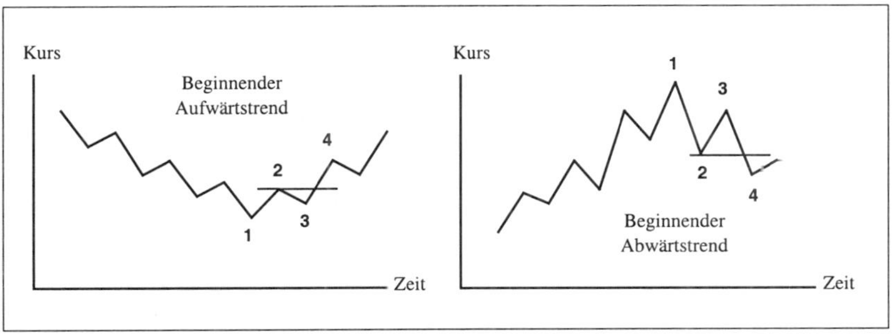

Abbildung 43: Trendumkehrformationen der Dow-Theorie[273]

2.3.2.3.3 Die Advance-Decline-Linie (ADL)

Die ADL ist als Ergänzung zur Betrachtung eines Index gedacht. Während der Index eine qualitative Aussage bezüglich des Gesamtwertes der in ihm erfassten Werte macht, trifft die ADL eine quantitative Aussage, d. h., sie stellt fest, wieviele Aktien gefallen oder gestiegen sind. Bei der isolierten Indexbetrachtung ist es möglich, dass einige z. B. stark gestiegene Kurse den Wert des Index positiv verändern können, auch wenn die überwiegende Mehrheit der im Index erfassten Aktien gefallen ist. Um die Werte der ADL zu erhalten, wird jeweils ein Vergleich zum Vortag angestellt.[274] Das Ausgangsniveau wählt man an einem beliebigen Tag, von dem aus die Vergleichsbetrachtung angestellt wird, und setzt es z. B. gleich 100. Steigen beispielsweise am folgenden Tag mehr Aktien als Aktien fallen, so bewegt sich die ADL um die **Differenz der Anzahl von gestiegenen zu gefallenen Werten** nach oben, im umgekehrten Fall nach unten. Die unveränderten Einzelwerte spielen bei der Ermittlung der ADL, ebenso wie die Stärke der jeweiligen Einzelkursänderungen, keine Rolle. Die ADL wird nun parallel zum Indexverlauf abgetragen; die Anwendung der Analysemethode besagt, dass von einer Trendbestätigung erst ausgegangen werden kann, wenn Index und ADL des Index parallel verlaufen, während bei gegenteiligem Verlauf u. U. mit einer Trendwende zu

---

[272] Vgl. zu diesem Absatz *Perridon, Louis/Steiner, Manfred*: Finanzwirtschaft der Unternehmung. 10. Aufl., München 1999, S. 237-240 und *Steiner, Manfred/Bruns, Christoph*: Wertpapiermanagement. 7. Aufl., Stuttgart 2000, S. 254.

[273] Modifiziert entnommen aus *Steiner, Manfred/Bruns, Christoph*: Wertpapiermanagement. 7. Aufl., Stuttgart 2000, S. 254.

[274] Vgl. hierzu *Steiner, Manfred/Bruns, Christoph*: Wertpapiermanagement. 7. Aufl., Stuttgart 2000, S. 255.

rechnen ist.[275] Allerdings sollten in diesem Fall weitere Analysen mit anderen Verfahren durchgeführt werden, da die Betrachtung von Index und zugehöriger ADL allein nicht aussagekräftig ist.

2.3.2.3.4 Gleitende Durchschnitte

Ein weiteres, recht einfach zu handhabendes Analyseinstrument stellt die Methode der gleitenden Durchschnitte dar. Sie kann sowohl zur Betrachtung von Branchen- und Länderindizes als auch zur Betrachtung von Einzelwerten herangezogen werden. Die **Durchschnittslinie** erhält man, indem das arithmetische Mittel der Kurse einer Gruppe von Aktien oder auch eines Einzelwertes über einen bestimmten Zeitraum gebildet wird.[276] Als Zeitraum werden in aller Regel 30, 60, 90 oder 200 Tage genommen, ohne dass dies besonders theoretisch zu begründen wäre. Von einem gleitenden Durchschnitt spricht man, weil der jeweils erste in die Berechnung eingeflossene Wert durch den tagesaktuellen Wert ersetzt wird, wobei der neue Durchschnittswert am Ende der Kurve angefügt wird.[277] Im Chart wird die Durchschnittslinie parallel zum Index abgetragen, d. h., der jeweilige errechnete Durchschnittswert stimmt zeitlich mit dem letzten eingeflossenen Kurs überein.[278]

Ein konkretes Signal zum Handeln gibt diese Methode, wenn sich **Durchschnittslinie** und **Index** schneiden. Allerdings wird gefordert, dass hierbei ein bestimmtes prozentuales Mindestniveau überschritten wird. Dabei sind zwei Fälle möglich: Schneidet der Index die Durchschnittslinie von oben, handelt es sich um ein Verkaufsignal; schneidet er die Durchschnittslinie von unten, handelt es sich um ein Kaufsignal.[279]

Eine **Einschränkung** erhält diese einfach anzuwendende Methode durch ihre Reaktionsverzögerung, die um so größer wird, je länger der betrachtete Zeitraum ist. Auch das Versagen der Methode der gleitenden Durchschnitte, wenn die betrachteten Einzelwerte, Gruppen oder Indizes stark volatil sind und die

---

275 Vgl. *Perridon, Louis/Steiner, Manfred*: Finanzwirtschaft der Unternehmung. 10. Aufl., München 1999, S. 240 und *Steiner, Manfred/Bruns, Christoph*: Wertpapiermanagement. 7. Aufl., Stuttgart 2000, S. 255.

276 Vgl. *Steiner, Manfred/Bruns, Christoph*: Wertpapiermanagement. 7. Aufl., Stuttgart 2000, S. 258.

277 Vgl. *Perridon, Louis/Steiner, Manfred*: Finanzwirtschaft der Unternehmung. 10. Aufl., München 1999, S. 241.

278 *Perridon, Louis/Steiner, Manfred*: Finanzwirtschaft der Unternehmung. 10. Aufl., München 1999, S. 240.

279 Vgl. *Steiner, Manfred/Bruns, Christoph*: Wertpapiermanagement. 7. Aufl., Stuttgart 2000, S. 259.

Tendenz des Marktes ständig wechselt, muss kritisch gesehen werden.[280] Die Volatilität eines Wertes, i. d. R. gemessen als Standardabweichung, gibt gem. *Perridon/Steiner* „die Schwankungsbreite der logarithmierten Wertpapierkurse (Renditen) um ihren Mittelwert ... an; sie mißt die wahrscheinliche Abweichung einer zukünftigen Rendite von der erwarteten (= durchschnittlichen) Rendite. Verwendet wird die Volatilität als Kriterium ... des Gesamtrisikos einer Einzelaktie, indem in der Schwankungsbreite (Streuung) um den Mittelwert das Verlust- bzw. Gewinnpotential dieser Aktie gesehen wird".[281]

2.3.2.4 Die Einzelwertanalyse

2.3.2.4.1 Vorbemerkungen

In diesem Kapitel sollen kurz die Analysemethoden vorgestellt werden, die bei der Einzelwertbetrachtung Anwendung finden. Es kann sich dabei sowohl um Verfahren handeln, die bei der Branchen- und Globalanalyse nicht genutzt werden konnten, aber in der Einzelwertbetrachtung weite Verbreitung gefunden haben, insbesondere die Analyse von Chartformationen, als auch um Verfahren, die überwiegend in der Einzelwertanalyse verwendet werden, wie z. B. Trendkanäle und Unterstützungs- bzw. Widerstandslinien, die aber auch in der Branchen- und Globalanalyse angewendet werden. Allen diesen Verfahren ist allerdings gemein, dass sie in der theoretischen und praktischen Betrachtung als stark umstritten gelten.[282]

2.3.2.4.2 Filterkonzept

Gemäß dem Filter-Konzept wird von einer vollzogenen **Trendwende** gesprochen, **wenn sich der Kurs um einen vorher festgelegten Prozentsatz bewegt**. Ein in der Praxis herangezogener Filtersatz ist z. B. 5 %; allerdings ist die Festlegung willkürlich. Eine Empfehlung zum Kauf wird gegeben, wenn ein Kurs um den fixierten Prozentsatz über seinem letzten Tiefpunkt liegt, eine Verkaufsempfehlung, wenn er um den festgelegten Prozentsatz unter sei-

---

280 Vgl. *Perridon, Louis/Steiner, Manfred*: Finanzwirtschaft der Unternehmung. 10. Aufl., München 1999, S. 241 und *Steiner, Manfred/Bruns, Christoph*: Wertpapiermanagement. 7. Aufl., Stuttgart 2000, S. 259.

281 *Perridon, Louis/Steiner, Manfred*: Finanzwirtschaft der Unternehmung. 10. Aufl., München 1999, S. 282.

282 Vgl. hierzu *Perridon, Louis/Steiner, Manfred*: Finanzwirtschaft der Unternehmung. 10. Aufl., München 1999, S. 243-244 und *Steiner, Manfred/Bruns, Christoph*: Wertpapiermanagement. 7. Aufl., Stuttgart 2000, S. 264.

nem letzten Höchstkurs liegt. Probleme können auftreten, wenn sich die Kursrichtung in kurzer Zeit immer wieder um signifikante Intervalle ändert (Whipsaw-Effekt), denn dann kommt es zu einer Menge unterschiedlicher Chartsignale. Deshalb gilt es zu erwägen, das Filterkonzept auf gleitende Durchschnitte anzuwenden.[283]

2.3.2.4.3 Aktientrendlinien und -kanäle

Grundlage dieses Analyseansatzes ist die Annahme, dass Trends die Tendenz haben, eine eingeschlagene Richtung beizubehalten. Demzufolge sollen Aktien erst verkauft oder gekauft werden, wenn eine **Trendumkehr** signifikant festzustellen ist. Nach Meinung der Anwender zeigen sich solche Zeichen im Kursbild eines Wertes.[284]

In der genauen Anwendung stellt sich dies wie folgt dar: Um einen Aufwärtstrend grafisch zu bestätigen, legt der Chartist an zwei, einige Wochen auseinanderliegende Minima eine Gerade an, wobei das zweite Minimum über dem ersten liegen muss. Die so erstellte Gerade mit positiver Steigung ist die so genannte Trendlinie. Bei fallenden Kursen wird die Trendlinie zwischen zwei Maxima gelegt und hat eine negative Steigung. Erfolgt nun ein **Durchbruch der Trendlinie**, der durch entsprechend hohe Umsätze bestätigt wird, so wird dies als Zeichen einer möglichen Trendwende gewertet, die zu Käufen (Durchbruch einer Abwärtstrendlinie) oder Verkäufen (Durchbruch einer Aufwärtstrendlinie) führen sollte.[285] **Abbildung 44** (Seite 167) veranschaulicht die Trendbestätigungen und -umkehrsignale noch einmal grafisch.

Ein gegebenes Trendsignal sollte allerdings immer nur als erstes Anzeichen gewertet werden; um eine nachhaltige Trendwende zu vermuten, sollte das Signal immer von entscheidenden Umsätzen begleitet sein, d. h., zu diesen Kursen sollten hohe Umsätze vorliegen.[286]

Für Aktien mit einem breiten Markt, so ergaben empirische Untersuchungen, lässt sich oftmals eine nahezu zur inneren Trendlinie parallele äußere Trendlinie feststellen. Beide Linien werden als Trendkanal um den Kurs beschrie-

---

[283] Vgl. zu diesem Absatz *Steiner, Manfred/Bruns, Christoph*: Wertpapiermanagement. 7. Aufl., Stuttgart 2000, S. 266.

[284] Vgl. hierzu *Perridon, Louis/Steiner, Manfred*: Finanzwirtschaft der Unternehmung. 10. Aufl., München 1999, S. 244.

[285] Vgl. hierzu *Perridon, Louis/Steiner, Manfred*: Finanzwirtschaft der Unternehmung. 10. Aufl., München 1999, S. 244-245 und *Steiner, Manfred/Bruns, Christoph*: Wertpapiermanagement. 7. Aufl., Stuttgart 2000, S. 261-262.

[286] Vgl. *Perridon, Louis/Steiner, Manfred*: Finanzwirtschaft der Unternehmung. 10. Aufl., München 1999, S. 244-245.

ben.[287] Innerhalb dieses Trendkanals kann der Anleger nun Spekulationen vornehmen, indem er Aktien kauft, wenn der Kurs an der unteren Trendlinie liegt, und diese wieder verkauft, wenn sich der Kurs der oberen Trendlinie nähert.[288]

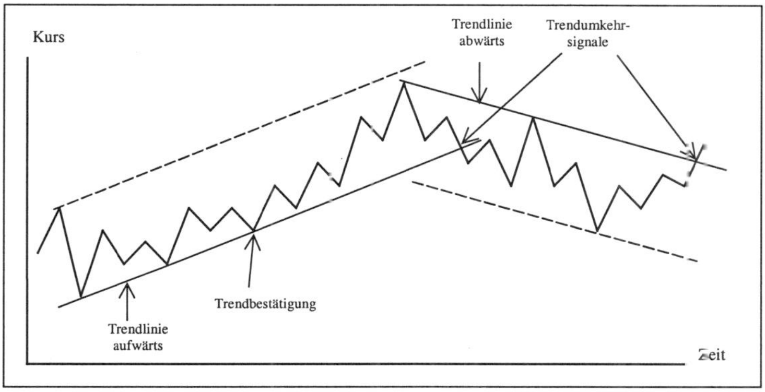

Abbildung 44: Trendlinien und Trendkanäle[289]

Diese Chartmethode ist mit Vorsicht anzuwenden, da Durchbrüche von Trendlinien nicht nachhaltig sein müssen. Keinesfalls sollte bei der Einzelwertanalyse auf eine vorhergehende Global- und Branchenanalyse verzichtet werden, damit festgestellt werden kann, ob sich abzeichnende Trends im Einzelwert begründet sind oder andere, den ganzen Markt betreffende Ursachen haben.[290]

2.3.2.4.4 Unterstützungs- und Widerstandslinien

Bei Betrachtung von Chartbildern verschiedener Aktien lässt sich feststellen, dass bestimmte Minima und Maxima des Kurses über eine längere Zeit nicht unter- bzw. überschritten werden, d. h., der Kurs sinkt bzw. steigt mehrmals bis zu diesen Kursen, nicht aber darunter bzw. darüber. Daraufhin zieht man

---

[287] Vgl. *Perridon, Louis/Steiner, Manfred*: Finanzwirtschaft der Unternehmung. 10. Aufl., München 1999, S. 245.

[288] Vgl. *Perridon, Louis/Steiner, Manfred*: Finanzwirtschaft der Unternehmung. 10. Aufl., München 1999, S. 245 und *Steiner, Manfred/Bruns, Christoph*: Wertpapiermanagement. 7. Aufl., Stuttgart 2000, S. 262.

[289] Modifiziert entnommen aus *Perridon, Louis/Steiner, Manfred*: Finanzwirtschaft der Unternehmung. 10. Aufl., München 1999, S. 245.

[290] Vgl. *Perridon, Louis/Steiner, Manfred*: Finanzwirtschaft der Unternehmung. 10. Aufl., München 1999, S. 244 und S. 245-246.

dann durch diese Punkte eine Gerade parallel zur Abszisse, die so genannte **Unterstützungslinie** (Gerade durch Minima) bzw. **Widerstandslinie** (Gerade durch Maxima).[291] In **Abbildung 45** ist dies anschaulich dargestellt.

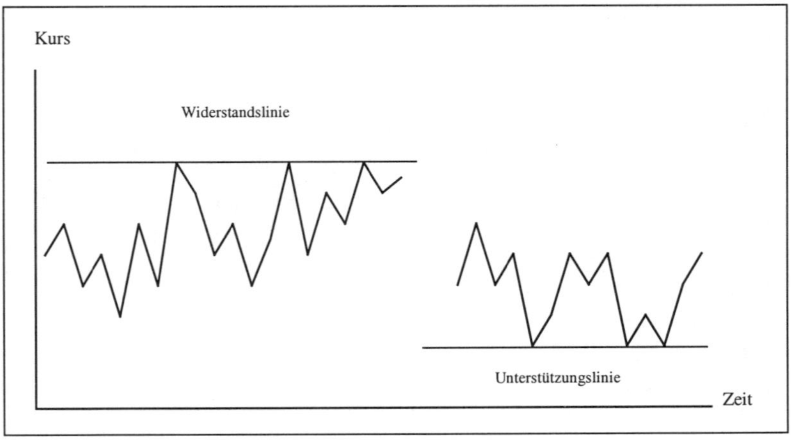

Abbildung 45: Widerstands- und Unterstützungslinien[292]

Diese Methode wird größtenteils durch marktpsychologische Überlegungen gerechtfertigt. Als Erklärung wird angeführt, dass einerseits viele Marktteilnehmer ihre Orders zu den festgestellten Widerstandskursen limitieren und andererseits Haussespekulanten, die unterhalb der Widerstandslinie gekauft haben und von Kursverlusten überrascht werden, nur noch verlustfrei, d.h. zu Widerstandskursen, aussteigen möchten. Dadurch kommt es zu vermehrten Verkäufen bei Erreichen des Widerstandskurses, was i.d.R. dann einen tatsächlichen Kursrückgang zur Folge hat. Für das marktpsychologische Verhalten an der Unterstützungslinie gelten die oben gemachten Ausführungen analog. Als **Signal** zum Kauf bzw. Verkauf von Aktien gilt gemäß dieser Methode das **Durchbrechen der Widerstands- bzw. Unterstützungslinie**.[293]

---

291 Vgl. *Perridon, Louis/Steiner, Manfred*: Finanzwirtschaft der Unternehmung. 10. Aufl., München 1999, S. 246 und *Steiner, Manfred/Bruns, Christoph*: Wertpapiermanagement. 7. Aufl., Stuttgart 2000, S. 256-257.

292 Modifiziert entnommen aus *Perridon, Louis/Steiner, Manfred*: Finanzwirtschaft der Unternehmung. 10. Aufl., München 1999, S. 246; vgl. auch *Steiner, Manfred/Bruns, Christoph*: Wertpapiermanagement. 7. Aufl., Stuttgart 2000, S. 256.

293 Vgl. hierzu *Perridon, Louis/Steiner, Manfred*: Finanzwirtschaft der Unternehmung. 10. Aufl., München 1999, S. 246-247.

2.3.2.4.5 Die Chartformationen

2.3.2.4.5.1 Vorbemerkungen

Perridon/Steiner definieren Kursformationen als „typische Kurs-Umsatzbilder, die in historische Kursverläufe mit einiger Phantasie gelegt werden können und die sich gelegentlich wiederholen“.[294] Diese Definition ist ein deutlicher Hinweis, wie sehr Kursformationen in der Theorie, aber auch in der Praxis, belächelt und kritisiert werden; dessen ungeachtet zählen sie zu den bekanntesten und am meisten verwendeten Verfahren im Rahmen der technischen Aktienanalyse. Zum Zwecke einer Prognose über die Kursentwicklung wird aus dem Erkennen einer Formation auf das zukünftige Kursverhalten des Aktienwertes, das gemäß den einzelnen Formationen durch Erfahrungen in der Vergangenheit determiniert sein sollte, geschlossen. Es werden zwei Arten von Trendformationen unterschieden:[295]

- Trendbestätigungsformationen und
- Trendumkehrformationen.

2.3.2.4.5.2 Trendbestätigungsformationen

Zu den Trendbestätigungsformationen zählen u. a. auf- und absteigendes Dreieck, der Wimpel, der Keil, die Flagge und das Rechteck.[296]

Die Dreiecke werden in aufsteigende und absteigende Dreiecke unterschieden. Bei den **aufsteigenden Dreiecken** ist die obere Linie parallel zur Abszisse und wird im Endpunkt von der unteren Linie berührt. Der Kurs kommt von unten in das Dreieck (Aufwärtstrend) und sollte nach Erreichen von ca. 2/3 der Formation die obere Linie durchbrechen. Bei **absteigenden Dreiecken** gilt der umgekehrte Sachverhalt. Der Vollständigkeit halber ist zu erwähnen, dass es auch noch **gleichschenklig-symmetrische Dreiecke** gibt, bei denen die obere bzw. untere Linie nicht horizontal ist, für die aber die oben ge-

---

294 *Perridon, Louis/Steiner, Manfred*: Finanzwirtschaft der Unternehmung. 10. Aufl., München 1999, S. 247.

295 Vgl. hierzu *Perridon, Louis/Steiner, Manfred*: Finanzwirtschaft der Unternehmung. 10. Aufl., München 1999, S. 247 und *Steiner, Manfred/Bruns, Christoph*: Wertpapiermanagement. 7. Aufl., Stuttgart 2000, S. 266-267.

296 Vgl. *Perridon, Louis/Steiner, Manfred*: Finanzwirtschaft der Unternehmung. 10. Aufl., München 1999, S. 249 und *Steiner, Manfred/Bruns, Christoph*: Wertpapiermanagement. 7. Aufl., Stuttgart 2000, S. 268-270.

machten Ausführungen analog gelten, und **offene Dreiecke**, die links geschlossen und rechts offen sind (vgl. **Abbildung 46**).[297]

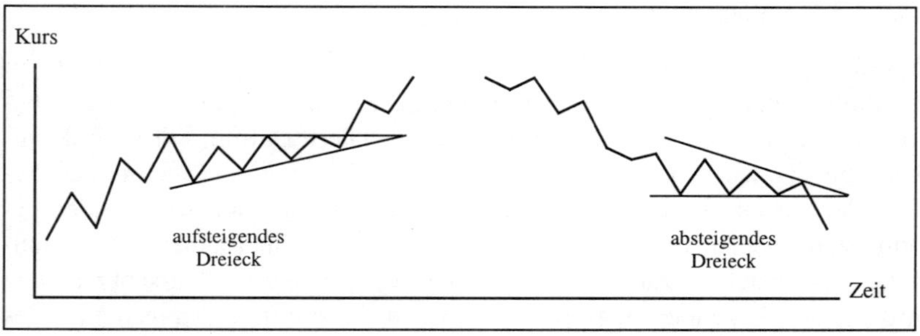

Abbildung 46: Aufsteigendes und absteigendes Dreieck[298]

Bei Wimpel und Flagge geht man davon aus, dass ein Aktienwert nach einem kurzfristigen, starken Kursanstieg in eine Phase der Konsolidierung eintritt. Wenn sich die Kursbewegungen in einem geneigten, gleichschenkligen Dreieck in der Konsolidierungsphase verengen, so spricht man von einem **Wimpel**. Bei der Flagge erfolgt keine Verengung, sondern die Kurse bewegen sich in einem leicht nach unten geneigten Parallelogramm. Der Kursanstieg zu Beginn zeigt sich dem Betrachter als eine Art Mast.

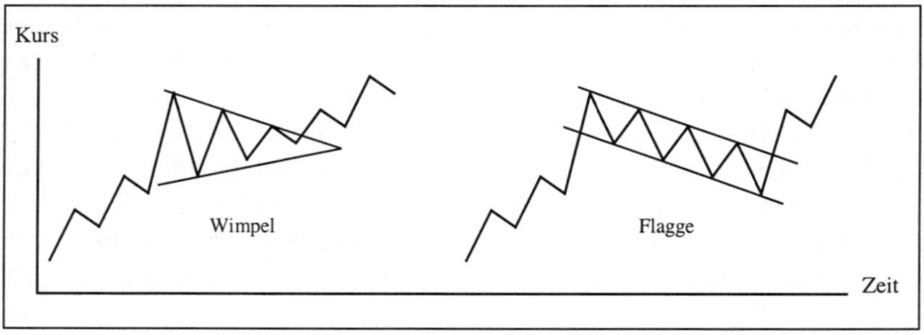

Abbildung 47: Wimpel und Flagge[299]

---

[297] Vgl. zu diesem Absatz *Perridon, Louis/Steiner, Manfred*: Finanzwirtschaft der Unternehmung. 10. Aufl., München 1999, S. 248-249 und *Steiner, Manfred/Bruns, Christoph*: Wertpapiermanagement. 7. Aufl., Stuttgart 2000, S. 269.

[298] Modifiziert entnommen aus *Steiner, Manfred/Bruns, Christoph*: Wertpapiermanagement. 7. Aufl., Stuttgart 2000, S. 269.

Im Gegensatz zum raschen Kursanstieg kann sich die Formationsbildung über einen Zeitraum von bis zu einem Monat erstrecken. Bricht der Kurs nach der Formationsbildung nach oben aus, so sollte dies als Kaufsignal gewertet werden.[300] **Abbildung 47** (Seite 170) zeigt Wimpel und Flagge.

Im Gegensatz zur Flagge erfolgt beim **Rechteck**, wie in **Abbildung 48** zu sehen ist, die parallele Konsolidierungsbewegung nach einem starken Kursanstieg nicht mit einer leicht fallenden Tendenz, sondern seitlich. Verbindet man jeweils die in etwa gleich hohen Tief- und Hochpunkte horizontal miteinander, so entsteht ein Rechteck. Innerhalb des Rechtecks sind die Kursschwankungen gleich bleibend, wohingegen die Umsätze in dieser ca. einen Monat andauernden Formation von links nach rechts abnehmen. Der Ausbruch aus der Formation sollte dann wieder von steigenden Umsätzen begleitet sein und erfolgt i. d. R. nach oben.[301]

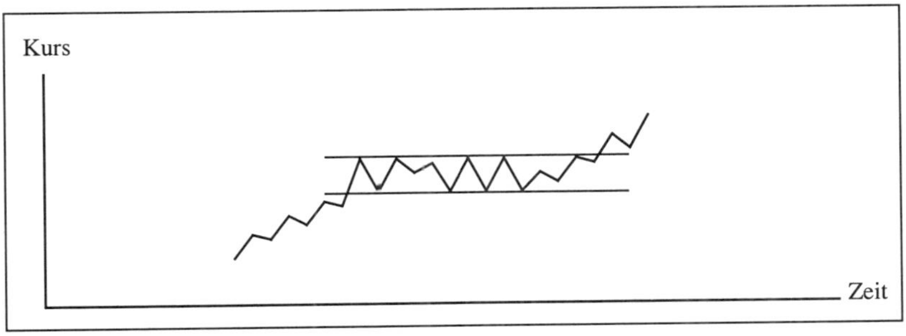

Abbildung 48: Rechteck[302]

Die **Keilformation** ist im Gegensatz zu Flagge und Rechteck entweder nach oben oder nach unten orientiert. Allerdings liegt keine parallele Kursentwicklung vor, sondern die Kursschwankungen verengen sich gegen Ende der Formation, so dass z. B. bei einem Abwärtskeil der Eindruck entsteht, die begon-

---

[299] Modifiziert entnommen aus *Steiner, Manfred/Bruns, Christoph*: Wertpapiermanagement. 7. Aufl., Stuttgart 2000, S. 269; vgl. auch *Perridon, Louis/Steiner, Manfred*: Finanzwirtschaft der Unternehmung. 10. Aufl., München 1999, S. 248.

[300] Vgl. *Perridon, Louis/Steiner, Manfred*: Finanzwirtschaft der Unternehmung. 10. Aufl., München 1999, S. 248-249 und *Steiner, Manfred/Bruns, Christoph*: Wertpapiermanagement. 7. Aufl., Stuttgart 2000, S. 269-270.

[301] Vgl. *Perridon, Louis/Steiner, Manfred*: Finanzwirtschaft der Unternehmung. 10. Aufl., München 1999, S. 249 und *Steiner, Manfred/Bruns, Christoph*: Wertpapiermanagement. 7. Aufl., Stuttgart 2000, S. 270-271.

[302] Modifiziert entnommen aus *Steiner, Manfred/Bruns, Christoph*: Wertpapiermanagement. 7. Aufl., Stuttgart 2000, S 269; vgl. auch *Perridon, Louis/Steiner, Manfred*: Finanzwirtschaft der Unternehmung. 10. Aufl., München 1999, S. 248.

nene Aufwärtsbewegung kehre sich um, wobei i. d. R. die Umsätze stark abnehmen. Anschließend bricht der Kurs unter starker Umsatzzunahme nach oben aus dem Keil aus, was als deutliches Kaufsignal zu werten ist.[303] Für einen Aufwärtstrend wird diese Formation in **Abbildung 49** ohne Eintragung der Umsätze grafisch dargestellt.

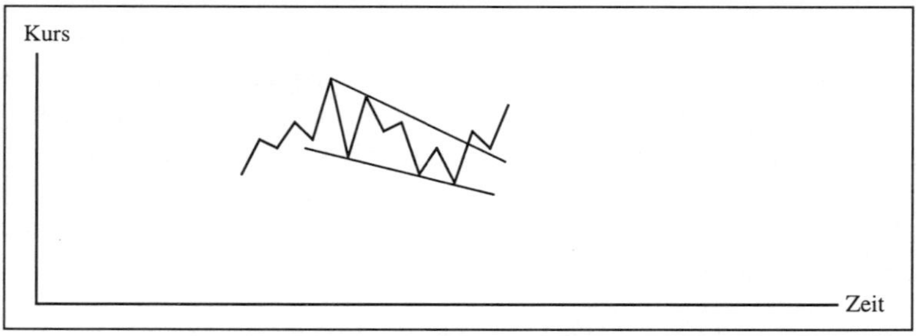

Abbildung 49: Keil[304]

2.3.2.4.5.3 Trendumkehrformationen

Hier sind vor allem M- bzw. W-Formation sowie Kopf-Schulter-Formation, Untertasse und deren Umkehrungen zu finden. Allen diesen Formationen ist gemein, dass ihnen eine Wende des eingeschlagenen Kurstrends folgen soll. Ihr Ziel ist das frühzeitige Erkennen von Zeichen, die eine Trendwende signalisieren.[305]

Bei der **M-Formation** (Doppelhochformation) steigt der Kurs bis zu einem ersten Hochpunkt an, geht im Folgenden in einen kurzfristigen Abwärtstrend über, um dann auf einen zweiten Hochpunkt, der idealerweise nicht höher liegt als der erste, anzusteigen und danach wieder abzufallen. Auf Höhe des Zwischentiefs wird parallel zur Abszisse eine so genannte **Basislinie** eingezeichnet, die als **Signalmarke** beim Abfall des Kurses nach dem letzten Hochpunkt betrachtet wird, d. h., fällt der Kurs unter die Linie, wird ein Verkaufssignal gegeben. Parallel zu den Kursen müssen die Umsätze betrachtet werden. Zur Untermauerung der Formation und der aus ihr abgeleiteten Emp-

---

[303] Vgl. *Perridon, Louis/Steiner, Manfred*: Finanzwirtschaft der Unternehmung. 10. Aufl., München 1999, S. 249 und *Steiner, Manfred/Bruns, Christoph*: Wertpapiermanagement. 7. Aufl., Stuttgart 2000, S. 270.

[304] Modifiziert entnommen aus *Steiner, Manfred/Bruns, Christoph*: Wertpapiermanagement. 7. Aufl., Stuttgart 2000, S. 269.

[305] Vgl. *Perridon, Louis/Steiner, Manfred*: Finanzwirtschaft der Unternehmung. 10. Aufl., München 1999, S. 249-250 und *Steiner, Manfred/Bruns, Christoph*: Wertpapiermanagement. 7. Aufl., Stuttgart 2000, S. 266-267.

fehlung sollten die Umsätze im zweiten Hoch signifikant niedriger sein als im ersten Hoch und nach dem Durchstoßen der Basislinie wieder deutlich zunehmen. Der Zeitraum zwischen den beiden Hochpunkten sollte üblicherweise einen Monat betragen. Für die **W-Formation** (Doppeltiefformation), die mit einem Abwärtstrend beginnt und einem Aufwärtstrend endet, gelten die obigen Ausführungen entsprechend.[306] **Abbildung 50** stellt M- und W-Formation mit der zugehörigen Basislinie dar.

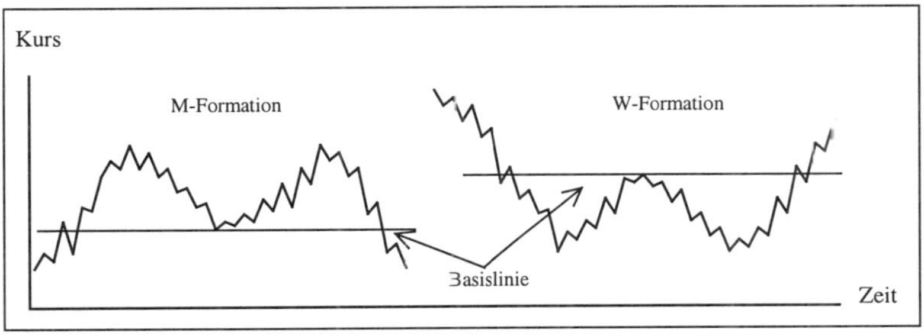

Abbildung 50: M- und W-Formation[307]

Das symmetrische Kursbild der **Kopf-Schulter-Formation** vermittelt den Eindruck, man hätte einen Kopf, der links und rechts eine Schulter hat. Die Verbindungslinie, die von den Tiefpunkten der linken zu denen der rechten Schulter gezogen werden kann, heißt **Nackenlinie**. **Abbildung 51** verdeutlicht die folgenden Ausführungen grafisch.

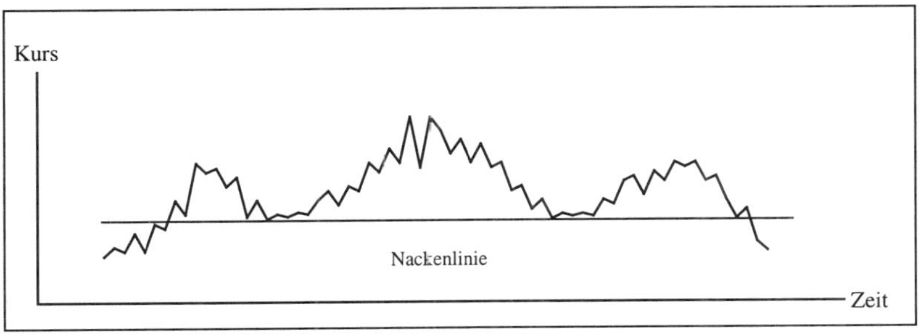

Abbildung 51: Kopf-Schulter-Formation[308]

---

306 Vgl. hierzu *Steiner, Manfred/Bruns, Christoph*: Wertpapiermanagement. 7. Aufl., Stuttgart 2000, S. 267-268.

307 Modifiziert entnommen aus *Steiner, Manfred/Bruns, Christoph*: Wertpapiermanagement. 7. Aufl., Stuttgart 2000, S. 267.

Die Formation deutet in ihrem Kursbild einen beginnenden Abwärtstrend an. Sie unterscheidet sich von der M-Formation dadurch, dass zwischen den idealerweise gleich hohen Punkten der Schulter ein weiterer, höherer Punkt, der Kopf, liegt. Ein Durchbruch der Nackenlinie nach der zweiten Schulter, begleitet von wieder ansteigenden Umsätzen, sollte als Verkaufssignal gewertet werden. Die Umsätze sind bei der rechten Schulter niedriger als bei der linken Schulter. Die umgekehrte Kopf-Schulter-Formation ist der W-Formation sehr ähnlich und deutet einen beginnenden Aufwärtstrend an. Für sie gelten die Ausführungen zur Kopf-Schulter-Formation analog. Das Kaufsignal wird gegeben, wenn die Nackenlinie nach der zweiten Schulter von unten durchbrochen wird.[309]

Hauptkennzeichen der **Untertassenformation** ist das langsame Überwechseln eines abflauenden Abwärtstrends in einen Aufwärtstrend, d. h., sowohl Umsätze als auch Kursschwankungen gehen im Abwärtstrend allmählich zurück und steigen dann mit beginnendem Aufwärtstrend wieder an (vgl. **Abbildung 52**). In der Sohle der Untertasse kann sich eine kleine **Plattform** bilden, deren Verlassen ein stärkeres Kaufsignal gibt als die Untertasse an sich. Die umgekehrte Untertasse stellt entsprechend den gemachten Ausführungen ein Verkaufsignal dar, bei dem ein allmählicher Aufwärtstrend langsam in einen Abwärtstrend übergeht.[310]

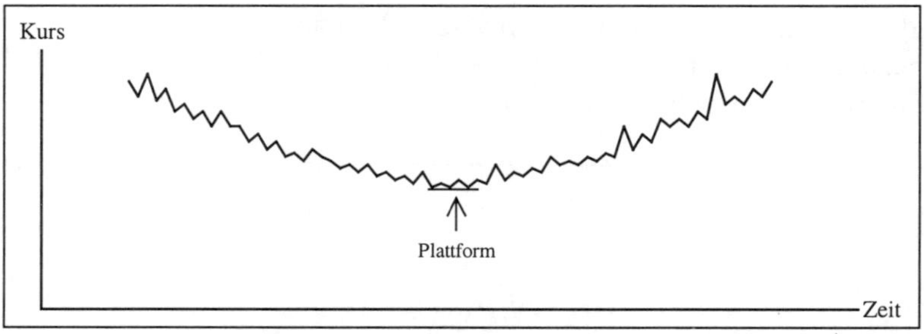

Abbildung 52: Untertasse[311]

[308] Modifiziert entnommen aus *Steiner, Manfred/Bruns, Christoph*: Wertpapiermanagement. 7. Aufl., Stuttgart 2000, S. 267.

[309] Vgl. zu diesem Absatz *Steiner, Manfred/Bruns, Christoph*: Wertpapiermanagement. 7. Aufl., Stuttgart 2000, S. 268.

[310] Vgl. zu diesem Absatz *Steiner, Manfred/Bruns, Christoph*: Wertpapiermanagement. 7. Aufl., Stuttgart 2000, S. 268.

[311] Modifiziert entnommen aus *Steiner, Manfred/Bruns, Christoph*: Wertpapiermanagement. 7. Aufl., Stuttgart 2000, S. 267.

2.3.2.5 Kritische Würdigung der technischen Analyse

Wissenschaftlich ist die technische Aktienanalyse **umstritten**, da nicht nachzuweisen ist, dass sie „zu dauerhaften Überrenditen führt“.[312] In diesem Zusammenhang wird auch von Luftschlössern und optischen Illusionen gesprochen. Vor allem Willkür und Unbestimmtheit hinsichtlich Ausmaß und Zeitraum der Chartregeln werden kritisiert.[313]

Auch in der **Praxis** sind die Verfahren der technischen Analyse, insbesondere die Chartformationen, umstritten. Viele technische Analysten verzichten auf Kursprognosen, die ausschließlich auf Chartformationen beruhen, da die Möglichkeit der Fehlinterpretation von Kursbildern sehr groß ist.[314]

Bedeutung kommt der technischen Aktienanalyse hauptsächlich beim Treffen von Entscheidungen bezüglich des richtigen Zeitpunktes einer Investition und unter marktpsychologischen Aspekten zu. Bei der Wahl des **richtigen Zeitpunktes** ist stets darauf zu achten, dass erst nach einem eindeutig erfolgten Signal entsprechend gehandelt wird. Auch sollte niemals auf der Grundlage nur eines Signals gehandelt werden, sondern es sollten stets mehrere Analysemethoden herangezogen und auf Basis verschiedener übereinstimmender Signale und Indikatoren eine Entscheidung getroffen werden.[315] Nach *Steiner/Bruns* ist von „Anlageentscheidungen, die ausschließlich auf charttechnischen Erwägungen beruhen, … eher Abstand zu nehmen. Vielmehr ist der komplementäre Charakter der Chartanalyse zu betonen“.[316]

Unter **marktpsychologischen Aspekten** ist zu sehen, dass sich viele Marktteilnehmer nach den Empfehlungen der unterschiedlichen technischen Analyseverfahren richten und demzufolge Situationen entstehen, in denen sich Kurse nur entsprechend der Prognose der jeweiligen Verfahren entwickeln, weil die Marktteilnehmer ebenfalls gemäß der Methodenempfehlung gehandelt haben.[317]

---

312 *Steiner, Manfred/Bruns, Christoph*: Wertpapiermanagement. 7. Aufl., Stuttgart 2000, S. 271.

313 Vgl. *Steiner, Manfred/Bruns, Christoph*: Wertpapiermanagement. 7. Aufl., Stuttgart 2000, S. 271.

314 Vgl. *Perridon, Louis/Steiner, Manfred*: Finanzwirtschaft der Unternehmung. 10. Aufl. München 1999, S. 250.

315 Vgl. *Steiner, Manfred/Bruns, Christoph*: Wertpapiermanagement. 7. Aufl., Stuttgart 2000, S. 270.

316 *Steiner, Manfred/Bruns, Christoph*: Wertpapiermanagement. 7. Aufl., Stuttgart 2000, S. 270.

317 Vgl. *Steiner, Manfred/Bruns, Christoph*: Wertpapiermanagement. 7. Aufl., Stuttgart 2000, S. 271.

2.3.3 Die Fundamentalanalyse

2.3.3.1 Grundsätzliche Ausführungen

Unter dem Begriff „Fundamentalanalyse" versteht man **die Beurteilung der bisherigen und die Prognostizierung der zukünftigen Ertragskraft einer bestimmten Unternehmung.**[318] Da sich die Analyse ausschließlich allgemein zugänglicher Informationen bedient, wird sie auch als „externe Unternehmensbewertung" bezeichnet.[319] Hierbei wird eine so genannte halbstrenge Informationseffizienz des Kapitalmarktes vorausgesetzt.[320]

Der **Grundgedanke** der Fundamentalanalyse besteht darin, dass – zumindest mittel- bzw. langfristig gesehen –[321] der **Börsenkurs einer Aktie ihrem inneren Wert,**[322] d.h. dem Wert, der der Aktie objektiv beigemessen wird, **entspricht** (vgl. dazu **Abbildung 53**; Seite 177). Es wird somit unterstellt, dass der Börsenkurs langfristig um den inneren Wert der Aktie oszilliert. Dieses Phänomen kommt deshalb zustande, weil – bedingt durch eine anfängliche Differenz zwischen Börsenkurs und innerem Wert, die betragsmäßig dem Gewinn entspricht – Kauf- bzw. Verkaufsentscheidungen getroffen werden, so dass der Börsenkurs letztendlich an den inneren Wert approximiert.[323] Zusammenfassend lassen sich die einzelnen Schritte innerhalb der Fundamentalanalyse wie in **Abbildung 53** (Seite 177) darstellen; grafisch lässt sich die Bedeutung des inneren Wertes für Kauf- und Verkaufsentscheidungen anhand von **Abbildung 54** (Seite 177) erkennen.

Da der innere Wert einer Aktie nicht ausschließlich von unternehmungsbezogenen Daten beeinflusst wird, sondern auch der Einwirkung gesamtwirtschaftlicher, kapitalmarkt-, branchen- und länderspezifischer Daten unterliegt, sind diese ebenfalls in die Analyse mit einzubeziehen.

---

318 Vgl. *Trenner, Dieter*: Mit Fundamentalanalyse den Erfolg vorhersagen. In: Der Bankkaufmann 11/89, S. 63.

319 Vgl. *Schmidt, Reinhart*: Fundamentalanalyse. In: Handwörterbuch des Bank- und Finanzwesens, hrsg. von *Wolfgang Gerke* und *Manfred Steiner*, 2. Aufl., Stuttgart 1995, Sp. 829.

320 Unter halbstrenger Informationseffizienz versteht man die Repräsentation aller öffentlich verfügbaren Informationen im Marktpreis einer Aktie. Vgl. *Schmidt, Reinhart*: Fundamentalanalyse. In: Handwörterbuch des Bank- und Finanzwesens, hrsg. von *Wolfgang Gerke* und *Manfred Steiner*, 2. Aufl., Stuttgart 1995, Sp. 830.

321 Vgl. *Siebers, Alfred B.*: Fundamentalanalyse: Daten und Prognosen. In: Anlagepraxis 9/93, S. 15.

322 Der innere Wert wird auch mit „endogener Qualität eines Unternehmens" bezeichnet. Vgl. *Loistl, Otto*: Kapitalmarkttheorie. 3. Aufl., München 1994, S. 171.

323 Vgl. *Buchner, Robert*: Grundzüge der Finanzanalyse. München 1981, S. 221.

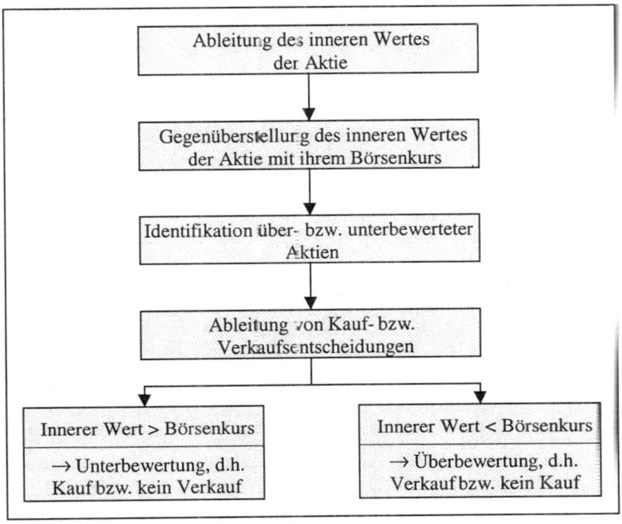

Abbildung 53: Vorgehensweise innerhalb der Fundamentalanalyse aus Sicht des Bewertenden[324]

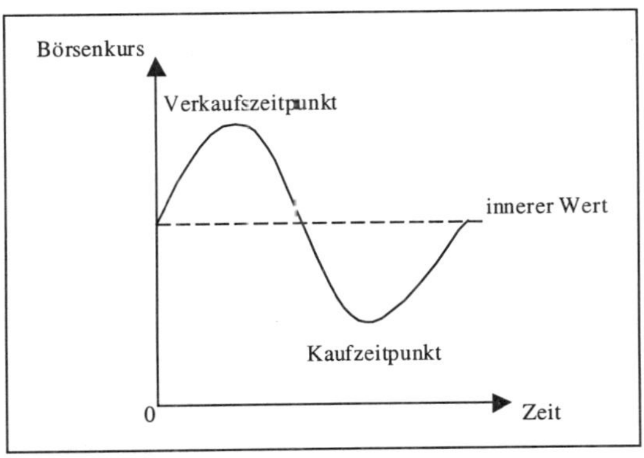

Abbildung 54: Bedeutung des inneren Wertes einer Aktie aus Sicht des Bewertenden[325]

---

[324] Diese Abbildung basiert auf Informationen, die dem Beitrag von *Schmidt, Reinhart*: Fundamentalanalyse. In: Handwörterbuch des Bank- und Finanzwesens, hrsg. von *Wolfgang Gerke* und *Manfred Steiner*, 2. Aufl., Stuttgart 1995, Sp. 830, entnommen wurden. Entnommen aus *Kußmaul, Heinz*: Einordnung der Fundamentalanalyse. In: Der Steuerberater 1999, S. 57.

[325] Leicht modifiziert entnommen aus *Scheld, Guido A./Demming, Claudia*: Fundamentale Aktienanalyse. In: Das Wirtschaftsstudium 1993, S. 306.

Abbildung 55 gibt einen Überblick über die einzelnen Teilbereiche der Fundamentalanalyse sowie eine beispielhafte Aufstellung von Determinanten, die den inneren Wert beeinflussen.

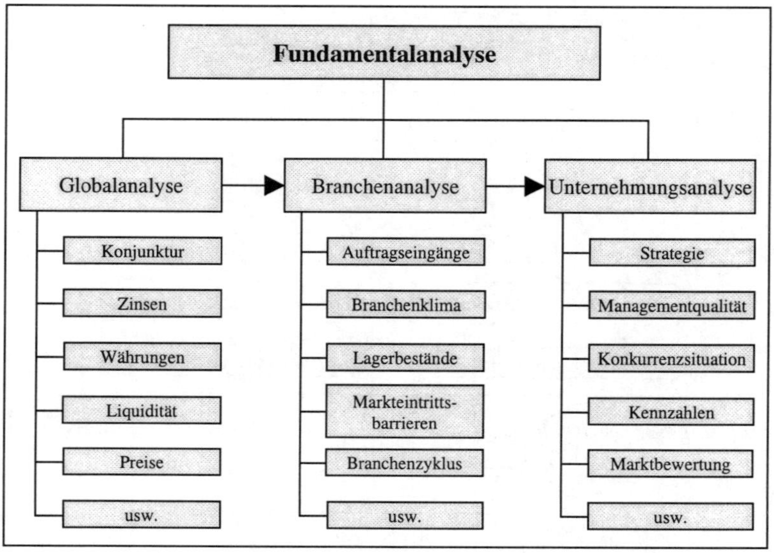

Abbildung 55: Gliederung der Teilbereiche innerhalb der Fundamentalanalyse[326]

Da sich eine einzelne Aktie dem Gesamttrend der Börse auf Dauer nicht entziehen kann,[327] bietet sich die Durchführung einer **Globalanalyse** an, innerhalb derer der Einfluss des Gesamtmarktes auf die Aktienkursentwicklung untersucht bzw. zu erklären versucht wird. Da Deutschland als ein relativ rohstoffarmer Staat Öl oder auch Metalle importieren muss, allerdings in der Exportbranche von Industriegütern einen hohen Stellenwert einnimmt,[328] wirken sich v. a. die mittels der Zins- und Konjunkturentwicklung beeinflusste Wechselkursänderung sowie die Entwicklung der Weltmarktpreise auf die nationalen Aktienkurse aus. Steigt bspw. – bezogen auf den US-Dollar – der reale

---

[326] Entnommen aus *Steiner, Manfred/Bruns, Christoph*: Wertpapiermanagement. 7. Aufl., Stuttgart 2000, S. 211.

[327] Vgl. *Schubert, Eckehard*: Fundamentalanalyse. In: Wertpapierinvestment heute, hrsg. von *Hartmut Leser*, Wiesbaden 1988, S. 16.

[328] Vgl. *Steiner, Manfred/Bruns, Christoph*: Wertpapiermanagement. 7. Aufl., Stuttgart 2000, S. 212.

Wechselkurs,[329] nehmen die Exporte von Deutschland zu bzw. die Importe nach Deutschland ab. Die Nettoexporte, d.h. die Differenz zwischen Exporten und Importen steigen, da der positive Effekt auf die Exporte die negative Wirkung auf die Importe kompensiert und überlagert.[330] Somit führt eine ausländische Nachfrage nach deutschen Erzeugnissen zu einem steigenden Auftragsumfang bzw. einer verbesserten Kapazitätsauslastung und somit zu höheren Gewinnen, die wiederum den Zinssatz sinken lassen et vice versa.[331] Andererseits führen bspw. steigende ausländische Rohstoffpreise zu niedrigeren Gewinnen und tendenziell steigenden Zinsen.

Im Rahmen der **Branchenanalyse** werden die wirtschaftlichen Entwicklungsmöglichkeiten der einzelnen an der Börse vertretenen Branchen begutachtet und festgestellt, welcher Wirtschaftszweig die besten zukünftigen Wachstumschancen besitzt.[332] In diesem Zusammenhang stellen Auftragslage und Höhe der Lagerbestände[333] Entwicklungsindikatoren der Nachfrage dar. Werden somit in einer bestimmten Branche ein relativ hoher Auftragsumfang und große Mengen an Lagerbeständen registriert, signalisiert dies eine große Nachfrage nach Artikeln dieser Branche, wobei eine Gesamtgewinnsteigerung und, je nach Anteil der jeweiligen Branche am Aktienmarkt, eine Senkung des Zinssatzes beobachtet werden kann.

Im Folgenden wird die **Unternehmungsanalyse**, die sich die Ermittlung des potenziellen Aktienkurses zur Aufgabe gestellt hat, den Gegenstand der Betrachtungen darstellen, wobei in diesem Zusammenhang nur quantitative Überlegungen im Vordergrund stehen sollen. Qualitative Aspekte, d.h Determinanten, denen es an der notwendigen Objektivierung und Quantifizierung mangelt,[334] werden außer Acht gelassen.

Innerhalb des Gebietes der Fundamentalanalyse kann zwischen dynamisch und statisch orientierten Verfahren unterschieden werden, die ihrerseits Grö-

---

[329] Der reale Wechselkurs ist definiert als Quotient aus dem ausländischen und inländischen Preisniveau, multipliziert mit dem nominalen Wechselkurs. Er beschreibt, wieviel Gütereinheiten für eine importierte Einheit exportiert werden müssen. Vgl. *Fuhrmann, Wilfried*: Makroökonomik. 3. Aufl., München/Wien 1991, S. 302.

[330] Vgl. *Mankiw, Nicholas G.*: Macroeconomics. 3rd. Edition, New York 1997, S. 198-199. Im Originaltext übt der reale Wechselkurs eine negative Wirkung auf die Nettoexporte aus. Dieser Effekt muss allerdings umgekehrt werden, da das Buch aus Sicht der USA geschrieben wurde.

[331] Vgl. bzgl. der Beziehungen zwischen Zinssatz und Volkseinkommen *Mankiw, Nicholas G.*: Macroeconomics. 3rd. Edition, New York 1997, S. 247-248.

[332] Vgl. hierzu und im Folgenden *Steiner, Manfred/Bruns, Christoph*: Wertpapiermanagement. 7. Aufl., Stuttgart 2000, S. 217-219.

[333] Hierbei soll von bloßen Ladenhütern abstrahiert werden.

[334] Vgl. *Steiner, Manfred/Bruns, Christoph*: Wertpapiermanagement. 7. Aufl., Stuttgart 2000, S. 220.

ßen bzw. Kennzahlen ermitteln, anhand derer Kauf- bzw. Verkaufsentscheidungen bzgl. Aktien abgeleitet werden.

2.3.3.2 Die dynamisch orientierte Fundamentalanalyse

2.3.3.2.1 Vorbemerkungen

Im Zuge der Ermittlung des inneren Wertes im Rahmen einer dynamisch ausgerichteten Fundamentalanalyse bedient man sich investitionstheoretischer Modelle, die alle auf dem Barwertkonzept basieren.[335] Im Folgenden sollen die wichtigsten Modelle zunächst formelmäßig dargestellt werden, während in den darauffolgenden Kapiteln eine genauere Analyse der jeweiligen zur Barwertermittlung benötigten Größen und deren Determinanten durchgeführt wird. An dieser Stelle kann vorweggenommen werden, dass es **nicht den inneren Wert einer Aktie** geben kann. Vielmehr hängt das prognostizierte Ergebnis von der **zukünftigen Entwicklung verschiedener**, zumeist subjektiv zu schätzender **Parameter** ab, die in **Abbildung 56** beispielhaft aufgeführt sind.

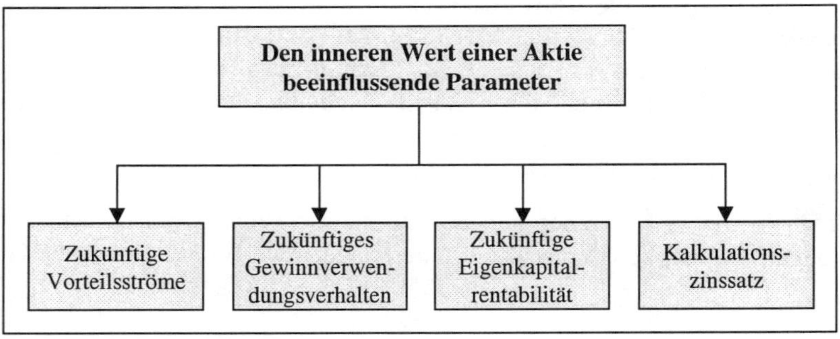

Abbildung 56: Ausgewählte, den inneren Wert einer Aktie beeinflussende Parameter[336]

---

[335] Vgl. zur Konzeption der Barwertmodelle Band I: Investition, Abschnitt 2.3.2 und insb. Abschnitt 2.3.2.1.1.

[336] Entnommen aus *Kußmaul, Heinz*: Das Barwertkonzept – Fundamentalanalyse und Ermittlung des inneren Wertes einer Aktie –. In: Der Steuerberater 1999, S. 104. Es wird sich zeigen, dass mit einer steigenden Eigenkapitalrentabilität indirekt und ceteris paribus ein umso größerer innerer Wert der Aktie einhergeht.

2.3.3.2.2 Barwertmodelle im Überblick

2.3.3.2.2.1 Die barwerttheoretischen Ansätze

Da gemäß der Fundamentalanalyse der Börsenkurs einer Aktie ihrem inneren Wert entspricht und dieser innere Wert von den künftigen Vorteilsströmen der betrachteten Unternehmung abhängig ist,[337] werden in diesem Zusammenhang barwerttheoretische Ansätze zugrunde gelegt. Diese können wie in **Abbildung 57** systematisiert werden; dabei wird hier wie in der Folge abkürzend von einem unendlichen Planungshorizont gesprochen, wenn er unendlich weit entfernt ist, und von einem endlichen Planungshorizont, wenn er dementsprechend endlich weit entfernt ist.

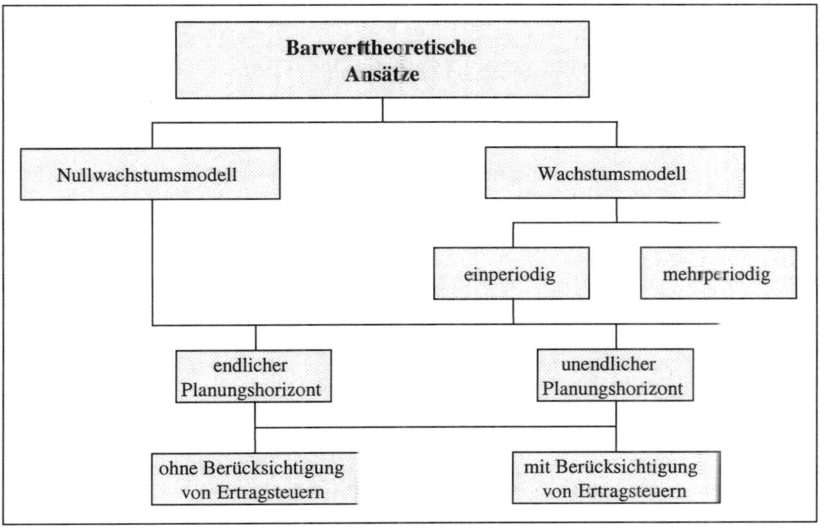

Abbildung 57: Systematisierung der Modellvarianten barwerttheoretischer Ansätze[338]

Im Folgenden werden ausgewählte Kombinationen obiger (theoretischer) Ansätze kurz angesprochen und formal dargestellt.

---

[337] Der zu prognostizierende Gewinn sollte zusätzlich makroökonomische und branchenspezifische Einflüsse beinhalten. Mangels Objektivierbarkeit und Quantifizierbarkeit wird in der Praxis ausschließlich die gegenwärtige Gewinnlage betrachtet und ein vereinfachter innerer Wert ermittelt. Vgl. *Scheld, Guido A./Demming, Claudia*: Fundamentale Aktienanalyse. In: Das Wirtschaftsstudium 1993, S. 306.

[338] Entnommen aus *Kußmaul, Heinz*: Das Barwertkonzept – Fundamentalanalyse und Ermittlung des inneren Wertes einer Aktie –. In: Der Steuerberater 1999, S. 104.

2.3.3.2.2.2 Nullwachstumsmodelle

2.3.3.2.2.2.1 Endlicher Planungshorizont

Bei Unterstellung eines endlichen Planungshorizontes ergibt sich der innere Wert (Ertragswert, Kapitalwert, Gegenwartswert) einer Aktie aus der Summe der auf den Bezugszeitpunkt t=0 diskontierten Vorteilsströme pro Aktie zzgl. eines etwaigen Veräußerungswertes:[339]

$$IW_0 = \sum_{t=1}^{n} V_t \cdot (1+i_z)^{-t} + L_n \cdot (1+i_z)^{-n}$$

mit:

IW_0: Innerer Wert der Aktie zum Zeitpunkt t=0;

V_t: Vorteilsstrom pro Aktie in der t-ten Periode;

i_z: Kalkulationszinsfuß unter Berücksichtigung des systematischen Risikos;[340]

n: Laufzeit;

t: Zahlungszeitpunkt;

L_n: Veräußerungswert der Aktie zum Zeitpunkt t=n.[341]

---

[339] Die im Folgenden angeführten Formeln lassen sich weitergehend modifizieren. So bezieht bspw. *Loistl* ein Insolvenzrisiko der betrachteten Unternehmung in seine Berechnungen mit ein. Vgl. *Loistl, Otto*: Kapitalmarkttheorie. 3. Aufl., München 1994. S. 182-186.

[340] Um die Kalkulationszinsfüße in exakter Weise differenzieren zu können, wird in diesem Zusammenhang ein Index „z" verwendet, der symbolisieren soll, dass im Zinssatz bereits ein Risikozuschlag „z" berücksichtigt wird. Dementsprechend repräsentiert i ohne Index „z" den sicheren Kalkulationszinsfuß. Es wird bei allen Formeln implizit davon ausgegangen, dass kein Ansatz eines sicherheitsäquivalenten Ertrags, wie er noch in der Folge (vgl. **Abschnitt 2.3.3.2.4.3.2**) beschrieben wird, stattfindet.

[341] Bzgl. der Berücksichtigung etwaiger anfallender Liquidationserlöse bei den endlichen Barwertmodellen existieren unterschiedliche Meinungen: Einerseits wird eine Vernachlässigung möglicher Liquidationserlöse vorgeschlagen, da diese zum einen aufgrund des Anfalls in ferner Zukunft schlecht prognostizierbar sind und zum anderen wegen des starken Diskontierungseffekts mit einem i.d.R. nur relativ geringfügigen Betrag in den inneren Wert der Unternehmung eingehen. Vgl. *Kruschwitz, Lutz/Löffler, Andreas*: Unendliche Probleme bei der Unternehmensbewertung. In: Der Betrieb 1998, S. 1042. Andererseits muss entgegnet werden, dass beide Autoren ihre Einwände nicht

Diese Formel modifiziert sich unter Berücksichtigung von Ertragsteuern wie folgt:[342]

$$IW_0 = \sum_{t=1}^{n} V_t \cdot (1 - s_{betr.}) \cdot [1 + i_z \cdot (1 - s_{Inv.})]^{-t} + [L_n - (L_n - AK) \cdot s_{Inv.}] \cdot [1 + i_z \cdot (1 - s_{Inv.})]^{-n}$$

mit:

$s_{betr.}$: (Grenz-)Ertragsteuersatz der zu bewertenden Unternehmung;

$s_{Inv.}$: persönlicher (Grenz-)Ertragsteuersatz des Investors;[343]

AK: Anschaffungskosten bzw. Buchwert der Aktie.[344]

---

genug konkretisieren bzw. quantifizieren (Was ist die „ferne Zukunft"?; Wie „geringfügig" muss der diskontierte Liquidationserlös sein, um nicht im inneren Wert berücksichtigt werden zu müssen?). Dies bedeutet im Umkehrschluss, dass die Einbeziehung des Liquidationserlöses nicht generell ausgeschlossen wird, sondern die sich dem Bewertenden zu stellende Frage einer eventuellen Vernachlässigung des Liquidationserlöses von seiner generellen Prognostizierbarkeit und seinem betragsmäßigen Einfluss auf den inneren Wert der Unternehmung, repräsentiert durch Höhe und zeitliche Entfernung vom Bezugszeitpunkt, abhängig ist. Für eine Berücksichtigung des Liquidationserlöses sprechen sich u.a. *Buchner* und *Perridon/Steiner* aus, für die der Investor den Veräußerungserlös der Aktie in seine Bewertungen mit einbezieht. Vgl. *Buchner, Robert*: Grundzüge der Finanzanalyse. München 1981, S. 226 und *Perridon, Louis/Steiner, Manfred*: Finanzwirtschaft der Unternehmung. 10. Aufl., München 1999, S. 215. Zusammenfassend lässt sich feststellen, dass generell die Möglichkeit der Erfassung eines Liquidationserlöses in den endlichen Barwertformeln besteht (Ausrichtung an einer theoretischen Analyse), wobei allerdings auch eine Nichtberücksichtigung gerechtfertigt werden kann (Ausrichtung an einer praktischen Analyse).

342 In diesem Zusammenhang charakterisiert der Term „$i_z \cdot (1 - s_{Inv.})$" den Kalkulationszinsfuß nach Steuern. Eine Modifikation ist notwendig, weil durch die Ertragsteuerauszahlungen eine Renditeminderung hervorgerufen wird. Vgl. z.B. *Bieg, Hartmut*: Betriebswirtschaftslehre 1: Investition und Unternehmungsbewertung. 2. Aufl., Freiburg i. Br. 1997, S. 101-102 sowie Band I: Investition, Abschnitt 2.4.3.1.

343 Ist der Steuersatz des Investors unbekannt, wird ein typisierter Steuersatz in Höhe von 35%, der vom Arbeitskreis „Unternehmensbewertung" des IDW vorgeschlagen wird, den Berechnungen zugrunde gelegt. Vgl. *Siepe, Günter*: Die Berücksichtigung von Ertragsteuern bei der Unternehmensbewertung. In: Die Wirtschaftsprüfung 1997, S. 2.

344 Es wird impliziert, dass die Anteile an der zu bewertenden Unternehmung entweder im Betriebsvermögen oder im Privatvermögen bei gleichzeitiger Erfüllung der §§ 17 oder 23 EStG gehalten werden. Bei Nichterfüllung dieser Tatbestände entfällt die Ertragsteuerwirkung auf den Veräußerungswert.

Hinsichtlich der Frage, welche Größe letztendlich als Vorteilsstrom angesetzt werden soll, besteht keine Einigkeit.[345] Erstens wird der von der Unternehmung in der jeweiligen Periode erzielte Gesamtgewinn vorgeschlagen,[346] zweitens wird der Cashflow als sachgerecht empfunden,[347] und drittens soll auch die jeweilige an die Anteilseigner erfolgte Dividendenausschüttung unter einem Vorteilsstrom subsumiert werden können.[348, 349] Eine kritische Würdigung dieser drei alternativ in Frage kommenden Wertgrößen erfolgt wegen der noch hinzukommenden Probleme an späterer Stelle.[350]

---

[345] „There is a long history of discussion in the academic literature about what should be discounted. Some authors argued earnings, some dividends, and others earnings plus non-cash expenses such as depreciation.“ *Elton, Edwin J./Gruber, Martin J.*: Modern Portfolio Theory And Investment Analysis. 5th. Edition, New York u.a. 1995, S. 450, Fußnote 3.

[346] Vgl. *Steiner, Manfred/Bruns, Christoph*: Wertpapiermanagement. 7. Aufl., Stuttgart 2000, S. 222 und *Schubert, Eckehard*: Fundamentalanalyse. In: Wertpapierinvestment heute, hrsg. von *Hartmut Leser*, Wiesbaden 1988, S. 19. Einen so genannten „modifizierten Ertragsüberschuss“ sieht die Stellungnahme des HFA als sachgerechte Diskontierungsgröße vor. Hierbei wird von dem theoretisch richtigen Einnahmeüberschuss auf das in der Praxis durchführbare Instrumentarium einer um eine langfristige Finanzbedarfsrechnung ergänzten Aufwands- und Ertragsrechnung übergeleitet. Vgl. HFA des IDW: Stellungnahme 2/1983: Grundsätze zur Durchführung von Unternehmensbewertungen. In: Die Wirtschaftsprüfung 1983, S. 470. Vgl. bzgl. der Kritikpunkte am Ertragswertverfahren nach HFA-Stellungnahme 2/1983 *Bender, Jürgen/Lorson, Peter*: Kritische Würdigung des Ertragswertverfahrens nach HFA-Stellungnahme 2/1983. In: Betrieb und Wirtschaft 1996, S. 651-652.

[347] Vgl. *Kruschwitz, Lutz/Löffler, Andreas*: Unendliche Probleme bei der Unternehmensbewertung. In: Der Betrieb 1998, S. 1042-1043 und *Lintner, John*: Dividends, Earnings, Leverage, Stock Prices and the Supply of Capital to Corporations. In: The Review of Economics and Statistics 1962, S. 243-269.

[348] Vgl. *Loistl, Otto*: Kapitalmarkttheorie. 3. Aufl., München 1994, S. 173 und *Schmidt, Reinhart*: Fundamentalanalyse. In: Handwörterbuch des Bank- und Finanzwesens, hrsg. von *Wolfgang Gerke* und *Manfred Steiner*, 2. Aufl., Stuttgart 1995, Sp. 831.

[349] Dieselbe Problematik erkennt auch *Buchner*, der von einem „Gewinnansatz“, „Cashflow-Ansatz“ und „Dividendenansatz“ spricht. Vgl. *Buchner, Robert*: Grundzüge der Finanzanalyse. München 1981, S. 224. Auch *Bender* stellt in seinen Ausführungen zu den einzelnen Barwertmodellen dem Bewertenden alternativ den Gewinn, den Cashflow und die Dividende pro Aktie als Vorteilsstrom zur Auswahl. Vgl. *Bender, Jürgen*: Grundsatzfragen der Ergebnisbereinigung nach DVFA/SG. In: Schriften zur Bilanz- und Steuerlehre, hrsg. von *Karlheinz Küting* und *Günter Wöhe*, Band 23, Stuttgart 1996, S. 28.

[350] Vgl. dazu **Abschnitt 2.3.3.2.6**.

2.3.3.2.2.2.2 Unendlicher Planungshorizont

Legt man den Erwägungen einen unendlichen Planungshorizont[351] zugrunde, so entfällt ein etwaiger Liquidationserlös; der innere Wert ermittelt sich wie folgt:

$$IW_0 = V \cdot \sum_{t=1}^{\infty} (1+i_z)^{-t}$$

Da gilt: $\lim_{n \to \infty} \left[\sum_{t=1}^{n} (1+i_z)^{-t} \right] = \frac{1}{i_z}$, folgt:

$$IW_0 = \frac{V}{i_z}$$

mit:

V: konstanter Vorteilsstrom jeder Periode über den gesamten Betrachtungszeitraum.

Werden Ertragsteuern in den Berechnungen berücksichtigt, so modifiziert sich diese Formel zu:[352]

$$IW_0 = \frac{V \cdot (1 - s_{betr.})}{i_z \cdot (1 - s_{Inv.})}$$

2.3.3.2.2.3 Wachstumsmodelle

Bei den bisherigen Überlegungen wurde ein Nullwachstum der Vorteilsströme unterstellt. Berücksichtigt man zusätzlich den Aspekt, dass sich die Vorteilsströme im Zeitablauf kontinuierlich um einen Wachstumsfaktor g vergrö-

[351] Die Zugrundelegung eines unendlichen Planungshorizontes hat weniger mit Optimismus als mit der Ungewissheit bzgl. der genauen Beendigung der Unternehmungstätigkeit zu tun. Vgl. *Kruschwitz, Lutz/Löffler, Andreas*: Unendliche Probleme bei der Unternehmensbewertung. In: Der Betrieb 1998, S. 1041.

[352] Diese Formel stellt genau dann den Quotienten aus Vorteilsstrom und Kalkulationszinsfuß unter Berücksichtigung des systematischen Risikos dar, wenn der betriebliche und der persönliche Ertragsteuersatz identisch sind.

ßern,[353] so lässt sich das Modell bei endlichem Planungshorizont wie folgt modifizieren:[354]

$$IW_0 = \sum_{t=1}^{n} V \cdot (1+g)^{t-1} \cdot (1+i_z)^{-t} + L_n \cdot (1+i_z)^{-n}$$

mit:

V: konstanter Vorteilsstrom jeder Periode über den gesamten Betrachtungszeitraum;

g: konstanter Wachstumsfaktor über den gesamten Betrachtungszeitraum.

Bezieht man Ertragsteuern in die Berechnung mit ein, so sind die Auswirkungen auf den Vorteilsstrom pro Aktie, den Veräußerungserfolg, sowie den zugrunde liegenden Kalkulationszinsfuß zu berücksichtigen. Die Formel ändert sich zu:

$$IW_0 = \sum_{t=1}^{n} V \cdot (1 - s_{betr.}) \cdot (1+g)^{t-1} \cdot [1 + i_z \cdot (1 - s_{Inv.})]^{-t}$$
$$+ [L_n - (L_n - AK) \cdot s_{Inv.}] \cdot [1 + i_z \cdot (1 - s_{Inv.})]^{-n}$$

Bei Unterstellung eines unendlichen Planungshorizonts verändert sich das Wachstumsmodell folgendermaßen:

$$IW_0 = \sum_{t=1}^{\infty} V \cdot (1+g)^{t-1} \cdot (1+i_z)^{-t}$$

Da gilt: $\lim_{n \to \infty} \left[\sum_{t=1}^{n} (1+g)^{t-1} \cdot (1+i_z)^{-t} \right] = \frac{1}{i_z - g}$, folgt:

---

[353] Die Annahme eines konstanten Wachstumsfaktors ist deshalb sinnvoll, weil in der fernen Zukunft liegende Vorteilsströme schwieriger geschätzt werden können als solche, die sich relativ nahe am Gegenwartszeitpunkt befinden. Aus diesem Grund setzt man einen gut prognostizierbaren, weil am Bezugszeitpunkt vorliegenden Vorteilsstrom an, der sich jährlich prozentual kontinuierlich vergrößert.

[354] Die folgenden Wachstumsmodelle basieren sowohl auf den Beiträgen von *Bender, Jürgen*: Grundsatzfragen der Ergebnisbereinigung nach DVFA/SG. In: Schriften zur Bilanz- und Steuerlehre, hrsg. von *Karlheinz Küting* und *Günter Wöhe*, Band 23, Stuttgart 1996, S. 28-34; *Elton, Edwin J./Gruber, Martin J.*: Modern Portfolio Theory And Investment Analysis. 5$^{th.}$ Edition, New York u.a. 1995, S. 452-459; *Perridon, Louis/Steiner, Manfred*: Finanzwirtschaft der Unternehmung. 10. Aufl., München 1999, S. 219-220 als auch auf eigenen Überlegungen.

$$IW_0 = \begin{cases} \frac{V}{i_z - g}, & \text{falls } i_z > g \\ \infty, & \text{falls } i_z < g \end{cases}$$

Im zweiten Fall ($i_z<g$) ergibt sich insbesondere bei relativ stark expandierenden Unternehmungen insofern ein Problem, als der Wachstumsfaktor g größer als der zugrunde gelegte Kalkulationszinsfuß i_z sein kann.[355] In diesem Fall ist der Barwert der künftigen Vorteilsströme pro Aktie (innerer Wert) unendlich hoch. Allerdings werden potenzielle Anleger nicht bereit sein, einen unendlich hohen Preis für eine Aktie einer solchen Unternehmung zu zahlen. Dieser konfliktäre Zusammenhang zwischen übermäßig hohen Gewinnsteigerungen und dem Nichtkauf der betreffenden Aktie bezeichnet man als „Growth Stock Paradox".[356] Derartige Wachstumsfaktoren für die Unendlichkeit zu unterstellen, ist allerdings auch mehr als paradox.

Unterstellt man eine Besteuerung der Gewinne, so erhält man folgende modifizierte Gleichung:

$$IW_0 = \begin{cases} \frac{V \cdot (1 - s_{betr.})}{i_z \cdot (1 - s_{Inv.}) - g}, & \text{falls } i_z \cdot (1 - s_{Inv.}) > g \\ \infty, & \text{falls } i_z \cdot (1 - s_{Inv.}) < g \end{cases}$$

Das eben beschriebene Barwertmodell lässt sich verfeinern, wenn mehrere Wachstumsfaktoren zugrunde gelegt werden. Im Folgenden soll diese Vorgehensweise beispielhaft an einem zweistufigen bzw. allgemein an einem n-stufigen Wachstumsmodell aufgezeigt werden. Im zweistufigen Fall wird ein konstanter Wachstumsfaktor über die Perioden 1 bis j und einer von j bis ∞ unterstellt:

$$IW_0 = \sum_{t=1}^{j} V_1 \cdot (1+g_1)^{t-1} \cdot (1+i_z)^{-t} + \sum_{t=j+1}^{n} V_{j+1} \cdot (1+g_2)^{t-(j+1)} \cdot (1+i_z)^{-t} + L_n \cdot (1+i_z)^{-n}$$

---

355 Bei *Perridon/Steiner* kann diese Problematik mathematisch nicht auftreten, da die Wachstumsrate g als Produkt von Thesaurierungsrate und risikoadjustiertem Kalkulationszinssatz definiert ist. Vgl. *Perridon, Louis/Steiner, Manfred*: Finanzwirtschaft der Unternehmung. 10. Aufl., München 1999, S. 220 bzw. bzgl. der Ermittlung des Wachstumsfaktors **Abschnitt 2.3.3.2.5**.

356 Vgl. *Bender, Jürgen*: Grundsatzfragen der Ergebnisbereinigung nach DVFA/SG. In: Schriften zur Bilanz- und Steuerlehre, hrsg. von *Karlheinz Küting* und *Günter Wöhe*, Band 23, Stuttgart 1996, S. 29.

Bei unendlichem Planungshorizont ergibt sich:

$$IW_0 = \sum_{t=1}^{j} V_1 \cdot (1+g_1)^{t-1} \cdot (1+i_z)^{-t} + \frac{V_{j+1}}{i_z - g_2} \cdot (1+i_z)^{-(j+1)} \quad \text{mit } i_z > g_2$$

mit:

V_1: konstanter Vorteilsstrom jeder Periode über den Betrachtungszeitraum 1 bis j;

V_{j+1}: konstanter Vorteilsstrom jeder Periode über den Betrachtungszeitraum (j+1) bis n bzw. (j+1) bis ∞;

g_1: konstanter Wachstumsfaktor der Perioden 1 bis j;

g_2: konstanter Wachstumsfaktor der Perioden (j+1) bis n bzw. (j+1) bis ∞.

Nachdem bisher diverse Barwertkonzeptionen zur Ermittlung des so genannten inneren Wertes einer Aktie im Rahmen einer dynamisch orientierten Fundamentalanalyse vorgestellt wurden, werden in der Folge die verschiedenen im Schrifttum unter Vorteilsstrom zu subsumierenden Auffassungen analysiert und diskutiert.

2.3.3.2.3 Die Ermittlung der künftigen Vorteilsströme im Barwertkonzept zur Fundamentalanalyse

2.3.3.2.3.1 Die Ermittlung des Gewinns

2.3.3.2.3.1.1 Überblick

Eine der im Schrifttum[357] als sachgerecht für die Prognostizierung der potenziellen Ertragskraft[358] der Unternehmung angesehenen Größen stellt der ausgewiesene Gewinn (Verlust) dar. Allerdings kann dieser und damit auch der innere Wert einer Aktie einerseits durch Bilanzierungs- und Bewertungswahlrechte, andererseits durch die Ausübung von Ermessensspielräumen im Rahmen der Aufstellung des Jahresabschlusses stark beeinflusst werden. Dabei muss die Gewinngröße den Anforderungen Genüge tragen, sowohl einen Ver-

---

357 Vgl. z.B. *Steiner, Manfred/Bruns, Christoph*: Wertpapiermanagement. 7. Aufl., Stuttgart 2000, S. 222.

358 Vgl. *Küting, Karlheinz/Weber, Claus-Peter*: Die Bilanzanalyse. 5. Aufl., Stuttgart 2000, S. 272-273.

gleich der einzelnen Unternehmung im Zeitablauf als auch eine Vergleichbarkeit mehrerer Unternehmungen untereinander zu ermöglichen,[359] um letztendlich auch eine sinnvolle Nebeneinanderstellung von interbetrieblichen bzw. aufeinanderfolgenden innerbetrieblichen Börsenkursen zu gewährleisten. Um diesen vielen Ansprüchen Rechnung tragen zu können, wurde von der Deutschen Vereinigung für Finanzanalyse und Anlageberatung e.V. (DVFA) und der Schmalenbach-Gesellschaft – Deutsche Gesellschaft für Betriebswirtschaft e.V. (SG) ein standardisiertes Schema entwickelt, welches das Konzernergebnis der betrachteten Unternehmungen um außerordentliche, ungewöhnliche und dispositionsbedingte Aufwendungen und Erträge bereinigen soll. In diesem Zusammenhang ist der Grundsatz der Wesentlichkeit der Aufwendungen und Erträge für Zwecke der Gewinnermittlung und des zwischenbetrieblichen Vergleichs zu beachten.

Im Allgemeinen lässt sich das Ergebnis nach DVFA/SG wie in **Abbildung 58** ermitteln.[360]

	Jahreserfolg des Konzernabschlusses
+/–	außerordentliche und ungewöhnliche Aufwendungen und Erträge
+/–	dispositionsbedingte Aufwendungen und Erträge
=	Ergebnis nach DVFA/SG

Abbildung 58: Ermittlungsschema des Ergebnisses nach DVFA/SG bis 1998[361]

Zwischenzeitlich wurden die 1996 festgelegten Empfehlungen überarbeitet und finden erstmalig für Geschäftsjahre Anwendung, die nach dem 31.12.1998 enden.[362] Unterschiede zum bisherigen Schema bestehen insbesondere in einer stärkeren Ausrichtung an international vorherrschenden Bilanzierungs- und Bewertungsregelungen, einer abschließenden Aufzählung

---

[359] Vgl. *Busse von Colbe, Walther* u.a.: Ergebnis nach DVFA/SG. 2. Aufl., Stuttgart 1996, S. 3 und *Busse von Colbe, Walther* u.a. Ergebnis je Aktie nach DVFA/SG. 3. Aufl., Stuttgart 2000, S. 3.

[360] Die folgenden Ausführungen beziehen sich auf Handels-, Dienstleistungs- und Industrieunternehmen. Für Banken, Versicherungen und Unternehmensbeteiligungsgesellschaften (ab 1999 zusätzlich Immobiliengesellschaften) gelten besondere Vorschriften. Vgl. *Busse von Colbe, Walther* u.a.: Ergebnis je Aktie nach DVFA/SG. 3. Aufl., Stuttgart 2000, S. 80-81 und S. 91-125.

[361] Entnommen aus *Kußmaul, Heinz*: Ermittlung der künftigen Vorteilsströme im Barwertkonzept zur Fundamentalanalyse, In: Der Steuerberater 1999, S. 141.

[362] Vgl. DVFA/SG: Fortentwicklung des Ergebnisses nach DVFA/SG. In: Der Betrieb 1998, S. 2542.

der zu bereinigenden Sondereinflusstatbestände[363] sowie in der Nennung eines so genannten Negativkatalogs, innerhalb dessen nicht zu bereinigende Sondereinflüsse aufgeführt werden.[364] Ferner wurde die bereits erwähnte Wesentlichkeitsgrenze auf 10% des um latente steuerliche Auswirkungen angepassten Konzernergebnisses angehoben.[365] Im Falle der Überschreitung ist eine zwingende Bereinigung mit dem vollen Betrag erforderlich.[366] Das Ergebnis nach DVFA/SG ab 1999 lässt sich, wie in **Abbildung 59** dargestellt, ermitteln.

	Jahreserfolg des Konzernabschlusses
+/–	Anpassungen des Konzernergebnisses aufgrund von Änderungen des Konsolidierungskreises
+/–	Latente Steueranpassungen
+/–	Bereinigung von Sondereinflüssen in den Aktiva
+/–	Bereinigung von Sondereinflüssen in den Passiva
+/–	Bereinigung von nicht eindeutig zuordenbaren Sondereinflüssen
+/–	Bereinigung von Fremdwährungseinflüssen
=	Ergebnis nach DVFA/SG

Abbildung 59: Ermittlungsschema des Ergebnisses nach DVFA/SG ab 1999[367]

Im Folgenden wird auf die Struktur des bis 1998 geltenden Schemas abgestellt, wobei der Grundgedanke der Ermittlung einer neutralen Wertgröße unverändert geblieben ist.[368]

---

363 Vgl. *Busse von Colbe, Walther* u. a.: Ergebnis je Aktie nach DVFA/SG. 3. Aufl., Stuttgart 2000, S. 3 und S. 27-49.

364 Vgl. *Busse von Colbe, Walther* u. a.: Ergebnis je Aktie nach DVFA/SG. 3. Aufl., Stuttgart 2000, S. 31.

365 Vgl. *Busse von Colbe, Walther* u. a.: Ergebnis je Aktie nach DVFA/SG. 3. Aufl., Stuttgart 2000, S. 27.

366 Vgl. hierzu *Busse von Colbe, Walther* u. a.: Ergebnis je Aktie nach DVFA/SG. 3. Aufl., Stuttgart 2000, S. 27.

367 Vgl. *Busse von Colbe, Walther* u. a.: Ergebnis je Aktie nach DVFA/SG. 3. Aufl., Stuttgart 2000, S. 69 sowie *Kußmaul, Heinz/Richter, Lutz*: Die dynamisch orientierte Fundamentalanalyse als Instrumentarium der Aktienanalyse. In: Jahrbuch für Controlling und Rechnungswesen 2000, hrsg. von *Gerhard Seicht*, Wien 2000, S. 67.

368 Diese These wird von *Küting/Weber* bestätigt, für die die bisherige Einteilung der Aufwendungen und Erträge zwar aufgehoben, aber im neuen Bereinigungskatalog weiterhin impliziert wird, wie **Abbildung 60** (Seite 194) aufzeigen wird. Vgl. *Küting, Karlheinz/Weber, Claus-Peter*: Die Bilanzanalyse. 5. Aufl., Stuttgart 2000, S. 274.

2.3.3.2.3.1.2 Außerordentliche und ungewöhnliche Aufwendungen und Erträge

Als außerordentliche Aufwendungen und Erträge sind diejenigen den Gewinn beeinflussenden Größen anzusehen, die gem. § 275 Abs. 2 Nr. 15 und Nr. 16 bzw. Abs. 3 Nr. 14 und Nr. 15 HGB im Gesamt- bzw. Umsatzkostenverfahren auch als solche bezeichnet werden. Demnach müssen die Kriterien der Ungewöhnlichkeit bzgl. der ausgeübten Geschäftstätigkeit und der Unregelmäßigkeit (Seltenheit) erfüllt sein.[369]

Im Gegensatz zu den außerordentlichen Aufwendungen und Erträgen fallen ungewöhnliche Aufwendungen und Erträge nicht außerhalb, sondern innerhalb der gewöhnlichen Geschäftstätigkeit an. Sie sind von seltener und wesentlicher Art. Letzterer Aspekt bedeutet, dass sie einen relativ großen Betrag im Vergleich zu den gewöhnlichen Aufwendungen und Erträgen verkörpern.[370] Die außerordentlichen und ungewöhnlichen Aufwendungen und Erträge werden im Rahmen des Bereinigungsschemas unter einer einzigen Position zusammengefasst.[371]

2.3.3.2.3.1.3 Dispositionsbedingte Aufwendungen und Erträge

Dispositionsbedingte Aufwendungen und Erträge entstehen dann, wenn gesetzliche oder faktische **Bilanzierungs- und Bewertungswahlrechte bzw. Ermessensspielräume auf verschiedene Art und Weise ausgeübt** werden. Diese den Gewinn beeinflussenden Buchungen müssen deshalb rückgängig gemacht werden, da sie zum einen den zwischenbetrieblichen Vergleich erschweren und zum anderen die Ergebnisentwicklung einer Unternehmung verfälschen können. Es wird also unter Bezugnahme auf so genannte „Normalfälle", die bestimmen, welches Verhalten bei Wahlrechten nun das „Richtige" i. S. dieses Schemas darstellt, auf eine (fiktive) einheitliche Bilanzierung, Bewertung und Ermessensausübung abgestellt, wobei sich diese aktienanalytische Normbilanzierung nach dem herrschenden praktizierten Verhalten richtet.[372]

---

[369] Vgl. mit Beispielen *Borchert, Dierk*: Kommentierung zu § 275 HGB. In: Handbuch der Rechnungslegung, hrsg. von *Karlheinz Küting* und *Claus-Peter Weber*, Band Ia, 4. Aufl., Stuttgart 1995, S. 1695, Rn. 88.

[370] Vgl. *Küting, Karlheinz/Weber, Claus-Peter*: Die Bilanzanalyse. 4. Aufl., Stuttgart 1999, S. 281.

[371] Vgl. *Küting, Karlheinz/Weber, Claus-Peter*: Die Bilanzanalyse. 4. Aufl., Stuttgart 1999, S. 281.

[372] Vgl. *Küting, Karlheinz/Weber, Claus-Peter*: Die Bilanzanalyse. 4. Aufl., Stuttgart 1999, S. 282.

In **Abbildung 60** (Seite 193 und 194) werden für ausgewählte Bilanzpositionen die von der DVFA/SG vorgeschlagenen **„Normalfälle"** angegeben.[373] Bei Abweichungen hat eine (erfolgswirksame) Korrektur (in den Folgeperioden) derart zu erfolgen, dass der „Normalfall" in der Totalperiode gewährleistet wird.

In Anlehnung an die vorzunehmenden Korrekturen ist anzumerken, dass diese auch mit Berichtigungen von Ertragsteuern sowie primärer wie auch sekundärer latenter Steuern (§§ 274, 306 HGB) einhergehen. Der zu Grunde zu legende Ertragsteuersatz entspricht dem Grenzsteuersatz für thesaurierte Gewinne, so dass die Ausschüttungsebene nicht tangiert wird.[374]

Hinsichtlich der Empfehlungen der DVFA/SG bis zum Jahr 1998 ist kritisch anzumerken, dass im Rahmen einiger Wahlrechte bzw. Ermessensspielräume die Definition von „Normalfällen" unterblieb. So stellte sich bspw. die Frage, welche Behandlung Tochterunternehmen erfahren, die aufgrund des Konsolidierungswahlrechts gem. § 296 HGB nicht in den Vollkonsolidierungskreis mit einbezogen werden, sondern nach der Equity-Methode gem. § 312 HGB bewertet werden.[375] Des Weiteren wurde das Wahlrecht des Konsolidierungszeitpunktes bei erstmaliger Einbeziehung eines Tochterunternehmens in den Konzernabschluss gem. § 301 Abs. 2 HGB nicht zu einem „Normalfall" standardisiert. Ein weiteres Problemfeld stellt der Fall dar, bei dem im Zuge der Erstkonsolidierung die (anteiligen) aufgedeckten stillen Reserven den aktivischen Unterschiedsbetrag übersteigen und ein einheitlicher Maßstab zur (nicht willkürlichen) Aufteilung der stillen Reserven gefunden werden muss.[376] Auch ab dem Jahr 1999 sind diese Aspekte aufgrund der Nichtnennung im abschließenden Katalog der Sondereinflüsse nicht eindeutig geklärt. Somit machen die Unsicherheiten in Form der Nichtdefinition von „Normalfällen", die durchaus von verschiedenen Unternehmungen in unterschiedlicher Art und Weise ausgeübt werden können, den Versuch der Vereinheitlichung von Jahresergebnissen z. T. wieder zunichte.

Kritisch ist in diesem Zusammenhang festzustellen, dass die Fundamentalanalyse als Instrumentarium der „externen Unternehmensbewertung" auf öffentlich zugängliche Informationen angewiesen ist, während die Ermittlung

---

[373] Es ist zu beachten, dass die Regelungsvorschriften des HGB bzgl. des Einzelabschlusses gem. § 298 Abs. 1 HGB auch für den Konzernabschluss gelten (falls nicht etwas Anderes explizit geregelt ist).

[374] Vgl. *Küting, Karlheinz/Weber, Claus-Peter*: Die Bilanzanalyse. 5. Aufl., Stuttgart 2000, S. 278.

[375] Vgl. dazu *Küting, Karlheinz/Weber, Claus-Peter*: Der Konzernabschluß. 6. Aufl., Stuttgart 2000, S. 106.

[376] Vgl. dazu *Küting, Karlheinz/Weber, Claus-Peter*: Der Konzernabschluß. 6. Aufl., Stuttgart 2000, S. 241-243.

des Ergebnisses nach DVFA/SG auf unternehmungsinternen Daten basiert. Da keine Verpflichtung zur Veröffentlichung dieser Kennzahl im Geschäftsbericht besteht, liegt es somit im Ermessen der jeweiligen Rechnung legenden Unternehmung, diese Kennziffer zu berechnen und externen Adressaten zugängig zu machen. Im Falle des Unterlassens der Publikation des Ergebnisses nach DVFA/SG kann diese Kennziffer mit den veröffentlichten Daten schlecht bzw. gar nicht bestimmt werden.

Bilanz- bzw. GuV-Position	„Normalfall" bzw. Anmerkungen
Aufwendungen für die Ingangsetzung und Erweiterung des Geschäftsbetriebs (§ 269 HGB)	Keine Ausübung des Aktivierungswahlrechts.
Geschäfts- oder Firmenwert im Einzelabschluss gem. § 255 Abs. 4 HGB	Aktivierung und erfolgswirksame Abschreibung über 5-20 Jahre.
Geschäfts- oder Firmenwert im Konzernabschluss gem. § 309 HGB	Aktivierung und erfolgswirksame Abschreibung über die Konzern-GuV.
Selbst erstellte Sachanlagen	Ansatz mit der steuerbilanziellen Wertuntergrenze gem. R 33 EStR.
Abschreibungen auf Sachanlagen	Steuerbilanziell zulässige planmäßige und außerplanmäßige Abschreibungen auf Sachanlagen aufgrund einer nachhaltigen Wertminderung. Gewinne/Verluste aus Anlageabgängen, die „bedeutende" Grundstücke und Gebäude darstellen, bzw. Abgänge, die in Zusammenhang mit dem Verkauf/der Stilllegung von Geschäftsbereichen/Produktlinien stehen, sind zu bereinigen.
Abschreibungen auf Finanzanlagen	Abschreibungen nur bei einer nachhaltigen Wertminderung. Erträge/Aufwendungen aus dem teilweisen/vollen Verkauf von Beteiligungen sind zu bereinigen. Analoges gilt für Erträge aus Beteiligungen, die aus Rücklagen stammen.
Forderungen aus Lieferungen und Leistungen	Bei dieser Bilanzposition gibt es keine „Normalfälle", da die Forderungen von der betriebsindividuellen Kundenstruktur abhängig sind, soweit die Abschreibungen nicht über die Berücksichtigung aktueller Wertminderungsrisiken hinausgehen.
Disagio	Aktivierung als aktivischer RAP und Abschreibung über die Laufzeit der Verbindlichkeit gem. § 250 Abs. 3 HGB.

Investitionszuschüsse	Absetzung als Minderung von den Anschaffungs-/ Herstellungskosten bzw. Einstellung in einen eigens geschaffenen Sonderposten für Investitionszuschüsse (R 34 Abs. 2 Satz 3 EStR).
Passivischer Unterschiedsbetrag aus der Kapitalkonsolidierung gem. § 309 Abs. 2 HGB (Der Beteiligungsbuchwert der Mutterunternehmung ist kleiner als das (anteilige) aufzurechnende Eigenkapital der Tochtergesellschaft vor Aufdeckung etwaiger stiller Reserven/Lasten.)	Erträge, die aus der Auflösung passivischer Unterschiedsbeträge stammen, sind zu bereinigen.
Rückstellungen gem. § 249 HGB	Pensionsrückstellungen (Neuzusagen), die sich nach den objektiv nachprüfbaren Kriterien des § 6a EStG richten. Mittelbare Pensionsverpflichtungen (Abführungen an Unterstützungs- und Pensionskassen sowie Direktversicherungen). Beim Wahlrecht der Bildung von Pensionsrückstellungen bzgl. Altzusagen gem. Art. 28 EGHGB ist eine Unterlassung der Rückstellungsdotierung mit einer dementsprechenden Kürzung des Periodenerfolgs verbunden. Nicht als „Normalfall" werden die Bildung von Rückstellungen für unterlassene Instandhaltung und Abraumbeseitigung sowie sonstiger Aufwandsrückstellungen angesehen.
Fremdwährungseinflüsse	Aufgrund mangelnder gesetzlicher Regelungen im HGB ist die international verwendete Methode der funktionalen Währungsumrechnung als „Normalfall" zu betrachten. Wird eine andere Umrechnungsmethode verwendet, sind erfolgswirksame Unterschiede im Vergleich zur Methode der funktionalen Währungsumrechnung zu bereinigen.

Abbildung 60: Überblick über ausgewählte Bereinigungspositionen im Rahmen der Ergebnisermittlung nach DVFA/SG[377]

[377] Diese Abbildung beruht auf Informationen, die dem Beitrag von *Busse von Colbe, Walther* u.a.: Ergebnis je Aktie nach DVFA/SG. 3. Aufl., Stuttgart 2000 entnommen worden sind. Vgl. hierzu ebenfalls *Kußmaul, Heinz*: Ermittlung der künftigen Vorteilsströme im Barwertkonzept zur Fundamentalanalyse. In: Der Steuerberater 1999, S. 142-144.

2.3.3.2.3.2 Die Ermittlung des Cashflow inkl. Shareholdervalue-Konzept als alternative Aktienbewertung

Unabhängig davon, ob der Gewinn oder der Cashflow als zu diskontierende Größe herangezogen wird, ist der Hauptschwierigkeitskomplex in der Prognostizierung der künftigen, zu diskontierenden Größen zu sehen; hierbei bietet es sich an, ein so genanntes **Phasenmodell** zu Rate zu ziehen.[378] In der ersten Phase, die etwa ein bis drei Jahre andauert, werden die in Frage kommenden zukünftigen Größen detailliert (anhand von Vergangenheitswerten) bestimmt.[379] In der zweiten Phase (etwa fünf weitere Jahre) wird dieser Ergebnistrend extrapoliert, während in der dritten Phase eine Schätzung auf Basis des Endwertes der zweiten Phase vorgenommen wird.

Aufgrund der Tatsache, dass die Höhe des Gewinns einer Unternehmung durch Jahresabschlusspolitik beeinflusst und verfälscht werden kann, verwenden Analysten zur Aktienbewertung alternativ auch den Cashflow,[380] der eine objektivierte, schwer durch Jahresabschlusspolitik zu beeinflussende und v.a. im internationalen Vergleich aussagekräftigere Größe verkörpert.[381] Der **Cashflow**, der den finanziellen Überschuss aus laufenden erfolgswirksamen geschäftlichen Aktivitäten repräsentiert, ist „... Ausdruck für die Innenfinanzierungskraft, die einem Unternehmen für Investitionen, Schuldentilgung und Dividendenzahlungen sowie für die Speisung des Finanzmittelbestandes zur Verfügung steht."[382] Als entscheidender Nachteil des Cashflow ist anzuführen, dass dieser die Ertragskraft der betrachteten Unternehmung nicht genügend reflektiert, da v.a. durch unterschiedliche Lohn- und Kapitalintensitäten bedingte Abschreibungsbeträge den Cashflow nicht beeinflussen; aus diesem Grunde ist auch das noch an späterer Stelle zu behandelnde Kurs-Cashflow-

---

378 Vgl. dazu *Piltz, Detlev J.*: Die Unternehmensbewertung in der Rechtsprechung. 3. Aufl., Düsseldorf 1994, S. 20.

379 Für *Bender/Lorson* beträgt der Detailplanungszeitraum bei kurzlebigen Anlagen fünf Jahre und bei langlebigen Anlagen zehn Jahre. Vgl. *Bender, Jürgen/Lorson, Peter*: Discounted-Cash-flow Verfahren und Anmerkungen zu Shareholder-Value-Konzepten. In: Betrieb und Wirtschaft 1997, S. 1.

380 *Schubert* ist der Meinung, dass der Cashflow nur dann als zu diskontierende Größe verwendet werden sollte, wenn bspw. in der Unternehmung Verluste erzielt werden und somit die Berechnungen einen negativen Wert hervorbringen. Vgl. *Schubert, Eckehard*: Fundamentalanalyse. In: Wertpapierinvestment heute, hrsg. von *Hartmut Leser*, Wiesbaden 1988, S. 20. Diese Vorgehensweise kann nicht als sachgerecht angesehen werden, da durch Umstellung auf eine andere Vorteilsstromgröße Aktienkauf- bzw. -verkaufsentscheidungen „schöngerechnet" werden können.

381 Vgl. *Steiner, Manfred/Bruns, Christoph*: Wertpapiermanagement. 7. Aufl., Stuttgart 2000, S. 224.

382 *Busse von Colbe, Walther* u.a.: Ergebnis je Aktie nach DVFA/SG. 3. Aufl., Stuttgart 2000, S. 129; vgl. zum Cashflow sehr ausführlich **Abschnitt 3.4**.

Verhältnis (KCFV) nur sinnvoll in Verbindung mit dem Kurs-Gewinn-Verhältnis (KGV) zu verwenden und umgekehrt.[383]

Der Cashflow kann grundsätzlich auf zweierlei Arten ermittelt werden: direkt und indirekt. Im Zuge beider Vorgehensweisen sind diejenigen Erfolgsgrößen zu eliminieren, die nicht zu periodengleichen Zahlungen führen. Die **direkte Ermittlung** des Cashflow zeichnet sich dadurch aus, dass allgemein einzahlungswirksame Erträge und auszahlungswirksame Aufwendungen miteinander saldiert werden.[384] Die direkte Ermittlung des Cashflow besitzt den Nachteil, dass keine unmittelbare Beziehung zum Jahresabschluss gegeben ist. Aus diesem Grunde wird i.d.R. auf die **indirekte Cashflow-Ermittlung** abgestellt, im Rahmen derer ausgehend vom jeweiligen Jahresergebnis diejenigen Aufwendungen hinzugerechnet werden, die keine Auszahlungen darstellen, und diejenigen Erträge zu subtrahieren sind, die zu keinen Einzahlungen führen.[385] Zu den auszahlungsunwirksamen Aufwendungen gehören insb. die Abschreibungen, die Zuführungsbeträge zu den Rückstellungen sowie die Einstellung von Beträgen in den Sonderposten mit Rücklageanteil, während insb. Zuschreibungen, Auflösungsbeträge von Rückstellungen bzw. den Sonderposten mit Rücklageanteil mindernde Beträge zu den einzahlungsunwirksamen Erträgen zählen.

Um den Genauigkeitsgrad der (internationalen) Vergleichbarkeit von Unternehmungen unterschiedlicher Branchen zu erhöhen, ist analog zum Ergebnis nach DVFA/SG ein Cashflow nach DVFA/SG (indirekt) zu ermitteln, wobei die in **Abbildung 61** (Seite 197) aufgezeigten Schritte durchzuführen sind.

Diese Art der Ermittlung des Cashflow nach DVFA/SG hat grundsätzlich[386] weiterhin Bestand. Allerdings wird der „Cashflow" seit 1999 als „Cash Earnings" bezeichnet.[387, 388]

Da auch **keine Veröffentlichungspflicht** des Cashflow nach DVFA/SG im Geschäftsbericht besteht, kann diese Kennziffer mit den einem Externen zur Verfügung stehenden Daten schlecht bzw. gar nicht bestimmt werden.

---

383 Vgl. *Perridon, Louis/Steiner, Manfred*: Finanzwirtschaft der Unternehmung. 10. Aufl., München 1999, S. 224-225.

384 Vgl. *Wöhe, Günter*: Bilanzierung und Bilanzpolitik. 9. Aufl., München 1997, S. 836.

385 Vgl. *Wöhe, Günter*: Bilanzierung und Bilanzpolitik. 9. Aufl., München 1997, S. 836.

386 Seit 1999 wird der Konzernerfolg explizit um Veränderungen latenter Ertragsteueraufwendungen (Zuführung zu den Rückstellungen für latente Steuern bzw. Auflösung des Rechnungsabgrenzungspostens für latente Steuern) bzw. Ertragsteuererträge korrigiert. Vgl. *Busse von Colbe, Walther* u.a.: Ergebnis je Aktie nach DVFA/SG. 3. Aufl., Stuttgart 2000, S. 133 und **Abschnitt 3.4.3.3.6**.

387 Vgl. *Busse von Colbe, Walther* u.a.: Ergebnis je Aktie nach DVFA/SG. 3. Aufl., Stuttgart 2000, S. 133.

388 Vgl. dazu sehr ausführlich **Abschnitt 3.4.3**.

	Konzernerfolg
+	Abschreibungen auf Gegenstände des Anlagevermögens
–	Zuschreibungen zu Gegenständen des Anlagevermögens
+/–	Zunahme/Abnahme der Rückstellungen für Pensionen bzw. anderer langfristiger Rückstellungen
+/–	Zunahme/Abnahme der Sonderposten mit Rücklageanteil
+/–	Andere nicht zahlungswirksame Aufwendungen/Erträge von wesentlicher Bedeutung (z.B. Erträge aus der Auflösung einer gebildeten Rücklage für Investitionszuschüsse oder Abschreibungen auf ein als aktivischer Rechnungsabgrenzungsposten gebildetes Disagio)
=	Jahres-Cashflow
+/–	Bereinigung um ungewöhnliche zahlungswirksame Aufwendungen/Erträge von wesentlicher Bedeutung
=	Cashflow nach DVFA/SG

Abbildung 61: Ermittlungsschema des Cashflow nach DVFA/SG[389]

Die alternativ in der Praxis zur Ermittlung des inneren Wertes verwendeten Discounted Cashflow-Verfahren (DCF-Verfahren) beruhen auf voneinander differierenden Cashflow-Größen. Diese bzw. die in Frage kommenden Verfahren werden in **Abbildung 62** näher definiert.

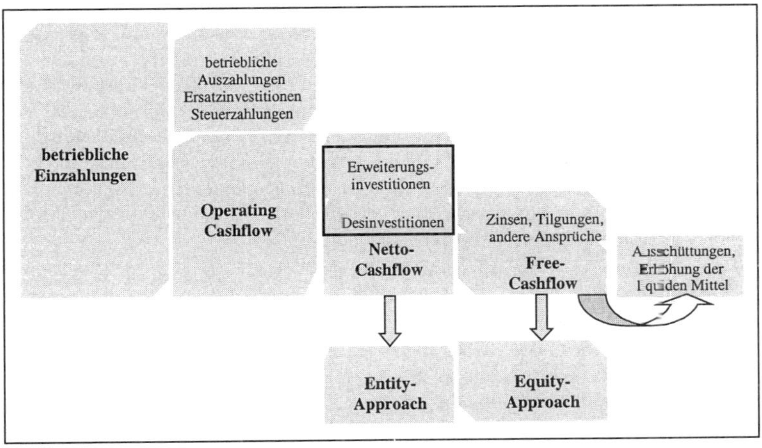

Abbildung 62: Abgrenzung der einzelnen Cashflow-Begriffe für Zwecke einzelner Modellvarianten der Discounted Cashflow-Methode[390]

389 Vgl. hierzu DVFA/SG: Cash-Flow nach DVFA/SG. In: Die Wirtschaftsprüfung 1993, S. 599.

Den beim Entity Approach[391, 392] verwendeten **Netto-Cashflow** erhält man, indem man vom Saldo der betrieblichen Ein- und Auszahlungen noch Auszahlungen für Ersatz- und Erweiterungsinvestitionen sowie Steuerauszahlungen subtrahiert und Einzahlungen im Rahmen von Desinvestitionen addiert. Der Netto-Cashflow stellt denjenigen Betrag dar, der sowohl Eigen- als auch Fremdkapitalgebern zwecks Anspruchsbefriedigung zur Verfügung steht.[393] Befriedigt man Fremdkapitalgeber und andere externe Anspruchsberechtigte mittels Kapitaldienstzahlungen, so ergibt sich der den Unternehmungseigentümern zustehende **Free-Cashflow**, der beim Equity Approach als maßgebende Größe angesetzt wird.[394]

Der **Marktwert des Eigenkapitals** (so genannter Shareholdervalue[395]) ermittelt sich gemäß Entity Approach (WACC-Ansatz, Bruttomethode der Unternehmensbewertung), indem vom Unternehmenswert als Summe sämtlicher im Betrachtungszeitraum diskontierten erwarteten Netto-Cashflows der noch zu definierende Marktwert des Fremdkapitals subtrahiert wird. Alternativ kann bei Anwendung des Equity Approach (Nettomethode der Unternehmensbewertung) der Marktwert des Eigenkapitals als Summe sämtlicher im Betrachtungszeitraum diskontierter erwarteter Free-Cashflows errechnet werden; ein Marktwert des Fremdkapitals ist hierbei aufgrund der im Free-

---

390 Modifiziert entnommen aus *Betsch, Oskar/Groh, Alexander P./Lohmann, Lutz G.*: Corporate Finance. München 1998, S. 164. Anzumerken ist weiterhin, dass die einzelnen Cashflow-Definitionen keinen Anspruch auf Einheitlichkeit erheben, sondern zumeist unterschiedlich festgelegt sind. So findet sich bspw. bei *Drukarczyk* eine überblicksartige Zusammenfassung alternativer Cashflow-Definitionen. Vgl. *Drukarczyk, Jochen*: Unternehmensbewertung. München 1996, S. 110. Auch *Betsch/Groh/Lohmann* verwenden in der zweiten Auflage des o.g. Buches andere Cashflow-Begriffe als in der ersten Auflage. Vgl. *Betsch, Oskar/Groh, Alexander P./Lohmann, Lutz G.*: Corporate Finance. München 1998, S. 163-164 und *Betsch, Oskar/Groh, Alexander P./Lohmann, Lutz G.*: Corporate Finance. 2. Aufl., München 2000, S. 213-214.

391 Vgl. mit näheren Ausführungen zur Entity-Methode z.B. *Drukarczyk, Jochen*: Unternehmensbewertung. 2. Aufl., München 1998, S. 179-207.

392 Eine Verallgemeinerung der Entity-Methode, die sog. „Adjusted Present Value-Methode (APV-Methode)", wird im Folgenden außer Acht gelassen. Vgl. dazu *Drukarczyk, Jochen*: Unternehmensbewertung. 2. Aufl., München 1998, S. 208-233 sowie Band I: Investition, Abschnitt 2.8.4.4.3.

393 Vgl. *Betsch, Oskar/Groh, Alexander P./Lohmann, Lutz G.*: Corporate Finance. München 1988, S. 163. In der zweiten Auflage wird der Netto-Cashflow als Free-Cashflow oder Flow to Equity bezeichnet, wobei die Definition dieser Wertgröße unverändert geblieben ist. Vgl. *Betsch, Oskar/Groh, Alexander P./Lohmann, Lutz G.*: Corporate Finance. 2. Aufl., München 2000, S. 213

394 Vgl. mit näheren Ausführungen zur Equity-Methode z.B. *Drukarczyk, Jochen*: Unternehmensbewertung. 2. Aufl., München 1998, S. 242-245.

395 Vgl. ausführlich zu verschiedenen Shareholdervalue-Ansätzen Band I: Investition, Abschnitt 2.8.5.

Cashflow bereits berücksichtigten Bedienung der Fremdkapitalgeber nicht in Abzug zu bringen.

In der Literatur finden sich zur Definition des **Marktwerts des Fremdkapitals** nur wenige detaillierte Meinungen. *Peemöller/Keller* definieren den Marktwert des Fremdkapitals als Barwert sämtlicher dazugehöriger Fremdkapitalzinsen.[396] Überraschend ist in diesem Zusammenhang die Nichtberücksichtigung der künftigen Tilgungszahlungen an die Fremdkapitalgeber. Hierbei würde eine Inkongruenz mit dem Equity Approach entstehen, da bei Letzterem dieser Teil des Kapitaldienstes Berücksichtigung findet.

Copeland/Koller/Murrin hingegen leiten den Marktwert des Fremdkapitals aus der Bilanz der Unternehmung zum Bewertungsstichtag ab.[397] Diese Methodik zeugt nur auf den ersten Blick von einer statischen Betrachtungsweise, weil sehr wohl künftige Tilgungs- und Zinszahlungen in dieser Größe berücksichtigt sind. Die Grundüberlegung basiert darauf, dass die zum Bewertungsstichtag in der Unternehmung befindlichen Fremdkapitalbestände nicht in die Berechnungen des Marktwerts des Fremdkapitals mit einbezogen werden dürfen, weil sie vergangene Einzahlungen bzw. Tilgungsleistungen repräsentieren. Zinst man somit die zukünftigen Kapitaldienste, die auf das zum Bewertungsstichtag vorhandene Fremdkapital entfallen, mit dem Fremdkapitalkostensatz ab, so ergibt sich stets der in der Bilanz befindliche Buchwert des Fremdkapitals, der aufgrund der marktwertbezogenen Bewertung noch in einen Marktwert transferiert werden muss.[398]

Somit ist die These, dass der Marktwert des Fremdkapitals die „... Cash-Flows an die Fremdkapitalgeber [verkörpert; d.Verf.], die mit einem das Risikopotential dieser Zahlungsströme widerspiegelnden Diskontierungssatz abgezinst und summiert werden",[399] als richtig zu erachten. Diese Aussage ist allerdings dahingehend zu relativieren, dass nicht sämtliche im Planungszeit-

---

396 Vgl. *Peemöller, Volker H./Keller, Bernd*: Unternehmensbewertung. In: Saarbrücker Handbuch der Betriebswirtschaftlichen Beratung, hrsg. von *Karlheinz Küting*, 2. Aufl., Herne/Berlin 2000, S. 1029, Rn. 427.

397 Vgl. hierzu das Fallbeispiel der „Preston Corporation" bei *Copeland, Tom/Koller, Tim/Murrin, Jack*: Unternehmenswert. Frankfurt a.M./New York 1993, S. 219 und S. 254. Überraschend ist in diesem Zusammenhang, dass die Verfasser in der zweiten Auflage ihres Buches den Buchwert des Fremdkapitals anstatt dem in der ersten Auflage verwendeten Marktwert des Fremdkapitals den Berechnungen zugrunde legen. Vgl. hierzu *Copeland, Tom/Koller, Tim/Murrin, Jack*: Unternehmenswert. 2. Aufl., Frankfurt a.M./New York 1998, S. 289 und S. 325.

398 Markt- und Buchwert können in der Bilanz aufgrund von am Bilanzstichtag herrschenden stillen Lasten divergieren. Gründe hierfür können bspw. im Ansatz von Fremdwährungsverbindlichkeiten gesehen werden.

399 *Copeland, Tom/Koller, Tim/Murrin, Jack*: Unternehmenswert. 2. Aufl., Frankfurt a.M./New York 1998, S. 163.

raum anfallenden Kapitaldienste berücksichtigt werden müssen. Der Grund ist darin zu sehen, dass bei einer zukünftigen Kreditaufnahme der Barwert der Finanzierungsreihe unabhängig von der Tilgungsform stets gleich Null ist. Dieselbe Meinung vertreten auch *Copeland/Koller/Murrin*, die künftige Kredite vernachlässigen, weil „... der Barwert der Einzahlungen aus diesen Krediten genau dem Wert der mit den Opportunitätskosten des Fremdkapitals diskontierten künftigen Rückzahlungen entspricht."[400] Aus diesen Überlegungen heraus lässt sich wiederum folgern, dass nur Kredite, die bereits zum Bewertungsstichtag vorhanden sind, in die Berechnungen mit einbezogen werden, da sie keine vollständige Finanzierungsreihe bilden und somit keinen Kapitalwert in Höhe von null erwirtschaften.

Im Folgenden wird ein Zahlenbeispiel, das den Entity Approach und Equity Approach betrifft und die obigen Überlegungen untermauern soll, aufgeführt; hierbei wird sowohl formal als auch anhand des Beispiels gezeigt, dass beide Methoden bei konsistenter Handhabung nicht, wie manchmal behauptet,[401] zu übereinstimmenden Ergebnissen führen:

Beispiel:[402]

Der Marktwert des Eigenkapitals einer Unternehmung soll alternativ nach dem Entity Approach und Equity Approach ermittelt werden. Hierzu wird von den in **Abbildung 63** angegebenen Daten ausgegangen:

Zeitpunkt	t=1	t=2	t=3	t=4	t=5
Netto-Cashflow	2.000	1.000	1.500	1.750	2.000

Abbildung 63: Darstellung der Zahlenreihe der einzelnen Netto-Cashflow-Größen

Das Eigenkapital der Unternehmung zum Zeitpunkt t=0 beträgt 7.000 EUR; der mittels des CAPM ermittelte Eigenkapitalkostensatz beläuft sich auf 12% p.a. Zum selben Termin wird Fremdkapital zu folgenden Konditionen aufgenommen:

- Auszahlungsbetrag in t=0: 3.000 EUR,
- Fremdkapitalzinssatz: 6% p. a.,
- Laufzeit: 5 Jahre,
- endfällige Tilgung.

---

400 *Copeland, Tom/Koller, Tim/Murrin, Jack*: Unternehmenswert. 2. Aufl., Frankfurt a.M./New York 1998, S. 163.

401 Vgl. *Drukarczyk, Jochen*: Unternehmensbewertung. 2. Aufl., München 1998, S. 176.

402 Entnommen aus *Kußmaul, Heinz*: Ermittlung der künftigen Vorteilsströme im Barwertkonzept zur Fundamentalanalyse. In: Der Steuerberater 1999, S. 147-148.

Von steuerlichen Aspekten soll in den folgenden Berechnungen abstrahiert werden.

Der gewichtete Kapitalkostensatz (WACC) bestimmt sich wie folgt:

$$i = 0{,}06 \cdot \frac{3.000}{3.000 + 7.000} + 0{,}12 \cdot \frac{7.000}{3.000 + 7.000} = 0{,}102 = 10{,}2\,\%$$

(1) Entity Approach (Bruttomethode)

(a) Ermittlung des gesamtkapitalbezogenen Unternehmenswerts UW_{GK}

Im Folgenden werden die oben angegebenen zukünftigen Netto-Cashflows (= Cashflows vor der Bedienung der Eigen- und Fremdkapitalgeber; NCF_t) mittels des WACC auf den Bezugszeitpunkt t=0 diskontiert.

$$UW_{GK} = \sum_{t=1}^{5} \frac{NCF_t}{(1+i)^t} = \frac{2.000}{1{,}102} + \frac{1.000}{1{,}102^2} + \frac{1.500}{1{,}102^3} + \frac{1.750}{1{,}102^4} + \frac{2.000}{1{,}102^5} = 6.176{,}41\,\text{EUR}$$

(b) Ermittlung des Marktwerts des Fremdkapitals (MWFK)

Gemäß der vorgenommenen Definition des Marktwerts des Fremdkapitals (Barwert der Summe der auf das Fremdkapital noch zu zahlenden Kapitaldienste) bemisst sich diese Größe wie folgt:

$$MWFK = \sum_{t=1}^{5} \frac{ZZ_t + T_t}{(1+i_{FK})^t} = 180 \cdot RBF_{n=5\,\text{Jahre}}^{i_{FK}=0{,}06} + \frac{3.000}{1{,}06^5}$$

$$= 180 \cdot \frac{1{,}06^5 - 1}{0{,}06 \cdot 1{,}06^5} + \frac{3.000}{1{,}06^5} = 3.000\,\text{EUR}$$

mit:

T_t: Tilgungszahlungen in der t-ten Periode;

i_{FK}: Fremdkapitalzinssatz;

ZZ_t: Zinszahlungen in der t-ten Periode

Die ermittelte Wertgröße stimmt mit dem bilanzierten Fremdkapital überein, so dass die Definition und Handhabung von *Copeland/Koller/Murrin* als sachgerecht erscheint.

(c) Ermittlung des Marktwerts des Eigenkapitals (MWEK)

$$MWEK = UW_{GK} - MWFK = 6.176{,}41 - 3.000 = 3.176{,}41\,\text{EUR}$$

(2) Equity Approach (Nettomethode)

(a) Ermittlung der Free-Cashflows (FCF)

Da im Rahmen des Equity Approach Cashflow-Größen diskontiert werden, bei denen bereits eine Bedienung der Fremdkapitalgeber erfolgte (Free-Cashflows), wird in **Abbildung 64** (Seite 202) in einem ersten Schritt eine Subtraktion der in der jeweiligen Periode zu zahlenden Kapitaldienste von den zum jeweiligen Zeitpunkt anfallenden Netto-Cashflows vorgenommen.

Zeitpunkt		t=1	t=2	t=3	t=4	t=5
	Netto-Cashflow	2.000	1.000	1.500	1.750	2.000
–	Kapitaldienst	180	180	180	180	3.180
=	Free-Cashflow	1.820	820	1.320	1.570	–1.180

Abbildung 64: Überleitung von den Netto-Cashflows auf die Free-Cashflows

(b) Ermittlung des Marktwerts des Eigenkapitals (MWEK)

Der Marktwert des Eigenkapitals ermittelt sich, indem sämtliche Free-Cashflows (FCF_t) mit dem Eigenkapitalkostensatz (i_{EK}) auf den Bezugszeitpunkt t=0 diskontiert werden.

$$MWEK = \sum_{t=1}^{5} \frac{FCF_t}{(1+i_{EK})^t} = \frac{1.820}{1{,}12} + \frac{820}{1{,}12^2} + \frac{1.320}{1{,}12^3} + \frac{1.570}{1{,}12^4} - \frac{1.180}{1{,}12^5} = 3.546{,}45\ EUR$$

Entity Approach und Equity Approach führen also bei konsistenter Handhabung in diesem Fall nicht zum gleichen Ergebnis. Vielmehr liegt ein Differenzbetrag Δ MWEK in folgender Höhe vor:

$$\Delta\, MWEK = 3.546{,}45 - 3.176{,}41 = 370{,}04\ EUR$$

Im Folgenden soll näher untersucht werden, auf welche Ursachen diese beiden unterschiedlichen Ergebnisse zurückzuführen sind. Betrachtet man beide Ermittlungsmethoden bzgl. der Ermittlung des Marktwerts des Eigenkapitals in allgemeiner Form, so gilt im Falle des Entity Approach:

$$MWEK = \sum_{t=1}^{n} \frac{NCF_t}{(1+i)^t} - \sum_{t=1}^{n} \frac{ZZ_t + T_t}{(1+i_{FK})^t}$$

Nach dem Equity Approach bemisst sich der Marktwert des Eigenkapitals wie folgt:

$$MWEK = \sum_{t=1}^{n} \frac{FCF_t}{(1+i_{EK})^t}$$

Macht man sich zunutze, dass der Free-Cashflow jeder Periode die Differenz zwischen dem Netto-Cashflow und den zu zahlenden Kapitaldiensten ist, gilt:

$$MWEK = \sum_{t=1}^{n} \frac{\overbrace{NCF_t - (ZZ_t + T_t)}^{FCF_t}}{(1+i_{EK})^t} = \sum_{t=1}^{n} \frac{NCF_t}{(1+i_{EK})^t} - \sum_{t=1}^{n} \frac{ZZ_t + T_t}{(1+i_{EK})^t}$$

Vergleicht man beide Vorgehensweisen zur Ermittlung des Marktwerts des Eigenkapitals, so lassen sich folgende Unterschiede zwischen dem Entity Approach und Equity Approach erkennen, die den oben entstandenen Differenzbetrag determinieren: Während die Netto-Cashflows im Rahmen der Bruttomethode mit dem WACC diskontiert werden, findet im Rahmen der Nettomethode eine Abzinsung mittels des Eigenkapitalkostensatzes statt. Des Weiteren werden die Kapitaldienste der jeweiligen Perioden beim Entity Approach mit dem Fremdkapitalzinssatz, beim Equity Approach hingegen mit dem Eigenkapitalkostensatz diskontiert.

Zusammenfassend ist festzustellen, dass beide Methoden nur dann zum gleichen Ergebnis führen, wenn entweder eine 100%ige Eigenfinanzierung der Unternehmung oder ein vollkommener Kapitalmarkt – allerdings unter Nichtberücksichtigung von Steuern – unterstellt wird. Im ersten Fall entspricht der WACC dem Eigenkapitalkostensatz und der Marktwert des Fremdkapitals ist gleich Null, während bei Annahme eines vollkommenen Kapitalmarktes der WACC unabhängig von der zugrunde gelegten Kapitalstruktur im Nichtsteuerfall dem Eigen- bzw. Fremdkapitalzinssatz entspricht.

Kommt es hingegen nicht zum Eintritt dieser beiden Spezialfälle, ist festzuhalten, dass der WACC stets kleiner oder gleich dem Eigenkapitalkostensatz ist und somit der Barwert der Netto-Cashflows im Rahmen des Entity Approach aufgrund des geringeren Diskontierungseffektes größer ist als derjenige, der sich beim Equity Approach ergibt (sog. Primäreffekt). Berücksichtigt man zusätzlich die Kapitaldienste, so muss die Höhe des Eigen- und Fremdkapitalzinssatzes in die Überlegungen einbezogen werden: Ist der Fremdkapitalzinssatz höher als der Eigenkapitalzinssatz, wird der Marktwert des Fremdkapitals im Rahmen des Entity Approach stets kleiner als beim Equity Approach sein, so dass der Entity Approach stets zu einem höheren Marktwert des Eigenkapitals führt. Im umgekehrten Fall ist keine Pauschalaussage möglich, da in Abhängigkeit von der Differenz zwischen Eigen- und Fremdkapitalzinssatz der durch den Primäreffekt entstandene Vorteil des Entity Approach reduziert, kompensiert oder umgekehrt werden kann.[403]

2.3.3.2.4 Die Ermittlung des Kalkulationszinsfußes

2.3.3.2.4.1 Vorbemerkungen

Der Kalkulationszinsfuß, mit dessen Hilfe die zu verschiedenen zukünftigen Zeitpunkten anfallenden Vorteilsströme der betrachteten Unternehmung vergleichbar gemacht werden sollen, setzt sich aus zwei Bestandteilen zusammen, einer so genannten echten Zinskomponente und einer Risikokomponente.

2.3.3.2.4.2 Die Zinskomponente im Kalkulationszinsfuß

Die Höhe der echten Zinskomponente ist von verschiedenen zu beachtenden Determinanten abhängig: den Eigenkapitalkosten, den Fremdkapitalkosten und dem Finanzierungsverhältnis.

Die Ermittlung des **Eigenkapitalkostensatzes** basiert auf dem Opportunitätskostengedanken. Der Zinssatz lässt sich aus der Rendite der für den Investor

---

403 Die Fallgestaltung einer Kongruenz von Eigen- und Fremdkapitalkostensatz wurde bereits im vorangegangenen Absatz im Rahmen des vollkommenen Kapitalmarktes erläutert.

besten ausgeschlagenen risikolosen Geldanlage mit einwandfreier Bonität[404] ableiten, wobei i.d.R. auf die Umlaufrendite öffentlicher Anleihen abgestellt wird, deren Laufzeit mit der der betrachteten Unternehmung in Einklang stehen muss (sog. „Planungshorizontäquivalenz“).[405] Diese zuletzt genannte Äquivalenzbedingung findet im Schrifttum zumeist keinerlei Berücksichtigung.[406] Dabei sollte ein zeitpunkt- und zeitraumbezogener[407] Durchschnittszinssatz und nicht der am Bewertungsstichtag tatsächlich vorliegende Zinssatz zugrunde gelegt werden.[408] Durch den Ansatz von am Stichtag zufällig vorherrschenden Extremwerten, die sich im Zeitablauf stark ändern, kann es zu erheblich voneinander differierenden tatsächlichen und vom Investor ermittelten inneren Werten und somit auch – ceteris paribus – zu falschen Handlungsempfehlungen bzgl. eines Kaufs oder Verkaufs kommen.

Demgegenüber steht der **Fremdkapitalkostensatz**, der sich bei einer evtl. Fremdfinanzierung der betrachteten Aktie aus dem Zinssatz für aufgenommenes Kapital gleichen Risikos ableitet (z.B. Industrieobligationen).[409]

Allgemein lässt sich somit die echte Zinskomponente als gewichtetes arithmetisches Mittel aus Eigen- und Fremdkapitalkostensatz wie folgt ermitteln:[410]

---

[404] *Moxter* macht zu Recht darauf aufmerksam, dass keine absolut sicheren, sondern nur quasi-sichere Anlagemöglichkeiten existieren, da Verzögerungen der Rückzahlungen des Kapitaldienstes niemals vollkommen auszuschließen sind. Vgl. *Moxter, Adolf*: Grundsätze ordnungsmäßiger Unternehmensbewertung. 2. Aufl., Wiesbaden 1983, S. 146.

[405] Bzgl. anderer Äquivalenzprinzipien sei auf die Ausführungen von *Moxter, Adolf*: Grundsätze ordnungsmäßiger Unternehmensbewertung. 2. Aufl., Wiesbaden 1983, S. 155-202 verwiesen.

[406] Vgl. z.B. *Ballwieser, Wolfgang/Leuthier, Rainer*: Grundprinzipien, Verfahren und Probleme der Unternehmensbewertung. In: Deutsches Steuerrecht 1986, S. 606-607, die als Alternativanlage des Geldes auch die Möglichkeit des Konsums anführen, wobei sie diese Möglichkeit ausschließlich aufgrund der Schwierigkeit der Quantifizierung von Konsumpräferenzen verwerfen, aber keinen Bezug zur geforderten Planungshorizontäquivalenz nehmen.

[407] Es wird eine Durchschnittsbildung über die Perioden des Planungszeitraums von Zinssätzen, die zu einem bestimmten, vom Investor gewählten Zeitpunkt anfallen, gefordert. Vgl. *Bieg, Hartmut*: Betriebswirtschaftslehre 1: Investition und Unternehmungsbewertung. 2. Aufl., Freiburg i. Br. 1997, S. 230.

[408] Als Begründung wird angeführt, dass die Diskontierung der Vorteilsströme mittels eines Durchschnittszinssatzes trotz damit verbundener Prognostizierungsschwierigkeiten zu einem exakteren Ergebnis führt als das lediglich Zugrundelegen eines am Bewertungsstichtag vorliegenden Zinssatzes, der im weiteren Zeitablauf sinken bzw. steigen kann. Vgl. *Bieg, Hartmut*: Betriebswirtschaftslehre 1: Investition und Unternehmungsbewertung. 2. Aufl., Freiburg i. Br. 1997, S. 230-231.

[409] Vgl. *Peemöller, Volker H./Keller, Bernd*: Unternehmensbewertung. In: Saarbrücker Handbuch der Betriebswirtschaftlichen Beratung, hrsg. von *Karlheinz Küting*, 2. Aufl., Herne/Berlin 2000, S. 1031, Rn. 433.

$$i = [i_{FK} \cdot t_{FK} + i_{EK} \cdot t_{EK}] \qquad \text{mit} \quad t_{FK} + t_{EK} = 1$$

mit:

i_{FK}: Fremdkapitalkostensatz;

i_{EK}: Eigenkapitalkostensatz;

t_{FK}: Anteil des Fremdkapitals am Gesamtkapital;

t_{EK}: Anteil des Eigenkapitals am Gesamtkapital.

In diesem Zusammenhang sei angemerkt, dass in obiger Gleichung vereinfachend eine über die Laufzeit der Unternehmung **konstante Kapitalstruktur** unterstellt wird. Diese Prämisse ist als realitätsfern anzusehen, da durch Fremdkapitaltilgungen im Falle einer Fremd- oder Mischfinanzierung eine Änderung der Kapitalstruktur und somit der gewogenen Kapitalkosten erfolgt.

2.3.3.2.4.3 Die Risikokomponente im Kalkulationszinsfuß

2.3.3.2.4.3.1 Die Methoden zur Risikoerfassung im Kalkulationszinsfuß

In die Betrachtungen zur Ermittlung des inneren Wertes muss einbezogen werden, dass die Aktie ein Wertpapier darstellt, das mit Risiko behaftet ist. Die Risikokomponente ist im Kalkulationszinsfuß zu berücksichtigen, weil die zukünftigen Vorteilsströme der Kapitalanlage i.d.R. mit Risiko behaftet sind und somit mehrwertige Erwartungen auftreten können.[411] Weiterhin kann die Höhe des zugrunde gelegten Zinssatzes innerhalb des Planungshorizontes schwanken.[412] Aus diesen Gründen ist entweder eine Anpassung des Kalkulationszinsfußes an unsichere Vorteilsströme oder eine direkte Modifikation der Vorteilsströme vorzunehmen, um eine Kongruenz mit dem Unsicherheitsfak-

---

[410] Vgl. *Gomez, Peter*: Shareholder Value. In: Handwörterbuch des Bank- und Finanzwesens, hrsg. von *Wolfgang Gerke* und *Manfred Steiner*, 2. Aufl., Stuttgart 1995, Sp. 1725. Die vollständige bzw. hälftige Abzugsfähigkeit der Fremdkapitalzinsen im Rahmen der Einkommen-/Körperschaft- bzw. Gewerbeertragsteuerermittlung ist in diesem Zusammenhang wegen der in den Barwertmodellen vorgenommenen Modifikation des Kalkulationszinssatzes nicht zu berücksichtigen.

[411] Vgl. *Ballwieser, Wolfgang*: Unternehmensbewertung. In: Handwörterbuch des Bank- und Finanzwesens, hrsg. von *Wolfgang Gerke* und *Manfred Steiner*, 2. Aufl., Stuttgart 1995, Sp. 1870, der die Unterstellung eines nachhaltigen einwertigen, d.h. sicheren Vorteilsstroms als Widerspruch zu den Grundsätzen ordnungsmäßiger Unternehmensbewertung ansieht.

[412] Vgl. *Perridon, Louis/Steiner, Manfred*: Finanzwirtschaft der Unternehmung. 10. Aufl., München 1999, S. 221.

tor zu erhalten.[413] Erwähnenswert ist weiterhin, dass die Risikokomponente des Kalkulationszinssatzes ausschließlich das so genannte systematische Risiko (konjunkturelle Entwicklung, Fragen der Inflation, Fungibilitätsrisiken) berücksichtigen soll. Es wird unterstellt, dass spezielle Risiken wie z. B. Konkurrenzentwicklung, Produktivitätsausfälle, Branchen-, Finanzierungs- und Währungsrisiken bereits in der Ergebnisprognose ihren Niederschlag gefunden haben.[414] In **Abbildung 65** werden das Risiko quantifizierende Verfahren im Überblick dargestellt.

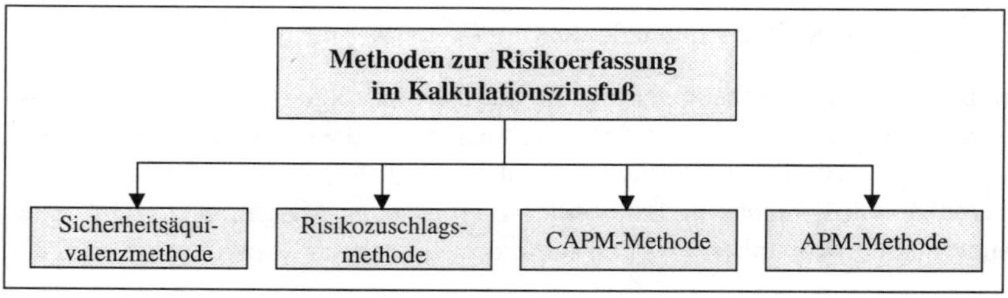

Abbildung 65: Methoden zur Risikoerfassung im Kalkulationszinsfuß[415]

2.3.3.2.4.3.2 Die Sicherheitsäquivalenzmethode

Bei der Sicherheitsäquivalenzmethode wird aufgrund der unsicheren prognostizierten Ertragserwartungen, die innerhalb einer bestimmten Bandbreite anfallen bzw. deren Eintreten von verschiedenen zu berücksichtigenden Umweltzuständen abhängig ist, ein so genannter **sicherheitsäquivalenter Ertrag** im Sinne eines stellvertretenden aggregierten Wertes[416] gebildet. Die zuvor herrschenden mehrwertigen Erwartungen werden somit auf eine einzelne **repräsentative und einwertige Größe** projiziert. Dieser Wert ist in dem zugrunde gelegten Intervall so zu wählen, dass das Risiko niedrigerer Erträge

---

[413] In diesem Zusammenhang wird auch von einer sog. „Zähler-/Nenneräquivalenz" gesprochen. Vgl. *Böcking, Hans-Joachim/Nowak, Karsten*: Der Beitrag der Discounted Cash-Flow-Verfahren zur Lösung der Typisierungsproblematik bei Unternehmensbewertungen. In: Der Betrieb 1998, S. 687-688.

[414] Vgl. *Betsch, Oskar/Groh, Alexander P./Lohmann, Lutz G.*: Corporate Finance. München 1998, S. 159-160.

[415] Entnommen aus *Kußmaul, Heinz*: Ermittlung des Kalkulationszinsfußes und des Wachstumsfaktors im Barwertkonzept zur Fundamentalanalyse. In: Der Steuerberater 1999, S. 176.

[416] Vgl. *Ballwieser, Wolfgang*: Unternehmensbewertung. In: Handwörterbuch des Bank- und Finanzwesens, hrsg. von *Wolfgang Gerke* und *Manfred Steiner*, 2. Aufl., Stuttgart 1995, Sp. 1871.

gerade durch die Chance höherer Erträge kompensiert wird.[417] Damit stellt der sicherheitsäquivalente Ertrag eine quasi-sichere Größe für den Investor dar, der bei diesem theoretisch richtigen Ansatz[418] seine Risikoeinstellung angeben muss.[419] Der sicherheitsäquivalente Ertrag ist mit dem (quasi-sicheren) Zinssatz auf den zugrunde gelegten Bezugszeitpunkt zu diskontieren.[420] Somit wird erreicht, dass die Ertragserwartungen die gleiche Unsicherheitsdimension wie der Kalkulationszinsfuß aufweisen.[421]

Alternativ hierzu besteht die Möglichkeit, den (risikoneutralen) Erwartungswert der Ertragserwartungen zu ermitteln und diesen unter Verwendung eines die individuelle Risikoeinstellung berücksichtigenden Kalkulationszinsfußes abzuzinsen.[422] Da beide Vorgehensweisen zum gleichen Ergebnis führen müssen, lassen sich folgende Beziehungen, differenziert danach, ob ein unendlicher oder endlicher Planungshorizont zugrunde gelegt wird, ableiten.[423] Für einen **unendlichen Planungshorizont** gilt:

$$IW_0 = \frac{SÄ}{i} \stackrel{!}{=} \frac{EW}{i+z} \Leftrightarrow SÄ = \frac{EW}{i+z} \cdot i$$

Ein **endlicher Planungshorizont** lässt sich wie folgt formal darstellen:

[417] Vgl. hierzu und mit Zahlenbeispiel *Moxter, Adolf*: Grundsätze ordnungsmäßiger Unternehmensbewertung. 2. Aufl., Wiesbaden 1983, S. 147.

[418] Vgl. *Böcking, Hans-Joachim/Nowak, Karsten*: Der Beitrag der Discounted Cash-Flow-Verfahren zur Lösung der Typisierungsproblematik bei Unternehmensbewertungen. In: Der Betrieb 1998, S. 690.

[419] Wird bspw. innerhalb der Ertragsbandbreite der Erwartungswert errechnet, verhält sich der Investor risikoneutral. Liegt der sicherheitsäquivalente Ertrag unter dem Erwartungswert, ist eine risikoaverse Einstellung zu erkennen.

[420] Bei dieser Vorgehensweise wird vermieden, dass das Risiko im Kalkulationszinsfuß berücksichtigt wird. Vgl. *Ballwieser, Wolfgang/Leuthier, Rainer*: Grundprinzipien, Verfahren und Probleme der Unternehmensbewertung. In: Deutsches Steuerrecht 1986, S. 607.

[421] Vgl. *Moxter, Adolf*: Grundsätze ordnungsmäßiger Unternehmensbewertung. 2. Aufl., Wiesbaden 1983, S. 155.

[422] Es wird folglich eine Risikoadjustierung im Nenner mittels eines Risikozuschlags auf den risikolosen Zinssatz in der jeweiligen Periode vorgenommen.

[423] Vgl. hierzu im Fall des unendlichen Planungshorizontes *Ballwieser, Wolfgang*: Die Wahl des Kalkulationszinsfußes bei der Unternehmensbewertung unter Berücksichtigung von Risiko und Geldentwertung. In: Betriebswirtschaftliche Forschung und Praxis 1981, S. 102-103 und zusätzlich bzgl. eines endlichen Planungshorizontes *Betsch, Oskar/Groh, Alexander P./Lohmann, Lutz G.*: Corporate Finance. 2. Aufl., München 2000, S. 211.

$$IW_0 = \sum_{t=1}^{n} \frac{SÄ_t}{(1+i)^t} \stackrel{!}{=} \sum_{t=1}^{n} \frac{EW_t}{(1+i+z_t)^t}$$

mit:

IW_0: Innerer Wert der Unternehmung zum Zeitpunkt t=0;

SÄ: Sicherheitsäquivalenter Ertrag;

EW: Erwartungswert der zukünftigen Erträge;

i: Quasi-sicherer Kalkulationszinsfuß;

z: Risikozuschlagssatz;[424]

t: Periodenindex.

Unter der Prämisse, dass in der letzten Gleichung jeder Summand zu jedem Zeitpunkt mit seinem entsprechenden Pendant auf der anderen Gleichungsseite identisch ist, folgt:

$$\frac{SÄ_t}{(1+i)^t} \stackrel{!}{=} \frac{EW_t}{(1+i+z_t)^t} \Leftrightarrow SÄ_t = \frac{EW_t}{(1+i+z_t)^t} \cdot (1+i)^t$$

2.3.3.2.4.3.3 Die Risikozuschlagsmethode

Als in der Praxis sehr beliebte Methode ist die so genannte Risikozuschlagsmethode anzuführen, bei der ein **pauschaler subjektiver Risikozuschlag** auf den quasi-sicheren Kalkulationszinsfuß erhoben wird. So finden sich in der Praxis teilweise Zuschläge von bis zu 50%, die auch von der Rechtsprechung geduldet werden, da sie „üblich" und „zumindest vertretbar" seien.[425] Zur Vermeidung solcher willkürlich gebildeter Zuschlagssätze kann man sich der zuletzt genannten Formeln bedienen, um eine obere Schranke im Sinne des maximal zulässigen Risikozuschlagssatzes z_{Max} zu ermitteln. Da aufgrund der Gleichungen in **Abschnitt 2.3.3.2.4.3.2** ein negativer Zusammenhang zwischen dem Sicherheitsäquivalent einerseits und dem Risikozuschlagssatz andererseits besteht, setzt man als Sicherheitsäquivalent den geringsten prog-

[424] Ein über den gesamten Planungszeitraum als konstant angenommener Risikozuschlagssatz kann bspw. dann zu einem falschen Ergebnis führen, wenn sich das Projektrisiko im Zeitablauf ändert. Dies ist insb. dann der Fall, wenn die Anfangsphase eines Projektes stärker risikobehaftet ist als die darauf folgenden Perioden. Diesem Nachteil wird durch die Periodenindizierung des Risikozuschlags im endlichen Fall entgegengewirkt.

[425] Vgl. z.B. BGH-Urteil vom 13.3.1978, II ZR 142/76. In: Wertpapier-Mitteilungen 1978, S. 405. Im zugrunde liegenden Fall wurde ein Kalkulationszinssatz von 8% um einen Risikozuschlag von 4% erhöht.

nostizierten zukünftigen Ertrag an ($SÄ_{Min}$). Es folgt dann bei Unterstellung eines **unendlichen Planungshorizontes**:

$$SÄ_{Min} = \frac{EW}{i + z_{Max}} \cdot i \Leftrightarrow i + z_{Max} = \frac{EW \cdot i}{SÄ_{Min}}$$

$$\Leftrightarrow z_{Max} = \frac{EW \cdot i}{SÄ_{Min}} - i = \left(\frac{EW}{SÄ_{Min}} - 1\right) \cdot i$$

Legt man den Überlegungen, wie in **Abschnitt 2.3.3.2.4.3.2** geschehen, einen **endlichen Planungshorizont** zugrunde, so lässt sich mittels Auflösung nach z_t folgende Identität aufzeigen:[426]

$$SÄ_{t\,Min} = \frac{EW_t}{(1 + i + z_{t\,Max})^t} \cdot (1+i)^t \Leftrightarrow (1 + i + z_{t\,Max})^t = \frac{EW_t}{SÄ_{t\,Min}} \cdot (1+i)^t$$

$$\Leftrightarrow z_{t\,Max} = \left[\sqrt[t]{\frac{EW_t}{SÄ_{t\,Min}}} \cdot (1+i)\right] - (1+i) = \left[\sqrt[t]{\frac{EW_t}{SÄ_{t\,Min}}} - 1\right] \cdot (1+i)$$

Zusammenfassend zu den ersten beiden Methoden lässt sich feststellen, dass die Sicherheitsäquivalenzmethode ein (theoretisch) richtiges Verfahren zur Ermittlung eines den Kalkulationszinsfuß erhöhenden Risikozuschlags und gleichzeitig ein Kontrollinstrumentarium zur in der Praxis angewandten Risikozuschlagsmethode darstellt.

Zur Verdeutlichung der Vorgehensweise innerhalb der beiden Methoden wird im Folgenden je ein Zahlenbeispiel bei Unterstellung eines unendlichen und endlichen Planungszeitraums aufgeführt. In diesem Zusammenhang wird nochmals die Implikation bzgl. der Risikoeinstellung des Investors verdeutlicht, die sich formal aus den obigen Gleichungen ableiten lässt: Wird ein Risikozuschlag von null angesetzt, so verhält sich der Investor risikoneutral, da sein sicherheitsäquivalenter Ertrag stets dem Erwartungswert der Ertragsreihe entspricht. Bei jedem positiven Zuschlagssatz ist der sicherheitsäquivalente Ertrag kleiner als der Erwartungswert, was folglich Risikoscheu bedeutet.

---

[426] Im Rahmen der Risikozuschlagsmethode bei Unterstellung eines endlichen Planungszeitraums wird der Kalkulationszinsfuß i analog zu den klassischen dynamischen Methoden der Investitionsrechnung als konstant über den gesamten Horizont unterstellt. Vgl. hierzu die Ausführungen in Band I: Investition, Abschnitt 2.3.2.1.3. Eine interperiodische Variation könnte problemlos in das Modell integriert werden. Allerdings soll hier ausschließlich dem sich über die Perioden ändernden Risikozuschlagssatz besondere Aufmerksamkeit geschenkt werden. (Bzgl. der Gründe vgl. Fußnote 424.)

Beispiel:[427]

Sicherheitsäquivalenz- und Risikozuschlagsmethode bei unendlichem Planungshorizont[428]

Ein Investor, der den inneren Wert einer Unternehmung ermitteln möchte, besitzt bzgl. der zukünftigen erwirtschafteten Erträge bei Unterstellung eines unendlichen Planungszeitraums mehrwertige Erwartungen. Letztere sind vom Eintreten bestimmter Umweltzustände abhängig, denen der Investor subjektive Wahrscheinlichkeiten zuordnen kann. Zusammenfassend lässt sich die Ausgangssituation in **Abbildung 66** wiedergeben.

Umweltzustand	A	B	C	D
Eintrittswahrscheinlichkeit	15%	20%	25%	40%
Erwarteter Ertrag [EUR]	30.000	25.000	40.000	45.000

Abbildung 66: Ausgangssituation zur Bestimmung eines sicherheitsäquivalenten Ertrags bei unendlichem Planungszeitraum

Das Ziel der folgenden Berechnungen besteht in der Ermittlung eines sicherheitsäquivalenten Ertrags; dies bedeutet konkret, dass eine (konstante) Ertragsgröße gesucht wird, die dem Investor denselben Nutzen stiftet wie die in **Abbildung 66** bei verschiedenen Umweltzuständen angegebene Ertragsreihe. Allerdings bereitet die praktische Handhabung Schwierigkeiten, weil i.d.R. die Risikonutzenfunktion des Investors unbekannt ist. Da auch der benötigte Risikozuschlag erst bei Vorliegen des sicherheitsäquivalenten Ertrags ermittelt werden kann, liegt eine Gleichung mit zwei Variablen vor. Somit kann der sicherheitsäquivalente Ertrag nicht exakt, sondern lediglich in einem bestimmten Intervall durch Festlegung einer oberen Schranke bzgl. des Risikozuschlags abgeschätzt werden.

In einem ersten Schritt ist der Erwartungswert der Erträge zu berechnen.

$$EW = 0{,}15 \cdot 30.000 + 0{,}20 \cdot 25.000 + 0{,}25 \cdot 40.000 + 0{,}40 \cdot 45.000 = 37.500\,\text{EUR}$$

Bei Unterstellung eines (quasi-sicheren) Kalkulationszinssatzes von 10% und einem probeweisen Risikozuschlag von 1% ergibt sich durch Einsetzen:

$$SÄ = \frac{EW}{i+z} \cdot i = \frac{37.500}{0{,}10 + 0{,}01} \cdot 0{,}10 = 34.090{,}91\,\text{EUR}$$

---

[427] Entnommen aus *Kußmaul, Heinz*: Ermittlung des Kalkulationszinsfußes und des Wachstumsfaktors im Barwertkonzept zur Fundamentalanalyse. In: Der Steuerberater 1999, S. 177-179.

[428] Die folgenden Ausführungen basieren auf Überlegungen, die *Ballwieser, Wolfgang*: Die Wahl des Kalkulationszinsfußes bei der Unternehmensbewertung unter Berücksichtigung von Risiko und Geldentwertung. In: Betriebswirtschaftliche Forschung und Praxis 1981, S. 103-104, angestellt hat.

Dieser sicherheitsäquivalente Ertrag **könnte** der für den Investor zutreffende sein. Der Bewertende würde somit die in **Abbildung 67** dargestellten Ertragsreihen als nutzengleichwertig einschätzen.

Umweltzustand	A	B	C	D
Eintrittswahrscheinlichkeit	15 %	20 %	25 %	40 %
Erwarteter Ertrag [EUR]	30.000,00	25.000,00	40.000,00	45.000,00
Sicherheitsäquivalenter Ertrag [EUR]	34.090,91	34.090,91	34.090,91	34.090,91

Abbildung 67: Fallgestaltung 1 zur Ermittlung eines sicherheitsäquivalenten Ertrags bei unendlichem Planungszeitraum

Abbildung 67 lässt sich wie folgt interpretieren: Dem Investor stiftet ein sicherer Ertrag von 34.090,91 EUR pro Periode denselben Nutzen wie die in **Abbildung 66** (Seite 210) angegebene Ertragsreihe, die mit 65 %iger Wahrscheinlichkeit einen über dem sicherheitsäquivalenten Ertrag liegenden Wert aufweist (Umweltzustände C und D).

Der innere Wert der Unternehmung würde sich wie folgt ermitteln:

$$IW_0 = \frac{34.090{,}91}{0{,}10} = \frac{37.500}{0{,}10 + 0{,}01} = 340\,909{,}09 \text{ EUR}$$

Je höher der vom zu Bewertenden gewählte Zuschlag ist, desto größer ist seine Risikoaversion. Legt man den obigen Ausgangsdaten bspw. einen Risikozuschlag in Höhe von 3 % zugrunde, beträgt der sicherheitsäquivalente Ertrag:

$$SÄ = \frac{37.500}{0{,}10 + 0{,}03} \cdot 0{,}10 = 28.846{,}15 \text{ EUR}$$

In **Abbildung 68** ist dieses Ergebnis den erwarteten Erträgen tabellarisch gegenübergestellt.

Umweltzustand	A	B	C	D
Eintrittswahrscheinlichkeit	15 %	20 %	25 %	40 %
Erwarteter Ertrag [EUR]	30.000,00	25.000,00	40.000,00	45.000,00
Sicherheitsäquivalenter Ertrag [EUR]	28.846,15	28.846,15	28.846,15	28.846,15

Abbildung 68: Fallgestaltung 2 zur Ermittlung eines sicherheitsäquivalenten Ertrags bei unendlichem Planungszeitraum

Die Zugrundelegung eines Risikozuschlags von 3 % führt zu folgender Interpretation: Dem Bewertenden stiften sichere 28.846,15 EUR denselben Nutzen wie die Ertragsverteilung in **Abbildung 66** (Seite 210), die allerdings mit 80 %iger Wahrscheinlichkeit eine höhere Ertragsgröße verspricht (Umweltzustände A, C und D).

Zusammenfassend ist festzustellen, dass es bei Nichtexistenz einer Risikonutzenfunktion des Investors nicht **den** sicherheitsäquivalenten Ertrag geben kann. Vielmehr wird mittels Abschätzung des Risikozuschlagsbereichs ein Intervall festgelegt, in dem sich der sicherheitsäquivalente Ertrag befinden muss. Dieser Bereich soll im Folgenden unter Zuhilfenahme der Risikozuschlagsmethode ermittelt werden.

Der maximale (sinnvolle) Risikozuschlagssatz beträgt:

$$z_{Max} = \left(\frac{EW}{SÄ_{Min.}} - 1\right) \cdot i = \left(\frac{37.500}{25.000} - 1\right) \cdot 0{,}10 = 0{,}05 = 5\,\%$$

Ein über dem maximalen Risikozuschlagssatz liegender Wert (z.B. 5,01 %) würde folgendes irrationales Ergebnis zulassen: Der Investor erhält einen sicherheitsäquivalenten Ertrag von 24.983,34 EUR. Dieser sichere Betrag würde nutzenidentisch zu der in **Abbildung 66** (Seite 210) angegebenen Ertragsverteilung stehen, die diese Größe allerdings mit 100 %iger Wahrscheinlichkeit überschreitet. Folglich muss gelten:

$$z \in [0\%\,;5\%] \Rightarrow SÄ \in [25.000\,;37.500]$$

Risikozuschlagsmethode bei endlichem Planungshorizont

Im folgenden Beispiel wird den Berechnungen ein Planungszeitraum von drei Perioden zugrunde gelegt. Die vom Investor erwarteten Erträge für jeden Umweltzustand und jede Periode werden in **Abbildung 69** zusammengefasst.

Umweltzustand		A	B	C	D
Eintrittswahrscheinlichkeit		15 %	20 %	25 %	40 %
Erwartete Erträge [EUR]	t=1	30.000	25.000	40.000	45.000
	t=2	31.000	26.000	36.000	43.000
	t=3	32.000	25.000	37.000	41.000

Abbildung 69: Ausgangssituation zur Bestimmung maximal sinnvoller Risikozuschläge bei endlichem Planungszeitraum

In diesem Beispiel sollen ausschließlich die in jeder Periode maximal sinnvollen Risikozuschläge ermittelt werden. Hierzu ist es notwendig, zunächst die Erwartungswerte der Erträge für jede Periode t (t = 1, 2, 3) zu berechnen:

$$EW_1 = 0{,}15 \cdot 30.000 + 0{,}20 \cdot 25.000 + 0{,}25 \cdot 40.000 + 0{,}40 \cdot 45.000 = 37.500\,EUR$$

$$EW_2 = 0{,}15 \cdot 31.000 + 0{,}20 \cdot 26.000 + 0{,}25 \cdot 36.000 + 0{,}40 \cdot 43.000 = 36.050\,EUR$$

$$EW_3 = 0{,}15 \cdot 32.000 + 0{,}20 \cdot 25.000 + 0{,}25 \cdot 37.000 + 0{,}40 \cdot 41.000 = 35.450\,EUR$$

In einem zweiten Rechenschritt werden die maximal sinnvollen Risikozuschläge für die einzelnen Perioden ermittelt:

$$z_{1Max} = \left[\sqrt[1]{\frac{EW_1}{SÄ_{1Min}}} - 1\right] \cdot (1+i) = \left[\frac{EW_1}{SÄ_{1Min}} - 1\right] \cdot (1+i)$$

$$= \left[\frac{37.500}{25.000} - 1\right] \cdot (1 + 0{,}10) = 0{,}55 = 55\,\%$$

$$z_{2Max} = \left[\sqrt{\frac{EW_2}{SÄ_{2Min}}} - 1\right] \cdot (1 + i) = \left[\sqrt{\frac{36.050}{26.000}} - 1\right] \cdot (1 + 0{,}10) = 0{,}1953 = 19{,}53\,\%$$

$$z_{3Max} = \left[\sqrt[3]{\frac{EW_3}{SÄ_{3Min}}} - 1\right] \cdot (1 + i) = \left[\sqrt[3]{\frac{35.450}{25.000}} - 1\right] \cdot (1 + 0{,}10) = 0{,}1358 = 13{,}58\,\%$$

Aus den Berechnungen wird deutlich, dass in Periode 1 ein relativ großer maximaler Risikozuschlag existiert, der allerdings im Zeitablauf geringer wird. Diese Wertereihe ist derart zu interpretieren, dass, wie bereits in Fußnote 424 erwähnt, zu Beginn des Planungszeitraums ein relativ hohes Projektrisiko herrscht, das in den Folgeperioden sukzessive abnimmt.

2.3.3.2.4.3.4 Das Capital Asset Pricing Model (CAPM)

Als dritte Alternative zur Ableitung der Risikokomponente bedient man sich des so genannten Capital Asset Pricing Models (CAPM), auch als Kapitalmarktmodell oder Modell der Wertpapierlinie bezeichnet, das den klassischen Ansatz der Kapitalmarkttheorie darstellt.[429] Es basiert auf der von *Markowitz* geprägten Portfolio-Theorie unter Einbeziehung einer sicheren Kapitalanlagemöglichkeit (z. B. festverzinsliches Wertpapier) und versucht, den Börsenkurs einzelner, im Marktportfolio enthaltener Wertpapiere zu ermitteln.[430] Ausgangspunkt der Überlegungen stellt die Tatsache dar, dass mittels der klassischen Portfolio-Theorie i. d. R. Risiko durch Wertpapiermischungen diversifiziert werden kann, wobei allerdings zumeist ein Restrisiko verbleibt.[431] Dieses für den Investor bestehende Wagnis muss vom Markt im Kapitalmarktgleichgewicht vergütet werden.[432]

Die Analyse gestaltet sich relativ unproblematisch, da jedes einzelne Wertpapier i im Marktportfolio M enthalten ist und der Wert daher in Relation zu M ausgedrückt werden kann. Diese Vorgehensweise besitzt allerdings nur Gül-

---

429 Vgl. dazu ausführlich **Abschnitt 2.2.3**.

430 „As we will see, despite the stringent assumptions and the simplicity of the model, it does an amazingly good job of describing prices in the capital markets.“ *Elton, Edwin J./Gruber, Martin J.*: Modern Portfolio Theory And Investment Analysis. 5th Edition, New York u. a. 1995, S. 294.

431 Im Folgenden wird von demjenigen Spezialfall abstrahiert, bei dem die betrachteten Wertpapiere vollständig negativ miteinander korreliert sind; vgl. dazu **Abschnitt 2.2.2.3.1**.

432 Vgl. *Steiner, Manfred/Bruns, Christoph*: Wertpapiermanagement. 7. Aufl., Stuttgart 2000, S. 21.

tigkeit, wenn alle Investoren die gleichen Erwartungen besitzen.[433] Grafisch kann die Ausgangssituation wie in **Abbildung 70** beschrieben werden.

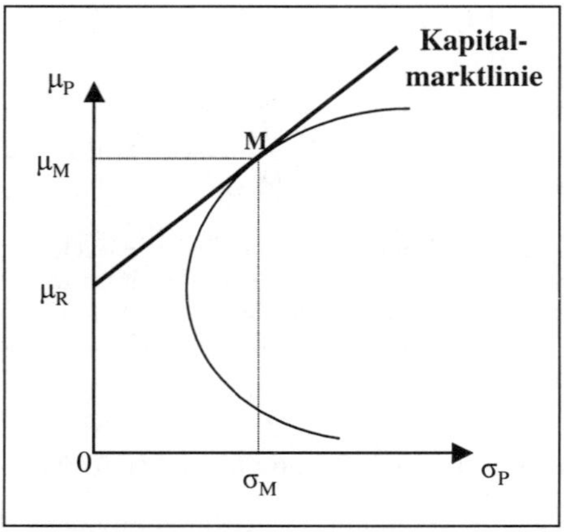

Abbildung 70: Kapitalmarktlinie im Mehrwertpapierfall unter Einbeziehung einer Anleihe[434]

In **Abbildung 70** stellt die fett markierte Linie den geometrischen Ort aller (σ_P; μ_P)-effizienten Wertpapiermischungen dar (Effizienzlinie). Alle Investoren halten somit Linearkombinationen zwischen dem Marktportfolio M[435] und der risikolosen Anleihe mit der erwarteten Rendite μ_R.[436] Diese Effizienzlinie, die auch als Kapitalmarktlinie (Capital-Market-Line; CML) bezeichnet wird, besitzt folgendes algebraisches Aussehen:[437]

---

433 Vgl. *Perridon, Louis/Steiner, Manfred*: Finanzwirtschaft der Unternehmung. 10. Aufl., München 1999, S. 264-265.

434 Leicht modifiziert entnommen aus *Kußmaul, Heinz*: Ermittlung des Kalkulationszinsfußes und des Wachstumsfaktors im Barwertkonzept zur Fundamentalanalyse. In: Der Steuerberater 1999, S. 179.

435 Das Marktportfolio M ermittelt sich als Tangentialpunkt aus der Kapitalmarktlinie und der Effizienzkurve risikobehafteter Wertpapiere; vgl. **Abschnitt 2.2.3.2**.

436 Die Aufteilung des Budgets sämtlicher Investoren auf die Anleihe und das Marktportfolio bezeichnet man als Separationstheorem. Unabhängig von der jeweiligen Risikoeinstellung besitzt jedes Individuum die gleiche strukturelle Zusammensetzung des Portfolios. Vgl. *Uhlir, Helmut/Steiner, Peter*: Wertpapieranalyse. 3. Aufl., Heidelberg 1994, S. 189 und **Abschnitt 2.2.3.2**.

437 Vgl. **Abschnitt 2.2.3.2**.

$$\mu_P = \underbrace{\mu_R}_{\text{Zeitprämie}} + \underbrace{\frac{\mu_M - \mu_R}{\sigma_M}}_{\substack{\text{Marktpreis des Risikos für}\\ \text{alle effizienten Portfolios}}} \underbrace{\sigma_P}_{\text{Höhe des Risikos}}$$

Obige Gleichung lässt sich mit Hilfe von **Abbildung 70** (Seite 214) auf grafischem Wege ableiten. Die dazu erforderlichen zusätzlichen Bezeichnungen lassen sich **Abbildung 71** entnehmen.

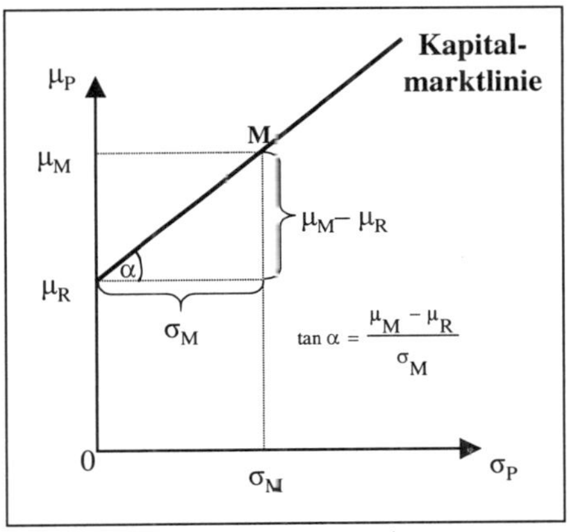

Abbildung 71: Grafische Ableitung der Gleichung der Kapitalmarktlinie im Mehrwertpapierfall unter Einbeziehung einer Anleihe[438]

Der erste Summand in obiger Gleichung, der dem Ordinatenabschnitt in **Abbildung 71** entspricht, kann als Zeitprämie interpretiert werden, da aus einer heutigen Anlage in jedem Fall risikolose Einnahmen in den Folgeperioden resultieren, das „Verstreichenlassen" der Zeit somit belohnt wird. Die Steigung der Kapitalmarktlinie, ausgedrückt durch den Tangens des Winkels α, gibt an, um welchen (erwarteten) Betrag der Investor belohnt wird, wenn er das Risiko, gemessen durch die Standardabweichung der Rendite des Marktportfolios, um eine infinitesimal kleine Einheit erhöht.[439]

---

438 Leicht modifiziert entnommen aus *Kußmaul, Heinz*: Ermittlung des Kalkulationszinsfußes und des Wachstumsfaktors im Barwertkonzept zur Fundamentalanalyse. In: Der Steuerberater 1999, S. 180.

439 Vgl. *Elton, Edwin J./Gruber, Martin J.*: Modern Portfolio Theory And Investment Analysis. 5th. Edition, New York u.a. 1995, S. 298 und *Perridon, Louis/Steiner, Manfred*: Finanzwirtschaft der Unternehmung. 10. Aufl., München 1999, S. 264-265. Bei der zu erwartenden marginalen Belohnung handelt es sich um den Betrag (μ_M-μ_R), wobei dieser Term immer größer als null ist, da μ_R aufgrund des Nullrisikos kleiner als μ_M sein muss.

Bei Weiterentwicklung auf ein Wertpapier i ergibt sich der folgende Ausdruck des CAPM:[440]

$$\mu_i = \mu_R + \underbrace{\underbrace{(\mu_M - \mu_R)}_{\text{Risikoprämie}} \cdot \underbrace{\beta_i}_{\substack{\text{nicht diversifizierbares}\\ \text{systematisches Risiko}}}}_{\text{Risikozuschlag z}}$$

bzw. in einer anderen Notation:

$$i_z = i + \underbrace{(\mu_M - i) \cdot \beta_i}_{z}$$

Die grafische Darstellung bzgl. des Zusammenhangs zwischen dem Erwartungswert der Rendite einer Aktie i und ihrem Betafaktor erfolgt in **Abbildung 72**.

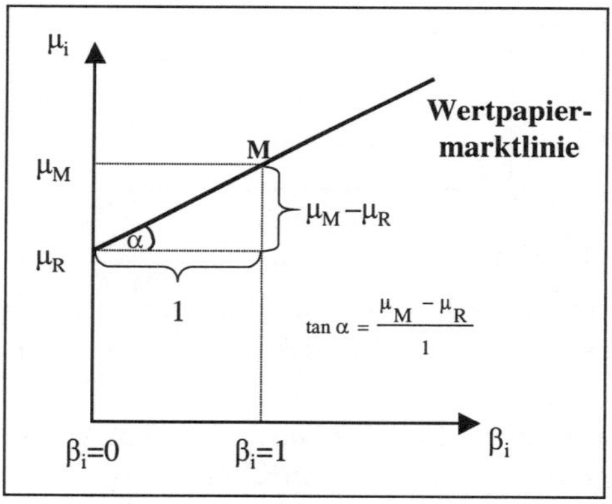

Abbildung 72: Grafischer Zusammenhang zwischen der erwarteten Rendite einer Aktie und ihrem Beta-Koeffizienten[441]

Aus dieser Beziehung kann gefolgert werden, dass zum einen der Beta-Koeffizient die Reagibilität einer Aktie in Abhängigkeit vom Marktportfolio misst,[442] wobei es sich bei Letzterem i. d. R. um einen Wertpapierindex (z. B. DAX) handelt. Zum anderen kann ersehen werden, dass sich der Erwartungs-

---

[440] Vgl. dazu ausführlich **Abschnitt 2.2.3.3**.

[441] Leicht modifiziert entnommen aus *Kußmaul, Heinz*: Ermittlung des Kalkulationszinsfußes und des Wachstumsfaktors im Barwertkonzept zur Fundamentalanalyse. In: Der Steuerberater 1999, S. 181.

[442] Der Beta-Koeffizient stellt somit das Maß für die Risikoklasse der betrachteten Unternehmung dar. Vgl. *Böcking, Hans-Joachim/Nowak, Karsten*: Der Beitrag der Discounted Cash-Flow-Verfahren zur Lösung der Typisierungsproblematik bei Unternehmensbewertungen. In: Der Betrieb 1998, S. 688.

wert der Rendite der i-ten Aktie aus dem sicheren Wert μ_R der risikolosen Anleihe und einem Risikozuschlag z dieser Aktie zusammensetzt. In diesem Zusammenhang können drei Fallkonstellationen unterschieden werden:

(1) $\beta_i=1$ → Schwankung des Kurses der i-ten Aktie = Schwankung des Wertpapierindex

→ $(\mu_i=\mu_M)$

(2) $\beta_i>1$ → Schwankung des Kurses der i-ten Aktie > Schwankung des Wertpapierindex

→ Wertpapier weist ein vergleichsweise hohes Risiko auf

→ $(\mu_i>\mu_M)$

(3) $\beta_i<1$ → Schwankung des Kurses der i-ten Aktie < Schwankung des Wertpapierindex

→ Wertpapier weist ein vergleichsweise geringes Risiko auf

→ $(\mu_i<\mu_M)$

Wird das zur Verfügung stehende Budget ausschließlich in die Anleihe investiert, so ist β_i gleich null, d.h., die Anleihe ist als sichere Geldanlage von Wertpapierindexschwankungen unabhängig. Ergänzend ist anzuführen, dass ein linearer Regressionszusammenhang zwischen der Aktienrendite und dem Wertpapierindex impliziert wird.[443]

Der Einsatz des CAPM in der Praxis ist hierbei in Frage zu stellen, da im betrachteten Modell von Marktgleichgewichtssituationen ausgegangen wird, die in der Realität i.d.R. nicht existent sind.[444] Des Weiteren sollen im Rahmen der Fundamentalanalyse herrschende Marktungleichgewichte zwecks Identifizierung über- bzw. unterbewerteter Aktien gerade durch den Investor ausgenutzt werden. Der Einsatz des CAPM in der Realität setzt somit die Akzeptanz der Modellprämissen voraus. Im Vergleich zur Sicherheitsäquivalenzmethode weist das CAPM den Vorteil auf, dass keine subjektive Schätzung der Ertragsbandbreite zu erfolgen hat.

---

443 Bzgl. sich ergebender Probleme im CAPM sei verwiesen auf die Ausführungen von *Böcking, Hans-Joachim/Nowak, Karsten*: Der Beitrag der Discounted Cash-Flow-Verfahren zur Lösung der Typisierungsproblematik bei Unternehmensbewertungen. In: Der Betrieb, 1998, S. 688-689.

444 Vgl. *Ballwieser, Wolfgang/Leuthier, Rainer*: Grundprinzipien, Verfahren und Probleme der Unternehmensbewertung. In: Deutsches Steuerrecht 1986, S. 607.

2.3.3.2.4.3.5 Das Arbitrage Pricing Model (APM)

Das Arbitrage Pricing Model (APM), das einen „neueren"[445] Ansatz zur Risikoberücksichtigung verkörpert,[446] stellt eine multifaktorelle Variante des CAPM dar.[447] Charakteristisch für das APM ist, dass nicht nur eine Risikokennzahl, d.h. ein Beta-Fakor, der im CAPM das gesamte nicht wegdiversifizierbare Risiko eines Wertpapiers repräsentieren soll, Berücksichtigung findet, sondern eine Splittung des systematischen Gesamtrisikos in Teilrisikokomponenten erfolgt.[448] Jedem partiellen systematischen Risiko wird somit ein Beta-Wert zugeordnet; es erfolgt eine **mehrdimensionale Risikoquellenanalyse.**[449] Im Rahmen des APM wird von uneingeschränkter Arbitragefreiheit ausgegangen. Dies bedeutet, dass durch Wertpapiertransaktionen einerseits kein systematisches bzw. unsystematisches Risiko eingegangen wird und andererseits sich durch den Handel keine Renditen erzielen lassen.[450]

Die Bestimmungsgleichung, nach der sich der Kalkulationszinsfuß unter Berücksichtigung eines Risikozuschlags bemisst, lautet in Analogie zur Gleichung des CAPM:

$$\mu_i = \mu_R + \sum_{k=1}^{K} (\mu_{Mk} - \mu_R) \cdot \beta_{ik}$$

---

[445] Das APM wurde 1976 von *Ross* entwickelt. Vgl. dazu *Ross, Stephen A.*: The Arbitrage Theory of Capital Asset Pricing. In: Journal of Economic Theory 1976, S. 341-360.

[446] Vgl. *Elton, Edwin J./Gruber, Martin J.*: Modern Portfolio Theory And Investment Analysis. 5th. Edition, New York u.a. 1995, S. 368-369.

[447] Vgl. *Copeland, Tom/Koller, Tim/Murrin, Jack*: Unternehmenswert. 2. Aufl., Frankfurt a.M./New York 1998, S. 284.

[448] Als wesentliche fünf Teilrisikokomponenten werden folgende Faktoren aufgeführt (vgl. *Copeland, Tom/Koller, Tim/Murrin, Jack*: Unternehmenswert. 2. Aufl., Frankfurt a.M./New York 1998, S. 284-286):

1. Index der industriellen Produktion,
2. kurzfristiger Realzins, gemessen als Differenz zwischen der Rendite von Schatzwechseln und dem Index der Verbraucherpreise,
3. kurzfristige Inflation, gemessen durch unerwartete Veränderungen des Index der Verbraucherpreise,
4. langfristige Inflation, gemessen als Differenz zwischen Umlaufrendite lang- und kurzfristiger Staatsanleihen,
5. Ausfallrisiko, gemessen als Differenz zwischen den Renditen langfristiger Industrieobligationen mit einem Aaa- bzw. einem Baa-Rating.

[449] Vgl. *Perridon, Louis/Steiner, Manfred*: Finanzwirtschaft der Unternehmung. 10. Aufl., München 1999, S. 276.

[450] Vgl. *Betsch, Oskar/Groh, Alexander P./Lohmann, Lutz G.*: Corporate Finance. 2. Aufl., München 2000, S. 112.

Hierbei kennzeichnet der Summationsindex k den jeweiligen wirtschaftlichen Faktor, der einen Einfluss auf den Erwartungswert der Rendite des Marktportfolios M ausübt.

Grafisch lässt sich das APM wie in **Abbildung 73** darstellen. Hierbei wird eine Fallkonstellation mit zwei Teilrisikokomponenten unterstellt, die auf der Abszisse und der Ordinate abgetragen werden.

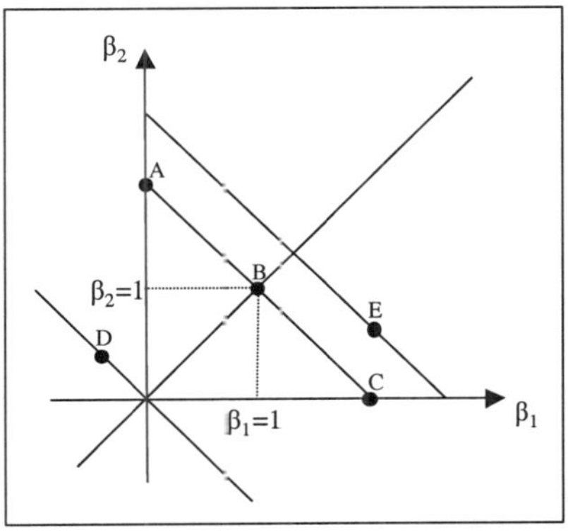

Abbildung 73: Grafische Darstellung des APM bei zwei Teilrisikokomponenten[451]

In **Abbildung 73** stellen die mit einer negativen Steigung verlaufenden jeweiligen Streckenabschnitte den geometrischen Ort aller ($\beta_1;\beta_2$)-Kombinationen dar, die zur gleichen erwarteten Rendite des Portfolios führen. So wird bspw. bei Realisation des Ursprungspunktes eine risikolose erwartete Rendite des Portfolios erzielt. Analoges gilt für den in **Abbildung 73** als D bezeichneten Punkt. D besitzt zwar einen β_2-Wert, der größer als null ist; es findet allerdings ein Ausgleich durch den negativen β_1-Wert statt. Mit anderen Worten: Das höhere Risiko der zweiten Teilrisikokomponente wird gerade durch das (negative) Risiko der ersten Teilkomponente kompensiert. Entsprechend führen ($\beta_1;\beta_2$)-Kombinationen auf der Strecke $\overline{ABC}$ zu derselben Rendite des CAPM-Marktportfolios, wobei sich sämtliche Wertepaare lediglich in ihrer Risikostruktur unterscheiden. Aus diesem Grund könnten die Streckenabschnitte auch als „Isorisikolinien" bezeichnet werden, die allesamt zu derselben erwarteten Portfoliorendite führen. Generell lässt sich feststellen, dass die

[451] In Anlehnung an die Grafik bei *Copeland, Tom/Koller, Tim/Murrin, Jack*: Unternehmenswert. 2. Aufl., Frankfurt a.M./New York 1998, S. 285, erstellt. Vgl. hierzu ebenfalls *Kußmaul, Heinz*: Ermittlung des Kalkulationszinsfußes und des Wachstumsfaktors im Barwertkonzept zur Fundamentalanalyse. In: Der Steuerberater 1999, S. 182.

erwarteten Renditen des Portfolios mit steigendem Risiko zunehmen. Grafisch ist dieser Aspekt in **Abbildung 73** (Seite 219) dergestalt abgebildet, dass Punkte auf den Streckenabschnitten mit zunehmender Entfernung vom Ursprung höhere erwartete Renditen erzielen. So führt eine durch den Punkt E repräsentierte Risikostruktur zu einer höheren erwarteten Rendite als dies bei den Punkten A bis D der Fall ist.

Der Vorteil des APM ist das **Splitting des pauschalen systematischen Gesamtrisikos in Teilrisiken**, durch das die Reagibilität der erwarteten Rendite bzgl. jedes einzelnen wirtschaftlichen Faktors untersucht werden kann. Das Risikoprofil eines Portfolios kann somit besser nach den individuellen Wünschen des Investors strukturiert werden.[452]

Der Nachteil des APM besteht in der Ermittlung der Anzahl bzw. der Art der einzelnen Teilrisikokomponenten. Hierbei ist auf empirische Untersuchungen zurückzugreifen,[453] die einer praktischen Handhabung Grenzen aufzeigen.

2.3.3.2.4.4 Die Besonderheiten bei den Discounted Cashflow-Verfahren

Im Rahmen der bereits angesprochenen Discounted Cashflow-Verfahren[454] ist bzgl. des Kalkulationszinssatzes nach der jeweiligen in Anspruch genommenen Methode zu differenzieren. Wird der sog. **Entity Approach** zugrunde gelegt, ist ein gewogener Kapitalkostensatz (Weighted Average Cost of Capital, WACC) anzusetzen, dessen Höhe im Zeitablauf durch Kredittilgungen und eine sich somit verändernde Kapitalstruktur variieren wird und der sich wie folgt bemisst:

$$i = \left[i_{FK} \cdot (1 - s_{Inv.}) \cdot t_{FK} + i_{EK} \cdot t_{EK}\right] \qquad \text{mit} \quad t_{FK} + t_{EK} = 1$$

mit:

i_{FK}: Fremdkapitalkostensatz;

i_{EK}: Eigenkapitalkostensatz;

t_{FK}: Anteil des Marktwerts des Fremdkapitals am Marktwert des Gesamtkapitals;

---

[452] Vgl. *Perridon, Louis/Steiner, Manfred*: Finanzwirtschaft der Unternehmung. 10. Aufl., München 1999, S. 276.

[453] Vgl. *Bender, Jürgen/Lorson, Peter*: Discounted-Cash-flow Verfahren und Anmerkungen zu Shareholder-Value-Konzepten. In: Betrieb und Wirtschaft 1997, S. 3.

[454] Vgl. hierzu ausführlich Band I: Investition, Abschnitt 2.8.4.

t_{EK}: Anteil des Marktwerts des Eigenkapitals am Marktwert des Gesamtkapitals;

$s_{Inv.}$: persönlicher (Grenz-)Ertragsteuersatz des Investors.

In obiger Gleichung sind die begünstigenden Steuerwirkungen der Fremdkapitalzinsen zu berücksichtigen (sog. „Tax Shield"), die in Abhängigkeit vom jeweiligen Investor den steuerpflichtigen Gewinn im Rahmen der Gewerbeertragsteuer hälftig gem. § 7 i.V. mit § 8 Nr. 1 GewStG bzw. den einkommensteuer- bzw. körperschaftsteuerpflichtigen Gewinn als Betriebsausgabe gem. § 4 Abs. 4 EStG (i.V.m. § 8 Abs. 1 KStG) mindern. Auf das Finanzierungsverhältnis ist nur in denjenigen Fällen zu achten, in denen eine Mischfinanzierung vorliegt, weil in diesem Fall der jeweilige Kapitalkostensatz mit dem dazugehörigen Kapitalanteil gewichtet werden muss.[455]

Bei Anwendung der **Equity-Methode** ist die Renditeforderung der Eigenkapitalgeber den Berechnungen zugrunde zu legen.[456]

2.3.3.2.5 Die Ermittlung des Wachstumsfaktors

Der Wachstumsfaktor, mit dem der jährliche Gesamtgewinn kontinuierlich steigen soll, basiert auf der Grundüberlegung, dass eine Unternehmung i.d.R. keine Vollausschüttung des von ihr erwirtschafteten Jahresüberschusses vornimmt, sondern einen **Teilgewinn thesauriert**. Da sich dieser in der Unternehmung verbleibende Gewinn verzinst (Zinssatz ist die Eigenkapitalrendite), kann der **Wachstumsfaktor** wie folgt abgeleitet werden:[457]

$$\begin{aligned} G_1 &= G_0 + r \cdot b \cdot G_0 \\ &= G_0 \cdot (1 + \underbrace{r \cdot b}_{g}) \\ &= G_0 \cdot (1 + g) \end{aligned}$$

---

[455] In diesem Zusammenhang ist zu erwähnen, dass im Rahmen des Entity Approach ein Interdependenzproblem besteht: Zur Bestimmung des Marktwerts des Eigenkapitals muss der gewogene Kapitalkostensatz bekannt sein, der seinerseits aber auf den Marktwert des Eigenkapitals zurückgreift. Eine Lösung dieses Problems besteht alternativ in der Vorgabe einer Zielkapitalstrukur oder mittels Durchführung von Iterationsberechnungen. Vgl. *Ballwieser, Wolfgang*: Unternehmensbewertung mit Discounted Cash Flow-Verfahren. In: Die Wirtschaftsprüfung 1998, S. 85.

[456] Vgl. dazu *Betsch, Oskar/Groh, Alexander P./Lohmann, Lutz G.*: Corporate Finance. 2. Aufl., München 2000, S. 218-219.

[457] Vgl. *Schmidt, Reinhart*: Fundamentalanalyse. In: Handwörterbuch des Bank- und Finanzwesens, hrsg. von *Wolfgang Gerke* und *Manfred Steiner*, 2. Aufl., Stuttgart 1995, Sp. 832.

mit:

G_1: Gesamtgewinn der Periode 1;

G_0: Gesamtgewinn der Periode 0;

r: Eigenkapitalrentabilität;[458]

b: Thesaurierungsrate.

Allgemein lässt sich der Wachstumsfaktor g aus dem Produkt von Eigenkapitalrentabilität und Thesaurierungsrate bestimmen. Daraus wird deutlich, dass der Parameter g und somit auch der innere Wert einer Aktie sowohl vom Gewinnverwendungsverhalten als auch von der Verzinsung des einbehaltenen Gewinns der betreffenden Unternehmung maßgeblich beeinflusst wird. Je höher bspw. die Thesaurierungsrate ist, desto größer ist der im Modell zugrunde zu legende Wachstumsfaktor, desto höher ist – ceteris paribus – auch der innere Wert der in die Betrachtungen einbezogenen Aktie. Wird hingegen der Spezialfall betrachtet, dass eine Vollausschüttung stattfindet, resultiert daraus konsequenterweise (im betrachteten Modell) ein Wachstumsfaktor in Höhe von Null.

Abschließend sei anzuführen, dass bei Unterstellung einer konstanten Thesaurierungsrate b auch auf den Fall projiziert werden kann, bei dem die **Dividende und nicht der Gesamtgewinn die Bezugsgröße** darstellt. Hierbei ergeben sich allerdings im formalen Bereich keinerlei Änderungen, wie die folgenden beiden Gleichungen aufzeigen:

$$D_n = (1-b) \cdot G_n \Leftrightarrow G_n = \frac{D_n}{(1-b)}$$

Setzt man das eben gewonnene Ergebnis in die Gleichung zur Bestimmung des Wachstumsfaktors ein, so folgt:

$$\frac{D_1}{(1-b)} = \frac{D_0}{(1-b)} + r \cdot b \cdot \frac{D_0}{(1-b)}$$

$$\Leftrightarrow D_1 = D_0 + r \cdot b \cdot D_0 = D_0 \cdot \left(1 + \underbrace{r \cdot b}_{g}\right)$$

[458] Bei *Perridon/Steiner* wird anstatt der Eigenkapitalrentabilität der Kalkulationszinsfuß in Ansatz gebracht. Vgl. *Perridon, Louis/Steiner, Manfred*: Finanzwirtschaft der Unternehmung. 10. Aufl., München 1999, S. 220. Somit wird implizit unterstellt, dass die Thesaurierung der Gewinne die beste Alternativanlage darstellt.

Bei Ansatz der Dividendenausschüttung im Zähler der Present Value-Modelle erhält man also – formal gesehen – einen identischen Wachstumsfaktor wie bei Zugrundelegung des Gesamtgewinns.

2.3.3.2.6 Kritische Würdigung der Vorteilsströme

Im Folgenden soll nochmals die Tatsache aufgegriffen und zur Diskussion gestellt werden, dass mehrere Wertgrößen im Zähler der Barwertmodelle als alternativ ansetzbar in Erwägung gezogen werden. Es sind dies der gesamte in einer Periode erzielte Gewinn, der ausgeschüttete Gewinn (Dividende) und der Cashflow. Das Problem der Auswahl der geeigneten Wertgröße führt z. B. dazu, dass die Barwertberechnung von Aktien in diesem Zusammenhang als ein Ratespiel bezeichnet wird.[459]

Die Gründe, die für den Ansatz des gesamten erzielten Gewinns sprechen, werden darin gesehen, dass die Aktionäre auch einen (theoretischen) Anspruch auf den thesaurierten Gewinn besitzen, der sich durchaus in positiver Weise auf spätere Dividendenzahlungen auswirken kann, wenn die Eigenkapitalrentabilität größer als die Rendite bei den Aktionären ist.[460] Gegen den Ansatz des **Gesamtgewinns** ist folgendes Argument anzubringen: Der Gewinn ist als Differenz zwischen Erträgen und Aufwendungen definiert. Da in beiden Größen i. d. R. Posten enthalten sind, die keinerlei Zahlungswirkungen besitzen bzw. bei denen eine zeitliche Divergenz von Erfolgs- und Zahlungswirksamkeit besteht, kann der Gewinn als solcher nicht sachgerecht sein, weil nur zahlungswirksame Vorgänge Zins- und Zinseszinswirkungen besitzen können.[461] Dennoch lässt sich konstatieren, dass im Rahmen der vorgestellten Barwertmodelle unter Einbeziehung von Ertragsteuern die Größe „Gewinn“ als am sachgerechtesten anzusehen wäre.

Allerdings gilt es, diese These zu relativieren: Es wurde gezeigt,[462] dass es sich bei der Gewinngröße um den **Gewinn nach DVFA/SG** handelt. In diesem Zusammenhang treten zwei Problembereiche auf: Erstens bildet der Gewinn nach DVFA/SG nicht die Bemessungsgrundlage für den anzuwendenden pauschalen Ertragsteuersatz. Zweitens wäre selbst bei einer Transformation des Gewinns nach DVFA/SG zum ursprünglichen Gewinn diese Problematik

---

[459] Vgl. *Siebers, Alfred B.*: Fundamentalanalyse: Daten und Prognosen. In: Anlagepraxis 9/93, S. 16.

[460] Die Innenrendite muss somit die Außenrendite der Kapitalgeber übersteigen. Vgl. *Süchting, Joachim*: Finanzmanagement – Theorie und Politik der Unternehmensfinanzierung. 6. Aufl., Wiesbaden 1995, S. 544.

[461] Vgl. *Bieg, Hartmut*: Betriebswirtschaftslehre 1: Investition und Unternehmungsbewertung. 2. Aufl., Freiburg i. Br. 1997, S. 54.

[462] Vgl. **Abschnitt 2.3.3.2.3.1**.

nicht beseitigt, da die Ausgangsgröße der Jahreserfolg des Konzernabschlusses ist. Da in Deutschland keine Konzernbesteuerung stattfindet, müsste somit richtigerweise vom konsolidierten Jahreserfolg auf den addierten Erfolg der in den Konzernabschluss mit einbezogenen Unternehmungen übergeleitet und daraus die steuerpflichtigen Bestandteile ausgesondert werden.

Der Ansatz der **Dividendenausschüttung** steht in Einklang mit der von *Moxter* als Vorteilsstrom definierten „Summe aller Vorteile, die dem Unternehmenseigner ... zufließen.“[463] Hierbei stellt sich die Frage, zu welchem Zeitpunkt ein Einzahlungsüberschuss als quantifizierbarer und objektivierbarer Vorteil dem Anteilseigner zufließt. Grundsätzlich konkretisiert sich ein erwirtschafteter Überschuss genau dann zu einem Vorteil, wenn er dem Anteilseigner in Form einer Dividendenausschüttung zuteil wird und nicht zu dem Zeitpunkt, zu dem ein (theoretisch mögliches) Ausschüttungspotenzial geschaffen wird. Diese These stützen auch *Perridon/Steiner*, die eine Dividendenauszahlung als registrierbare Größe ansehen, welche einen Ergebnisansatz nach DVFA/SG überflüssig macht.[464] Auch *Moxter* vertritt die Meinung, dass nur die zukünftigen, direkt bedürfnisbefriedigenden Elemente in die Wertfindung potenzieller Anteilseigner mit eingehen (so genanntes „Ausschüttungsprinzip“).[465]

Dem Ansatz des gesamten in der jeweiligen Periode anfallenden **Einzahlungsüberschusses (Cashflow)**, der nach der Meinung des IDW theoretisch richtig wäre,[466] kann nach den bisherigen Ausführungen somit nicht zugestimmt werden, da, wie bereits erwähnt, die Anteilseigner nur zum Zeitpunkt des Zuflusses der entsprechenden Dividendenzahlung ihren Vorteil aus der Unternehmung ziehen. Der thesaurierte Teil des Einzahlungsüberschusses verzinst sich zwar in der Unternehmung, wobei die Aktionäre allerdings erst dann wieder einen Vorteil aus der Unternehmung schöpfen können, wenn diese höheren Dividendenzahlungen auch tatsächlich an sie ausgeschüttet worden sind.

---

[463] *Moxter, Adolf*: Grundsätze ordnungsmäßiger Unternehmensbewertung. 2. Aufl., Wiesbaden 1983, S. 75-76. In diesem Zusammenhang ist klarzustellen, dass auch andere Vorteile als die Dividendenausschüttung zufließen können, wobei von diesen Werten zumeist mangels Quantifizierbarkeit oder aus Bequemlichkeit abstrahiert wird. Letztendlich wird ein so genannter Partialertragswert ermittelt.

[464] Vgl. *Perridon, Louis/Steiner, Manfred*: Finanzwirtschaft der Unternehmung. 10. Aufl., München 1999, S. 218-219.

[465] Vgl. *Moxter, Adolf*: Grundsätze ordnungsmäßiger Unternehmensbewertung. 2. Aufl., Wiesbaden 1983, S. 79-81.

[466] Vgl. HFA des IDW: Stellungnahme 2/1983: Grundsätze zur Durchführung von Unternehmensbewertungen. In: Die Wirtschaftsprüfung 1983, S. 470.

Als gravierender Nachteil des Dividendenansatzes ist anzuführen, dass – im theoretisch möglichen Grenzfall – Aktien von Unternehmungen, die niemals Dividenden an ihre Anteilseigner ausschütten würden, keinen inneren Wert besäßen, da $V_t=0$ $(t=1, ..., n)$ wäre.[467] Diese These könnte allerdings durch eine Fallgestaltung derart widerlegt werden, dass ein symbolischer Kaufpreis (z. B. 1 EUR) für die Unternehmungen gezahlt und durch nachfolgende Ausschüttungen von Dividenden aus „wertlosen" „wertvolle" Aktien konstruiert werden würden.[468]

Zum Abschluss ist die bereits erwähnte Vollausschüttungshypothese näher kritisch zu beleuchten, da bei ihrer Unterstellung und der Abstrahierung von Ertragsteuern der Gewinn und die Dividendenausschüttung betragsmäßig gleich wären. Da es sich beim anzusetzenden Gewinn allerdings um den Gewinn nach DVFA/SG handelt, wäre somit konsequenterweise die Ausschüttung an die Anteilseigner eine „Dividendenausschüttung nach DVFA/SG". Da aber nicht die zuletzt genannte Größe, sondern die tatsächlich zufließende Dividende von Interesse ist, wären in Analogie zu der im vorangegangenen Absatz diskutierten Problematik Korrekturen vorzunehmen.[469] Hierbei ist zusätzlich zu beachten, dass sich einerseits die Ausschüttungsrate nach dem handelsbilanziellen Gewinn bemisst und andererseits nicht der Konzern als solcher, sondern die einzelnen Konzernunternehmen Ausschüttungen an ihre Anteilseigner tätigen.

Relativierend zu den Ausführungen ist zu bemerken, dass die Auffassungen bzgl. des Ansatzes des Gesamtgewinns auf dem Modell nach *Walter* basieren, nach dem sich der Kurswert sämtlicher Aktien gemäß nachstehender Formel bemisst:[470, 471]

---

[467] Vgl. *Perridon, Louis/Steiner, Manfred*: Finanzwirtschaft der Unternehmung 10. Aufl., München 1999, S. 216. Diese Behauptung ist dahingehend zu relativieren, dass auch andere, den inneren Wert einer Unternehmung beeinflussende Bestimmungsfaktoren existieren können.

[468] Vgl. den Einwand von *Matschke* im Beitrag von *Kruschwitz, Lutz/Löffler Andreas*: Unendliche Probleme bei der Unternehmensbewertung. In: Der Betrieb 1998, S. 1041.

[469] Diese sich ergebende Problematik wird auch von *Schubert, Eckehard*: Fundamentalanalyse. In: Wertpapierinvestment heute, hrsg. von *Hartmut Leser*, Wiesbaden 1988, S. 20, gesehen.

[470] Vgl. *Süchting, Joachim*: Finanzmanagement – Theorie und Politik der Unternehmensfinanzierung. 6. Aufl., Wiesbaden 1995, S. 545-546 und mit anderer Symbolik *Walter, James E.*: Dividend Policies and Common Stock Prices. In: Journal of Finance 1956, S. 34.

[471] Als implizit unterstellte Prämissen seien im Folgenden genannt (vgl. *Walter, James E.*: Dividend Policies and Common Stock Prices. In: Journal of Finance 1956, S. 29 und S. 31–32):

1. Langfristig reflektieren die Aktienpreise den Barwert erwarteter Dividenden.

$$KA = \frac{D + \frac{r}{i_{EK}} \cdot (G - D)}{i_{EK}}$$

mit:

KA: Kurswert der Aktie;

D: Dividendenausschüttung;

G: erwirtschafteter Gesamtgewinn;

r: Eigenkapitalrentabilität (= Innenrendite);

i_{EK}: Eigenkapitalkostensatz der Kapitalgeber (= Außenrendite).

Aus obiger Beziehung wird deutlich, dass es – falls eine Rentabilitätsmaximierung des Eigentümervermögens unterstellt wird – unmaßgeblich ist, ob man den Berechnungen den erwirtschafteten Gesamtgewinn oder die Dividendenausschüttung zugrunde legt, wenn gilt:[472]

$$r < i_{EK} \Rightarrow D = G \Rightarrow KA = \frac{G}{i_{EK}}$$

oder

$$r = i_{EK} \Rightarrow KA = \frac{G}{i_{EK}}$$

In der Realität ist allerdings eine Einheitlichkeit der Eigenkapitalkostensätze sämtlicher Kapitalgeber bzw. eine Vollthesaurierung oder -ausschüttung kaum anzutreffen.[473]

Legt man Gesamtgewinne oder Ausschüttungspotenziale zugrunde, so ist zu beachten, dass Doppelberücksichtigungen in Form von jetzt erfassten Ge-

2. Die Thesaurierung von erwirtschafteten Gewinnen ist die alleinige Kapitalbeschaffungsquelle.
3. Mehreinnahmen haben unverzüglich den Aktionären zugute zu kommen.
4. Die Eigenkapitalrentabilität und der Eigenkapitalkostensatz sind über den Betrachtungszeitraum als konstante Größen anzusehen.

472 Die dritte denkbare Fallkonstellation $r > i_{EK}$ sei in diesem Zusammenhang nur am Rande erwähnt, da in diesem Fall der Gesamtgewinn vollständig thesauriert werden würde und somit D=0 wäre. Nach dem Einsetzen in die Ausgangsgleichung ergäbe sich ein Kurswert sämtlicher Aktien in Höhe von $(r \cdot G / i_{EK}^2)$.

473 Man denke bspw. an die in § 150 AktG vorgegebenen Vorschriften bzgl. der Dotierung der gesetzlichen Rücklage.

samtgewinnen und zu einem späteren Zeitpunkt ausgeschütteten Gewinnen nicht erfolgen dürfen.[474]

Auch der in der jeweiligen Periode erwirtschaftete gesamte Cashflow ist im Falle einer bloßen Teilausschüttung oder vollständigen Thesaurierung als nicht sachgerechte zu diskontierende Größe anzusehen. Der Grund hierfür liegt in der falschen Ermittlung des inneren Wertes der Aktie der Unternehmung bei Unterstellung eines endlichen Planungshorizontes. Ein einfaches Zahlenbeispiel, das im Folgenden aufgeführt wird, soll die Überlegungen untermauern:

Beispiel:[475]

Es wird erwartet, dass die B-AG, deren Aktien bewertet werden sollen, zum 31.12.01 einen Gewinn in Höhe von 100 GE erwirtschaften wird, von dem sie 70% an die Anteilseigner ausschüttet. Am 31.12.03 wird eine Ausschüttung des Restgewinns in Höhe von 30% unterstellt. Den Bezugszeitpunkt soll der 1.1.00 darstellen, wobei ein Kalkulationszinsfuß in Höhe von 10% und eine Eigenkapitalrentabilität in Höhe von 15% zugrunde gelegt werden.

Wird der Gesamtgewinn im Jahre seiner Entstehung berücksichtigt, so gilt:

$$IW_0 = 100 \cdot (1+0{,}1)^{-2} = 82{,}64\,\text{GE}.$$

Legt man die Dividendenausschüttungen für die Berechnungen des inneren Wertes zugrunde, so ergibt sich unter Beachtung der Eigenkapitalrentabilität:

$$IW_0 = 70 \cdot (1+0{,}1)^{-2} + 30 \cdot (1+0{,}15)^2 \cdot (1+0{,}1)^{-4} = 84{,}95\,\text{GE}.$$

Aus diesem einfachen Beispiel wird deutlich, dass die unterschiedlichen Zählergrößen auch zu verschiedenen inneren Werten der Aktie und somit auch zu differenzierten Handlungsentscheidungen führen können. Würde im obigen Beispiel der Aktienkurs an der Börse am 1.1.00 bspw. 83 GE betragen, so ergäbe sich unter Bezugnahme auf den Ansatz des Gesamtgewinns eine Überbewertung und somit eine Verkaufs- bzw. keine Kaufempfehlung. Legt man die Dividendenausschüttung zugrunde, wäre genau der umgekehrte Fall relevant, d.h. keine Verkaufs-, sondern eine Kaufempfehlung.

Relativierend dazu muss angeführt werden, dass auch die Fehleinschätzung zukünftiger prognostizierter Gewinne/Ausschüttungen zu solch uneinheitlichen Entscheidungen führen kann. Allerdings sollten grundlegende Begriffe bzw. Größen schon im Vorfeld geklärt werden.

Als zweites Ergebnis ist festzuhalten, dass das Modell nach *Walter* auf dieses Zahlenbeispiel anwendbar ist. Sind nämlich Eigenkapitalrentabilität und Kalkulationszinsfuß äquivalent, so besitzt der alternative Ansatz des Gesamtgewinns oder der Di-

---

474 Vgl. *Moxter, Adolf*: Grundsätze ordnungsmäßiger Unternehmensbewertung. 2. Aufl., Wiesbaden 1983, S. 79.

475 Entnommen aus *Kußmaul, Heinz*: Fundamentalanalyse – Vorteilsströme im Barwertkonzept und statisch orientierte Vereinfachungsansätze –. In: Der Steuerberater 1999, S. 219.

vidende keinen Einfluss auf die Höhe des inneren Wertes, da im Falle der Zugrundelegung der Dividendenausschüttungen gilt:

$$IW_0 = 70 \cdot (1+0{,}1)^{-2} + 30 \cdot (1+0{,}1)^{2} \cdot (1+0{,}1)^{-4}$$

$$= 70 \cdot (1+0{,}1)^{-2} + 30 \cdot (1+0{,}1)^{-2} = 82{,}64\,\text{GE}$$

Anhand der angemerkten Kritikpunkte würden **folgende Modelle** unter Berücksichtigung von Wachstumsfaktoren und Ertragsteuern den diskutierten Problemen **am sachgerechtesten** entgegenwirken:[476]

$$IW_0 = \sum_{t=1}^{n} \left(G_{DVFA/SG\,t} - G_t^* \cdot s_{betr.}\right) \cdot \left[1 + i_z \cdot \left(1 - s_{Inv.}\right)\right]^{-t} + \left[L_n - \left(L_n - AK\right) \cdot s_{Inv.}\right] \cdot \left[1 + i_z \cdot \left(1 - s_{Inv.}\right)\right]^{-n}$$

bzw.

$$IW_0 = \sum_{t=1}^{n} \left(G_{DVFA/SG\,1} - G_1^* \cdot s_{betr.}\right) \cdot (1+g)^{t-1} \cdot \left[1 + i_z \cdot \left(1 - s_{Inv.}\right)\right]^{-t} + \left[L_n - \left(L_n - AK\right) \cdot s_{Inv.}\right] \cdot \left[1 + i_z \cdot \left(1 - s_{Inv.}\right)\right]^{-n}$$

mit:

G_t^*: Addierter „echter" Gewinn der Konzernunternehmungen des zu bewertenden Unternehmungskreises pro Aktie der t-ten Periode;

$G_{DVFA/SG\,t}$: Gewinn nach DVFA/SG pro Aktie der t-ten Periode.

2.3.3.3 Die statisch orientierte Fundamentalanalyse

2.3.3.3.1 Das Kurs-Gewinn-Verhältnis (KGV) bzw. das Price-Earnings-Ratio (PER)

Um Aktienanlageentscheidungen auf leichtere Art und Weise zu handhaben, bedient man sich der statisch orientierten Fundamentalanalyse. Hierbei zieht

[476] Hierbei wird vereinfachend unterstellt, dass zum einen der betriebliche Ertragsteuersatz sämtlicher im Konzernkreis befindlichen Unternehmungen die gleiche Höhe aufweist und zum anderen die den Wachstumsfaktor determinierenden Größen „Eigenkapitalrentabilität" und „Thesaurierungsrate" über die Dauer des Planungszeitraums bei allen Konzernunternehmungen konstant sind.

man das sog. KGV bzw. PER zu Rate, das sowohl den finanzmathematischen Aspekt außer Acht lässt als auch einen eindimensionalen Vergleich zwischen Aktien anstellt.[477] Das KGV ist wie folgt definiert:

$$\text{KGV [in \%]} = \frac{\text{Börsenkurs pro Aktie } (t = 0)}{\text{Gewinn pro Aktie } (t = 1)}$$

Im Zuge der Ermittlung des KGV und zwecks Vergleichbarkeit im zwischen-unternehmerischen Bereich setzt man im Nenner des Quotienten den so genannten Gewinn pro Aktie nach DVFA/SG an. Das KGV bzw. PER ist in diesem speziellen Zusammenhang wie folgt definiert:

$$\text{KGV [in \%]} = \frac{\text{Börsenkurs pro Aktie } (t = 0)}{\text{Ergebnis je Aktie nach DVFA/SG } (t = 1)}$$

Der Quotient gibt an, mit welchem Vielfachen des im laufenden Jahr angefallenen Ergebnisses pro Aktie (nach DVFA/SG) diese Aktie zum heutigen Zeitpunkt an der Börse bewertet wird. Wird die ermittelte Kennzahl mit dem Branchen-KGV verglichen, so kann festgehalten werden, dass bei niedrigeren KGV die entsprechenden (billig bewerteten) Wertpapiere als kaufenswert gelten, während im entgegengesetzten Fall ein Verkauf gehaltener Aktien ratsam wäre.

Hierbei muss zunächst das Gesamtergebnis nach DVFA/SG auf die einzelne Aktie umgerechnet werden. Es gilt zu beachten, dass das Konzernergebnis der im Rahmen der Vollkonsolidierung[478] in den Konzernabschluss einbezogenen Unternehmungen auch Ansprüche außenstehender Gesellschafter[479] beinhaltet. Aus diesem Grund sind die auf außenstehende Gesellschafter entfallenden Ergebnisanteile zu isolieren. Hieraus folgt:

$$\text{Ergebnis je Aktie nach DVFA/SG} = \frac{\text{Ergebnis nach DVFA/SG} \pm \text{(bereinigte) Ergebnisse außenstehender Gesellschafter}}{\text{zeitgewichteter Durchschnitt der Gesamtzahl der Aktien}}$$

In diesem Zusammenhang ist anzumerken, dass ein intertemporaler Vergleich dieser Kennziffer durch Änderungen der Nennergröße (Kapitalerhöhungen,

---

477 Vgl. *Steiner, Manfred/Bruns, Christoph*: Wertpapiermanagement. 7. Aufl., Stuttgart 2000, S. 243-244.

478 Gem. § 300 Abs. 2 Satz 1 HGB sind im Rahmen der Vollkonsolidierung sämtliche Vermögensgegenstände, Schulden, Rechnungsabgrenzungsposten, Aufwendungen und Erträge der konsolidierten Tochterunternehmen unabhängig von der Höhe der Beteiligungsquote in den Konzernabschluss der Muttergesellschaft mit einzubeziehen.

479 Vgl. § 307 HGB.

-herabsetzungen, sowie bei bedingt ausstehenden Aktien, Wandel- oder Optionsschuldverschreibungen) und bei Modifikationen des Zählers (Erweiterung des Konsolidierungskreises[480]) erschwert bzw. verfälscht wird. Hierbei wird auf das Ergebnis nach DVFA/SG je Aktie „voll verwässert" bzw. „adjustiert" abgestellt.[481]

Die größten Vorteile der statischen Fundamentalanalyse bestehen im Vergleich zur dynamischen Fundamentalanalyse einerseits in der Einfachheit und Schnelligkeit bzgl. der Ermittlung relevanter Daten, die Aktienanlageentscheidungen manifestieren sollen, und andererseits in einer enormen Reduktion der Komplexität.

2.3.3.3.2 Das Kurs-Cashflow-Verhältnis (KCFV) bzw. das Price-Cashflow-Ratio (PCR)

Als weitere statische Kennzahl, derer man sich im Rahmen der Aktienanlageberatung bedient, ist das KCFV bzw. PCR anzuführen. Diese Größe gibt in Analogie zum KGV an, mit welchem Vielfachen des im laufenden Jahr erzielten Cashflow je Aktie dieses Wertpapier zum heutigen Zeitpunkt an der Börse bewertet wird. Die Formel lautet:

$$\text{KCFV [in \%]} = \frac{\text{Börsenkurs pro Aktie } (t = 0)}{\text{Cashflow je Aktie } (t = 1)}$$

Analog zum KGV wird den Berechnungen aus gleichen Gründen der Cashflow je Aktie nach DVFA/SG zugrunde gelegt, so dass sich obige Formel wie folgt modifiziert:

$$\text{KCFV [in \%]} = \frac{\text{Börsenkurs pro Aktie } (t = 0)}{\text{Cashflow je Aktie nach DVFA/SG } (t = 1)}$$

Bei der Ermittlung des Nenners, der als Indikator für die nachhaltige Innenfinanzierungskraft der Unternehmung herangezogen wird, ist vom gesamten Cashflow nach DVFA/SG der Teil, der auf außenstehende Gesellschafter entfällt, zu subtrahieren:

---

480 Vgl. *Küting, Karlheinz/Bender, Jürgen*: Das Ergebnis je Aktie nach DVFA/SG. In: Betriebs-Berater 1992, Beilage 16, S. 15-16.

481 Vgl. dazu eingehend die Ausführungen bei *Busse von Colbe, Walther* u. a.: Ergebnis je Aktie nach DVFA/SG. 3. Aufl., Stuttgart 2000, S. 53-65. Die Ermittlung verwässerter Werte je Aktie setzt sich zum Ziel, Einflüsse potenzieller Aktien, die aus der künftigen Umwandlung von Wandel- und Optionsschuldverschreibungen resultieren, aufzuzeigen.

$$\text{Cashflow je Aktie nach DVFA/SG} = \frac{\text{Cashflow nach DVFA/SG} \pm \text{(bereinigte) Cashflows außenstehender Gesellschafter}}{\text{zeitgewichteter Durchschnitt der Gesamtzahl der Aktien}}$$

Abschließend wird nochmals die bereits in **Abschnitt 2.3.3.2.3.2** vorweggenommene Behauptung aufgegriffen, dass sich KCFV und KGV gegenseitig bedingen bzw. gegenseitige Kontroll- bzw. Vergleichsinstrumentarien darstellen. Einerseits existieren Geschäftsvorfälle, die u. E. Auswirkungen auf eine kennzahlenorientierte Aktienanalyse besitzen sollten. So beeinflussen bspw. erhöhte Abschreibungsbeträge aufgrund von Fehlinvestitionen oder anderweitigen dauerhaften Wertminderungen nicht das KCFV, während eine Steigerung des KGV zu verzeichnen ist und Aktien als weniger kaufenswert ausgewiesen werden als bei Zugrundelegung des KCFV. Andererseits können Fallkonstellationen auftreten, bei denen die Unternehmungsleitung einen direkten Einfluss auf die Aktienanalyse ausüben kann. So werden bspw. mittels Vornahme von Zuschreibungen im Rahmen des Wertaufholungsgebots gem. § 280 Abs. 1 HGB, die innerhalb des DVFA/SG-Schemas nicht bereinigt werden, Aktien als kaufenswerter ausgewiesen, als dies bei Zugrundelegung des KCFV der Fall wäre.

2.3.3.4 Die dynamisch und statisch orientierte Fundamentalanalyse

Mittels der im vorangegangenen Kapitel errechneten Kennzahlen lässt sich auch ein direkter Zusammenhang zwischen der statischen und dynamischen Fundamentalanalyse herstellen. Dieser Aspekt erlangt deshalb große Bedeutung, weil sich der Kalkulationszinsfuß i_z im Rahmen der dynamischen Modelle schwierig ermitteln lässt. Durch Kenntnis des KGV, das im Wirtschaftsteil bedeutender Zeitungen aufgeführt ist, lässt sich, wie im Folgenden gezeigt wird, dieser Zinssatz bestimmen. Dazu sind folgende Umformungen notwendig:

$$\text{KGV} = \frac{\text{Börsenkurs pro Aktie } (t = 0)}{\text{Gewinn pro Aktie nach DVFA/SG } (t = 1)} = \frac{B_0}{G_1}$$

Da gemäß der Zentralannahme der Fundamentalanalyse der innere Wert einer Aktie ihrem Börsenkurs entsprechen soll, kann man den Zähler durch den inneren Wert (IW_0) ersetzen, woraus folgt:

$$\text{KGV} = \frac{IW_0}{G_1}$$

Geht man nun von einem **unendlichen Planungshorizont (ohne Wachstumsfaktoren)** aus, so erhielt man gem. den Ausführungen in **Abschnitt 2.3.3.2.2.2.2** folgende Formel:

$$IW_0 = \frac{V}{i_z}$$

Durch Einsetzen (statt V wird G geschrieben) erhält man:

$$KGV = \frac{\frac{G}{i_z}}{G} = \frac{1}{i_z}$$

$$\Leftrightarrow i_z = \frac{1}{KGV}$$

Analog erhält man im Falle eines **unendlichen Planungszeitraums unter Berücksichtigung eines Wachstumsfaktors** folgende Formel:

$$IW_0 = \frac{V}{i_z - g}$$

Durch Einsetzen erhält man:

$$KGV = \frac{\frac{G}{i_z - g}}{G} = \frac{1}{i_z - g}$$

$$\Leftrightarrow i_z - g = \frac{1}{KGV}$$

Die gerade beschriebene Vorgehensweise besitzt einen „Schönheitsfehler“: Das KGV ist als Quotient aus dem Börsenkurs und dem Gewinn je Aktie nach DVFA/SG definiert. Da letztere Größe ein Jahr lang konstant bleibt, der Börsenkurs sich allerdings laufend ändert, entstehen immer wieder neue KGV für ein und dieselbe Unternehmung.[482] Dies bedeutet, dass im hier zugrunde gelegten Modell auch immer wieder neue Kalkulationszinssätze ermittelt werden und die Frage zu stellen ist, welcher Zinssatz nun der „Richtige“ sei. Unter Vereinbarung der Konvention, dass lediglich ein Börsenkurs, der als repräsentativ zu erachten wäre, zu Rate gezogen wird (z.B. Stichtagskurs, Durchschnittskurs), ließe sich auch diese Problematik beseitigen. Allerdings ist dar-

---

482 Vgl. *Perridon, Louis/Steiner, Manfred*: Finanzwirtschaft der Unternehmung. 10. Aufl., München 1999, S. 222.

auf aufmerksam zu machen, dass mit dem Ansatz eines stellvertretenden Wertes ein Informations- und Genauigkeitsverlust einhergeht, der die oben getroffene, in der Realität zumeist falsche Annahme der Identität des Börsenkurses mit seinem inneren Wert zusätzlich verstärkt.

3 Informationen für finanzwirtschaftliche Entscheidungen: finanz- und erfolgswirtschaftliche Analyse[483]

3.1 Jahresabschlussanalyse: Grundlagen, Informationsaufbereitung und Methoden

3.1.1 Grundlagen der Jahresabschlussanalyse

3.1.1.1 Die Zwecke der externen Rechnungslegung

Unter externer Rechnungslegung wird hier die quantitative und verbale Berichterstattung über von der betrachteten Unternehmung getroffene (finanzwirtschaftliche) Maßnahmen und Ressourceneinsätze gegenüber externen Jah-

---

[483] Wesentliche Passagen sind entnommen aus *Bieg, Hartmut*: Finanzierungsregeln. In: Wirtschaftswissenschaftliches Studium 1983, S. 491-496 und S. 543; *Bieg, Hartmut*: Jahresabschlußanalyse. In: Bilanzbuchhalter 1994, S. 265-270; *Bieg, Hartmut*: Die Cash-Flow-Analyse als stromgrößenorientierte Finanzanalyse. In: Der Steuerberater 1998, S. 432-439 und S. 472-478 und in: Der Steuerberater 1999, S. 22-29; *Bieg, Hartmut*: Die Kapitalflussrechnung als stromgrößenorientierte Finanzanalyse. In: Der Steuerberater 2000, S. 96-103, S. 139-148, S. 185-195 und S. 217-224; *Bieg, Hartmut*: Die Kapitalflußrechnung nach dem neuen Deutschen Rechnungslegungsstandard Nr. 2 (DRS 2). In: Steuern und Bilanzen 2000, S. 137-143; *Bieg, Hartmut/Hossfeld, Christopher*: Cash-Flow nach DVFA/SG. In: Der Betrieb 1996, S. 1429-1434; *Bieg, Hartmut/Kußmaul, Heinz*: Externes Rechnungswesen. 2. Aufl., München/Wien 1998, S. 255-308; *Kußmaul, Heinz*: Kennzahlen und Kennzahlensysteme – ihre Möglichkeiten und Grenzen für die externe Analyse des Jahresabschlusses. In: Der Steuerberater 1984, S. 145-159 und S. 191-201; *Kußmaul, Heinz*: Die Bewegungsbilanz und Kapitalflußrechnung als Instrumente der externen Analyse des Jahresabschlusses. In: Der Steuerberater 1984, S. 291-306; *Kußmaul, Heinz*: Die Kapitalflußrechnung – Grundlagen, Formen, Voraussetzungen, Ausgestaltung. In: Wirtschaftswissenschaftliches Studium 1985, S. 439-445 und S. 483-484.

resabschlussadressaten verstanden.[484] Stellvertretend für die zahlreichen externen Jahresabschlussadressaten[485] seien hier die bisherigen und potenziellen Anteilseigner und Gläubiger als wichtige Gruppen genannt.

Der externen Rechnungslegung in Form des Jahresabschlusses kommen insbesondere drei Aufgaben zu. Ohne die Pflicht zur **Dokumentation**[486] stünden keine Ausgangsdaten für die Aufstellung des Jahresabschlusses zur Verfügung. Neben der Aufgabe der Dokumentation hat der externe Jahresabschluss die Aufgabe der **Erfolgsermittlung und Informationsvermittlung**.[487]

Bezüglich der externen Adressaten der Kapitalflussrechnung ist die in § 264 Abs. 2 Satz 1 HGB kodifizierte Generalnorm, wonach insbesondere eine korrekte Informationsvermittlung bei Kapitalgesellschaften erreicht werden soll,[488] von Bedeutung. Danach hat der Jahresabschluss „unter Beachtung der Grundsätze ordnungsmäßiger Buchführung ein den tatsächlichen Verhältnissen entsprechendes Bild der Vermögens-, Finanz- und Ertragslage"[489] darzustellen; dies gilt analog für den Konzernabschluss.[490] Als statische Rechnung stellt die Bilanz die **Vermögenslage** dar, während die Gewinn- und Verlustrechnung in Form einer Stromgrößenrechnung über die **Erfolgslage** der betrachteten Unternehmung informieren soll. Allerdings fehlt trotz des Anhangs und des Lageberichts eine Darstellung der **Finanzlage**, die den Bedürfnissen der externen Jahresabschlussleser gerecht wird.

Diesem Mangel, der in Verbindung mit der herkömmlichen externen Rechnungslegung häufig genannt wird,[491] kann durch eine seit der Verabschiedung des Gesetzes zur Kontrolle und Transparenz im Unternehmensbereich (KonTraG) verpflichtend vorgeschriebene[492] Kapitalflussrechnung als ergänzender Rechnung zur Finanzlage einer Unternehmung zumindest im Konzernabschluss ansatzweise begegnet werden.

---

[484] Vgl. *Kalinski, Rüdiger*: Die Rechnungslegung zur Finanzlage der Unternehmung. Kiel 1986, S. 59.

[485] Vgl. zu einem Überblick über die externen Jahresabschlussadressaten *Bieg, Hartmut/Kußmaul, Heinz*: Externes Rechnungswesen. 2. Aufl., München/Wien 1998, S. 49-51.

[486] Vgl. § 238 Abs. 1 HGB.

[487] Vgl. ausführlich zu den Aufgaben *Bieg, Hartmut*: Die externe Rechnungslegung der Kreditinstitute und Finanzdienstleistungsinstitute. München 1999, S. 7-36.

[488] Vgl. *Amen, Matthias*: Erstellung von Kapitalflußrechnungen. 2. Aufl., München 1998, S. 1-2.

[489] § 264 Abs. 2 Satz 1 HGB.

[490] Vgl. § 297 Abs. 2 Satz 2 HGB.

[491] Vgl. u. a. *Friedl, Peter-Joachim*: Kapitalflussrechnung und Liquiditätsanalyse. Die Praxis der Cash-flow-Statements nach deutschem und österreichischem Handelsrecht. Wien 1995, S. 11.

[492] Vgl. § 297 Abs. 1 Satz 2 HGB.

3.1.1.2 Begriff und Arten der Jahresabschlussanalyse

Unter dem Begriff **Jahresabschlussanalyse** subsumiert man die Verfahren, mit deren Hilfe aus den Angaben des Jahresabschlusses (Bilanz, Gewinn- und Verlustrechnung sowie Anhang) und gegebenenfalls sonstiger Quellen (z. B. Lagebericht, Zwischenberichte, Ansprachen, Presseveröffentlichungen) zusätzliche Informationen über die Vermögens-, Finanz- und Ertragslage einer Unternehmung,[493] die nicht unmittelbar dem Jahresabschluss entnommen, aber aus ihm abgeleitet werden können, gewonnen werden.

Die Jahresabschlussanalyse kann sowohl von Personen innerhalb der Unternehmung selbst vorgenommen werden (**interne Jahresabschlussanalyse**) als auch von außenstehenden Personen oder Institutionen (**externe Jahresabschlussanalyse**), wie z. B. von den derzeitigen und potenziellen Eigen- oder Fremdkapitalgebern, der Konkurrenz, den Gewerkschaften sowie von professionellen Analysten. Bei internen Untersuchungen sind i. d. R. erheblich mehr und auch geeignetere Informationen verfügbar als im Falle einer externen Analyse. Außenstehende, die nicht wie etwa Großaktionäre oder einflussreiche Kreditgeber eine besondere Machtposition gegenüber der Unternehmungsleitung innehaben, können im Allgemeinen nur auf die öffentlich zugänglichen Angaben in Jahresabschlüssen, Zwischenberichten oder auf sonstige Mitteilungen, Berichte oder Auswertungen in den Medien zurückgreifen.

Man unterscheidet die quantitative und die qualitative Jahresabschlussanalyse. Bei der **qualitativen Jahresabschlussanalyse** wird eine Auswertung der verbalen Berichterstattung vorgenommen, die sich insbesondere im Anhang und im Lagebericht befindet. Es wird u. a. das jahresabschlusspolitische Instrumentarium untersucht. Dabei soll vor allem herausgefunden werden, ob die getroffenen jahresabschlusspolitischen Maßnahmen zur Verbesserung oder Verschlechterung des ausgewiesenen Unternehmungserfolgs beigetragen haben. Außerdem erfolgt eine Untersuchung der Syntax der Berichterstattung, denn der Präzisionsgrad der Ausführungen vermittelt zusätzliche Informationen darüber, ob die dargestellte wirtschaftliche Situation der Unternehmung der Realität entspricht oder ob z. B. bestimmte – positive oder negative – Sachverhalte verschleiert werden sollen. Auf die qualitative Jahresabschlussanalyse wird hier nicht näher eingegangen.[494]

Die Finanz- und Erfolgsanalyse zählen zur **quantitativen Jahresabschlussanalyse**, bei der die Auswertung von in Zahlen artikulierbaren Daten im Vor-

---

[493] Der Jahresabschluss einer Kapitalgesellschaft soll an sich schon ein den tatsächlichen Verhältnissen entsprechendes Bild der Vermögens-, Finanz- und Ertragslage vermitteln; vgl. § 264 Abs. 2 Satz 2 HGB.

[494] Vgl. ausführlich hierzu *Bieg, Hartmut/Kußmaul, Heinz*: Externes Rechnungswesen. 2. Aufl., München/Wien 1998, S. 303-305 und die dort angegebene Literatur.

dergrund steht. Eine Untersuchung der **finanzwirtschaftlichen Lage** stellt auf die finanzielle Stabilität einer Unternehmung ab und umfasst die Partialanalysen Vermögensstruktur-, Kapitalstruktur- sowie Liquiditätsanalyse. Ihr steht die **erfolgswirtschaftliche Analyse** gegenüber, bei der versucht wird, Aussagen über die (nachhaltige) Ertragskraft einer Unternehmung zu machen. Untersuchungsziele der quantitativen Jahresabschlussanalyse sind also die Beurteilung der Vermögenslage, der Kapitalausstattung, der Liquiditätslage sowie der Erfolgssituation der betrachteten Unternehmung.[495]

3.1.2 Die Aufbereitung der Informationen

Die Analyse des Jahresabschlusses setzt voraus, dass das darin enthaltene **Zahlenmaterial systematisch aufbereitet** wird. Hierbei müssen einerseits Bilanz und Gewinn- und Verlustrechnung um Angaben des Anhangs und weitere Informationen ergänzt werden; andererseits erfolgt eine Zusammenfassung von Positionen zu größeren Einheiten.

Das um bestimmte Spezialvorschriften und Anhangangaben ergänzte Bilanzgliederungsschema des § 266 HGB eignet sich nur bedingt für Zwecke der Jahresabschlussanalyse, da insbesondere bei der Berechnung von Kennzahlen oft auf Größen zurückgegriffen wird, die durch Aggregation oder Saldierung entstehen. Für jahresabschlussanalytische Zwecke ist deshalb durch entsprechende Korrekturen eine **Strukturbilanz** zu erstellen.[496] Deren Grundstruktur zeigt **Abbildung 74** (Seite 238).

Von der Grundstruktur des Bilanzgliederungsschemas nach § 266 HGB unterscheidet sich dieses Schema vor allem durch den fehlenden Ausweis der Rechnungsabgrenzungsposten; sie wurden hier dem Umlaufvermögen bzw. dem Fremdkapital zugeordnet. Da die weitere Differenzierung der Hauptpositionen der Strukturbilanz sehr stark vom Analysezweck abhängt, wurde auf eine Untergliederung in **Abbildung 74** (Seite 238) bis auf die angedeutete Strukturierung des Fremdkapitals verzichtet.

Grundlage der **ergebnisquellenorientierten Aufbereitung** der GuV-Rechnung ist das für das Gesamtkostenverfahren in § 275 Abs. 2 HGB und für das Umsatzkostenverfahren in § 275 Abs. 3 HGB niedergelegte Gliederungs-

---

[495] Vgl. grundlegend zur Jahresabschlussanalyse mit einer Differenzierung zwischen Einzel- und Konzernabschluss *Lutz, Richard*: Jahresabschlußanalyse bei Einheits- und Konzernunternehmung. Frankfurt a. M. u. a. 2000.

[496] Vgl. hierzu genauer *Bieg, Hartmut/Kußmaul, Heinz*: Externes Rechnungswesen. 2. Aufl., München/Wien 1998, S. 258-264.

schema der GuV-Rechnung. Dieses Schema ist für alle Kapitalgesellschaften als Mindestgliederungsschema anzusehen, soweit vom Gesetzgeber kein geschäftszweigspezifisches Gliederungsschema nach § 330 HGB vorgeschrieben wird bzw. soweit im Falle kleiner und mittelgroßer Kapitalgesellschaften kein Gebrauch von den Gliederungsverkürzungen des § 276 HGB gemacht wird.

Aktiva	**Passiva**
▪ Jahresabschlussanalytisches Anlagevermögen ▪ Jahresabschlussanalytisches Umlaufvermögen	▪ Jahresabschlussanalytisches Eigenkapital ▪ Jahresabschlussanalytisches Fremdkapital – langfristig – mittelfristig – kurzfristig

Abbildung 74: Grundschema einer Strukturbilanz[497]

Bei der ergebnisquellenorientierten Aufbereitung der GuV-Rechnung wird versucht, anhand der Aufspaltung der Größe Jahresüberschuss/Jahresfehlbetrag in verschiedene Teilgrößen über die in der GuV-Rechnung enthaltenen Informationen hinaus gehende Erkenntnisse zu gewinnen. Bei dieser Aufbereitung werden zur Ergebnisspaltung die Kriterien Betriebszugehörigkeit und Regelmäßigkeit der Erfolgskomponenten verwendet.

Nach dem Kriterium der **Regelmäßigkeit** des Auftretens von Aufwendungen und Erträgen wird eine Abgrenzung des Ergebnisses der gewöhnlichen Geschäftstätigkeit vom außerordentlichen Ergebnis (außergewöhnliche und betriebsfremde Erfolgsbestandteile) vorgenommen. Dieses Kriterium stellt auf die Nachhaltigkeit des Unternehmungserfolgs ab und spielt insofern bei der Prognose der zukünftigen Erfolgsentwicklung eine Rolle.

Das Ergebnis der gewöhnlichen Geschäftstätigkeit wird üblicherweise nach dem Kriterium der **Betriebszugehörigkeit** in ein ordentliches betriebliches Ergebnis (Betriebserfolg) und ein ordentliches betriebsfremdes Ergebnis (Finanzerfolg) unterteilt. Das ordentliche betriebliche Ergebnis liefert hierbei Erkenntnisse über die Höhe des Erfolgsbeitrags aus der eigentlichen Unternehmungstätigkeit.

---

[497] Entnommen aus *Bieg, Hartmut/Kußmaul, Heinz*: Externes Rechnungswesen. 2. Aufl., München/Wien 1998, S. 264.

	Umsatzerlöse (Position 1)
+	Erhöhung (– Verminderung) des Bestands an fertigen und unfertigen Erzeugnissen (Position 2)
+	andere aktivierte Eigenleistungen (Position 3)
+	sonstige betriebliche Erträge (Position 4)
–	Materialaufwand (Aufwendungen für Roh-, Hilfs- und Betriebsstoffe und für bezogene Waren sowie Aufwendungen für bezogene Leistungen; Position 5)
–	Personalaufwand (Löhne und Gehälter sowie soziale Abgaben und Aufwendungen für Altersversorgung und für Unterstützung; Position 6)
–	Abschreibungen (Abschreibungen auf Sachanlagen; auf Vermögensgegenstände des Umlaufvermögens, soweit diese die in der Kapitalgesellschaft üblichen Abschreibungen überschreiten; auf immaterielle Vermögensgegenstände des Anlagevermögens und auf aktivierte Aufwendungen für die Ingangsetzung und Erweiterung des Geschäftsbetriebs; Position 7)
–	sonstige betriebliche Aufwendungen (Position 8)
=	ordentliches betriebliches Ergebnis (**Gesamtkostenverfahren**)
	Umsatzerlöse (Position 1)
+	sonstige betriebliche Erträge (Position 6)
–	Herstellungskosten der zur Erzielung der Umsatzerlöse erbrachten Leistungen (Position 2)
–	Vertriebskosten (Position 4)
–	allgemeine Verwaltungskosten (Position 5)
–	sonstige betriebliche Aufwendungen (Position 7)
=	ordentliches betriebliches Ergebnis (**Umsatzkostenverfahren**)

Abbildung 75: Ermittlung des ordentlichen betrieblichen Ergebnisses[498]

Das **ordentliche betriebliche Ergebnis** setzt sich aus denjenigen Erfolgskomponenten zusammen, die sich aus den regelmäßig anfallenden Aufwendungen und Erträgen im Zusammenhang mit der Herstellung und dem Vertrieb der von der Unternehmung im Rahmen ihres Geschäftszweigs erstellten Produkte ergeben. Anhand dieser Größe bekommt der Jahresabschlussanalyti-

[498] Entnommen aus *Bieg, Hartmut/Kußmaul, Heinz*: Externes Rechnungswesen. 2. Aufl., München/Wien 1998, S. 266.

ker weitergehende Erkenntnisse über die Entwicklung der Unternehmung als durch den Gesamterfolg der Unternehmung, der durch betriebsfremde und unregelmäßig anfallende Erfolgskomponenten verzerrt wird. Errechnet wird das ordentliche betriebliche Ergebnis nach dem in **Abbildung 75** (Seite 239) dargestellten Schema, wobei zwischen Gesamtkosten- und Umsatzkostenverfahren unterschieden werden muss. (Die Positionsnummern des § 275 Abs. 2 bzw. 3 HGB für die beiden Verfahren werden in Klammern angegeben.)

Dem **ordentlichen betriebsfremden Ergebnis** liegen Aufwendungen und Erträge zugrunde, die im Zusammenhang mit der regelmäßigen gewöhnlichen Geschäftstätigkeit entstanden sind, aber hinsichtlich des eigentlichen Geschäftszweigs Nebengeschäfte betreffen. Das Ergebnis gründet sich also hauptsächlich auf Erträge aus Finanzanlagen, von denen entsprechende Aufwendungen abgezogen werden. Es wird deshalb häufig auch als **Finanzerfolg** bezeichnet. Seine Ermittlung (sowohl nach Gesamtkosten- als auch nach Umsatzkostenverfahren) erfolgt gemäß der in **Abbildung 76** dargestellten Weise (Positionsnummern für Gesamtkosten- bzw. Umsatzkostenverfahren nach § 275 Abs. 2 bzw. 3 HGB).[499]

	Erträge aus Beteiligungen (Position 9 bzw. 8)
+	Erträge aus anderen Wertpapieren und Ausleihungen des Finanzanlagevermögens (Position 10 bzw. 9)
+	sonstige Zinsen und ähnliche Erträge (Position 11 bzw. 10)
–	Abschreibungen auf Finanzanlagen und auf Wertpapiere des Umlaufvermögens (Position 12 bzw. 11)
–	Zinsen und ähnliche Aufwendungen (Position 13 bzw. 12)
=	ordentliches betriebsfremdes Ergebnis (Finanzerfolg)

Abbildung 76: Ermittlung des ordentlichen betriebsfremden Ergebnisses[500]

Bei der Berechnung des **außerordentlichen Ergebnisses** wird von der Position „außerordentliche Erträge“ die Position „außerordentliche Aufwendungen“ abgezogen.[501]

---

499 Näheres vgl. bei *Bieg, Hartmut/Kußmaul, Heinz*: Externes Rechnungswesen. 2. Aufl., München/Wien 1998, S. 264-268.

500 Entnommen aus *Bieg, Hartmut/Kußmaul, Heinz*: Externes Rechnungswesen. 2. Aufl., München/Wien 1998, S. 267.

501 Vgl. hierzu genauer *Bieg, Hartmut/Kußmaul, Heinz*: Externes Rechnungswesen. 2. Aufl., München/Wien 1998, S. 268.

3.1.3 Methoden zur Durchführung der Analyse

Die mit Hilfe der Strukturbilanz und der ergebnisquellenorientierten Aufbereitung der GuV-Rechnung strukturierten Daten des Jahresabschlusses besitzen isoliert betrachtet noch wenig Aussagekraft. Es müssen deshalb weitere **Analysen der Jahresabschlussdaten** vorgenommen werden.

Kennzahlen sind das Grundinstrumentarium bei der Durchführung der Jahresabschlussanalyse. Sie stellen nummerische Informationen dar, die bestimmte Sachverhalte des Jahresabschlusses in komprimierter Form beschreiben. Es kann sich dabei um absolute Zahlen oder um Verhältniszahlen handeln.

Absolute Zahlen (**Grundzahlen**) sind direkt aus dem Jahresabschluss zu entnehmen. Sie können als Einzelzahlen, Summen, Differenzen oder Mittelwerte auftreten. Nachteilig bei absoluten Zahlen ist jedoch die Tatsache, dass bei deren isolierter Betrachtung keine wesentlichen Informationen gewonnen werden können.

Besser geeignet zur Jahresabschlussanalyse sind deshalb **Verhältniszahlen**, bei denen man eine neue Kennzahl erhält, indem man zwei absolute Zahlen zueinander in Beziehung setzt. Verhältniszahlen existieren in Form von Gliederungs-, Beziehungs- oder Indexzahlen.

Bei **Gliederungszahlen** werden Teilmassen zu den zugehörigen Gesamtmassen in Beziehung gesetzt. Sie zeigen somit das relative Gewicht im Verhältnis zum Ganzen und sind dazu geeignet, Strukturen von Gesamtmengen zu analysieren.

Beispiele:

$$\frac{\text{Eigenkapital}}{\text{Gesamtkapital}}\ ;\quad \frac{\text{Anlagevermögen}}{\text{Gesamtvermögen}}\ ;\quad \frac{\text{Rohstoffe}}{\text{Vorräte}}$$

Beziehungszahlen werden gebildet, indem verschiedene Gesamtheiten, die in einem sachlogischen Zusammenhang stehen (z. B. in Form einer Mittel-Zweck-Relation) oder deren sachlogischer Zusammenhang zumindest behauptet wird, aufeinander bezogen werden. So stellt man z. B. den Gewinn als verursachte Größe dem Eigenkapital als verursachende Größe gegenüber (Eigenkapitalrentabilität). „Die Aussagekraft der Beziehungszahl hängt von dem besonderen inneren Zusammenhang der Größen ab“.[502]

---

502 *Coenenberg, Adolf G.*: Jahresabschluß und Jahresabschlußanalyse. 16 Aufl., Landsberg a.L. 1997, S. 578.

Indexzahlen sind dazu geeignet, Daten mit unterschiedlichem Zeitbezug vergleichbar zu machen. Hierzu wird der Wert eines Basiszeitpunktes gleich 100 oder 1.000 gesetzt. Die entsprechenden Werte verschiedener Zeitpunkte werden dann im Verhältnis zu diesem Basiswert gemessen. Die Aussagekraft von Indexzahlen hängt von der Wahl des Basiswertes ab. Beispiele für Indexzahlen: Index der Lebenshaltungskosten, *Dow* Jones-Index, Deutscher Aktienindex (DAX).

Neben den unternehmungsspezifischen Kennzahlen existieren außerdem **Richtzahlen**. Diese finden Anwendung, wenn bestimmte (Grund- oder Verhältnis-)Zahlen einer Unternehmung zu den entsprechenden branchentypischen Durchschnittszahlen, die man als Richtzahlen bezeichnet, in Beziehung gesetzt werden. Hierbei ist allerdings zu beachten, dass Branchendurchschnitte auch von „schlechten" Branchenmitgliedern beeinflusst werden, an denen man sich eigentlich nicht orientieren will. Dies führt zur Orientierung an so genannten Benchmarks, also an Zahlen aus auf dem Vergleichsgebiet führenden Unternehmungen.

Zusammenfassend ergibt sich demnach das in **Abbildung 77** (Seite 243) dargestellte Schema.

Durch eine systematische Gliederung und Darstellung von Kennzahlen lässt sich ein **Kennzahlenspiegel** erstellen, der auch als **Ordnungssystem** charakterisiert werden kann. Eine derartige Darstellungsform erleichtert dem Analytiker insofern die Arbeit, als die einzelnen Kennzahlen nicht zusammenhanglos gebildet werden, sondern eine Gruppenbildung entsprechend dem Analyseziel vorgenommen wird.

Eine Erweiterung des Kennzahlenspiegels zu einem **Kennzahlensystem** (**Rechensystem**) trägt der Tatsache Rechnung, dass bei Verhältniszahlen komplexe Sachverhalte in einer Weise verdichtet werden, dass Informationsverluste eintreten, indem auf logisch-deduktivem Weg eine rechentechnische Verknüpfung erfolgt. Den unterschiedlichen Analysezwecken entsprechend existiert eine Vielzahl von Kennzahlensystemen.

Das bekannteste Kennzahlensystem, das für die detaillierte Ursachenanalyse der Gesamtkapitalrentabilität entwickelt wurde, ist das **Du Pont-Schema**, auf das im Rahmen der Rentabilitätsanalyse noch eingegangen wird.[503] Weitere Kennzahlensysteme sind z. B. das ZVEI-Kennzahlensystem des Zentralverbandes der Elektrotechnischen Industrie e. V. und das von *Reichmann/Lachnit* entwickelte RL-System,[504] zu deren vollständiger Aufstellung jedoch teilweise interne Informationen notwendig sind.

---

503 Vgl. **Abschnitt 3.3.2**.

504 Vgl. Näheres hierzu *Küting, Karlheinz/Weber, Claus-Peter*: Die Bilanzanalyse. 5. Aufl., Stuttgart 2000, S. 34-37 sowie *Reichmann, Thomas*: Controlling mit Kennzahlen und Managementberichten. 5. Aufl., München 1997, S. 32-38.

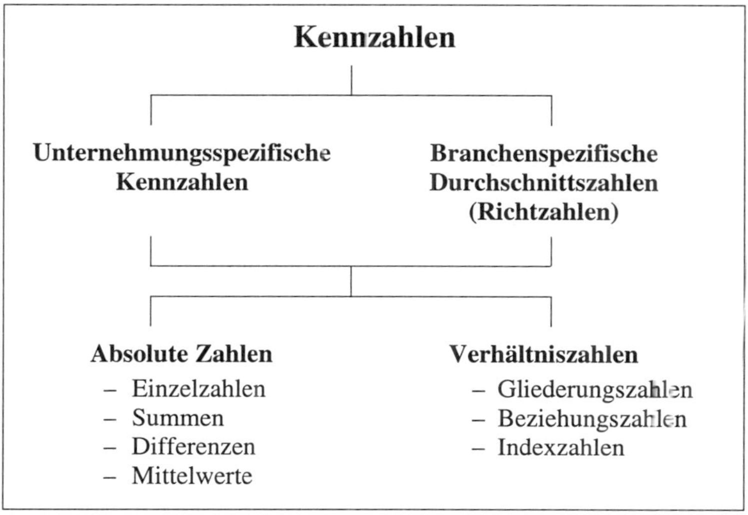

Abbildung 77: Systematisierung von Kennzahlen[505]

Kennzahlen, aber auch Kennzahlensysteme, besitzen isoliert betrachtet nur eine geringe Aussagekraft. Aus diesem Grund ist die **Durchführung von Vergleichen** sinnvoll, wobei Zeitvergleiche, Betriebsvergleiche und Soll-Ist-Vergleiche unterschieden werden können.[506]

Es sei allerdings hier noch einmal daran erinnert, dass Kennzahlen nicht nur für die Jahresabschlussadressaten Bedeutung haben, die ihre Entscheidungen hinsichtlich ihrer Beziehungen zu der beurteilten Unternehmung davon abhängig machen. Kennzahlen haben, da die Ersteller der Jahresabschlüsse vom Verhalten der Kapitalgeber wissen, auch Auswirkungen auf Entscheidungen der Entscheidungsorgane von Unternehmungen, die sich bei ihren unternehmerischen Entscheidungen sowie bei ihrem Bilanzierungsverhalten von diesen Kennzahlen leiten lassen.[507]

Bei den folgenden Ausführungen zur Jahresabschlussanalyse wird zwischen einer bestandsorientierten oder statischen Analyse und einer stromgrößenorientierten oder dynamischen Analyse unterschieden. Die **bestandsorientierte oder statische Analyse** versucht, durch Analyse der Aktiv- und Passivpositionen Aussagen über die Vermögens- und Kapitalsituation und durch Gegen-

505 Entnommen aus *Bieg, Hartmut/Kußmaul, Heinz*: Externes Rechnungswesen. 2. Aufl., München/Wien 1998, S. 271.

506 Vgl. hierzu *Bieg, Hartmut/Kußmaul, Heinz*: Externes Rechnungswesen. 2. Aufl., München/Wien 1998, S. 272.

507 Vgl. **Abschnitt 1.2.1.1**.

überstellung von Aktiv- und Passivpositionen Aussagen über die Finanzierung der Aktiva zu treffen und hieraus auch Erkenntnisse über die Liquiditätssituation einer Unternehmung abzuleiten.

Insgesamt haftet der bestandsorientierten Liquiditätsanalyse der Mangel an, dass von Bestands- auf zukünftige Zahlungsgrößen, also auf Strömungsgrößen, geschlossen wird. Es liegt deshalb nahe, Analysemethoden zu wählen, die die Zahlungsströme in einer Unternehmung besser abbilden. Hierzu wurden im Rahmen der **stromgrößenorientierten Liquiditätsanalyse** die Cash-flow-Analyse und die Kapitalflussrechnung entwickelt.[508]

---

[508] Vgl. hierzu **Abschnitt 3.4** und **3.5**.

3.2 Die finanzwirtschaftliche Analyse

3.2.1 Die Analyse der Vermögensstruktur

Das Vermögen einer Unternehmung ergibt sich durch Addition aller Vermögenswerte der Aktivseite der Bilanz. Infolge der spezifischen – vor allem durch das Vorsichtsprinzip bedingten – Bilanzierungs- und Bewertungsvorschriften ergeben sich jedoch Unterschiede zu dem tatsächlichen Vermögen der Unternehmung. Bei der Analyse der Vermögensstruktur mit Hilfe der Handelsbilanz sollte also beachtet werden, dass die Handelsbilanz einerseits nicht alle Vermögenswerte einer Unternehmung enthält – der Grund sind Aktivierungsverbote bzw. die Nichtausübung von Aktivierungswahlrechten –, dass sie andererseits Vermögenswerte enthält, die im Rahmen der handelsrechtlichen Möglichkeiten – verglichen mit dem (zudem meist nicht exakt bestimmbaren) Tageswert – unterbewertet sind.

Bei der Vermögensanalyse wird die Aktivseite der zuvor aus der Handelsbilanz abgeleiteten Strukturbilanz mit dem Ziel untersucht, bestimmte Proportionen (Strukturen) des Vermögens einer Unternehmung sowie deren Veränderung im Zeitablauf festzustellen.

Einen ersten Eindruck von der Vermögensstruktur einer Unternehmung erhält man durch die Bildung der Kennziffern

- Intensität des Anlagevermögens

$$= \frac{\text{Anlagevermögen}}{\text{Bilanzsumme}} \quad \text{und}$$

- Intensität des Umlaufvermögens

$$= \frac{\text{Umlaufvermögen}}{\text{Bilanzsumme}} \quad .$$

Das **Anlagevermögen** verhält sich gegenüber Beschäftigungsschwankungen relativ unelastisch, da es dazu bestimmt ist, dauerhaft dem Geschäftsbetrieb einer Unternehmung zu dienen, und – was von größerer Bedeutung ist – da die Anlagevermögensgegenstände i. d. R. auf eine bestimmte Kapazität hin ausgerichtet sind, so dass die fertigungstechnisch und organisatorisch aufeinander abgestimmten Anlagevermögensgegenstände nicht ohne nachhaltige Störungen im betrieblichen Leistungserstellungsprozess veräußert werden können. Folglich besteht verglichen mit dem Umlaufvermögen ein erheblich höheres Verlustpotenzial.[509]

Das **Umlaufvermögen**, das für die Aufrechterhaltung einer laufenden Produktion stets in einem bestimmten Umfang gehalten werden muss, ist dagegen aufgrund der regelmäßig kürzeren Verweildauer – abgesehen von spekulativen Teilen – weniger risikobehaftet als das Anlagevermögen. Die Verweildauer von Vermögensgegenständen des Umlaufvermögens hängt vom spezifischen Beschaffungs-, Produktions- und Absatzrhythmus einer Unternehmung ab und kann deshalb nur individuell bestimmt werden. Hierbei ist auch zu beachten, dass i. d. R. bestimmte so genannte eiserne Bestände immer vorhanden sein müssen, die deshalb bilanzanalytisch dem Anlagevermögen zugerechnet werden können.[510]

Genauere Informationen über die Intensität des Anlage- bzw. Umlaufvermögens lassen sich dann gewinnen, wenn man die genannten Kennzahlen weiter aufschlüsselt. Es können dann z. B. folgende Kennzahlen gebildet werden:[511]

– Intensität des betrieblichen Anlagevermögens

$$= \frac{\text{Betriebliches Anlagevermögen}}{\text{Bilanzsumme}};$$

– Intensität des Sachanlagevermögens

$$= \frac{\text{Sachanlagevermögen}}{\text{Bilanzsumme}};$$

– Intensität des Finanzanlagevermögens

$$= \frac{\text{Finanzanlagevermögen}}{\text{Bilanzsumme}}.$$

---

509 Zu realen und jahresabschlusspolitischen Maßnahmen der Beeinflussung der Intensität des Anlagevermögens vgl. *Bieg, Hartmut/Kußmaul, Heinz*: Externes Rechnungswesen. 2. Aufl., München/Wien 1998, S. 274.

510 Vgl. *Kerth, Albin/Wolf, Jakob*: Bilanzanalyse und Bilanzpolitik. 2. Aufl., München/Wien 1993, S. 114.

511 Hierzu und zu weiteren Vermögensstrukturkennzahlen vgl. *Bieg, Hartmut/Kußmaul, Heinz*: Externes Rechnungswesen. 2. Aufl., München/Wien 1998, S. 275-277.

3.2.2 Die Analyse der Kapitalstruktur

Die Kapitalstrukturanalyse kann als Äquivalent der Vermögensstrukturanalyse bezeichnet werden, da sie anstelle der Aktivseite der Bilanz ihre Passiva strukturiert und die Größenproportionen abbildet. Hieraus lassen sich dann Schlussfolgerungen über die Finanzlage der Unternehmung ziehen.

Auch bei der Analyse der Kapitalstruktur lässt sich zunächst eine grobe Klassifizierung vornehmen, die je nach Analysezweck weiter verfeinert werden kann. Einen ersten Eindruck von der Struktur des Kapitals einer Unternehmung erhält man durch die Bildung der **Eigenkapitalquote** (Eigenkapital : Bilanzsumme) und der **Fremdkapitalquote** (Fremdkapital : Bilanzsumme). Je nach der Abgrenzung zwischen Eigen- und Fremdkapital in der vorher zu erstellenden Strukturbilanz können sich hier unterschiedliche Werte ergeben.

Über die Höhe der wünschenswerten Eigen- und Fremdkapitalquote einer Unternehmung können keine verlässlichen Angaben gemacht werden, da diese sehr stark von der jeweiligen Branche und den individuellen Verhältnissen einer Unternehmung abhängen. Festzustellen ist in Deutschland jedoch im Zeitablauf ein Trend zu einer sinkenden Eigenkapital- und einer entsprechend wachsenden Fremdkapitalquote. Dies mag teilweise auf die Erkenntnis zurückzuführen sein, den Leverage-Effekt[512] stärker auszunutzen, andererseits sind hierfür auch die wirtschaftlichen Rahmenbedingungen im Allgemeinen und das steuerpolitische Umfeld im Besonderen verantwortlich.

Neben der Eigenkapital- und der Fremdkapitalquote existieren noch weitere Kennzahlen zur Messung der Gesamtstruktur des Kapitals. Gebräuchlich sind vor allem der **Eigenkapitalkoeffizient** (Eigenkapital : Fremdkapital) und der **Verschuldungskoeffizient** (Fremdkapital : Eigenkapital). Grundsätzlich andere Aussagen lassen sich mit diesen Größen jedoch auch nicht gewinnen.

Genauere Aussagen erhält man dagegen durch eine Untersuchung der Struktur des Eigen- und Fremdkapitals.

Die **Struktur des Eigenkapitals** ist insofern interessant, als dessen Komponenten der Unternehmungsleitung in unterschiedlichem Maße für Dispositionen zur Verfügung stehen. Interessant kann vor allem die Bestimmung des **Rücklagenanteils** (offene Rücklagen : Eigenkapital) einer Unternehmung sein, da damit Rückschlüsse auf die Stabilitätspolitik der Unternehmung gezogen werden können, indem festgestellt wird, in welchem Maße das haftende Eigenkapital durch Gewinnthesaurierung (Gewinnrücklagen) oder beispiels-

---

[512] Zum Leverage-Effekt vgl. **Abschnitt 1.2.2.**

weise durch Überpari-Emission von Aktien (Kapitalrücklagen) gestärkt wurde.

Weitere interessante Ergebnisse zur Kapitalstruktur lassen sich durch eine nähere **Analyse des Fremdkapitals** gewinnen. Wenn in der vorher zu erstellenden Strukturbilanz eine Einteilung in kurz-, mittel- und langfristiges Fremdkapital vorgenommen wurde, lassen sich hieraus, indem die entsprechenden Fremdkapitalteile zur Bilanzsumme in Beziehung gesetzt werden, die **kurzfristige Verschuldung** (kurzfristiges Fremdkapital : Bilanzsumme), die **mittelfristige Verschuldung** (mittelfristiges Fremdkapital : Bilanzsumme) sowie die **langfristige Verschuldung** (langfristiges Fremdkapital : Bilanzsumme) ableiten. Da die Zuordnung nach der Restlaufzeit des Fremdkapitals erfolgt, lassen sich Rückschlüsse auf die Verbleibdauer der Fremdkapitalbeträge bzw. über grobe Rückzahlungstermine ziehen.

Als Gesamtergebnis der Kapitalstrukturanalyse, bei der grundsätzlich Eigenkapital günstiger als Fremdkapital und langfristiges Fremdkapital günstiger als kurzfristiges beurteilt wird, erhält man Auskünfte über den zukünftigen Verschuldungsspielraum einer Unternehmung.

3.2.3 Die bestandsorientierte Analyse der Liquiditätslage

Die Analyse der Liquiditätslage einer Unternehmung nimmt einen sehr wichtigen Stellenwert im Rahmen der Jahresabschlussanalyse ein, da mangelnde Liquidität zur Insolvenz der Unternehmung führt; die tatsächliche bzw. drohende Zahlungsunfähigkeit zwingt neben der Überschuldung – Letztere allerdings wegen der persönlichen Haftung nicht bei Personenhandelsgesellschaften und Einzelunternehmungen – die Unternehmungsleitung zur Einleitung eines Insolvenzverfahrens,[513] das die Zerschlagung der Unternehmung zur Folge haben kann.

Die **bestandsorientierte Liquiditätsanalyse** versucht, durch Gegenüberstellung von Aktiv- und Passivpositionen Aussagen über die Finanzierung der Aktiva zu treffen und hieraus Erkenntnisse über die Liquiditätssituation einer Unternehmung abzuleiten.[514]

Als weitere Kennzahlen zur Überwachung der Liquidität einer Unternehmung kann der externe Jahresabschlussanalytiker **Liquiditätskennzahlen** heranziehen. Diese interpretieren die Liquidität als ein Beziehungsverhältnis, indem

---

[513] Vgl. §§ 17-19 InsO.

[514] Vgl. **Abschnitte 1.2.1.2.2.**

sie eine Verbindung von sofort verfügbaren sowie zu bestimmten Terminen zufließenden Zahlungsmitteln einerseits und sofort fälligen oder innerhalb bestimmter Zeiträume fälligen Auszahlungen andererseits herstellen. Sie sollen Auskunft darüber geben, ob und inwieweit die Zahlungsmittelbestände und andere in die Kennzahlenberechnung einbezogenen Vermögenspositionen mit den kurzfristigen Verbindlichkeiten in Höhe und Fälligkeit übereinstimmen.[515]

[515] Vgl. hierzu und zur Kritik an der bestandsorientierten Liquiditätsanalyse sehr ausführlich **Abschnitte 1.2.1.2.2.4** und **1.2.1.3**. Zur stromgrößenorientierten Liquiditätsanalyse vgl. die Ausführungen zum Cashflow (**Abschnitt 3.4**) sowie zur Kapitalflussrechnung (**Abschnitt 3.5**).

3.3 Die erfolgswirtschaftliche Analyse

3.3.1 Die Aufwands- und Ertragsstrukturanalyse

Grundsätzliches Ziel dieser Analyse ist es, Aussagen über die Ertragskraft einer Unternehmung zu gewinnen. Dabei wird versucht, zum einen die Entwicklung von Kennzahlen in der Vergangenheit durch Zeit- und Betriebsvergleiche zu analysieren, um damit Gründe für die bisherige erfolgswirtschaftliche Entwicklung der Unternehmung zu finden. Zum anderen erfolgt anhand der Kennzahlen ein auf dieser vergangenheitsorientierten Betrachtung aufbauender Versuch, die zukünftige Erfolgsentwicklung zu prognostizieren.

Grundlage der **Analyse der Aufwandsstruktur** ist die Berechnung verschiedener Relativgrößen, bei der unterschiedliche Aufwandsarten mit der Größe Gesamtleistung bzw. Umsatz in Beziehung gesetzt werden. Diese Größen erscheinen als Bezugsgrößen sinnvoll, da sie eine Maßzahl der Leistungserstellung, des Outputs, einer Unternehmung darstellen. Eine Berechnung von Relativgrößen hat den Vorteil, dass durch sie erst Betriebs- und Zeitvergleiche möglich gemacht werden.

Im Rahmen dieser Analyse ist zwischen Kennzahlen hinsichtlich des Gesamtkostenverfahrens und des Umsatzkostenverfahrens[516] zu unterscheiden.

Beim **Gesamtkostenverfahren** werden folgende Kennzahlen verwendet:

- Materialaufwandsquote

$$= \frac{\text{Materialaufwand}}{\text{Gesamtleistung}};$$

- Personalaufwandsquote

$$= \frac{\text{Personalaufwand}}{\text{Gesamtleistung}};$$

---

516 Vgl. zu diesen Verfahren *Bieg, Hartmut/Kußmaul, Heinz*: Externes Rechnungswesen. 2. Aufl., München/Wien 1998, S. 137-140.

– Abschreibungsaufwandsquote

$$= \frac{\text{planmäßige Abschreibungen auf Sach- und immaterielle Anlagen}}{\text{Gesamtleistung}}$$

Der Nenner dieser Kennzahlen, die **Gesamtleistung**, setzt sich dabei wie in **Abbildung 78** gezeigt zusammen.[517]

	Umsatzerlöse (Position 1)
+	Erhöhung (– Verminderung) des Bestands an fertigen und unfertigen Erzeugnissen (Position 2)
+	andere aktivierte Eigenleistungen (Position 3)
=	Gesamtleistung

Abbildung 78: Gesamtleistung

Mittels Zeit- und Betriebsvergleichen können anhand dieser Kennzahlen Erkenntnisse über die Entwicklung der Wirtschaftlichkeit des Einsatzes verschiedener Produktionsfaktoren (Werkstoffe, Arbeit und Betriebsmittel) gewonnen werden.

Beim Gesamtkostenverfahren werden Kennzahlen nach den in den Betriebserfolg eingehenden Aufwendungen unterschieden. Im Gegensatz dazu werden beim **Umsatzkostenverfahren** Material-, Personal- und Abschreibungsaufwendungen in der Erfolgsrechnung nicht explizit ausgewiesen. Diese Aufwendungen sind in den Kosten der Funktionsbereiche Herstellung, Vertrieb, allgemeine Verwaltung sowie sonstiger Funktionsbereiche enthalten. Deshalb werden beim Umsatzkostenverfahren Kennzahlen zur erfolgswirtschaftlichen Jahresabschlussanalyse herangezogen, die Kosten der einzelnen Funktionsbereiche, nämlich der Herstellungskosten der zur Erzielung der Umsatzerlöse erbrachten Leistungen (Position 2), der Vertriebskosten (Position 4) und der allgemeinen Verwaltungskosten (Position 5), zum Umsatz (Position 1) in Relation setzen:[518]

– Herstellungsquote

$$= \frac{\text{Herstellungskosten}}{\text{Umsatz}};$$

[517] Die Positionsnummern beziehen sich auf die GuV-Gliederung nach § 275 Abs. 2 HGB (Gesamtkostenverfahren).

[518] Die Positionsnummern beziehen sich auf die GuV-Gliederung nach § 275 Abs. 3 HGB (Umsatzkostenverfahren).

– Vertriebsquote

$$= \frac{\text{Vertriebskosten}}{\text{Umsatz}};$$

– Verwaltungsquote

$$= \frac{\text{allgemeine Verwaltungskosten}}{\text{Umsatz}}.$$

Der Vorteil dieser Kennzahlen im Vergleich zu den Kennzahlen des Gesamtkostenverfahrens besteht in der Möglichkeit, Aussagen über die Wirtschaftlichkeit von Funktionsbereichen (also Kostenstellen bzw. Gruppen von Kostenstellen) treffen zu können.

Bei der **Analyse der Ertragsstruktur** kann auf die im Anhang gemäß § 285 Nr. 4 HGB anzugebende Aufgliederung der Umsatzerlöse nach Tätigkeitsbereichen sowie nach geografisch bestimmten Märkten zurückgegriffen werden. Bei dem Unterteilungskriterium Tätigkeitsbereiche können hierbei Kennzahlen nach Sparten und bei der Unterteilung nach geografisch bestimmten Märkten Kennzahlen nach der Umsatztätigkeit im In- und Ausland unterschieden werden, wobei sowohl das Inland als auch das Ausland weiter differenziert werden kann:

– Spartenkennzahl Sparte X

$$= \frac{\text{Umsatz Sparte X}}{\text{Umsatz}};$$

– Inlandsquote

$$= \frac{\text{Inlandsumsatz}}{\text{Umsatz}};$$

– Auslandsquote

$$= \frac{\text{Auslandsumsatz}}{\text{Umsatz}}.$$

Mittels dieser Kennzahlen kann auf die Sensibilität des Unternehmungserfolgs bezüglich Absatzschwankungen in verschiedenen Geschäftszweigen geschlossen werden. Die Auslandsquote kann zudem Erkenntnisse über das „Risiko, das sich aus Währungsschwankungen sowie wirtschaftlichen und politischen Unsicherheiten im Ausland ergibt“,[519] liefern.

---

[519] *Riebell, Claus*: Die Praxis der Bilanzauswertung. 6. Aufl., Stuttgart 1996, S. 507.

3.3.2 Die Rentabilitätsanalyse

Bei der Rentabilitätsanalyse erfolgt im Gegensatz zur Aufwands- und Ertragsstrukturanalyse eine Berechnung der Relation von Teil- und Gesamterfolgsgrößen wie Betriebserfolg oder Jahresüberschuss zu Größen wie Eigen- und Gesamtkapital oder Umsatz. Es werden also nicht die einzelnen Aufwands- und Ertragsarten untersucht, sondern der Schwerpunkt der Analyse liegt auf der Messung des relativen, d. h. auf den Eigen- oder Gesamtkapitaleinsatz bzw. den Umsatz bezogenen Unternehmungsgewinns, wobei die Berechnung von Relativgrößen wiederum die Durchführung von Zeit- und Betriebsvergleichen ermöglicht. Es lassen sich bei der Herausrechnung des Steueraufwands (Positionen 18 und 19 beim Gesamtkostenverfahren[520] bzw. Positionen 17 und 18 beim Umsatzkostenverfahren[521]) folgende Rentabilitätskennzahlen unterscheiden:

- Eigenkapitalrentabilität

$$= \frac{\text{Jahresüberschuss (vor Steuern)}}{\text{Eigenkapital}};$$

- Gesamtkapitalrentabilität

$$= \frac{\text{Jahresüberschuss (vor Steuern)} + \text{Fremdkapitalzinsen}}{\text{Gesamtkapital}};$$

- Umsatzrentabilität

$$= \frac{\text{ordentliches Betriebsergebnis}}{\text{Umsatz}}.$$

Wird das Eigenkapital als eine Größe angesehen, die eine Maßzahl für die Höhe des Reinvermögens in einer Unternehmung darstellt, so gibt die **Eigenkapitalrentabilität** an, wie groß der erwirtschaftete Vermögenszuwachs pro 1 EUR eingesetzten Reinvermögens in der betrachteten Periode ist.

Bei der Berechnung der Eigenkapitalrentabilität ist der **Durchschnittswert des Eigenkapitals** am Anfang und am Ende der betrachteten Periode heranzuziehen, um zu verhindern, dass bei dieser Kennzahl eine Stromgröße zu einer Bestandsgröße in Beziehung gesetzt wird.

Bei der **Gesamtkapitalrentabilität** handelt es sich um eine Kennzahl, die die Höhe der Verzinsung des gesamten in der Unternehmung eingesetzten Kapi-

---

520 Vgl. § 275 Abs. 2 HGB.

521 Vgl. § 275 Abs. 3 HGB.

tals angibt. Durch die Addition der Fremdkapitalzinsen erhält man hierbei eine vom Einfluss der Kapitalstruktur auf den Erfolg bereinigte Kennzahl, die dadurch insbesondere bei Betriebsvergleichen Anwendung findet.[522]

Im Rahmen des **Du Pont-Schemas**, einem Kennzahlensystem, wird die **Gesamtkapitalrentabilität**, die auch unter dem Synonym **Return on Investment** (ROI) Bedeutung erlangte, in die Bestandteile Umsatzrentabilität und Kapitalumschlagshäufigkeit vorgenommen. Auf diese Weise lässt sich ermitteln, in welchem Ausmaß diese beiden Gründe für die veränderte Gesamtkapitalrentabilität verantwortlich sind. Dabei ist zu beachten, dass im Du Pont-Schema auf eine Hinzurechnung der Fremdkapitalzinsen zum Jahresüberschuss verzichtet wird.

$$\text{ROI} = \frac{\text{Jahresüberschuss}}{\text{Gesamtkapital}};$$

$$\text{ROI} = \frac{\text{Umsatz}}{\text{Gesamtkapital}} \cdot \frac{\text{Jahresüberschuss}}{\text{Umsatz}};$$

$$\text{ROI} = \text{Kapitalumschlagshäufigkeit} \cdot \text{Umsatzrentabilität}.$$

So könnte sich die Gesamtkapitalrentabilität verschlechtert haben, weil die Umsatzrentabilität zurückging oder die Kapitalumschlagshäufigkeit sich verringert hat.

Diese Ursachenforschung lässt sich weiter fortführen, indem die jeweils vorangehenden Kennzahlen – zunächst also Umsatzrentabilität und Kapitalumschlagshäufigkeit – in nachgeordnete Kennzahlen aufgespalten werden, wobei sich die übergeordnete Kennzahl jeweils durch eine bestimmte Rechenoperation aus den nachgeordneten Kennzahlen ergibt. So wird z. B. die Umsatzrentabilität mit Hilfe der Operation „Jahresüberschuss dividiert durch Umsatzerlöse" abgebildet (möglich ist auch, statt des Jahresüberschusses das ordentliche Betriebsergebnis heranzuziehen). Der Jahresüberschuss ergibt sich im Wesentlichen wiederum durch Subtraktion der Aufwendungen von den Umsatzerlösen; Erstere entstehen durch Addition von Material-, Personal-, Verwaltungs- und Vertriebsaufwand. Dieses generelle Vorgehen zeigt **Abbildung 79** (Seite 255).[523]

[522] Zum Zusammenhang zwischen Gesamtkapitalrentabilität, Eigenkapitalrentabilität und Leverage-Effekt vgl. *Bieg, Hartmut/Kußmaul, Heinz*: Externes Rechnungswesen. 2. Aufl., München/Wien 1998, S. 296-297 sowie **Abschnitt 1.2.2.1**.

[523] Vgl. auch *Bieg, Hartmut*: Betriebswirtschaftslehre 2: Finanzierung. Freiburg i. Br. 1991, S. 202-205 sowie *Bieg, Hartmut/Kußmaul, Heinz*: Externes Rechnungswesen. 2. Aufl., München/Wien 1998, S. 297-299.

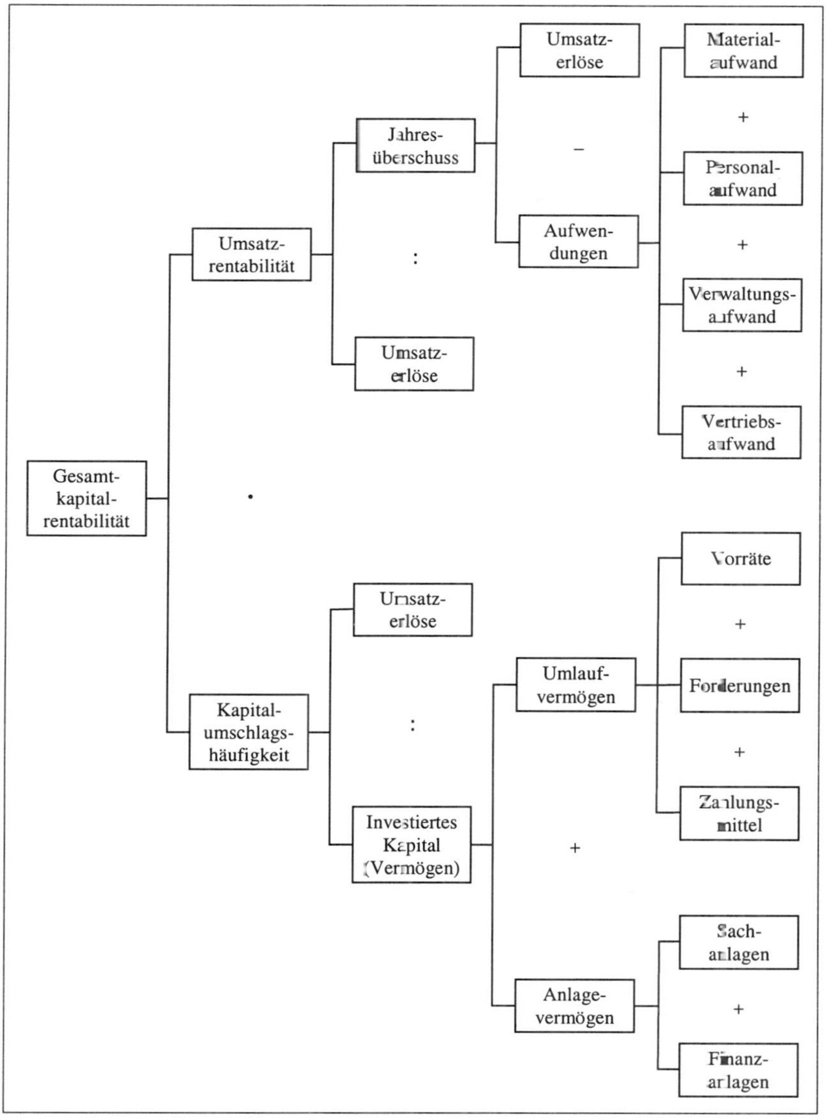

Abbildung 79: Das Du Pont-System[524]

[524] Entnommen aus *Bieg, Hartmut/Kußmaul, Heinz*: Externes Rechnungswesen. 2. Aufl., München/Wien 1998, S. 299.

3.4 Die Cashflow-Analyse

3.4.1 Vorbemerkungen zur dynamischen Jahresabschlussanalyse

Es wurde bereits nachgewiesen,[525] dass für aussagefähige Finanz- bzw. Liquiditätsanalysen nicht so sehr die Momentaufnahme betrieblicher Vermögens- und Kapitalbestände zu einem Zeitpunkt entscheidend ist (**statische Liquidität**). Vielmehr kommt es auf deren strukturelle und betragsmäßige Veränderungen im Zeitablauf an, d. h. auf die finanzwirtschaftlich relevanten Strömungsvorgänge innerhalb einer betrachteten Periode (**dynamische Liquidität**). Da aus den originären Daten der Bilanz und der Gewinn- und Verlustrechnung die finanzwirtschaftliche Situation nicht unmittelbar erkennbar bzw. ableitbar ist, liegt es nahe, Analysemethoden zu wählen, die die Zahlungsströme in einer Unternehmung besser abbilden. Hierzu wurden im Rahmen der **stromgrößenorientierten Liquiditätsanalyse** die Cashflow-Analyse und die Kapitalflussrechnung als zusätzliche Informationsinstrumente entwickelt.

Internationale Vorschriften sehen die Kapitalflussrechnung bereits als Pflichtbestandteil des Jahresabschlusses vor.[526] Eine entsprechende Vorschrift existiert im Handelsgesetzbuch nur für börsennotierte Mutterunternehmungen, die ihren Konzernanhang um eine Kapitalflussrechnung zu erweitern haben.[527] Doch ist die Bereitschaft, zusätzliche Informationen über die Finanzlage zu geben, auch bei deutschen Unternehmungen erkennbar.[528]

---

[525] Vgl. **Abschnitt 1.2.1.3.1**.

[526] Vgl. IAS No. 7 sowie SFAS No. 95.

[527] Vgl. § 297 Abs. 1 Satz 2 HGB, der durch Art. 2 Nr. 4 des Gesetzes zur Kontrolle und Transparenz im Unternehmensbereich (KonTraG) vom 27. April 1998 (BGBl I 1998, hier S. 789) angefügt wurde.

[528] So haben 1995 bereits 60 der 100 größten deutschen Konzerne ihrem Jahresabschluss freiwillig eine Kapitalflussrechnung beigefügt. Vgl. C&L Deutsche Revision: Konzernabschlüsse '95. Düsseldorf 1997, S. 261, Tz. 427. *Tacke* führt die Bereitschaft zur freiwilligen Angabe eines unternehmungsintern ermittelten Cashflow auf seine hohe Bedeutung für z. B. Kreditvergabeentscheidungen zurück. Vgl. *Tacke, Helmut R.*: Der Cash-Flow als bilanzanalytische Kennziffer und seine Bedeutung bei der Kreditentscheidung. In: Finanzierung – Leasing – Factoring 1995, S. 62-63.

Neben der Kapitalflussrechnung ist gerade auch der Cashflow ein geeignetes Informationsinstrument, um die Finanzlage einer Unternehmung transparenter zu machen.[529]

3.4.2 Theoretische Grundlagen der Cashflow-Analyse

3.4.2.1 Der Begriff und die Grundidee des Cashflow

Der Cashflow ist eine wichtige finanzwirtschaftliche Strömungsgröße. **Strömungsgrößen**, also sich innerhalb einer Periode ereignende Zahlungs- und Leistungsvorgänge,[530] rufen eine Veränderung von Bestandsgrößen hervor. Eine positive Strömungsgröße bedeutet eine **Bestandserhöhung**, eine negative Strömungsgröße bedeutet demzufolge eine **Bestandsverringerung**. Die Differenz zwischen den entsprechenden Strömungsgrößen gibt die Veränderung der zugehörigen Bestandsgröße in der Periode an.

Unter dem Begriff Cashflow wird allgemein der **Überschuss der Ertragseinzahlungen über die Aufwandsauszahlungen eines Geschäftsjahres** verstanden. Die Grundidee des Cashflow besteht darin, die Informationsfunktion des Jahresabschlusses besser zu erfüllen,[531] entweder indem durch zusätzliche Angabe des Cashflow dem (externen) Jahresabschlussleser ein Einblick in die durch den Geschäftsbetrieb induzierten Zahlungsströme bzw. deren Saldo gegeben wird oder indem der externe Jahresabschlussanalyst durch eigenständige Berechnung des Cashflow die dem Jahresabschluss anhaftende mangelnde Aussagefähigkeit bezüglich der finanzwirtschaftlichen Lage der Unternehmung selbst beheben kann.

Es wird auch angedeutet, mit dem Cashflow könne man einer weiteren Aussageschwäche des Jahresabschlusses entgegenwirken, da bei seiner Ermittlung die vorgenommenen möglichen Manipulationen am Jahresüberschuss bereinigt werden könnten.[532] Vielfach wird dem handelsrechtlich ermittelten Gewinn nämlich die Aussagekraft zur Beurteilung der Ertragslage der Unternehmung abgesprochen, da er in gewisser Weise im Rahmen der Bilanzie-

---

529 Vgl. *Baetge, Jörg*: Bilanzanalyse. Düsseldorf 1998, S. 312.

530 Vgl. Band I: Investition, Abschnitt 1.1.1.1.

531 Vgl. *Siener, Friedrich*: Der Cash-Flow als Instrument der Bilanzanalyse. Stuttgart 1991, S. 39.

532 Vgl. *Lachnit, Laurenz*: Wesen, Ermittlung und Aussage des Cash Flow. In: Zeitschrift für betriebswirtschaftliche Forschung 1973, S. 61.

rungs- und Bewertungswahlrechte manipulierbar ist.[533] Der Cashflow soll insofern als Rekonstruktionsversuch dienen, „um nicht direkt erkennbare, aber noch enthaltene Informationen zur Beurteilung der Unternehmenslage wiederzuentdecken".[534]

In Literatur und Praxis wird der Cashflow – je nach Ausgangssituation und Ziel der Analyse – auf unterschiedliche Weise definiert, errechnet und ausgewertet.[535] Bisher hat sich weder eine einheitliche Terminologie noch eine einheitliche Definition des Begriffs Cashflow herausgebildet.[536] Die Ursache der Begriffsdivergenzen liegt darin, dass in Abhängigkeit von der Person bzw. Institution des Analysierenden Informationen unterschiedlicher Menge und Qualität verfügbar sind und dass zudem den einzelnen finanzwirtschaftlichen Vorgängen und Aspekten je nach Standpunkt und Analysezweck wechselnde Bedeutung beigemessen wird. Einigkeit besteht lediglich darin, keine Übersetzung des Begriffs Cashflow ins Deutsche – etwa durch „Umsatzüberschuss"[537] oder „Einzahlungsüberschuss"[538] – vorzunehmen.[539]

Die Vergleichbarkeit von (freiwillig) veröffentlichten Cashflows wird durch die Definitionenvielfalt stark beeinträchtigt. Die Deutsche Vereinigung für Finanzanalyse und Anlageberatung (DVFA) und die Schmalenbach-Gesellschaft – Deutsche Gesellschaft für Betriebswirtschaft (SG) haben deshalb eine gemeinsame Empfehlung über die aus ihrer Sicht zweckmäßige Zusammensetzung der „Cash Earnings" im Sinne einer Cashflow-Ziffer[540] abge-

---

533 Vgl. *Röhrenbacher, Hans/Fleischer, Werner*: Von der Bilanz zur Kapitalflußrechnung. Wien 1989, S. 129 sowie *Tacke, Helmut R.*: Aussagekraft und Anwendung des Cash flow. In: Buchführung, Bilanz, Kostenrechnung vom 21.10.1996, Fach 19, S. 305.

534 *Siener, Friedrich*: Der Cash-Flow als Instrument der Bilanzanalyse. Stuttgart 1991, S. 41; kritisch hierzu **Abschnitt 3.4.2.2**.

535 So führte eine von *Meyer* durchgeführte Untersuchung über die verschiedenen Formen des Cashflow in Geschäftsberichten deutscher Unternehmungen zu 19 verschiedenen Berechnungsvarianten. Vgl. *Meyer, Claus*: Kunden-Bilanz-Analyse der Kreditinstitute. 2. Aufl., Stuttgart 2000, S. 61.

536 Vgl. zu Definitionsvorschlägen *Siener, Friedrich*: Der Cash-Flow als Instrument der Bilanzanalyse. Stuttgart 1991, S. 34-36.

537 So z.B. bei *Coenenberg, Adolf G./Schmidt, Franz*: Umsatzüberschuß und Kapitalflußrechnung als Instrumente der finanzwirtschaftlichen Bilanzanalyse. In: Betriebswirtschaftliche Forschung und Praxis 1976, S. 417.

538 Vgl. zu weiteren Übersetzungsvorschlägen *Röhrenbacher, Hans/Fleischer, Werner*: Von der Bilanz zur Kapitalflußrechnung. Wien 1989, S. 129 sowie *Siener, Friedrich*: Der Cash-Flow als Instrument der Bilanzanalyse. Stuttgart 1991, S. 37-38.

539 Vgl. *Baetge, Jörg*: Bilanzanalyse. Düsseldorf 1998, S. 313.

540 Die Änderung des Begriffs erfolgte, um Verwechslungen zu vermeiden; vgl. *Busse von Colbe, Walther* u. a.: Ergebnis je Aktie nach DVFA/SG. 3. Aufl., Stuttgart 2000, S. XI.

geben,[541] um eine einheitlichere Berechnung des Cashflow zu fördern. Sofern sich die Unternehmungen an diesem Schema orientieren, ist der externe Jahresabschlussleser somit in der Lage, die (veröffentlichten) Cashflows dieser Unternehmungen miteinander zu vergleichen.[542]

3.4.2.2 Der Aussagegehalt des Cashflow

Der Cashflow gibt an, welcher Betrag an liquiden Mitteln ohne externe Zuführung aus Einlagen- und Kreditfinanzierung der Unternehmung zur Durchführung von Investitionen, zur Tilgung von Verbindlichkeiten, für Gewinnausschüttungen und zur Erhöhung des Bestandes an liquiden Mitteln in der betrachteten Periode zur Verfügung gestanden hat.[543] Dieser Betrag entspricht (weitgehend) „dem Betrag, der aus der Innenfinanzierung stammt".[544]

Der (veröffentlichte) Cashflow liefert dem Jahresabschlussleser bzw. dem externen Jahresabschlussanalytiker also unabhängig von der Methode seiner Ermittlung[545] Informationen über die im Vorjahr aus der Innenfinanzierung zur Verfügung gestandenen Zahlungsmittel[546] und ist daher grundsätzlich als **Finanzindikator** geeignet.

Es ist allerdings zu beachten, dass es sich bei den Verwendungsmöglichkeiten um konkurrierende Möglichkeiten handelt. Der als Cashflow errechnete Betrag stellt also nicht die zum Jahresabschlussstichtag vorhandenen liquiden Mittel dar, die noch in voller Höhe zur Disposition stehen, denn in Höhe der bereits getätigten bzw. bereits geplanten Auszahlungen für Gewinnausschüttungen, Investitionen und Schuldentilgungen wurde über den Cashflow bereits disponiert.[547] In dieser Höhe steht er daher für zusätzliche Gewinnausschüttungen, Investitionen und Schuldentilgungen nicht mehr zur Verfügung. Ferner ist bei Dispositionsüberlegungen zu berücksichtigen, dass einzelne Cash-

---

541 Vgl. *Busse von Colbe, Walther* u. a.: Ergebnis je Aktie nach DVFA/SG. 3. Aufl., Stuttgart 2000, S. 127-141.

542 Ausführlich zum Berechnungsschema nach DVFA/SG siehe **Abschnitt 3.4.3**.

543 Vgl. *Coenenberg, Adolf G./Schmidt, Franz*: Umsatzüberschuß und Kapitalflußrechnung als Instrumente der finanzwirtschaftlichen Bilanzanalyse. In: Betriebswirtschaftliche Forschung und Praxis 1976, S. 417.

544 *Siener, Friedrich*: Der Cash-Flow als Instrument der Bilanzanalyse. Stuttgart 1991, S. 133.

545 Vgl. zu den Ermittlungsmethoden des Cashflow **Abschnitt 3.4.2.4**.

546 *Siener, Friedrich*: Der Cash-Flow als Instrument der Bilanzanalyse. Stuttgart 1991, S. 77.

547 Der Cashflow ist kein „Topf" an liquiden Mitteln, der von der Unternehmung langfristig gespeichert wird und bei Bedarf verfügbar ist. So auch *Baetge, Jörg*: Bilanzanalyse. Düsseldorf 1998, S. 330.

flow-Elemente, z. B. Zuführungen zu kurzfristigen Rückstellungen, schon in Kürze zu einem Mittelabfluss führen können.

Der Cashflow lässt sich durch folgende drei Merkmale beschreiben:[548]

1. Der Cashflow wird aus der **Geschäftstätigkeit** der Unternehmung („aus eigener Kraft") erwirtschaftet.[549] Dies ist gleichbedeutend damit, dass die Mittel weder durch Außenfinanzierung der Unternehmung zugeführt werden noch durch Vermögensabbau entstehen.

2. Der Cashflow ist eine **Nettogröße**, d. h., insbesondere die laufenden zahlungswirksamen betrieblich bedingten Aufwendungen sind bereits abgezogen.

3. Der Cashflow ist **keine zeitpunktbezogene Größe**; er steht am Ende des Betrachtungszeitraums nicht mehr (in voller Höhe) zur Verfügung.

Teilweise wird – wie bereits angedeutet[550] – versucht, den Cashflow als erfolgswirtschaftlichen Überschuss zur Beurteilung der Ertragslage im Sinne der Fähigkeit, nachhaltig Gewinne erzielen zu können, zu interpretieren (**Ertragsindikator**). Als Gewinn ist in diesem Sinne der Geldbetrag zu verstehen, der nach Abzug der Ersatzinvestitionen entnommen bzw. ausgeschüttet werden kann, ohne dass hierdurch die zukünftige Ertragssituation negativ beeinflusst wird. Die erfolgswirtschaftliche Interpretation beruht auf der Erkenntnis, dass die Höhe des Jahresüberschusses von der Ausnutzung der gesetzlich zulässigen Bewertungsspielräume abhängt, also nur bedingt für die Beurteilung der Ertragslage geeignet ist. Da der Cashflow jedoch nur zahlungswirksame Erfolgspositionen berücksichtigt, ist er durch bilanzpolitische Maßnahmen weit weniger manipulierbar als der Jahresüberschuss; nach Meinung einiger Autoren ist er deshalb auch ein geeigneter Indikator zur Messung der Ertragskraft.

„Ein zielkonformer Erfolgsindikator muss [aber; d. Verf.] anders zusammengesetzt sein als ein zielkonformer Finanzierungsindikator."[551] Ein als Finanzindikator konzipierter Cashflow eignet sich nur dann gleichzeitig als Ertragsindikator, wenn die in der Gewinn- und Verlustrechnung berücksichtigten

---

[548] Vgl. *Groll, Karl-Heinz*: Ermittlung des Cash-flows anhand von Zahlen der Bilanz. In: Der Betrieb 1995, S. 1725.

[549] Vgl. *Röhrenbacher, Hans/Fleischer, Werner*: Von der Bilanz zur Kapitalflußrechnung. Wien 1989, S. 133.

[550] Vgl. **Abschnitt 3.4.2.1**.

[551] *Leffson, Ulrich*: Cash Flow – weder Erfolgs- noch Finanzierungsindikator. In: Aktuelle Fragen der Unternehmensfinanzierung und Unternehmensbewertung, hrsg. von *Karl-Heinz Forster* und *Peter Schumacher*. *Kurt Schmaltz* zum 70. Geburtstag, Stuttgart 1970, S. 126.

zahlungsunwirksamen Komponenten tatsächlich nur reine Bewertungen aus jahresabschlusspolitischem Grund sind und nicht der periodengerechten Ergebnisermittlung dienen. Ein großer Teil dieser Positionen, z.B. Abschreibungen auf Sachanlagen und immaterielle Vermögensgegenstände sowie Zuführungen zu den Pensionsrückstellungen, dient jedoch der periodengerechten Aufwandsverteilung; sie müssen deswegen in einem Ertragsindikator als Negativkomponenten berücksichtigt werden. Ein finanzwirtschaftlich konzipierter Cashflow, der ausschließlich auf die Zahlungswirksamkeit der im Jahresüberschuss bzw. -fehlbetrag enthaltenen Aufwendungen und Erträge abstellt, kann somit nicht gleichzeitig ein geeigneter Maßstab für die Ertragskraft einer Unternehmung sein. Die bei der Berechnung jeweils spezifisch zu berücksichtigenden Bestandteile verfälschen die Aussagefähigkeit des Cashflow hinsichtlich der jeweils anderen Indikatorfunktion. Somit ist *Leffson* zuzustimmen: „Ein erfolgsgerechter Indikator ist also ein inkonformer Finanzierungsindikator und ein finanzierungsgerechter Indikator ist ein inkonformer Erfolgsindikator."[552]

Es bleibt schließlich zu erwähnen, dass ein auf den Daten des Jahresabschlusses einer bereits abgeschlossenen Periode basierender Cashflow – wie die gesamte externe Jahresabschlussanalyse – immer **retrospektiv**, d.h. vergangenheitsbezogen, ist (**retrospektiver Ansatz**). Gerade unternehmungsexterne Personen sind ausschließlich auf die Informationen des Jahresabschlusses angewiesen, so dass es sich bei dem von ihnen ermittelten Cashflow immer um eine Vergangenheitsgröße handelt.

Für die Beurteilung der zukünftigen Zahlungsfähigkeit bzw. Ertragsfähigkeit ist allerdings nur der zukünftige Cashflow von Interesse; dies spricht für eine **prospektive Berechnung** des Cashflow (**Prognose-Cashflow**). Diese kann aber ausschließlich von unternehmungsinternen Personen auf der Basis von Finanzplänen vorgenommen werden (**prospektiver Ansatz**) und fällt somit nicht mehr in den Bereich der (externen) Jahresabschlussanalyse.

Ob ein Cashflow retrospektiv (**Indikator der gegenwärtigen Innenfinanzierungs- bzw. Ertragskraft** der Unternehmung) oder prospektiv (**Indikator der zukünftigen Innenfinanzierungs- bzw. Ertragskraft** der Unternehmung) interpretierbar ist, hängt also davon ab, welche Daten bei seiner Ermittlung berücksichtigt werden. Im Folgenden wird der Cashflow nur in seiner Eigenschaft als retrospektiver Finanzindikator betrachtet.

---

552 *Leffson, Ulrich*: Cash Flow – weder Erfolgs- noch Finanzierungsindikator. In: Aktuelle Fragen der Unternehmensfinanzierung und Unternehmensbewertung, hrsg. von *Karl-Heinz Forster* und *Peter Schumacher*. *Kurt Schmaltz* zum 70. Geburtstag. Stuttgart 1970, S. 126.

3.4.2.3 Anwendungsbereiche des Cashflow

Der Cashflow findet nicht nur in der Jahresabschlussanalyse als stromgrößenorientierte (retrospektive) Liquiditätskennzahl Verwendung. Es gibt für ihn vielmehr noch weitere Einsatzbereiche:[553]

- Im Rahmen der **empirischen Jahresabschlussanalyse** finden Cashflow-Kennziffern ein breites Anwendungsfeld. Die Auswertung verschiedener Kennzahlen ermöglicht es, mit Hilfe spezifischer moderner Analysemethoden (z. B. Künstliche Neuronale Netz-Analyse; KNNA) Aussagen über die finanzwirtschaftliche Lage von Unternehmungen zu treffen.[554]
- Die Differenz aus den Fondszugängen und Fondsabgängen bei **Kapitalflussrechnungen** wird ebenfalls häufig als Cashflow bezeichnet.
- Mit Hilfe der so genannten **Discounted Cashflow-Methode** wird in der Investitionsrechnung die Vorteilhaftigkeit von einzelnen Investitionsobjekten beurteilt bzw. zunehmend – neben der Unternehmungswertermittlung mit Hilfe der Ertragswertmethode – der Unternehmungswert bestimmt.[555]
- Als zukunftsorientierter **Prognose-Cashflow**[556] soll er eine Grundlage für die Bestimmung der erforderlichen finanzwirtschaftlichen Anpassungsmaßnahmen darstellen. Nur die über den Cashflow nicht gedeckten Finanzierungsbeträge müssen von außen aufgebracht werden. Insoweit ist der Cashflow auch ein **Indikator für das Ausmaß der finanzwirtschaftlichen Unabhängigkeit** der Unternehmung. Die Ermittlung eines Prognose-

---

[553] Vgl. *Baetge, Jörg*: Bilanzanalyse. Düsseldorf 1998, S. 314-315.

[554] Vgl. Kennzahlenkatalog (Backpropagation-Netz mit 14 Kennzahlen, sog. BP-14) des Instituts für Revisionswesen der Universität Münster als Instrument der empirischen Bilanzanalyse. Vgl. *Baetge, Jörg*: Bilanzanalyse. Düsseldorf 1998, S. 315 sowie *Baetge, Jörg/Jerschensky, Andreas*: Beurteilung der wirtschaftlichen Lage von Unternehmen mit Hilfe von modernen Verfahren der Jahresabschlußanalyse – Bilanzbonitäts-Rating von Unternehmen mit Künstlichen Neuronalen Netzen. In: Der Betrieb 1996, S. 1581-1591.

[555] Vgl. *Albrecht, Thomas*: Kritische Überlegungen zur Discounted Cash Flow-Methode – Anmerkungen. In: Zeitschrift für Betriebswirtschaft 1997, S. 511-516; *Born, Karl*: Kritische Überlegungen zur Discounted Cash Flow-Methode – Anmerkungen. In: Zeitschrift für Betriebswirtschaft 1997, S. 509-510; *Kaden, Jens* u. a.: Kritische Überlegungen zur Discounted Cash Flow-Methode – Methodenharmonisierung von Ertragswert und Discounted Cash Flow. In: Zeitschrift für Betriebswirtschaft 1997, S. 499-508; *Kirsch, Hans-Jürgen/Krause, Clemens*: Kritische Überlegungen zur Discounted Cash Flow-Methode – Anmerkungen zu den Anmerkungen. In: Zeitschrift für Betriebswirtschaft 1997, S. 517-518, sowie Band I: Investition, Abschnitt 2.8.4.

[556] Vgl. **Abschnitt 3.4.2.2**.

Cashflow ist allerdings nur unternehmungsintern auf der Grundlage von Finanzplänen möglich.

3.4.2.4 Die Ermittlungsmethoden des Cashflow

3.4.2.4.1 Grundsätzliche Vorbemerkungen

Der Cashflow lässt sich aus den Zahlen der Gewinn- und Verlustrechnung auf zwei unterschiedliche Arten ermitteln. Man unterscheidet die direkte und die indirekte Ermittlungsmethode.[557]

Die Vorgehensweise bei beiden Ermittlungsmethoden ist grundsätzlich gleich. Ausgangspunkt ist die Gewinn- und Verlustrechnung, deren Positionen auf ihre Zahlungswirksamkeit hin zu untersuchen sind. Teilweise ergibt sich diese aus den Positionen selbst, teilweise muss man dafür auf Informationen aus der Bilanz oder dem Anhang zurückgreifen; „zu weiten Teilen bleibt nichts übrig, als unter Zugrundelegung einer Prämisse mit Wahrscheinlichkeiten zu arbeiten".[558] Gerade unternehmungsexternen Personen fehlen die notwendigen Informationen über die Zahlungswirksamkeit der im Jahresabschluss dokumentierten Ereignisse, so dass sie mit Annahmen über die Zahlungswirksamkeit bestimmter Positionen arbeiten müssen.

Zur Ermittlung des Cashflow ist unabhängig von der Ermittlungsmethode gedanklich eine „Zweiteilung" der Gewinn- und Verlustrechnung in einen zahlungswirksamen und einen zahlungsunwirksamen, d. h. buchtechnisch bedingten, Teil vorzunehmen.[559] Es lassen sich diesbezüglich zwei Kategorien von Aufwendungen und Erträgen unterscheiden:

1. „Aufwendungen bzw. Erträge, die in der betrachteten Periode zu Auszahlungen bzw. Einzahlungen geführt haben,
2. Aufwendungen bzw. Erträge, die der Periodenabgrenzung dienen, also lediglich rechentechnischer Art sind und in der betrachteten Periode nicht zu Auszahlungen bzw. Einzahlungen geführt haben."[560]

---

[557] *Groll* nennt als dritte Methode zur Ermittlung des Cashflow eine „Verwendungsrechnung", die als Ausgangspunkt die Daten der Bilanz verwendet. Vgl. *Groll, Karl-Heinz*: Ermittlung des Cash-flows anhand von Zahlen der Bilanz. In: Der Betrieb 1995, S. 1725-1727.

[558] *Siener, Friedrich*: Der Cash-Flow als Instrument der Bilanzanalyse. Stuttgart 1991, S. 127.

[559] Vgl. *Siener, Friedrich*: Der Cash-Flow als Instrument der Bilanzanalyse. Stuttgart 1991, S. 77-78.

[560] *Baetge, Jörg*: Bilanzanalyse. Düsseldorf 1998, S. 320.

Die einzelnen Positionen der Gewinn- und Verlustrechnung sind entweder insgesamt einer dieser beiden Kategorien zuordenbar oder bilden eine Mischposition.

Bei der Ermittlung des Cashflow ist bei beiden Alternativen außerdem zu beachten, dass auch die erfolgsneutralen, d. h. nicht in der Gewinn- und Verlustrechnung ausgewiesenen, zahlungswirksamen Geschäftsvorfälle erfasst werden müssen.[561] Sie sind einem Bilanzvergleich zu entnehmen.

3.4.2.4.2 Die direkte Ermittlungsmethode

Bei der direkten Ermittlungsmethode wird der Cashflow durch die **Differenz der einzahlungswirksamen Erträge und der auszahlungswirksamen Aufwendungen** bestimmt. Die Ermittlung erfolgt also direkt aus den zahlungswirksamen Komponenten der Gewinn- und Verlustrechnung. Sie wird auch als **progressive**[562] Ermittlungsmethode bezeichnet.

Abbildung 80 zeigt das Grundschema der direkten Cashflow-Berechnung.

	Einzahlungswirksame Erträge der Periode
–	Auszahlungswirksame Aufwendungen der Periode
=	Cashflow der Periode

Abbildung 80: Die direkte Ermittlungsmethode des Cashflow[563]

Der so als Saldo aus Ertragseinzahlungen und Aufwandsauszahlungen der Gewinn- und Verlustrechnung ermittelte Cashflow muss um die Veränderung bestimmter zahlungsmittelbeeinflussender, aber erfolgsneutraler Bilanzpositionen ergänzt werden.[564]

3.4.2.4.3 Die indirekte Ermittlungsmethode

Die Ausgangsgröße für die indirekte Ermittlung des Cashflow ist der Jahresüberschuss bzw. -fehlbetrag, der um die „rechentechnischen Posten", d. h. um die nur erfolgswirksamen, nicht jedoch zahlungswirksamen Komponenten der

---

561 Vgl. *Baetge, Jörg*: Bilanzanalyse. Düsseldorf 1998, S. 331.

562 Vgl. *Baetge, Jörg*: Bilanzanalyse. Düsseldorf 1998, S. 319.

563 Entnommen aus *Bieg, Hartmut*: Betriebswirtschaftslehre 2: Finanzierung. Freiburg i. Br. 1991, S. 221.

564 Vgl. *Siener, Friedrich*: Der Cash-Flow als Instrument der Bilanzanalyse. Stuttgart 1991, S. 133 sowie ausführlich **Abschnitt 3.4.3.4**.

Gewinn- und Verlustrechnung, korrigiert wird. Man bezeichnet dies als indirekte oder auch **retrograde** Ermittlung,[565] da der Cashflow über die zahlungsunwirksamen Vorgänge ermittelt wird. Die indirekte Methode ist das Spiegelbild zur direkten Methode.

Abbildung 81 zeigt das Grundschema der indirekten Cashflow-Berechnung.

	Jahresüberschuss bzw. -fehlbetrag
+	nicht-auszahlungswirksame Aufwendungen der Periode
–	nicht-einzahlungswirksame Erträge der Periode
=	Cashflow der Periode

Abbildung 81: Die indirekte Ermittlungsmethode des Cashflow[566]

Der Jahresüberschuss bzw. -fehlbetrag ist allerdings nicht nur um die in der Gewinn- und Verlustrechnung enthaltenen zahlungsunwirksamen Aufwendungen und Erträge zu korrigieren; es sind auch die zahlungsmittelbeeinflussenden, erfolgsneutralen Veränderungen von Bilanzpositionen zu berücksichtigen.[567]

3.4.2.4.4 Vergleich der beiden Methoden

Bei der Berechnung des Cashflow nach der direkten Methode werden die vollständig zahlungswirksamen Erfolgspositionen und der zahlungswirksame Teil der Mischpositionen berücksichtigt. Bei der indirekten Ermittlungsmethode erfolgt eine Korrektur des sich aus der Differenz aller Erträge und Aufwendungen ergebenden Jahresüberschusses bzw. -fehlbetrags um die vollständig zahlungsunwirksamen Erfolgspositionen und um den zahlungsunwirksamen Teil der Mischpositionen.

Bei beiden Berechnungsmethoden müssen also zunächst die eindeutig zahlungswirksamen von den eindeutig zahlungsunwirksamen Erfolgskomponenten getrennt werden. Anschließend sind die verbleibenden Mischpositionen in einen zahlungswirksamen und einen zahlungsunwirksamen Teil aufzuspalten. Sobald diese Trennung zum Zwecke der direkten und indirekten Ermittlung des Cashflow in gleicher Weise vorgenommen wird und sofern bei keiner Be-

---

565 Vgl. *Baetge, Jörg*: Bilanzanalyse. Düsseldorf 1998, S. 319.

566 Entnommen aus *Bieg, Hartmut*: Betriebswirtschaftslehre 2: Finanzierung. Freiburg i.Br. 1991, S. 222.

567 Vgl. *Siener, Friedrich*: Der Cash-Flow als Instrument der Bilanzanalyse. Stuttgart 1991, S. 127 sowie ausführlich **Abschnitt 3.4.3.4**.

rechnung Vereinfachungen vorgenommen werden, die nicht auch bei der anderen Ermittlungsmethode entsprechend vorgenommen werden, müssen beide Berechnungsmethoden zum gleichen Ergebnis führen.[568] Diese Feststellung ist im Übrigen völlig unabhängig davon, ob dem externen Jahresabschlussanalysten die Aufspaltung der Mischpositionen in zutreffender Weise gelungen ist.

Der sich nach direkter und indirekter Ermittlungsmethode aus den erfolgswirksamen Komponenten ergebende Differenzbetrag ist schließlich – bei beiden Vorgehensweisen gleichermaßen – um die zahlungswirksamen, erfolgsneutralen Vorgänge zu ergänzen.[569] Diese sind einem Bilanzvergleich zu entnehmen.

Den Zusammenhang der direkten und indirekten Ermittlungsmethode veranschaulicht **Abbildung 82** (Seite 267).

Die **indirekte Methode** findet **weite Verbreitung in der Praxis**. Die direkte Ermittlungsmethode wird häufig mit der Begründung des hohen Ermittlungsaufwandes abgelehnt. Dieses Argument ist jedoch nicht einsichtig. Dem externen Analysten bereitet die indirekte Methode ebensoviel Mühe wie die direkte. Der Analyst muss in jedem Fall einzelne Erfolgsrechnungspositionen bzw. die Veränderungen von verschiedenen Bilanzpositionen hinsichtlich ihrer Zahlungswirksamkeit untersuchen, so dass der Datenermittlungsaufwand für beide Verfahren identisch ist.[570] Bei der Bestimmung der zahlungsunwirksamen Positionen der Gewinn- und Verlustrechnung sind die zahlungswirksamen Positionen das zwangsläufige Pendant.[571] Die Berechnung des Cashflow nach der einen oder anderen Methode erfolgt dann lediglich über eine Addition der (positiven und negativen) Komponenten.

Aber auch bei unternehmungsinternen Cashflow-Berechnungen ist es fraglich, ob die direkte Methode tatsächlich aufwändiger ist als die indirekte. Während die für interne Ermittlungen notwendigen Daten dem (in gut geführten Unternehmungen) ohnehin vorhandenen Finanzplan entnommen werden können, müssen bei der indirekten Vorgehensweise die entsprechenden Zahlen erst aus dem handelsrechtlichen Jahresabschluss isoliert und dann zum Teil noch in zahlungswirksame und nicht zahlungswirksame Vorgänge unterteilt werden. Insofern dürfte intern die indirekte Ermittlung sogar aufwändiger sein als die direkte.

---

568 Dies lässt sich leicht mathematisch zeigen. Vgl. dazu *Siener, Friedrich*: Der Cash-Flow als Instrument der Bilanzanalyse. Stuttgart 1991, S. 61.

569 Vgl. **Abschnitt 3.4.3.4**.

570 Vgl. *Baetge, Jörg*: Bilanzanalyse. Düsseldorf 1998, S. 329.

571 Vgl. *Siener, Friedrich*: Der Cash-Flow als Instrument der Bilanzanalyse. Stuttgart 1991, S. 64.

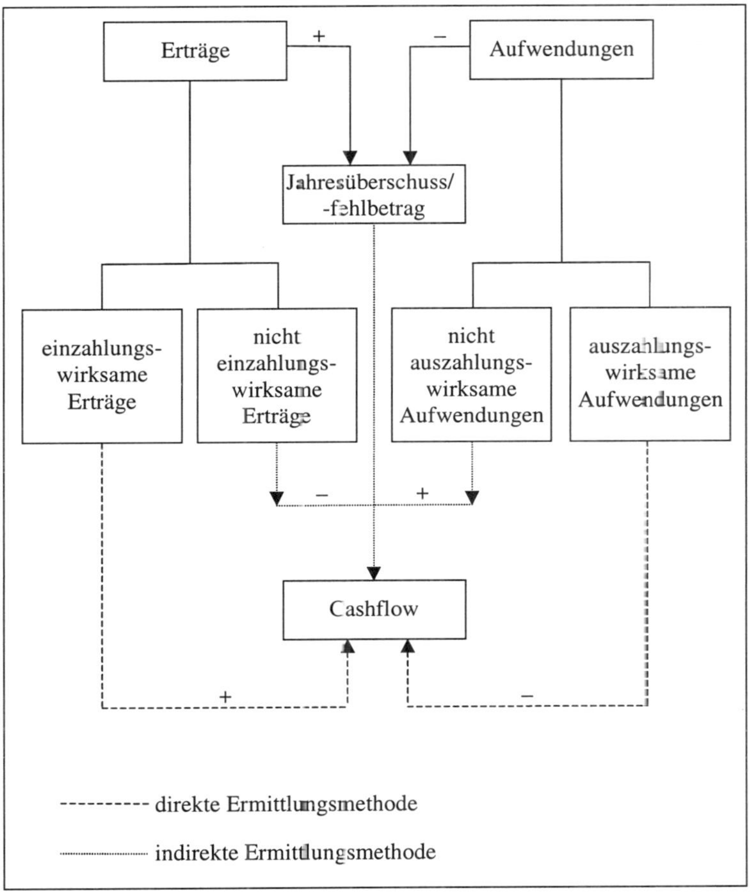

Abbildung 82: Zusammenhang der Ermittlungsmethoden des Cashflow[572]

Ein weiterer Ablehnungsgrund der direkten Ermittlungsmethode wird vor allem im Zusammenhang mit der Ermittlung des Cashflow durch Unternehmungsexterne vorgebracht. Als Argument wird genannt, dass keine unmittelbare Verbindung zum Jahresabschluss bestehe, da zur „korrekten" Berech-

[572] Entnommen aus *Bieg, Hartmut*: Die Cash-Flow-Analyse als stromgrößenorientierte Finanzanalyse. In: Der Steuerberater 1998, S. 437.

nung des Cashflow zusätzliche (freiwillige) Angaben erforderlich seien.[573] Doch auch dieses Argument ist nicht überzeugend, denn bei der indirekten Methode sind externe Ermittler des Cashflow ebenfalls auf zusätzliche Daten angewiesen; insofern würde auch der indirekten Methode die „unmittelbare Verbindung zum Jahresabschluss" fehlen.

In der **Literatur** wird – anders als in der Praxis – **die direkte Ermittlungsmethode präferiert**. Da sie aufgrund ihrer Vorgehensweise das gedankliche Fundament des Cashflow bildet, können Fehlinterpretationen bezüglich seiner Liquiditätsaussage vermieden werden.[574] Dem nach direkter Methode ermittelten Cashflow ist eine höhere Aussagekraft beizumessen, denn für den Jahresabschlussanalytiker wird bei der indirekten Methode die Struktur der zahlungswirksamen Komponenten, die für die Beurteilung der Liquiditätslage von Bedeutung ist, nicht erkennbar.[575] Bei der direkten Ermittlungsmethode sind hingegen die **Finanzmittelquellen ohne zusätzliche Aufbereitungsmaßnahmen zu erkennen**.[576] Sie ist auch besser als die indirekte Methode geeignet, die Mittelverwendung in der Unternehmung zu zeigen, was insgesamt Aussagen über die Geschäftsentwicklung im betrachteten Geschäftsjahr ermöglicht.[577]

Ein Vorteil der indirekten Ermittlungsmethode besteht allerdings darin, dass eine Verbindung zum handelsrechtlichen Jahresabschluss hergestellt wird und „daß bei dieser Methode zu ersehen ist, wie es durch die Bildung rechentechnischer Posten gelang, die erwirtschafteten Mittel im Unternehmen zu binden."[578]

Insgesamt betrachtet ist somit die Ablehnung der direkten Methode durch die Praxis mit den genannten Argumenten nicht stichhaltig. Eine uneingeschränkte Präferenz für die direkte Methode kann aber umgekehrt auch nicht vertreten werden. Beide Methoden weisen durchaus ihre Vorteile auf. Welcher Ermittlungsmethode sich ein Jahresabschlussanalyst bedient, sollte daher

---

573 Vgl. *Busse von Colbe, Walther*: Cash-Flow. In: Handwörterbuch der Finanzwirtschaft, hrsg. von *Hans E. Büschgen*. Stuttgart 1976, Sp. 242; so auch Kommission für Methodik der Finanzanalyse der Deutschen Vereinigung für Finanzanalyse und Anlageberatung (DVFA)/Arbeitskreis „Externe Unternehmensrechnung" der Schmalenbach-Gesellschaft – Deutsche Gesellschaft für Betriebswirtschaft (SG): Cash Flow nach DVFA/SG – Gemeinsame Empfehlung. In: Die Wirtschaftsprüfung 1993, S. 599.

574 Vgl. *Siener, Friedrich*: Der Cash-Flow als Instrument der Bilanzanalyse. Stuttgart 1991, S. 65.

575 Vgl. *Wöhe, Günter*: Bilanzierung und Bilanzpolitik. 9. Aufl., München 1997, S. 837.

576 Vgl. *Siener, Friedrich*: Der Cash-Flow als Instrument der Bilanzanalyse. Stuttgart 1991, S. 66.

577 Vgl. *Baetge, Jörg*: Bilanzanalyse. Düsseldorf 1998, S. 330.

578 *Siener, Friedrich*: Der Cash-Flow als Instrument der Bilanzanalyse. Stuttgart 1991, S. 66.

„allein von der ihn interessierenden Fragestellung ab[hängen; d. Verf.], da ja beide Berechnungsmethoden bei Vorlage einer vollständigen Formel zwangsläufig zum gleichen Ergebnis führen“.[579]

3.4.3 Die Cash Earnings nach DVFA/SG als indirekt ermittelte Cashflow-Variante

3.4.3.1 Vorbemerkungen

Die folgenden Ausführungen dienen einer Analyse der Gemeinsamen Empfehlung der Deutschen Vereinigung für Finanzanalyse und Anlageberatung (DVFA) und der Schmalenbach-Gesellschaft – Deutsche Gesellschaft für Betriebswirtschaft (SG) zur Ermittlung der Cash Earnings (bisher des Cashflows). Ziel der Gemeinsamen Empfehlung ist es, das Berechnungsschema der Cash Earnings (im Sinne einer Cashflow-Ziffer) zu vereinheitlichen, um eine Vergleichbarkeit der veröffentlichten Cash Earnings zu erreichen.[580] Die Gemeinsame Empfehlung wendet sich einerseits an **unternehmungsinterne Adressaten** (z.B. die Unternehmungsleitungen), damit der intern berechnete, dem externen Jahresabschlussleser zugänglich gemachte Cashflow nach einem einheitlichen Schema ermittelt wird. Andererseits sind **unternehmungsexterne Adressaten** (z.B. die Jahresabschluss- bzw. Finanzanalysten) angesprochen, die somit nicht bei jedem einzelnen veröffentlichten Cashflow die Berechnungsweise feststellen müssen, um aussagefähige Vergleiche zwischen Unternehmungen durchführen zu können.

Der externe Jahresabschlussanalyst, der den Cashflow **selbst berechnen** soll bzw. möchte, hat nicht nur mit zahlreichen Abgrenzungsproblemen zu kämpfen; eine Berechnung aus den veröffentlichten Daten ist ihm ohne Zusatzinformationen vielmehr generell überhaupt nicht möglich. Bei der internen Ermittlung kann ein Rückgriff auf zahlreiche andere Quellen erfolgen, so dass der Berechnung zumindest ziemlich exakte Schätzungen zugrunde gelegt werden können. Der externe Jahresabschlussanalyst hat zwar dann keine Möglichkeit, die Berechnung nachzuvollziehen. Wenn allerdings der Cashflow im Anhang bzw. Lagebericht, die prüfungspflichtige Bestandteile des Jahresabschlusses bzw. ergänzend zu diesem sind, veröffentlicht wird, garan-

---

579 *Siener, Friedrich*: Der Cash-Flow als Instrument der Bilanzanalyse. Stuttgart 1991, S. 66.

580 Vgl. *Busse von Colbe, Walther* u.a.: Ergebnis je Aktie nach DVFA/SG. 3. Aufl., Stuttgart 2000, S. 129.

tiert der Jahresabschlussprüfer mit seinem Testat die ordnungsgemäße Berechnung des Cashflow. Lediglich der im „freien" Teil des Jahresabschlusses angegebene Cashflow wird ungeprüft veröffentlicht.

3.4.3.2 Das Schema zur Berechnung der Cash Earnings nach DVFA/SG

Der Gemeinsamen Empfehlung liegt der folgende Begriff der Cash Earnings zugrunde: „Die ‚Cash Earnings' geben den aus den laufenden erfolgswirksamen geschäftlichen Aktivitäten resultierenden finanziellen Überschuss an, ohne jedoch die Veränderung des Netto-Umlaufvermögens zu berücksichtigen. Sie sind Ausdruck für die Innenfinanzierungskraft, die einem Unternehmen für Investitionen, Schuldentilgung und Dividendenzahlungen sowie für die Speisung des Finanzmittelbestandes zur Verfügung steht. Die freiwillige Veröffentlichung von ‚Cash Flow Ziffern' i. S. der Cash Earnings ist deshalb weit verbreitet und stößt insbesondere bei den Analysten auf großes Interesse. ... Es wird darauf hingewiesen, daß die nachfolgend umschriebenen Cash Earnings nur einen Teilbereich des finanziellen Ergebnisses der Unternehmenstätigkeit zu erfassen in der Lage sind. Die Cash Earnings sind eine Finanzgröße und sollten deshalb in erster Linie für finanzwirtschaftliche Analysen verwendet werden."[581]

Die Kommission sieht eine **indirekte Ermittlung** des Cashflow (Jahresergebnis + nicht auszahlungswirksame Aufwendungen – nicht einzahlungswirksame Erträge) vor.[582] In der Gemeinsamen Empfehlung wird allerdings nicht von Ein- und Auszahlungen, sondern von Einnahmen und Ausgaben gesprochen.[583] Doch soll auch im Rahmen der Gemeinsamen Empfehlung der Cashflow durch eine Gegenüberstellung von Zahlungsgrößen bzw. durch eine Bereinigung von nicht zahlungswirksamen Beträgen, also durch die Feststellung der Veränderungen des Zahlungsmittelbestandes (durch Ein- und Auszahlungen) und nicht des Geldvermögens (durch Einnahmen und Ausgaben), ermittelt werden.[584] Eine synonyme Verwendung der Begriffspaare ist jedoch nur zulässig, wenn zeitliche Verwerfungen der Zahlungsmittelbestands- und Geldvermögensveränderungen durch Kreditbewegungen nicht auftreten. Dies

---

[581] *Busse von Colbe, Walther* u. a.: Ergebnis je Aktie nach DVFA/SG. 3. Aufl., Stuttgart 2000, S. 129.

[582] Vgl. zur indirekten Ermittlungsmethode **Abschnitt 3.4.2.4.3**.

[583] Vgl. *Busse von Colbe, Walther* u. a.: Ergebnis je Aktie nach DVFA/SG. 3. Aufl., Stuttgart 2000, S. 131. Zu den Begriffsinhalten vgl. Band I: Investition, Abschnitt 1.1.1.1.

[584] Vgl. z. B. Nr. 9 im Arbeitsschema zur Ermittlung der Cash Earnings (**Abbildung 83**; Seite 271).

dürfte aber eher die Ausnahme als die Regel sein. Korrekterweise werden deshalb im Folgenden stets die Begriffe Ein- und Auszahlungen verwendet.

Die direkte Ermittlung (Ertragseinzahlungen – Aufwandsauszahlungen)[585] wird demgegenüber mit der Begründung abgelehnt, sie sei sehr aufwändig und stelle „keine unmittelbare Verbindung zum Jahresabschluß" her.[586]

Gemäß der Gemeinsamen Empfehlung werden die Cash Earnings aus den Daten des Jahresabschlusses nach dem in **Abbildung 83** dargestellten Arbeitsschema berechnet.[587]

1.		**Jahresüberschuss/-fehlbetrag**
2.	+	Abschreibungen auf Gegenstände des Anlagevermögens
3.	–	Zuschreibungen zu Gegenständen des Anlagevermögens
4.	+/–	Veränderung der Rückstellungen für Pensionen bzw. anderer langfristiger Rückstellungen
5.	+/–	Veränderung der Sonderposten mit Rücklageanteil
6.	+/–	Latente Ertragsteueraufwendungen bzw. -erträge
7.	+/–	Andere nicht zahlungswirksame Aufwendungen und Erträge von wesentlicher Bedeutung
8.	=	**Cash Earnings**
9.	+/–	Bereinigung zahlungswirksamer Aufwendungen und Erträge aus Sondereinflüssen
10.	=	**Cash Earnings nach DVFA/SG**

Abbildung 83: Arbeitsschema zur Ermittlung der Cash Earnings nach DVFA/SG[588]

[585] Vgl. zur direkten Ermittlungsmethode **Abschnitt 3.4.2.4.2**.

[586] Vgl. *Busse von Colbe, Walther* u. a.: Ergebnis je Aktie nach DVFA/SG. 3. Aufl., Stuttgart 2000, S. 131; zur kritischen Betrachtung dieser Argumente siehe **Abschnitt 3.4.2.4.4**.

[587] Vgl. *Busse von Colbe, Walther* u. a.: Ergebnis je Aktie nach DVFA/SG. 3. Aufl., Stuttgart 2000, S. 133.

[588] Modifiziert entnommen aus *Bieg, Hartmut/Hossfeld, Christopher*: Der Cash-Flow nach DVFA/SG. In: Der Betrieb 1996, S. 1429.

3.4.3.3 Die Komponenten der Cash Earnings nach DVFA/SG

3.4.3.3.1 Die Ausgangsgröße

Ausgangspunkt bei der in der Gemeinsamen Empfehlung vorgesehenen indirekten Ermittlung des Cashflow ist das (Konzern-)Jahresergebnis in Form eines **Jahresüberschusses** bzw. **-fehlbetrages**. Wurde die Bilanz unter Berücksichtigung der teilweisen Verwendung des Jahresergebnisses aufgestellt,[589] so ist der dann ausgewiesene Bilanzgewinn bzw. -verlust durch Rückgängigmachung der Ergebnisverwendung wieder in ein Jahresergebnis vor Verwendung zu modifizieren. Da dieses der Saldo von Erträgen und Aufwendungen ist, mit dem Cashflow aber das finanzielle Ergebnis (Saldo von Ein- und Auszahlungen) einer Unternehmung berechnet werden soll, ist das Jahresergebnis um erfolgswirksame zahlungsunwirksame Komponenten zu korrigieren sowie um erfolgsneutrale zahlungswirksame Komponenten zu ergänzen.

3.4.3.3.2 Die Abschreibungen

Abschreibungen sind das klassische Beispiel einer Verrechnungsposition, deren Ziel die periodengerechte Gewinnermittlung ist. Es handelt sich ausnahmslos um zahlungsunwirksame Aufwendungen. Daher sind sie bei indirekter Ermittlung des Cashflow zu addieren. Aufgrund der Eindeutigkeit dieser Situation existiert kein einziges Berechnungsschema für den Cashflow, das Abschreibungen unberücksichtigt lässt.[590]

Auch die Gemeinsame Empfehlung sieht zuerst die Erfassung der Abschreibungen als Additionsposition vor. Nr. 2 des Arbeitsschemas (**Abbildung 83**; Seite 271) beschränkt sich allerdings auf die Addition der **Abschreibungen auf Gegenstände des immateriellen Anlagevermögens sowie des Sach- und Finanzanlagevermögens**. Die entsprechenden Abschreibungen des Geschäftsjahres – sie umfassen die planmäßigen und außerplanmäßigen Abschreibungen sowie die (aktivisch abgesetzten)[591] steuerrechtlichen Sonderabschreibungen – sind gemäß § 268 Abs. 2 Satz 3 HGB „entweder in der Bilanz bei dem betreffenden Posten zu vermerken oder im Anhang in einer der Gliederung des Anlagevermögens entsprechenden Aufgliederung anzugeben."

---

589 Vgl. § 268 Abs. 1 HGB.

590 Vgl. *Siener, Friedrich*: Der Cash-Flow als Instrument der Bilanzanalyse. Stuttgart 1991, S. 99.

591 Die steuerrechtlichen Sonderabschreibungen, die über den Sonderposten mit Rücklageanteil gebucht werden (Bruttomethode), werden über dessen Bereinigung (vgl. Nr. 5 im Arbeitsschema) berücksichtigt.

Häufig sind sie in dem nach § 268 Abs. 2 Satz 1 und 2 HGB aufzustellenden Anlagespiegel enthalten. Die entsprechenden Beträge können somit dem Jahresabschluss problemlos entnommen werden.

Abschreibungen auf Gegenstände des Umlaufvermögens werden bei der Berechnung der Cash Earnings nach der Gemeinsamen Empfehlung von DVFA/SG mit der Begründung, sie würden „im Rahmen einer umfassenderen Kapitalflußrechnung berücksichtigt".[592] **nicht miteinbezogen**. Diese Vorgehensweise ist unbefriedigend, stellen doch auch die Abschreibungen im Umlaufvermögen zahlungsunwirksame Aufwendungen dar; dies muss ihre Neutralisierung im Rahmen der Cashflow-Ermittlung zur Folge haben.[593]

Dieser Mangel der Nichtberücksichtigung wird auch nicht dadurch behoben, dass in einem anderen Instrument zur Beurteilung der finanziellen Lage einer Unternehmung, nämlich der Kapitalflussrechnung, die entsprechenden Abschreibungen zu berücksichtigen sind. Jedes finanzanalytische Instrument sollte alleine für sich aussagekräftig konzipiert sein und nicht nur im Zusammenspiel mit anderen Instrumenten eine seiner Konzeption entsprechende Aussagekraft entfalten.[594] Dies gilt umso mehr, als die Veröffentlichung von Kapital- und Finanzflussrechnungen im Einzelabschluss sowie im Konzernabschluss bei nicht börsennotierten Mutterunternehmungen[595] lediglich freiwillig erfolgt und die Unternehmungen somit nicht gezwungen sind, alle finanzanalytischen Kennzahlen, Rechenwerke, etc. zu publizieren.

3.4.3.3.3 Die Zuschreibungen

Analog zur Addition der nicht zahlungswirksamen Abschreibungen auf Gegenstände des Anlagevermögens sind die **Zuschreibungen zu Gegenständen des Anlagevermögens** als nicht einzahlungswirksame Erträge zu subtrahieren (Nr. 3 des Arbeitsschemas; **Abbildung 83**; Seite 271). Die entsprechenden Beträge können ebenfalls dem Anlagespiegel entnommen werden.[596]

---

592 *Busse von Colbe, Walther* u. a.: Ergebnis je Aktie nach DVFA/SG. 3. Aufl., Stuttgart 2000, S. 135.

593 Vgl. *Bieg, Hartmut/Hossfeld, Christopher*: Der Cash-Flow nach DVFA/SG. In: Der Betrieb 1996, S. 1430; so auch *Baetge, Jörg*: Bilanzanalyse. Düsseldorf 1998, S. 334.

594 Vgl. *Bieg, Hartmut/Hossfeld, Christopher*: Der Cash-Flow nach DVFA/SG. In: Der Betrieb 1996, S. 1430.

595 Börsennotierte Mutterunternehmungen mussten erstmals im Jahresabschluss 1998 ihren Konzernanhang um eine Kapitalflussrechnung erweitern; vgl. § 297 Abs. 1 Satz 2 HGB, der durch Art. 2 Nr. 4 des Gesetzes zur Kontrolle und Transparenz im Unternehmensbereich (KonTraG) vom 27.4.1998 (BGBl I 1998, S. 789) angefügt wurde.

596 Vgl. § 268 Abs. 2 Satz 2 HGB.

Bezüglich der **Zuschreibungen zu Gegenständen des Umlaufvermögens** gilt das in **Abschnitt 3.4.3.3.2** im Hinblick auf Abschreibungen auf Gegenstände des Umlaufvermögens Gesagte. Die Nichterfassung dieser Beträge ist bei interner Berechnung nur mit dem Argument der Vereinfachung der Cashflow-Berechnung zu begründen. Bei externer Berechnung ist der Jahresabschlussanalyst allerdings darauf angewiesen, dass die Gewinn- und Verlustrechnungsposition „sonstige betriebliche Erträge“, in der die Zuschreibungen auf das Umlaufvermögen i. d. R. erfasst werden, tatsächlich auch im Anhang erläutert wird.

3.4.3.3.4 Die Rückstellungen

3.4.3.3.4.1 Der qualitative Umfang

Rückstellungen sind hinsichtlich der zeitlichen Folge ihrer Aufwands- bzw. Auszahlungswirkung das Gegenstück zu den Abschreibungen; bei Abschreibungen ist die Auszahlung der Aufwandsperiode vorgelagert, bei Rückstellungen ist sie nachgelagert oder entfällt sogar. Die erfolgswirksame Bildung einer Rückstellung bzw. die Erhöhung einer Rückstellungsposition mindert zwar den Jahresüberschuss, ist jedoch nicht mit einer Auszahlung verbunden. Die erfolgswirksame Auflösung einer Rückstellung, die nicht in Anspruch genommen wurde, bzw. die entsprechende Verminderung einer (weiterbestehenden) Rückstellungsposition erhöht hingegen den Jahresüberschuss, ohne zu einer Einzahlung zu führen.[597] Erfolgswirksame Veränderungen der Rückstellungen sind somit wegen ihrer Zahlungswirksamkeit grundsätzlich bei der Berechnung des Cashflow zu berücksichtigen.

Die Gemeinsame Empfehlung sieht daher in einem weiteren Schritt (Nr. 4 des Arbeitsschemas; **Abbildung 83**; Seite 271) die Berücksichtigung der Veränderungen von Rückstellungen vor, beschränkt diese allerdings auf die Veränderungen der **Rückstellungen für Pensionen bzw. anderer langfristiger Rückstellungen**. (Erfolgswirksame) Erhöhungen dieser Rückstellungen werden als nicht auszahlungswirksame Aufwendungen addiert, (erfolgswirksame) Verminderungen dieser Rückstellungen als einzahlungsunwirksame Erträge subtrahiert.

An dieser Stelle ist allerdings auf mehrere Schwierigkeiten hinzuweisen. Die gesamte, also zahlungswirksame wie zahlungsunwirksame Veränderung der Pensionsrückstellungen kann unmittelbar durch Vorjahresvergleich aus der

---

[597] Zu den Auswirkungen der Bildung und Auflösung von Rückstellungen auf den Jahresüberschuss und ihre Innenfinanzierungswirkung vgl. Band II: Finanzierung, Abschnitt 2.8.3.2.

Bilanz entnommen werden. Dagegen ist es problematisch, die Veränderungen der „anderen **langfristigen** Rückstellungen“ dem Jahresabschluss zu entnehmen. Die DVFA/SG nennt als „Abgrenzungskriterium für die Langfristigkeit von Rückstellungen ... eine Restlaufzeit ab dem Bilanzstichtag von mehr als einem Jahr.“[598] Für interne Ermittlungen stehen diese Daten bereit. Doch der externe Analyst erhält im Jahresabschluss i. d. R. keinerlei Hinweise auf die Restlaufzeit von Rückstellungen.[599] Aufgrund der Angaben des Jahresabschlusses kann er nicht zwischen zu berücksichtigenden langfristigen und zu vernachlässigenden kurzfristigen Rückstellungsveränderungen unterscheiden. Die sonstigen Rückstellungen von erheblichem Umfang sind zwar im Anhang u. a. mit Angabe ihrer Restlaufzeit zu erläutern,[600] doch „zeigt die Praxis der Geschäftsberichterstattung, dass nur sehr wenige Unternehmen die Rückstellungen nach ihrer Fristigkeit im Anhang oder im Lagebericht untergliedern.“[601] Damit stehen dem externen Jahresabschlussanalysten i. d. R. die benötigten weitergehenden (zusätzlichen) Angaben des Jahresabschlusserstellers nicht zur Verfügung.

Bei bestimmten Rückstellungsarten (z. B. Pensionsrückstellungen und Rückstellungen für bestimmte Gewährleistungsrisiken, die im Jahresabschluss nicht besonders kenntlich zu machen und für deren Kenntnis also Zusatzinformationen notwendig sind) geht die Gemeinsame Empfehlung aus Praktikabilitätsgründen grundsätzlich von deren Langfristigkeit aus, auch wenn Teilbeträge kurzfristig revolviert werden.[602]

Das Problem, die langfristigen Rückstellungen aus dem Jahresabschluss erkennen zu können, ist damit letztlich nicht lösbar. Zudem ist fraglich, weshalb nur die Veränderungen der langfristigen, nicht aber die der **kurzfristigen Rückstellungen** bei der Cashflow-Berechnung berücksichtigt werden. In Bezug auf die Zahlungswirksamkeit unterscheiden sich die Erhöhungen oder Verminderungen der kurzfristigen Rückstellungen nicht von denen der langfristigen. Folglich ist ihre Einbeziehung in die Cashflow-Berechnung zu for-

---

598 *Busse von Colbe, Walther* u. a.: Ergebnis je Aktie nach DVFA/SG. 3. Aufl., Stuttgart 2000, S. 137.

599 Gemäß § 268 Abs. 5 Satz 1 HGB sind nur bei den Verbindlichkeiten diejenigen anzugeben, die eine Restlaufzeit von bis zu einem Jahr aufweisen; vgl. auch *Bieg, Hartmut/Hossfeld, Christopher*: Der Cash-Flow nach DVFA/SG. In: Der Betrieb 1996, S. 1431.

600 Vgl. § 285 Nr. 12 HGB.

601 *Baetge, Jörg*: Bilanzanalyse. Düsseldorf 1998, S. 336.

602 Vgl. *Busse von Colbe, Walther* u. a. Ergebnis je Aktie nach DVFA/SG. 3. Aufl., Stuttgart 2000, S. 137.

dern.[603] Dies hätte für den externen Jahresabschlussanalysten den Vorteil, dass keine Unterscheidung in lang- und kurzfristig vorzunehmen wäre. Die zu berücksichtigenden Veränderungen der Rückstellungen könnten unmittelbar durch Bilanzvergleich ermittelt werden.

Die Gemeinsame Empfehlung sieht außerdem vor, dass Veränderungen dieser Rückstellungen, die erfolgsneutral sind, – eben wegen ihrer Erfolgsneutralität – in Fällen von wesentlicher Bedeutung[604] aus dem Veränderungsbetrag herausgerechnet werden. Es ist jedoch konzeptionell nicht vertretbar, **erfolgsneutrale** Rückstellungsveränderungen bei der Cashflow-Berechnung generell unberücksichtigt zu lassen, sie also nur bei wesentlicher Bedeutung zu berücksichtigen. Wenn der (Schadens-, Gewährleistungs-, Pensions-, etc.) Fall, für den die Rückstellung gebildet wurde, eintritt, führt nämlich gerade die erfolgsneutrale Auflösung zu einer liquiditätsbelastenden Auszahlung. Da der Cashflow die Finanzlage beschreiben soll, die durch die Auszahlung negativ beeinflusst wird, bei seiner Ermittlung aber von dem Jahresergebnis ausgegangen wird, das von der erfolgsneutralen Auflösung der Rückstellung nicht beeinflusst ist, muss auch die erfolgsneutrale Auflösung entsprechend Cashflow-mindernd berücksichtigt werden.[605]

Völlig anders zu beurteilen ist dagegen die erfolgsneutrale Erhöhung der Rückstellungen, soweit sie zahlungswirksam ist. Die Gemeinsame Empfehlung nennt als Beispiel den Anstieg der Pensionsrückstellungen aufgrund von Unternehmungsakquisitionen.[606] Erfolgsneutrale **und** zahlungsunwirksame Erhöhungen von Rückstellungen sind zu Recht bei der Cashflow-Berechnung zu vernachlässigen.

3.4.3.3.4.2 Der quantitative Umfang

Erfolgswirksame Veränderungen der Rückstellungen für Pensionen bzw. anderer langfristiger Rückstellungen sind in jedem Fall zu korrigieren. Erfolgsneutrale Veränderungen dieser Rückstellungen sollen aber nur „in Fällen von wesentlicher Bedeutung“[607] aus dem Veränderungsbetrag herausgerechnet

---

[603] So auch *Baetge, Jörg*: Bilanzanalyse. Düsseldorf 1998, S. 337 sowie *Bieg, Hartmut/Hossfeld, Christopher*: Der Cash-Flow nach DVFA/SG. In: Der Betrieb 1996, S. 1431.

[604] Vgl. dazu **Abschnitt 3.4.3.3.4.2**.

[605] Aufgrund dieser Überlegungen geht *Baetge* davon aus, dass die erfolgsneutrale Auflösung von Rückstellungen auch nach DVFA/SG berücksichtigt werden muss; vgl. *Baetge, Jörg*: Bilanzanalyse. Düsseldorf 1998, S. 335-336.

[606] *Busse von Colbe, Walther* u.a.: Ergebnis je Aktie nach DVFA/SG. 3. Aufl., Stuttgart 2000, S. 135.

[607] *Busse von Colbe, Walther* u.a.: Ergebnis je Aktie nach DVFA/SG. 3. Aufl., Stuttgart 2000, S. 135.

werden. Ein externer Jahresabschlussanalyst muss bei der Berechnung des Cashflow demnach **die erfolgsneutralen von den erfolgswirksamen Veränderungen trennen**. Dazu ist er nicht in der Lage, wenn ihm ausschließlich die gesetzlich für den Jahresabschluss vorgesehenen Angaben zur Verfügung stehen. Er ist somit auf freiwillige Informationen seitens des Erstellers des Jahresabschlusses angewiesen.

Dies gilt auch, wenn er bei den erfolgsneutralen Veränderungsbeträgen zwischen Beträgen von **wesentlicher und von nicht wesentlicher Bedeutung** unterscheiden muss. DVFA/SG definieren in diesem Zusammenhang allerdings nicht, was mit (nicht) wesentlicher Bedeutung gemeint ist. Der externe Jahresabschlussleser bleibt somit darauf angewiesen, dass der Jahresabschlussersteller für ihn die „richtige" Abgrenzung vornimmt und ihn hierüber informiert. Dies gilt im Übrigen auch für den intern ermittelten Cashflow. Auch hier ist es für den externen Jahresabschlussanalysten von Interesse zu erfahren, welchen erfolgsneutralen Rückstellungsveränderungen wesentliche Bedeutung beigemessen wird.

3.4.3.3.5 Der Sonderposten mit Rücklageanteil

3.4.3.3.5.1 Der qualitative und quantitative Umfang

Auf einer nächsten Stufe ist das Jahresergebnis um **Veränderungen des Sonderpostens mit Rücklageanteil** zu bereinigen (Nr. 5 des Arbeitsschemas; **Abbildung 83**; Seite 271). Hierbei handelt es sich um nicht zahlungswirksame Erträge bzw. Aufwendungen, die deshalb nicht im Cashflow enthalten sein dürfen. Erhöhungen des Sonderpostens mit Rücklageanteil werden demzufolge addiert, Verringerungen subtrahiert. Beschränkungen qualitativer oder quantitativer Art liegen bezüglich des Sonderpostens mit Rücklageanteil nicht vor. Seine Veränderungen werden ganz berücksichtigt.

Die Veränderungen des Sonderpostens mit Rücklageanteil können durch Vorjahresvergleich aus der Bilanz errechnet werden. Sie lassen sich aber auch aus den beiden anderen Jahresabschlussbestandteilen ersehen, da nach § 281 Abs. 2 Satz 2 HGB Erträge aus der Auflösung des Sonderpostens mit Rücklageanteil bei den „sonstigen betrieblichen Erträgen", Einstellungen in den Sonderposten mit Rücklageanteil bei den „sonstigen betrieblichen Aufwendungen" in der Gewinn- und Verlustrechnung gesondert auszuweisen oder im Anhang anzugeben sind.[608]

---

[608] Vgl. *Bieg, Hartmut/Hossfeld, Christopher*: Der Cash-Flow nach DVFA/SG. In: Der Betrieb 1996, S. 1431.

3.4.3.3.5.2 Besonderheiten bei der Erstellung des Konzernabschlusses

Sofern die Cash Earnings auf Konzernebene errechnet werden, entfällt gemäß der Gemeinsamen Empfehlung diese Korrekturposition, wenn der Sonderposten mit Rücklageanteil im Rahmen der konsolidierungsvorbereitenden Erstellung der Handelsbilanz II in die Positionen Jahresergebnis und latente Steuern umgegliedert wird.[609] Hierbei ist nicht ganz klar, worauf sich der Hinweis bezieht. Sofern im Konzernabschluss bereits im Vorjahr bzw. in den Vorjahren von der Umgliederungsmöglichkeit Gebrauch gemacht wurde, ist er überflüssig, weil der Sonderposten mit Rücklageanteil in der Konzernbilanz nicht mehr auftaucht[610] und deshalb auch nicht zu bereinigen ist bzw. nicht bereinigt werden kann. Deshalb wurde der Hinweis wohl für die Berechnung des Cashflow in der Periode aufgenommen, in der der Sonderposten mit Rücklageanteil im Konzernabschluss erstmalig umgegliedert wird. In diesem Fall soll die Veränderung zum Vorjahreswert gemäß der Gemeinsamen Empfehlung nicht in die Ermittlung der Cash Earnings einbezogen werden. Dies führt jedoch zu einem Cashflow, der die Einstellungen der Vorjahre in den Sonderposten mit Rücklageanteil beinhaltet und somit nicht periodengerecht ist.[611]

3.4.3.3.6 Latente Ertragsteueraufwendungen bzw. -erträge

Im Anschluss an die Berücksichtigung der Veränderungen der Sonderposten mit Rücklageanteil sind nach der Überarbeitung der Gemeinsamen Empfehlung von DVFA/SG zusätzlich (Nr. 6 des Arbeitsschemas; **Abbildung 83**; Seite 271) die latenten Ertragsteueraufwendungen bzw. -erträge zu berücksichtigen. Dabei sind Aufwendungen für latente Steuern (z. B. Zuführungen zu Rückstellungen für latente Steuern und die Auflösung aktiver Abgrenzungsposten für latente Steuern) hinzuzurechnen, soweit sie nicht in der folgenden Periode zahlungswirksam werden. Die Erträge (z. B. Erträge aus der Zuführung zu aktiven Abgrenzungsposten und erfolgswirksame Auflösungen von Rückstellungen für latente Steuern) sind vom Jahresergebnis abzuziehen, soweit sie nicht in der folgenden Periode zahlungswirksam werden. Hingegen

---

609 Vgl. *Busse von Colbe, Walther* u. a.: Ergebnis je Aktie nach DVFA/SG. 3. Aufl., Stuttgart 2000, S. 137.

610 Hierbei wird unterstellt – und dies tun wohl auch DVFA/SG –, dass sämtliche Sonderposten mit Rücklageanteil im Konzern entsprechend umgegliedert werden.

611 Vgl. hierzu genauer *Bieg, Hartmut/Hossfeld, Christopher*: Der Cash-Flow nach DVFA/SG. In: Der Betrieb 1996, S. 1431-1432.

führt die erfolgswirksame Verrechnung von latenten Steuern nicht zu Korrekturen des Jahresergebnisses.[612]

3.4.3.3.7 „Andere“ Aufwendungen und Erträge

3.4.3.3.7.1 Der qualitative Umfang

Gemäß dem siebten Schritt im Arbeitsschema zur Ermittlung der Cash Earnings nach DVFA/SG (**Abbildung 83**; Seite 271) sind **andere nicht auszahlungswirksame Aufwendungen von wesentlicher Bedeutung** zu addieren. Nicht einzahlungswirksame Erträge sind zu subtrahieren. Hier stellt sich die Frage, welche Aufwendungen und Erträge unter den Begriff der „anderen“ nicht zahlungswirksamen Aufwendungen und Erträge zu subsumieren sind. Dem theoretischen Konzept des Cashflow folgend müssten alle zahlungsunwirksamen Aufwendungen und Erträge, die von keinem der vorangegangenen Arbeitsschritte erfasst wurden, an dieser Stelle korrigiert werden.[613] Die Kommission nennt beispielhaft Erträge aus der Auflösung passivierter Investitionszuschüsse und Abschreibungen auf ein aktiviertes Disagio.[614]

Es stellt sich die Frage, ob die Gewinn- und Verlustrechnungspositionen

- „Erhöhung oder Verminderung des Bestands an fertigen und unfertigen Erzeugnissen“ und
- „andere aktivierte Eigenleistungen“ (bei Anwendung des Gesamtkostenverfahrens) bzw.
- „Herstellungskosten der zur Erzielung der Umsatzerlöse erbrachten Leistungen“ (bei Anwendung des Umsatzkostenverfahrens)

auch zu den „anderen“ nicht zahlungswirksamen Aufwendungen und Erträgen zählen und entsprechend bei der Cashflow-Berechnung zu berücksichtigen sind.

Zu den **„anderen aktivierten Eigenleistungen“** (Position 3 der Gewinn- und Verlustrechnung bei Anwendung des Gesamtkostenverfahrens; vgl. § 275 Abs. 2 HGB) führt die Gemeinsame Empfehlung von DVFA/SG aus, dass diese bei der Berechnung der Cash Earnings nicht zu neutralisieren, also nicht

---

[612] Vgl. *Busse von Colbe, Walther* u.a.: Ergebnis je Aktie nach DVFA/SG. 3. Aufl., Stuttgart 2000, S. 137.

[613] Vgl. *Bieg, Hartmut/Hossfeld, Christopher*: Der Cash-Flow nach DVFA/SG. In: Der Betrieb 1996, S. 1432.

[614] Vgl. *Busse von Colbe, Walther* u.a. Ergebnis je Aktie nach DVFA/SG. 3. Aufl., Stuttgart 2000, S. 137.

als zahlungsunwirksame Erträge zu subtrahieren sind.[615] Dies wird damit begründet, dass der Cashflow die finanziellen Mittel einer Unternehmung anzeigen soll, die ihr u. a. zur Vornahme von Investitionen zur Verfügung standen. Die in der Bilanz aktivierten Leistungen bzw. Vermögensgegenstände – sie sind der Gegenpart der „anderen aktivierten Eigenleistungen" in der Gewinn- und Verlustrechnung – werden als Investitionen interpretiert[616] und dürfen, da der Cashflow vor Durchführung aller Investitionen berechnet werden soll, damit nicht negativ in die Berechnung eingehen.

Der Gemeinsamen Empfehlung kann allerdings nicht zugestimmt werden. Um dem theoretischen Konzept des Cashflow gerecht zu werden, müssen **alle** zahlungsunwirksamen Größen korrigiert werden. Aus diesem Grund ist letztlich zu fordern, dass aufgrund ihrer unumstrittenen Zahlungsunwirksamkeit auch alle „anderen aktivierten Eigenleistungen" zu subtrahieren sind. Die Zahlungsunwirksamkeit sollte dem Investitionscharakter vorgehen.[617]

Die explizite Erwähnung der Gewinn- und Verlustrechnungsposition „andere aktivierte Eigenleistungen" wirft die Frage auf, wie mit der charakterähnlichen Position 2 des Gesamtkostenverfahrens „Erhöhung oder Verminderung des Bestands an fertigen und unfertigen Erzeugnissen" (vgl. § 275 Abs. 2 HGB) bzw. mit der mit diesen beiden Positionen korrespondierenden Gewinn- und Verlustrechnungsposition 3 „Herstellungskosten der zur Erzielung der Umsatzerlöse erbrachten Leistungen" bei Anwendung des Umsatzkostenverfahrens (vgl. § 275 Abs. 3 HGB) zu verfahren ist.

Bezüglich der Gewinn- und Verlustrechnungsposition **„Bestandserhöhungen oder -verminderungen der fertigen und unfertigen Erzeugnisse"** bei Anwendung des Gesamtkostenverfahrens ist wie bei der Gewinn- und Verlustrechnungsposition „andere aktivierte Eigenleistungen" zu argumentieren. Bestandserhöhungen stellen keine Einzahlungen und Bestandsverminderungen keine Auszahlungen dar und sind deshalb im Rahmen der indirekten Cashflow-Ermittlung zu berücksichtigen. Bestandserhöhungen sind zu subtrahieren, Bestandsverminderungen zu addieren. Die Gemeinsame Empfehlung macht allerdings hierzu keine Aussage.

---

615 Vgl. *Busse von Colbe, Walther* u. a.: Ergebnis je Aktie nach DVFA/SG. 3. Aufl., Stuttgart 2000, S. 139.

616 Vgl. analog bereits *Dellmann, Klaus/Kalinski, Rüdiger*: Die Rechnungslegung zur Finanzlage der Unternehmung. In: Die Betriebswirtschaft 1986, S. 183-186. Eine Korrektur um die „anderen aktivierten Eigenleistungen" würde Cash Earnings zeigen, die nach Abzug von Eigeninvestitionen zur Verfügung stünden. Vgl. *Küting, Karlheinz/Weber, Claus-Peter*: Die Bilanzanalyse. 5. Aufl., Stuttgart 2000, S. 133.

617 Vgl. *Bieg, Hartmut/Hossfeld, Christopher*: Der Cash-Flow nach DVFA/SG. In: Der Betrieb 1996, S. 1433 sowie *Siener, Friedrich*: Der Cash-Flow als Instrument der Bilanzanalyse. Stuttgart 1991, S. 89-90.

Hinsichtlich der **„Herstellungskosten der zur Erzielung der Umsatzerlöse erbrachten Leistungen"** bei Anwendung des Umsatzkostenverfahrens ist Folgendes festzuhalten: Sie mindern als Aufwandsposition das Jahresergebnis und damit auch den Cashflow. Soweit die „Herstellungskosten der zur Erzielung der Umsatzerlöse erbrachten Leistungen" zahlungswirksame Bestandteile (z. B. Personalaufwendungen) enthalten, dürfen diese nicht zum Jahresergebnis addiert werden, denn der Cashflow wird durch die entsprechenden Auszahlungen effektiv verringert. Die nicht zahlungswirksamen Komponenten (z. B. Abschreibungen im Anlagevermögen, Zuführungen zu Rückstellungen) wären demgegenüber dem Jahresergebnis eigentlich wieder hinzuzurechnen. Allerdings ist dies bereits in Nr. 2 und Nr. 4 im Arbeitsschema (**Abbildung 83**; Seite 271) geschehen, so dass keine besondere Berücksichtigung notwendig ist.

Insgesamt kann somit von einer Einbeziehung der „Herstellungskosten der zur Erzielung der Umsatzerlöse erbrachten Leistungen" bei der Cashflow-Berechnung abgesehen werden.[618]

Es ist schließlich davon auszugehen,[619] dass es sich bei den hier zu korrigierenden Positionen nicht ausschließlich um zahlungsunwirksame Aufwendungen und Erträge der gewöhnlichen Geschäftstätigkeit handeln muss. Vielmehr sollten auch hier – entsprechend dem theoretischen Konzept des Cashflow – die zahlungsunwirksamen Aufwendungen und Erträge aus Sondereinflüssen aus den Cash Earnings herausgerechnet werden.[620]

3.4.3.3.7.2 Der quantitative Umfang

Die Gemeinsame Empfehlung macht bezüglich der **anderen nicht zahlungswirksamen Aufwendungen und Erträge** die quantitative Einschränkung, dass diese von **wesentlicher Bedeutung** sein müssen. Die Wesentlichkeit ist nach DVFA/SG dann gegeben, wenn die Beträge „5 % der durchschnittlichen Cash Earnings der vorangegangenen drei Geschäftsjahre überschreiten."[621]

---

[618] Vgl. *Siener, Friedrich*: Der Cash-Flow als Instrument der Bilanzanalyse. Stuttgart 1991, S. 182-184.

[619] Die Gemeinsame Empfehlung trifft diesbezüglich keine Aussage.

[620] Zu den daraus entstehenden Problemen, insbesondere bezüglich der Behandlung der zahlungswirksamen Erträge und Aufwendungen aus Sondereinflüssen siehe **Abschnitt 3.4.3.3.9**.

[621] *Busse von Colbe, Walther* u. a.: Ergebnis je Aktie nach DVFA/SG. 3. Aufl., Stuttgart 2000, S. 137; Vgl. kritisch zum Wesentlichkeitsbegriff nach DVFA/SG *Bender, Jürgen*: Grundsatzfragen der Ergebnisbereinigung nach DVFA/SG. Stuttgart 1996, S. 184-186.

Aus theoretischer Sicht ist hierbei zu kritisieren, dass für diese „anderen" nicht zahlungswirksamen Positionen eine Wesentlichkeitsschwelle[622] vorgesehen wird. Dem Cashflow-Konzept folgend müssten die erfassten zahlungsunwirksamen Aufwendungen und Erträge **in voller Höhe** korrigiert werden.

Dem stehen auch nicht etwa unüberwindliche Probleme der Ermittlung der Beträge entgegen. Viele Angaben können ohne Weiteres dem Jahresabschluss entnommen werden. Beispielsweise sind die aktivierten **„Aufwendungen für die Ingangsetzung und Erweiterung des Geschäftsbetriebs"** nach § 269 Satz 1 HGB „vor dem Anlagevermögen" gesondert in der Bilanz auszuweisen und im Anhang zu erläutern.[623] Die Abschreibungen des Geschäftsjahres[624] sind hierfür – wie bei den anderen Bilanzpositionen des Anlagevermögens – bei dieser Bilanzposition gesondert zu vermerken oder im Anhang in einer der Gliederung des Anlagevermögens entsprechenden Aufgliederung (**Anlagespiegel**) an entsprechender Stelle anzugeben.[625]

Aus konzeptioneller Sicht des Cashflow ist deshalb zu fordern, dass sämtliche zahlungsunwirksamen Erträge und Aufwendungen in voller Höhe korrigiert werden.[626]

3.4.3.3.7.3 Besonderheiten bei der Erstellung des Konzernabschlusses

Konzernabschlussspezifisch sieht die Gemeinsame Empfehlung vor, bei „at equity" bewerteten Beteiligungen die Differenz zwischen der (zahlungsunwirksamen) Zuschreibung des Beteiligungsbuchwertes und den vereinnahmten (zahlungswirksamen) Gewinnausschüttungen im Rahmen der Cashflow-

---

[622] Darüber hinaus ist (selbstverständlich) jeder vorgegebene Grenzwert angreifbar, da es keinen objektiv richtigen Grenzwert gibt. Dementsprechend könnte man auch einen kritischen Wert von 3, 10 oder x % vorschreiben bzw. fordern.

[623] Allerdings wird in der Gemeinsamen Empfehlung bezüglich der „Aufwendungen für die Ingangsetzung und Erweiterung des Geschäftsbetriebs" nicht ganz deutlich, ob sie **grundsätzlich** zu bereinigen sind oder nur **bei wesentlicher Bedeutung**.

[624] Da die Abschreibungen auf die „Aufwendungen für die Ingangsetzung und Erweiterung des Geschäftsbetriebs" in der Gemeinsamen Empfehlung bei diesem Arbeitsschritt explizit erwähnt werden, ist davon auszugehen, dass sie nicht in dem für Abschreibungen vorgesehenen Arbeitsschritt Nr. 2 (**Abbildung 83**; Seite 271) korrigiert werden sollen.

[625] Vgl. § 268 Abs. 2 Satz 1 und 3 HGB. Die Angabe im Anlagespiegel wird in der Praxis präferiert. Vgl. *Lorson, Peter*: Kommentierung zu § 268 HGB. In: Handbuch der Rechnungslegung, hrsg. von *Karlheinz Küting und Claus-Peter Weber*, Band Ia, 4. Aufl., Stuttgart 1995, S. 1363, Tz. 56.

[626] Vgl. *Bieg, Hartmut/Hossfeld, Christopher*: Der Cash-Flow nach DVFA/SG. In: Der Betrieb 1996, S. 1432.

Ermittlung zu neutralisieren.[627] Aus konzeptioneller Sicht ist diese Vorgehensweise nicht zu beanstanden. Der unternehmungsexterne Jahresabschlussanalyst kann diese Korrektur allerdings nur durchführen bzw. nachvollziehen, wenn der Jahresabschlussersteller bereit ist, freiwillig die entsprechenden Informationen zur Verfügung zu stellen.[628]

Gemäß § 244 und § 298 Abs. 1 HGB sind der Jahresabschluss und der Konzernabschluss in Deutscher Mark[629] bzw. ab 1.1.1999[630] in EUR[631] aufzustellen. Für Geschäftsjahre, die nach dem 31. Dezember 1998, aber vor dem 1. Januar 2002 enden, haben Unternehmungen die Wahl, in Deutscher Mark oder in EUR Rechnung zu legen.[632] Nach dieser Übergangsphase ist zwingend der EUR als einheitliche Berichtswährung zu verwenden.

Somit sind auf Fremdwährung lautende Bilanzpositionen und Aufwendungen und Erträge sowie die Jahresabschlüsse ausländischer Tochterunternehmungen bei der Aufstellung von Konzernabschlüssen in DM bzw. in EUR umzurechnen. Hierbei können Umrechnungsdifferenzen entstehen, die durch Zahlungsvorgänge realisiert wurden.[633] Diese sind im Cashflow zu berücksichtigen. Sofern sich jedoch unrealisierte Kursgewinne oder -verluste in der Gewinn- und Verlustrechnung niederschlagen, also erfolgswirksam behandelt werden,[634] müssten diese aufgrund ihrer fehlenden Zahlungswirksamkeit aus

---

627 *Busse von Colbe, Walther* u.a.: Ergebnis je Aktie nach DVFA/SG. 3. Aufl., Stuttgart 2000, S. 137-139. Auch hier gilt wiederum das in Fn. 623 Gesagte, nämlich die Unklarheit, ob die entsprechende Korrektur generell oder nur im Falle der Wesentlichkeit vorzunehmen ist.

628 Vgl. auch *Siener, Friedrich*: Der Cash-Flow als Instrument der Bilanzanalyse. Stuttgart 1991, S. 247.

629 Die Regelung, in Deutscher Mark Rechnung zu legen, gilt zwingend nur noch für Geschäftsjahre, die bis zum 31. Dezember 1998 endeten.

630 Vgl. Gesetz zur Einführung des Euro (Euro-Einführungsgesetz – Euro-EG) vom 9.6.1998. Artikel 16 „Inkrafttreten". BGBl I 1998, S. 1255.

631 Vgl. § 244 HGB, geändert durch Gesetz zur Einführung des Euro (Euro-Einführungsgesetz – Euro-EG) vom 9.6.1998. Artikel 4 Änderungen von Vorschriften auf dem Gebiet des Bilanzrechts, § 1 Änderung des Handelsgesetzbuchs. BGBl I 1998, S. 1247.

632 Vgl. § 244 HGB i.V.m. Art. 42 Abs. 1 Satz 2 EGHGB, geändert durch Gesetz zur Einführung des Euro (Euro-Einführungsgesetz – Euro-EG) vom 9.6.1998, Artikel 4 Änderungen von Vorschriften auf dem Gebiet des Bilanzrechts, § 2 Änderung des Einführungsgesetzes zum Handelsgesetzbuch. BGBl I 1998, S. 1247.

633 Vgl. *Langenbucher, Günther*: Die Umrechnung von Fremdwährungsgeschäften. In: Handbuch der Rechnungslegung, hrsg. von *Karlheinz Küting und Claus-Peter Weber*, Band Ia, 4. Aufl., Stuttgart 1995, S. 294, Tz. 657.

634 Im Einzelabschluss sind nicht realisierte Kursgewinne bzw. -verluste gemäß den allgemeinen Bewertungsgrundsätzen zu behandeln. Vgl. *Langenbucher, Günther*: Die Umrechnung von Fremdwährungsgeschäften. In: Handbuch der Rechnungslegung, hrsg. von *Karlheinz Küting und Claus-Peter Weber*, Band Ia, 4. Aufl., Stuttgart 1995, S. 294,

dem Cashflow eliminiert werden. Dies ist vor allem dann der Fall, „wenn den im Rahmen der Ermittlung berücksichtigten Veränderungen von Bilanzpositionen andere Umrechnungskurse zugrunde liegen als den korrespondierenden Aufwands- und Ertragspositionen in der Gewinn- und Verlustrechnung."[635] Extern sind die entsprechenden Daten allerdings nicht zugänglich, und selbst intern dürfte ihre Bestimmung nur sehr schwer möglich sein, weshalb die Gemeinsame Empfehlung für diese Fälle auf eine Bereinigung verzichtet.[636]

3.4.3.3.8 Die Cash Earnings

Das Ergebnis der Schritte 1 bis 7 im Arbeitsschema (**Abbildung 83**; Seite 271) sind die **Cash Earnings**. Sie stellen lediglich eine Zwischengröße dar, die auch als „Ausgangsgröße für eine nach nationalen und internationalen Standards aufzustellende Kapitalflußrechnung"[637] dienen kann.

Der in internationalen Stellungnahmen verwendete „Cashflow from Operations"[638] (vgl. **Abbildung 84**; Seite 285) berücksichtigt zusätzlich zu den Cash Earnings auch die Bewegungen im Bereich des Netto-Umlaufvermögens („working capital"; Positionen 2 und 5), der kurzfristigen Rückstellungen (Position 4) sowie die Erfolge aus Abgängen des Anlagevermögens (Position 3).

Um aus den Cash Earnings beispielsweise den für Kapitalflussrechnungen relevanten Mittelzufluss/-abfluss aus laufender Geschäftstätigkeit gemäß der Stellungnahme des Hauptfachausschusses des Instituts der Wirtschaftsprüfer zu errechnen, müssen die in **Abbildung 84** (Seite 285) beschriebenen Korrekturen vorgenommen werden.[639]

Tz. 658. Unrealisierte Kursgewinne dürfen demnach nicht, unrealisierte Kursverluste müssen erfolgswirksam berücksichtigt werden (Realisations- und Imparitätsprinzip). Im Konzernabschluss können sie demgegenüber erfolgsneutral, erfolgswirksam oder imparitätisch behandelt werden. Vgl. *Küting, Karlheinz/Weber, Claus-Peter*: Der Konzernabschluß. 6. Aufl., Stuttgart 2000, S. 171.

635 *Busse von Colbe, Walther* u.a.: Ergebnis je Aktie nach DVFA/SG. 3. Aufl., Stuttgart 2000, S. 139.

636 Vgl. *Busse von Colbe, Walther* u.a.: Ergebnis je Aktie nach DVFA/SG. 3. Aufl., Stuttgart 2000, S. 139.

637 *Busse von Colbe, Walther* u. a.: Ergebnis je Aktie nach DVFA/SG. 3. Aufl., Stuttgart 2000, S. 139.

638 In internationalen Vorschriften wird der Begriff „cash flows from operating activities" verwendet. Vgl. SFAS No. 95 sowie IAS No. 7.

639 In **Abbildung 84** (Seite 285) wird das Netto-Umlaufvermögen in die Komponenten „Umlaufvermögen" und „Verbindlichkeiten aus Lieferungen und Leistungen sowie andere Passiva" aufgespalten.

1.		**Cash Earnings**
2.	–/+	Zunahme/Abnahme des Umlaufvermögens[640]
3.	–/+	Gewinne/Verluste aus Abgängen des Anlagevermögens
4.	+/–	Zunahme/Abnahme der kurzfristigen Rückstellungen
5.	+/–	Zunahme/Abnahme der Verbindlichkeiten aus Lieferungen und Leistungen sowie anderer Passiva[641]
6.	=	**Mittelzufluss/-abfluss aus laufender Geschäftstätigkeit**[642]

Abbildung 84: Berechnungsschema des Cashflow from Operations[643]

3.4.3.3.9 Die Bereinigung zahlungswirksamer Aufwendungen bzw. Erträge aus Sondereinflüssen

Die Besonderheit der Cash Earnings nach DVFA/SG besteht im Vergleich zu anderen Cashflow-Berechnungsschemata darin, dass im letzten Schritt des Arbeitsschemas (**Abbildung 83**; Seite 271) auch bestimmte zwar **zahlungswirksame**, aber aus **Sondereinflüssen** resultierende Vorgänge eliminiert werden, weil die Cash Earnings die **„nachhaltige"** Innenfinanzierungskraft – im Sinne von dauerhaft, aus der gewöhnlichen Geschäftstätigkeit stammend – aufzeigen sollen.

Welche Aufwendungen und Erträge in Zusammenhang mit Sondereinflüssen auftreten können, ist gemäß der Gemeinsamen Empfehlung nach denselben Kriterien zu entscheiden, die auch bei der Bereinigung im Zuge der Berechnung des Ergebnisses je Aktie nach DVFA/SG angewendet werden.[644] Dabei

---

[640] Hierbei handelt es sich um Vorräte, Forderungen aus Lieferungen und Leistungen sowie andere Aktiva, die in der Stellungnahme des HFA als „Aktiva, die nicht der Investitions- oder Finanzierungstätigkeit und nicht dem Finanzmittelfonds zuzuordnen sind (z.B. geleistete Anzahlungen für Vorräte, sonstige Vermögensgegenstände, aktive Rechnungsabgrenzungsposten)", definiert werden. HFA des IDW: Stellungnahme 1/1995: Die Kapitalflußrechnung als Ergänzung des Jahres- und Konzernabschlusses. In: Die Wirtschaftsprüfung 1995, S. 211, Fußnote 2.

[641] Hierbei handelt es sich um „Passiva, die der Investitions- oder Finanzierungstätigkeit und nicht dem Finanzmittelfonds zuzuordnen sind (z. B. erhaltene Anzahlungen für Warenlieferungen, sonstige Verbindlichkeiten, passive Rechnungsabgrenzungsposten)." HFA des IDW: Stellungnahme 1/1995: Die Kapitalflußrechnung als Ergänzung des Jahres- und Konzernabschlusses. In: Die Wirtschaftsprüfung 1995, S. 211, Fußnote 3.

[642] Vgl. HFA des IDW: Stellungnahme 1/1995: Die Kapitalflußrechnung als Ergänzung des Jahres- und Konzernabschlusses. In: Die Wirtschaftsprüfung 1995, S. 211.

[643] Modifiziert entnommen aus *Bieg, Hartmut*: Die Cash-Flow-Analyse als stromgrößenorientierte Finanzanalyse. In: Der Steuerberater 1998, S. 24.

[644] Vgl. hierzu *Busse von Colbe, Walther* u. a.: Ergebnis je Aktie nach DVFA/SG. 3. Aufl., Stuttgart 2000, S. 27-29, S. 141.

sind lediglich die in unmittelbarem Zusammenhang mit dem Bereinigungstatbestand stehenden Aufwendungen bzw. Erträge zu eliminieren. Allerdings ist zu berücksichtigen, dass die Eliminierung aufgrund der Wesentlichkeit „so lange unterbleiben [kann; d. Verf.], bis der Saldo der Bereinigungen 10% des um latente steuerliche Auswirkungen angepassten Konzernergebnisses erreicht.“[645] Werden diese Wertgrenzen jedoch überschritten, ist zwingend eine Eliminierung in voller Höhe der Beträge erforderlich.

Die in der Gemeinsamen Empfehlung abschließend[646] aufgeführten zu bereinigenden Aufwendungen bzw. Erträge aus Sondereinflüssen sind im Rahmen der Ermittlung der Cash Earnings nach DVFA/SG nur zu berücksichtigen, soweit sie **zahlungswirksam** sind. Die Gemeinsame Empfehlung nennt u. a. die folgenden hier zu bereinigenden Erfolgskomponenten:

- „Aufwendungen für die erstmalige Börseneinführung und weitere Eigenkapitalerhöhungen, die nach internationaler Praxis häufig ergebnisneutral gegen die entsprechenden Mittelzuflüsse saldiert werden. Die Aufwendungen umfassen Bankprovisionen, Kosten für Finanzmarktkommunikation sowie für Beratung und Prüfung.
- Gewinne/Verluste aus Sale-and-lease-back-Transaktionen.
- Aufwendungen/Erträge im Zusammenhang mit dem Verkauf oder der Stilllegung von Geschäftsbereichen und Produktlinien. Hierzu gehört nicht die Stillegung einzelner Werke oder die Substitution einzelner Produkte, wenn die Geschäftstätigkeit mit den jeweiligen Produktgruppen fortgeführt wird.
- Erträge/Aufwendungen aus dem teilweisen oder vollständigen Verkauf bzw. der Entkonsolidierung von Beteiligungen. Spezielle Empfehlungen bestehen für Unternehmensbeteiligungsgesellschaften, Banken und Versicherungen.
- Gewinne/Verluste beim Abgang bedeutender Grundstücke und Gebäude, soweit der Verkauf nicht Gegenstand der gewöhnlichen Geschäftstätigkeit ist. Spezielle Empfehlungen bestehen für Immobilienbestandsgesellschaften. Stehen Gewinne in unmittelbarem Zusammenhang mit Restrukturierungsaufwendungen, ist nur ein verbleibender Gewinnsaldo zu bereinigen.
- Aufwendungen aus außergewöhnlichen Schadensfällen (höhere Gewalt) sowie entsprechende Erträge aus Versicherungsleistungen, soweit die Re-

---

[645] *Busse von Colbe, Walther* u. a.: Ergebnis je Aktie nach DVFA/SG. 3. Aufl., Stuttgart 2000, S. 27.

[646] Vgl. *Küting, Karlheinz/Weber, Claus-Peter*: Die Bilanzanalyse. 5. Aufl., Stuttgart 2000, S. 274.

gelung von Schadensfällen nicht Gegenstand der gewöhnlichen Geschäftstätigkeit ist, wie z. B. bei Sachversicherungsunternehmen.

- Aufwendungen bzw. Erträge aus Sanierungsmaßnahmen, wie z. B. Gesellschafterzuschüsse, Forderungsverzichte usw.
- Erträge aus Beteiligungen, die aus der Ausschüttung von Rücklagen stammen, sowie damit im Zusammenhang stehende steuerliche Entlastungseffekte.
- Ingangsetzungs- und Erweiterungsaufwendungen, die als Bilanzierungshilfe aktiviert wurden.
- Gewinne aus Verschmelzungen nach Berücksichtigung etwaiger steuerlicher Belastungen.
- Verluste aus Verschmelzungen, die einen Geschäfts- oder Firmenwert darstellen, nach Berücksichtigung steuerlicher Entlastungen. Der bereinigte Nettobetrag ist für die Ermittlung des Ergebnisses nach DVFA/SG über 10 Jahre abzuschreiben. Verschmelzungsverluste, die keinen Geschäftswert darstellen, sind nicht zu berücksichtigen ... ."[647]

3.4.3.4 Kritikpunkte an dem Arbeitsschema nach DVFA/SG

Der Aussagefähigkeit der Cash Earnings nach DVFA/SG im Sinne eines der theoretischen Konzeption entsprechenden Finanzindikators sind Grenzen gesetzt, da bei der indirekten Ermittlungsmethode alle zahlungsunwirksamen Aufwendungen und Erträge aus dem Jahresüberschuss eliminiert werden müssten. Im Einzelnen lassen sich die Mängel folgendermaßen systematisieren:

- Bestimmte erfolgswirksame, aber zahlungsunwirksame Vorgänge werden bewusst ausgeklammert. So erfolgt
  - keine Berücksichtigung von außerplanmäßigen Abschreibungen auf das Umlaufvermögen,
  - keine Korrektur der Veränderungen kurzfristiger Rückstellungen.
- Bei bestimmten Vorgängen wird die Zahlungswirksamkeit anderen Kriterien untergeordnet. So wird
  - nicht sachgerecht zwischen erfolgswirksamen und erfolgsneutralen Rückstellungsveränderungen differenziert,

---

647 *Busse von Colbe, Walther* u. a.: Ergebnis je Aktie nach DVFA/SG. 3. Aufl., Stuttgart 2000, S. 27-29.

  - der Investitionscharakter der „anderen aktivierten Eigenleistungen" der Zahlungswirksamkeit übergeordnet.
- Bei bestimmten Korrekturen greift eine ungerechtfertigte Wesentlichkeitsvoraussetzung.
- Bei bestimmten Korrekturen, z.B. bei den Bereinigungen zahlungswirksamer Aufwendungen bzw. Erträge aus Sondereinflüssen, sind Gestaltungsspielräume vorhanden.

Neben diesen bei den einzelnen Komponenten der Cash Earnings nach DVFA/SG bereits aufgezählten Schwächen besteht ein bedeutender Mangel der Cash Earnings nach DVFA/SG darin, dass grundsätzlich nur bei erfolgswirksamen Komponenten Korrekturen vorgenommen werden. Ein der theoretischen Konzeption entsprechender Cashflow müsste aber auch erfolgsneutrale zahlungswirksame Vorgänge berücksichtigen. So sollten erfolgsneutrale zahlungsmittelerhöhende Vorgänge als **Additionspositionen** im Berechnungsschema Berücksichtigung finden. Erfolgsneutrale zahlungsmittelverringernde Vorgänge sollten bei der Cashflow-Berechnung **subtrahiert** werden. Im Einzelnen handelt es sich bei diesen einzubeziehenden Vorgängen um Veränderungen von Bilanzpositionen, die häufig Korrekturpositionen zu den in den Cashflow eingehenden Gewinn- und Verlustrechnungspositionen darstellen. Da es sich bei diesen Veränderungen um Zunahmen oder Abnahmen gegenüber dem Vorjahresendbestand handeln kann, muss jeweils die Richtung der Auswirkung auf den Cashflow angegeben werden. Im Folgenden wird stets eine Erhöhung der angesprochenen Bilanzpositionen angesprochen. Die Auswirkungen auf den Cashflow sind bei Verminderungen der Bilanzpositionen stets gerade der geschilderten Wirkung entgegengesetzt.

Folgende Vorgänge sollten als **Additionspositionen**[648] in die Cashflow-Berechnung Eingang finden:

- **Erhöhung von Verbindlichkeiten aus Lieferungen und Leistungen**
  Das zur Produktion benötigte Material kann direkt bezahlt oder aber auf Ziel gekauft werden. Die Verrechnung des Materialaufwands, und damit die Verminderung der Ausgangsgröße des Cashflow, erfolgt aber nicht in der Zahlungsperiode, sondern in der Periode, in der das Material in der Produktion verbraucht wird. Damit sich lediglich der zahlungswirksame Teil im Cashflow auswirkt, ist der zahlungsunwirksame Materialaufwand bei der Cashflow-Berechnung zu addieren. Da die Passivposition „Verbindlichkeiten aus Lieferungen und Leistungen" die Zielkäufe der Unternehmung aufnimmt, stellt die Veränderung dieser Bilanzposition bei der

[648] Handelt es sich um **Verringerungen** der entsprechenden Bilanzpositionen, so sind diese bei der Cashflow-Berechnung als **Subtraktionspositionen** zu berücksichtigen.

Ermittlung des Cashflow eine Korrekturposition zu dem im Jahresüberschuss berücksichtigten Materialaufwand dar.[649] Durch Vergleich der „Verbindlichkeiten aus Lieferungen und Leistungen" zum Jahresabschlussstichtag mit denjenigen am Ende des Vorjahres lässt sich der Veränderungsbetrag bestimmen. Eine Zunahme der Bilanzposition ist bei der Berechnung des Cashflow positiv zu berücksichtigen.

- **Erhöhung der erhaltenen Anzahlungen auf Bestellungen**
  Erhaltene Anzahlungen auf Bestellungen sind Einzahlungen, die noch keinen Ertrag darstellen. Sie lassen sich als vorweggenommene Umsatzerlöse und damit als Korrekturposition zu den Umsatzerlösen qualifizieren. Aufgrund ihrer Zahlungswirksamkeit müssen sie in den Cashflow eingehen. Der Veränderungsbetrag ist der Bilanz direkt zu entnehmen, da die erhaltenen Anzahlungen entweder eine eigenständige Passivposition bilden oder gemäß § 268 Abs. 5 Satz 2 HGB offen von den Vorräten abgesetzt werden können.[650]

- **Erhöhung des passiven Rechnungsabgrenzungspostens**
  Eine passivische Rechnungsabgrenzung erfolgt, wenn eine Einzahlung im betreffenden Jahr (noch) nicht als Ertrag vereinnahmt werden darf. Eine Erhöhung der Bilanzposition „passiver Rechnungsabgrenzungsposten" ist aufgrund seiner Zahlungswirksamkeit als Additionsposition bei der Cashflow-Berechnung zu berücksichtigen. Eine Verringerung des „passiven Rechnungsabgrenzungspostens" müsste – sofern sie von wesentlicher Bedeutung ist – aufgrund ihrer Erfolgswirksamkeit bereits im siebten Schritt des Arbeitsschemas der DVFA/SG (**Abbildung 83**; Seite 271) berücksichtigt werden.

Folgende Vorgänge sollten als **Subtraktionspositionen**[651] in die Cashflow-Berechnung Eingang finden:

- **Erhöhung der Forderungen aus Lieferungen und Leistungen**
  Die im Jahresüberschuss bzw. -fehlbetrag enthaltenen Umsatzerlöse sind nicht notwendigerweise mit einer Einzahlung verknüpft. Soweit eine Einzahlung des dem Kunden in Rechnung gestellten Betrags noch nicht erfolgte, kommt es zu einem Anstieg der Aktivposition „Forderungen aus Lieferungen und Leistungen". Somit stellt auch die Veränderung der „Forderungen aus Lieferungen und Leistungen", die durch Vergleich des dies-

---

649 Vgl. *Siener, Friedrich*: Der Cash-Flow als Instrument der Bilanzanalyse. Stuttgart 1991, S. 123.

650 Vgl. *Siener, Friedrich*: Der Cash-Flow als Instrument der Bilanzanalyse. Stuttgart 1991, S. 124.

651 Handelt es sich um **Verringerungen** der entsprechenden Bilanzpositionen, so sind diese bei der Cashflow-Berechnung als **Additionspositionen** zu berücksichtigen.

jährigen Bilanzausweises mit dem Ausweis in der Vorjahresbilanz zu ermitteln ist, eine Korrekturposition zu den Umsatzerlösen dar; die Bestandserhöhung gegenüber dem Vorjahresausweis muss bei der Ermittlung des Cashflow vom Jahresüberschuss subtrahiert werden.[652]

- **Erhöhung der geleisteten Anzahlungen auf Umlaufvermögen**
  Geleistete Anzahlungen auf Umlaufvermögen sind auszahlungswirksame Vorleistungen auf vom anderen Vertragsteil noch zu erbringende Lieferungen und Leistungen von Umlaufvermögen. Während die Auszahlung in der betrachteten Periode erfolgt, wird der Aufwand erst in der (noch ausstehenden) Produktionsperiode verrechnet. Erhöhungen der Aktivposition „geleistete Anzahlungen“ am Bilanzstichtag gegenüber dem Bilanzansatz zum Vorjahresende sind daher als Subtraktionsposition bei der Cashflow-Berechnung zu berücksichtigen.[653]

- **Erhöhung des aktiven Rechnungsabgrenzungspostens**
  Eine aktivische Rechnungsabgrenzung erfolgt, wenn eine Auszahlung im betreffenden Jahr (noch) nicht als Aufwand verrechnet werden darf oder soll. Häufig handelt es sich hierbei um die positive Differenz zwischen dem Rückzahlungsbetrag einer Verbindlichkeit und ihrem Auszahlungsbetrag (**Disagio**), die gemäß § 250 Abs. 3 HGB in die Bilanzposition „aktiver Rechnungsabgrenzungsposten“ eingestellt werden kann. Diese Mindereinzahlung in Höhe des Disagios muss als fiktive Auszahlung im Jahr der Bildung behandelt werden und daher als Subtraktionsposition bei der Cashflow-Berechnung Berücksichtigung finden.[654] Da das Disagio gemäß § 268 Abs. 6 HGB wahlweise entweder in der Bilanz gesondert auszuweisen oder im Anhang anzugeben ist, kann der Veränderungsbetrag dieser Position der Bilanz bzw. dem Anhang durch Vorjahresvergleich problemlos entnommen werden. Eine Verringerung des „aktiven Rechnungsabgrenzungspostens“ entsteht u. a. durch Abschreibungen auf das Disagio, die wegen ihrer Zahlungsunwirksamkeit – sofern sie von wesentlicher Bedeutung sind – bereits im siebten Arbeitsschritt (**Abbildung 83**; Seite 271) bereinigt werden.

---

[652] Vgl. *Siener, Friedrich*: Der Cash-Flow als Instrument der Bilanzanalyse. Stuttgart 1991, S. 121-123.

[653] Vgl. *Siener, Friedrich*: Der Cash-Flow als Instrument der Bilanzanalyse. Stuttgart 1991, S. 125.

[654] Vgl. *Siener, Friedrich*: Der Cash-Flow als Instrument der Bilanzanalyse. Stuttgart 1991, S. 125-126.

3.4.3.5 Die Beurteilung der Cash Earnings nach DVFA/SG

Die Vielzahl der vorhandenen und angewendeten Cashflow-Definitionen macht es dem (unternehmungsinternen und -externen) Jahresabschlussanalytiker unmöglich, die zur adäquaten Würdigung dieser Kennzahl notwendigen zwischenbetrieblichen Vergleiche vorzunehmen. Deshalb ist die Initiative der DVFA/SG, eine einheitliche Berechnung der Cash Earnings vorzugeben, grundsätzlich positiv zu beurteilen. Negativ auf die vorgelegte Definition wirkt sich jedoch aus, dass sie einen Kompromiss zwischen den divergierenden Interessen der an der Ausarbeitung Beteiligten darstellt, der sich in den bereits aufgezeigten Mängeln niederschlägt.[655]

Außerdem besteht insbesondere für externe Adressaten eine relativ große und unbefriedigende Abhängigkeit von freiwilligen zusätzlichen Jahresabschlussinformationen seitens der Jahresabschlussersteller. Dies ist allerdings kein DVFA/SG-spezifisches, sondern ein jahresabschlussimmanentes Problem. Ein von der theoretischen Konzeption her „richtiger" Cashflow ist aus den zur Zeit gesetzlich vorgeschriebenen Jahresabschlussangaben nicht extrahierbar bzw. nachvollziehbar.[656]

3.4.4 Die Eignung des Cashflow als Finanzindikator

Ein Cashflow, der nicht die oben angesprochenen Mängel besitzt, kann als Indikator der gegenwärtigen (und zukünftigen) Innenfinanzierungskraft der Unternehmung (**Finanzindikator**) interpretiert werden.[657] Bezüglich seines Aussagegehaltes muss man sich allerdings über folgende Probleme im Klaren sein.

Der Cashflow stellt nur einen **Ausschnitt aus dem Finanzierungsspektrum** einer Unternehmung dar.[658] Er ist auch **keine Liquiditätsreserve**, denn im Fall von Dividendenzahlungen, Ersatzinvestitionen und Pensionsrückstellungen ist in Höhe dieser Zahlungen über den Cashflow bereits disponiert wor-

---

[655] Vgl. **Abschnitt 3.4.3.4**.

[656] Vgl. *Bieg, Hartmut/Hossfeld, Christopher*: Der Cash-Flow nach DVFA/SG. In: Der Betrieb 1996, S. 1434.

[657] Vgl. ausführlich zum Aussagegehalt des Cashflow **Abschnitt 3.4.2.2**.

[658] Vgl. Kommission für Methodik der Finanzanalyse der Deutschen Vereinigung für Finanzanalyse und Anlageberatung (DVFA)/Arbeitskreis „Externe Unternehmensrechnung" der Schmalenbach-Gesellschaft – Deutsche Gesellschaft für Betriebswirtschaft (SG): Cash Flow nach DVFA/SG – Gemeinsame Empfehlung. In: Die Wirtschaftsprüfung 1993, S. 602.

den. Somit stehen diese Beträge nicht mehr für Neuinvestitionen oder zur Schuldentilgung zur Verfügung. Der Cashflow stellt daher „einen erwirtschafteten finanziellen Betrag dar ..., der i. d. R. zum größten Teil entsprechend dem Investitions- und Finanzplan bereits wieder verwendet ist."[659] Diesem Einwand kann durch die Angabe des freien (verfügbaren) Cashflow begegnet werden.[660]

Aus der absoluten Höhe des Cashflow kann man noch keine (endgültigen) Aussagen über die (Entwicklung der) Finanzlage der zu analysierenden Unternehmung ableiten. Der Jahresabschlussanalytiker „sollte den Cash-Flow deshalb stets im Zusammenhang mit anderen Analyseinstrumenten einsetzen (Ganzheitlichkeitsprinzip)."[661] So kann er ihn einerseits mit einer Kapitalflussrechnung kombinieren, andererseits kann der Aussagegehalt des Cashflow (als **absolute Kennzahl**) durch Bildung von **Verhältniszahlen** (Beziehungen zwischen zwei absoluten Kennzahlen)[662] gesteigert werden.[663]

3.4.5 Ausgewählte, aus dem Cashflow abgeleitete finanzwirtschaftliche Kennziffern

3.4.5.1 Vorbemerkungen

Die finanzwirtschaftliche Lage einer Unternehmung kann grundsätzlich nicht allein aufgrund absoluter Cashflow-Werte beurteilt werden. Die berechneten Ergebnisse entfalten – gleichgültig nach welchem Schema ihre Ermittlung erfolgt – erst im Rahmen von Betriebsvergleichen, Zeitvergleichen und/oder durch Bildung neuer finanzwirtschaftlicher Kennzahlen ihre volle Aussagekraft. Nachfolgend werden einige aus dem Cashflow abgeleitete **Beziehungszahlen**[664] vorgestellt.[665]

---

659 *Siener, Friedrich*: Der Cash-Flow als Instrument der Bilanzanalyse. Stuttgart 1991, S. 133 und die dort angegebene Literatur.

660 Vgl. zu seiner Berechnung *Küting, Karlheinz/Weber, Claus-Peter*: Die Bilanzanalyse. 5. Aufl., Stuttgart 2000, S. 135.

661 *Baetge, Jörg*: Bilanzanalyse. Düsseldorf 1998, S. 341.

662 Ausführlich zur Bildung von aus dem Jahresabschluss abgeleiteten Kennzahlen siehe *Bieg, Hartmut/Kußmaul, Heinz*: Externes Rechnungswesen. 2. Aufl., München/Wien 1998, S. 269-272, aber auch **Abschnitt 1.2.1.3**.

663 Siehe dazu den unmittelbar folgenden **Abschnitt 3.4.5**.

664 Vgl. **Abschnitt 3.1.3**.

3.4.5.2 Die Selbstfinanzierungsquote

Die Selbstfinanzierungsquote gibt an, in welchem Umfang die Unternehmung die im betrachteten Zeitraum getätigten (Brutto-)Investitionen aus den selbst erwirtschafteten Mitteln bestreiten konnte. Je höher die Kennziffer ist, umso weniger ist die Unternehmung bezüglich ihrer Neuinvestitionen auf Außenfinanzierungsquellen angewiesen und umso mehr gilt sie als finanziell unabhängig:

$$\text{Selbstfinanzierungsquote} = \frac{\text{Cashflow}}{\text{(Brutto-)Investitionen}}$$

3.4.5.3 Die Investitionsfähigkeit

Die Investitionsfähigkeit oder Innenfinanzierungsfähigkeit gibt das Ausmaß an, in dem die Unternehmung die im betrachteten Zeitraum getätigten (Netto-)Investitionen durchführen konnte, ohne den Geld- und/oder Kapitalmarkt in Anspruch genommen zu haben.[665] Die Netto- bzw. Erweiterungsinvestitionen ergeben sich aus den Zugängen abzüglich der Abgänge und Abschreibungen des Anlagevermögens der Periode:

$$\text{Innenfinanzierungsfähigkeit} = \frac{\text{Cashflow}}{\text{(Netto-)Investitionen}}$$

Neben einem hohen Cashflow können auch niedrige Nettoinvestitionen zu einer hohen Kennzahl führen. Daher können sich trotz „guter" Kennzahl Liquiditätsprobleme ergeben, die nur durch Außenfinanzierungsmaßnahmen zu lösen sind, wenn zugleich umfangreiche Ersatzinvestitionen anstehen.

3.4.5.4 Die Entschuldungsfähigkeit

Als Entschuldungsfähigkeit wird die Fähigkeit der Unternehmung verstanden, ihre Verbindlichkeiten mit den selbsterwirtschafteten Mitteln zu erfüllen (**Schuldentilgungsfähigkeit**). Die Kennzahl gibt an, welcher Prozentsatz der

---

[665] Vgl. auch *Bieg, Hartmut*: Betriebswirtschaftlehre 2: Finanzierung. Freiburg i. Br. 1991, S. 230-231.

[666] Vgl. *Küting, Karlheinz/Weber, Claus-Peter*: Die Bilanzanalyse. 5. Aufl., Stuttgart 2000, S. 134.

Verschuldung ceteris paribus in dem entsprechenden Jahr zurückgezahlt werden könnte, wenn der gesamte Cashflow dafür verwendet würde. Dazu wird der Cashflow ins Verhältnis zu verschiedenen Verbindlichkeiten (Fremdkapital, kurzfristiges Fremdkapital) gesetzt:

$$\text{Entschuldungsfähigkeit} = \frac{\text{Cashflow}}{\text{(kurzfristiges) Fremdkapital}}$$

Unterstellt man, dass neben dem Cashflow auch Bestände an liquiden Mitteln bzw. das gesamte monetäre Umlaufvermögen zur Schuldentilgung herangezogen werden, so kann man den Cashflow auch in Beziehung zur **Effektivverschuldung**[667] setzen:

$$\text{Entschuldungsfähigkeit} = \frac{\text{Cashflow}}{\text{Effektivverschuldung}}$$

Diese Kennzahl findet ihren Einsatzbereich überwiegend in der Insolvenzprognose, bei der sie sehr gute Testergebnisse liefert.[668] Dies beruht auf der Tatsache, dass die Entschuldungsfähigkeit in Krisensituationen sehr stark abnimmt, da einerseits der Zähler (aufgrund geringerer Umsätze) sinkt und andererseits der Nenner (durch höhere Neuverschuldung) steigt.

3.4.5.5 Der dynamische Verschuldungsgrad

Der **dynamische Verschuldungsgrad** ist der Kehrwert der Entschuldungsfähigkeit. Er gibt an, wie viele Jahre eine Unternehmung benötigen würde, um ihre gesamten Verbindlichkeiten bzw. ihre kurzfristigen Verbindlichkeiten bzw. die Effektivverschuldung aus dem Cashflow zu tilgen, falls der Cashflow während dieser Zeit konstant bleiben und er in jedem Jahr vollständig zur Schuldentilgung eingesetzt würde. Auch diese Kennzahl – mit der Dimension „Jahre" – zeigt die Fähigkeit einer Unternehmung, sich innerhalb eines bestimmten Zeitraumes aus eigener Kraft zu entschulden. Sie wird allerdings

---

[667] Die **Effektivverschuldung** wird definiert als Differenz aus (lang- und kurzfristigen) Verbindlichkeiten und Teilen des Umlaufvermögens (liquide Mittel sowie innerhalb eines Jahres liquidierbares Umlaufvermögen).

[668] Vgl. *Küting, Karlheinz/Weber, Claus-Peter*: Die Bilanzanalyse. 5. Aufl., Stuttgart 2000, S. 135.

aufgrund der nicht existierenden Konsistenz zwischen Berechnungsmethode und Ermittlungsziel kritisiert:[669]

$$\text{Dynamischer Verschuldungsgrad} = \frac{\text{Effektivverschuldung}}{\text{Cashflow}}$$

669 Vgl. *Küting, Karlheinz/Weber, Claus-Peter*: Die Bilanzanalyse. 5. Aufl., Stuttgart 2000, S. 135.

3.5 Die Kapitalflussrechnung

3.5.1 Einleitung

Die steigende Bedeutung der Kapitalmärkte für die Unternehmungsfinanzierung sowie die weltweite Konkurrenz um knappes Kapital und daraus resultierende **zunehmende Informationsbedürfnisse** der professionellen Investoren sowie der Unternehmungsleitungen haben zu veränderten Ansprüchen an das externe und interne Rechnungswesen der Unternehmungen geführt.

Die Diskussion um die Aufstellung und Publizität einer separaten (Jahres-) Rechnung zur Finanzlage hat insbesondere durch die jüngere deutsche Gesetzgebung wieder erheblich an Bedeutung gewonnen. In diesem Zusammenhang ist insbesondere die Regelung des § 297 Abs. 1 Satz 2 HGB hervorzuheben, die börsennotierte Mutterunternehmungen ausdrücklich verpflichtet, den Konzernanhang um eine (Konzern-)Kapitalflussrechnung zu ergänzen. Aussagekräftigere Informationen über die Finanzlage der Unternehmungen werden auch in Deutschland bereits seit Längerem gefordert.[670] Insbesondere die institutionellen Akteure an den großen internationalen Kapitalmärkten verlangen von den kapitalsuchenden Unternehmungen eine informativere und transparentere Rechnungslegung.[671] In der angelsächsischen Rechnungslegungspraxis ist deshalb die Aufstellung und Veröffentlichung einer Rechnung zur Finanzlage schon länger ein (Pflicht-)Bestandteil eines kapitalmarktorientierten Jahresabschlusses.[672]

Bei der Finanzanalyse bediente man sich in der Praxis im Bereich des externen und internen Rechnungswesens lange statischer, d. h. auf Stichtagsgrößen basierender Kennzahlen. Wegen der konzeptionsbedingten Mängel der stati-

---

670 Vgl. *Claussen, Carsten P.*: Kapitalflußrechnung und Segmentberichterstattung. In: Zeitschrift für Unternehmens- und Gesellschaftsrecht 1999, S. 500.

671 Vgl. *Wysocki, Klaus von*: Die Kapitalflußrechnung als Teil des Anhangs börsennotierter Mutterunternehmen nach § 297 Abs. 1 Satz 2 HGB. In: Reform des Aktienrechts, der Rechnungslegung und Prüfung, hrsg. von *Dietrich Dörner, Dieter Menold und Norbert Pfitzer,* Stuttgart 1999, S. 443.

672 Vgl. *Küting, Karlheinz/Lorson, Peter*: Konzernrechnungslegung. Ein neues Aufgabengebiet des Controllers. In: Controlling 1999, S. 216.

schen Finanzanalyse[673] werden in der Literatur und Praxis alternative Informationsinstrumente diskutiert, die als dynamische, d. h. zeitraumbezogene Rechnungen insbesondere durch den Rückgriff auf Stromgrößen charakterisiert sind.

In den folgenden Ausführungen wird untersucht, inwiefern die Kapitalflussrechnung als eines der Instrumente der stromgrößenorientierten Finanzanalyse insbesondere für **unternehmungsexterne Interessenten** Informationen bereitstellen kann, die neben der Bilanz, der Gewinn- und Verlustrechnung und dem Anhang einen verbesserten Einblick in die Finanzlage der jeweils betrachteten Unternehmung ermöglichen.

3.5.2 Grundlagen

3.5.2.1 Der Begriff Kapitalflussrechnung

Der Begriff Kapitalflussrechnung hat sich insbesondere für Rechnungen zur Finanzlage einer Unternehmung im externen Rechnungswesen etabliert. Neben dem Begriff Kapitalflussrechnung existieren unter anderem auch die Begriffe Liquiditätsrechnung,[674] Finanzierungsrechnung,[675] Mittelflussrechnung, Geldflussrechnung,[676] Fondsrechnung und Zeitraumbilanz.[677] Im angelsächsischen Sprachgebrauch hat sich mittlerweile die Bezeichnung Cashflow-Statement für die Rechnung zur Finanzlage der Unternehmung durchgesetzt.[678]

Gemeinsam ist allen Rechnungen, dass sie zeitraumbezogene d. h. **auf Stromgrößen basierende Rechnungen zur Finanzlage der Unternehmung** darstellen. Hier wird trotz der Vielfalt der Bezeichnungen für eine Rechnung zur Finanzlage der Unternehmung der Begriff Kapitalflussrechnung verwen-

---

673 Vgl. dazu *Bieg, Hartmut*: Die Kapitaldeckung und Kapitalstruktur der Unternehmung – Das Modigliani/Miller-Theorem. In: Der Steuerberater 2000, S. 9-12.; vgl. auch **Abschnitt 1.2.1.3**.

674 Vgl. *Walz, Hartmut/Gramlich, Dieter*: Investitions- und Finanzplanung 5. Aufl., Heidelberg 1997, S. 227.

675 Vgl. *Mansch, Helmut/Wysocki, Klaus von* (Hrsg.): Finanzierungsrechnung im Konzern. In: Zeitschrift für betriebswirtschaftliche Forschung, Sonderheft 37/1996 S. 2.

676 Vgl. *Bertschinger, Peter*: Trend zur Geldflussrechnung im Konzern. In: Der Schweizer Treuhänder 1990, S. 605.

677 Vgl. *Lachnit, Laurenz*: Zeitraumbilanzen. Berlin 1972.

678 Vgl. FRS 1; SFAS No. 95; IAS 7.

det – vor allem, weil er jetzt auch vom Gesetzgeber gebraucht wird.[679] Im Übrigen ist dies auch die in der Betriebswirtschaftslehre am Weitesten verbreitete Bezeichnung.[680]

3.5.2.2 Die unterschiedlichen Adressaten von Kapitalflussrechnungen

3.5.2.2.1 Vorbemerkungen

Kapitalflussrechnungen können insbesondere entsprechend den Informationsbedürfnissen und -möglichkeiten der verschiedenen Adressaten unterschiedlich ausgestaltet werden.[681] Dabei lassen sich die Adressaten der Kapitalflussrechnung in zwei Hauptgruppen gliedern. Als **Unterscheidungskriterium** bietet sich die **Zugriffsmöglichkeit auf die Daten des Rechnungswesens** an. Während die **externen Adressaten** auf die von der Unternehmung im Rahmen des § 325 HGB und § 15 WpHG pflichtgemäß veröffentlichten Informationen angewiesen sind, haben die **internen Adressaten** grundsätzlich einen unbeschränkten Zugriff auf alle Daten des Rechnungswesens der betrachteten Unternehmung.[682]

Aufgrund dieser Unterteilung der Adressaten können auch zwei grundsätzlich voneinander abweichende Aufgaben der Kapitalflussrechnung unterschieden werden. Einerseits ist die Kapitalflussrechnung für die externen Adressaten **ein Dokumentations- und Informationsinstrument**. Auf der anderen Seite dient die Kapitalflussrechnung den unternehmungsinternen Adressaten insbesondere als **Planungs- und Steuerungsinstrument**.[683] Die Gestaltung der Kapitalflussrechnungen hängt erheblich von den zugrunde liegenden Aufgaben ab. Insbesondere können sich die externen von den meist sehr detaillierten internen Gestaltungen erheblich unterscheiden.

---

679 Vgl. § 297 Abs. 1 Satz 2 HGB.

680 Vgl. *Ingendahl, Joachim*: Die Kapitalflußrechnung im Rechnungslegungsrecht der USA und der Bundesrepublik Deutschland. Berlin 1990, S. 34.

681 Vgl. *Perridon, Louis/Steiner, Manfred*: Finanzwirtschaft der Unternehmung. 10. Aufl., München 1999, S. 574.

682 Vgl. *Pfuhl, Joerg M.*: Konzernkapitalflußrechnung. Stuttgart 1994, S. 137-138.

683 Vgl. *Kalinski, Rüdiger*: Die Rechnungslegung zur Finanzlage der Unternehmung. Kiel 1986, S. 66.

3.5.2.2.2 Die Kapitalflussrechnung im externen Rechnungswesen

3.5.2.2.2.1 Die Rechnungszwecke der Kapitalflussrechnung als externes Informationsinstrument

Damit die Kapitalflussrechnung als ein ergänzendes Instrument zum Jahresabschluss Aussagekraft haben kann, muss sie sich grundsätzlich auf die Periode des entsprechenden Jahresabschlusses beziehen. Ein vergangenheitsbezogener Jahresabschluss wird also zweckmäßigerweise auch immer durch eine retrospektive Kapitalflussrechnung ergänzt.

Bevor auf mögliche Gestaltungen der externen Kapitalflussrechnungen näher eingegangen wird, werden zunächst deren Rechnungszwecke herausgearbeitet, worunter verbale Beschreibungen der von einer Kapitalflussrechnung zu erfüllenden Informationsaufgaben verstanden werden.[684]

Vorrangiger Rechnungszweck einer den externen Jahresabschluss ergänzenden Kapitalflussrechnung ist es, die Jahresabschlussadressaten über die Finanzlage der betrachteten Unternehmung und über die Entwicklung der Finanzlage zu informieren. Ein Kernkriterium der Finanzlage, insbesondere auf kurzfristige Sicht, stellt die **Liquidität** und deren Entwicklung während einer betrachteten Periode dar.

Bei der für die (kurzfristige) Zahlungsfähigkeit einer Unternehmung relevanten Liquidität unterscheidet man zwischen der dynamischen und der statischen Liquidität. Dabei wird die **dynamische Liquidität** durch Zahlungsströme, die als Ein- und Auszahlungen einer betrachteten Periode geflossen sind, dargestellt.[685] Eine Betrachtung dieser Zahlungsströme liefert dem Jahresabschlussleser Hinweise, inwieweit die relevante Unternehmung in der Lage ist, Zahlungsüberschüsse zu erwirtschaften.

Die **statische Liquidität**, unter der man die Fähigkeit einer Unternehmung versteht, „die zu einem Zeitpunkt zwingend fälligen Zahlungsverpflichtungen uneingeschränkt erfüllen zu können,“[686] wird erst durch eine ausreichende dynamische Liquidität ermöglicht.[687] Die Aufrechterhaltung der dynamischen und statischen Liquidität ist für eine Unternehmung erforderlich, um z. B. Di-

---

[684] Vgl. *Kalinski, Rüdiger*: Die Rechnungslegung zur Finanzlage der Unternehmung. Kiel 1986, S. 65.

[685] Vgl. *Vormbaum, Herbert*: Finanzierung der Betriebe. 9. Aufl., Wiesbaden 1995, S. 116.

[686] *Witte, Eberhard.*: Finanzplanung der Unternehmung: Prognose und Disposition. 2. Aufl., Opladen 1981, S. 24.

[687] Vgl. *Bieg, Hartmut*: Schwebende Geschäfte in Handels- und Steuerbilanz. Frankfurt a.M./Bern 1977, S. 185.

videnden an die Anteilseigner zahlen zu können und gegenüber den Gläubigern kreditwürdig zu bleiben.

Auf mittel- bis langfristige Sicht gewinnt das **Finanzierungs- und Investitionsgebaren** der Unternehmung für die Liquiditätsbetrachtung an Bedeutung.[688] Deshalb soll die Kapitalflussrechnung neben der Information über die Liquiditätslage und deren Veränderung auch Einschätzungen bezüglich der Auswirkungen möglichst aller liquiditätswirksamen und nicht-liquiditätswirksamen Investitions- und Finanzierungsvorgänge, die während der betrachteten Periode stattgefunden haben, auf die Finanzlage der betrachteten Unternehmung ermöglichen.

Zusätzlich zu den bisher genannten Rechnungszwecken wird verlangt, dass die Kapitalflussrechnung die Gründe für mögliche **Divergenzen zwischen** dem **Jahresergebnis und** den zugehörigen **Zahlungsströmen** einer bestimmten Periode aufzeigt.

Die dargestellten Rechnungszwecke beeinflussen wesentlich Aufbau, Form und Inhalt der Kapitalflussrechnung.

3.5.2.2.2.2 Die gesetzlichen Rahmenbedingungen für externe Kapitalflussrechnungen

Bis zum Inkrafttreten der neueren Gesetzesnormen war die Kapitalflussrechnung lediglich ein freiwilliger Bestandteil des (Konzern-)Jahresabschlusses einer deutschen Mutterunternehmung. Als Mutterunternehmungen, die eine Kapitalflussrechnung aufzustellen und zu publizieren haben, kommen grundsätzlich Kapitalgesellschaften in Frage, die Mutterunternehmungen gemäß § 290 Abs. 1 und 2 HGB sind.

Mit Inkrafttreten des Gesetzes zur Kontrolle und Transparenz im Unternehmensbereich am 1. Mai 1998 sind börsennotierte Mutterunternehmungen gemäß § 297 Abs. 1 Satz 2 HGB verpflichtet, für ab dem 31. Dezember 1998[689] beginnende Geschäftsjahre eine (Konzern-)Kapitalflussrechnung zu veröffentlichen.[690]

---

688 Vgl. *Seicht, Gerhard*: Die Kapitalflußrechnung als (verpflichtender) Bestandteil des Jahresabschlusses. In: Jahrbuch für Controlling und Rechnungswesen 1997, hrsg. von *Gerhard Seicht*, Wien 1997, S. 329.

689 Vgl. Gesetz zur Kontrolle und Transparenz im Unternehmensbereich (KonTraG) vom 27. April 1998. BGBl I 1998, S. 793.

690 Vgl. Gesetz zur Kontrolle und Transparenz im Unternehmensbereich (KonTraG) vom 27. April 1998. BGBl I 1998, S. 789.

Als **börsennotierte Unternehmungen** sind dabei sämtliche Unternehmungen anzusehen, die die Voraussetzungen des § 3 Abs. 2 AktG erfüllen.[691] Hierunter fallen alle „Gesellschaften, deren Aktien zu einem Markt zugelassen sind, der von staatlich anerkannten Stellen geregelt und überwacht wird, regelmäßig stattfindet und für das Publikum mittelbar und unmittelbar zugänglich ist."[692] In Deutschland erfüllen Aktien diese Voraussetzungen, wenn sie im Amtlichen Handel oder im Geregelten Markt notiert werden;[693] eine Einführung in den Freiverkehr genügt den Kriterien des § 3 Abs. 2 AktG jedoch nicht.[694] Weiterhin ist mit der „allgemeinen Legaldefinition der börsennotierten Gesellschaft"[695] des § 3 Abs. 2 AktG auch die Notierung „an vergleichbaren Börsen im Ausland"[696] gemeint.

Der deutsche Gesetzgeber hat mit der Verabschiedung des § 297 Abs. 1 Satz 2 HGB letztlich eine von der Siebenten EG-Richtlinie schon lange eröffnete Option zur Forderung weiterer Informationen, unter anderem zur Finanzlage im konsolidierten Jahresabschluss, genutzt. Die Bezeichnung („Inhalt und Form des Konzernabschlusses") des Dritten Titels im zweiten Unterabschnitt des zweiten Abschnitts im Dritten Buch des HGB ließ zwar erwarten, dass der Gesetzgeber dem Ersteller des (Konzern-)Jahresabschlusses Vorschriften hinsichtlich **Form und Inhalt der zu erstellenden Kapitalflussrechnung** macht. Der Gesetzgeber hat jedoch „bewußt darauf verzichtet, gesetzlich die einzelnen Voraussetzungen der Kapitalflußrechnung ... zu umschreiben."[697] Einer-

---

691 Vgl. Deutscher Bundestag: Beschlußempfehlung und Bericht des Rechtsausschusses zu dem Gesetzentwurf der Bundesregierung (BT-Drucksache 13/9712) – Entwurf eines Gesetzes zur Kontrolle und Transparenz im Unternehmensbereich (KonTraG). BT-Drucksache 13/10038 vom 4.3.1998, S. 26.

692 § 3 Abs. 2 AktG.

693 Unter diese Regelung fallen ebenfalls Aktien von Unternehmungen, die im Neuen Markt notiert werden; vgl. Deutscher Bundestag: Beschlußempfehlung und Bericht des Rechtsausschusses zu dem Gesetzentwurf der Bundesregierung (BT-Drucksache 13/9712) – Entwurf eines Gesetzes zur Kontrolle und Transparenz im Unternehmensbereich (KonTraG). BT-Drucksache 13/10038 vom 4.3.1998, S. 26. Vgl. auch Band II: Finanzierung, Abschnitt 2.3.4.5.1.1.

694 Vgl. Deutscher Bundestag: Gesetzentwurf der Bundesregierung – Entwurf eines Gesetzes zur Kontrolle und Transparenz im Unternehmensbereich (KonTraG). BT-Drucksache 13/9712 vom 28.1.1998, S. 12.

695 Deutscher Bundestag: Gesetzentwurf der Bundesregierung – Entwurf eines Gesetzes zur Kontrolle und Transparenz im Unternehmensbereich (KonTraG). BT-Drucksache 13/9712 vom 28.1.1998, S. 12.

696 Deutscher Bundestag: Gesetzentwurf der Bundesregierung – Entwurf eines Gesetzes zur Kontrolle und Transparenz im Unternehmensbereich (KonTraG). BT-Drucksache 13/9712 vom 28.1.1998, S. 12.

697 Deutscher Bundestag: Beschlußempfehlung und Bericht des Rechtsausschusses zu dem Gesetzentwurf der Bundesregierung (BT-Drucksache 13/9712) – Entwurf eines Gesetzes zur Kontrolle und Transparenz im Unternehmensbereich (KonTraG). BT-Drucksache 13/10038 vom 4.3.1998, S. 26.

seits ist dieser bewusste Verzicht vor dem Hintergrund der möglichen inhaltlichen Ausfüllung dieser Norm durch einen von dem Privaten Rechnungslegungsgremium[698] (Deutsches Rechnungslegungs Standards Committee e. V.) zu schaffenden Deutschen Rechnungslegungs Standard (DRS) zu sehen.[699] Andererseits soll den aufstellungspflichtigen Unternehmungen durch den Verzicht auf eine detaillierte gesetzliche Normierung ein Rückgriff auf internationale Rechnungslegungsstandards, wie z. B. die IAS, ermöglicht werden.[700]

Eine weitere wichtige Rechtsnorm, durch die Mutterunternehmungen mittelbar zur Aufstellung einer (Konzern-)Kapitalflussrechnung gezwungen werden, ist der durch das Kapitalaufnahmeerleichterungsgesetz (KapAEG) neu geschaffene § 292a HGB. Der Anwendungsbereich dieser Norm wird mit der Änderung des § 292a HGB durch das Kapitalgesellschaften- und Co-Richtlinie Gesetz (KapCoRiLiG) erheblich erweitert. § 292a HGB eröffnet bestimmten Mutterunternehmungen die Möglichkeit, ihren Konzernabschluss allein nach international anerkannten Rechnungslegungsnormen zu erstellen und zu veröffentlichen. Dieser Konzernabschluss muss allerdings die in § 292a HGB aufgeführten Bedingungen erfüllen. Nur dann entfällt die Verpflichtung, einen Konzernabschluss nach deutschem Recht aufzustellen. Eine der Bedingungen besteht darin, dass eine der Konzernunternehmungen Eigen- und/oder Fremdkapital entsprechend § 2 Abs. 1 Satz 1 Nr. 1 und Nr. 2 WpHG ausgegeben hat, die gemäß § 2 Abs. 5 WpHG an einem organisierten Markt gehandelt werden.[701]

Damit ein dem § 292a HGB entsprechender Konzernabschluss befreiend wirken kann, muss er unter anderem nach **international anerkannten Rechnungslegungsvorschriften**, wie z. B. den IAS oder den US-GAAP, aufgestellt

---

[698] Vgl. § 342 HGB.

[699] Vgl. Deutscher Bundestag: Beschlußempfehlung und Bericht des Rechtsausschusses zu dem Gesetzentwurf der Bundesregierung (BT-Drucksache 13/9712) – Entwurf eines Gesetzes zur Kontrolle und Transparenz im Unternehmensbereich (KonTraG). BT-Drucksache 13/10038 vom 4.3.1998, S. 26.

[700] Deutscher Bundestag: Beschlußempfehlung und Bericht des Rechtsausschusses zu dem Gesetzentwurf der Bundesregierung (BT-Drucksache 13/9712) – Entwurf eines Gesetzes zur Kontrolle und Transparenz im Unternehmensbereich (KonTraG). BT-Drucksache 13/10038 vom 4.3.1998, S. 26; *Korth, H.-Michael*: Konzernrechnungslegung nach HGB. Bielefeld 1999, Rn. 471, S. 203.

[701] Vgl. Deutscher Bundestag: Beschlußempfehlung und Bericht des Rechtsausschusses zu dem Gesetzentwurf der Bundesregierung (BT-Drucksache 14/1806) – Entwurf eines Gesetzes zur Durchführung der Richtlinie des Rates der Europäischen Union zur Änderung der Bilanz- und der Konzernbilanzrichtlinie hinsichtlich ihres Anwendungsbereiches (90/605/EWG), zur Verbesserung der Offenlegung von Jahresabschlüssen und zur Änderung anderer handelsrechtlicher Bestimmungen (Kapitalgesellschaften- und Co-Richtlinie-Gesetz – KapCoRiLiG). BT-Drucksache 14/2353 vom 14.12.1999, S. 1, S. 8 und S. 24.

werden.[702] Auch ein nach diesen Rechnungslegungsnormen aufzustellender und zu publizierender (Konzern-)Abschluss muss eine Kapitalflussrechnung enthalten,[703] wofür diese beiden Rechnungslegungsnormen – im Gegensatz zum HGB[704] – allerdings konkrete und detaillierte Regelungen für die Erstellung von Kapitalflussrechnungen enthalten.[705]

In Zukunft werden Unternehmungen, die auf den wichtigen Kapitalmärkten der Welt agieren möchten, auf die Aufstellung und Veröffentlichung von Kapitalflussrechnungen kaum mehr verzichten können.

Die Anforderung des § 21 Abs. 1 Nr. 2 BörsZulV i. V. m. § 23 BörsZulV stellt neben den oben behandelten Rechtsnormen eine weitere deutsche Rechtsvorschrift dar, die – ohne den Begriff explizit zu erwähnen – die Veröffentlichung einer Kapitalflussrechnung verlangt.

§ 36 Abs. 3 Nr. 2 BörsG legt i. V. m. § 38 Abs. 2 BörsG die Mindestanforderungen für den bei der Zulassung von Wertpapieren zur amtlichen Notierung an einer Wertpapierbörse zu veröffentlichenden Prospekt fest. Danach muss auch die **Finanzlage des Emittenten** im Prospekt dargestellt werden;[706] diese Zulassungsvoraussetzung wird in § 21 Abs. 1 Nr. 2 BörsZulV i. V. m. § 23 BörsZulV detaillierter geregelt. Nach § 23 BörsZulV ist eine Rechnung zur Finanzlage in Form einer **„Bewegungsbilanz"** oder einer **„Finanzflussrechnung"** aufzustellen, wobei „die wesentlichen Positionen der Veränderungen einzeln und unsaldiert auszuweisen"[707] sind.[708] Nähere Hinweise zu Inhalt und Form dieser Rechnung enthalten auch die Vorschriften der §§ 21 Abs. 1 Nr. 2 und 23 BörsZulV nicht. Positiv hervorzuheben ist allerdings die Forderung, Daten der letzten drei Geschäftsjahre zu veröffentlichen,[709] wodurch der Anleger Hinweise über mögliche zukünftige Geschäftsentwicklungen der Unter-

---

[702] Vgl. § 292a Abs. 2 Nr. 2a HGB; *Bieg, Hartmut*: Die externe Rechnungslegung der Kreditinstitute und Finanzdienstleistungsinstitute. München 1999, S. 668 und S. 742; Deutscher Bundestag: Gesetzentwurf der Bundesregierung – Entwurf eines Gesetzes zur Verbesserung der Wettbewerbsfähigkeit deutscher Konzerne an internationalen Kapitalmärkten und zur Erleichterung der Aufnahme von Gesellschafterdarlehen (Kapitalaufnahmeerleichterungsgesetz – KapAEG). BT-Drucksache 13/7141 vom 6.3.1997, S. 9.

[703] Vgl. SFAS No. 95, Tz. 3; IAS 7, Tz. 7d und Tz. 90; SEC: Guidelines. Rules and Regulations. Boston 1999, Regulation S-X 3-02 und Regulation 14 A-3b(1).

[704] Vgl. aber den am 29.10.1999 verabschiedeten Deutschen Rechnungslegungsstandard Nr. 2 (DRS 2); siehe auch **Abschnitt 3.5.3.5.4**.

[705] Vgl. SFAS No. 95; IAS 7.

[706] Vgl. § 38 Abs. 1 Nr. 2 BörsG.

[707] § 23 BörsZulV.

[708] Vgl. *Amen, Matthias*: Erstellung von Kapitalflußrechnungen. 2. Aufl., München 1998, S. 6.

[709] Vgl. § 21 Abs. 1 Nr. 2 BörsZulV.

nehmung erlangen kann. Dies hängt damit zusammen, dass die Jahresabschlussadressaten vor allem Einblicke in die Finanzierungs- und Investitionszyklen der betrachteten Unternehmungen gewinnen können.

3.5.2.2.2.3 Die Kapitalflussrechnung im internen Rechnungswesen

Als internes Planungs- und Steuerungsinstrument soll die Kapitalflussrechnung die Geschäftsleitung bei der Unternehmungsführung unterstützen.[710] Dabei dient die interne Kapitalflussrechnung der Geschäftsleitung nicht nur als Kontroll-, sondern auch als Planungsinstrument.[711]

Die bereits im Rahmen der Kapitalflussrechnung des externen Rechnungswesens dargestellten Rechnungszwecke zur Finanzlage der Unternehmung müssen grundsätzlich auch von den internen Aufstellern berücksichtigt werden, um die von ihnen gesteuerte Unternehmung in der Öffentlichkeit – insbesondere für derzeitige und potenzielle Investoren – möglichst günstig darstellen zu können. Darüber hinaus kann eine interne Kapitalflussrechnung der Unternehmungsleitung eine detaillierte, d. h. nach den Quellen und jeweiligen Komponenten aufgespaltete Steuerung der Liquidität ermöglichen.[712] Deshalb hat die Kapitalflussrechnung als **internes Steuerungsinstrument** auch in deutschen Unternehmungen bereits eine weitaus größere Bedeutung als die externe Kapitalflussrechnung erlangt. Als internes Steuerungsinstrument im Bereich der **operativen und strategischen Finanzplanung**[713] wird die Kapitalflussrechnung insbesondere als prospektive, d. h. zukunftsbezogene Rechnung aufgestellt.[714] Diese unternehmungsinterne **prospektive Kapitalflussrechnung**, die häufig auch als Finanzplan bezeichnet wird,[715] soll die Möglichkeiten zur Deckung des zukünftigen Finanzbedarfs aufzeigen und die Geschäftsleitung dabei unterstützen, mögliche zukünftige Finanzierungslücken bzw. Liquiditätsengpässe frühzeitig zu erkennen, um mit geeigneten Maßnahmen reagieren zu können.[716]

---

710 Vgl. *Prochinig, Urs*: Kapitalflussrechnungen. Zürich 1986, S. 8.

711 Vgl. *Prochinig, Urs*: Mittelflussrechnung. 4. Aufl., Zürich 1999, S. 35.

712 Vgl. *Chmielewicz, Klaus*: Betriebliches Rechnungswesen 1 – Finanzrechnung und Bilanz. Reinbek 1973, S. 33.

713 Vgl. zur Finanzplanung *Bieg, Hartmut*: Finanzplanung. In: Der Steuerberater 1999, S. 425-436 sowie **Abschnitt 1.1**.

714 Vgl. *Glieder, Harald*: Geldflußrechnung, Segmentberichterstattung und Gewinn pro Aktie. Hamburg 1999, S. 81.

715 Vgl. *Pape, Ulrich*: Wertorientierte Unternehmensführung und Controlling. 2. Aufl., Sternenfels 1999, S. 187; *Prochinig, Urs*: Mittelflussrechnung. 4. Aufl., Zürich 1999, S. 35; *Weber, Helmut K.*: Rentabilität, Produktivität, Liquidität der Unternehmung. Stuttgart 1983, S. 66.

716 Vgl. *Prochinig, Urs*: Mittelflussrechnung. 4. Aufl., Zürich 1999, S. 40.

Die prospektive Kapitalflussrechnung bzw. der Finanzplan stellt „das Instrument des betrieblichen Finanzmanagements par excellence dar.“[717] Allerdings ist zu berücksichtigen, dass zukunftsgerichtete Rechnungen immer einer gewissen Unsicherheit unterliegen. Durch die Aufstellung mehrerer Rechnungen, die z. B. eine optimistische und eine pessimistische Prognose der Zukunft repräsentieren,[718] kann die Unsicherheit bezüglich möglicher zukünftiger Entwicklungen besser abgeschätzt werden. Die aufgezeigten Unsicherheiten stellen die wichtigste Einschränkung der Aussagefähigkeit einer prospektiven Kapitalflussrechnung dar.[719]

Entsprechend der Abnahme des Detaillierungsgrades und der Prognosegenauigkeit kann zwischen einem kurzfristigen, einem mittelfristigen und einem langfristigen Finanzplan differenziert werden. Entscheidend ist, dass die unterschiedlichen Rechnungen einander ergänzen und nicht jeweils isolierte Alternativen darstellen.[720] Die Verkürzung des Planungszeitraums auf einen Zeitraum unter einem Jahr ist für interne Steuerungszwecke besonders relevant, da die ständige Zahlungsbereitschaft nicht nur bezüglich eines Kalenderjahres, sondern tagtäglich gesichert sein muss. Vor diesem Hintergrund bieten sich als kurzfristige Planungszeiträume bereits prospektive Monats- bzw. Quartals-Kapitalflussrechnungen an. Um ausreichend Zeit für Gestaltungsmaßnahmen im Finanzierungsbereich zu haben, sollen prospektive Kapitalflussrechnungen im Rahmen der (langfristigen) strategischen Planung die Liquiditätsanforderungen der jeweiligen Geschäftsfeldplanungen frühzeitig aufzeigen.[721]

Abschließend ist festzustellen, dass die interne (prospektive) Kapitalflussrechnung mittlerweile auch eine große Bedeutung für die Berichterstattung des Vorstandes an den Aufsichtsrat i. S. d. § 90 Abs. 1 Nr. 1 AktG gewonnen hat.

---

717 *Perridon, Louis/Steiner, Manfred*: Finanzwirtschaft der Unternehmung. 10. Aufl., München 1999, S. 599.

718 Vgl. *Prochinig, Urs*: Mittelflussrechnung. 4. Aufl., Zürich 1999, S. 36.

719 Vgl. *Reichmann, Thomas*: Controlling mit Kennzahlen und Managementberichten. 5. Aufl., München 1997, S. 203.

720 Vgl. *Walz, Hartmut/Gramlich, Dieter*: Investitions- und Finanzplanung. 5. Aufl., Heidelberg 1997, S. 233.

721 Vgl. *Hahn, Dietger*: Planung und Kontrolle, Planungs- und Kontrollsysteme, Planungs- und Kontrollrechnung. 5. Aufl., Wiesbaden 1996, S. 1062.

3.5.2.3 Grundsätze aussagekräftiger Kapitalflussrechnungen

3.5.2.3.1 Die allgemeinen Grundsätze für alle Kapitalflussrechnungen

3.5.2.3.1.1 Der Grundsatz der Zielorientierung

Die Kapitalflussrechnung soll als ergänzende Rechnung zum Jahresabschluss insbesondere über die Finanzlage der Unternehmung informieren. Dieser Zweck kann nur erfüllt werden, wenn die Kapitalflussrechnung Informationen zur Verfügung stellt, die sich der Bilanz und der Gewinn- und Verlustrechnung nicht entnehmen lassen.[722] Folglich würde eine Kapitalflussrechnung, die lediglich die Daten aus Bilanz sowie Gewinn- und Verlustrechnung umgliedert, den Zweck der Ergänzung des Jahresabschlusses nicht erfüllen und dadurch den Grundsatz der Zielorientierung verletzen.[723] Diese Feststellungen gelten für interne wie für externe Kapitalflussrechnungen.

3.5.2.3.1.2 Das Bruttoprinzip

Zur Darstellung der Zahlungsströme eignen sich insbesondere die **unsaldierten Kontenumsätze**, da nur diese einen unverfälschten Einblick in die tatsächliche Finanzlage der Unternehmung gewähren.[724] Grundsätzlich sollten daher allen Positionen der Kapitalflussrechnung die Bruttoumsätze der Finanzbuchhaltung zugrunde liegen.[725] Durch die Saldierung von Bruttopositionen zu Nettogrößen gehen zum Teil wichtige Informationen bezüglich der Finanzlage der Unternehmung verloren.

---

722 Vgl. *Serfling, Klaus*: Die Kapitalflußrechnung. Herne/Berlin 1984, S. 35.

723 Vgl. *Boemle, Max*: Theorie und Praxis der Kapitalflussrechnung. In: Die Unternehmung 1981, S. 38; *Küting, Karlheinz/Weber, Claus-Peter*: Die Bilanzanalyse. 5. Aufl., Stuttgart 2000, S. 147.

724 Vgl. *Hahn, Dietger*: Planung und Kontrolle, Planungs- und Kontrollsysteme, Planungs- und Kontrollrechnung. 5. Aufl., Wiesbaden 1996, S. 529; *Reichmann, Thomas*: Controlling mit Kennzahlen und Managementberichten. 5. Aufl., München 1997, S. 204; *Serfling, Klaus*: Die Kapitalflußrechnung. Herne/Berlin 1984, S. 67.

725 Vgl. *Kloock, Josef*: Kapitalflußrechnungen als den aktienrechtlichen Jahresabschluß ergänzende Dokumentationsrechnungen. In: Betriebswirtschaftliche Forschung und Praxis 1979, S. 480.

3.5.2.3.1.3 Der Grundsatz der Bewertungsunabhängigkeit

Um die Informationsbedürfnisse der jeweiligen Adressaten erfüllen zu können, muss die Kapitalflussrechnung unabhängig „von subjektiven Erwartungen und damit frei von jeder Bewertungswillkür sein.“[726]

Als ein Informationsinstrument zur Finanzlage der Unternehmung soll die Kapitalflussrechnung grundsätzlich nur auf den **Zahlungsströmen zwischen der betrachteten Unternehmung und ihrer Umwelt** basieren. Die Orientierung an den tatsächlichen Zahlungsströmen, die weder Periodisierungs- noch Bewertungsüberlegungen unterliegen, trägt erheblich dazu bei, dass die Kapitalflussrechnung auch objektiv nachprüfbar wird.[727]

3.5.2.3.1.4 Der Verzicht auf Periodisierung

Die Informationen zur Finanzlage einer Unternehmung erfordern grundsätzlich den Rückgriff auf unperiodisierte Daten. In der Kapitalflussrechnung sollen generell nur die Zahlungen gezeigt werden, die tatsächlich während der betrachteten Periode stattgefunden haben. Es empfiehlt sich – wenn möglich – auf jegliche Maßnahmen der Periodisierung von vornherein zu verzichten. Falls nur bereits periodisierte Jahresabschlussdaten zur Verfügung stehen, sollte immer versucht werden, die Periodisierung soweit wie möglich rückgängig zu machen.

3.5.2.3.1.5 Der Grundsatz der Kongruenz

Grundsätzlich sollen die aufaddierten Zahlungsströme der Kapitalflussrechnungen der jeweiligen Einzelperioden den Ein- und Auszahlungen der Totalperiode entsprechen.[728] Durch die Einhaltung dieses Grundsatzes soll die Übereinstimmung zwischen den unperiodisierten Daten der Kapitalflussrechnung und den periodisierten Beträgen der Bilanz sowie der Gewinn- und Verlustrechnung gewährleistet werden.[729] Eine konsequente Einhaltung dieses

---

[726] *Busse von Colbe, Walther*: Aufbau und Informationsgehalt von Kapitalflußrechnungen. In: Zeitschrift für Betriebswirtschaft, Ergänzungsheft 1/1966, S. 97.

[727] Vgl. *Kalinski, Rüdiger*: Die Rechnungslegung zur Finanzlage der Unternehmung. Kiel 1986, S. 113.

[728] Vgl. *Dellmann, Klaus*: Kapitalfluß- und Finanzierungsrechnung. In: Handbuch des Jahresabschlusses in Einzeldarstellungen (HdJ), hrsg. von *Klaus von Wysocki* und *Joachim Schultze-Osterloh*, Abt. IV/6, Köln 1990, Rn. 111; *Mansch, Helmut/Wysocki, Klaus von* (Hrsg.): Finanzierungsrechnung im Konzern. In: Zeitschrift für betriebswirtschaftliche Forschung, Sonderheft 37/1996, S. 7.

[729] Vgl. *Pfuhl, Joerg M.*: Die Kapitalflußrechnung als Instrument der Bilanzanalyse. In: Deutsches Steuerrecht 1991, S. 1641.

Grundsatzes kann im Übrigen zur Vermeidung von Doppel- oder gar Nichterfassungen von Zahlungen beitragen.[730]

3.5.2.3.1.6 Der Grundsatz der Vollständigkeit

Damit die Kapitalflussrechnung ihre volle Aussagekraft entfalten kann, müssen generell alle Zahlungen lückenlos erfasst werden.[731] Dies gilt im Rahmen der Planung – soweit möglich – auch für alle zukünftigen Zahlungsströme.[732] Grundsätzlich ist zu berücksichtigen, dass auch die Summe mehrerer kleinerer zahlungswirksamer Beträge von wesentlicher Bedeutung für die Finanzlage der untersuchten Unternehmung sein kann.

3.5.2.3.2 Die speziellen Grundsätze externer Kapitalflussrechnungen

3.5.2.3.2.1 Vorbemerkungen

Auch für externe Kapitalflussrechnungen sind zweckmäßigerweise bestimmte Grundsätze zu berücksichtigen. Diese Grundsätze sollten analog zu den für die Bilanz, die Gewinn- und Verlustrechnung sowie den Anhang geltenden Grundsätzen von allen Unternehmungen, die eine Kapitalflussrechnung veröffentlichen müssen, eingehalten werden.[733] Durch die nachfolgend kurz dargestellten Grundsätze sollen insbesondere mögliche Ermessensspielräume, die der Gesetzgeber nicht explizit geregelt hat, ausgefüllt werden.[734] Durch die möglichst uneingeschränkte Berücksichtigung dieser Grundsätze kann eine hohe finanzwirtschaftliche Aussagekraft externer Kapitalflussrechnungen auch bei Zweifelsfragen gewährleistet werden.

---

[730] Vgl. *Buchmann, Ruth/Chmielewicz, Klaus* (Hrsg.): Finanzierungsrechnung. Empfehlungen des Arbeitskreises „Finanzierungsrechnung" der Schmalenbach-Gesellschaft – Deutsche Gesellschaft für Betriebswirtschaft e. V., Zeitschrift für betriebswirtschaftliche Forschung, Sonderheft 26/1990, S. 12.

[731] Vgl. *Witte, Eberhard*: Finanzplanung als Führungsinstrument. In: Finanzplanung und Finanzkontrolle, hrsg. von *Jürgen Hauschildt, Gerd Sachs und Eberhard Witte*, München 1981, S. 76.

[732] Vgl. *Perridon, Louis/Steiner, Manfred*: Finanzwirtschaft der Unternehmung. 10. Aufl., München 1999, S. 598; *Reichmann, Thomas*: Controlling mit Kennzahlen und Managementberichten. 5. Aufl., München 1997, S. 204.

[733] Vgl. *Buchmann, Ruth/Chmielewicz, Klaus* (Hrsg.): Finanzierungsrechnung. Empfehlungen des Arbeitskreises „Finanzierungsrechnung" der Schmalenbach-Gesellschaft – Deutsche Gesellschaft für Betriebswirtschaft e. V., Zeitschrift für betriebswirtschaftliche Forschung, Sonderheft 26/1990, S. 12.

[734] Vgl. *Baetge, Jörg*: Bilanzen. 4. Aufl., Düsseldorf 1996, S. 65.

3.5.2.3.2.2 Der Grundsatz der Klarheit und Übersichtlichkeit

Dieser Grundsatz verlangt eine für den geübten Leser leicht verständliche und übersichtliche Form der Darstellung. Sie soll die Zahlungsströme, die der Kapitalflussrechnung zugrunde liegen, klar zeigen. Dieser Grundsatz bezieht sich unter anderem auf eine eindeutige **Gliederung** und falls erforderlich auf ausreichende **Erläuterungen** zu den Positionen der Kapitalflussrechnung.[735] Die klare und übersichtliche Darstellung ist letztlich auch eine wichtige Voraussetzung für den folgenden Grundsatz der Nachprüfbarkeit.[736]

3.5.2.3.2.3 Der Grundsatz der Nachprüfbarkeit

Die Kapitalflussrechnung und ihre Ableitung aus dem Rechnungswesen der Unternehmung soll nachprüfbar sein. Mit Nachprüfbarkeit ist gemeint, dass ein **sachverständiger Dritter innerhalb angemessener Zeit die Ermittlung der Kapitalflussrechnung nachvollziehen kann**.[737] Die Beachtung dieses Grundsatzes soll dazu beitragen, dass keine falschen Daten und Berechnungsweisen der Kapitalflussrechnung zugrunde liegen.[738] Dadurch soll gewährleistet werden, dass die dargestellte Finanzlage möglichst weitgehend den tatsächlichen Verhältnissen entspricht. Dieser Grundsatz verdeutlicht, dass Kapitalflussrechnungen als publizierte Rechnungen analog zu dem aus der Bilanz, der Gewinn- und Verlustrechnung und dem Anhang bestehenden Jahresabschluss ebenfalls den Ansprüchen der objektiven Nachprüfbarkeit gerecht werden müssen.[739]

3.5.2.3.2.4 Der Grundsatz der Wesentlichkeit

Der Grundsatz der Wesentlichkeit relativiert allerdings den zuvor dargestellten Grundsatz der Nachprüfbarkeit. So können bestimmte Geschäftsvorfälle, die für die Gesamtbetrachtung nur von untergeordneter Bedeutung sind, einen **unverhältnismäßig hohen Ermittlungsaufwand** erfordern und außerdem die **Übersichtlichkeit der Kapitalflussrechnung** beeinträchtigen. Ihre Berück-

---

735 Vgl. *Coenenberg, Adolf G./Schmidt, Franz*: Die Kapitalflussrechnung als Ergänzungsrechnung des veröffentlichten Jahresabschlusses. In: Zeitschrift für Betriebswirtschaft 1978, S. 511.

736 Vgl. *Haenel, Andreas*: Die Erstellung von Kapitalflußrechnungen – aktuelle Probleme und Lösungsvorschläge. Berlin 1998, S. 98.

737 Vgl. *Coenenberg, Adolf G.*: Jahresabschluß und Jahresabschlußanalyse. 17. Aufl., Landsberg a.L. 2000, S. 61.

738 Vgl. *Baetge, Jörg*: Bilanzen. 4. Aufl., Düsseldorf 1996, S. 79.

739 Vgl. *Dellmann, Klaus*: Kapitalfluß- und Finanzierungsrechnung. In: Handbuch des Jahresabschlusses in Einzeldarstellungen (HdJ), hrsg. von *Klaus von Wysocki* und *Joachim Schultze-Osterloh*, Abt. IV/6, Köln 1990, Rn. 26.

sichtigung würde dann einen Verstoß gegen die Grundsätze der Wirtschaftlichkeit und Klarheit bedeuten. Aus diesem Grund kann die Unternehmungsleitung auf deren Ausweis gemäß dem Grundsatz der Wesentlichkeit verzichten.[740]

Da bezüglich des Grundsatzes der Wesentlichkeit vom Gesetzgeber i. d. R. keine präzisen quantitativen Grenzen festgelegt wurden, bietet sich der Unternehmung zum Teil ein erheblicher Auslegungsspielraum, der Vergleiche mit anderen Unternehmungen erschweren kann und dadurch den Informationsbedürfnissen der externen Jahresabschlussadressaten entgegenläuft.[741]

3.5.2.3.2.5 Der Grundsatz der Stetigkeit

Um zeitliche Vergleiche von Kapitalflussrechnungen einer Unternehmung zu ermöglichen, müssen die formelle und materielle Kontinuität gegeben sein.[742]

Unter der **formellen Kontinuität** wird die Beibehaltung einer einmal gewählten Zuordnung von Zahlungen zu den jeweiligen Bereichen, wie z. B. dem Investitions- oder Finanzierungsbereich einerseits und zum Bereich der laufenden Geschäftstätigkeit andererseits verstanden.[743] Die **materielle Kontinuität** wird dadurch gewährleistet, dass beispielsweise eine einmal gewählte Fondsabgrenzung über die Jahre hinweg beibehalten wird, wodurch zwischenzeitliche Vergleiche bezüglich einer betrachteten Unternehmung erleichtert werden.[744] Die Stetigkeit sollte zusätzlich bezüglich möglicher Erläuterungen zur Kapitalflussrechnung eingehalten werden.

Für die externen Analysten bildet der Jahresabschluss und insbesondere die Kapitalflussrechnung unter anderem erst aufgrund der Einhaltung des Grundsatzes der Stetigkeit eine zuverlässige Grundlage für die Beurteilung der Finanzlage der betrachteten Unternehmung.[745]

---

740 Vgl. *Küting, Karlheinz/Weber, Claus-Peter*: Die Bilanzanalyse. 5. Aufl., Stuttgart 2000, S. 147.

741 Vgl. *Kußmaul, Heinz*: Die Bewegungsbilanz und Kapitalflußrechnung als Instrumente zur Analyse des Jahresabschlusses. In: Der Steuerberater 1984, S. 303-304.

742 Vgl. *Kloock, Josef*: Kapitalflußrechnungen als den aktienrechtlichen Jahresabschluß ergänzende Dokumentationsrechnungen. In: Betriebswirtschaftliche Forschung und Praxis 1979, S. 479.

743 Vgl. *Mansch, Helmut/Stolberg, Klaus/Wysocki, Klaus von*: Die Kapitalflußrechnung als Ergänzung des Jahres- und Konzernabschlusses. Anmerkungen zur gemeinsamen Stellungnahme HFA 1/1995 des Hauptfachausschusses und der Schmalenbach-Gesellschaft. In: Die Wirtschaftsprüfung 1995, S. 187.

744 Vgl. *Schoppen, Willi*: Darstellung der Finanzlage mit Hilfe der Kapitalflußrechnung. Düsseldorf 1982, S. 64.

745 Vgl. *Stahn, Frank*: Kapitalflußrechnung als dritte Konzern-Jahresrechnung. Bergisch Gladbach/Köln 1996, S. 67.

3.5.3 Mögliche Gestaltungen von Kapitalflussrechnungen

3.5.3.1 Die Arten von Kapitalflussrechnungen

3.5.3.1.1 Vorbemerkungen

Kapitalflussrechnungen können insbesondere nach zwei Hauptkriterien differenziert werden:[746]

- Vornahme einer Fondsausgliederung;
- Art der Ermittlung der einzelnen Komponenten.

Bezüglich des Kriteriums **„Vornahme einer Fondsausgliederung“** lassen sich Kapitalflussrechnungen grundsätzlich danach unterscheiden, ob ein Fonds ausgegliedert wird oder nicht. Dabei wird unter einem **Fonds** eine „rechentechnisch verselbständigte“[747] Mittelgesamtheit verstanden, die sich aus einer bzw. mehreren Bilanzpositionen der Aktiv- und ggf. auch der Passivseite der Bilanz zu einer buchhalterischen Einheit zusammensetzt.[748] Eine Kapitalflussrechnung **ohne Fondsausgliederung** zeigt in Form einer Bewegungsrechnung die Veränderungen im gesamten Vermögensbereich und Kapitalaufbau sowie deren Ursachen auf. Sie hat allerdings den gravierenden Nachteil, dass über die Entwicklung der Liquidität der betrachteten Unternehmung keine unmittelbaren Aussagen möglich sind.[749] Zur Darstellung der Liquiditätslage und ihrer Veränderungen eignen sich insbesondere Kapitalflussrechnungen **mit ausgegliedertem Fonds**.[750]

Hinsichtlich der **„Art der Ermittlung der einzelnen Komponenten“** kann zwischen der derivativen und der originären Ermittlung unterschieden werden. Hierauf wird in **Abschnitt 3.5.3.3** noch näher eingegangen.

---

[746] Vgl. *Siener, Friedrich*: Der Cash-Flow als Instrument der Bilanzanalyse. Stuttgart 1991, S. 267-269.

[747] *Lachnit, Laurenz*: Zeitraumbilanzen. Berlin 1972, S. 69.

[748] Vgl. *Käfer, Karl*: Kapitalflußrechnungen. 2. Aufl., Stuttgart 1984, S. 41; *Kußmaul, Heinz*: Die Bewegungsbilanz und Kapitalflußrechnung als Instrumente zur Analyse des Jahresabschlusses. In: Der Steuerberater 1984, S. 294.

[749] Vgl. *Born, Karl*: Bilanzanalyse International. Stuttgart 1994, S. 348.

[750] Vgl. *Förschle, Gerhart/Kropp, Manfred*: Unternehmensfinanzierung. 2. Aufl., Bonn 1995, S. 136; *Kosiol, Erich*: Pagatorische Bilanz. Berlin 1976, S. 604; *Siegwart,Hans*: Das betriebswirtschaftliche Rechnungswesen als Führungsinstrument. 3. Aufl., Stuttgart 1994, S. 47.

Unabhängig von der Ausgestaltung einer Kapitalflussrechnung kann darüber hinaus zwischen retrospektiven und prospektiven Kapitalflussrechnungen differenziert werden.[751] Die **retrospektive**, d. h. vergangenheitsorientierte **Kapitalflussrechnung** wird i. d. R. für die externe Rechnungslegung als zusätzliches Informationsinstrument und Bestandteil des Jahresabschlusses veröffentlicht. Als zukunftsbezogene Rechnung zur Finanzlage wird die **prospektive Kapitalflussrechnung** heute vor allem unternehmungsintern als Instrument zur Steuerung der Unternehmungsabläufe verwendet.[752]

Im Folgenden werden ausschließlich Kapitalflussrechnungen mit Ausgliederung eines Fonds betrachtet, da diese Art der Kapitalflussrechnung die Basis für die hier näher behandelten nationalen und internationalen Verlautbarungen zur Kapitalflussrechnung bildet.

3.5.3.1.2 Die mögliche Ausgliederung eines Fonds

Durch die Ausgliederung eines Fonds wird die Kapitalflussrechnung in zwei (Teil-)Rechnungen unterteilt.[753] Dabei wird zwischen dem so genannten **Fondsnachweis**, der die dem Fonds zugerechneten Bestandsgrößen und ihre Veränderungen darstellt, und der zum Teil auch als Investitions- und Finanzierungsnachweis bezeichneten **Gegenbeständerechnung** unterschieden. Die stromgrößenorientierte Gegenbeständerechnung wird häufig auch als Ursachenrechnung oder Kapitalflussrechnung im engeren Sinne bezeichnet. In **Abbildung 85** (Seite 313), die den Zusammenhang der Zahlungsströme (Finanzströme) zwischen dem Fondsnachweis und der Gegenbeständerechnung vereinfacht darstellt, wird für Fondskonten der Index f und für Konten der Gegenbeständerechnung der Index g verwendet.

Da der Saldo in Form der Veränderung des Fonds in beiden Rechnungen gleich groß ist, lassen sich auf diese Weise die Veränderungen des Fonds für die gewählte Periode auf zwei Arten darstellen; einerseits durch den Fondsnachweis und andererseits durch die Gegenbeständerechnung.[754]

---

[751] Vgl. *Bieg, Hartmut*: Betriebswirtschaftslehre 2: Finanzierung. Freiburg i. Br. 1991, S. 232.

[752] Vgl. *Glieder, Harald*: Geldflußrechnung, Segmentberichterstattung und Gewinn pro Aktie. Hamburg 1999, S. 81.

[753] Vgl. *Kalinski, Rüdiger*: Die Rechnungslegung zur Finanzlage der Unternehmung. Kiel 1986, S. 83.

[754] Vgl. *Amen, Matthias*: Erstellung von Kapitalflußrechnungen. 2. Aufl., München 1998, S. 37.

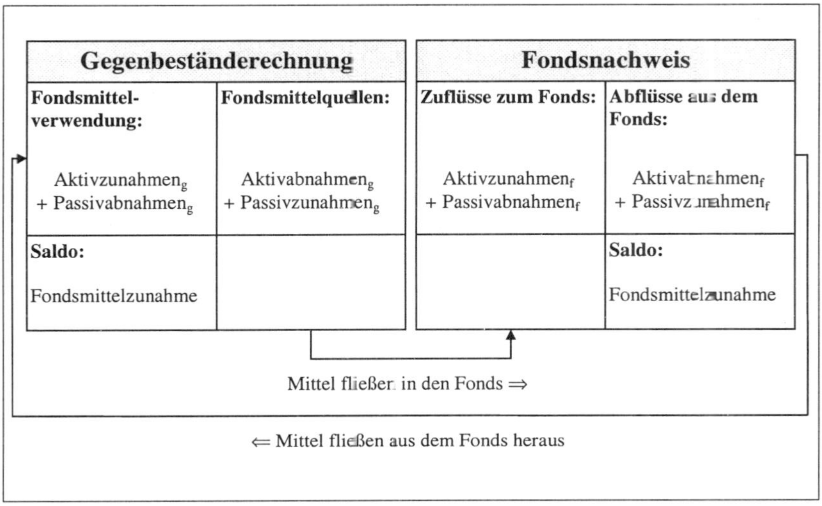

Abbildung 85: Der Zusammenhang zwischen der Gegenbeständerechnung und dem Fondsnachweis[755]

An dieser Stelle bietet es sich an, die einer bestimmten Periode zuzuordnenden Strömungsgrößen wie folgt zu systematisieren:[756]

1. **Fondsinterne Vorgänge**: Sie führen zu keiner Änderung des ausgewiesenen Saldos, wohl aber zu einer Strukturveränderung des Fonds.
2. **Fondsexterne Vorgänge**: Sie verändern weder den Saldo des Fonds, noch haben sie einen Einfluss auf die Struktur der im Fonds ausgewiesenen Fondsmittel.
3. **Vorgänge zwischen Fonds und Gegenbeständen**: Diese Vorgänge, die als Abflüsse oder Zuflüsse des Fonds vorliegen können, bilden den Untersuchungsgegenstand der Gegenbeständerechnung (vgl. **Abschnitt 3.5.3.1.4**).

3.5.3.1.3 Der Fondsnachweis

Unter dem auch als „Liquiditätsnachweis"[757] bezeichneten Fondsnachweis wird ein Bestandsnachweis verstanden, der die Zusammensetzung des Fonds-

---

755 Modifiziert entnommen aus *Perridon, Louis/Steiner, Manfred*: Finanzwirtschaft der Unternehmung. 10. Aufl., München 1999, S. 583.

756 Vgl. *Bieg, Hartmut*: Betriebswirtschaftslehre 2: Finanzierung. Freiburg i.Br. 1991, S. 236; *Serfling, Klaus*: Die Kapitalflußrechnung. Herne/Berlin 1984, S. 61.

757 *Prochinig, Urs*: Mittelflussrechnung. 4. Aufl., Zürich 1999, S. 45.

bestandes am Periodenanfang und -ende sowie seine Veränderungen innerhalb der betrachteten Periode darstellt.[758] Durch den Fondsnachweis bzw. „Nachweis über die Fondsmittelveränderungen“[759] soll gezeigt werden, in welche Richtung und um welchen Betrag sich die im Fonds zusammengefassten Bilanzpositionen verändert haben.[760]

Dabei wird die Veränderung des Fonds als ein **Indikator für die Liquiditätsentwicklung** der betrachteten Unternehmung gedeutet.[761] Eine Zunahme der im Fonds zusammengefassten Mittel wird als Liquiditätsverbesserung interpretiert, während eine Abnahme als Liquiditätsverschlechterung zu qualifizieren ist.[762]

Es bietet sich an, die Zusammensetzung des Fonds anzugeben, damit insbesondere der externe Jahresabschlussleser beurteilen kann, inwieweit mögliche fondsinterne Umsätze stattgefunden haben können. Diese werden, wie **Abbildung 85** (Seite 313) zeigt, ansonsten nicht offen ausgewiesen.

Abschließend ist festzustellen, dass der Fondsnachweis „ein unabdingbarer Begleiter der eigentlichen über die Ursachen der Veränderungen berichtenden“[763] Gegenbeständerechnung ist.

3.5.3.1.4 Die Gegenbeständerechnung

Die Gegenbeständerechnung erklärt die Fondsveränderung mit Hilfe der Positionen, die nicht im Fonds enthalten sind.[764] Damit die auch als **„Ursachen-**

---

[758] Vgl. *Dellmann, Klaus*: Kapitalfluß- und Finanzierungsrechnung. In: Handbuch des Jahresabschlusses in Einzeldarstellungen (HdJ), hrsg. von *Klaus von Wysocki* und *Joachim Schultze-Osterloh*, Abt. IV/6, Köln 1990, Rn. 89; *Gebhardt, Günther*: Externe Aufstellung konsolidierter Kapitalflußrechnungen. In: Zeitschrift für betriebswirtschaftliche Forschung 1981, S. 1016; *Kalinski, Rüdiger*: Die Rechnungslegung zur Finanzlage der Unternehmung. Kiel 1986, S. 83.

[759] *Schoppen, Willi*: Darstellung der Finanzlage mit Hilfe der Kapitalflußrechnung. Düsseldorf 1982, S. 68.

[760] Vgl. *Klös, Helmut L.*: Kapitalflußrechnung. In: Planungs- und Kontrollrechnung im internationalen Konzern, hrsg. von *Walther Busse von Colbe* und *Eberhard Müller*, Zeitschrift für betriebswirtschaftliche Forschung, Sonderheft 17/1984, S. 146; *Weilenmann, Paul*: Kapitalflussrechnung in der Praxis. 2. Aufl., Zürich 1992, S. 17.

[761] Vgl. *Schoppen, Willi*: Darstellung der Finanzlage mit Hilfe der Kapitalflußrechnung. Düsseldorf 1982, S. 71.

[762] Vgl. *Dellmann, Klaus/Kalinski, Rüdiger*: Die Rechnungslegung zur Finanzlage der Unternehmung. In: Die Betriebswirtschaft 1986, S. 180; *Röhrenbacher, Hans/Fleischer, Werner*: Von der Bilanz zur Kapitalflußrechnung. Wien 1989, S. 105.

[763] *Weilenmann, Paul*: Kapitalflussrechnung in der Praxis. 2. Aufl., Zürich 1992, S. 17.

[764] Vgl. *Baetge, Jörg*: Bilanzen. 4. Aufl., Düsseldorf 1996, S. 629.

rechnung“[765] bezeichnete Gegenbeständerechnung zu einem komplementären Teil des Fondsnachweises werden kann, sind, soweit möglich, alle Bewegungen, die sich lediglich innerhalb der Ursachenrechnung auswirken, zu eliminieren.[766] Auf diese Weise werden nur Vorgänge wie beispielsweise der Kauf einer Maschine gegen Barzahlung, die Auswirkungen auf die Höhe der im Fonds zusammengefassten Zahlungsmittel haben, erfasst.[767] Dadurch kann die auf Stromgrößen basierende Gegenbeständerechnung die Quellen bzw. Ursachen aufzeigen und die Veränderungen des Fonds erklären.[768]

Buchungen, die ein Gegenbestands- und ein Fondskonto berühren, können entweder fondserhöhend (z.B. Barverkauf von Sachanlagevermögen) oder fondsvermindernd (z.B. Erwerb einer Finanzanlage gegen Guthaben bei Kreditinstituten) sein.[769] Dabei stellen fondserhöhende Einzahlungen die Mittelherkunft dar, während fondsmindernde Auszahlungen als Mittelverwendung interpretiert werden.

3.5.3.2 Die verschiedenen Fondsabgrenzungen

Wesentlich für den Aussagegehalt der Kapitalflussrechnung und für ihre Interpretierbarkeit ist die Abgrenzung des Fonds,[770] da mit der Fondsabgrenzung auch der materielle Inhalt der Kapitalflussrechnung variiert.[771] Von der Abgrenzung des Fonds hängt der Umfang der fondsinternen Vorgänge ab, deren Zahlungsströme, weil sie zwischen den im Fonds zusammengefassten Positio-

---

765 *Käfer, Karl*: Kapitalflußrechnungen. 2. Aufl., Stuttgart 1984, S. 40.

766 Vgl. *Pfuhl, Joerg M.*: Kapitalflußrechnung im Konzern. In: Handbuch der Konzernrechnungslegung, hrsg. von *Karlheinz Küting* und *Claus-Peter Weber,* Band II, 2. Aufl., Stuttgart 1998, S. 685, Rn. 1227.

767 Vgl. *Serfling, Klaus/Großkopff, Anne*: Finanzanalyse mit Hilfe von Kapitalflußrechnungen. In: Buchführung, Bilanz, Kostenrechnung vom 6.12.1996, Fach 30, S. 574.

768 Vgl. *Amen, Matthias*: Erstellung von Kapitalflußrechnungen. 2. Aufl., München 1998, S. 28.

769 Vgl. *Dellmann, Klaus*: Kapitalfluß- und Finanzierungsrechnung. In: Handbuch des Jahresabschlusses in Einzeldarstellungen (HdJ), hrsg. von *Klaus von Wysocki* und *Joachim Schultze-Osterloh*, Abt. IV/6, Köln 1990, Rn. 102.

770 Vgl. *Bieg, Hartmut*: Schwebende Geschäfte in Handels- und Steuerbilanz. Frankfurt a.M./Bern 1977, S. 226; *Mansch, Helmut/Stolberg, Klaus/Wysocki, Klaus von*: Die Kapitalflußrechnung als Ergänzung des Jahres- und Konzernabschlusses. Anmerkungen zur gemeinsamen Stellungnahme HFA 1/1995 des Hauptfachausschusses und der Schmalenbach-Gesellschaft. In: Die Wirtschaftsprüfung 1995, S. 188.

771 Vgl. *Dellmann, Klaus*: Kapitalfluß- und Finanzierungsrechnung. In: Handbuch des Jahresabschlusses in Einzeldarstellungen (HdJ), hrsg. von *Klaus von Wysocki* und *Joachim Schultze-Osterloh*, Abt. IV/6, Köln 1990, Rn. 94.

nen fließen und somit die Höhe des Fonds nicht verändern, in der Gegenbeständerechnung nicht gezeigt werden (können).[772]

In der Literatur finden sich für eine Kapitalflussrechnung mit ausgegliedertem Fonds mehrere unterschiedliche Fondsabgrenzungen,[773] wobei unterschiedlich viele Aktiv- und Passivpositionen der Bilanz in den Fonds einbezogen werden.[774] Fonds, die **ausschließlich Aktivpositionen** umfassen, werden auch als **Brutto-Fonds**[775] bezeichnet. Andererseits existieren so genannte **Netto-Fonds**, die neben Aktivpositionen auch Passivpositionen wie z.B. die kurzfristigen Verbindlichkeiten gegenüber Kreditinstituten enthalten.[776]

Aus der Vielzahl[777] der möglichen Fonds werden in **Abbildung 86** (Seite 317) einige Fonds bezüglich ihrer Zusammensetzung überblicksartig dargestellt.

Die Abgrenzung eines aussagekräftigen Fonds wurde in der Literatur lange kontrovers diskutiert,[778] wobei sich keine Einigung hinsichtlich des geeignetsten Fonds erzielen ließ.[779] Dabei wurde die Diskussion um die Abgrenzung des Fonds in der Vergangenheit stärker unter Wirtschaftlichkeitsaspekten als „unter dem Gesichtspunkt der Aussagefähigkeit der Kapitalflußrechnung geführt."[780] Hier soll die Debatte um die Abgrenzung eines Fonds exemplarisch anhand der in der **Abbildung 86** (Seite 317) dargestellten Extreme (vgl. Typ 1 bzw. Typ 6) geführt werden, wobei zunächst ein weit abgegrenzter

---

772 Vgl. *Serfling, Klaus/Großkopff, Anne*: Finanzanalyse mit Hilfe von Kapitalflußrechnungen. In: Buchführung, Bilanz, Kostenrechnung vom 6.12.1996, Fach 30, S. 574.

773 Vgl. *Kalinski, Rüdiger*: Die Rechnungslegung zur Finanzlage der Unternehmung. Kiel 1986, S. 88.

774 Vgl. *Wirth, Herbert*: Kritische Bemerkungen zu Cash-flow und Kapitalflußrechnung. In: Festschrift für *Anton Egger* zum 65. Geburtstag, hrsg. von *Romuald Bertl* und *Gerwald Mandl*, Wien 1997, S. 331.

775 Vgl. *Ingendahl, Joachim*: Die Kapitalflußrechnung im Rechnungslegungsrecht der USA und der Bundesrepublik Deutschland. Berlin 1990, S. 28.

776 Vgl. *Amen, Matthias*: Die Kapitalflußrechnung als Rechnung zur Finanzlage. Eine kritische Betrachtung der Stellungnahme HFA 1/1995: Die Kapitalflußrechnung als Ergänzung des Jahres- und Konzernabschlusses. In: Die Wirtschaftsprüfung 1995, S. 503.

777 Vgl. u.a. *Weilenmann, Paul*: Kapitalflussrechnung in der Praxis. 2. Aufl., Zürich 1992, S. 13-14.

778 Vgl. *Friedl, Peter-Joachim*: Kapitalflussrechnung und Liquiditätsanalyse. Die Praxis der Cash-flow-Statements nach deutschem und österreichischem Handelsrecht. Wien 1995, S. 14; *Lachnit, Laurenz*: Zeitraumbilanzen. Berlin 1972, S. 73.

779 Vgl. *Schoppen, Willi*: Darstellung der Finanzlage mit Hilfe der Kapitalflußrechnung. Düsseldorf 1982, S. 63.

780 *Wysocki, Klaus von*: Die Kapitalflußrechnung als Teil des Anhangs börsennotierter Mutterunternehmen nach § 297 Abs. 1 Satz 2 HGB. In: Reform des Aktienrechts, der Rechnungslegung und Prüfung, hrsg. von *Dietrich Dörner, Dieter Menold* und *Norbert Pfitzer*, Stuttgart 1999, S. 451.

Fonds, wie ihn z. B. das Netto-Umlaufvermögen (Typ 1) darstellt, näher betrachtet wird.

Erfasste Positionen der Bilanz	**Fonds**					
	Netto-Umlaufvermögen Typ 1	**Umlaufvermögen Typ 2**	**Bald verfügbare Geldmittel Typ 3**	**Bald netto verfügbare Geldmittel Typ 4**	**Liquide Mittel Typ 5**	**Geld Typ 6**
Kassenbestand, Bundesbankguthaben, Guthaben bei Kreditinstituten und Schecks	X	X	X	X	X	X
Leicht veräußerbare Wertpapiere	X	X	X	X	X	
Kurzfristige Forderungen	X	X	X	X		
Vorräte	X	X				
Geleistete Anzahlungen	X	X				
Transitorische Aktiva	X	X				
Kurzfristige Verbindlichkeiten	X			X		
Transitorische Passiva	X					

Abbildung 86: Die unterschiedlichen Fondsabgrenzungen[781]

Wie **Abbildung 86** zeigt, beinhaltet der Fonds des **Netto-Umlaufvermögens**[782] (Typ 1) neben den Zahlungsmitteln, die auf der Aktivseite der Bilanz in der Position B. IV. „Kassenbestand, Bundesbankguthaben, Guthaben bei Kreditinstituten und Schecks“ erfasst werden, unter anderem auch die Vorräte

---

[781] Modifiziert entnommen aus *Bieg, Hartmut*: Die Kapitalflussrechnung als stromgrößenorientierte Finanzanalyse. In: Der Steuerberater 2000, S. 141; vgl. auch *Coenenberg, Adolf G.*: Jahresabschluß und Jahresabschlußanalyse, 17. Aufl., Landsberg a.L. 2000, S. 689; *Kußmaul, Heinz*: Die Bewegungsbilanz und Kapitalflußrechnung als Instrumente der externen Analyse des Jahresabschlusses. In: Der Steuerberater 1984, S. 295.

[782] Der Fonds des Netto-Umlaufvermögens wird im angelsächsischen Sprachraum als **working capital** bezeichnet.

der Unternehmung. Gerade die Einbeziehung der Vorräte stellt einen Mangel dieses Fondstyps dar, weil die ausgewiesenen Vorräte und damit die Höhe des Fonds durch Bewertungsmaßnahmen beeinflussbar sind. Der Fondsbestand kann sich also verändern, ohne dass irgendwelche sich auf die Liquidität der Unternehmung auswirkenden tatsächlichen Mittelzuflüsse und -abflüsse stattgefunden haben. Außerdem können sich unter den Vorräten auch so genannte Ladenhüter befinden, die unter Umständen keinen Wert mehr für die Unternehmung darstellen, da sie sich nur äußerst schwer in Geld und damit in Liquidität umsetzen lassen. Weiterhin ist auf die grundsätzliche Problematik der Abgrenzung des Fonds des Netto-Umlaufvermögens hinzuweisen, die insbesondere aus Zuordnungsspielräumen zwischen Anlage- und Umlaufvermögen resultiert.[783]

Bereits diese Ausführungen verdeutlichen, dass sich mit Hilfe eines derart heterogenen Fonds wie ihn das Netto-Umlaufvermögen darstellt, **keine eindeutigen Aussagen über die Liquiditätslage** einer Unternehmung treffen lassen. Zudem kann die Gegenbeständerechnung zu einem weit abgegrenzten Fonds umso weniger Veränderungen des Fondsmittelbestandes erklären, je mehr Positionen der jeweilige Fonds umfasst, da bereits viele Transaktionen zwischen den im Fonds zusammengefassten Positionen stattfinden. So stellen z. B. Investitionen in das Umlaufvermögen gegen Barzahlung bzw. Banküberweisung **fondsinterne Geschäftsvorfälle** dar, die folglich in der Gegenbeständerechnung nicht ausgewiesen werden können. Darunter leidet die Aussagekraft der Kapitalflussrechnung, deren Zweck es unter anderem auch ist, zur besseren Beurteilung der mittel- bis langfristigen Finanzlage (Liquiditätslage) möglichst alle Investitions- und Finanzierungsvorgänge einer betrachteten Periode zu zeigen.

Da ein weit abgegrenzter Fonds aussagekräftige Informationen weder zur Veränderung der Liquidität noch über alle Investitions- und Finanzierungsvorgänge einer bestimmten Periode liefern kann, ist er für eine Kapitalflussrechnung mit ausgegliedertem Fonds abzulehnen.

Im Gegensatz zum Fonds des Netto-Umlaufvermögens (Typ 1) enthält der in der **Abbildung 86** (Seite 317) gezeigte Fonds des Typs 6 lediglich die Vermögensgegenstände der Unternehmung, die in der Bilanz gemäß § 266 Abs. 2 HGB auf der Aktivseite unter der Position B. IV. „Kassenbestand, Bundesbankguthaben, Guthaben bei Kreditinstituten und Schecks" auszuweisen sind. Dieser an den Zahlungsmitteln orientierte Fonds des Typs 6 hat den Vorteil, dass bei den in diesem Fonds enthaltenen Bilanzpositionen kaum Bewertungsspielräume, wie sie insbesondere im Fonds des Netto-Umlaufvermögens

[783] Vgl. *Prochinig, Urs*: Mittelflussrechnung. 4. Aufl., Zürich 1999, S. 48.

(working capital) auftreten können, gegeben sind.[784] Da den Unternehmungen für diese Bilanzpositionen grundsätzlich keine Spielräume in Bewertungsfragen eröffnet werden, erhöht sich die Objektivität und damit auch die Nachprüfbarkeit der Kapitalflussrechnung. Allerdings ist auch der Fonds des Typs 6 (Geld) gewissen Manipulationsmöglichkeiten ausgesetzt, da die Geschäftsleitungen z. B. durch verzögerte Begleichung von Lieferantenverbindlichkeiten unter anderem die Höhe der Bankguthaben und damit den Bestand des betrachteten Fonds vor Ende der Periode beeinflussen können.[785]

Trotzdem ist der Fonds des Typs 6, der nur die homogene Gruppe der sehr liquiden Mittel enthält, vergleichsweise am besten für eine Beurteilung der Veränderung der Liquidität geeignet.[786] Je enger der Fonds abgegrenzt wird, desto mehr Aussagekraft besitzt die daraus resultierende Kapitalflussrechnung, weil nur ein verhältnismäßig geringer Anteil der Transaktionen fondsintern abläuft.[787]

Nachteilig an einem eng abgegrenzten Fonds „Geld" (Typ 6) ist jedoch, dass diejenigen Investitions- und Finanzierungsvorgänge, die den Fonds „Geld" nicht berühren (fondsexterne Vorgänge), in der Kapitalflussrechnung nicht unmittelbar abgebildet werden können. Zum Beispiel berührt der Kauf von Vorräten auf Ziel den Geldfonds nicht und wird folglich auch nicht offen in der Gegenbeständerechnung ausgewiesen. Diese Überlegungen verdeutlichen, dass auch unter Verwendung eines sehr eng abgegrenzten Fonds nicht alle Investitions- und Finanzierungsvorgänge gezeigt werden (können). Trotz dieser Einwände kann eine auf einem eng abgegrenzten Fonds des Typs 6 (Geld) basierende Kapitalflussrechnung besser als eine auf einem weit abgegrenzten Fonds des Typs 1 fußende Kapitalflussrechnung über die Veränderung der Liquidität informieren, so dass ein eng abgegrenzter Fonds grundsätzlich den weiter abgegrenzten Fonds vorzuziehen ist.

Zusammenfassend ist festzustellen, dass nur die Kapitalflussrechnungen mit ausgegliedertem Fonds den Rechnungslegungszweck des Liquiditätsausweises erfüllen können. Allerdings existiert kein Fonds, durch den alle Zwecke der

---

784 Vgl. *Serfling, Klaus/Großkopff, Anne*: Finanzanalyse mit Hilfe von Kapitalflußrechnungen. In: Buchführung, Bilanz, Kostenrechnung vom 20.12.1996, Fach 30, S. 575.

785 Vgl. ausführlich zu möglichen Sachverhaltsgestaltungen *Waschbusch, Gerd*: Die handelsrechtliche Jahresabschlußpolitik der Universalaktienbanken. Stuttgart 1992, S. 250-261.

786 Vgl. u. a. *Kalinski, Rüdiger*: Die Rechnungslegung zur Finanzlage der Unternehmung. Kiel 1986, S. 100.

787 Vgl. *Serfling, Klaus/Großkopff, Anne*: Finanzanalyse mit Hilfe von Kapitalflußrechnungen. In: Buchführung, Bilanz, Kostenrechnung vom 6.12.1996, Fach 30, S. 574.

Kapitalflussrechnung in nur einer Rechnung erfüllt werden können.[788] Der konzeptionsbedingte Mangel der Kapitalflussrechnung mit einem ausgegliederten Fonds besteht darin, dass grundsätzlich nicht über alle Investitions- und Finanzierungsvorgänge, die in der betrachteten Periode stattgefunden haben, berichtet wird. In der Rechnungslegungspraxis versucht man diesem systembedingten Nachteil durch einen separaten Ausweis aller nicht-fondswirksamen Investitions- und Finanzierungsvorgänge der Periode in einem **Erläuterungsteil** zur Kapitalflussrechnung zu begegnen.

Die Wahl einer bestimmten Fondsabgrenzung ist eng mit den Informationsbedürfnissen der jeweiligen Adressaten und dem übergeordneten Zielsystem des Erstellers der Kapitalflussrechnung verknüpft.[789] Nicht zuletzt aufgrund der vielen unterschiedlichen Möglichkeiten der Fondsabgrenzung ist die **Angabe der Zusammensetzung** des zugrunde liegenden Fonds für die Beurteilung der Aussagekraft einer Kapitalflussrechnung von entscheidender Bedeutung. Insbesondere für externe Kapitalflussrechnungen soll dabei eine einmal gewählte **Fondsabgrenzung** gemäß dem Grundsatz der Stetigkeit **beibehalten** werden. Für die folgenden Ausführungen wird grundsätzlich von einem an den Typ 6 angelehnten Fonds ausgegangen.

3.5.3.3 Die Ermittlungsmethoden

3.5.3.3.1 Vorbemerkungen

Unabhängig von der Fondskonzeption können Kapitalflussrechnungen entweder originär aus den Daten der Finanzbuchhaltung oder derivativ aus den Daten des Jahresabschlusses ermittelt werden. Ein wichtiger Unterschied zwischen den beiden alternativen Ermittlungswegen liegt darin, dass die **originäre Ermittlung** auf den unaggregierten Zahlen der Finanzbuchhaltung basiert, während bei der **derivativen Ermittlung** der Kapitalflussrechnung auf die bereits für den Jahresabschluss aggregierten Daten zurückgegriffen wird.[790] **Abbildung 87** (Seite 321) zeigt die alternativen Ermittlungsmethoden der Kapitalflussrechnung überblicksartig auf.

---

[788] Vgl. *Heath, Loyd C.*: Let‘s scrap the „Funds“ Statement. In: Journal of Accountancy, October 1978, S. 97; *Lachnit, Laurenz*: Zeitraumbilanzen. Berlin 1972, S. 85-87.

[789] Vgl. *Wehrheim, Michael*: Krisenprognose mit Hilfe einer Kapitalflußrechnung? In: Deutsches Steuerrecht 1997, S. 1700.

[790] Vgl. *Serfling, Klaus*: Die Kapitalflußrechnung. Herne/Berlin 1984, S. 88.

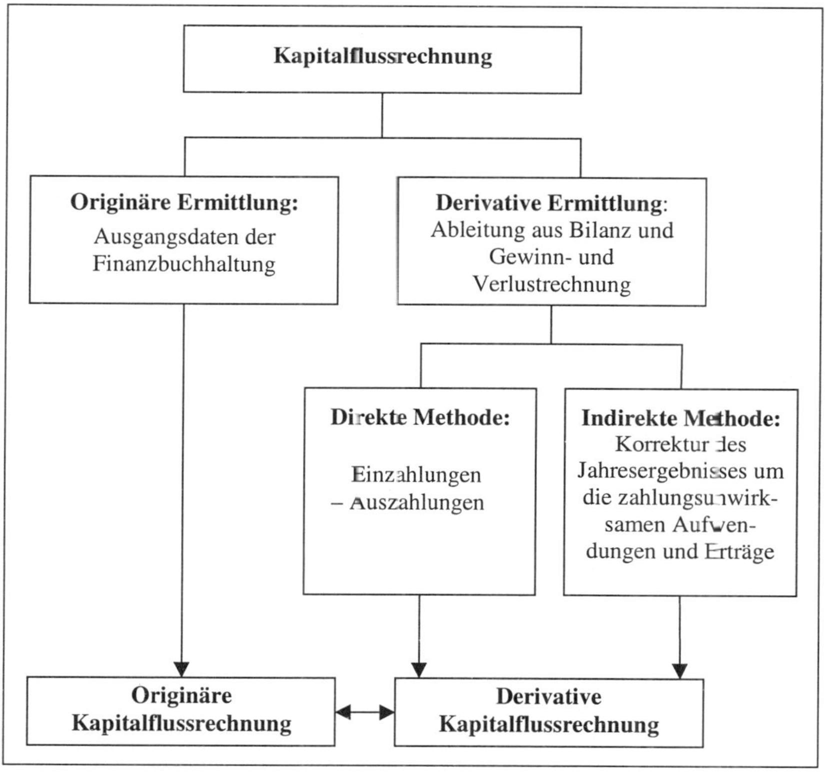

Abbildung 87: Die Ermittlungsmethoden der Kapitalflussrechnung[791]

Generell beruhen viele Schwierigkeiten bei der Erstellung einer Kapitalflussrechnung auf dem in der Praxis weit verbreiteten Denken in periodisierten Größen; dies wird insbesondere bei der nachfolgend beschriebenen derivativen Ermittlung deutlich.

3.5.3.3.2 Die derivative Ermittlung

Bei der derivativen Ableitung der Kapitalflussrechnung aus dem bereits aufgestellten Jahresabschluss bilden die periodisierten Größen der Bilanz sowie der Gewinn- und Verlustrechnung die Basis für die Kapitalflussrechnung. **Abbildung 88** (Seite 323) gibt einen vereinfachten Überblick über die erforderlichen Schritte zur derivativen Erstellung der Kapitalflussrechnung.

---

[791] Modifiziert entnommen aus *Pfuhl, Joerg M.*: Konzernkapitalflußrechnung. Stuttgart 1994, S. 50.

Insbesondere für die prospektive Kapitalflussrechnung hat der derivative Ermittlungsweg große Bedeutung. Hier können die zukünftigen, prospektiven Zahlungsströme nicht originär aus den Daten der Finanzbuchhaltung, die i. d. R. lediglich bereits stattgefundene Geschäftsvorfälle abbildet, ermittelt werden. Häufig ist aber auch ein integriertes Planungssystem mit einem Finanzplan, der die erwarteten zukünftigen Ein- und Auszahlungen erklärt, nicht vorhanden. Vielmehr erstellen die Unternehmungen meist Plan-Bilanzen sowie Plan-Gewinn- und Verlustrechnungen, aus denen dann die zukünftigen Zahlungsströme derivativ geplant werden.[792]

Den ersten Schritt bei der derivativen Ermittlung der Kapitalflussrechnung stellt die **Beständedifferenzenbilanz** dar (**Abbildung 89**; Seite 324). Sie wird ermittelt, indem für jede Bilanzposition der Wertansatz in der Schlussbilanz des vorhergehenden Geschäftsjahres von dem Wertansatz der Schlussbilanz des betrachteten Geschäftsjahres subtrahiert wird. Die Veränderungen der jeweiligen Bilanzpositionen (Zunahmen/Abnahmen) werden dabei durch das entsprechende Vorzeichen (+/–) kenntlich gemacht. Dabei gibt „die Summe der in der Beständedifferenzenbilanz ausgewiesenen positiven bzw. negativen Bestandsdifferenzen ... die Änderung des gesamten Vermögens bzw. Kapitals“[793] der betrachteten Unternehmung an. Hinsichtlich der Gliederung der jeweiligen Aktiv- und Passivpositionen stimmt die Beständedifferenzenbilanz mit den zugrunde liegenden (Stichtags-)Bilanzen überein.

Wegen der Bilanzgleichung stimmt die Summe der Bestandsveränderungen auf der Aktivseite mit derjenigen der Passivseite überein, wodurch auch die Beständedifferenzenbilanz wie die (Stichtags-)Bilanz immer ausgeglichen ist.

Ein gravierender Nachteil der Beständedifferenzenbilanz liegt allerdings in dem **Ausweis saldierter Nettogrößen**, die keine (präzisen) Informationen über die Zahlungsströme liefern. Beispielsweise kann ein negativer Saldo im Anlagevermögen ausschließlich aus Abgängen von Gegenständen des Anlagevermögens, aber auch aus einer Mischung von Zu- und Abgängen resultieren.

---

[792] Vgl. *Hahn, Dietger*: Planung und Kontrolle, Planungs- und Kontrollsysteme, Planungs- und Kontrollrechnung. 5. Aufl., Wiesbaden 1996, S. 556-560.

[793] *Coenenberg, Adolf G./Schmidt, Franz*: Die Kapitalflußrechnung als Ergänzungsrechnung des veröffentlichten Jahresabschlusses. In: Zeitschrift für Betriebswirtschaft 1978, S. 508.

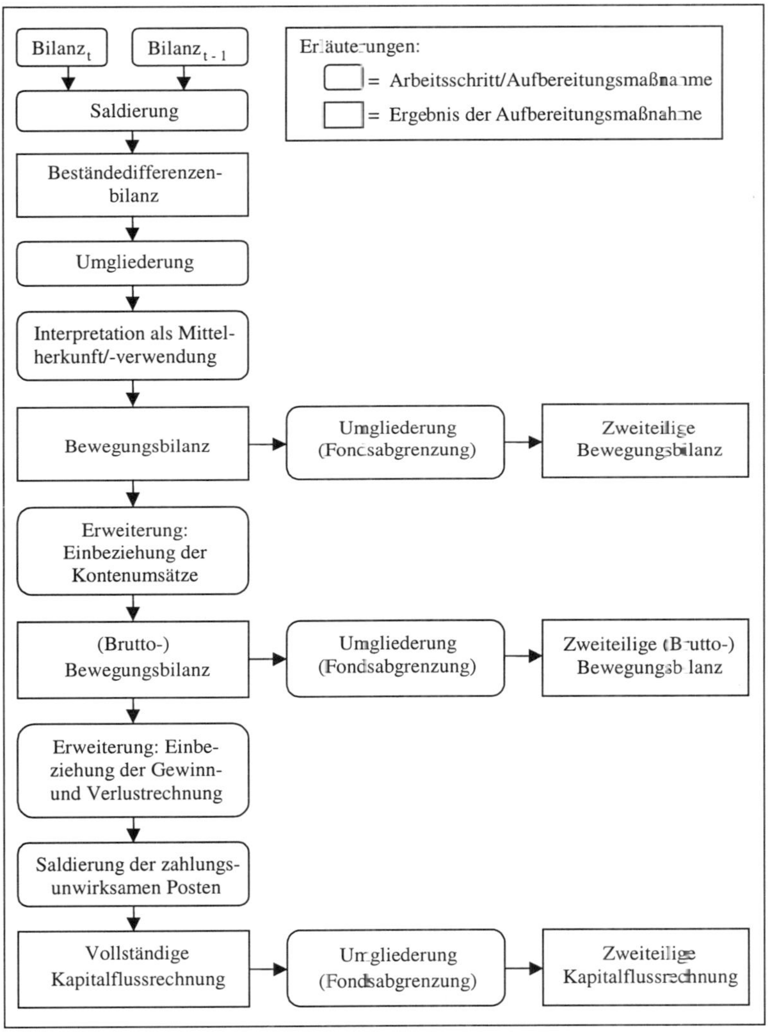

Abbildung 88: Vorgehensweise bei der derivativen Ermittlung der Kapitalflussrechnung[794]

[794] Modifiziert entnommen aus *Küting, Karlheinz/Weber, Claus-Peter*: Die Bilanzanalyse. 5. Aufl., Stuttgart 2000, S. 151.

Beständedifferenzenbilanz			
Aktiva			Passiva
	Aktivzunahmen (A^+) Aktivabnahmen (A^-)		Passivzunahmen (P^+) Passivabnahmen (P^-)
Saldo:	Veränderung der Bilanzsumme	Saldo:	Veränderung der Bilanzsumme

Abbildung 89: Grundschema einer Beständedifferenzenbilanz[795]

Bei der **einfachen Bewegungsbilanz**, die zum Teil auch als Veränderungsbilanz bezeichnet wird, werden die Beständedifferenzen als Mittelbewegungen aufgefasst. Zunächst werden die Positionen der Beständedifferenzenbilanz umgegliedert (**Abbildung 90**). Dabei werden der linken Seite (bzw. Aktiv- oder Sollseite) die Aktivmehrungen und Passivminderungen zugeordnet, sie werden als Mittelverwendung interpretiert. Auf der rechten Seite (bzw. Passiv- oder Habenseite) werden die Passivmehrungen und Aktivminderungen ausgewiesen; sie werden als Mittelherkunft interpretiert. Diese **Gegenüberstellung von Mittelherkunft und Mittelverwendung** ist charakteristisch für die Bewegungsbilanz. Es ist jedoch in diesem Stadium noch nicht möglich, Bestandsveränderungen bei Positionen der einen Seite konkreten Bestandsveränderungen der anderen Seite zuzuordnen.

Bewegungsbilanz			
Mittelverwendung			Mittelherkunft
	Aktivzunahmen (A^+) Passivabnahmen (P^-)		Passivzunahmen (P^+) Aktivabnahmen (A^-)
Saldo:	Summe der Beständedifferenzen	Saldo:	Summe der Beständedifferenzen

Abbildung 90: Grundschema der Bewegungsbilanz[796]

Die einfache Bewegungsbilanz, die nur einen Zwischenschritt zur (derivativen) Kapitalflussrechnung darstellt, enthält nur wenig aussagefähige Informationen zur Finanzlage der Unternehmung; diese Informationen gehen auch aus den beiden Schlussbilanzen hervor. Die einfache Bewegungsbilanz ermöglicht vor allem auch keine Abgrenzung zwischen liquiditätswirksamen Bewegun-

---

[795] Modifiziert übernommen aus *Pfuhl, Joerg M.*: Konzernkapitalflußrechnung. Stuttgart 1994, S. 65.

[796] Modifiziert übernommen aus *Pfuhl, Joerg M.:* Konzernkapitalflußrechnung. Stuttgart 1994, S. 68.

gen und nicht-liquiditätswirksamen Geschäftsvorfällen.[797] Außerdem wird der Aussagewert der einfachen Bewegungsbilanz durch die Verwendung von Bilanzdaten, die durch Bewertungsmaßnahmen und die Berücksichtigung der Periodisierung geprägt sind, eingeschränkt. Diese Unzulänglichkeiten sollen durch die folgenden Schritte soweit wie möglich beseitigt werden.

Die zur Erstellung der (**Brutto-)Bewegungsbilanz** (**Abbildung 91**) erforderliche Einbeziehung der jeweiligen Kontenumsätze anstelle der bisherigen Saldogrößen erlaubt erste Einblicke in die den Beständen zugrunde liegenden Zu- und Abnahmen der entsprechenden Bilanzpositionen. Durch diese Einbeziehung der zugrunde liegenden Soll- und Habenbuchungen wird die gesamte Höhe der Kontenbewegungen und nicht nur „der sich durch Saldierung ergebende und somit mehr oder weniger zufällige Differenzbetrag"[798] offen gezeigt. Dadurch wird die bisher lediglich auf Beständedifferenzen basierende Rechnung zu einer auf Stromgrößen fußenden Rechnung weiterentwickelt.

(Brutto-)Bewegungsbilanz			
Mittelverwendung			Mittelherkunft
Sollbuchungen:	Aktivzunahmen (A^+) Passivabnahmen (P^-)	**Habenbuchungen:**	Passivzunahmen (P^+) Aktivabnahmen (A^-)
Saldo:	Summe der Kontenumsätze	Saldo:	Summe der Kontenumsätze

Abbildung 91: Grundschema der (Brutto-)Bewegungsbilanz[799]

Eine ungekürzte Einbeziehung aller Kontenumsätze, die bei interner Erstellung aufgrund der vorhandenen Informationen i. d. R. möglich ist, würde auch den Interessen des externen Jahresabschlusslesers am ehesten entsprechen. Allerdings handelt es sich hier um einen Idealtypus, der kaum der interessierten Öffentlichkeit publiziert wird.[800] Im Übrigen können die externen Jahresabschlussadressaten die Kontenumsätze nur für den Bereich des Anlagevermögens aufgrund des gemäß § 268 Abs. 2 HGB vorgeschriebenen Anlagespiegels nachvollziehen.

---

797 Vgl. *Serfling, Klaus/Großkopf, Arne*: Finanzanalyse mit Hilfe von Kapitalflussrechnungen. In: Buchführung, Bilanz, Kostenrechnung vom 20.12.1996, Fach 30, S. 582.

798 *Kußmaul, Heinz*: Die Kapitalflußrechnung – Grundlagen, Formen, Voraussetzungen, Ausgestaltung –. In: Wirtschaftswissenschaftliches Studium 1985, S. 44[illegible].

799 Modifiziert übernommen aus *Pfuhl, Joerg M.*: Konzernkapitalflußrechnung. Stuttgart 1994, S. 72.

800 Vgl. *Grünig, Urs*: Die Kapitalflussrechnung als Bestandteil der finanziellen Planung und Kontrolle im internationalen Industriekonzern. Freiburg (Schweiz) 1989, S. 81.

Obwohl die vollständige Einbeziehung der Kontenumsätze zusätzliche Informationen gegenüber dem aus Bilanz, Gewinn- und Verlustrechnung sowie dem Anhang bestehenden Jahresabschluss beinhaltet, ermöglicht die (Brutto-)Bewegungsbilanz nur unvollständige Einblicke in die Finanzlage der betrachteten Unternehmung. Dies liegt daran, dass wegen der noch fehlenden Trennung in liquiditätswirksame und nicht-liquiditätswirksame Geschäftsvorfälle immer noch keine präzisen Aussagen über die Liquidität und deren Veränderung bezüglich der untersuchten Unternehmung gemacht werden können.[801]

Bezieht man in die (Brutto-)Bewegungsbilanz auch die Daten aus der Gewinn- und Verlustrechnung ein, so erhält man die **erweiterte (Brutto-)Bewegungsbilanz** (**Abbildung 92**).[802] Dabei wird das Jahresergebnis durch die entsprechenden Aufwendungen und Erträge der betrachteten Periode ersetzt.[803] Falls die den bisher dargestellten Vorstufen der Kapitalflussrechnungen zugrunde liegenden Bilanzen nach der teilweisen Verwendung des Jahresergebnisses erstellt wurden, ist der Bilanzgewinn als „rechnerisches Bindeglied"[804] zwischen Bilanz sowie Gewinn- und Verlustrechnung in einem Zwischenschritt durch eine Rückrechnung zum Jahresüberschuss/-fehlbetrag des betrachteten Geschäftsjahres in seine Bestandteile zu zerlegen.[805]

Erweiterte (Brutto-)Bewegungsbilanz	
Mittelverwendung	Mittelherkunft
Sollbuchungen: Aktivzunahmen (A^+) Passivabnahmen (P^-)* Aufwendungen (A) $Dividende_{t-1}$	**Habenbuchungen:** Passivzunahmen (P^+)* Aktivabnahmen (A^-) Erträge (E)
* ohne Jahresergebnis	

Abbildung 92: Grundschema der erweiterten (Brutto-)Bewegungsbilanz[806]

---

[801] Vgl. *Pfuhl, Joerg M.*: Die Kapitalflußrechnung als Instrument der Bilanzanalyse. In: Deutsches Steuerrecht 1991, S. 1671.

[802] Vgl. *Chmielewicz, Klaus/Caspari, Britta*: Zur Problematik von Finanzierungsrechnungen. In: Die Betriebswirtschaft 1985, S. 159.

[803] Vgl. *Käfer, Karl*: Kapitalflußrechnungen. 2. Aufl., Stuttgart 1984, S. 94.

[804] *Haindl, Georg*: Zum Aussagegehalt einer externen Kapitalflußrechnung für Aktionäre. Augsburg 1988, S. 71.

[805] Vgl. *Dellmann, Klaus*: Kapitalfluß- und Finanzierungsrechnung. In: Handbuch des Jahresabschlusses in Einzeldarstellungen (HdJ), hrsg. von *Klaus von Wysocki* und *Joachim Schultze-Osterloh*, Abt. IV/6, Köln 1990, Rn. 113-117.

[806] Modifiziert übernommen aus *Pfuhl, Joerg M.*: Konzernkapitalflußrechnung. Stuttgart 1994, S. 76.

Erst die Ersetzung der Veränderung des Jahresergebnisses durch die Daten der Gewinn- und Verlustrechnung ermöglicht eine Trennung in **liquiditätswirksame und nicht-liquiditätswirksame Geschäftsvorfälle** und dadurch eine im Vergleich zur (Brutto-)Bewegungsbilanz größere Aussagekraft der Rechnung.[807] Dabei besteht „der entscheidende Schritt zur zahlungsstromorientierten Kapitalflußrechnung“[808] darin, dass sich durch die Einbeziehung der kompletten Gewinn- und Verlustrechnung nicht-zahlungswirksame Positionen wie z. B. die Abschreibungen oder die Zuführungen zu den Gewinnrücklagen eliminieren lassen.[809] Ermöglicht wird diese Kompensation dadurch, dass bestimmte Positionen, wie z. B. die Abschreibungen, sowohl in der (Brutto-)Bewegungsbilanz als auch in der jetzt eingefügten Gewinn- und Verlustrechnung einerseits als Mittelherkunft (Aktivabnahme) und andererseits als Mittelverwendung (Aufwand) ausgewiesen werden.[810] Allerdings ist es selbst für unternehmungsinterne Erstellungen wegen des Rückgriffs auf aggregierte Zahlen, die insbesondere in Form der sonstigen betrieblichen Aufwendungen und Erträge in der Gewinn- und Verlustrechnung ausgewiesen werden dürfen, nicht immer möglich, sämtliche nicht-liquiditätswirksamen Vorgänge herauszufiltern und gegeneinander aufzurechnen.[811]

Abschließend kann man festhalten, dass sich bei der derivativen Ermittlung trotz der vorgenommenen Erweiterungen keine reine, ausschließlich auf den tatsächlichen Zahlungsströmen basierende Kapitalflussrechnung ergibt. Durch die beschriebenen Probleme lassen sich insbesondere das Bruttoprinzip und die Rückgängigmachung der Periodisierungen nicht vollständig realisieren; folglich wird auch der Grundsatz der Kongruenz verletzt. Somit stellt die in **Abbildung 87** (Seite 321) aufgeführte derivative Kapitalflussrechnung letztlich immer nur eine Näherungslösung an die nachfolgend dargestellten, auf

---

807 Vgl. *Dellmann, Klaus*: Kapitalflußrechnungen – eine Bestandsaufnahme. In: Die Betriebswirtschaft 1987, S. 480-481.

808 *Küting, Karlheinz/Weber, Claus-Peter*: Die Bilanzanalyse. 5. Aufl., Stuttgart 2000, S. 155.

809 Vgl. *Dellmann, Klaus/Kalinski, Rüdiger*: Die Rechnungslegung zur Finanzlage der Unternehmung. In: Die Betriebswirtschaft 1986, S. 179; *Röhrenbacher, Hans/Fleischer, Werner*: Von der Bilanz zur Kapitalflußrechnung. Wien 1989, S. 73.

810 Vgl. *Dellmann, Klaus*: Kapitalfluß- und Finanzierungsrechnung. In: Handbuch des Jahresabschlusses in Einzeldarstellungen (HdJ), hrsg. von *Klaus von Wysocki* und *Joachim Schultze-Osterloh*, Abt. IV/6, Köln 1990, Rn. 78; *Ossadnik, Wolfgang*: Die Darstellung der Finanzlage im Jahresabschluß der Kapitalgesellschaft. In: Betriebs-Berater 1990, S. 816.

811 Vgl. *Küting, Karlheinz/Weber, Claus-Peter*: Die Bilanzanalyse. 5. Aufl., Stuttgart 2000, S. 174.

den ursprünglichen Ein- und Auszahlungen basierenden originären Kapitalflussrechnungen dar.[812]

3.5.3.3.3 Die originäre Ermittlung

Der originäre Ermittlungsweg ist dadurch gekennzeichnet, dass die **Ein- und Auszahlungen unmittelbar bei den Konten erfasst und den jeweiligen Bereichen der Kapitalflussrechnung direkt zugeordnet** werden. Die zur Aufstellung benötigten Daten werden direkt von der Finanzbuchhaltung zur Verfügung gestellt,[813] wobei sie in nicht-zahlungswirksame und zahlungswirksame Vorgänge getrennt werden müssen; nur Letztere sind für die Kapitalflussrechnung relevant.

Die **Aufteilung der Geschäftsvorfälle** erreicht man durch die Einteilung der Konten in drei unterschiedliche Kategorien, nämlich „in solche, die per definitione keine zahlungswirksamen Vorgänge, in solche, die nur zahlungswirksame Vorgänge, sowie in Konten, die sowohl zahlungswirksame als auch nicht-zahlungswirksame Vorgänge beinhalten."[814] Für die dritte Kategorie muss durch Rückgriff auf die Belegebene geklärt werden, ob es sich um zahlungswirksame oder um nicht-zahlungswirksame Geschäftsvorfälle handelt. Durch die Vergabe spezieller Belegschlüssel kann dieser Ablauf automatisiert werden.

Für die im nächsten Schritt zu erstellende Kapitalflussrechnung kann erneut mit Hilfe von Belegschlüsseln die Sortierung nach den von der Unternehmung gewählten Kriterien vorgenommen werden. Beispielsweise können für Einzahlungen aus der Produktion, für Verkaufserlöse aus Anlagenabgängen und für Einzahlungen aus Kapitalerhöhungen gegen Bareinlage jeweils eigene Belegschlüssel vergeben werden. Um Vorgänge, die aufgrund der Automatisierung nicht plausibel zuordenbar sind, aufzudecken, bietet sich eine Über-

---

812 Vgl. *Chwallek, Constanze*: Bewertungsrelevanz veröffentlichter Kapitalflußrechnungen börsennotierter deutscher Unternehmen. Frankfurt a.M. u.a. 1999, S. 81; *Ordelheide, Dieter/Leuz, Christian*: Die Kapitalflußrechnung. Grundlagen, International Accounting Standard No. 7 und Informationsgehalt. In: Wirtschaftswissenschaftliches Studium 1998, S. 177.

813 Vgl. *Ordelheide, Dieter/Leuz, Christian*: Die Kapitalflußrechnung. Grundlagen, International Accounting Standard No. 7 und Informationsgehalt. In: Wirtschaftswissenschaftliches Studium 1998, S. 176.

814 *Mansch, Helmut/Wysocki, Klaus von* (Hrsg.): Finanzierungsrechnung im Konzern. In: Zeitschrift für betriebswirtschaftliche Forschung, Sonderheft 37/1996, S. 16.

prüfung durch Gegenüberstellung der zusammengefassten nicht-zahlungswirksamen Vorgänge und der übrigen Kontenbewegungen an.[815]

Für die Unternehmung können sich bei dem Konzept der originären Kapitalflussrechnung Schwierigkeiten bei der Ermittlung ergeben, da im Kontenrahmen die Zahlungskonten fehlen bzw. das Einfügen von zusätzlichen Buchungsschlüsseln Probleme bereitet.

Eine interessante Möglichkeit zur Verwirklichung der originären Ermittlung der Kapitalflussrechnung stellt das **Konzept der Umsatzmatrix** dar.[816] Durch den heute selbstverständlichen Einsatz der elektronischen Datenverarbeitung lässt sich die Erfassung in Form der Umsatzmatrix relativ einfach in die betriebliche Finanzbuchhaltung integrieren. Allerdings ist auch bei diesem Modell eine Erweiterung des bestehenden Kontenrahmens zweckmäßig, um eine eindeutige Erfassung der unterschiedlichen Geschäftsvorfälle gewährleisten zu können. **Abbildung 93** zeigt ein mögliches Gliederungsschema einer Umsatzmatrix.[817]

Kontenumsätze		**Haben**	
		Fondskonten (z.B. Bank)	**Gegenbeständekonten** (z.B. Anlagen oder Verbindlichkeiten)
Soll	**Fondskonten** (z.B. Bank)	Fonds mit fondsinternen Umsätzen	**Mittelherkunft:** Fonds-Sollumsätze, Gegenbestände-Habenumsätze (fondserhöhende Umsätze)
	Gegenbestände-konten (z.B. Anlagen oder Verbindlichkeiten)	**Mittelverwendung:** Fonds-Habenumsätze, Gegenbestände-Sollumsätze (fondsmindernde Umsätze)	Kompensierbare Umsätze auf Gegenbeständen (fondsexterne = fondsfremde Umsätze)

Abbildung 93: Grundschema einer Umsatzmatrix[818]

Ein **Vorteil** des Konzeptes der Umsatzmatrix liegt unter anderem in der Möglichkeit, für verschieden zusammengesetzte Fonds schnell eine Kapitalfluss-

---

[815] Vgl. zu diesem Absatz *Mansch, Helmut/Wysocki, Klaus von* (Hrsg.): Finanzierungsrechnung im Konzern. In: Zeitschrift für betriebswirtschaftliche Forschung, Sonderheft 37/1996, S. 16-17.

[816] Vgl. *Käfer, Karl*: Kapitalflußrechnungen. 2. Aufl., Stuttgart 1984, S. 208-226; *Weilenmann, Paul*: Kapitalflussrechnung in der Praxis. 2. Aufl., Zürich 1992, S. 83-97.

[817] Eigene Darstellung in Anlehnung an *Käfer, Karl*: Kapitalflußrechnungen. 2. Aufl., Stuttgart 1984, S. 214 und S. 216.

[818] Modifiziert entnommen aus *Bieg, Hartmut*: Die Kapitalflussrechnung als stromgrößenorientierte Finanzanalyse. In: Der Steuerberater 2000, S. 146.

rechnung erstellen zu können. Darüber hinaus bietet die Darstellung in Form der Matrizen generell den Vorteil, eine größere Übersichtlichkeit gegenüber dem T-Kontenschema zu ermöglichen.[819] Ferner kann insbesondere mit Hilfe der Umsatzmatrix wegen des Rückgriffs auf Kontenumsätze das oben geforderte Bruttoprinzip ohne Abstriche eingehalten werden. Wenn es gelingt, die fondsinternen Geschäftsvorfälle vollständig zu eliminieren, erhält man die Vorgänge, die den Fonds unmittelbar verändern. Das Resultat dieser Ermittlung ist die in **Abbildung 87** (Seite 321) aufgeführte **originäre Kapitalflussrechnung**.

Für die **prospektiven originären Kapitalflussrechnungen** kann im Bereich bedeutender Zahlungen auf Pläne der jeweiligen Abteilungen zurückgegriffen werden. Als Beispiel seien hier die Umsatzplanung des Vertriebs sowie die Investitions- und Personalpläne genannt. Unwesentliche bzw. kleine Positionen können auf Schätzungsbasis bzw. Zwölftelung der geplanten Jahresbeträge in die prospektive Rechnung übernommen werden. Falls die Leistungserstellungsprozesse der betrachteten Unternehmung aufgrund der Nutzung einer betriebswirtschaftlichen Software wie z. B. dem Supply-Chain-Management bereits detailliert strukturiert sind, kann die Finanzplanung noch weiter automatisiert werden. Auf diese Art und Weise können z. B. die Auszahlungen anhand von gegebenen Bestellaufträgen unter Berücksichtigung von Zahlungszielvereinbarungen geplant werden.[820]

In der Praxis ist die originäre Erstellung einer Kapitalflussrechnung jedoch nur unternehmungsintern möglich. Die Vorteile der originären Kapitalflussrechnung liegen in der von den anderen Jahresabschlussrechnungen unabhängigen Erstellung. Dies hat neben Aspekten der Datenaktualität den Vorteil, dass insbesondere die bei dem derivativen Ermittlungsweg erforderliche **Rückgängigmachung der Periodisierung entfällt**.[821] Im Übrigen erfüllt die originäre Ermittlung der Kapitalflussrechnung in idealer Weise das oben aufgeführte Bruttoprinzip. Auch vor dem Hintergrund, dass der originäre Ermittlungsweg aufgrund der Ableitung aus unsaldierten Konten(roh-)umsätzen eine rechnungstechnisch sehr exakte Umsetzung des Zahlungsstromkonzepts ermöglicht, ist die originäre Kapitalflussrechnung der derivativ ermittelten Kapitalflussrechnung grundsätzlich vorzuziehen.

---

[819] Vgl. *Blum, Lothar*: Kapitalflußrechnung – heute und morgen. In: Datenverarbeitung, Steuer, Wirtschaft, Recht 1980, S. 79.

[820] Vgl. zu diesem Absatz *Mansch, Helmut/Wysocki, Klaus von* (Hrsg.): Finanzierungsrechnung im Konzern. In: Zeitschrift für betriebswirtschaftliche Forschung, Sonderheft 37/1996, S. 16-17.

[821] Vgl. *Mansch, Helmut/Wysocki, Klaus von* (Hrsg.): Finanzierungsrechnung im Konzern. In: Zeitschrift für betriebswirtschaftliche Forschung, Sonderheft 37/1996, S. 11.

3.5.3.4 Die möglichen Gliederungsformen der Kapitalflussrechnung

3.5.3.4.1 Vorbemerkungen

Eine übersichtliche und zweckmäßige Gliederung kann erheblich zur Steigerung der Aussagekraft einer Kapitalflussrechnung beitragen. Von besonderem Interesse sind für die Adressaten der Kapitalflussrechnung grundsätzlich detaillierte, nicht aggregierte Darstellungen der Zahlungsströme.[822] Nur bei übersichtlicher und klarer Gliederung der Kapitalflussrechnung können sich die externen Jahresabschlussadressaten in angemessener Zeit einen Überblick über die Entwicklung der Finanzlage der betrachteten Unternehmung verschaffen.

Generell sollten bei allen Darstellungsformen die außerordentlichen Zahlungsvorgänge separat ausgewiesen werden, damit sich die Jahresabschlussadressaten selbst ein Bild von der Nachhaltigkeit der jeweiligen Zahlungsströme machen können.[823]

3.5.3.4.2 Die Konto- oder Staffelform

Generell ist der Inhalt der Kapitalflussrechnung unabhängig davon, ob die Darstellung der Rechnung in der Konto- oder der Staffelform erfolgt.[824] Die Unterschiede zwischen der Konto- und der Staffelform liegen insbesondere in der **Art der Darstellung**.

Die Darstellungsweise in der **Kontoform** wird vor allem für Bewegungsbilanzen, die die Mittelherkunft und -verwendung darstellen, benutzt. Nachteilig an der Darstellungsweise in der Kontoform ist, dass diese auf zwei Hauptgliederungsgesichtspunkte, d. h. die beiden Kontenseiten, beschränkt bleibt.

Die Kapitalflussrechnungen in der **Staffelform** erleichtern Strukturanalysen, da sich Zwischensummen bilden lassen; so können mehrere geeignete Positionen z. B. zu einer Bereichssumme zusammengefasst werden.[825] Die Bildung

---

[822] Vgl. *Chwallek, Constanze*: Bewertungsrelevanz veröffentlichter Kapitalflußrechnungen börsennotierter deutscher Unternehmen. Frankfurt a. M. u. a. 1999, S. 110.

[823] Vgl. *Klös, Helmut L.*: Kapitalflußrechnung. In: Planungs- und Kontrollrechnung im internationalen Konzern, hrsg. von *Walther Busse von Colbe* und *Eberhard Müller,* Zeitschrift für betriebswirtschaftliche Forschung, Sonderheft 17/1984, S. 148.

[824] Vgl. *Kußmaul, Heinz*: Die Bewegungsbilanz und Kapitalflußrechnung als Instrumente der externen Analyse des Jahresabschlusses. In: Der Steuerberater 1984, S. 298.

[825] Vgl. *Coenenberg, Adolf G./Schmidt, Franz*: Die Kapitalflußrechnung als Ergänzungsrechnung des veröffentlichten Jahresabschlusses. In: Zeitschrift für Betriebswirtschaft 1978, S. 511.

aussagekräftiger Zwischensummen steigert einerseits die **Übersichtlichkeit** der Rechnung und trägt andererseits dazu bei, dass zwischenbetriebliche und intertemporäre **Vergleiche** unterschiedlicher Kapitalflussrechnungen **zeitsparender** durchgeführt werden können. Im Übrigen bietet sich die Staffelform als Darstellungsform an, um mögliche Divergenzen zwischen dem Erfolgssaldo der Gewinn- und Verlustrechnung und dem Zahlungssaldo der Kapitalflussrechnung analysieren zu können. Nachteilig an der Staffelform ist, dass sie immer für einen bestimmten Auswertungszweck konzipiert ist, wodurch eine in Staffelform dargestellte Kapitalflussrechnung für andere Zwecke nur noch eingeschränkt verwertbar ist.[826]

Im Gegensatz zur Kontoform bestimmt bei der Staffelform nicht der Ort des Ausweises, sondern das Vorzeichen, mit dem die Positionen in die Rechnung einbezogen werden, ob es sich um Mittelverwendung oder um Mittelherkunft handelt.[827]

3.5.3.4.3 Die Gliederung nach dem finanzwirtschaftlichen Charakter

Eine andere Gliederung der Kapitalflussrechnung orientiert sich am finanzwirtschaftlichen Charakter der Zahlungsströme. Dabei werden zwei Hauptgliederungsbereiche unterschieden, wobei die **Einzahlungen als Mittelherkunft** und die **Auszahlungen als Mittelverwendung** aufgefasst werden.

Die verschiedenen Möglichkeiten der Kapitalbeschaffung bzw. **Mittelherkunft** lassen sich weiter in Außen- bzw. Innenfinanzierung unterscheiden. Als Finanzierung werden hier sämtliche Maßnahmen, die der Deckung des Kapitalbedarfs der Unternehmung dienen, bezeichnet. Im **Innenfinanzierungsbereich** werden die von der Unternehmung durch ihre Kernaktivitäten im Leistungs- und Finanzinvestitionsbereich erwirtschafteten Zahlungsmittel gezeigt. Der **Außenfinanzierungsbereich** weist die der Unternehmung durch Gesellschafter, Gläubiger und ggf. in Form von staatlichen Subventionen von außen zugeflossenen Mittel aus. Dabei bietet sich insbesondere für den Außenfinanzierungsbereich eine sinnvolle Verknüpfung mit dem Gliederungskriterium der Finanzierungsarten nach der Rechtsstellung der Kapitalgeber an. Nach diesem Kriterium kann die Finanzierung weiter in Eigen- und Fremdfinanzierung untergliedert werden.[828]

---

826 Vgl. *Chmielewicz, Klaus*: Betriebliches Rechnungswesen 1 – Finanzierung und Bilanz. Reinbek 1973, S. 71.

827 Vgl. *Siener, Friedrich*: Der Cash-Flow als Instrument der Bilanzanalyse. Stuttgart 1991, S. 264.

828 Vgl. zu den in diesem Abschnitt verwendeten Begriffen Band II: Finanzierung, Abschnitt 2.2.

Im Bereich der **Mittelverwendung** werden z. B. die Auszahlungen für Investitionen in das Anlagevermögen gezeigt. Für die Unternehmungen sind die Investitionen insbesondere für die zukünftige Erzielung von Einzahlungen von großer Bedeutung.

3.5.3.4.4 Die Gliederung nach dem Bereichsformat

3.5.3.4.4.1 Grundsätzliche Anmerkungen und Gliederungsschemata des DRS 2

Charakteristisches Merkmal der Gliederung nach dem Bereichsformat ist die Zuordnung der Zahlungsströme zu den **Bereichen, durch die sie ausgelöst wurden**.[829] Bei diesem Gliederungsschema wird die Kapitalflussrechnung in den Bereich der laufenden Geschäftstätigkeit, den Investitions- und den Finanzierungsbereich gegliedert. Häufig wird die Bezeichnung Aktivitätsformat synonym für den Begriff Bereichsformat verwendet.[830]

Zur besseren Orientierung wird bereits an dieser Stelle der Aufbau einer Kapitalflussrechnung in Anlehnung an die beiden alternativen Gliederungsschemata I und II des Deutschen Rechnungslegungsstandards Nr. 2 (DRS 2) in der **Abbildung 94** (Seite 334) und **Abbildung 95** (Seite 335) überblicksartig dargestellt.[831]

Die Gliederung nach dem Bereichsformat hat unter anderem den Vorteil, dass im Zeitvergleich, aufgrund des separaten Ausweises der Veränderungen der Hauptbereiche, interessante **Einblicke in die strukturelle Entwicklung der Finanzlage** der betrachteten Unternehmung gegeben werden.[832] Deshalb sehen manche Autoren die Gliederung nach dem Bereichsformat als die geeignetste Darstellungsform an.[833] Im Übrigen basieren die von den nationalen und internationalen Verlautbarungen geforderten Kapitalflussrechnungen auf der Gliederung nach dem Bereichsformat,[834] weshalb sich auch vor dem Hin-

---

829 Vgl. *Vodrazka, Karl*: Die Kapitalflußrechnung als Information über die Finanzlage. In: Festschrift für *Anton Egger* zum 65. Geburtstag, hrsg. von *Romuald Bertl* und *Gerwald Mandl*, Wien 1997, S. 308.

830 Vgl. *Friedl, Peter-Joachim*: Kapitalflussrechnung und Liquiditätsanalyse. Die Praxis der Cash-flow-Statements nach deutschem und österreichischem Handelsrecht. Wien 1995, S. 105.

831 Vgl. DRS 2, Anlage, Tabelle 5 und 6.

832 Vgl. *Kußmaul, Heinz*: Die Bewegungsbilanz und Kapitalflußrechnung als Instrumente der externen Analyse des Jahresabschlusses. In: Der Steuerberater 1984, S. 298.

833 Vgl. z.B. *Wehrheim, Michael*: Krisenprognose mit Hilfe der Kapitalflußrechnung? In: Deutsches Steuerrecht 1997, S. 1700.

834 Vgl. DRS 2; IAS 7; SFAS No. 95.

tergrund der späteren kritischen Würdigung dieser Verlautbarungen hier eine ausführlichere Behandlung des Bereichsformates anbietet.

1.		Einzahlungen von Kunden für den Verkauf von Erzeugnissen, Waren und Dienstleistungen	Gegenbeständerechnung
2.	–	Auszahlungen an Lieferanten und Beschäftigte	
3.	+	Sonstige Einzahlungen, die nicht der Investitions- oder Finanzierungstätigkeit zuzuordnen sind	
4.	–	Sonstige Auszahlungen, die nicht der Investitions- oder Finanzierungstätigkeit zuzuordnen sind	
5.	+/–	Ein- und Auszahlungen aus außerordentlichen Positionen	
6.	**=**	**Mittelzufluss/-abfluss aus laufender Geschäftstätigkeit**	
7.		Einzahlungen aus Abgängen von Gegenständen des Sachanlagevermögens	
8.	+	Einzahlungen aus Abgängen von Gegenständen des immateriellen Anlagevermögens	
9.	–	Auszahlungen für Investitionen in das Sachanlagevermögen	
10.	–	Auszahlungen für Investitionen in das immaterielle Anlagevermögen	
11.	+	Einzahlungen aus Abgängen von Gegenständen des Finanzanlagevermögens	
12.	–	Auszahlungen für Investitionen in das Finanzanlagevermögen	
13.	+	Einzahlungen aus dem Verkauf von konsolidierten Unternehmungen und sonstigen Geschäftseinheiten	
14.	–	Auszahlungen für den Erwerb von konsolidierten Unternehmungen und sonstigen Geschäftseinheiten	
15.	+	Einzahlungen aufgrund von Finanzmittelanlagen im Rahmen der kurzfristigen Finanzdisposition	
16.	–	Auszahlungen aufgrund von Finanzmittelanlagen im Rahmen der kurzfristigen Finanzdisposition	
17.	**=**	**Mittelzufluss/-abfluss aus Investitionstätigkeit**	
18.		Einzahlungen aus Eigenkapitalzuführungen (Kapitalerhöhungen, Verkauf eigener Anteile, etc.)	
19.	–	Auszahlungen an Unternehmungseigner und Minderheitsgesellschafter (Dividenden, Erwerb eigener Anteile, Eigenkapitalrückzahlungen, andere Ausschüttungen)	
20.	+	Einzahlungen aus der Begebung von Anleihen und der Aufnahme von (Finanz-)Krediten	
21.	–	Auszahlungen aus der Tilgung von Anleihen und (Finanz-)Krediten	
22.	**=**	**Mittelzufluss/-abfluss aus Finanzierungstätigkeit**	
23.		Zahlungswirksame Veränderungen des Finanzmittelbestandes (Summe aus Ziffer 6, 17, 22)	Fondsnachweis
24.	+/–	Wechselkurs-, konsolidierungskreis- und bewertungsbedingte Änderungen des Finanzmittelfonds	
25.	+	Finanzmittelfonds am Anfang der Periode	
26.	**=**	**Finanzmittelfonds am Ende der Periode**	

Abbildung 94: DRS 2-Gliederungsschema I (Direkte Methode)

1.		Periodenergebnis (einschließlich Ergebnisanteilen von Minderheitsgesellschaftern) vor außerordentlichen Positionen	Gegenbeständerechnung
2.	+/–	Abschreibungen/Zuschreibungen auf Gegenstände des Anlagevermögens	
3.	+/–	Zunahme/Abnahme von Rückstellungen	
4.	+/–	Sonstige zahlungsunwirksame Aufwendungen/Erträge (z. B. Abschreibung auf ein aktiviertes Disagio)	
5.	–/+	Gewinn/Verlust aus dem Abgang von Gegenständen des Anlagevermögens	
6.	–/+	Zunahme/Abnahme der Vorräte, der Forderungen aus Lieferungen und Leistungen sowie anderer Aktiva, die nicht der Investitions- und Finanzierungstätigkeit zuzuordnen sind	
7.	+/–	Zunahme/Abnahme der Verbindlichkeiten aus Lieferungen und Leistungen sowie anderer Passiva, die nicht der Investitions- und Finanzierungstätigkeit zuzuordnen sind	
8.	+/–	Ein- und Auszahlungen aus außerordentlichen Positionen	
9.	**=**	**Mittelzufluss/-abfluss aus laufender Geschäftstätigkeit**	
10.		Einzahlungen aus Abgängen von Gegenständen des Sachanlagevermögens	
11.	+	Einzahlungen aus Abgängen von Gegenständen des immateriellen Anlagevermögens	
12.	–	Auszahlungen für Investitionen in das Sachanlagevermögen	
13.	–	Auszahlungen für Investitionen in das immaterielle Anlagevermögen	
14.	+	Einzahlungen aus Abgängen von Gegenständen des Finanzanlagevermögens	
15.	–	Auszahlungen für Investitionen in das Finanzanlagevermögen	
16.	+	Einzahlungen aus dem Verkauf von konsolidierten Unternehmungen und sonstigen Geschäftseinheiten	
17.	–	Auszahlungen für den Erwerb von konsolidierten Unternehmungen und sonstigen Geschäftseinheiten	
18.	+	Einzahlungen aufgrund von Finanzmittelanlagen im Rahmen der kurzfristigen Finanzdisposition	
19.	–	Auszahlungen aufgrund von Finanzmittelanlagen im Rahmen der kurzfristigen Finanzdisposition	
20.	**=**	**Mittelzufluss/-abfluss aus Investitionstätigkeit**	
21.		Einzahlungen aus Eigenkapitalzuführungen (Kapitalerhöhungen, Verkauf eigener Anteile, etc.)	
22.	–	Auszahlungen an Unternehmungseigner und Minderheitsgesellschafter (Dividenden, Erwerb eigener Anteile, Eigenkapitalrückzahlungen, andere Ausschüttungen)	
23.	+	Einzahlungen aus der Begebung von Anleihen und der Aufnahme von (Finanz-)Krediten	
24.	–	Auszahlungen aus der Tilgung von Anleihen und (Finanz-)Krediten	
25.	**=**	**Mittelzufluss/-abfluss aus Finanzierungstätigkeit**	
26.		Zahlungswirksame Veränderungen des Finanzmittelbestandes (Summe aus Ziffer 9, 20, 25)	Fondsnachweis
27.	+/–	Wechselkurs-, konsolidierungskreis- und bewertungsbedingte Änderungen des Finanzmittelfonds	
28.	+	Finanzmittelfonds am Anfang der Periode	
29.	**=**	**Finanzmittelfonds am Ende der Periode**	

Abbildung 95: DRS 2-Gliederungsschema II (Indirekte Methode)

Für jeden der aufgeführten Bereiche wird ein Saldo ausgewiesen, der bei positivem Vorzeichen als **Mittelzufluss** bzw. **Mittelherkunft** und bei negativem Vorzeichen als **Mittelabfluss** bzw. **Mittelverwendung** interpretiert wird.[835] Im Gegensatz zum DRS 2 soll hier auf die Verwendung der Bezeichnung Cashflow für den entstehenden (Zahlungs-)Saldo verzichtet werden, da der Begriff aufgrund uneinheitlicher Definitionen[836] unterschiedliche Inhalte aufweist[837] und insofern nur zu Missverständnissen führen kann.[838] Stattdessen werden hier in Anlehnung an die Stellungnahme HFA 1/1995 die Begriffe **Mittelzufluss/-abfluss** für die Saldogrößen der entsprechenden Bereiche verwendet.[839]

Für die Gliederung nach dem Bereichsformat bietet sich insbesondere die oben dargestellte **Staffelform** an, da nur sie die Bildung der für das Bereichsformat charakteristischen **Zwischensalden der jeweiligen Bereiche** ermöglicht. Zudem kann dabei auch eine weitere Untergliederung nach den Gesichtspunkten der Finanzierungsarten vorgenommen werden. So kann der Finanzierungsbereich z. B. sinnvoll weiter nach dem Kriterium der Rechtsstellung der Kapitalgeber in Eigen- bzw. Fremdfinanzierung aufgegliedert werden.

Grundsätzlich sollen die Mittelzu- bzw. Mittelabflüsse der drei Hauptbereiche einer Kapitalflussrechnung nach dem Bereichsformat nur nach der **direkten Methode** hergeleitet werden.[840] Bei der direkten Methode wird der Mittelzu-

---

835 Vgl. *Chwallek, Constanze*: Bewertungsrelevanz veröffentlichter Kapitalflußrechnungen börsennotierter deutscher Unternehmen. Frankfurt a. M. u. a. 1999, S. 48.

836 Vgl. **Abschnitt 3.4.2.1**.

837 Vgl. *Dellmann, Klaus*: Kapitalfluß- und Finanzierungsrechnung. In: Handbuch des Jahresabschlusses in Einzeldarstellungen (HdJ), hrsg. von *Klaus von Wysocki* und *Joachim Schultze-Osterloh*, Abt. IV/6, Köln 1990, Rn. 60; *Serfling, Klaus*: Die Kapitalflußrechnung. Herne/Berlin 1984, S. 80.

838 Vgl. ähnlicher Auffassung *Wysocki, Klaus von*: Die Kapitalflußrechnung als Teil des Anhangs börsennotierter Mutterunternehmen nach § 297 Abs. 1 Satz 2 HGB. In: Reform des Aktienrechts, der Rechnungslegung und Prüfung, hrsg. von *Dietrich Dörner, Dieter Menold* und *Norbert Pfitzer*, Stuttgart 1999, S. 465. Die Problematik möglicher Missverständnisse kommt auch darin zum Ausdruck, dass in der Gemeinsamen Empfehlung von DVFA/SG seit 1999 nicht mehr der Begriff „Cashflow", sondern der Begriff „Cash Earnings" verwendet wird. Als Begründung für die Begriffsänderung wird im Vorwort zur dritten Auflage die Vermeidung von Verwechslungen angeführt; vgl. *Busse von Colbe, Walther* u. a: Ergebnis je Aktie nach DVFA/SG. 3. Aufl., Stuttgart 2000, S. XI.

839 Vgl. *Wysocki, Klaus von*: IAS 7 – Kapitalflußrechnungen (Cash Flow Statements). In: Rechnungslegung nach International Accounting Standards (IAS), hrsg. von *Jörg Baetge* u. a., Stuttgart 1997, IAS 7, Tz. 47.

840 Vgl. *Mansch, Helmut/Stolberg, Klaus/Wysocki, Klaus von*: Die Kapitalflußrechnung als Ergänzung des Jahres- und Konzernabschlusses. Anmerkungen zur gemeinsamen Stellungnahme HFA 1/1995 des Hauptfachausschusses und der Schmalenbach-Gesellschaft. In: Die Wirtschaftsprüfung 1995, S. 185-203.

fluss/-abfluss des entsprechenden Bereichs dadurch errechnet, dass die **zahlungswirksamen Auszahlungen** den jeweiligen **zahlungswirksamen Einzahlungen** gegenübergestellt werden.[841] Zu beachten ist, dass lediglich im **Bereich der laufenden Geschäftstätigkeit ein Wahlrecht** zwischen der direkten und der so genannten indirekten Methode gegeben ist, weshalb in den Erläuterungen zu diesem Bereich eine ausführliche Beschreibung der beiden Methoden erfolgt. Es ist allerdings zu berücksichtigen, dass diese beiden unterschiedlichen Herleitungsmethoden unabhängig von der Ermittlung der einzelnen Komponenten der Kapitalflussrechnung (vgl. hierzu **Abschnitt 3.5.3.3.3**) angewendet werden können.

3.5.3.4.4.2 Der Bereich der laufenden Geschäftstätigkeit

Im Bereich der laufenden Geschäftstätigkeit sind insbesondere die Zahlungsströme, die im Zusammenhang mit den **erlöswirksamen Tätigkeiten** der Unternehmung realisiert werden, zu zeigen. Diese Zahlungsströme resultieren aus Vorgängen, die größtenteils auch als Erträge und Aufwendungen das Ergebnis aus laufender Geschäftstätigkeit des betrachteten Geschäftsjahres beeinflussen.[842] Außerdem sind in diesem Bereich die **Vorgänge** zu zeigen, **die weder dem Investitions- noch dem Finanzierungsbereich zugeordnet** werden können; insofern wird auch von einer **negativen Abgrenzung** des Bereichs der laufenden Geschäftstätigkeit gegenüber dem Investitions- und Finanzierungsbereich gesprochen.[843]

Der Bereich der laufenden Geschäftstätigkeit hat insbesondere bei Industrieunternehmungen für die Aussagekraft der Kapitalflussrechnung eine herausragende Bedeutung, weshalb *Lachnit* auch treffend vom „Rückgrat des betrieblichen Zahlungsgeschehens"[844] spricht. Dies liegt unter anderem daran, dass der Mittelzufluss/-abfluss des Bereichs der laufenden Geschäftstätigkeit für die Beurteilung der Finanz- und Zahlungskraft der betrachteten Unternehmung eine wesentliche Bedeutung hat.[845] So werden die Adressaten der Kapitalflussrechnung darüber informiert, inwieweit die Unternehmung in der

---

[841] Vgl. *Busse von Colbe, Walther*: Kapitalflußrechnung. In: Handwörterbuch des Rechnungswesens, hrsg. von *Klaus Chmielewicz* und *Marcell Schweitzer*, 3. Aufl., Stuttgart 1993, Sp. 1081.

[842] Vgl. IAS 7, Tz. 14; *Wysocki, Klaus von*: Die Kapitalflußrechnung als Teil des Anhangs börsennotierter Mutterunternehmen nach § 297 Abs. 1 Satz 2 HGB. In: Reform des Aktienrechts, der Rechnungslegung und Prüfung, hrsg. von *Dietrich Dörner, Dieter Menold* und *Norbert Pfitzer*, Stuttgart 1999, S. 456.

[843] Vgl. *Gebhardt, Günther*: Kapitalflußrechnungen. In: Beck'sches Handbuch der Rechnungslegung, hrsg. von *Edgar Castan u. a.*, München Ergänzungslieferung März 1999, C 620, Rz. 110.

[844] *Lachnit, Laurenz*: Zeitraumbilanzen. Berlin 1972, S. 184.

[845] Vgl. *Bellinger, Bernhard*: Neue finanzwirtschaftliche Bilanzen. Wiesbaden 1995, S. 84.

Lage ist, genügend **Einzahlungsüberschüsse aus dem laufenden Umsatzgeschäft** zu generieren. Keine Unternehmung wird es sich auf Dauer leisten können, in diesem wichtigen Tätigkeitsbereich einen negativen Saldo auszuweisen.[846]

Bei der **direkten Methode** werden die Mittelzuflüsse/-abflüsse direkt aus den **Ein- und Auszahlungen**, die dem Bereich der laufenden Geschäftstätigkeit zuzuordnen sind, errechnet. Mögliche Schwierigkeiten bei Anwendung der direkten Methode für die Unternehmungen können daraus entstehen, dass die entsprechenden Finanzbuchhaltungssysteme keine eindeutige Trennung zwischen zahlungswirksamen und nicht-zahlungswirksamen Geschäftsvorfällen zulassen.[847] Die direkte Methode bietet den großen Vorteil, dass die bedeutenden Umsatzeinzahlungen sowie bedeutende Auszahlungsbereiche, wie z.B. für Material und Personal, offen in der Kapitalflussrechnung ausgewiesen werden.[848] Durch den Ausweis von **Bruttobeträgen** erfüllt dieser Herleitungsweg im Übrigen das oben geforderte Bruttoprinzip.[849]

Für die Darstellung des Mittelzuflusses/-abflusses nach der direkten Methode ist die originäre Ermittlung der Kapitalflussrechnung aus den Kontenumsätzen eine wünschenswerte, aber nicht zwingende Voraussetzung; auch auf Basis der derivativen Ermittlung der Zahlungsströme kann, basierend auf aggregierten Daten, der Bereich der laufenden Geschäftstätigkeit nach der direkten Methode dargestellt werden.[850]

Die **indirekte Methode** ermittelt den Mittelzu- bzw. -abfluss aus laufender Geschäftstätigkeit durch eine **Rückrechnung**. Ausgangspunkt ist der Jahresüberschuss bzw. Jahresfehlbetrag der Berichtsperiode, der um die nicht-zahlungswirksamen Aufwendungen zu erhöhen und um die nicht-zahlungswirksamen Erträge zu vermindern ist.[851] Zusätzlich sind fondswirksame, aber erfolgsneutrale Zahlungen aus laufender Geschäftstätigkeit zu berücksichti-

---

846 Vgl. *Bellinger, Bernhard*: Neue finanzwirtschaftliche Bilanzen. Wiesbaden 1995, S. 111; *Häusler, Harald/Holzer, H. Peter*: Entwicklung und Status der Kapitalflußrechnung in der modernen Praxis. In: Der Betrieb 1988, S. 1408.

847 Vgl. *Glieder, Harald*: Geldflußrechnung, Segmentberichterstattung und Gewinn pro Aktie. Hamburg 1999, S. 86.

848 Vgl. *Röhrenbacher, Hans/Fleischer, Werner*: Von der Bilanz zur Kapitalflußrechnung. Wien 1989, S. 294.

849 Vgl. *Mahoney, John/Sever, Mark/Theis, John*: Cash Flow: FASB opens the floodgates. In: Journal of Accountancy, May 1988, S. 29.

850 Vgl. *Gebhardt, Günther*: Kapitalflußrechnungen. In: Beck'sches Handbuch der Rechnungslegung, hrsg. von *Edgar Castan u. a.*, München Ergänzungslieferung März 1999, C 620, Rz. 120 und 125.

851 Vgl. *Kußmaul, Heinz*: Die Bewegungsbilanz und Kapitalflußrechnung als Instrument der externen Analyse des Jahresabschlusses. In: Der Steuerberater 1984, S. 302.

gen.[852] Der indirekt ermittelte Mittelzufluss/-abfluss stimmt allerdings nur dann mit dem direkt hergeleiteten Mittelzufluss/-abfluss aus laufender Geschäftstätigkeit überein, wenn es gelingt, alle nicht-zahlungswirksamen Aufwendungen und Erträge in die Rechnung einzubeziehen.[853] Vor dem Hintergrund des Grundsatzes der Wesentlichkeit ist allerdings zu bezweifeln, dass tatsächlich immer eine vollständige Aussonderung der nicht-zahlungswirksamen Beträge erfolgt.

Manche Autoren sehen einen **Vorteil** der indirekten Methode darin, dass der **Zusammenhang zwischen Jahresergebnis und dem finanzwirtschaftlichen Zahlungsüberschuss/-fehlbetrag** des Bereichs der laufenden Geschäftstätigkeit offen gelegt wird.[854] Außerdem könne die indirekte Methode Einblicke geben, inwieweit beispielsweise in Form von **Abschreibungen** und (Pensions-)**Rückstellungen** Mittel an die Unternehmung gebunden werden konnten.[855] Allerdings ist zu kritisieren, dass die genannten Erfolgskomponenten, die durch Bewertungsentscheidungen in ihrer Höhe erheblich beeinflusst werden können, gerade **keine zahlungswirksamen Mittelzuflüsse bzw. -abflüsse** der Unternehmung darstellen.[856] Somit kann die indirekte Methode zu **Verständnisproblemen** führen, da zur Ermittlung des Zahlungsmittelsaldos aus laufender Geschäftstätigkeit nicht-zahlungswirksame Positionen herangezogen werden.[857] Außerdem werden in der Kapitalflussrechnung wesentliche Zahlungsströme, wie z. B. Auszahlungen für Material und Personal, nicht explizit ausgewiesen.[858] Deshalb kann die indirekte Herleitung auch einen der Rechnungszwecke, nämlich „... darüber Auskunft zu geben, **wie** das Unternehmen finanzielle Mittel erwirtschaftet hat ...,“[859] nicht erfüllen.[860]

---

[852] Vgl. *Bieg, Hartmut*: Die Cash-Flow-Analyse als stromgrößenorientierte Finanzanalyse. In: Der Steuerberater 1999, S. 26.

[853] Vgl. *Kußmaul, Heinz*: Die Bewegungsbilanz und Kapitalflußrechnung als Instrument der externen Analyse des Jahresabschlusses. In: Der Steuerberater 1984, S. 302.

[854] Vgl. *Chasteen, Lanny G./Flaherty, Richard E./O´Connor, Melvin C.*: Intermediate Accounting. 6. Aufl., Boston u. a. 1998, S. 300; *Mahoney, John/Sever, Mark/Theis, John*: Cash Flow: FASB opens the floodgates. In: Journal of Accountancy, May 1988, S. 29.

[855] Vgl. *Siener, Friedrich*: Der Cash-Flow als Instrument der Bilanzanalyse. Stuttgart 1991, S. 275.

[856] Vgl. *Weilenmann, Paul*: Gedanken zum Informationsgehalt von Kapitalflussrechnungen. In: Die Unternehmung 1989, S. 238.

[857] Vgl. *Pfuhl, Joerg M.*: Die Kapitalflußrechnung als Instrument der Bilanzanalyse. In: Deutsches Steuerrecht 1991, S. 1972.

[858] Vgl. *Wysocki, Klaus von*: IAS 7 – Kapitalflußrechnungen (Cash Flow Statements). In: Rechnungslegung nach International Accounting Standards (IAS), hrsg. von *Jörg Baetge* u. a., Stuttgart 1997, IAS 7, Tz. 56.

[859] HFA des IDW: Stellungnahme 1/1995: Die Kapitalflußrechnung als Ergänzung des Jahres- und Konzernabschlusses. In: Die Wirtschaftsprüfung 1995, S. 210.

Da also die direkte Methode einen wesentlich besseren Einblick in die Veränderung der Finanzlage der betrachteten Unternehmung geben kann, ist sie generell der indirekten Herleitung vorzuziehen.[861] Trotzdem ist die weniger aussagekräftige indirekte Methode bisher in der Praxis weiter verbreitet.[862]

Häufig werden in den Kapitalflussrechnungen deutscher Unternehmungen im Bereich der laufenden Geschäftstätigkeit die „Cash Earnings“ (DVFA/SG)[863] als Zwischensumme ausgewiesen. Im Zuge der weiteren Verbreitung von zahlungsorientierten Kapitalflussrechnungen ist mit einer abnehmenden Bedeutung dieser insbesondere von Finanzanalysten geprägten Größe zu rechnen.[864]

Die nachfolgenden Ausführungen betreffen die Fälle, in denen bei der Erstellung der Kapitalflussrechnung auf bereits aggregierte Daten zurückgegriffen wird, wie es insbesondere bei der derivativen Ermittlung der Kapitalflussrechnung der Fall ist. Generell ist die Form einer von der Unternehmung unter Hinzuziehung interner Informationen derivativ erstellten publizierten Kapitalflussrechnung zwar unabhängig davon, ob die veröffentlichte Gewinn- und Verlustrechnung nach dem **Gesamtkosten- oder** nach dem **Umsatzkostenverfahren** erstellt wurde.[865] Allerdings kann es zu Schwierigkeiten bezüglich der Nachprüfbarkeit der Kapitalflussrechnung kommen. So können die externen Jahresabschlussadressaten z. B. eine Kapitalflussrechnung, die unternehmungsintern mit Hilfe einer Gewinn- und Verlustrechnung nach dem Gesamtkostenverfahren erstellt wurde, anhand einer veröffentlichten Gewinn- und Verlustrechnung nach dem Umsatzkostenverfahren z. T. nur schwer nachvollziehen. Dies hängt damit zusammen, dass insbesondere bei der derivativen Ermittlung der Kapitalflussrechnung mögliche Eliminierungen bzw. Kompensationen von der Verfahrensart der Gewinn- und Verlustrechnung abhän-

---

860 Vgl. *Küting, Karlheinz/Weber, Claus-Peter*: Die Bilanzanalyse. 5. Aufl., Stuttgart 2000, S. 177.

861 Vgl. *Chasteen, Lanny G./Flaherty, Richard E./O'Connor, Melvin C.*: Intermediate Accounting. 6. Aufl., Boston u. a. 1998, S. 301; *Dellmann, Klaus*: Kapitalfluß- und Finanzierungsrechnung. In: Handbuch des Jahresabschlusses in Einzeldarstellungen (HdJ), hrsg. von *Klaus von Wysocki* und *Joachim Schultze-Osterloh*, Abt. IV/6, Köln 1990, Rn. 72; *Pfuhl, Joerg M.*: Kapitalflußrechnung im Konzern. In: Handbuch der Konzernrechnungslegung, hrsg. von *Karlheinz Küting* und *Claus-Peter Weber*, Band II, 2. Aufl., Stuttgart 1998, S. 684-685, Rn. 1226.

862 Vgl. *Glieder, Harald*: Geldflußrechnung, Segmentberichterstattung und Gewinn pro Aktie. Hamburg 1999, S. 87.

863 Vgl. **Abschnitt 3.4.3**.

864 Vgl. *Gebhardt, Günther*: Kapitalflußrechnungen. In: Beck'sches Handbuch der Rechnungslegung, hrsg. von *Edgar Castan u. a.*, München Ergänzungslieferung März 1999, C 620, Rz. 166.

865 Vgl. *Amen, Matthias*: Erstellung von Kapitalflußrechnungen. 2. Aufl., München 1998, S. 74.

gen.[866] Als Beispiele für solche **verfahrensspezifischen Positionen** seien hier die Bestandsveränderungen und sonstigen aktivierten Eigenleistungen, die nur im Gesamtkostenverfahren offen ausgewiesen werden, genannt.[867]

Die **direkte Herleitung** des Mittelzuflusses/-abflusses aus laufender Geschäftstätigkeit kann sich insbesondere **beim Umsatzkostenverfahren** als **problematisch** erweisen, da extern viele nicht-finanzwirksame Bestandteile, z. B. bezüglich der Herstellungs- und Vertriebskosten, nur schwer nachvollzogen werden können.[868] Abschließend sei bemerkt, dass eine auf einer nach dem Umsatzkostenverfahren erstellten Gewinn- und Verlustrechnung basierende derivative Kapitalflussrechnung möglicherweise auf eine restriktive Informationspolitik der betrachteten Unternehmung zurückzuführen sein kann.[869]

3.5.3.4.4.3 Der Investitionsbereich

Im Investitionsbereich werden Mittelzuflüsse/-abflüsse im Zusammenhang mit Investitions- und Desinvestitionsvorgängen, die insbesondere dem Anlagevermögen zuzuordnen sind, gezeigt. Dadurch sollen die Adressaten der Kapitalflussrechnung die Möglichkeit erhalten, zu beurteilen, in welchem Ausmaß Finanzmittel der betrachteten Periode für die Generierung von Mittelzuflüssen in zukünftigen Perioden bereitgestellt wurden.[870] Es bietet sich an, die **Zahlungsströme für das immaterielle, das Sach- und das Finanzanlagevermögen jeweils getrennt auszuweisen**, damit insbesondere die externen Adressaten erkennen, ob die Kernaktivitäten der betrachteten Unternehmung eher in einer sachanlagenintensiven Produktion oder im personalintensiven Dienstleistungsgeschäft liegen.

Im Bereich des **immateriellen Anlagevermögens** wäre ein Ausweis der Zahlungen im Zusammenhang mit den in der Bilanz gemäß § 248 Abs. 2 HGB nicht aktivierungsfähigen selbsterstellten immateriellen Vermögensge-

---

866 Vgl. *Käfer, Karl*: Kapitalflußrechnungen. 2. Aufl., Stuttgart 1984, S. 283.

867 Vgl. *Siener, Friedrich*: Der Cash-Flow als Instrument der Bilanzanalyse. Stuttgart 1991, S. 291; *Wysocki, Klaus von*: IAS 7 – Kapitalflußrechnungen (Cash Flow Statements). In: Rechnungslegung nach International Accounting Standards (IAS), hrsg. von *Jörg Baetge* u. a., Stuttgart 1997, IAS 7, Tz. 68.

868 Vgl. *Schmidt, Franz*: Gestaltungsmöglichkeiten und Aussagefähigkeit von Cash-flow und Kapitalflußrechnungen. In: Bilanzanalyse nach neuem Recht, hrsg. von *Adolf G. Coenenberg*, Landsberg a. L. 1989, S. 100.

869 Vgl. *Amen, Matthias*: Erstellung von Kapitalflußrechnungen. 2. Aufl., München 1998, S. 73-74.

870 Vgl. *Gebhardt, Günther*: Kapitalflußrechnungen. In: Beck'sches Handbuch der Rechnungslegung, hrsg. von *Edgar Castan u. a.*, München Ergänzungslieferung März 1999, C 620, Rz. 200.

genständen des Anlagevermögens sinnvoll, da die Unternehmung auch mit diesen Vermögensgegenständen i. d. R. längerfristig ertragswirksam wirtschaften wird. Diese Darstellungsform ermöglicht einen sachgerechten Ausweis z. B. der Auszahlungen für die Forschung und Entwicklung sowie für die Werbungstätigkeit der untersuchten Unternehmung. Für die Adressaten der Kapitalflussrechnung hat diese Vorgehensweise den Vorteil, dass sie Informationen erhalten, die ihnen in dieser Form aufgrund gesetzlicher Regelungen[871] durch die Bilanz nicht vermittelt werden (können).[872]

Weiterhin ist zu berücksichtigen, dass im Investitionsbereich auch Vorgänge stattfinden können, ohne dass jeweils die gewählten Fonds berührt werden; diese **fondsexternen Vorgänge** erscheinen folglich in der Kapitalflussrechnung nicht. Beispielsweise können Gegenstände des Sachanlagevermögens mit einem mittel- bzw. langfristigen Kredit finanziert werden. Auch die Leasing-Finanzierung von Investitionen stellt i. d. R. eine fondsunwirksame Investition dar. Für die Adressaten der Kapitalflussrechnung sind Informationen über das Leasing unter Umständen deshalb von erheblicher Bedeutung, da in Folgeperioden weitere Mittelabflüsse an den Leasing-Geber erfolgen.[873] Damit diese wichtigen Informationen nicht verloren gehen, ist ein **separater Ausweis** dieser fondsunwirksamen Transaktionen in einem **Erläuterungsteil** zur Kapitalflussrechnung zweckmäßig.

3.5.3.4.4.4 Der Finanzierungsbereich

Im Finanzierungsbereich werden die **Außenfinanzierungsaktivitäten** der Unternehmung ausgewiesen, die sich zweckmäßig weiter nach der Rechtsstellung der Kapitalgeber in Eigen- und Fremdfinanzierung unterscheiden lassen. Grundsätzlich sollen alle Zahlungen an **Eigenkapitalgeber** ausgewiesen werden, auch solche an Minderheitsgesellschafter von Konzernunternehmungen.[874] Bei den Auszahlungen für Dividenden an die Anteilseigner ist zu berücksichtigen, dass i. d. R. die gezahlten Ausschüttungen der betrachteten Periode dem im Vorjahr erwirtschafteten Ergebnis zuzuordnen sind. Die an die **Fremdkapitalgeber** zu zahlenden Zinsen des betrachteten Geschäftsjahres

---

[871] Vgl. § 248 Abs. 2 HGB.

[872] Vgl. *Gebhardt, Günther*: Kapitalflußrechnungen. In: Beck'sches Handbuch der Rechnungslegung, hrsg. von *Edgar Castan u. a.*, München Ergänzungslieferung März 1999, C 620, Rz. 201.

[873] Vgl. *Jakoby, Stephan/Maier, Jürgen/Schmechel, Thomas*: Internationalisierung der Publizitätspraxis bei Kapitalflußrechnungen – Eine empirische Untersuchung der DAX-Unternehmen für den Zeitraum 1988 bis 1997. In: Die Wirtschaftsprüfung 1999, S. 228.

[874] Vgl. *Gebhardt, Günther*: Kapitalflußrechnungen. In: Beck'sches Handbuch der Rechnungslegung, hrsg. von *Edgar Castan u. a.*, München Ergänzungslieferung März 1999, C 620, Rz. 252.

werden hingegen nicht im Finanzierungsbereich, sondern im Bereich der laufenden Geschäftstätigkeit ausgewiesen.

Wie im Investitionsbereich kann es auch im Finanzierungsbereich zu Vorgängen kommen, die den Fonds nicht berühren (**fondsexterne Vorgänge**), und deshalb auch nicht in der Kapitalflussrechnung gezeigt werden (können). Allerdings sind auch Informationen über im betrachteten Geschäftsjahr durchgeführte Kapitalumschichtungen, z. B. von Fremd- in Eigenkapital aufgrund einer früher ausgegebenen und nun (teilweise) in Aktien umgewandelten Wandelschuldverschreibung, wichtig, um die Finanzierungsmöglichkeiten der Unternehmung beurteilen zu können. Auch eine Kapitalerhöhung aus Gesellschaftsmitteln wird wegen nicht vorhandener Zahlungsströme mit Externen in der Kapitalflussrechnung nicht gezeigt. Deshalb erscheint auch für die fondsunwirksamen Transaktionen des Finanzierungsbereichs ein **separater Ausweis** in einem **Erläuterungsteil** zur Kapitalflussrechnung zweckmäßig.

3.5.3.5 Kritische Würdigung der nationalen und internationalen Verlautbarungen

3.5.3.5.1 Die wesentlichen für alle behandelten Verlautbarungen relevanten Aspekte

Die kritische Würdigung der nationalen und internationalen Verlautbarungen ist ausschließlich für die **Kapitalflussrechnungen als Bestandteil der externen Rechnungslegung relevant**. Intern können die Unternehmungsleitungen die Kapitalflussrechnungen nach eigenen Kriterien ermitteln und gliedern.

Nachfolgend bieten sich insbesondere SFAS No. 95, IAS 7 und der DRS 2 für eine ausführlichere Betrachtung an, weil sie die z. Zt. gültigen Verlautbarungen zur Kapitalflussrechnung, die in der Praxis dominieren, darstellen.[875] Größtenteils weisen die Verlautbarungen keine wesentlichen Unterschiede auf, insbesondere **zwischen SFAS No. 95 und IAS 7 bestehen nur geringe Unterschiede**. Die grundlegenden Übereinstimmungen lassen sich unter Umständen darauf zurückführen, dass die Verlautbarung SFAS No. 95 für die beiden anderen hier behandelten Verlautbarungen aufgrund ihres richtungsweisenden Charakters als Modell für eine Verlautbarung zu einer Kapitalflussrechnung mit ausgegliedertem Fonds herangezogen wurde.

---

[875] Vgl. die empirische Untersuchung von *Jakoby, Stephan/Maier, Jürgen/Schmechel, Thomas*: Internationalisierung der Publizitätspraxis bei Kapitalflußrechnungen – Eine empirische Untersuchung der DAX-Unternehmen für den Zeitraum 1988 bis 1997. In: Die Wirtschaftsprüfung 1999, S. 225-238.

Ein großer **Nachteil** der hier näher behandelten Verlautbarungen liegt darin, dass **nicht** ausdrücklich **vorgeschrieben** wird, ob die Kapitalflussrechnung nach der **derivativen** oder der **originären Ermittlungsmethode** zu erstellen ist. SFAS No. 95 schreibt grundsätzlich keine der unterschiedlichen Ermittlungsmethoden explizit vor. Auch IAS 7 erwähnt lediglich für den Bereich der laufenden Geschäftstätigkeit, wie möglicherweise die Ermittlung der Kapitalflussrechnung stattfinden kann. In DRS 2, Tz. 12 wird zwar die Möglichkeit der originären Ermittlung erwähnt, allerdings wird gemäß DRS 2, Tz. 12 Satz 7 2. Halbsatz in der Regel von der derivativen Ermittlung ausgegangen.

Diese Freiheit bezüglich des Ermittlungsverfahrens der Kapitalflussrechnung erscheint vor dem Hintergrund der exakteren und aussagekräftigeren originären Ermittlungsmethode unverständlich und eröffnet u. E. den aufstellungspflichtigen Unternehmungen Möglichkeiten, zum Teil weniger aussagekräftige derivativ ermittelte Kapitalflussrechnungen im Jahresabschluss zu veröffentlichen.

Insofern stellen die betrachteten Verlautbarungen Regelungen dar, die insbesondere die **Gliederungsform** der Kapitalflussrechnung konkretisieren.[876] In allen hier behandelten Verlautbarungen wird gefordert, die Kapitalflussrechnung nach dem **Bereichsformat** zu gliedern.[877] Damit wird eine Darstellungsform gewählt, die auch der hier in Verbindung mit der Staffelform präferierten Gliederungsform entspricht.

Die drei genannten Verlautbarungen eröffnen den Erstellern der Kapitalflussrechnung das **Wahlrecht**, die **Mittelzuflüsse/-abflüsse des Bereichs der laufenden Geschäftstätigkeit** entweder nach der **direkten** oder der **indirekten Methode** zu errechnen.[878] Dieses Wahlrecht ist u. E. **abzulehnen**, da im Fall der indirekten Herleitung des Mittelzuflusses/-abflusses keine Zahlungsströme dargestellt werden. Hier hätte man einen höheren Aussagewert der Kapitalflussrechnung durch die verbindliche Vorschrift zur Verwendung der direkten Herleitungsmethode erreichen können. Die direkte Methode entspricht besser als die indirekte Herleitungsmethode dem Zweck der Kapitalflussrechnung, nämlich aufzuzeigen, wie die Unternehmung Zahlungsüberschüsse erwirtschaftet hat.[879]

Der den Unternehmungen von den hier behandelten Verlautbarungen ermöglichte **Nettoausweis** bestimmter Transaktionen, die insbesondere die Kriterien einer hohen Umschlagshäufigkeit, eines großen Betrages und einer kurzen

---

[876] Vgl. DRS 2; SFAS No. 95; IAS 7.

[877] Vgl. DRS 2, Tz. 7; SFAS No. 95, Tz. 14; IAS 7, Tz. 10.

[878] Vgl. DRS 2, Tz. 12 i. V. m. Tz. 24; SFAS No. 95, Tz. 27-28; IAS 7, Tz. 18.

[879] Vgl. SFAS No. 95, in dem sich manche Board-Mitglieder ebenfalls auf diesen Zweck der Kapitalflussrechnung berufen, Tz. 34.

Laufzeit erfüllen, ist wegen der Verletzung des Bruttoprinzips zu kritisieren. Im Übrigen **leidet** durch dieses Wahlrecht auch die **Vergleichbarkeit** der Kapitalflussrechnungen mehrerer unterschiedlicher Unternehmungen.

Bezüglich des Ausweises bestimmter Geschäftsvorfälle bestehen bei den verschiedenen Verlautbarungen z.T. unterschiedliche Auffassungen, welchem Bereich die Transaktionen sinnvoll zugeordnet werden können. **Abbildung 96** (Seite 346)[880] gibt einen Überblick über die mögliche Zuordnung dieser Positionen zu den verschiedenen Bereichen der Kapitalflussrechnung.

Hervorzuheben sind insbesondere die Unterschiede bezüglich der Zuordnung von erhaltenen Zins- und Dividendenzahlungen sowie Steuerzahlungen. Die Einräumung von Wahlrechten beim DRS 2 und IAS 7 bezüglich des Ausweises der erhaltenen Zins- und Dividendenzahlungen sowie Steuern ist u.E. skeptisch zu beurteilen. Dadurch, dass die Unternehmungen nicht auf einen Bereich der Kapitalflussrechnung bezüglich des Ausweises dieser Geschäftsvorfälle zwingend festgelegt werden, können die Mittelzuflüsse/-abflüsse der entsprechenden Bereiche ggf. geglättet werden. Dadurch erhalten die externen Jahresabschlussadressaten, soweit dieses Vorgehen nicht durch den Stetigkeitsgrundsatz verhindert wird, ein verzerrtes Bild der tatsächlichen Finanzlage der von ihnen analysierten Unternehmung. Allerdings bestehen auch in der Literatur über die Zuordnung der oben genannten Geschäftsvorfälle zu einem der Bereiche z.T. kontroverse Auffassungen.[881] Hinsichtlich der Zahlungsströme, die im Zusammenhang mit Sicherungsgeschäften (Hedging) auftreten, besteht aber weitgehend Einigkeit, diese den Bereichen zuzuordnen, in denen auch das entsprechend abgesicherte Grundgeschäft ausgewiesen wurde.[882]

Die Tatsache, dass bei allen drei Verlautbarungen **nicht-zahlungswirksame Vorgänge aus der eigentlichen Kapitalflussrechnung** ausgeschlossen werden, ist zu begrüßen, da dies zur besseren Verständlichkeit der zahlungsstromorientierten Rechnung beiträgt

---

[880] Eigene Darstellung in Anlehnung an *Jakoby, Stephan/Maier, Jürgen/Schmechel, Thomas*: Internationalisierung der Publizitätspraxis bei Kapitalflußrechnungen – Eine empirische Untersuchung der DAX-Unternehmen für den Zeitraum 1988 bis 1997. In: Die Wirtschaftsprüfung 1999, S. 228.

[881] Vgl. *Chwallek, Constanze*: Bewertungsrelevanz veröffentlichter Kapitalflußrechnungen börsennotierter deutscher Unternehmen. Frankfurt a. M. u.a. 1999, S. 49; *Wysocki, Klaus von*: IAS 7 – Kapitalflußrechnungen (Cash Flow Statements). In: Rechnungslegung nach International Accounting Standards (IAS), hrsg. von *Jörg Baetge* u.a., Stuttgart 1997, IAS 7, Tz. 40.

[882] Vgl. *Pfuhl, Joerg M.*: Kapitalflußrechnung im Konzern. In: Handbuch der Konzernrechnungslegung, hrsg. von *Karlheinz Küting* und *Claus-Peter Weber*, Band II, 2. Aufl., Stuttgart 1998, S. 675-691, Rn. 1230.

Position	Regelung		
	SFAS No. 95 i. V. m. SFAS No. 104	IAS 7	DRS 2
Erhaltene Zinsen	Geschäftstätigkeit	Geschäftstätigkeit/ Investition	Geschäftstätigkeit/ (Investition)
Gezahlte Zinsen	Geschäftstätigkeit	Geschäftstätigkeit/ Finanzierung	Geschäftstätigkeit/ (Finanzierung)
Erhaltene Dividenden/ Beteiligungserträge	Geschäftstätigkeit	Geschäftstätigkeit/ Investition	Geschäftstätigkeit/ (Investition)
Gezahlte Dividenden	Finanzierung	Finanzierung/ Geschäftstätigkeit	Finanzierung
Steuern	Geschäftstätigkeit	Geschäftstätigkeit/ (Investition/ Finanzierung)	Geschäftstätigkeit/ (Investition/ Finanzierung)
Kontrakte (Futures, Forwards, Swaps, Optionen) zur Absicherung anderer Positionen	wie Grundgeschäft/ Investition	wie Grundgeschäft	wie Grundgeschäft
Kredite zur Absicherung anderer Positionen	Finanzierung	Finanzierung	wie Grundgeschäft

Abbildung 96: Zuordnung bestimmter Positionen der Kapitalflussrechnung gemäß DRS 2, IAS 7, SFAS No. 95[883]

Die erforderlichen zusätzlichen Angaben verdeutlichen aber auch, dass die Kapitalflussrechnung mit ausgegliedertem Fonds als reines Rechenwerk kein vollständiges Bild insbesondere bezüglich der gesamten Finanzierungs- und Investitionstätigkeit der Unternehmung für eine betrachtete Periode vermitteln kann; letztlich bliebe ohne ergänzende Angaben über alle nicht-zahlungswirksamen Geschäftsvorfälle einer der oben formulierten Rechnungszwecke der Kapitalflussrechnung unerfüllt. Laut Financial Accounting Standards Board (FASB) liegt die Bedeutung der nicht-zahlungswirksamen Finanzierungs- und Investitionsvorgänge insbesondere darin, dass sie mögliche Rückschlüsse auf die Generierung zukünftiger Mittelzuflüsse/-abflüsse

---

[883] Entnommen aus *Bieg, Hartmut*: Die Kapitalflussrechnung als stromgrößenorientierte Finanzanalyse. In: Der Steuerberater 2000, S. 192.

zulassen,[884] wodurch Einschätzungen der zukünftigen Finanzlage ermöglicht werden.

Die Abgrenzung der so genannten **Zahlungsmitteläquivalente** ist bei allen nachfolgend behandelten Standards problematisch, weil die Formulierungen z. T. **ungenaue Angaben bezüglich der Laufzeit** der Zahlungsmitteläquivalente aufweisen. Die Formulierung, dass die Zahlungsmitteläquivalente ohne Weiteres in bestimmte Beträge umwandelbar sein müssen, eröffnet den Erstellern der Kapitalflussrechnung Auslegungsspielräume.

Im Folgenden wird auf weitere Gesichtspunkte, die nur für die einzelnen Verlautbarungen relevant sind, eingegangen.

3.5.3.5.2 Aspekte des SFAS No. 95

SFAS No. 95 ist in Verbindung mit den US-GAAP generell von (US-amerikanischen) Unternehmungen anzuwenden, die entweder prüfungspflichtig sind oder ihren Jahresabschluss freiwillig prüfen lassen.[885]

Positiv an SFAS No. 95 ist, dass eine **weitgehend starre Abgrenzung des Fonds** bezüglich der Zahlungsmittel und **Zahlungsmitteläquivalente** verbindlich vorgeschrieben wird.[886] Unter Zahlungsmitteläquivalenten werden hoch liquide Vermögensgegenstände verstanden, die sich problemlos in einen bestimmten Geldbetrag umwandeln lassen und aufgrund ihrer Restlaufzeit von weniger als drei Monaten keinen signifikanten Wertänderungsrisiken unterliegen.[887] Als Beispiele für Zahlungsmitteläquivalente seien hier so genannte treasury bills, commercial papers und money market funds genannt.[888]

Die explizit geforderte **Überleitungsrechnung** zu den Bilanzpositionen, wodurch im Übrigen auch die Zusammensetzung des Fonds offen gelegt wird,[889] ist sehr zu begrüßen. Eine **Beurteilung der Nachhaltigkeit** der erzielten

---

884 Vgl. SFAS No. 95, Tz. 70.

885 Vgl. *Wysocki, Klaus von*: Die Ausgestaltung der Kapitalflußrechnung börsennotierter Mutterunternehmen nach § 297 Abs. 1 Satz 2 HGB. In: Rechnungswesen als Instrument für Führungsentscheidungen: Festschrift für *Adolf G. Coenenberg* zum 60. Geburtstag, hrsg. von *Hans Peter Möller* und *Franz Schmidt*, Stuttgart 1998, S. 373.

886 Vgl. SFAS No. 95, Tz. 7-10.

887 Vgl. SFAS No. 95, Tz. 8.

888 Vgl. SFAS No. 95, Tz. 9.

889 Vgl. SFAS No. 95, Tz. 10.

Zahlungsüberschüsse ist allerdings wegen des nicht ausdrücklich verlangten[890] separaten Ausweises der außerordentlichen Positionen **kaum möglich**.[891]

Bei direkter Herleitung des Mittelzuflusses/-abflusses aus laufender Geschäftstätigkeit wird zusätzlich eine indirekte Herleitung des Zahlungsergebnisses aus laufender Geschäftstätigkeit verlangt;[892] dadurch entsteht u. E. der Eindruck, dass faktisch doch die indirekte Methode für den Bereich der laufenden Geschäftstätigkeit präferiert wird.[893] Die Forderung nach einer **Überleitungsrechnung** des Jahresergebnisses zum Mittelzufluss/-abfluss aus laufender Geschäftstätigkeit, die letztlich der indirekten Methode entspricht, kann jedoch auch vor dem Hintergrund der Erfüllung des Zweckes, **Divergenzen zwischen dem Jahresergebnis und dem Zahlungssaldo aus laufender Geschäftstätigkeit aufzuzeigen**, gesehen werden. Allein der Versuch, diesen Zweck auf allen zur Verfügung stehenden Wegen erfüllen zu wollen, lässt u. E. erkennen, dass sich auch die Mitglieder des Boards, trotz der im Vergleich zur HGB-Bilanzierung in den US-GAAP eingeschränkten Wahlrechte,[894] der begrenzten Aussagekraft eines nach dem Periodisierungsprinzip in der Gewinn- und Verlustrechnung ausgewiesenen Gewinns für den externen Jahresabschlussadressaten bewusst sind.

3.5.3.5.3 Aspekte des IAS 7

Im Gegensatz zu SFAS No. 95 ist der Anwendungskreis zur Publizierung einer Kapitalflussrechnung gemäß IAS 7 sehr viel umfangreicher. Allerdings erfolgt die Anwendung bisher in den meisten Staaten nur auf freiwilliger Basis. So müssen Kapitalflussrechnungen von sämtlichen Unternehmungen und Konzernen, gleich welcher Branche oder Rechtsform sie angehören, offen gelegt werden, sobald ein Jahresabschluss publiziert wird. Die **Fondsabgrenzung** erfolgt **grundsätzlich analog zu SFAS No. 95**. Allerdings eröffnet

---

[890] Vgl. SFAS No. 95, Tz. 26, Fn. 10.

[891] Vgl. *Bertschinger, Peter*: Trend zur Geldflussrechnung im Konzern. In: Der Schweizer Treuhänder 1990, S. 612; *Hayn, Sven*: Internationale Rechnungslegung. Stuttgart 1997, S. 499; *Schoenfeld, Hanns Martin W.*: Entwicklung der Cash-Flow-Rechnung. In: Die Unternehmung 1997, S. 408.

[892] Vgl. SFAS No. 95, Tz. 29-30.

[893] Vgl. ähnlicher Auffassung *Serfling, Klaus/Marx, Marita*: Die Bedeutung der Richtlinie SFAS No. 95 für die Praxis der Kapitalflußrechnung. Eine Analyse vor dem Hintergrund der Verlautbarung HFA 1/1978, In: Die Wirtschaftsprüfung 1991, S. 347; *Stahn, Frank*: Kapitalflußrechnung als dritte Konzern-Jahresrechnung. Bergisch Gladbach/Köln 1996, S. 18-19.

[894] Vgl. *Haller, Axel*: Wesentliche Ziele und Merkmale der US-amerikanischen Rechnungslegung. In: US-Amerikanische Rechnungslegung, hrsg. von *Wolfgang Ballwieser*, 3. Aufl., Stuttgart 1998, S. 18.

IAS 7 im Gegensatz zu SFAS No. 95 die Möglichkeit, **zusätzlich auch Passivpositionen** wie z. B. die jederzeit fälligen Bankverbindlichkeiten mit in den (Finanzmittel-)Fonds einzubeziehen. Für die Abgrenzung eines eng an den kurzfristigen Geldmitteln angelehnten Fonds erscheint dieses Wahlrecht allerdings problematisch, da juristisch als kurzfristig eingestufte Kontokorrentverbindlichkeiten wirtschaftlich häufig langfristiger Natur sind. Um Auslegungsspielräume zu vermeiden, sollte auf die Einbeziehung der Kontokorrentverbindlichkeiten grundsätzlich verzichtet werden. Die auch von IAS 7 geforderte **Angabe der Bestandteile des Finanzmittelfonds** kann jedoch dazu beitragen, den Aussagegehalt der Kapitalflussrechnung zu erhöhen.

Bezüglich der **außerordentlichen Positionen** fordert IAS 7 die separate Offenlegung im jeweils relevanten Bereich, wodurch **Einblicke in die Nachhaltigkeit der Zahlungsströme** ermöglicht werden.

Abschließend sei darauf hingewiesen, dass aufgrund der Anerkennung des IAS 7 im Jahre 1994 durch die internationale Organisation der Börsenaufsichtsbehörden (IOSCO), die wiederum ihren Mitgliedern – hervorzuheben ist hier insbesondere die US-amerikanische Börsenaufsichtsbehörde SEC – die Übernahme von IAS 7 empfohlen hat, eine gemäß IAS 7 aufgestellte Kapitalflussrechnung für an den internationalen Kapitalmärkten agierende Unternehmungen erheblich an Bedeutung gewonnen hat.[895]

3.5.3.5.4 Aspekte des Deutschen Rechnungslegungsstandards Nr. 2 (DRS 2)

Der am 29. Oktober 1999 verabschiedete DRS 2 ist für alle börsennotierten Mutterunternehmungen, die zur Erstellung einer Kapitalflussrechnung gemäß § 297 Abs. 1 Satz 2 HGB gesetzlich verpflichtet sind, relevant.[896] Darüber hinaus soll der DRS 2 auch von allen Unternehmungen berücksichtigt werden, die freiwillig eine Kapitalflussrechnung aufstellen.

Grundsätzlich erfolgt die **Fondsabgrenzung** bei DRS 2 **analog zu der Vorgehensweise** bei IAS 7. Die Formulierung, dass den Zahlungsmitteläquivalenten solche Positionen zugeordnet werden können, die i. d. R. eine Restlaufzeit von nicht mehr als drei Monaten, gerechnet vom Erwerbszeitpunkt, aufweisen, eröffnet den Erstellern der Kapitalflussrechnung jedoch Gestaltungsspielräume bei der Fondsabgrenzung.

---

[895] Vgl. u. a. *Serfling, Klaus/Großkopff, Anne*: Finanzanalyse mit Hilfe von Kapitalflußrechnungen. In: Buchführung, Bilanz, Kostenrechnung vom 20.12.1996, Fach 30, S. 578.

[896] Vgl. DRS 2, Tz. 2.

Weiterhin ist zu bemängeln, dass ein aus möglichen Bewertungsvorgängen resultierender Unterschiedsbetrag gemeinsam mit unwesentlichen Wechselkursdifferenzen in einer Position zusammengefasst ausgewiesen werden kann.[897]

Hinsichtlich der Fondsabgrenzung bleibt fraglich, wieso die Verfasser des DRS 2 nicht die Gelegenheit wahrgenommen haben, eine von IAS 7 und SFAS No. 95 abweichende engere Fondsabgrenzung, die die Aussagekraft der Kapitalflussrechnung erhöhen könnte, zu fordern. Die Verfasser des Deutschen Rechnungslegungsstandards für die Kapitalflussrechnung hätten hier wichtige Impulse für die zukünftige Entwicklung einer im Vergleich zu IAS 7 und SFAS No. 95 aussagekräftigeren Fondsabgrenzung geben können, wenn sie den britischen Standard FRS 1 bezüglich der auf die Zahlungsmittel eingeschränkten sehr engen Fondsabgrenzung berücksichtigt hätten.

Abschließend ist festzustellen, dass durch die Schaffung eines Deutschen Rechnungslegungsstandards für die Kapitalflussrechnung die IDW-Stellungnahme HFA 1/1995 von den Unternehmungen nur noch insoweit berücksichtigt werden darf, als sie dem DRS 2 nicht widerspricht.

3.5.3.6 Weitere Gesichtspunkte der Aussagekraft von Kapitalflussrechungen

Um eine ansatzweise Beurteilung der zukünftigen Liquiditätslage zu ermöglichen, sollten die Unternehmungen in einem **Erläuterungsteil** zur Kapitalflussrechnung auch über eingeräumte, nicht voll ausgeschöpfte **Kreditlinien** informieren. Im Übrigen gibt die Kapitalflussrechnung keine Auskunft über die Termine der Zahlungen; lediglich der Anhang zur Bilanz informiert gemäß § 268 Abs. 4 und 5 HGB sowie § 285 Nr. 1a) HGB über die Restlaufzeiten der Forderungen und Verbindlichkeiten und kann so wichtige Informationen bezüglich der (zukünftigen) Finanzlage einer Unternehmung liefern.

Dass auch Kapitalflussrechnungen durch die Unternehmungsleitung manipuliert werden können, zeigen mögliche Sachverhaltsgestaltungen.[898] So kann z. B. durch die Verzögerung oder Beschleunigung von Ein- und Auszahlungen das Bild der Finanzlage der einzelnen Periode zum Teil erheblich verzerrt werden. Diesem Mangel kann jedoch durch die Betrachtung von Kapitalflussrechnungen mehrerer aufeinander folgender Perioden begegnet werden, mit

---

[897] Vgl. DRS 2, Tz. 21.

[898] Vgl. ausführlich zur Sachverhaltsgestaltung *Waschbusch, Gerd*: Die Instrumente der handelsrechtlichen Jahresabschlußpolitik. Ein Systematisierungsansatz. In: Das Wirtschaftsstudium 1994, S. 811-815.

deren Hilfe auch die Finanzierungs- und Investitionszyklen der betrachteten Unternehmung erkennbar werden.

Darüber hinaus kann die separate Angabe der Mittelzuflüsse/-abflüsse differenziert nach dem Kriterium der Erhaltung und Erweiterung der Produktionskapazität für die externen Jahresabschlussleser wichtige Informationen darüber liefern,[899] inwieweit die betrachtete Unternehmung auch zukünftig in der Lage sein wird, ausreichende Mittelzuflüsse zu generieren.

3.5.4 Die Kapitalflussrechnung für den Konzern

3.5.4.1 Vorbemerkungen

3.5.4.1.1 Der Konzern als Rechnungslegungsobjekt

Bisher wurden Merkmale der Kapitalflussrechnung behandelt, die für die einzelne Unternehmung wie für den Konzern relevant sind. Jetzt werden – auch vor dem Hintergrund der gesetzlichen Norm des § 297 Abs. 1 Satz 2 HGB – einige ausgewählte Aspekte angesprochen, die insbesondere bei der Kapitalflussrechnung für einen Konzern zu beachten sind. Unter einem Konzern wird eine Unternehmung verstanden, in der sich mehrere rechtlich selbstständige Unternehmungen zu einer wirtschaftlichen Einheit unter einheitlicher Leitung zusammengeschlossen haben.[900] Da der Konzern keine juristische Einheit darstellt, kann er keine eigene Rechtspersönlichkeit haben und ist insofern rechtlich nicht existent.[901]

---

[899] Vgl. IAS 7, Tz. 50 c); *Epstein, Barry J./Mirza, Abbas A.*: IAS 99: interpretation and application of International Accounting Standards 1999. New York u. a. 1999, S. 92 und S. 106; PriceWaterhouseCoopers: Understanding IAS. 2. Aufl., o. O. 1998, Kapitel 7, S. 11.

[900] Vgl. *Niehus, Rudolph J./Thyll, Alfred*: Konzernabschluß nach US-GAAP. 2. Aufl., Stuttgart 2000, S. 25, Rn. 67.

[901] Vgl. auch *Küting, Karlheinz/Weber, Claus-Peter*: Der Konzernabschluß. 6. Aufl., Stuttgart 2000, S. 53.

3.5.4.1.2 Gründe für die Aufstellung einer Konzern-Kapitalflussrechnung

Heute stellen insbesondere Konzernabschlüsse einen für börsennotierte Mutterunternehmungen relevanten Jahresabschluss dar.[902] Der Konzernabschluss, der keine Ausschüttungsbemessungsfunktion hat und nicht als Besteuerungsgrundlage herangezogen wird, hat in erster Linie als Informationsinstrument für die Investoren große Bedeutung. Gerade weil die zunehmende Tendenz zur Konzernbildung auch steigende Informationsbedürfnisse bezüglich des Rechnungslegungsobjekts Konzern zur Folge hat, ist die Diskussion über die Aussagekraft von Kapitalflussrechnungen auch auf Konzernebene zu führen.

Analog zum Konzernabschluss, der in den letzten Jahren auch als internes Entscheidungs- und Informationsinstrument erheblich an Bedeutung gewonnen hat,[903] wird auch die Konzern-Kapitalflussrechnung eine immer größere Relevanz für die externen wie auch für die unternehmungsinternen Adressaten erlangen. Ein Grund für diese Entwicklung liegt vor allem darin, dass die Einzelabschlüsse der Konzern-Gesellschaften bzw. der Konzern-Mutter nur sehr eingeschränkt über die Finanzlage des Gesamtkonzerns informieren. Dies hängt insbesondere mit den Möglichkeiten der Konzernleitung zusammen, Liquidität innerhalb des Konzerns zu verlagern, um z. B. den Liquiditätsengpass einer Konzerngesellschaft durch einen Liquiditätsüberschuss anderer Konzern-Tochtergesellschaften auszugleichen.[904]

3.5.4.2 Die unterschiedlichen Ermittlungsmethoden einer Konzern-Kapitalflussrechnung

3.5.4.2.1 Vorbemerkungen

Die Konzern-Kapitalflussrechnung kann analog zur Ermittlung der Kapitalflussrechnung der einzelnen Unternehmung entweder derivativ oder originär ermittelt werden. Allerdings existieren im Unterschied zur Ermittlung der Kapitalflussrechnung einer einzelnen Unternehmung bei der derivativen Vorgehensweise zwei alternative Vorgehensweisen. Einerseits kann die Konzern-

---

902 Vgl. *Küting, Karlheinz/Weber, Claus-Peter*: Der Konzernabschluß. 6. Aufl., Stuttgart 2000, S. 64-67; *Stahn, Frank*: Die Kapitalflußrechnung in der aktuellen Berichterstattung deutscher Konzerne. Eine empirische Untersuchung unter Einbeziehung von über 100 großen Unternehmen. In: Betriebs-Berater 1997, S. 1991.

903 Vgl. *Küting, Karlheinz/Weber, Claus-Peter*: Der Konzernabschluß. 6. Aufl., Stuttgart 2000, S. 64-67.

904 Vgl. hierzu *Baetge, Jörg*: Konzernbilanzen. 4. Aufl., Düsseldorf 2000, S. 48.

Kapitalflussrechnung aus den einzelnen Kapitalflussrechnungen der im Konzern konsolidierten Tochtergesellschaften ermittelt werden. Andererseits – und dies stellt den zur Zeit von der Unternehmungspraxis häufig beschrittenen Weg dar – wird die Konzern-Kapitalflussrechnung derivativ aus dem bereits aufgestellten Konzernabschluss ermittelt. **Abbildung 97** gibt einen Überblick über die genannten Ermittlungsmethoden der Konzern-Kapitalflussrechnung.

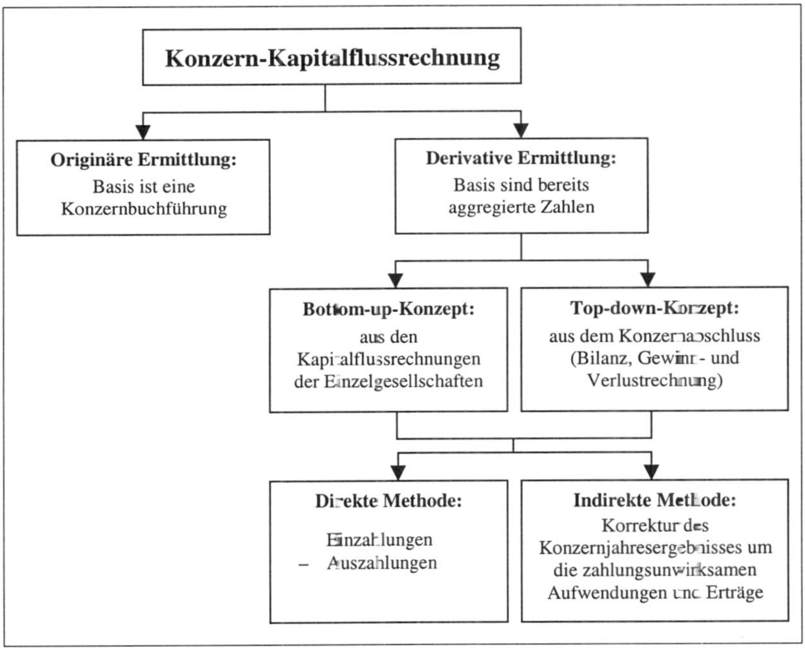

Abbildung 97: Die Ermittlungsmethoden der Konzern-Kapitalflussrechnung[905]

Wichtiges Unterscheidungskriterium der alternativen Ermittlungswege ist die Frage, auf welcher Ebene die Zahlungsströme erfasst werden und wann die gegebenenfalls erforderliche Konsolidierung stattfindet.[906]

---

[905] Entnommen aus *Bieg, Hartmut*: Die Kapitalflussrechnung als stromgrößenorientierte Finanzanalyse. In: Der Steuerberater 2000, S. 218; Darstellung in Anlehnung an *Serfling, Klaus*: Die Kapitalflußrechnung. Herne/Berlin 1984, S. 88; *Siener, Friedrich*: Kapitalflußrechnungen von Industrieunternehmen. In: Kapitalflußrechnung, hrsg. von *Klaus von Wysocki*, Stuttgart 1998, S. 38-41.

[906] Vgl. *Pfuhl, Joerg M.*: Kapitalflußrechnung im Konzern. In: Handbuch der Konzernrechnungslegung, hrsg. von *Karlheinz Küting* und *Claus-Peter Weber*, Band II, 2. Aufl., Stuttgart 1998, S. 678, Rn. 1214.

3.5.4.2.2 Die originäre Ermittlung der Konzern-Kapitalflussrechnung

Die originäre Ermittlung der Konzern-Kapitalflussrechnung basiert auf einer eigenen **Konzernbuchführung**. Diese Vorgehensweise wird in der Literatur als die **rechentechnisch exakteste Möglichkeit** zur Ermittlung der Konzern-Kapitalflussrechnung angesehen, weil sie die jeweiligen Adressaten sehr umfassend und detailliert über die Zahlungsströme informieren kann.[907] Allerdings scheitert die originäre Ermittlung in der Praxis häufig daran, dass aufgrund der i. d. R. nicht vorhandenen Konzernbuchführung die Datengrundlage fehlt.[908]

Eine wesentliche **Voraussetzung** für die originäre Konzernbuchführung ist, dass die einzelnen Konzern-Gesellschaften ihre Bücher so führen, als ob sie juristisch unselbstständige Betriebsstätten des Konzerns wären. Dadurch wird gewährleistet, dass nur die zahlungswirksamen Geschäftsvorfälle zwischen dem Konzern und konzernfremden Dritten erfasst werden.[909]

Für die Konzernbuchführung ist neben einem **Buchungsschlüssel**, der die Trennung in zahlungswirksame und nicht-zahlungswirksame Vorgänge ermöglicht, ein weiterer Buchungsschlüssel erforderlich, der Informationen über die Konzernzugehörigkeit der relevanten zahlungswirksamen Geschäftsvorfälle liefert. Alternativ bietet sich für die originäre Konzern-Kapitalflussrechnung, analog zur originären Ermittlung der Einzel-Kapitalflussrechnung, wieder die Verfahrenstechnik der bereits in **Abschnitt 3.5.3.3.3** erwähnten Umsatzmatrix von *Käfer* an.[910]

Neben den i. d. R. fehlenden organisatorischen Voraussetzungen kann eine Ursache für die Nichtanwendung des originären Ermittlungsweges unter anderem darin liegen, dass die Daten der Konzern-Kapitalflussrechnung getrennt von der Bilanz und der Gewinn- und Verlustrechnung konsolidiert werden müssen. Ein weiterer möglicher Grund mag auch sein, dass die **bei internationalen Konzernen häufig unterschiedlichen Rechnungslegungsnormen**

---

907 Vgl. *Nebendahl, Jens F.*: Derivative Konzernfinanzierungsrechnungen im multinationalen Konzern. Frankfurt a. M. u. a. 1994, S. 177; *Pfuhl, Joerg M.*: Kapitalflußrechnung im Konzern. In: Handbuch der Konzernrechnungslegung, hrsg. von *Karlheinz Küting* und *Claus-Peter Weber,* Band II, 2. Aufl., Stuttgart 1998, S. 679, Rn. 1215.

908 Vgl. *Wysocki, Klaus von*: Die Kapitalflußrechnung als Teil des Anhangs börsennotierter Mutterunternehmen nach § 297 Abs. 1 Satz 2 HGB. In: Reform des Aktienrechts, der Rechnungslegung und Prüfung, hrsg. von *Dietrich Dörner, Dieter Menold* und *Norbert Pfitzer,* Stuttgart 1999, S. 477.

909 Vgl. *Stahn, Frank*: Kapitalflußrechnung als dritte Konzern-Jahresrechnung. Bergisch Gladbach/Köln 1996, S. 139-140.

910 Vgl. *Amen, Matthias*: Erstellung von Kapitalflußrechnungen. 2. Aufl., München 1998, S. 192; *Käfer, Karl*: Kapitalflußrechnungen. 2. Aufl., Stuttgart 1984, S. 208-226.

eine einheitliche Konzernbuchführung erschweren. Im Übrigen stehen einer Realisierung der originären einheitlichen Konzernbuchführung hohe **Mehrkosten** entgegen, die bei internationalen Tochtergesellschaften, die nach anderen Normen als die Konzernmutter Rechnung legen, durch die Führung von zwei unterschiedlichen Büchern entstehen würden. Allerdings steigen zukünftig wegen der Annäherung der insbesondere für den Konzernabschluss relevanten internationalen Rechnungslegungsnormen möglicherweise die Chancen einer originären Ermittlung der Konzern-Kapitalflussrechnung. Gerade durch die für Konzerne relevante Norm des § 292a HGB und die Tatsache, dass ausländische Tochterunternehmungen schon heute häufig nach internationalen Rechnungslegungsnormen, wie z. B. den IAS, bilanzieren, wird ein Haupthindernis für eine originäre Konzernbuchführung in Deutschland beseitigt.

Obwohl viel für eine originäre Ermittlung der Konzern-Kapitalflussrechnung spricht, stellt diese Vorgehensweise einen Idealfall dar, der in der Praxis selten bzw. gar nicht genutzt wird. Im Folgenden wird die in der Praxis häufiger genutzte derivative Ermittlungsmethode der Konzern-Kapitalflussrechnung näher betrachtet.

3.5.4.2.3 Die derivative Ermittlung der Konzern-Kapitalflussrechnung

3.5.4.2.3.1 Die derivative Ermittlung aus dem Konzernabschluss

Voraussetzung für diese auch als „Top-down-Konzept"[911] bezeichnete Ermittlung ist die **Existenz einer konsolidierten Bilanz sowie Gewinn- und Verlustrechnung** für die in den Konzernabschluss einzubeziehenden Einzelgesellschaften. Wegen des Rückgriffs auf bereits konsolidierte Daten erfolgt die Umwandlung in eine zahlungsstromorientierte Rechnung erst auf Konzernebene. Die derivative Ermittlung der Konzern-Kapitalflussrechnung aus dem Konzernabschluss erfolgt in einer ähnlichen Weise wie bei der derivativen Kapitalflussrechnung einer einzelnen Unternehmung. Der Konzern wird dabei wie eine juristisch selbstständige Einheit gesehen, aus deren Jahresabschluss die Konzern-Kapitalflussrechnung abgeleitet wird. Diese Ermittlungsmethode der Konzern-Kapitalflussrechnung hat u. a. den Vorteil, dass viele Probleme, insbesondere der Bewertung, Konsolidierung und Währungsumrechnung, bereits im zugrunde liegenden Konzernabschluss gelöst wur-

---

911 *Siener, Friedrich*: Kapitalflußrechnungen von Industrieunternehmen. In: Kapitalflußrechnung, hrsg. von *Klaus von Wysocki*, Stuttgart 1998, S. 41.

den.[912] Außerdem ermöglicht diese Vorgehensweise eine **zweckmäßige Verknüpfung** zwischen der Konzern-Bilanz, der Konzern-Gewinn- und Verlustrechnung und der Konzern-Kapitalflussrechnung. Allerdings weist eine aus den konsolidierten Daten abgeleitete Konzern-Kapitalflussrechnung grundsätzlich die gleichen Mängel wie der zugrunde liegende Konzernabschluss auf, da keine Lösung von dem Datengerüst der Konzern-Bilanz und der Konzern-Gewinn- und Verlustrechnung möglich ist.

Darüber hinaus ist die derivative Ermittlung der Konzern-Kapitalflussrechnung im Vergleich zur Vorgehensweise bei der einzelnen Unternehmung komplexer; u. a. kann die im zugrunde liegenden Konzernabschluss vorgenommene erfolgsneutrale Verrechnung von nicht-zahlungswirksamen **Konsolidierungsdifferenzen** gegen die Gewinnrücklagen dem Ersteller der Konzern-Kapitalflussrechnung Schwierigkeiten bereiten. Aus Sicht der externen Adressaten der Konzern-Kapitalflussrechnung ist grundsätzlich zu bemängeln, dass sich mit dieser Ermittlungsmethode **nur wenig zusätzliche Informationen zur Finanzlage des Konzerns** im Vergleich zur Konzern-Bilanz sowie Konzern-Gewinn- und Verlustrechnung gewinnen lassen. In der Praxis ist die nach dem „Top-down-Konzept" ermittelte Konzern-Kapitalflussrechnung häufig anzutreffen, unter Umständen auch deshalb, weil das für die Erstellung einer Kapitalflussrechnung erforderliche Knowhow bisher erst in den jeweiligen Konzernzentralen in ausreichendem Maß vorhanden ist.

Nachfolgend soll geprüft werden, ob bei der derivativen Ermittlung der Konzern-Kapitalflussrechnung aus den Einzel-Kapitalflussrechnungen umfangreichere und zuverlässigere Informationen über die Finanzlage der Unternehmungen zur Verfügung gestellt werden können.

3.5.4.2.3.2 Die derivative Ermittlung aus den Kapitalflussrechnungen der Einzelgesellschaften

Im Vergleich zur derivativen Ermittlung aus dem Konzernabschluss ist die Ermittlung der Konzern-Kapitalflussrechnung aus den Kapitalflussrechnungen der einzelnen Unternehmungen **aufwändiger**, da nicht auf bereits konsolidierte Daten zurückgegriffen werden kann.[913]

---

[912] Vgl. *Nebendahl, Jens F.*: Derivative Konzernfinanzierungsrechnungen im multinationalen Konzern. Frankfurt a. M. u. a. 1994, S. 85.

[913] Vgl. *Amen, Matthias*: Erstellung von Kapitalflußrechnungen. 2. Aufl., München 1998, S. 164.

Eine unbedingte **Voraussetzung** für die Anwendung dieser auch als „Bottom-up-Konzept“[914] bezeichneten Erstellungsmethode für die Konzern-Kapitalflussrechnung ist, dass **für jede** in den Konzernabschluss **einbezogene Gesellschaft eine Kapitalflussrechnung** vorliegt. Da die Zahlungsströme bereits auf der Ebene der einzelnen Unternehmung erfasst werden, müssen die einzelnen für den Konzernabschluss relevanten Kapitalflussrechnungen so gestaltet sein, dass auch konzerninterne Finanzbeziehungen gezeigt werden, da **sämtliche konzerninternen Zahlungsströme** für die Konzern-Kapitalflussrechnung **zu eliminieren** sind. Schon die Beschaffung aller für die Erstellung der Konzern-Kapitalflussrechnung erforderlichen Zusatzinformationen, z. B. bezüglich konzerninterner Leistungsbeziehungen, kann für den Konzern, der nur eine fiktive juristische Einheit darstellt, mit erheblichen Anstrengungen verbunden sein.

Weiterhin sollten die Kapitalflussrechnungen der im Konzern zusammengeschlossenen Einzelgesellschaften formell und materiell möglichst weit übereinstimmen. Im formellen Bereich ist eine **einheitliche Gliederung** der Kapitalflussrechnungen, insbesondere bezüglich des Bereichs der laufenden Geschäftstätigkeit, von Bedeutung. Um die materielle Einheitlichkeit zu gewährleisten, müssen in den Einzel-Kapitalflussrechnungen **gleichartige Sachverhalte**, wie z. B. die Zuordnung der erhaltenen Dividenden und Zinsen zum Bereich der laufenden Geschäftstätigkeit, in allen Kapitalflussrechnungen **gleich behandelt** werden. Im Zusammenhang mit der einheitlichen formellen und materiellen Behandlung der Geschäftsvorfälle in den Einzelgesellschaften bietet sich die Schaffung einheitlicher **Konzernrichtlinien** an.[915]

Zur Zeit kann die Aufstellung der Konzern-Kapitalflussrechnung auf dem hier behandelten Weg Schwierigkeiten bereiten, weil auf den Ebenen der einzelnen Gesellschaften das Knowhow bezüglich der Erstellung einer Kapitalflussrechnung möglicherweise noch nicht vorhanden ist. Sobald allerdings einmal die entsprechenden organisatorischen Voraussetzungen in den einzelnen Konzern-Gesellschaften geschaffen worden sind, kann diese Methode auch dazu beitragen, dass die Kapitalflussrechnung von der jeweiligen einzelnen Unternehmung als ein verständlicher eigener Beitrag und nicht nur als reine Pflichterfüllung gegenüber der Konzernleitung gesehen wird. Obwohl sich durch die Konsolidierung der einzelnen Kapitalflussrechnungen die Konzern-Kapitalflussrechnung von dem Konzernabschluss z. T. unterscheiden kann, ist diese Methode nicht als nachteilig zu bewerten, weil der **Informationsgehalt** der Rechnungslegung durch eine derart ermittelte Konzern-Kapitalflussrechnung erheblich **gesteigert** werden kann. Die Frage einer zweckmäßigen Verknüp-

---

914 *Siener, Friedrich*: Kapitalflußrechnungen von Industrieunternehmen. In: Kapitalflußrechnung, hrsg. von *Klaus von Wysocki*, Stuttgart 1998, S. 40.

915 Vgl. *Pfuhl, Joerg M.*: Konzernkapitalflußrechnung. Stuttgart 1994, S. 415-416.

fung von Konzern-Kapitalflussrechnung mit der Konzern-Bilanz sowie mit der Konzern-Gewinn- und Verlustrechnung stellt sich generell auch bezüglich der folgenden Ausführungen zur Abgrenzung des Konsolidierungskreises.

3.5.4.3 Die Abgrenzung des Konsolidierungskreises

Für die Abgrenzung des Konsolidierungskreises ist von großer Bedeutung, ob man die externe oder die interne Konzern-Kapitalflussrechnung betrachtet. Nachfolgend werden zunächst die Aspekte bezüglich der Abgrenzung des Konsolidierungskreises bei einer externen Konzern-Kapitalflussrechnung erläutert, bevor auf die Abgrenzungskriterien für die interne Konzern-Kapitalflussrechnung eingegangen wird.

Aufgrund der Einheitstheorie[916] ist die **externe Konzern-Kapitalflussrechnung** für den jeweiligen Konsolidierungskreis so aufzustellen, als ob die einbezogenen Konzerngesellschaften eine einzige Unternehmung darstellten.[917] Dabei muss die externe Konzern-Kapitalflussrechnung auf dem **durch den Konzernabschluss vorgezeichneten Konsolidierungskreis** basieren, damit sie als ergänzendes Informationsinstrument des Konzernabschlusses Aussagekraft erlangen kann.[918] Die Frage der Abgrenzung ist insbesondere für die korrekte Erfassung der Zahlungsströme von Bedeutung, weil sämtliche Zahlungsströme zwischen den einzelnen im Konzernabschluss zusammengefassten Gesellschaften vollständig zu eliminieren sind, während die zwischen der betrachteten Konzerneinheit und Dritten geflossenen Zahlungen in der Konzern-Kapitalflussrechnung zu zeigen sind.

Grundsätzlich setzt sich der Konsolidierungskreis gemäß § 294 Abs. 1 HGB aus allen inländischen und ausländischen Tochtergesellschaften zusammen (Weltabschlussprinzip). Insbesondere aus finanzwirtschaftlicher Sicht ist die Möglichkeit, dass der publizierte Konzernabschluss wegen des Einbeziehungsverbots des § 295 HGB und der Einbeziehungswahlrechte gemäß § 296

---

916 Vgl. zum Begriff der Einheitstheorie *Küting, Karlheinz/Weber, Claus-Peter*: Der Konzernabschluß. 6. Aufl., Stuttgart 2000, S. 56-59.

917 Vgl. *Korth, H.-Michael*: Konzernrechnungslegung nach HGB. Bielefeld 1999, Rn. 474, S. 203; *Wysocki, Klaus von*: Die Kapitalflußrechnung als Teil des Anhangs börsennotierter Mutterunternehmen nach § 297 Abs. 1 Satz 2 HGB. In: Reform des Aktienrechts, der Rechnungslegung und Prüfung, hrsg. von *Dietrich Dörner, Dieter Menold* und *Norbert Pfitzer,* Stuttgart 1999, S. 474.

918 Vgl. *Mansch, Helmut/Wysocki, Klaus von (*Hrsg.): Finanzierungsrechnung im Konzern. In: Zeitschrift für betriebswirtschaftliche Forschung, Sonderheft 37/1996, S. 122; *Wysocki, Klaus von*: Die Kapitalflußrechnung als Teil des Anhangs börsennotierter Mutterunternehmen nach § 297 Abs. 1 Satz 2 HGB. In: Reform des Aktienrechts, der Rechnungslegung und Prüfung, hrsg. von *Dietrich Dörner, Dieter Menold* und *Norbert Pfitzer,* Stuttgart 1999, S. 474.

HGB nur einen Teil der Unternehmungseinheit Konzern abbildet, jedoch skeptisch zu beurteilen.[919]

Besonders problematisch ist in diesem Zusammenhang die Möglichkeit, dass die Einbeziehungswahlrechte des § 296 HGB unterschiedlich weit genutzt werden können, wodurch einerseits zum Teil Finanzmittelbestände nicht gezeigt werden (müssen) und andererseits eine Verschlechterung der Finanzlage bei dem betrachteten Konzern gegenüber Externen verschleiert werden kann.[920] So kann es zu erheblichen Fehlinterpretationen der Finanzlage kommen, falls z. B. Tochterunternehmungen wie Banken und Versicherungen, die i. d. R. einen großen Einfluss auf die Finanzlage eines Konzerns haben, aufgrund des Einbeziehungsverbots[921] und der Einbeziehungswahlrechte[922] nicht im Konzernabschluss abgebildet werden.

Hingegen kann für die **interne Konzern-Kapitalflussrechnung** ausschließlich ein **nach finanzwirtschaftlichen Kriterien vorgezeichneter Konsolidierungskreis** zugrunde gelegt werden. Der Unternehmungsleitung bleibt bei der internen Konzern-Kapitalflussrechnung freigestellt, eigene Kriterien für eine ihren Informationsbedürfnissen zweckentsprechende Abgrenzung des Konsolidierungskreises festzulegen.

3.5.4.4 Die Veränderung des Einflussbereichs des Konzerns

3.5.4.4.1 Der Erwerb von Anteilen an Tochterunternehmungen

Eine wesentliche Ursache für die Veränderung des Einflussbereiches stellt der Erwerb bzw. die Veräußerung von Anteilen an anderen Unternehmungen dar.[923] Im Folgenden wird exemplarisch nur auf den erstmaligen (100-prozentigen) Erwerb von Anteilen an Unternehmungen, die auf Basis der Erwerbsmethode der Vollkonsolidierung in den Konzernabschluss einbezogen werden,[924] eingegangen. Grundsätzlich bieten sich zwei Methoden für die Darstellung des **Erwerbs von Tochterunternehmungen** an.

---

[919] Vgl. *Bieg, Hartmut/Regnery, Peter*: Bemerkungen zur Grundkonzeption einer aussagekräftigen Konzern-Kapitalflußrechnung. In: Betriebs-Berater, Beilage 6/1993, S. 3.

[920] Vgl. *Serfling, Klaus*: Die Kapitalflußrechnung. Herne/Berlin 1984, S. 90.

[921] Vgl. § 295 HGB.

[922] Vgl. § 296 Abs. 1 und 2 HGB.

[923] Vgl. *Jonas, Heinrich H.*: Die Finanzbewegungsrechnung. Freiburg i. Br. 1984, S. 242.

[924] Vgl. § 301 HGB; *Küting, Karlheinz/Weber, Claus-Peter*: Der Konzernabschluß. 6. Aufl., Stuttgart 2000, S. 179-264.

Einerseits besteht gemäß der **Einzelerwerbsfiktion** auch für die Konzern-Kapitalflussrechnung die Möglichkeit, den Kaufpreis in die einzelnen erworbenen Vermögensgegenstände und Schulden aufzuspalten. Problematisch bei dieser auch als Bruttomethode bezeichneten Ausweisform[925] ist u. a. die Aufteilung des Kaufpreises auf die erworbenen Vermögensgegenstände und Schulden, weil dem Ersteller z. T. erhebliche Gestaltungsspielräume eröffnet werden. Bei einer speziellen Variante der Bruttomethode wird der **Kaufpreis brutto**, d. h. inklusive der erworbenen Zahlungsmittel, die als Korrekturposten im Fonds enthalten sind, **ausgewiesen**. Dadurch lassen sich z. B. für den Fall des Erwerbs mögliche Fehlinterpretationen dahingehend vermeiden, dass der Kaufpreis z. T. aus den Finanzmitteln der Tochterunternehmung beglichen wurde.[926] Darüber hinaus wird bei dieser Spezialvariante der Kaufpreis nicht auf die einzelnen Vermögensgegenstände und Schulden aufgeteilt.

Bei der alternativen Methode wird im Gegensatz zur Vorgehensweise bei der Konsolidierung der Bilanzen sowie Gewinn- und Verlustrechnungen nicht der Erwerb einzelner Vermögensgegenstände und Schulden gesehen, sondern eine Investitionsauszahlung des Konzerns für die Tochtergesellschaft als Ganzes angenommen.[927] Diese auch als **Nettoausweis** bezeichnete Methode zeigt den Kaufpreis, vermindert um die mit der Unternehmung erworbenen Zahlungsmittel.[928]

3.5.4.4.2 Die Veränderungen des Anwendungsbereichs

Eine andere Ursache für Veränderungen des Einflussbereichs ist die **unterschiedliche Ausübung von Konsolidierungswahlrechten sowie eine geänderte Auslegung des Einbeziehungsverbots**.[929] Im Gegensatz zu den im vorigen Abschnitt beschriebenen Vorgängen beruhen diese Veränderungen des Konsolidierungskreises immer auf **nicht-zahlungswirksamen Geschäftsvorfällen**.[930] Dies hängt damit zusammen, dass sich nicht der Umfang des Konzerns verändert, sondern nur der für den Abschluss relevante Konsolidie-

---

925 Vgl. *Pfuhl, Joerg M.*: Konzernkapitalflußrechnung. Stuttgart 1994, S. 291.

926 Vgl. *Gebhardt, Günther*: Kapitalflußrechnungen. In: Beck'sches Handbuch der Rechnungslegung, hrsg. von *Edgar Castan u. a.*, Ergänzungslieferung März 1999, C 620, Rn. 216.

927 Vgl. *Küting, Karlheinz/Dawo, Sascha*: Aufstellung einer Kapitalflußrechnung – ein Beispiel. In: Steuer- und Bilanzpraxis 1999, S. 287.

928 Vgl. u. a. *Wysocki, Klaus von*: IAS 7 – Kapitalflußrechnungen (Cash Flow Statements). In: Rechnungslegung nach International Accounting Standards (IAS), hrsg. von *Jörg Baetge* u. a., Stuttgart 1997, IAS 7, Tz. 86.

929 Vgl. *Jonas, Heinrich H.*: Die Finanzbewegungsrechnung. Freiburg i. Br. 1984, S. 239.

930 Vgl. *Pfuhl, Joerg M.*: Konzernkapitalflußrechnung. Stuttgart 1994, S. 325.

rungskreis.[931] Werden z.B. schon bisher zum Einflussbereich des Konzerns gehörende Unternehmungen aufgrund einer von der Vorperiode abweichenden Ausübung eines Konsolidierungswahlrechts[932] in der Berichtsperiode in den Konzernabschluss einbezogen, so sind diese Zu- bzw. Abgänge in oder aus dem Einflussbereich keine zahlungswirksamen Transaktionen aus Sicht des Konzerns.[933]

Allerdings kann eine Veränderung des Konsolidierungskreises wegen der unterschiedlichen Ausübung von Konsolidierungswahlrechten bzw. einer geänderten Auslegung des Einbeziehungsverbots auch bei der Konzern-Kapitalflussrechnung verdeutlicht werden. Dafür bietet sich z.B. eine **separate Nebenrechnung oder Angleichung des Konsolidierungskreises auch für die Vorperiode an.**[934] Auf diese Art kann sich der externe Jahresabschlussadressat ein besseres Bild von der Entwicklung der Finanzlage, insbesondere hinsichtlich der stattgefundenen (Finanz-)Investitionen der betrachteten Unternehmung machen.

3.5.4.5 Die Währungsumrechnung

Besonders für international ausgerichtete Konzerne sind bei der Aufstellung der Konzern-Kapitalflussrechnung die Effekte der Währungsumrechnung zu berücksichtigen. Die Konzern-Kapitalflussrechnung ist analog zur Konzern-Bilanz sowie zur Konzern-Gewinn- und Verlustrechnung gemäß § 298 Abs. 1 HGB i.V.m. § 244 HGB für deutsche Konzerne in der einheitlichen Berichtswährung, die für nach dem 31.12.1998 beginnende und vor dem 1.1.2002 endende Geschäftsjahre entweder die Deutsche Mark oder der EUR sein kann, aufzustellen.[935] Nach Ablauf dieser Übergangsphase gilt allein der EUR als einheitliche Berichtswährung für den Jahresabschluss. Für Konzerne, die schwerpunktmäßig im Gebiet der Europäischen Währungsunion tätig sind, erübrigen sich wegen der Norm des § 244 HGB i.V.m. Artikel 42 Abs. 1 Satz 1 und 2 EGHGB zum Teil viele Probleme der Währungsumrechnung bereits für ab dem 1.1.1999 beginnende Geschäftsjahre.

---

931 Vgl. *Jonas, Heinrich H.*: Die Finanzbewegungsrechnung. Freiburg i.Br. 1984, S. 239.

932 Vgl. § 296 Abs. 1-3 HGB.

933 Vgl. *Bieg, Hartmut/Regnery, Peter*: Bemerkungen zur Grundkonzeption einer aussagefähigen Konzern-Kapitalflußrechnung. In: Betriebs-Berater, Beilage 6/1993, S. 13.

934 Vgl. *Bieg, Hartmut*: Kapitalflußrechnung, Konzernabschluß, Prüfung der. In: Handwörterbuch der Revision, hrsg. von *Adolf G. Coenenberg* und *Klaus von Wysocki*, 2. Aufl., Stuttgart 1992, Sp. 961.

935 Vgl. Gesetz zur Einführung des Euro (Euro-Einführungsgesetz – EuroEG) vom 9. Juni 1998. Artikel 4 § 2 i. V. m. Artikel 16 Satz 2, BGBl I 1998, S. 1247 und S. 1255.

Grundsätzlich gilt, dass Differenzen, die allein aus der Währungsumrechnung resultieren, nicht-zahlungswirksam sind und insofern in der Kapitalflussrechnung zu eliminieren sind.[936] Dabei zeigt sich insbesondere in Zusammenhang mit der derivativen Ermittlung der Konzern-Kapitalflussrechnung aus dem Konzern-Abschluss, dass diese Eliminierung der Währungsumrechnungseffekte „umso schwieriger wird, je aggregierter die Daten sind, aus denen die Konzern-Kapitalflussrechnung abgeleitet wird."[937]

Generell sollen die Zahlungsströme in Fremdwährung, die in die Konzern-Kapitalflussrechnung eingehen, mit dem **Wechselkurs** umgerechnet werden, der **zum Transaktionszeitpunkt** gültig ist. Allerdings kann die Beachtung dieser Grundregel dann zu Schwierigkeiten führen, wenn nicht auf eine (originäre) Konzernbuchführung, die auch Informationen über die jeweiligen Tageswechselkurse liefert, zurückgegriffen werden kann.[938] Vor diesem Hintergrund dürfen **vereinfachend** auch die **gewogenen Durchschnittskurse** zur Umrechnung herangezogen werden, wenn gewährleistet ist, dass keine wesentlichen Abweichungen gegenüber der genauen Umrechnung zu transaktionsnahen Kursen entstehen.[939] Vor allem die Währungen der in der Europäischen Währungsunion zusammengeschlossenen Staaten erfüllen diese Bedingung aufgrund der Festlegung der Wechselkurse am 1.1.1999. Zum besseren Verständnis sollte dennoch zusätzlich die gewählte **Umrechnungsmethode** z.B. in einem **Erläuterungsteil** zur Kapitalflussrechnung angegeben werden.[940]

Im Bereich der **prospektiven Kapitalflussrechnungen** muss sich der Ersteller auf geschätzte Entwicklungen bezüglich der für ihn relevanten Fremdwährungen stützen. Dieses mit Unsicherheiten behaftete Vorgehen kann vermie-

---

[936] Vgl. *Busse von Colbe, Walther*: Zur Entwicklung der Konzernkapitalflussrechnung. In: Die Unternehmung 1997, S. 425.

[937] *Mansch, Helmut/Stolberg, Klaus/Wysocki, Klaus von*: Die Kapitalflußrechnung als Ergänzung des Jahres- und Konzernabschlusses. Anmerkungen zur gemeinsamen Stellungnahme HFA 1/1995 des Hauptfachausschusses und der Schmalenbach-Gesellschaft. In: Die Wirtschaftsprüfung 1995, S. 196.

[938] Vgl. *Wysocki, Klaus von*: Die Kapitalflußrechnung als Teil des Anhangs börsennotierter Mutterunternehmen nach § 297 Abs. 1 Satz 2 HGB. In: Reform des Aktienrechts, der Rechnungslegung und Prüfung, hrsg. von *Dietrich Dörner, Dieter Menold* und *Norbert Pfitzer*, Stuttgart 1999, S. 479.

[939] Vgl. SFAS No. 95, Tz. 25; IAS 7, Tz. 7; HFA des IDW: Stellungnahme 1/1995: Die Kapitalflußrechnung als Ergänzung des Jahres- und Konzernabschlusses. In: Die Wirtschaftsprüfung 1995, Abschnitt 4.2.; *Plein, Christoph*: Die Eliminierung von Effekten aus Wechselkursänderungen bei indirekt erstellten Kapitalflußrechnungen. Überlegungen zu einer praktikablen Lösung. In: Die Wirtschaftsprüfung 1998, S. 15.

[940] Vgl. *Plein, Christoph*: Die Eliminierung von Effekten aus Wechselkursänderungen bei indirekt erstellten Kapitalflußrechnungen. Überlegungen zu einer praktikablen Lösung. In: Die Wirtschaftsprüfung 1998, S. 16.

den werden, falls auf (Garantie-)Kurse der bereits abgeschlossenen Sicherungsgeschäfte zurückgegriffen werden kann.[941]

Zusätzlich zu den bereits aufgeführten Aspekten der Währungsumrechnungseffekte kann die Aussagekraft der Konzern-Kapitalflussrechnung auch durch eine eingeschränkte Konvertierbarkeit bzw. Transferierbarkeit der Fremdwährungen, die Bestandteil des Fonds sind, beeinträchtigt werden. Um den Aussagewert der Konzern-Kapitalflussrechnungen zu steigern, bietet sich ein separater Ausweis der im Fonds mit **Konvertierungs- und Transferbeschränkungen** belasteten Fremdwährungsbeträge an.[942]

3.5.5 Fazit und Ausblick

Die Erweiterung des Konzernabschlusses um eine Kapitalflussrechnung ist grundsätzlich zu begrüßen, da die externen Jahresabschlussadressaten „Zusatzinformationen [zur Finanzlage der Unternehmung; d. Verf.], die über die vertraute Gedankenwelt periodisierter Jahresabschlußgrößen hinausgehen,“[943] erhalten. Die Kapitalflussrechnung stellt ein Konzept dar, das aus dynamischer Sicht insbesondere durch die Erklärung der Liquiditätsveränderung, **wichtige Informationen zur Finanzlage** der untersuchten Unternehmung bereitstellen kann.[944] Allerdings sollte bei der Auswertung des um die Kapitalflussrechnung erweiterten (Konzern-)Jahresabschlusses nicht erwartet werden, dass diese von manchen Autoren als „dritte Jahresrechnung“ bezeichnete Kapitalflussrechnung „Wunder“ in der externen Rechnungslegung vollbringen kann. Dies liegt unter anderem daran, dass zukünftige Zahlungen wie z. B. Gehälter oder Zinsen, die zum Zeitpunkt der Aufstellung des Jahresabschlusses weitgehend feststehen, auch in einem durch eine retrospektive Kapitalflussrechnung erweiterten Jahresabschluss nicht ausgewiesen werden (können).

---

941 Vgl. *Mansch, Helmut/Wysocki, Klaus von* (Hrsg.): Finanzierungsrechnung im Konzern. In: Schmalenbachs Zeitschrift für betriebswirtschaftliche Forschung, Sonderheft 37/1996, S. 17.

942 Vgl. *Bieg, Hartmut/Regnery, Peter*: Bemerkungen zur Grundkonzeption einer aussagefähigen Konzern-Kapitalflußrechnung. In: Betriebs-Berater, Beilage 6/1993, S. 17.

943 *Reulecke, Gunther*: Kapitalflußrechnung. In: Handbuch der Bilanzierung, hrsg. von *Rudolf Federmann*, begr. von *Arnulf Gnam*, Freiburg i. Br. 1960 (Loseblatt), 1990, Fach 74a, Rz. 154.

944 Vgl. *Pfuhl, Joerg M.*: Die Kapitalflußrechnung als Instrument der Bilanzanalyse. In: Deutsches Steuerrecht 1991, S. 1674.

Darüber hinaus ist darauf hinzuweisen, dass für die Kapitalflussrechnung wie für die Bilanz und die Gewinn- und Verlustrechnung entscheidend ist, dass insbesondere die externen Jahresabschlussadressaten die einzelnen Größen kritisch hinterfragen. Für eine sinnvolle Beurteilung der Finanzlage einer Unternehmung eignen sich insbesondere Kapitalflussrechnungen, die Informationen über mehrere Perioden bereitstellen.[945] Auf diese Weise können die Adressaten der Kapitalflussrechnung die Entwicklung längerfristiger Finanzierungs- bzw. Investitionsvorgänge besser beurteilen, als dies aufgrund von Zahlen, die lediglich eine Periode darstellen, möglich ist.[946]

Im Übrigen sollte bei Konzernen beachtet werden, dass die Konzern-Kapitalflussrechnung nur Aussagen hinsichtlich der Finanzlage des gesamten jeweils betrachteten Konzerns erlaubt. Hingegen erhalten die Adressaten keinen Einblick in die Finanzlage der einzelnen rechtlich selbstständigen Konzern-Gesellschaften.[947]

Vor dem Hintergrund, dass vom DRSC am 20. Dezember 1999 auch ein Standard zur Segmentberichterstattung verabschiedet wurde, wäre es für die Konzern-Kapitalflussrechnung sinnvoll gewesen, entsprechend der Empfehlung in IAS 7, Tz. 50 d) auch im DRS 2 zusätzlich eine Aufgliederung der Mittelzuflüsse/-abflüsse in die jeweiligen **Segmente** zu fordern.

Künftig wird die Kapitalflussrechnung in Form der prospektiven Rechnung, die auch als **Finanzplan** bezeichnet wird, im Zusammenhang mit der Insolvenzordnung an Bedeutung gewinnen.[948] So kann der in § 18 InsO neu geschaffene Tatbestand der **drohenden Zahlungsunfähigkeit** insbesondere mit Hilfe der zeitraumbezogenen prospektiven Kapitalflussrechnung (Finanzplan) festgestellt werden.[949] Darüber hinaus werden zukunftsbezogene prospektive Kapitalflussrechnungen auch bei der (Lage-)Berichterstattung über Risiken für die künftige Entwicklung des Konzerns gemäß § 315 Abs. 1 und Abs. 2 Nr. 2 HGB an Bedeutung gewinnen.

Andererseits erlangt die Kapitalflussrechnung möglicherweise auch im Rahmen der weiteren Verbreitung der **Shareholdervalue-Ansätze**,[950] die sich

---

945 Vgl. *Amen, Matthias*: Erstellung von Kapitalflußrechnungen. 2. Aufl., München 1998, S. 12.

946 Vgl. *Bellinger, Bernhard*: Neue finanzwirtschaftliche Bilanzen. Wiesbaden 1995, S. 85.

947 Vgl. *Bieg, Hartmut/Regnery, Peter*: Grundkonzeption einer aussagefähigen Konzern-Kapitalflußrechnung. In: Betriebs-Berater, Beilage 6/1993, S. 3.

948 Vgl. *Heim, Gerhard/Kless, Thomas*: Finanzplanung in kleinen und mittleren Unternehmen im Rahmen der neuen Insolvenzordnung und des KonTraG. In: Deutsches Steuerrecht 1999, S. 387-388.

949 Vgl. *Groß, Paul J./Hess, Harald*: Die Zahlungsunfähigkeit als Insolvenzauslösungsgrund. In: Die Wirtschaftsprüfung 1999, S. 426.

950 Vgl. dazu Band I: Investition, Abschnitt 2.8.5.

i. d. R. an zahlungsstromorientierten dynamischen Größen orientieren, eine bedeutende Stellung innerhalb der Informationsinstrumente des Jahresabschlusses. Für den Fall, dass eine informativere externe Rechnungslegung mit einem höheren Aussagegehalt für die externen Adressaten zur Senkung der (Eigen-)Kapitalkosten beitragen kann,[951] liegt die Veröffentlichung einer aussagekräftigen und nachprüfbaren Kapitalflussrechnung auch im Interesse der jeweiligen Unternehmungsleitungen.[952] Durch die Erweiterung des Konzernabschlusses um eine Kapitalflussrechnung wird die Bedeutung der externen Rechnungslegung als Investor-Relations-Instrument vor allem aufgrund der von vielen Seiten zur Zeit beschworenen Shareholdervalue-Strategien noch weiter steigen.

Vor allem die letzten Bemerkungen zeigen, dass sich insbesondere das externe Rechnungswesen im Augenblick, zumindest auf Deutschland bezogen, in einem bedeutenden Wandlungsprozess befindet. Mehr und mehr gewinnen die Anforderungen der Kapitalmärkte und seiner Akteure an Bedeutung, wodurch möglicherweise neue und ergänzende Angaben in die externe Rechnungslegung der deutschen Unternehmungen aufgenommen werden (müssen). Aber auch die Gläubiger bzw. Stakeholder werden von den zusätzlichen Informationen profitieren. Die Chance einer **größeren Vergleichbarkeit** zwischen Unternehmungen, die nach unterschiedlichen Rechnungslegungssystemen bilanzieren, sollte durch die Aufstellung einer Kapitalflussrechnung wahrgenommen werden. Die zahlungsstromorientierte Kapitalflussrechnung ist bereits heute ein weltweit anerkanntes Informationsinstrument, das wegen der Lösung von den unterschiedlichen Bewertungsgrundsätzen zum Vergleich von nationalen und internationalen Unternehmungen geradezu prädestiniert scheint.

---

951 Vgl. *Stein, Heinz-Gerd*: Die Gestaltung der Finanzierung im multinationalen Konzern. In: Handbuch der Konzernfinanzierung, hrsg. von *Markus Lutter, Eberhard Scheffler* und *Uwe H. Schneider*, Köln 1998, Rz. 34 und Rz. 62-64.

952 Vgl. *Serfling, Klaus/Großkopff, Anne*: Finanzanalyse mit Hilfe von Kapitalflußrechnungen. In: Buchführung, Bilanz, Kostenrechnung vom 20.12.1996, Fach 30, S. 578.

Literaturverzeichnis

Albrecht, Thomas: Kritische Überlegungen zur Discounted Cash Flow-Methode – Anmerkungen. In: Zeitschrift für Betriebswirtschaft 1997, S. 511-516.

Amen, Matthias: Die Kapitalflußrechnung als Rechnung zur Finanzlage. Eine kritische Betrachtung der Stellungnahme HFA 1/1995: Die Kapitalflußrechnung als Ergänzung des Jahres- und Konzernabschlusses. In: Die Wirtschaftsprüfung 1995, S. 498-509.

Amen, Matthias: Erstellung von Kapitalflußrechnungen. 2. Aufl., München 1998.

Baetge, Jörg: Bilanzanalyse. Düsseldorf 1998.

Baetge, Jörg: Bilanzen. 4. Aufl., Düsseldorf 1996.

Baetge, Jörg: Konzernbilanzen. 4. Aufl., Düsseldorf 2000.

Baetge, Jörg/Jerschensky, Andreas: Beurteilung der wirtschaftlichen Lage von Unternehmen mit Hilfe von modernen Verfahren der Jahresabschlußanalyse – Bilanzbonitäts-Rating von Unternehmen mit Künstlichen Neuronalen Netzen. In: Der Betrieb 1996, S. 1581-1591.

Ballwieser, Wolfgang: Die Wahl des Kalkulationszinsfußes bei der Unternehmensbewertung unter Berücksichtigung von Risiko und Geldentwertung. In: Betriebswirtschaftliche Forschung und Praxis 1981, S. 97-114.

Ballwieser, Wolfgang: Unternehmensbewertung. In: Handwörterbuch des Bank- und Finanzwesens, hrsg. von *Wolfgang Gerke* und *Manfred Steiner*, 2. Aufl., Stuttgart 1995, Sp. 1867-1882.

Ballwieser, Wolfgang: Unternehmensbewertung mit Discounted Cash Flow-Verfahren. In: Die Wirtschaftsprüfung 1998, S. 81-92.

Ballwieser, Wolfgang/Leuthier, Rainer: Grundprinzipien, Verfahren und Probleme der Unternehmensbewertung. In: Deutsches Steuerrecht 1986, S. 545-551 und S. 604-610.

Baumgärtel, Martina: Fremdfinanzierung von Kapitalgesellschaften durch ausländische Anteilseigner. Neuried 1986.

Bellinger, Bernhard: Neue finanzwirtschaftliche Bilanzen. Wiesbaden 1995.

Bender, Jürgen: Grundsatzfragen der Ergebnisbereinigung nach DVFA/SG. In: Schriften zur Bilanz- und Steuerlehre, hrsg. von *Karlheinz Küting* und *Günter Wöhe*, Band 23, Stuttgart 1996.

Bender, Jürgen/Lorson, Peter: Discounted-Cash-flow Verfahren und Anmerkungen zu Shareholder-Value-Konzepten. In: Betrieb und Wirtschaft 1997, S. 1-9.

Bender, Jürgen/Lorson, Peter: Kritische Würdigung des Ertragswertverfahrens nach HFA-Stellungnahme 2/1983. In: Betrieb und Wirtschaft 1996, S. 650-654.

Bertschinger, Peter: Trend zur Geldflussrechnung im Konzern. In: Der Schweizer Treuhänder 1990, S. 605-613.

Betsch, Oskar/Groh, Alexander P./Lohmann, Lutz G.: Corporate Finance. München 1998.

Betsch, Oskar/Groh, Alexander P./Lohmann, Lutz G.: Corporate Finance. 2. Aufl., München 2000.

BFH-Beschluss vom 3.2.1969, GrS 2/68, BStBl II 1969, S. 291-294.

BGH-Urteil vom 13.3.1978, II ZR 142/76. In: Wertpapier-Mitteilungen 1978, S. 401-406.

Bieg, Hartmut: Besteuerung und Finanzierung. In: Der Steuerberater 1998, S. 395-407.

Bieg, Hartmut: Betriebswirtschaftslehre 1: Investition und Unternehmungsbewertung. 2. Aufl., Freiburg i. Br. 1997.

Bieg, Hartmut: Betriebswirtschaftslehre 2: Finanzierung. Freiburg i. Br. 1991.

Bieg, Hartmut: Das Capital Asset Pricing Model (CAPM). In: Der Steuerberater 1999, S. 298-305.

Bieg, Hartmut: Der Einfluß der Besteuerung auf Außenfinanzierungsentscheidungen. In: Wirtschaftswissenschaftliches Studium 1997, S. 175-182.

Bieg, Hartmut: Die Cash-Flow-Analyse als stromgrößenorientierte Finanzanalyse. In: Der Steuerberater 1998, S. 432-439, S. 472-478 und in: Der Steuerberater 1999, S. 22-29.

Bieg, Hartmut: Die externe Rechnungslegung der Kreditinstitute und Finanzdienstleistungsinstitute. München 1999.

Bieg, Hartmut: Die Theorie der „Portfolio Selection" nach Markowitz. In: Der Steuerberater 1999, S. 253-265.

Bieg, Hartmut: Die Finanzplanung. In: Der Steuerberater 1999, S. 425-436.

Bieg, Hartmut: Die Kapitaldeckung und Kapitalstruktur der Unternehmung – Das Modigliani/Miller-Theorem. In: Der Steuerberater 2000, S. 6-12 und S. 49-57.

Bieg, Hartmut: Die Kapitalflussrechnung als stromgrößenorientierte Finanzanalyse. In: Der Steuerberater 2000, S. 96-103, S. 139-148, S. 185-195 und S. 217-224.

Bieg, Hartmut: Die Kapitalflußrechnung nach dem neuen Deutschen Rechnungslegungsstandard Nr. 2 (DRS 2). In: Steuern und Bilanzen 2000, S. 137-143.

Bieg, Hartmut: Finanzierung und Besteuerung. In: Das Wirtschaftsstudium 1988, S. 538-543 und S. 566-568.

Bieg, Hartmut: Finanzierung und Besteuerung. In: Der Steuerberater 1998, S. 351-361 und S. 395-407.

Bieg, Hartmut: Finanzierungsregeln. In: Wirtschaftswissenschaftliches Studium 1983, S. 491-496 und S. 543.

Bieg, Hartmut: Finanzplanung. In: Der Steuerberater 1999, S. 425-436.

Bieg, Hartmut: Jahresabschlußanalyse. In: Bilanzbuchhalter 1994, S. 265-270.

Bieg, Hartmut: Jahresabschlußanalyse. In: Der Steuerberater 1993, S. 378-386, S. 414-421 und S. 454-461.

Bieg, Hartmut: Kapitalflußrechnung, Konzernabschluß, Prüfung der. In: Handwörterbuch der Revision, hrsg. von *Adolf G. Coenenberg* und *Klaus von Wysocki*, 2. Aufl., Stuttgart 1992, Sp. 955-969.

Bieg, Hartmut: Kapitalstruktur- und Kapital-Vermögensstrukturregeln. In: Wirtschaftswissenschaftliches Studium 1993, S. 598-604.

Bieg, Hartmut: Schwebende Geschäfte in Handels- und Steuerbilanz. Frankfurt a. M./Bern 1977.

Bieg, Hartmut/Hossfeld, Christopher: Der Cash-Flow nach DVFA/SG. In: Der Betrieb 1996, S. 1429-1434.

Bieg, Hartmut/Kußmaul, Heinz: Externes Rechnungswesen. 2. Aufl., München/Wien 1998.

Bieg, Hartmut/Regnery, Peter: Bemerkungen zur Grundkonzeption einer aussagekräftigen Konzern-Kapitalflußrechnung. In: Betriebs-Berater, Beilage 6/1993.

Binz, Fritz/Hess, Harald: Konkurs der Insolvenzrechtsreform. Neuwied/ Darmstadt 1987.

Blum, Lothar: Kapitalflußrechnung – heute und morgen. In: Datenverarbeitung, Steuer, Wirtschaft, Recht 1980, S. 75-82.

Böckenförde, Björn: Unternehmenssanierung. 2. Aufl., Stuttgart 1996.

Böcking, Hans-Joachim/Nowak, Karsten: Der Beitrag der Discounted Cash-Flow-Verfahren zur Lösung der Typisierungsproblematik bei Unternehmensbewertungen. In: Der Betrieb 1998, S. 685-690.

Boemle, Max: Theorie und Praxis der Kapitalflussrechnung. In Die Unternehmung 1981, S. 18-40.

Borchert, Dierk: Kommentierung zu § 275 HGB. In: Handbuch der Rechnungslegung, hrsg. von *Karlheinz Küting* und *Claus-Peter Weber*, Band Ia, 4. Aufl., Stuttgart 1995.

Born, Karl: Bilanzanalyse International. Stuttgart 1994.

Born, Karl: Kritische Überlegungen zur Discounted Cash Flow-Methode – Anmerkungen. In: Zeitschrift für Betriebswirtschaft 1997, S. 509-510.

Braun, Eberhard: Die Prüfung von Sanierungskonzepten. In: Die Wirtschaftsprüfung 1989, S. 683-694.

Brealey, Richard A./Myers, Stewart C.: Principles of Corporate Finance. 6th Edition, New York 2000.

Buchmann, Ruth/Chmielewicz, Klaus (Hrsg.): Finanzierungsrechnung. Empfehlungen des Arbeitskreises „Finanzierungsrechnung" der Schmalenbach-Gesellschaft – Deutsche Gesellschaft für Betriebswirtschaft e. V. In: Zeitschrift für betriebswirtschaftliche Forschung, Sonderheft 26/1990.

Buchner, Robert: Grundzüge der Finanzanalyse. München 1981.

Büschgen, Hans E.: Betriebliche Finanzwirtschaft – Unternehmensinvestitionen. Frankfurt a. M. 1981.

Busse von Colbe, Walther: Aufbau und Informationsgehalt von Kapitalflußrechnungen. In: Zeitschrift für Betriebswirtschaft, Ergänzungsheft 1/1966.

Busse von Colbe, Walther: Cash-Flow. In: Handwörterbuch der Finanzwirtschaft, hrsg. von *Hans E. Büschgen*. Stuttgart 1976, Sp. 241-252.

Busse von Colbe, Walther: Kapitalflußrechnung. In: Handwörterbuch des Rechnungswesens, hrsg. von *Klaus Chmielewicz* und *Marcell Schweitzer*, 3. Aufl., Stuttgart 1993, Sp. 1074-1085.

Busse von Colbe, Walther: Zur Entwicklung der Konzernkapitalflussrechnung. In: Die Unternehmung 1997, S. 417-427.

Busse von Colbe, Walther u. a.: Ergebnis nach DVFA/SG. 2. Aufl., Stuttgart 1996.

Busse von Colbe, Walther u. a.: Ergebnis je Aktie nach DVFA/SG. 3. Aufl., Stuttgart 2000.

Busse, Franz-Joseph: Grundlagen der betrieblichen Finanzwirtschaft. 4. Aufl., München/Wien 1996.

C&L Deutsche Revision: Konzernabschlüsse '95. Düsseldorf 1997.

Chasteen, Lanny G./Flaherty, Richard E./O'Connor, Melvin C.: Intermediate Accounting. 6. Aufl., Boston u. a. 1998.

Chmielewicz, Klaus: Betriebliches Rechnungswesen 1 – Finanzrechnung und Bilanz. Reinbek 1973.

Chmielewicz, Klaus/Caspari, Britta: Zur Problematik von Finanzierungsrechnungen. In: Die Betriebswirtschaft 1985, S. 156-169.

Christian, Claus-Jörg: Finanzinnovationen und bankaufsichtsrechtliche Information. Stuttgart 1992.

Chwallek, Constanze: Bewertungsrelevanz veröffentlichter Kapitalflußrechnungen börsennotierter deutscher Unternehmen. Frankfurt a. M. u. a. 1999.

Claussen, Carsten P.: Kapitalflußrechnung und Segmentberichterstattung. In: Zeitschrift für Unternehmens- und Gesellschaftsrecht 1999, S. 499-532.

Coenenberg, Adolf G.: Jahresabschluß und Jahresabschlußanalyse. 16. Aufl., Landsberg a. L. 1997.

Coenenberg, Adolf G.: Jahresabschluß und Jahresabschlußanalyse. 17. Aufl., Landsberg a. L. 2000.

Coenenberg, Adolf G./Schmidt, Franz: Die Kapitalflußrechnung als Ergänzungsrechnung des veröffentlichten Jahresabschlusses. In: Zeitschrift für Betriebswirtschaft 1978, S. 507-516.

Coenenberg, Adolf G./Schmidt, Franz: Umsatzüberschuß und Kapitalflußrechnung als Instrumente der finanzwirtschaftlichen Bilanzanalyse. In: Betriebswirtschaftliche Forschung und Praxis 1976, S. 416-439.

Copeland, Tom/Koller, Tim/Murrin, Jack: Unternehmenswert. Frankfurt a. M./New York 1993.

Copeland, Tom/Koller, Tim/Murrin, Jack: Unternehmenswert. 2. Aufl., Frankfurt a. M./New York 1998.

Dellmann, Klaus: Kapitalfluß- und Finanzierungsrechnung. In: Handbuch des Jahresabschlusses in Einzeldarstellungen (HdJ), hrsg. von *Klaus von Wysocki* und *Joachim Schultze-Osterloh*, Abt. IV/6, Köln 1990.

Dellmann, Klaus: Kapitalflußrechnungen – eine Bestandsaufnahme. In: Die Betriebswirtschaft 1987, S. 471-489.

Dellmann, Klaus/Kalinski, Rüdiger: Die Rechnungslegung zur Finanzlage der Unternehmung. In: Die Betriebswirtschaft 1986, S. 174-187.

Deutscher Bundestag: Beschlußempfehlung und Bericht des Rechtsausschusses zu dem Gesetzentwurf der Bundesregierung (BT-Drucksache 12/2443) – Entwurf einer Insolvenzordnung (InsO). BT-Drucksache 12/7302 vom 19.4.1994.

Deutscher Bundestag: Beschlußempfehlung und Bericht des Rechtsausschusses zu dem Gesetzentwurf der Bundesregierung (BT-Drucksache 13/9712) – Entwurf eines Gesetzes zur Kontrolle und Transparenz im Unternehmensbereich (KonTraG). BT-Drucksache 13/10038 vom 4.3.1998.

Deutscher Bundestag: Beschlußempfehlung und Bericht des Rechtsausschusses zu dem Gesetzentwurf der Bundesregierung (BT-Drucksache 14/1806) – Entwurf eines Gesetzes zur Durchführung der Richtlinie des Rates der Europäischen Union zur Änderung der Bilanz- und der Konzernbilanzrichtlinie hinsichtlich ihres Anwendungsbereiches

(90/605/EWG), zur Verbesserung der Offenlegung von Jahresabschlüssen und zur Änderung anderer handelsrechtlicher Bestimmungen (Kapitalgesellschaften- und Co-Richtlinie-Gesetz – KapCoRiLiG). BT-Drucksache 14/2353 vom 14.12.1999.

Deutscher Bundestag: Gesetzentwurf der Bundesregierung – Entwurf einer Insolvenzordnung (InsO). BT-Drucksache 12/2443 vom 15.4.1992.

Deutscher Bundestag: Gesetzentwurf der Bundesregierung – Entwurf eines Gesetzes zur Kontrolle und Transparenz im Unternehmensbereich (KonTraG). BT-Drucksache 13/9712 vom 28.1.1998.

Deutscher Bundestag: Gesetzentwurf der Bundesregierung – Entwurf eines Gesetzes zur Verbesserung der Wettbewerbsfähigkeit deutscher Konzerne an internationalen Kapitalmärkten und zur Erleichterung der Aufnahme von Gesellschafterdarlehen (Kapitalaufnahmeerleichterungsgesetz – KapAEG). BT-Drucksache 13/7141 vom 6.3.1997.

Drukarczyk, Jochen: Finanzierung. 8. Aufl., Stuttgart 1999.

Drukarczyk, Jochen: Theorie und Politik der Finanzierung. 2. Aufl., München 1993.

Drukarczyk, Jochen: Unternehmensbewertung. München 1996.

Drukarczyk, Jochen: Unternehmensbewertung. 2. Aufl., München 1998.

DVFA/SG: Cash-Flow nach DVFA/SG. In: Die Wirtschaftsprüfung 1993, S. 599-602.

DVFA/SG: Fortentwicklung des Ergebnisses nach DVFA/SG. In: Der Betrieb 1998, S. 2537-2542.

Eilenberger, Guido: Betriebliche Finanzwirtschaft. 6. Aufl., München 1997.

Eisele, Wolfgang: Sanierungsbilanz. In: Handwörterbuch des Rechnungswesens, hrsg. von *Klaus Chmielewicz* und *Marcell Schweitzer*, 3. Aufl., Stuttgart 1993, Sp. 1762-1768.

Elton, Edwin J./Gruber, Martin J.: Modern Portfolio Theory And Investment Analysis. 5$^{th.}$ Edition, New York u. a. 1995.

Engels, Wolfram: Optimaler Verschuldungsgrad. In: Handwörterbuch der Finanzwirtschaft, hrsg. von *Hans E. Büschgen*, Stuttgart 1976, S. 1773-1786.

Epstein, Barry J./Mirza, Abbas A.: IAS 99: interpretation and application of International Accounting Standards 1999. New York u. a. 1999, S. 92 und S. 106.

Everling, Oliver: Credit Rating duch internationale Agenturen. Köln 1991.

Förschle, Gerhart/Kropp, Manfred: Unternehmensfinanzierung. 2. Aufl., Bonn 1995.

Förschle, Gerhart/Scheffels, Rolf: Sanierungsmaßnahmen und ihre Bilanzierung. In: Sonderbilanzen, hrsg. von *Wolfgang D. Budde* und *Gerhart Förschle*, München 1994, S. 223-266.

Franke, Günter/Hax, Herbert: Finanzwirtschaft des Unternehmens und Kapitalmarkt. 4. Aufl., Berlin u. a. 1999.

Friedl, Peter-Joachim: Kapitalflussrechnung und Liquiditätsanalyse. Die Praxis der Cash-flow-Statements nach deutschem und österreichischem Handelsrecht. Wien 1995.

Fuhrmann, Wilfried: Makroökonomik. 3. Aufl., München/Wien 1991.

Gans, Bernd/Looss, Wolfgang/Zickler, Dieter: Investitions- und Finanzierungstheorie. 3. Aufl., München 1977.

Gebhardt, Günther: Externe Aufstellung konsolidierter Kapitalflußrechnungen. In: Zeitschrift für betriebswirtschaftliche Forschung 1981, S. 1014-1034.

Gebhardt, Günther: Kapitalflußrechnungen. In: Beck'sches Handbuch der Rechnungslegung, hrsg. von *Edgar Castan* u. a., Ergänzungslieferung März 1999, C 620.

Gesetz zur Durchführung der Richtlinie des Rates der Europäischen Union zur Änderung der Bilanz- und der Konzernbilanzrichtlinie hinsichtlich ihres Anwendungsbereiches (90/605/EWG), zur Verbesserung der Offenlegung von Jahresabschlüssen und zur Änderung anderer handelsrechtlicher Bestimmungen (Kapitalgesellschaften- und Co-Richtlinie-Gesetz – KapCoRiLiG) vom 24. Februar 2000. BGBl I 2000, S. 154-162.

Gesetz zur Einführung des Euro (Euro-Einführungsgesetz – EuroEG) vom 9. Juni 1998. BGBl I 1998, S. 1242-1255.

Gesetz zur Kontrolle und Transparenz im Unternehmensbereich (KonTraG) vom 27. April 1998. BGBl I 1998, S. 786-794.

Glieder, Harald: Geldflußrechnung, Segmentberichterstattung und Gewinn pro Aktie. Hamburg 1999.

Gomez, Peter: Shareholder Value. In: Handwörterbuch des Bank- und Finanzwesens, hrsg. von *Wolfgang Gerke* und *Manfred Steiner*, 2. Aufl., Stuttgart 1995, Sp. 1720-1728.

Groll, Karl-Heinz: Ermittlung des Cash-flows anhand von Zahlen der Bilanz. In: Der Betrieb 1995, S. 1725-1727.

Groß, Paul J./Hess, Harald: Die Zahlungsunfähigkeit als Insolvenzauslösungsgrund. In: Die Wirtschaftsprüfung 1999, S. 422-427.

Grünig, Urs: Die Kapitalflussrechnung als Bestandteil der finanziellen Planung und Kontrolle im internationalen Industriekonzern. Freiburg (Schweiz) 1989.

Günther, Thomas: Investitions- und Finanzplanung, simultane. In: Handwörterbuch des Bank- und Finanzwesens, hrsg. von *Wolfgang Gerke* und *Manfred Steiner*, 2. Aufl., Stuttgart 1995, Sp. 957-967.

Günther, Thomas/Scheipers, Thomas: Insolvenzursachen – Zum Stand der empirischen Ursachenforschung. In: Deutsches Steuerrecht 1993, S. 447-453.

Gutenberg, Erich: Grundlagen der Betriebswirtschaftslehre. 3. Band: Die Finanzen. 8. Aufl., Berlin/Heidelberg/New York 1980.

Haenel, Andreas: Die Erstellung von Kapitalflußrechnungen – aktuelle Probleme und Lösungsvorschläge. Berlin 1998.

Hahn, Dietger: Planung und Kontrolle, Planungs- und Kontrollsysteme, Planungs- und Kontrollrechnung. 5. Aufl., Wiesbaden 1996.

Haindl, Georg: Zum Aussagegehalt einer externen Kapitalflußrechnung für Aktionäre. Augsburg 1988.

Haller, Axel: Wesentliche Ziele und Merkmale der US-amerikanischen Rechnungslegung. In: US-amerikanische Rechnungslegung, hrsg. von *Wolfgang Ballwieser*, 3. Aufl., Stuttgart 1998, S. 1-27.

Häusler, Harald/Holzer, H. Peter: Entwicklung und Status der Kapitalflußrechnung in der modernen Praxis. In: Der Betrieb 1988, S. 1405-1411.

Hax, Herbert: Rentabilitätsmaximierung als unternehmerische Zielsetzung. In: Zeitschrift für handelswissenschaftliche Forschung 1963, S. 337-344.

Hayn, Sven: Internationale Rechnungslegung. Stuttgart 1997.

Heath, Loyd C.: Let's scrap the „Funds" Statement. In: Journal of Accountancy, October 1978, S. 94-103.

Heim, Gerhard/Kless, Thomas: Finanzplanung in kleinen und mittleren Unternehmen im Rahmen der neuen Insolvenzordnung und des KonTraG. In: Deutsches Steuerrecht 1999, S. 387-392.

Heinke, Volker G.: Bonitätsrisiko und Credit Rating festverzinslicher Wertpapiere. Bad Soden 1998.

Hess, Harald: Einleitung. In: Kommentar zur Konkursordnung, hrsg. von *Harald Hess*, 6. Aufl., Neuwied 1998, S. 57-125.

HFA des IDW: Stellungnahme 2/1983: Grundsätze zur Durchführung von Unternehmensbewertungen. In: Die Wirtschaftsprüfung 1983, S. 468-480.

HFA des IDW: Stellungnahme 1/1995: Die Kapitalflußrechnung als Ergänzung des Jahres- und Konzernabschlusses. In: Die Wirtschaftsprüfung 1995, S. 210-213.

Hübner, Otto: Die Banken. Leipzig 1854.

Ingendahl, Joachim: Die Kapitalflußrechnung im Rechnungslegungsrecht der USA und der Bundesrepublik Deutschland. Berlin 1990.

Jahrmann, Fritz-Ulrich: Finanzierung. 4. Aufl., Herne/Berlin 1999.

Jakoby, Stephan/Maier, Jürgen/Schmechel, Thomas: Internationalisierung der Publizitätspraxis bei Kapitalflußrechnungen – Eine empirische Untersuchung der DAX-Unternehmen für den Zeitraum 1983 bis 1997. In: Die Wirtschaftsprüfung 1999, S. 225-238.

Jonas, Heinrich H.: Die Finanzbewegungsrechnung. Freiburg i. Br. 1984.

Kaden, Jens u. a.: Kritische Überlegungen zur Discounted Cash Flow-Methode – Methodenharmonisierung von Ertragswert und Discounted Cash Flow. In: Zeitschrift für Betriebswirtschaft 1997, S. 499-508.

Käfer, Karl: Kapitalflußrechnungen. 2. Aufl., Stuttgart 1984.

Kalinski, Rüdiger: Die Rechnungslegung zur Finanzlage der Unternehmung. Kiel 1986.

Kerth, Albin/Wolf, Jakob: Bilanzanalyse und Bilanzpolitik. 2. Aufl., München/Wien 1993.

Kirsch, Hans-Jürgen/Krause, Clemens: Kritische Überlegungen zur Discounted Cash Flow-Methode – Anmerkungen zu den Anmerkungen. In: Zeitschrift für Betriebswirtschaft 1997, S. 517-518.

Kloock, Josef: Kapitalflußrechnungen als den aktienrechtlichen Jahresabschluß ergänzende Dokumentationsrechnungen. In: Betriebswirtschaftliche Forschung und Praxis 1979, S. 469-484.

Klös, Helmut L.: Kapitalflußrechnung. In: Planungs- und Kontrollrechnung im internationalen Konzern, hrsg. von *Walther Busse von Colbe* und *Eberhard Müller*, Zeitschrift für betriebswirtschaftliche Forschung, Sonderheft 17/1984.

Kommission für Methodik der Finanzanalyse der Deutschen Vereinigung für Finanzanalyse und Anlageberatung (DVFA)/Arbeitskreis „Externe Unternehmensrechnung" der Schmalenbach-Gesellschaft – Deutsche Gesellschaft für Betriebswirtschaft (SG): Cash Flow nach DVFA/SG – Gemeinsame Empfehlung. In: Die Wirtschaftsprüfung 1993, S. 599-602.

Korth, H.-Michael: Konzernrechnungslegung nach HGB. Bielefeld 1999.

Kosiol, Erich: Pagatorische Bilanz. Berlin 1976.

Krämer, Gregor: Ziele, Adressaten und Risiken der Bankenaufsicht. Diss. Saarbrücken 2000.

Krehl, Harald: Krisendiagnose durch klassische Bilanzkennzahlen? In: Krisendiagnose durch Bilanzanalyse, hrsg. von *Jürgen Hauschildt*, Köln 1988, S. 17-40.

Kruschwitz, Lutz: Finanzierung und Investition. 2. Aufl., München/Wien 1999.

Kruschwitz, Lutz: Investitionsrechnung. 8. Aufl., München/Wien 2000.

Kruschwitz, Lutz/Löffler, Andreas: Unendliche Probleme bei der Unternehmensbewertung. In: Der Betrieb 1998, S. 1041-1043.

Kußmaul, Heinz: Betriebswirtschaftliche Aspekte bei der Zuführung von Eigen- oder Fremdkapital. In: Der Steuerberater 1996, S. 437-442 und S. 480-483.

Kußmaul, Heinz: Betriebswirtschaftliche Steuerlehre. 2. Aufl., München/Wien 2000.

Kußmaul, Heinz: Betriebswirtschaftslehre für Existenzgründer. 2. Aufl., München/Wien 1999.

Kußmaul, Heinz: Das Barwertkonzept – Fundamentalanalyse und Ermittlung des inneren Wertes einer Aktie –. In: Der Steuerberater 1999, S. 104-107.

Kußmaul, Heinz: Die Bewegungsbilanz und Kapitalflußrechnung als Instrumente der externen Analyse des Jahresabschlusses. In: Der Steuerberater 1984, S. 291-306.

Kußmaul, Heinz: Die Kapitalflußrechnung – Grundlagen, Formen, Voraussetzungen, Ausgestaltung –. In: Wirtschaftswissenschaftliches Studium 1985, S. 439-445.

Kußmaul, Heinz: Einordnung der Fundamentalanalyse. In: Der Steuerberater 1999, S. 56-58.

Kußmaul, Heinz: Ermittlung der künftigen Vorteilsströme im Barwertkonzept zur Fundamentalanalyse. In: Der Steuerberater 1999, S. 141-148.

Kußmaul, Heinz: Ermittlung des Kalkulationszinsfußes und des Wachstumsfaktors im Barwertkonzept zur Fundamentalanalyse. In: Der Steuerberater 1999, S. 175-184.

Kußmaul, Heinz: Fundamentalanalyse – Vorteilsströme im Barwertkonzept und statisch orientierte Vereinfachungsansätze –. In: Der Steuerberater 1999, S. 217-222.

Kußmaul, Heinz: Kennzahlen und Kennzahlensysteme – ihre Möglichkeiten und Grenzen für die externe Analyse des Jahresabschlusses. In: Der Steuerberater 1984, S. 145-159, S. 191-201.

Kußmaul, Heinz: Nutzungsrechte an Grundstücken in Handels- und Steuerbilanz. Hamburg 1987.

Kußmaul, Heinz/Dreger, Martina: Einfluß des Jahressteuergesetzes 1997 und der weiteren geplanten Steuerrechtsänderungen auf die Kapitalkosten der Eigen- oder Fremdfinanzierung bei „unternehmensbezogenen" Kapitalgesellschaften. In: Betriebs-Berater 1997, S. 2349-2354.

Kußmaul, Heinz/Richter, Lutz: Die dynamisch orientierte Fundamentalanalyse als Instrumentarium der Aktienanalyse. In: Jahrbuch für Controlling und Rechnungswesen 2000, hrsg. von *Gerhard Seicht*, Wien 2000, S. 57-96.

Kußmaul, Heinz/Dreger, Martina/Leiderer, Bernd: Steuerliche Überlegungen zur Außenfinanzierung. In: Die Information über Steuer und Wirtschaft 1996, S. 341-345 und S. 373-377.

Küting, Karlheinz/Bender, Jürgen: Das Ergebnis je Aktie nach DVFA/SG. In: Betriebs-Berater 1992, Beilage 16.

Küting, Karlheinz/Dawo, Sascha: Aufstellung einer Kapitalflußrechnung – ein Beispiel. In: Steuer- und Bilanzpraxis 1999, S. 285-288.

Küting, Karlheinz/Lorson, Peter: Konzernrechnungslegung. Ein neues Aufgabengebiet des Controllers. In: Controlling 1999, S. 215-222.

Küting, Karlheinz/Weber, Claus-Peter: Der Konzernabschluß. 6. Aufl., Stuttgart 2000.

Küting, Karlheinz/Weber, Claus-Peter: Die Bilanzanalyse. 4. Aufl., Stuttgart 1999.

Küting, Karlheinz/Weber, Claus-Peter: Die Bilanzanalyse. 5. Aufl., Stuttgart 2000.

Lachnit, Laurenz: Wesen, Ermittlung und Aussage des Cash Flow. In: Zeitschrift für betriebswirtschaftliche Forschung 1973, S. 59-77.

Lachnit, Laurenz: Zeitraumbilanzen. Berlin 1972.

Langen, Heinz: Die Prognose von Zahlungseingängen. In: Zeitschrift für Betriebswirtschaft 1964, S. 289-326.

Langenbucher, Günther: Die Umrechnung von Fremdwährungsgeschäften. In: Handbuch der Rechnungslegung, hrsg. von *Karlheinz Küting* und *Claus-Peter Weber*, Band Ia, 4. Aufl., Stuttgart 1995, S. 287-339.

Leffson, Ulrich: Cash Flow – weder Erfolgs- noch Finanzierungsindikator. In: Aktuelle Fragen der Unternehmensfinanzierung und Unternehmensbewertung, hrsg. von *Karl-Heinz Forster* und *Peter Schumacher*. *Kurt Schmaltz* zum 70. Geburtstag, Stuttgart 1970, S. 108-127.

Lintner, John: Dividends, Earnings, Leverage, Stock Prices and the Supply of Capital to Corporations. In: The Review of Economics and Statistics 1962, S. 243-269.

Loistl, Otto: Kapitalmarkttheorie. 3. Aufl., München 1994.

Lorson, Peter: Kommentierung zu § 268 HGB. In: Handbuch der Rechnungslegung, hrsg. von *Karlheinz Küting* und *Claus-Peter Weber*, Band Ia, 4. Aufl., Stuttgart 1995.

Lutz, Richard: Jahresabschlußanalyse bei Einheits- und Konzernunternehmung. Frankfurt a. M. u. a. 2000.

Mahoney, John/Sever, Mark/Theis, John: Cash Flow: FASB opens the floodgates. In: Journal of Accountancy, May 1988, S. 26-38.

Mankiw, Nicholas G.: Macroeconomics. 3rd. Edition, New York 1997.

Mansch, Helmut/Stolberg, Klaus/Wysocki, Klaus von: Die Kapitalflußrechnung als Ergänzung des Jahres- und Konzernabschlusses. Anmerkungen zur gemeinsamen Stellungnahme HFA 1/1995 des Hauptfachausschusses und der Schmalenbach-Gesellschaft. In: Die Wirtschaftsprüfung 1995, S. 185-203.

Mansch, Helmut/Wysocki, Klaus von (Hrsg.): Finanzierungsrechnung im Konzern. In: Zeitschrift für betriebswirtschaftliche Forschung, Sonderheft 37/1996.

Marettek, Alexander: Steuerbilanzplanung. Herne/Berlin 1980.

Markowitz, Harry M.: Portfolio Selction. In: Journal of Finance 1952, S. 77-91.

Maus, Karl Heinz: Der Insolvenzplan als Sanierungsinstrument. In: Die GmbH in der Krise, Sanierung und Insolvenz, hrsg. von *Karsten Schmidt* und *Wilhelm Uhlenbruck*, Köln 1999, S. 574-593.

Meyer, Claus: Kunden-Bilanz-Analyse der Kreditinstitute. 2. Aufl., Stuttgart 2000.

Meyer-Haberhauer, Stefanie: Entscheidungen über den Insolvenzplan – eine betriebswirtschaftliche Analyse. Frankfurt a. M. u. a. 2000.

Modigliani, Franco/Miller, Merton H.: Corporate income taxes and the cost of capital: A correction. In: American Economic Review 1963, S. 433-443.

Modigliani, Franco/Miller, Merton H. (deutsche Übersetzung): Kapitalkosten, Finanzierung von Aktiengesellschaften und Investitionstheorie. In: Die Finanzierung der Unternehmung, hrsg. von *Herbert Hax* und *Helmut Laux*, Köln 1975, S. 86-119.

Modigliani, Franco/Miller, Merton H. (deutsche Übersetzung): Körperschaftsteuern und Kapitalkosten: Eine Berichtigung. In: Die Finanzierung der Unternehmung, hrsg. von *Herbert Hax* und *Helmut Laux*, Köln 1975, S. 120-132.

Modigliani, Franco/Miller, Merton H.: The Cost of Capital, Corporation Finance and the Theory of Investment. In: American Economic Review 1958, Vol. 48, S. 261-297.

Möller, Hans P.: Die Bewertung risikobehafteter Anlagen an deutschen Börsen. In: Zeitschrift für betriebswirtschaftliche Forschung 1988, S. 779-797.

Mönning, Rolf-Dieter: Betriebsfortführung in der Insolvenz. Köln 1997.

Moxter, Adolf: Grundsätze ordnungsmäßiger Unternehmensbewertung. 2. Aufl., Wiesbaden 1983.

Nebendahl, Jens F.: Derivative Konzernfinanzierungsrechnungen im multinationalen Konzern. Frankfurt a. M. u. a. 1994.

Niehus, Rudolph J./Thyll, Alfred: Konzernabschluß nach US-GAAP. 2. Aufl., Stuttgart 2000.

Ordelheide, Dieter/Leuz, Christian: Die Kapitalflußrechnung. Grundlagen, International Accounting Standard No. 7 und Informationsgehalt. In: Wirtschaftswissenschaftliches Studium 1998, S. 176-183.

Ossadnik, Wolfgang: Die Darstellung der Finanzlage im Jahresabschluß der Kapitalgesellschaft. In: Betriebs-Berater 1990, S. 813-818

Pape, Ulrich: Wertorientierte Unternehmensführung und Controlling. 2. Aufl., Sternenfels 1999.

Peemöller, Volker H./Keller, Bernd: Unternehmensbewertung. In: Saarbrücker Handbuch der Betriebswirtschaftlichen Beratung, hrsg. von *Karlheinz Küting*, 2. Aufl., Herne/Berlin 2000, S. 985-1059.

Perridon, Louis/Steiner, Manfred: Finanzwirtschaft der Unternehmung. 10. Aufl., München 1999.

Pfuhl, Joerg M.: Die Kapitalflußrechnung als Instrument der Bilanzanalyse. In: Deutsches Steuerrecht 1991, S. 1638-1643 und S. 1670-1674.

Pfuhl, Joerg M.: Kapitalflußrechnung im Konzern. In: Handbuch der Konzernrechnungslegung, hrsg. von *Karlheinz Küting* und *Claus-Peter Weber,* Band II, 2. Aufl., Stuttgart 1998, S. 675-691.

Pfuhl, Joerg M.: Konzernkapitalflußrechnung. Stuttgart 1994.

Piltz, Detlev J.: Die Unternehmensbewertung in der Rechtsprechung. 3. Aufl., Düsseldorf 1994.

Plein, Christoph: Die Eliminierung von Effekten aus Wechselkursänderungen bei indirekt erstellten Kapitalflußrechnungen. Überlegungen zu einer praktikablen Lösung. In: Die Wirtschaftsprüfung 1998, S. 10-19.

Pohle, Klaus: Kommentierung zu § 308 HGB. In: Handbuch der Konzernrechnungslegung, hrsg. von *Karlheinz Küting* und *Claus-Peter Weber*, Band II, 2. Aufl., Stuttgart 1998.

PriceWaterhouseCoopers: Understanding IAS. 2. Aufl., o. O. 1998.

Prochinig, Urs: Kapitalflussrechnungen. Zürich 1986.

Prochinig, Urs: Mittelflussrechnung. 4. Aufl., Zürich 1999.

Reichmann, Thomas: Controlling mit Kennzahlen und Managementberichten. 5. Aufl., München 1997.

Reulecke, Gunther: Kapitalflußrechnung. In: Handbuch der Bilanzierung, hrsg. von *Rudolf Federmann*, begr. von *Arnulf Gnam*, Freiburg i. Br. 1960 (Loseblatt), 1990, Fach 74a, S. 1-29.

Riebell, Claus: Die Konzernbilanzanalyse – Die Auswertung in- und ausländischer Konzernabschlüsse im Spiegel von Bilanzrecht und Bilanzpolitik. Stuttgart 1992.

Riebell, Claus: Die Praxis der Bilanzauswertung. 6. Aufl., Stuttgart 1996.

Röhrenbacher, Hans/Fleischer, Werner: Von der Bilanz zur Kapitalflußrechnung. Wien 1989.

Rolfes, Bernd: Die Steuerung von Zinsänderungsrisiken in Kreditinstituten. Frankfurt a. M. 1985.

Ross, Stephen A.: The Arbitrage Theory of Capital Asset Pricing. In: Journal of Economic Theory 1976, S. 341-360.

Ruhl, Stephan: Entscheidungsunterstützung bei der Sanierungsprüfung. Ein betriebswirtschaftliches Entscheidungsmodell zur Sanierungsprüfung nach neuem Insolvenzrecht. Sternenfels 2000.

Scheld, Guido A./Demming, Claudia: Fundamentale Aktienanalyse. In: Das Wirtschaftsstudium 1993, S. 298-306.

Schierenbeck, Henner: Grundzüge der Betriebswirtschaftslehre. 15. Aufl., München/Wien 2000.

Schmidt, Franz: Gestaltungsmöglichkeiten und Aussagefähigkeit von Cashflow und Kapitalflußrechnungen. In: Bilanzanalyse nach neuem Recht, hrsg. von *Adolf G. Coenenberg*, Landsberg a. L. 1989, S. 91-108.

Schmidt, Reinhart: Fundamentalanalyse. In: Handwörterbuch des Bank- und Finanzwesens, hrsg. von *Wolfgang Gerke* und *Manfred Steiner*, 2. Aufl., Stuttgart 1995, Sp. 829-839.

Schoenfeld, Hanns Martin W.: Entwicklung der Cash-Flow-Rechnung. In: Die Unternehmung 1997, S. 403-415.

Schoppen, Willi: Darstellung der Finanzlage mit Hilfe der Kapitalflußrechnung. Düsseldorf 1982.

Schubert, Eckehard: Fundamentalanalyse. In: Wertpapierinvestment heute, hrsg. von *Hartmut Leser*, Wiesbaden 1988, S. 13-22.

Schütt, Hartmut: Finanzierung und Finanzplanung deutscher Industrie-Unternehmungen. Darmstadt 1979.

SEC: Guidelines. Rules and Regulations. Boston 1999, Regulation S-X 3-02 und Regulation 14 A-3b(1).

Seicht, Gerhard: Die Kapitalflußrechnung als (verpflichtender) Bestandteil des Jahresabschlusses. In: Jahrbuch für Controlling und Rechnungswesen 1997, hrsg. von *Gerhard Seicht*, Wien 1997, S. 319-342.

Serfling, Klaus: Die Kapitalflußrechnung. Herne/Berlin 1984.

Serfling, Klaus/Großkopff, Anne: Finanzanalyse mit Hilfe von Kapitalflußrechnungen. In: Buchführung, Bilanz, Kostenrechnung vom 6.12.1996, Fach 30, S. 569-574.

Serfling, Klaus/Großkopff, Anne: Finanzanalyse mit Hilfe von Kapitalflußrechnungen. In: Buchführung, Bilanz, Kostenrechnung vom 20.12.1996, Fach 30, S. 575-584.

Serfling, Klaus/Marx, Marita: Die Bedeutung der Richtlinie SFAS No. 95 für die Praxis der Kapitalflußrechnung. Eine Analyse vor dem Hintergrund der Verlautbarung HFA 1/1978, In: Die Wirtschaftsprüfung 1991, S. 345-350.

Siebers, Alfred B.: Fundamentalanalyse: Daten und Prognosen. In: Anlagepraxis 9/93, S. 15-18.

Siegwart, Hans: Das betriebswirtschaftliche Rechnungswesen als Führungsinstrument. 3. Aufl., Stuttgart 1994.

Siener, Friedrich: Der Cash-Flow als Instrument der Bilanzanalyse. Stuttgart 1991.

Siener, Friedrich: Kapitalflußrechnungen von Industrieunternehmen. In: Kapitalflußrechnung, hrsg. von *Klaus von Wysocki*, Stuttgart 1998, S. 35-100.

Siepe, Günter: Die Berücksichtigung von Ertragsteuern bei der Unternehmensbewertung. In: Die Wirtschaftsprüfung 1997, S. 1-10 und 37-44.

Solomon, Ezra: The theory of financial management. New York/London 1963.

Solomon, Ezra (Übersetzung): Verschuldungsgrad und Kapitalkosten. In: Die Finanzierung der Unternehmung, hrsg. von *Herbert Hax* und *Helmut Laux*, Köln 1975, S. 160-166.

Stahn, Frank: Die Kapitalflußrechnung in der aktuellen Berichterstattung deutscher Konzerne. Eine empirische Untersuchung unter Einbeziehung von über 100 großen Unternehmen. In: Betriebs-Berater 1997, S. 1991-1996.

Stahn, Frank: Kapitalflußrechnung als dritte Konzern-Jahresrechnung. Bergisch Gladbach/Köln 1996.

Stein, Heinz-Gerd: Die Gestaltung der Finanzierung im multinationalen Konzern. In: Handbuch der Konzernfinanzierung, hrsg. von *Markus Lutter, Eberhard Scheffler* und *Uwe H. Schneider*, Köln 1998, S. 1079-1108.

Steiner, Manfred: Rating. In: Wirtschaftswissenschaftliches Studium 1992.

Steiner, Manfred/Bruns, Christoph: Wertpapiermanagement. 7. Aufl., Stuttgart 2000.

Steiner, Manfred/Heinke, Volker G.: Rating aus Sicht der modernen Finanzierungstheorie. In: Handbuch Rating, hrsg. von *Hans E. Büschgen* und *Oliver Everling*, Wiesbaden 1996, S. 579-628.

Süchting, Joachim: Finanzmanagement – Theorie und Politik der Unternehmensfinanzierung. 6. Aufl., Wiesbaden 1995.

Swoboda, Peter: Betriebliche Finanzierung. 3. Aufl., Heidelberg 1994.

Tacke, Helmut R.: Aussagekraft und Anwendung des Cash flow. In: Buchführung, Bilanz, Kostenrechnung vom 21.10.1996, Fach 19, S. 305-310.

Tacke, Helmut R.: Der Cash-Flow als bilanzanalytische Kennziffer und seine Bedeutung bei der Kreditentscheidung. In: Finanzierung – Leasing – Factoring 1995, S. 62-66.

Töndury, Hans/Gsell, Emil: Finanzierungen. Das Kapital in der Betriebswirtschaft. Zürich 1948.

Trenner, Dieter: Mit Fundamentalanalyse den Erfolg vorhersagen. In: Der Bankkaufmann, Heft 11/89, S. 63-66.

Uhlir, Helmut/Steiner, Peter: Wertpapieranalyse. 3. Aufl., Heidelberg 1996.

Vodrazka, Karl: Die Kapitalflußrechnung als Information über die Finanzlage. In: Festschrift für *Anton Egger* zum 65. Geburtstag, hrsg. von *Romuald Bertl* und *Gerwald Mandl,* Wien 1997, S. 303-328.

Vormbaum, Herbert: Finanzierung der Betriebe. 9. Aufl., Wiesbaden 1995.

Walter, James E.: Dividend Policies and Common Stock Prices. In: Journal of Finance 1956, S. 29-41.

Walz, Hartmut/Gramlich, Dieter: Investitions- und Finanzplanung. 5. Aufl., Heidelberg 1997.

Waschbusch, Gerd: Die handelsrechtliche Jahresabschlußpolitik der Universalaktienbanken. Stuttgart 1992.

Waschbusch, Gerd: Die Instrumente der handelsrechtlichen Jahresabschlußpolitik. Ein Systematisierungsansatz. In: Das Wirtschaftsstudium 1994, S. 807-816, S. 879, S. 919-924 und S. 958.

Weber, Helmut K.: Rentabilität, Produktivität, Liquidität der Unternehmung. Stuttgart 1983.

Wehrheim, Michael: Krisenprognose mit Hilfe einer Kapitalflußrechnung? In: Deutsches Steuerrecht 1997, S. 1699-1704.

Weilenmann, Paul: Gedanken zum Informationsgehalt von Kapitalflussrechnungen. In: Die Unternehmung 1989, S. 229-240.

Weilenmann, Paul: Kapitalflussrechnung in der Praxis. 2. Aufl., Zürich 1992.

Wirth, Herbert: Kritische Bemerkungen zu Cash-flow und Kapitalflußrechnung. In: Festschrift für *Anton Egger* zum 65. Geburtstag, hrsg. von *Romuald Bertl* und *Gerwald Mandl,* Wien 1997, S. 329-354.

Witte, Eberhard: Finanzplanung als Führungsinstrument. In: Finanzplanung und Finanzkontrolle, hrsg. von *Jürgen Hauschildt, Gerd Sachs* und *Eberhard Witte*, München 1981, S. 53-89.

Witte, Eberhard.: Finanzplanung der Unternehmung: Prognose und Disposition. 2. Aufl., Opladen 1981.

Wöhe, Günter: Bilanzierung und Bilanzpolitik. 9. Aufl., München 1997.

Wöhe, Günter/Bieg, Hartmut: Grundzüge der Betriebswirtschaftlichen Steuerlehre. 4. Aufl., München 1995.

Wöhe, Günter/Bilstein, Jürgen: Grundzüge der Unternehmensfinanzierung. 8. Aufl., München 1998.

Wysocki, Klaus von: Die Ausgestaltung der Kapitalflußrechnung börsennotierter Mutterunternehmen nach § 297 Abs. 1 Satz 2 HGB. In: Rechnungswesen als Instrument für Führungsentscheidungen: Festschrift für *Adolf G. Coenenberg* zum 60. Geburtstag, hrsg. von *Hans Peter Möller* und *Franz Schmidt*, Stuttgart 1998, S. 365-391.

Wysocki, Klaus von: Die Kapitalflußrechnung als Teil des Anhangs börsennotierter Mutterunternehmen nach § 297 Abs. 1 Satz 2 HGB. In: Reform des Aktienrechts, der Rechnungslegung und Prüfung, hrsg. von *Dietrich Dörner, Dieter Menold* und *Norbert Pfitzer,* Stuttgart 1999, S. 439-507.

Wysocki, Klaus von: IAS 7 – Kapitalflußrechnungen (Cash Flow Statements). In: Rechnungslegung nach International Accounting Standards (IAS), hrsg. von *Jörg Baetge* u. a., Stuttgart 1997, IAS 7.

Wysocki, Klaus von: Zur Frage der angemessenen Eigenkapitalausstattung aus betriebswirtschaftlicher Sicht. In: Fremdfinanzierung von Kapitalgesellschaften durch Anteilseigner im deutschen und ausländischen Körperschaftsteuerrecht, hrsg. von *Klaus von Wysocki* u. a., München 1982, S. 1-11.

Stichwortverzeichnis

A

- Abschreibungen
  - außerplanmäßige 41
  - planmäßige 40
- Abschreibungsaufwandsquote 251
- Adjusted Present Value-Methode 198
- Adressenrisiko 100
- Advance-Decline-Linie 163
- Aktienanalyse 153
  - *Siehe auch* Fundamentalanalyse
  - technische 155
- Amtlicher Handel 301
- Anlagekapitalbedarf 19
- Anlagemöglichkeit
  - risikolose 132
- Anlagespiegel 273, 282
- Anlagevermögen 245
- Anpassungskoeffizient 33
- Anrechnungsverfahren 76
- Arbitrage Pricing Model 218
- Aufwandsstruktur 250
- Aufwendungen
  - auszahlungswirksame 257, 264
  - nicht-auszahlungswirksame 265
- Ausfallrisiko 100
- Auslandsquote 252
- Außenfinanzierungsbereich 332

B

- Balken-Charts 157
- Bankregel
  - Goldene 34
- Bayer-Formel 35
- Beibehaltungswahlrecht 41
- Benchmark 242
- Bereichsformat 333, 344
- Bestände
  - eiserne 39
- Beständedifferenzenbilanz 322
- Besteuerung 71
  - Außenfinanzierung 72
  - Eigenfinanzierung 73
  - Einlagenfinanzierung 73
  - Fremdfinanzierung aus Rückstellungen 80
  - Innenfinanzierung 77
  - Kreditfinanzierung 74
  - Selbstfinanzierung 78
- Betafaktor 145, 150, 216
- Betriebserfolg 238
- Betriebsergebnis *Siehe auch* Ergebnis
  - ordentliches 238, 254
- Bewegungsbilanz 303, 324
- Beziehungszahlen 241, 292
- Bilanzierungshilfe 38
- Bilanzregel
  - Goldene 34, 45
- Bilanzstrukturregeln 30
- Bonität 100, 151
- Bonitätsrisiken 103
- Börsenfähigkeit 100
- Börsenzulassung 101, 303
- Branchenanalyse 161, 179
- Branchenrisiko 103
- Bruttobewegungsbilanz 325
- Brutto-Fonds 316
- Bruttoprinzip 306
- Bürgschaft 101
- business risk 53

C

Candlestick-Charts 160
Capital Asset Pricing Model 131, 213
  Kritik 150
  Prämissen 150
Cash Earnings 258, 340
Cash Earnings nach DVFA/SG 269
  Abschreibungen 272
  andere Aufwendungen und Erträge 279
  Berechnungsschema 270
  Beurteilung 291
  Komponenten 272
  Kritik 287
  latente Ertragsteueraufwendungen bzw. -erträge 278
  Rückstellungen 274
  Sonderposten mit Rücklagenanteil 277
  Zuschreibungen 273
Cashflow 195, 224, 256
  Anwendungsbereiche 262
  Aussagegehalt 259
  Begriff 257
  direkte Ermittlungsmethode 264
  Ermittlungsmethoden, Grundsatz 263
  Ermittlungsmethoden, Vergleich 265
  Ertragsindikator 260
  Grundidee 257
  indirekte Ermittlungsmethode 264
  nach DVFA/SG 196, 269
Cashflow from Operations 284
Cashflow-Analyse 256
Chartformationen 169
Charts 156

D

Dauerschuldverhältnisse 38
Deckungsstockfähigkeit 100
Deutsches Rechnungslegungs Standards Committee e.V. 302
Disagio 74, 290
Discounted Cashflow-Methode 197, 220, 262
Diversifikation 115
Dokumentationsfunktion 235
Dow-Theorie 162
Du Pont-Schema 242, 254
Duration 106
Durchschnitt
  gleitender 164
Durchschnittslinie 164

E

Effektivverschuldung 294
Effektivverzinsung 97, 103
Effizienzkurve 120, 133, 138
Effizienzlinie 136, 214
Eigenkapital
  Eigenkapitalkoeffizient 33, 247
  Eigenkapitalkosten 52, 203
  Eigenkapitalquote 33, 247
  Eigenkapitalrentabilität 43, 45, 253
  Eigenkapitalstruktur 247
Eigenleistungen
  andere aktivierte 279
Einheitstheorie 358
Einkommensteuer 73, 75
Einzelerwerbsfiktion 360
Einzelunternehmung 75, 78, 89
Einzelwertanalyse 165
Entity Approach 198, 201, 220
Entschuldungsfähigkeit 293
Equity Approach 198, 201
Equity-Methode 221
Erfolgsermittlungsfunktion 235
Erfolgskrise 83
Erfolgsstrukturanalyse 250
Ergebnis
  außerordentliches 240
  nach DVFA/SG 189
  ordentliches betriebliches 239
  ordentliches betriebsfremdes 240
Ertrag
  einzahlungswirksamer 257, 264
  nicht-einzahlungswirksamer 265
  sicherheitsäquivalenter 206, 210
Ertragsstruktur 252

Erwartungen
homogene 151
Erwartungswert 109

F

Factoring 16, 42, 94
Festzinsrisiko 104
Filterkonzept 165
Financial risk 53
Finanzanalyse
statische 36
stromgrößenorientierte 297
Finanzbudgetierung 3, 25
Finanzerfolg 238, 240
Finanzierungsfehlbetrag 15
Finanzierungsregel 30
Goldene 34
Kritik 36
Finanzierungsrisiko 53
Finanzierungsüberschuss 15
Finanzlage 235, 256, 296, 299, 350, 359, 363
Finanzmittelfonds 334, 335
Finanzplan 3, 266
kurzfristiger 11
langfristiger 9
mittelfristiger 11
Finanzplanung 2
Ablauf 7
Grundsätze 3
Grundschema 7
Zeitdimension 8
Fondsabgrenzung *Siehe* Kapitalflussrechnung
Free-Cashflow 198
Fremdfinanzierung 74
Fremdkapitalanalyse 248
Fremdkapitalkostensatz 204
Fremdkapitalquote 33, 247
Fremdkapitalzins 50, 52, 74, 75
Fristenkongruenz 28, 34, 45
Fundamentalanalyse 176
Branchenanalyse 179
dynamisch orientierte 180
statisch orientierte 228

G

Ganzzahligkeitsbedingung 131
Gegenbeständerechnung *Siehe* Kapitalflussrechnung
Genussscheine 40, 91
Geregelter Markt 301
Gesamtergebnis nach DVFA/SG 229
Gesamtkapitalkosten 52, 58, 59
Gesamtkapitalmarktwert 51, 58
Gesamtkapitalrentabilität 45, 253
Gesamtkostenverfahren 239, 250, 340
Gesamtleistung 251
Gesamtplanungssystem 5
Geschäfte
schwebende 38
Geschäftsrisiko 103
Allgemeines 53
Gesellschafterdarlehen 75
Gewerbeertragsteuer 75, 221
Gewinn nach DVFA/SG 223
Gewinnverwendung 73
Gewinnausschüttung 73, 76
Gewinnthesaurierung 73, 76, 223, 247
verdeckte Gewinnausschüttung 75
Gliederungszahlen 241
Globalanalyse 161, 178
Growth Stock Paradox 187
Grundpfandrechte 101

H

Hedging 345
Herstellungsquote 251
Höchstwertprinzip 40, 41

I

IAS 302, 346, 348
Imparitätsprinzip 40
Index Model 107
Indexzahlen 242
Indifferenzkurven 111, 133
Informations(vermittlungs)funktion 235, 257
Inlandsquote 252

Innenfinanzierung 259, 332
Innenfinanzierungskraft
  nachhaltige 285
Insolvenz 248
  Antragsgründe 84
  Insolvenzordnung 364
  Verfahren 84, 87
Investitionsfähigkeit 293
Investitionsrisiken 100
IOSCO 349
ISMA-Methode 97

J

Jahresabschlussanalyse 234
  Arten 236
  Begriff 236
  bestandsorientierte 243
  dynamische 256
  erfolgswirtschaftliche 250
  externe 236
  finanzwirtschaftliche 245
  interne 236
  qualitative 236
  quantitative 236
Jahresüberschuss 254, 264, 272

K

Kalkulationszinsfuß 182
  Risikokomponente 205
  Zinskomponente 203
Kapitalbedarf 17
  Bestimmungsfaktoren 17
  dynamische Ermittlung 21
  statische Ermittlung 19
Kapitaldeckung 28
Kapitalerhöhung
  ordentliche 91, 93
Kapitalflussrechnung 235, 256, 262, 292, 296, 312
  Adressaten 298
  Arten 311
  Begriff 297
  Bereich der laufenden Geschäftstätigkeit 333, 348
  Ermittlungsmethoden 320
  Finanzierungsbereich 342
  Finanzmittelfonds 334, 335
  Fondsabgrenzung 315, 348
  Fondsnachweis 312, 313
  Gegenbeständerechnung 312, 314
  gesetzliche Rahmenbedingungen 300
  Gliederungsformen 331
  Grundsätze 306, 308
  interne 304
  Investitionsbereich 341
  Kritik 343
  Liquiditätsnachweis 312, 313
  nach DRS 2 333, 343, 349
  nach IAS 7 343, 348
  nach SFAS No. 95 343, 347
  originäre 330
  prospektive 304, 312, 362
  Rechnungszwecke 299
  retrospektive 312
  Ursachenrechnung 312, 314
Kapitalgesellschaften 73, 74, 76, 78
Kapitalherabsetzung 89
  vereinfachte 93
Kapitalkosten 28
Kapitalkostensatz 201
  gewogener 220
Kapitalmarkt
  vollkommener 66, 115, 137, 151
Kapitalmarktgleichung 138
Kapitalmarktkosten 140
Kapitalmarktlinie 134, 150, 214
Kapitalmarkttheorie 131
Kapitalstruktur 2, 10, 28, 30
Kapitalstrukturanalyse 247
Kapitalstrukturregel 33
  vertikale 43
Kapitalumschlagshäufigkeit 254
Kapital-Vermögensstrukturregeln 33
Kapitalwert 97, 107
Kennzahlen 241

Kennzahlenspiegel 242
Kennzahlensystem 242
Kommanditgesellschaft 90
Konsolidierungskreis 358, 360
Konsolidierungswahlrechte 360
Kontinuität
 formelle 310
 materielle 310
Konvertierungsrisiko 102
Konzernabschluss 278, 282
Konzernbuchführung 354
Konzernkapitalflussrechnung 351
 Ermittlungsmethoden 352
Körperschaftsteuer 75
Korrelation 115
Korrelationskoeffizient 115
Kovarianz 115
Kreditlinie 350
Kreditmanagement 88
Kreditplan 12
Kreditreserven 39
Kreditwürdigkeit 10, 89, 93
Krisenursachen 82
Kurs-Cashflow-Verhältnis 230
Kurs-Gewinn-Verhältnis 228
Kurswertänderungsrisiko 105

L

Länderrisiko 102
Leverage-Effekt 43, 45, 247
Linien-Charts 156
Liquidationserlös 182
Liquidationsplan 87
Liquidität
 bestandsorientierte Liquiditätsanalyse 248
 dynamische 256, 299
 Liquiditätsgrade 36
 Liquiditätskennzahlen 248
 Liquiditätskrise 83, 88
 Liquiditätsreserven 39
 Liquiditätsstatus 16
 statische 299
 stromgrößenorientierte Liquiditätsanalyse 244, 256
Liquiditätsnachweis *Siehe* Kapitalflussrechnung

M

Marktmodell 107
Marktportfolio 135, 147, 216
Marktwert
 des Eigenkapitals 198
 des Fremdkapitals 198
Materialaufwandsquote 250
Minimum-Varianz-Portfolio 120, 133
Modigliani/Miller-Theorem
 Darstellung 58
 Kritik 65

N

Negativklausel 101
Netto-Cashflow 198
Netto-Fonds 316
Niederstwertprinzip 40
 gemildertes 41
 strenges 41
Null-Kupon-Anleihe 106
Nullwachstumsmodelle 182

O

Optionsschuldverschreibung 40

P

Personalaufwandsquote 250
Personengesellschaften 73, 75, 78
Phasenmodell 195
Plan
 Planerstellung 7
 Planfeststellung 8
 Planfortschreibung 15
 Plankontrolle 8
 Planrevision 15
Planungshorizont *Siehe* Planungszeitraum

Planungszeitraum
endlicher 182, 207, 209, 212
unendlicher 185, 186, 207, 209, 232
Point & Figure-Charts 158
Portfolio
effizientes 118, 143
optimales 122, 133
risikoloses 118, 133
Portfolio Selection 107, 108, 154, 213
Kritik 130
Portfolioanalyse 154
Portfolio-Theorie *Siehe* Portfolio Selection
Price-Cashflow-Ratio 230
Price-Earnings-Ratio 228
Principal-Agent-Theorie 66
Profit Center 26
Prognose-Cashflow 262

R

Random-Walk-Hypothese 155
Rating 101
Ratingsymbole 102
Realisationsprinzip 40
Rechnungslegung
externe 234
Zwecke 234
Regelmäßigkeit 238
Rentabilitätsanalyse 253
Restlaufzeit 39
Return on Investment 254
Richtzahlen 242
Risiko 107
diversifizierbares *Siehe* unsystematisches
finanzielles 103
gläubigertitelspezifisches 103
nicht diversifizierbares *Siehe* systematisches
systematisches 141, 146, 206, 218
unsystematisches 115
Risikoaversion 111
Risikoprämie 140, 146
Risikoquellenanalyse
mehrdimensionale 218
Risikozuschlagsmethode 182, 208, 211, 212
RL-System 242
Rücklagen
offene 247
steuerfreie 79
stille 42
Rücklagenanteil 247

S

Sale-and-lease-back 16, 42, 94
Sanierung 82
Begriff 87
buchmäßige 89
doppelstufige 91
finanzielle 87
leistungswirtschaftliche 87
Sanierungsmaßnahmen 88
Sanierungsplan 87
Schiefe 130
Schulden 38
Schuldentilgungsfähigkeit 293
Schulderlass 89
Schuldverschreibungen
Analyse 96
SEC 349
Selbstfinanzierung 78
offene 78
stille 78
Semivarianz 130
Shareholdervalue 195, 198, 364
Sicherheitsäquivalenzmethode 206
Simultanplan 7
Solidaritätszuschlag 73, 75
Sonderposten mit Rücklageanteil 40
Spartenkennzahl 252
Standardabweichung 109
Steuern *Siehe* Besteuerung
Steuerstundung 72
Steuerstundungseffekte 79
Strukturbilanz 237
Stundung 89
Sukzessivplanung 7

T

Tangentialportfolio 135
Teilrisikokomponente 219
Teilschuldverschreibung *Siehe* Schuldverschreibungen
Teilwertabschreibung 79
Tobin-Separation 137
Transferrisiko 102
Transparenzprinzip 75
Trendbestätigungsformationen 169
Trendkanal 166
Trendlinie 166
Trendumkehrformationen 172
Trennungsprinzip 74

U

Überschuldung 83, 85, 248
Umlaufkapitalbedarf 19
Umlaufvermögen 246
Umsatzkostenverfahren 239, 251, 281, 340
Umsatzmatrix 329, 354
Umsatzrentabilität 253, 254
Umschuldung 89
Ungewöhnlichkeit 191
Unregelmäßigkeit 191
Unsicherheit 107
Unterbilanz 86
Unternehmensbewertung
  externe 176
Unternehmungsanalyse 179
Unterstützungslinie 168
Ursachenrechnung *Siehe* Kapitalflussrechnung
US-GAAP 302, 347

V

Varianz 109
Verhältniszahlen 241, 292
Vermögensgegenstand 37
Vermögenslage 235
Vermögensstrukturanalyse 245
Vermögensumschichtung 93
Verschuldungsgrad 2
  dynamischer 294
  optimaler 45, 51, 58
Verschuldungskoeffizient 33, 247
Vertriebsquote 252
Verwaltungsquote 252
Verweilzeitverteilung 23
Vorsichtsprinzip 40
Vorteilsströme
  künftige 188

W

Wachstumsfaktoren 221, 228, 232
Wachstumsmodelle 185
Währungsumrechnung 361
Wandelschuldverschreibung 40
Wechselkurs
  realer 179
Weltabschlussprinzip 358
Wert
  innerer 176, 222, 231
Wertaufholungsgebot 41, 80
Wertpapiere
  festverzinsliche *Siehe* Schuldverschreibungen
Wertpapiermarktgleichung 144
Wertpapiermarktlinie 141, 150
Wesentlichkeit 281, 309, 339
Whipsaw-Effekt 166
Widerstandslinie 168
Wiederanlagerisiko 105
working capital 284, 319

Z

Zahlungsbemessungsfunktion
  Siehe Erfolgsermittlungsfunktion
Zahlungsmitteläquivalente 347, 349
Zahlungsunfähigkeit 84, 248
  drohende 85, 364
Zerobonds 106
Zinsänderungsrisiko 104
Zinserlass 89
ZVEI-Kennzahlensystem 242